王明居文集

唐诗风格美新探·唐代美学

第三卷

文化艺术出版社

Culture and Art Publishing House

目　录

唐诗风格美新探

唐代美学

唐诗风格美新探

绪　论

　　中国诗史上的黄金时代是唐代。唐诗是中国诗史上不可企及的高峰。康熙皇帝《御制全唐诗序》云："诗至唐而众体悉备，亦诸法毕该。故称诗者，必视唐人为标准。"① 的确，唐诗数量之多、质量之高，在中国诗史上是独一无二的，在同时期世界诗坛上，也是无与伦比的。从唐高祖李渊代隋（618），至哀帝李柷被逼让位于朱全忠（907），共换了二十一个皇帝，历二百八十九年。在漫长的近三个世纪中，唐代究竟出现了多少个诗人？他们写了多少首诗歌？形成了哪些独特的风格流派？时至今日，已经历了一千多年，难以准确无误地回答。由于当时印刷术还不够发达，诗的保存和传承条件受到很大限制，故流传下来的毕竟是浩如烟海的唐诗中的一部分。不知道有多少精品散失了。拿唐高宗李治（武则天的丈夫）来说，他写了八十六卷集的诗，可惜失传了。唐中宗李显（高宗第七子）写了四十卷集，也失传了。有名的才女上官婉儿写的二十卷集也失传了。《全唐诗》中保留下来的他们的作品，只是他们作品中很少的一部分。其他亡佚的唐诗，就可想而知了。但从已经保存下来的有限的唐诗来看，也是非常可观的。清代康熙时，彭定求、杨中讷等十人，根据明代胡震亨的《唐音统签》（计一千三百三十三卷）和清初季振宜的《唐诗》（计七百一十七卷），参照宋、元以来刻本、抄本，总成九百卷，共搜集诗篇四万八千九百多首，作者二千二百余人②。从现存的诗作中，我们大体可以看到唐诗风格的繁荣景象，也可以看到风格之所以繁荣的原因。以往的许多诗论家，都喜欢从前人的诗论中去探讨唐诗及其风格繁荣的原因，这无疑是重要的一个方面，但直接从唐诗中寻找答案，则不多见。即使引用唐诗，也是首先为了印证自己设计的观点，而不是首先从唐诗中去发掘。这就把唐诗放在从属地位，而不是放在主导地位。我认为唐诗是第一手材料，它是唐代政治、经济、军事、文化生活的形象反映。唐诗风格的繁荣景象和繁荣的原因，首先应该从唐诗所反映的社会生活中找寻，因为社会生活是文学艺术取之不尽、用之不竭的唯一源泉，唐诗的发展、唐诗风格的繁荣，离不开唐代的社会生活。杜甫在《忆昔二首》诗中写道："忆昔开元全盛日，小邑犹藏万

---

　　① 《全唐诗》第一册，中华书局 1960 年版，第 5 页。以下引诗除注明者外，均据《全唐诗》。

　　② 这部总集新中国成立后由中华书局加以整理点校，并附录日本上毛河世宁纂辑的《全唐诗逸》三卷，取名为《全唐诗》。

家室。稻米流脂粟米白,公私仓廪俱丰实。九州道路无豺虎,远行不劳吉日出。齐纨鲁缟车班班,男耕女织不相失。"显然,盛唐时富足的社会经济生活在这里得到了生动的反映。诗的风格是朴素、平实的。

唐代的社会生活虽已随着岁月的流逝而消失,但它却艺术地储存在唐诗及其他艺术作品中,因而我们研究唐诗,实际是在寻找当时的社会生活,探索当时的社会生活与唐诗的繁荣这一问题的有机联系,探索唐诗风格发展的轨迹,并从中总结出某种理论规律来,作为我们的借鉴。当然,我们也要结合前人研究唐诗的成果,旁征博引,从多种角度观照唐诗的风格美,以开创唐诗风格研究的新局面。

从现存《全唐诗》看来,并非每个作者、每首诗都具有独创的风格。风格是作家成熟的标志,也是作品成熟的标志。有的作者尽管也写了不少诗,但并不成熟,因而就没有获得风格;有的作者,尽管作品不多,但却充分地表现了作者的艺术个性,并以独特的风韵呈现在人们眼前,具有不可征服的迷人的魅力,也就是说它在艺术上成熟了,因而就获得了风格的桂冠。拿中国第一个女皇帝武则天来说,《全唐诗》中保存了她的诗四十六篇,不管是出自她的手笔,还是出自她的御用文人手笔,大都是为朝廷、庙堂歌功颂德的东西。例如:《唐享昊天乐》共有十二章,无非是歌颂太阴、紫极、玄穹、乾仪、天道、太乙、上帝、神武、先化、天扉、乾路、紫微、仙驾这些虚无缥缈的东西。什么"太阴凝至化,真耀蕴轩仪"(第一)呀,什么"乾仪混成冲邃,天道下济高明"(第三)呀,什么"昭昭上帝,穆穆下临"(第六)呀,什么"奠璧郊坛昭大礼,铄金拊石表虔诚"(第八)呀,等等,不外是宗教术语、宫廷套语、宗庙祀辞的堆砌,没有新鲜玩意儿。至于《唐大飨拜洛乐章》,则大耍昭和、致和、咸和、九和、拜洛、显和、敬和、齐和、德和、禋和、通和、归和之类祭天地、敬鬼神的把戏,高唱"九玄眷命,三圣基隆"(昭和)、"祗荷坤德,钦若乾灵"(九和)、"百礼崇容,千官肃事"(禋和)、"皇皇灵睠,穆穆神心"(通和)一类的颂歌,这些都是类型化的东西,没有作者独创的艺术个性,因而是没有风格的。其他如《曳鼎歌》、《唐明堂乐章》、《唐武氏享先庙乐章》、《早春夜宴》、《赠胡天师》、《制袍字赐狄仁杰》等诗,也是没有艺术个性的。当然,这并不意味着武则天所写的诗篇都是与风格无缘的。当她个人独特的情感体验入诗中时,她也能获得风格的桂冠。且看她的《腊日宣诏幸上苑》:"明朝游上苑,火急报春知。花须连夜发,莫待晓风吹。"此诗系武则天的名作。《全唐诗》说武则天的诗文,皆元万顷、崔融等人所作,此诗也不例外。这种判断不能尽信。我们如果从作品实际出发，去进行分析，就可知道，此诗描绘了武则天渴欲赏花的急切心情，是她刚强性格的形象显现。再看《如意娘》一诗："看朱成碧思纷纷，憔悴支离为忆群。不信比来长下泪，开箱验取石榴裙。"据《全唐诗》第一册卷五第58页转述，此诗实"唐则天皇后所作也"。字里行间，流露出她笃爱恋人、思念恋人的悲怆情怀和信誓旦旦、以明心迹的真情实意。可谓缠绵缱绻，愁丝缕缕，但并不哀怨凄切，其情感的流露是适度的、得体的。

从上面的论述中，可以看出：现存的武则天的诗，大都是不成功的，只有极少数篇章在艺术上才是成熟的。但是，如果我们读到武则天的孙媳妇杨贵妃仅有的一首诗《赠张云谷舞》时，我们不由得被它那独特的风采所吸引："罗袖动香香不已，红蕖袅袅秋烟里。轻云岭上乍摇风，嫩柳池边初拂水。"此诗用比喻的手法，描绘了舞姿的轻盈美、动态美、柔婉美，含隐蓄秀，韵味无穷。当我们读了其他作品中的什么如"娇花照水"、"弱柳扶风"、"弱柳从风疑举袂"之类的句子时，就会联想起杨贵妃的诗句来，而感到有异曲同工之妙。

总之，在唐诗的海洋中，不见得字字珠玑、首首成功，只有那些显示出艺术独创性的诗篇，才可打上风格的印章。即使武则天手下的著名才女上官婉儿的诗，也不例外。上官婉儿（664—710）是上官仪的孙女。上官仪在唐太宗、唐高宗时，曾显赫一时，其诗绮错婉媚，被称为"上官体"。这对上官婉儿也有很深的影响。她的某些应制诗，辞藻华丽，过于堆砌，没有个人的真情实感，只是一味地歌功颂德，故并非成功之作，如《奉和圣制立春日侍宴内殿出剪彩花应制》、《驾幸三会寺应制》，就是这样的诗。当然，如果她尽写这样千篇一律的诗，是决不会成为才女的。她也写了一些在文学史上大放异彩的诗篇。且看《游长宁公主流杯池二十五首》中的一些诗：

> 放旷出烟云，萧条自不群。
> 漱流清意府，隐几避嚣氛。
> 石画妆苔色，风梭织水文。
> 山室（一作空）何为贵，唯余兰桂熏。
>
> ——之十二

> 策杖临霞岫，危步下霜蹊。
> 志逐深山静，途随曲涧迷。
> 渐觉心神逸，俄看云雾低。

莫怪人题树，只为赏幽栖。

——之十三

攀藤招逸客，偃桂协幽情。
水中看树影，风里听松声。

——之十四

泉石多仙趣，岩壑写奇形。
欲知堪悦耳，唯听水泠泠。

——之十六

岩壑恣登临，莹目复怡心。
风篁类长笛，流水当鸣琴。

——之十七

暂游仁智所，萧然松桂情。
寄言栖遁客，勿复访蓬瀛。

——之十九

瀑溜晴疑雨，丛篁昼似昏。
山中真可玩，暂请报王孙。

——之二十

傍池聊试笔，倚石旋题诗。
豫谈山水调，终拟从钟期。

——之二十一

参差碧岫耸莲花，潺湲绿水莹金沙。
何须远访三山路，人今已到九仙家。

——之二十四

凭高瞰险足怡心，菌阁桃源不暇寻。

余雪依林成玉树，残羹点岫即瑶岑。

——之二十五

这些诗，字斟句酌，出语不凡，构思新奇，境界清新，不堆砌词藻，不故意雕琢，无富贵气，有野趣，耐咀嚼，如果要点明它的风格，似可用"清奇"二字来概括。

以上我们以武则天、杨贵妃、上官婉儿的诗为例，意在说明：具有独特风格的唐诗乃是唐诗中的精品。如果我们把唐诗比为诗海的话，那么，富于风格的唐诗，绝不是这诗海中泛起的转瞬即逝的泡沫，而是具有生命力的翻腾的波澜，或是随风荡漾的涟漪。上述三人的诗，在唐代诗史上并不是一流的，像杨贵妃那样善歌善舞的女子，在艺术上也只是一位出色的音乐家和舞蹈家，在诗歌方面并未见到有何巨大的成就，尽管她写了那首别具风格的诗篇，也不过证明她是个业余诗歌爱好者。当然，作为业余爱好者，能写出这样优美的诗也是难能而可贵的。在三人中，上官婉儿的影响要大一些，在文学史上也有她一定的地位，但从唐代诗坛上来看，她的贡献毕竟是有限的。三人的诗，不论孰多孰少，只要是形象地显示出作者独创的艺术个性和表现了作者的真情实感，那便获得了风格。否则，只是追求千篇一律的共性和单调枯燥的表现方式，就不能获得风格。可见，风格是诗人的艺术生命，也是唐诗的艺术生命。浩如烟海的唐诗，培育、熏陶着许许多多唐代诗人，使他们不断得到诗的乳汁的营养，使他们的作品能结成风格的硕果。唐代之所以成为中国诗史上的黄金时代，唐代之所以出现那么多著名的、杰出的、伟大的诗人，唐代之所以出现那么多光彩夺目的诗歌艺术明珠，其原因固然是复杂的，但却与唐诗的繁荣有关，如果没有那样浩渺无垠的诗歌泽国，恐怕也是不会出现唐诗风格发达盛况的，可以说，繁荣的唐诗海洋为发达的唐诗风格提供了取之不尽、用之不竭的营养。具有独创风格的唐诗正是唐代诗海中徐徐升起的一片片美丽的岛屿。唐诗风格的繁荣正是唐诗繁荣的根本标志。因而，我们在研究唐诗风格繁荣的原因时，就不能离开对唐诗繁荣的原因的研究；而研究唐诗繁荣的原因，也有助于我们更好地开掘唐诗的风格美。

唐诗的繁荣与唐诗风格的繁荣，往往是互为因果的。辩证法告诉我们，没有一定的数量，就难以保证一定的质量；而具备一定的质量，就可促进一定的数量的发展。可见，唐诗繁荣的结果是出现了唐诗风格的繁荣；而唐诗风格的繁荣又刺激了各个阶层广大人士去追求唐诗风格美，去深入广泛地创作唐诗，因而形成了波涛汹涌、浩无际涯的唐诗海洋。这就是唐诗的特定的质与量相互作用的结果。这就告诉我们，从方法论上看，唐诗繁荣的原因也很可能是唐诗风格繁荣的原因，因而我们在探讨唐诗风格繁荣的原因时，也不可忽视对于唐诗繁荣原因的探讨。

　　不少学者花费了巨大的劳动，对唐诗之所以繁荣的原因进行了有益的探讨，其中不乏真知灼见。但也有一些人在阐述自己的正确观点时，往往看不到别人的正确观点，甚至把别人的正确观点也给否定了。这种做法的结果，不仅不能使自己的正确观点得到发扬光大，反而会在否定别人正确观点的同时削弱或抵消了自己的正确观点。这是很可惜的。例如，不少人认为，唐诗之所以繁荣，是由于唐代统治阶级采取了以诗取士的开明措施，去网罗人才。不分门第贫富，只要写的诗被王公贵族看中，即可登科及第，而受到起用。这就大大地刺激了社会各阶层人们的写诗热情，因而便促进了唐诗的繁荣，而其他朝代之诗所以不及唐代，就是没有以诗取士的缘故。为了印证这种观点，他们便援引了宋代诗论家严羽在《沧浪诗话·诗评》中的话："或问：'唐诗何以胜我朝？'唐以诗取士，故多专门之学，我朝之诗所以不及也。"这种分析，的确道出了唐诗繁荣的部分原因，也是应该肯定的。有的人却持完全相反的观点。他们认为，以诗取士不是唐诗繁荣的一个原因。其理由是：第一，唐代以诗取士始于唐玄宗时。《旧唐书》卷一一九《杨绾传》云："天宝十三年，玄宗御勤政楼，试博通坟典、洞晓玄经、辞藻宏丽、军谋出众等举人……取词藻宏丽外，别试诗赋各一首，制举试诗赋，自此始也。"这就是说，以诗取士，开始于天宝十三年；而天宝十三年前，却经历初唐、盛唐，正值诗歌的昌隆发达时期，可见唐诗繁荣的原因，不能归之于以诗取士，因为未以诗取士之时，唐诗已经繁荣了。第二，以诗取士的诗，多为应制诗，都是歌颂皇帝功德的，内容平庸，形式呆板，语言堆砌，千篇一律，它不是唐诗繁荣的标志；而独具风格的发达兴旺的唐诗主流，绝不是应制诗，而是具有活泼泼的生命力的、显示了诗人艺术个性、富有独创性的诗。这些诗才是唐诗繁荣的标志。它绝不是以诗取士的考场上绽开的花朵。为了印证这个观点，他们也援引了一些材料。如举明代王世贞《艺苑卮言》云："人谓唐以诗取士，故诗独工，非也。凡省试诗，类鲜佳者，如钱起《湘灵》之诗，亿不得一；李肱《霓裳》之制，万不得一。"又举明代杨慎《升庵诗话》云："胡子厚与余论诗曰：人有恒言，唐以诗取士，故诗盛，今代（按指明代）以经义选举，故诗衰，此论非也。诗之盛衰，系于人之才与学，不因上之所取也。汉以射策取士，而苏李之诗、班马之赋出焉，此系于上乎？屈原之骚，争光日月，楚岂以骚取人耶？况唐人所取五言八韵之律，今所传省题诗多不工，今传世者非省题诗也。"这种说法，也有合理之处，它细致地分析了诗的盛衰原因的复杂性，从历史的角度（楚、汉）和现实的角度（唐），说明了唐诗繁荣的原因应从人的才与学两方面找寻，这无疑是别有见地的论析，但是却完全否定了"以诗取士"的作用，完全否定了"上之所取"的作用，完全否定了"省题诗"的作用，这就不无片面性了。唐诗繁荣的原因是很复杂的，我们固然不能把唐诗繁荣的原因仅仅归结为"以诗取士"、"上之所取"和"省题诗"的作用，但也不能否认它们的作用，而应该进行恰如其分的切中肯綮的分析。

唐诗的繁荣，有其异常复杂的原因，执著于某一个角度去下判断，是不行的，而必须高屋建瓴，全面考查，从宏观的高度去鸟瞰唐代政治、经济、军事、文化、交通等方面的总体情况，从微观的角度去研究促使唐诗繁荣的具体情况。以宏观研究带动、统领微观研究，以微观研究充实、强化宏观研究，把宏观研究和微观研究有机地结合起来，这样，庶几可免片面性的错误。具体地说，唐代以诗取士，不失为唐诗繁荣的一个原因，但只是一个原因，把它说成是唯一原因，固然显得执著；而完全否定它的具体存在，也不公允。如果我们对许许多多促使唐诗风格繁荣的具体原因（包括以诗取士）进行微观研究，并在这基础上，予以对照、比较、分析、综合、概括，总结出合乎规律性的东西来，也就是从宏观方面立体地把握它，那么，对于唐诗的繁荣和唐诗风格发展的原因，才会有比较全面、深入的了解。

我们知道，特定的上层建筑总是为特定的经济基础服务的。历代统治阶级，在推翻旧王朝的统治以后，总要千方百计利用特定的上层建筑为巩固自己的经济基础服务，以强化自己的统治，因而他们很重视上层建筑的社会作用。文学是上层建筑之一，唐诗是唐代上层建筑中的一个重要组成部分，它对维护唐代的经济基础当然具有不可忽视的作用，所以在唐代建国之始，就得到唐太宗的高度重视。唐太宗从未把唐诗视为雕虫小技，而是把唐诗当做宣扬国威、张扬国力、美化帝国的重要工具。他以自己的创作实践充分地证实了这一点。他写的《帝京篇十首》就是这样的诗，其第一首云：

秦川雄帝宅，函谷壮后居。
绮殿千寻起，离宫百雉余。
连薨遥接汉，飞观迥凌虚。
云日隐层阙，风烟出绮疏。

这里，描绘了唐王宫殿的高大雄伟，富丽堂皇，显示了唐朝开国之初的雄厚的经济实力。它起着统括全篇的作用，其余诸首则或写"岩廊罢机务，崇文聊驻辇"的忙中偷闲的心境（第二首）；或绘"雕弓写明月，骏马疑流电。惊雁落虚弦，啼猿悲急箭"的愉快的狩猎生活（第三首）；或写"急管韵朱弦，清（一作长）歌凝白雪……去兹郑卫声，雅音方可悦"的健康的音乐欣赏（第四首）；或写"桥形通汉上，峰势接云危。烟霞交隐映，花鸟自参差"的奇妙风景（第五首）；或表现"萍（一作梁）间日彩乱，荷处香风举。桂楫满中川，弦歌振长屿"的优美情境（第六首）；或抒发"长烟散（一作引）初碧，皎月澄轻素。寒幌玩琴书，开轩引云雾"的闲适情怀（第七首）；或表述"得志重寸阴，忘怀轻尺璧"的崇高志向（第八首）；或铺陈"罗绮昭阳殿，芬芳玳瑁筵。珮移星正动，扇掩月初圆"的繁华场面（第九首）；最后，则写居安思危，国运乃昌，故以"人（一作人）道恶（一作虑）高危，虚心戒盈荡。奉天竭诚敬，临民思惠养。纳善察忠谏，明科慎刑赏"总结全篇（第十首），以教育他人。关于诗的社会作用，李世民在该诗的序言中讲得很清楚：是为了"以尧舜之风，荡秦汉之弊，用咸英之曲，变烂熳之音。""皆节之于中和，不系之于淫放"。他声称"释实求华，以人从欲，乱于大道，君子耻之。故述《帝京篇》以明雅志云尔"。在序言中，李世民从历史和现实这两个方面，说明自己的诗歌创作目的，是为了发扬正气，扫荡弊端，崇尚和谐，反对淫乱，提倡实际，反对浮华。一言以蔽之，是为了唐代帝国的繁荣昌隆。可见，李世民不仅在创作上重视诗歌的社会作用，而且在理论上也强调诗歌的社会作用。《全唐诗》把《帝京篇十首并序》放在第一篇，足见它的重要地位。从李世民现存的六十九首诗中，可以看到，举凡平定边陲、实行讨伐、欢庆武功、临朝听政、宴会群臣、出猎冬狩、登楼述怀、春日望海、咏风弄月等等，均以诗明志，以诗述怀，以诗寄情。

由于唐太宗李世民的身体力行，带头提倡写诗，因而便成为一个很好的传统，而被唐代历朝皇室继承下来。唐太宗李世民的第九子唐高宗李治，唐高宗第七子唐中宗李显，唐高宗第八子唐睿宗李旦，均会写诗。至于唐睿宗第三子唐明皇李隆基，则更是写诗的能手。他是唐代二十一个皇帝中在位时间最长（凡四十四年）的一个。他的诗反映了开元盛世的繁荣景象，现存诗有六十四首。在《行次成皋途经先圣擒建德之所缅思功业感而赋诗》中，歌颂了唐太宗的帝业："有隋政昏虐，群雄已交争。先圣按剑起，叱咤风云生。饮马河洛竭，作气嵩华惊。"全诗豪迈进取，大气磅礴。在《赐诸州刺史以题座右》诗中，谆谆告诫十一个州的刺史："贤能既俟进，黎献实伫康。""讲学试诵论，阡陌劝耕桑。虚誉不可饰，清知不可忘。""讼狱必以情，教民贵有常。恤茕且存老，抚弱复绥强。"可见，唐明皇是在告诫部下要争取做个贤能爱民的好官。这时，正值开元十六年。此外，唐明皇的边塞诗写得也不错。"龙蛇斗阵法，貔虎振军威。诈虏脑涂地，征夫血染衣"（《旋师报捷》）。这是何等气魄！何等雄壮！何等勇猛！在《饯王晙巡边》一诗中云："振武威荒服，扬文肃远墟……免胄三方外，衔刀万里余。"其捍卫国土、平荡妖氛的决心，战无不胜的信念，跃然纸上。尤以《平胡并序》一诗，更能表明唐明皇平定边陲的胆识与魄力：

> 杂虏忽猖狂，无何敢乱常。
> 羽书朝继入，烽火夜相望。
> 将出凶门勇，兵因死地强。
> 蒙轮皆突骑，按剑尽鹰扬。
> 鼓角雄山野，龙蛇入战场。
> 流膏润沙漠，溅血染锋铓。
> 雾扫清玄塞，云开静朔方。
> 武功今已立，文德愧前王。

这首诗情感充沛、气势贯注、节奏迅疾。作者以无比的愤怒，强烈地谴责了侵略者的罪恶行径；并以赞赏的语言，描绘了唐代兵士驰骋沙场、英勇杀敌、血染边塞、为国捐躯的精神。最后，则歌颂了克敌制胜、北国安宁、武盛文昌的景况。全诗描绘了李隆基运筹于帷幄之中，决策于千里之外的必胜信念，和治国有方、指挥若定的雄才壮志。在诗的序言中，作者说他"一麾克定，告捷相仍，爰作是诗，聊以言志"。这就表明了他作诗的目的和心情。在其他许多诗篇中，他经常直言不讳地说明诗歌创作的社会作用，在《游兴庆宫作》的序言中就声称"所以观风俗而劝人，崇友于而敦睦。诗以言志，歌以永言，情发于衷，率题此什"。甚至在《早登太行山中言志》这首诗的题目中就直接表明是"言志"的。这些，都说明唐明皇李隆基重视发扬诗歌的社会作用，并以身作则，亲自撰写。

此外，唐明皇的第三子唐肃宗李亨，也善诗。《全唐诗》题注上说他"聪明强记，属词典丽"。并说他的孙子唐德宗李适（唐代宗李豫长子）亦善诗："每与学士言诗于浴堂殿，夜分不寐。"其他如唐文宗李昂、唐宣宗李忱、唐昭宗李晔等人，亦莫不善诗。在《全唐诗》中都保存着他们的一些作品。

至于唐王室的皇后、公主、王妃能诗善词者也很多。如文德皇后（太宗后）的《春游曲》中所绘："井上新桃偷面色，檐边嫩柳学身轻。花中来去看舞蝶，树上长短听啼莺。"其中的新桃、嫩柳、舞蝶、啼莺，生动活泼，跃然纸上，再加上用了偷、学、看、听四个动词，更给春天的美丽景象增添了动态美。又如唐太宗的宫妃徐惠（徐贤妃）也能诗。她原是一个聪慧绝顶的神童，八岁时就写下了《拟小山篇》："仰幽岩而流盼，抚桂枝以凝想。将千龄兮此遇，荃何为兮独往。"此诗影响很大，太宗知道后，便把她召入宫内为才人。她的《秋风函谷应诏》、《赋得北方有佳人》，绘景绘情，绘声绘色，婉约多情，别具一格。

　　以上，我们简略地勾勒了唐代的皇室重视诗歌、亲自写诗的情况。特别是唐太宗李世民、唐玄宗李隆基，在皇室的诗歌创作中，贡献最大。唐太宗的贞观之治、唐玄宗的开元盛世，在他们的诗中均有生动的反映。他们的诗，虽然也有藻饰和雕琢之处，但就其基本倾向而言，是典丽堂皇、气势雄伟，具有独特的风格。他们不仅身体力行，以诗为工具来描绘他们所从事的大业，而且为当时的诗歌创作开辟了良好的风气。关于这一点，李世民在《帝京篇十首》的序言中已经谈得很清楚，李隆基在《春晚宴两相及礼官丽正殿学士探得风字》的序言中，也谈得很清楚，这里就不再引述了。在他们的倡导和影响下，唐代诗风亦深受感染。俗话说，上行下效，蔚然成风。唐太宗不仅影响着近三个世纪的唐代，何况唐代二十一朝的皇帝，大都代代承袭，焉能不重视唐诗？正如李隆基在《端午三殿宴群臣探得神字》一诗的序中所说："故以式宴陈诗，上和下畅者也。"这样，唐诗的创作就不是在局部范围内进行，而是在全国范围内进行。上自皇帝、皇后、王妃、王子、公主、公卿、大臣、官僚，下至黎民百姓、三教九流，都可作诗。除了以上所举的唐太宗李世民等人以外，如学士崔融，舍人贾曾，成均张籍，青宫王维，侍从高适，供奉岑参，给舍沈佺期，谏院储光羲，诸司崔颢、宋之问，诸郎綦毋潜、钱起，观察李翱，娼妓徐月英，道士吕岩，卖履人王季友，渔者张志和，尼姑海印，和尚寒山，此外还有樵夫、艺人、乞丐、巫婆、卜者等下层人民，都写过诗（详见明代胡应麟《诗薮》外编卷三），这就使唐王朝这艘帝国之船荡漾在诗的海洋中。人们对于诗产生了浓厚的感情，诗成为人们的伴侣，成为人们再现生活、传达情感的最方便、最常用的工具，成为人们的生活需要。唐诗的大普及，由上而下、由下而上的创作浪潮不断出现，大大地促进了唐诗的繁荣和发展。在浩渺无垠的诗海中，涌现出许许多多著名的诗人，他们的诗以独特的风格誉满诗坛。他们是出类拔萃者，他们是以自己的艺术独创性在风格上独树一帜的人。但他们都深深地植根于唐诗的土壤中，吸取唐诗的营养以滋补自己的肌体。如果没有唐诗的普及性，也就没有他们的风格的独特性。因而唐诗的繁荣为促进他们作品风格的发展铺平了道路，提供了良好的基础；而他们的独创风格又为唐诗增添了灿烂夺目的光彩，并对唐诗创作起着指导和规范作用，影响着唐诗向特定的轨道发展，向健康的方向前进。这就告诉我们，唐诗并非每一首都有风格，只有那些艺术上成熟的明珠，才可发出风格的光芒。唐太宗、唐玄宗在唐代诗坛上亲自作诗，亲自投入艺术实践，亲自号召人们以诗言志、反映唐代生活，充分地发挥唐诗的社会作用，并以自己独创的风格推动着唐诗创作，他们在唐代诗史上的地位是不可低估的。我们可以说，唐诗的繁荣和他们的亲自实践、带头鼓吹具有直接关系。唐诗风格一开始就能以磅礴的气势、雄浑的气概统驭诗坛，和他们提倡的风格有关。《全唐诗》开头就称颂唐太宗"诗笔草隶，卓越前古。至于天文秀发，沈丽高朗，有唐三百年风雅之盛，帝实有以启之焉"。这不仅肯定了唐太宗在诗史上的开拓、启迪作用，而且强调了他的诗歌风格的独创性。所谓"沈丽高朗"，我们的理解就是：沉著、壮丽、崇高、明朗。只有运用这种风格，才足以表现唐王朝开国之初的昌盛景象，而这种风格也在王公卿相士大夫和广大人民的诗歌创作中树立了一面旗帜。这面旗帜是插在雄厚的经济基础之上的，因而显得特别挺拔、壮丽，它为唐诗的健康发展起了推波助澜的作用。

关于唐诗之所以繁荣、唐诗风格之花之所以姹紫嫣红的原因，明代的唐诗专家胡震亨在《唐音癸签》卷二十七"谈丛三"中谈得很好："有唐吟业之盛，导源有自。文皇英姿间出，表丽缛于先格；玄宗材艺兼该，通风婉于时格。是用古体再变，律调一新；朝野景从，谣习浸广。重以德、宣诸主，天藻并工，赓歌时继，上好下甚，风偃化移，固宜于呜遍于群伦，爽籁袭于异代矣。"这里高度评价了唐代皇帝在诗坛上所起的带头作用，这是符合历史事实的。

当然，唐诗繁荣的原因绝不止于此。唐太宗建国后，在政治上进行大胆改革。他励精图治，广纳贤能，唯才是举，彻底废除了重门第的门阀制度。只要是人才，就大胆擢用，而不论其出身门第的高低。这就为天下有才之士开辟了广阔的道路，提供了报效国家、大展宏图的活动舞台，许多出身寒门、地位卑下的士大夫阶层，也有了出头之日。据《资治通鉴》卷一九二《唐纪八》记载："上曰：王者至公无私，故能服天下之心。朕与卿辈，日所衣食，皆取诸民者也。故设官分职，以为民也，当择贤才而用之。"显然，唐太宗任用贤能的目的是所谓

"为民"。他说："舟所以比人君，水所以比黎庶。水能载舟，亦能覆舟。"① 他在这里多多少少地看到了人民的力量。为了替人民做点好事，以强化自己的统治，他广开言路，鼓励王公卿相和士大夫批评朝政，直陈得失。正因为如此，天下贤能，无不望风归顺，或辅佐唐室，忠心耿耿，恪尽厥职；或以诗抒怀，惆怅述情，尽力讴歌。写诗，成为他们发抒胸臆、描摹事物的重要手段。唐太宗也把写诗作为网罗人才、抒情记事的工具。他经常同虞世南、房玄龄、魏徵等著名诗人、政治家在一起作诗应和，《赋秋日悬清光赐房玄龄》、《赐房玄龄》、《赐魏徵诗》便是他的力作。特别是魏徵死的时候，他写了《望送魏徵葬》一诗，情感真挚，哀伤动人："惨日映峰沈，愁云随盖转。哀笳时断续，悲旌乍舒卷。望望情何极，浪浪泪空泫。"便是诗中感人的笔墨。唐玄宗也常常与群臣及诗人在一起赋诗，尤其敬重著名的诗人。太子宾客贺知章晚年辞京还乡之时，唐玄宗特意赋诗送行："岂不惜贤达，其如高尚心……独有青门饯，群僚（一作英）怅别深。"（《送贺知章归四明》）便是诗中的名句。这种尊敬诗人的好传统，唐代的历朝皇帝一直继承着。如唐代第十六代皇帝唐宣宗李忱，就是其中的一个。白居易死了，他写下《吊白居易》：

> 缀玉联珠六十年，谁教冥路作诗仙。
> 浮云不系名居易，造化无为字乐天。
> 童子解吟《长恨》曲，胡儿能唱《琵琶》篇。
> 文章已满行人耳，一度思卿一怆然。

足见李忱对白居易怀念之深。白居易写了那么多的讽喻诗，直言不讳地批评朝政，而当朝的皇帝不仅不加罪于诗人，反而写诗悼念他，这是何等的襟怀！何等的气度！唐代许多著名诗人的诗篇，不独在民间广泛流传，即使在宫廷也不胫而走，如韩翃、冯定、戎昱、钱起等人诗句，连皇帝也常常引用。为了使唐诗能千秋万代地流传下来，皇帝还下诏编纂诗集（如王维、卢纶等人的诗集），甚至对骆宾王、上官婉儿这些被视为犯了法度的诗人，也照样为他们编纂诗集，以示不泯。足见唐代皇帝对待诗人何等宽容！

为了更好地激发诗人蓬勃的创作热情，并更好地发掘人才，自唐玄宗起采取以诗取士的办法，这就大大地提高了诗人的身价和地位。诗人独特的艺术个性是

---

① （唐）吴兢：《贞观政要》卷四。

风格的灵魂，由于诗人的创作个性得到了充分的发挥，诗歌的艺术个性得到了充分的显示，因而唐诗的风格品种便日益增多。特别是唐代中叶以后，皇帝亲自批阅诗歌者、吟咏诗歌者，日渐增多，作诗的人以诗为荣，因而诗道日昌。尽管许多著名诗人屡试不第，或从未应试，但在以诗取士、重视诗歌的时代，必然受到诗的浪潮的冲击和影响。即使以诗取士、奉命所作的应制诗，不是唐诗的主流，格调不高，价值不大，但在客观上却刺激了诗人的创作热情。况且也并非所有的应制诗或应制诗中的所有诗作都是艺术上的劣品，其中也有艺术佳作。岂独玄宗时如此？早在初唐，未以诗取士但却重视诗人、重视诗歌时即如此。上官婉儿《奉和圣制立春日侍宴内殿出剪彩花应制》就是一首力作："密叶因裁吐，新花逐剪舒。攀条虽不谬，摘蕊讵知虚。春至由来发，秋还未肯疏。借问桃将李，相乱欲何如。"诗中描绘了裁纸作花、形象逼真、以假乱真的生动情景，是应制诗中之精品。即使那些没有应试及第的诗人，有的也曾写过干谒王公的应制诗，而且写得也不错。况且，唐朝皇帝并不提倡那些枯燥无味的应制诗，而是欣赏其中艺术成就较高的作品，只要是具有独特风味的，他们就予以鼓励。武则天常命群臣作诗，优者则予以赏赐。一日游龙门，举行诗会，说诗先成者赐给锦袍。"左史东方虬诗成，拜赐，坐未安，之问诗后成，文理兼美，左右莫不称善，乃就夺锦袍衣之。"① 这种做法虽不可取，但却表明武则天追求的是好诗，而不是敷衍了事的应制诗。应制诗是唐诗的一种款式、一个品种。它的主要特点是典丽堂皇、雍容华贵；它的缺点是藻饰雕琢，歌颂圣明之词较多，缺乏自然的风韵。我们不能夸大应制诗的成就，抬高它的地位，也不能一棍子打死，只能给它恰如其分的评价。那些一味地否定应制诗，说它严重地阻碍了唐诗发展的观点，显然是片面的。

　　唐诗之所以兴旺发达的另一个原因，是由于唐代诗人善于继承，勇于革新。齐、梁以来，文坛崇尚淫靡华丽的风习，讲究雕琢藻绘的文词，故雕虫之艺、宫体诗歌鼓噪一时，思想内容空虚轻浮，艺术形式堆砌卖弄。这些都反映齐、梁封建君主腐败的政治和没落的思想。这种风习，如果在唐朝承袭下去，显然是不利于唐代的政治统治、有害于唐朝的经济基础的，因而就要求进行诗歌改革，要求改革不利于唐代政治、经济发展的上层建筑。另一方面，也要看到齐、梁时代的音韵声律之学的高度成就，为唐诗的发展提供了必不可少的有利条件。如齐武帝永明年间，周颙、王融、沈约等人创立的"四声"、"八病"学说，对诗的音乐

---

① （宋）计有功：《唐诗纪事》卷十一。

性提出了严格的要求，按照沈约等人的要求写诗，一时蔚然成风，被誉为"永明体"。这就为唐诗（特别是律诗）的发展奠定了音韵学的基础，但过分追求形式而严重忽视内容也会走到自己的反面。据《梁书·庾肩吾传》记载："齐永明中，文士王融、谢朓、沈约，文章始用四声，以为'新变'，至是转拘声韵，弥尚靡丽，复逾于往时。"这种说法是可信的。到了唐代，虞世南、魏徵等人的诗中已有一种雄伟、豪迈之气，但在形式上尚未完全摆脱齐、梁以来华靡之风的影响。唐代杰出诗人，一面谴责其缛丽的形式主义，一面又吸收其音韵、声律之学的精髓，以滋补自己的肌体，故经沈佺期、宋之问等初唐诗人的实践，唐代律诗便以崭新的面貌出现在初唐诗坛，后经过杜甫、李商隐等人的努力，律诗便成为贯串唐诗二百多年间的庞大的序列体系。

尤其值得大书特书的是初唐树起诗歌改革大纛的旗手陈子昂。他的《与东方左史虬修竹篇序》乃是讨伐齐、梁颓靡诗风的战斗檄文，是对五百年来文风弊端的总挑战，是对风雅兴寄、汉魏风骨的歌颂，并提出了骨力雄健、幽愤沉郁的时代风格。他的《修竹篇》和《感遇》诗，就是他的诗歌理论的具体实践。他的理论和实践，影响了与他同时以及以后的一大批著名的诗人，同时期的张九龄，就写过不少感遇诗，此后，李白的《古风五十九首》，杜甫的"三吏"、"三别"等沉郁顿挫的诗作，白居易的《新乐府》、《秦中吟》等等，和陈子昂的诗风是一脉相承的。陈子昂的朋友卢藏用在《右拾遗陈子昂文集序》中说："道丧五百岁而得陈君。"称颂他"卓立千古，横制颓波，天下翕然，质文一变"。在诗歌革新中起了先驱作用。杜甫誉之为"有才继骚雅"，"名与日月悬"[1]。韩愈在《荐士》诗中，也认为"国朝盛文章，子昂始高蹈"。这说明陈子昂的诗歌革新理论在促进唐诗及其风格的发展中起过巨大的作用。他不愧为承先启后、开一代诗风的伟大诗人。

以上是从宏观的角度，就纵向分析的方面而言的。如果从微观的角度就横向分析的方面来说，唐代诗人家学渊源深厚、文学交往频繁，加之思想活跃，见解新颖，唱和频仍，诗会纷呈，流派林立，相互取长补短，彼此竞赛争雄，故能共同促进提高，这就大大刺激了诗人创作的积极性和主动性，推动了风格的创新和发展。据《唐音癸签》卷二十八"谈丛四"所载，家学渊源深厚，父子、兄弟、祖孙名卓当时者，父子则有李百药、李安期，褚亮、褚遂良，宋令文、宋之问，陈子昂、陈光，沈佺期、沈东美，杜甫、杜宗武，房融、房琯，独孤及、独孤

---

① 见（明）胡震亨：《唐音癸签》卷五。

郁、刘禹锡、刘承雍、皇甫湜、皇甫松、李泌、李繁、温庭筠、温宪、王景、王之涣；兄弟则有杜易简、杜审言、王维、王缙、元结、元融、柳公绰、柳公权、李逊、李建、白居易、白敏中、白行简、王勮、王勃、王勔、王助、王劼、王劝；祖孙则有杜审言、杜甫，杜佑、杜牧，父子祖孙三世者则有李栖筠子吉甫、吉甫子德裕，钱起子徽、徽子可复、可及、玙，等等。以上所列，仅其中荦荦大者，但由此可见唐代诗人家学出众、诗才辈出的概况。此外，文学活动的频繁、诗人交往的广泛，扩大了诗人的眼界，活跃了诗人的思想，诗人信息灵通，题材广阔，竞争心强，都在为创作出好的诗篇而努力。这就促进了诗歌创作的繁荣和诗歌风格的发展。例如，唐太宗开文学馆，选杜如晦、房玄龄、虞世南等为十八学士，唐中宗设修文馆，有大学士（如李峤）、学士（如卢藏用）、直学士（如宋之问、杜审言、沈佺期），唐玄宗时也有文学士。《唐音癸签》卷二十七"谈丛三"云："士益竞趋名场，殚工韵律。诗之日盛，尤其一大关键。"每逢良宵佳节，诗人经常聚宴即席以赋。以京城长安一地而言，紫云楼、芙蓉苑、杏园、慈恩寺为诗人常聚之所。届时，"绮罗杂沓，车马骈阗，飘香堕翠，盈满于路。朝士词人有赋，翼日即留传京师。当时唱酬之多，诗篇之盛，此亦其一助也"[1]。此外，唐代文会兴盛，饮酒谈诗，司空见惯，如陈子昂、王勔、张锡等人常宴会效"小庾体"等诗，王维常于开元、天宝年间应豪贵之家宴请赋诗，钱起、李端也是如此。白居易、刘禹锡、李绅、张籍则常游宴联句，作诗自娱。至于作为幕府而与主人宴会吟诗者，亦颇流行，如"高适之依哥舒翰，岑参之依高仙芝，杜甫之依严武，比比而是"[2]。他们经常在一起唱和。这样，他们就自觉地主动地提高作诗水平，努力写出好诗。这是促进唐诗发展的一个重要原因。

生活是文艺创作的唯一源泉，凡是以独创风格载誉诗坛的诗人，总要从丰富多彩的生活源泉中吸取甘露来滋补自己的身体。唐代诗人都是生活的弄潮儿，他们在各自不同的环境中进行创作，但对生活的开掘总是有极大的深度与广度的。他们所描绘的题材是十分广泛的。如长城饮马、出猎冬狩、塞外征战、潼关壮别、辽城望月、春日观海、终南揽胜、浮桥细吟、秋暮言志、远山观雾、春池扶柳、芙蓉弄水、深秋咏菊、临池赋竹、九九登高、温汤对雪、秦川风物、旋师喜捷、太行早行、春郊晚归、函谷秋风、野次喜雪、出塞入塞、琵琶醉饮、太庙明辞、神州乐章、鼓吹饶歌、横吹曲辞、相和歌词、三峡流泉、鄜州夜月、汉江临眺、夜泊牛渚、旅夜书怀、灞上秋居、夜雨寄北、回乡偶书、枫桥夜泊、滁州西

---

①② （明）胡震亨：《唐音癸签》卷二十七"谈丛三"。

涧、胡笳十八拍、玉树后庭花、湖边采莲妇、月夜忆舍弟，等等，其描绘的风物人情、社会面貌、自然景色，可谓绚烂多姿，尽入笔底。既有戎马驰突的战争，又有欢愉的郊外畅游；既有大海的波涛汹涌，又有小溪的玲玲琮琮；既有霹雳盖顶的紧张，又有花前月下的闲逸；既有壮士的慷慨悲歌，又有情人的依依惜别；既有庄严肃穆的壮美，又有生动活泼的优美。总而言之，唐诗题材多样，内容丰富，气象万千。这就给诗人的作品增添了无限情思、无穷韵致和婆娑多姿的风采，因而也必然促进了唐诗风格的多样化。

此外，由于唐代经济繁荣，贸易频繁，交通发达，这就促进了人与人之间的交往，扩大了人们的知识面和眼界，也大大促进了各种艺术门类之间的交流融合。唐代的诗歌、书法、音乐、美术、舞蹈、雕塑、建筑等艺术均得到迅速发展，各种艺术均有各自的独特性、个性，也有各各相通的普遍性、共性，它们相互吸取、相互融合、相互竞赛，因而大大地提高了艺术意境的深邃性和广阔性。许多诗人兼通多种艺术，在创作时往往吸取了多种艺术的美来充实诗歌的美，提高诗歌的质量和水平，丰富诗歌的风格美。例如：虞世南、欧阳询、褚遂良、贺知章、张旭、怀素、颜真卿、李阳冰等人，既是有名的诗人，又是书法大家。以张旭而论，"旭言始吾见公主担夫争路而得笔法之意。后见公孙氏舞剑器而得其神"①。杜甫在《观公孙大娘弟子舞剑器行》的"序"中，曾记载道："往者吴人张旭，善草书帖，数常于邺县见公孙大娘舞西河剑器，自此草书长进，豪荡感激，即公孙可知矣！"杜甫虽然写的是公孙大娘弟子舞剑器，但公孙之技艺传统亦可概见。"观者如山色沮丧，天地为之久低昂。熠如羿射九日落，矫如群帝骖龙翔。来如雷霆收震怒，罢如江海凝清光。"这里，杜甫也吸取了公孙技艺的"浏漓顿挫"、"豪荡感激"的风格美，因而便增添了杜诗的沉郁美。至于张旭的诗，也吸取了公孙技艺的美，并把自己的草书技艺输入诗歌创作中，因而他的诗便具有一种无拘无束的流动美和漫不经心的自由美。且看他的具体描绘："旅人倚征棹，薄暮起劳歌。笑揽清溪月，清辉不厌多。"（《清溪泛舟》）这是何等潇洒！"隐隐飞桥隔野烟，石矶西畔问渔船。桃花尽日随流水，洞在清溪何处边。"（《桃花溪》）这是何等流美！"山光物态弄春晖，莫为轻阴便拟归。纵使晴明无雨色，入云深处亦沾衣。"（《山中留客》）这是何等轻松愉快！其他如《春游值雨》、《春草》、《柳》等诗均系脍炙人口的传世之作。总的说来，张旭的诗是自然的，清新的，流畅的，无拘无束的，没有丝毫人工的痕迹。而他的书法艺术也

---

① （唐）李肇：《国史补》卷上。

具有这些特点。显而易见，他的诗也不会不吸取他的书法艺术的自然、明朗、流动、清新之美。这就大大提高了他的诗歌艺术美的境界，大大强化了他的诗歌风格美的浓度。

再拿绘画对唐诗的影响来说，阎立本、李思训、王维、吴道玄（字道子）等人均为唐代绘画大师。秦府十八学士图、贞观中凌烟阁功臣图，都是阎的手迹。据《旧唐书》卷十七《阎立德附阎立本传》记载："太宗尝与侍臣学士，泛舟于春苑池中，有异鸟随波容与，太宗击赏数四，诏坐者为咏。召立本令写焉。时阁外传呼云：画师阎立本。"这种诗画并作的盛况，必能加强二者的技术交流，提高诗画的艺术质量，革新诗画的面貌。阎立本能画善诗，可惜作品大都亡佚，只有《全唐诗》中还保存一篇《巫山高》，描绘了"巫山高高半天起，绝壁千寻尽相似"的景象，风格壮丽、明朗。

至于诗中有画、画中有诗而臻于至高境界，兼得诗画之美者则莫过于王维了。据《旧唐书》卷一九〇下《王维传》载："维尤长五言诗，书画特臻其妙。笔踪措思，参于造化，而创意经图，即有所缺。如山水平远，云峰石色，绝迹天机，非绘者之所及也。"这里特别强调王维诗画的自然高妙和炉火纯青的境界；也告诉我们，他把绘画技艺用于写诗，是天衣无缝的。他的绘画理论之作《山水论》、《山水诀》是用诗的语言写成的。他在《偶然作·老来》中，记述自己"宿世谬词客，前身应画师"。他的《青溪》、《终南别业》、《渭川田家》、《山居秋暝》、《归嵩山作》、《终南山》、《过香积寺》、《鸟鸣涧》、《鹿砦》、《木兰砦》、《竹里馆》、《辛夷坞》等诗，都是著名的以画入诗之作。"维未冠，文章得名，妙能琵琶"[1]。故其诗"百啭流莺，宫商迭奏"[2]，因而王维的诗，不仅有绘画的直观美和色彩美，而且还有音乐的旋律美和节奏美。

在唐代诗人中，深谙音韵、精通乐曲者岂止王维一人？唐太宗就深谙音乐之美。贞观七年，他设计破阵舞图，就令起居郎吕才按此图教一百二十个乐工穿着铠甲，拿着长戟排练，并做出击刺的姿态，且与音乐的节拍相呼应。这实际上已把音乐和舞蹈结合起来了[3]。至于唐玄宗，则既是诗人，又是音乐家。据《新唐书》卷二二《礼乐志》一二云："玄宗既知音律，又酷爱法曲。选坐部伎子弟三百，教于梨园，声有误者，帝必觉而正之。"又据《旧唐书》卷二八《音乐志》

---

① （宋）计有功：《唐诗纪事》引《集异记》。
② 《史鉴类编》。
③ 《旧唐书》卷二八《音乐志》一。

一载："玄宗又于听政之暇，教太常乐工子弟三百人，为丝竹之戏，音响齐发，有一声误，玄宗必觉而正之。"由于皇帝重视音乐入诗，所以他们的诗中往往具有音响、节奏、旋律之美。他们也影响着其他诗人。白居易的《琵琶行》、韩愈的《听颖师弹琴》、李贺的《李凭箜篌引》，都是富于音乐美的著名诗篇。

唐代诗人的创作态度是极其严肃的。他们对待生活不掩饰，不嘲弄，不逃避，不玩世不恭。他们总是忠实于生活的真实，再现生活的面貌，揭示生活的本质。不管是贞观之治、开元盛世时繁富的经济景况和安定的社会生活，还是天宝十四年"安史之乱"时的动荡、浩劫的痛苦生活，诗人都不回避，不夸大，不缩小，而是恰如其分地再现之、表现之，还生活以本来面貌。因此，盛时固然能刺激诗人创作的激情，衰时也可以激发诗人创作的激情。为什么呢？因为诗人具有强烈的社会使命感和责任感。无论是盛是衰，他们总被自己的责任心、使命感所驱使，都要以自己的歌喉唱出时代的声音、人民的心声。杜甫在开元、天宝盛世和"安史之乱"后的不同时期都能写出伟大的现实主义诗篇，其原因亦在此。

以上，我们着重分析了唐诗风格之所以繁荣的社会原因。下面，我们再谈谈诗人本身在促进唐诗风格繁荣方面所起的作用。

诗人的气质、个性的独特性，是促使风格产生的重要原因。不同的诗人，都有各自特殊的气质、个性，因而他们的诗歌也有各各不同的风格。曹丕在《典论·论文》中说："文以气为主，气之清浊有体，不可力强而致……至于引气不齐，巧拙有素，虽在父兄，不能以移子弟。"所谓气，就同诗人的气质、个性而产生的风格有关。以深受唐人景仰的汉魏风骨的代表诗人曹氏父子来说，他们虽面对同一时代，在他们的作品中都打上了时代的烙印，但由于他们气质、个性上的差异，也影响着他们的作品风格。曹操雄才大略，胆识过人，气魄劲健，故其诗悲壮慷慨，豪情横溢。曹丕则往往采取闾里小事、男女之情为题材，哀怨者多，慷慨者少。至于曹植，由于气质抑郁、个性孤僻，故其诗作忧愤感伤者居多。拿唐代诗人来说，论祖孙，则杜审言鸿丽，杜子美沉郁；论父子，则皇甫湜雄奇，皇甫松委曲；论兄弟，则王维冲淡，王缙平远；论夫妇，则李隆基雄丽，杨贵妃柔媚。可见，任何诗作的风格，都要盖上诗人自己独特的气质、个性的印章。法国古典作家莫泊桑说得好："气质就是商标。"又说："艺术家独特的气质，会使他所描绘的事物带上某种符合于他的思想的本质的特殊色彩和独特风格。"① 法国古典文艺理论家布封则用"风格却就是本人"② 一语，表述了作家本人（包括气质、个性）对于形成风格的决定作用。唐代诗人，正由于各有其独特的气质、个性，因而其作品也就具有各各不同的风格。

诗人的心情、境遇及其生活道路的变化，乃是促使其诗歌风格多样化的另一原因。王维早期，在政治上很有抱负，因而写过一些格调昂扬、豪迈英爽的诗篇，如《少年行四首》、《送赵都督赴代州得青字》等。但他在政治上屡遭挫折后，便退隐山林，与衲子为伍，以萧疏清淡的山水诗自娱，这就使他的诗歌风格变得冲淡。白居易的诗，由早年的讽喻而到晚年的闲适，也反映了他的心情、境遇及其生活道路的变化。

生活情趣的多样性是产生风格多样化的又一原因。一个诗人的生活情趣，因时间、空间、景物的变化而不同，也造成了他们作品风格的差别。例如，豪放的诗人，不可能任何时刻都豪放。当他心境悠闲、静穆独处时，当他和挚友促膝谈心时，当他和情人窃窃私语时，当他闲话桑麻时，当他在茂林修竹中遨游时，当他在花前月下徘徊时，也总会有点缠绵、婉约之情。他此时此地写成的诗词，就会呈现出多种色彩、风姿、情调、韵味。以李白而论，当他以景仰的情怀歌颂秦始皇时，其作品风格便是豪迈雄壮的，"秦王扫六合，虎视何雄哉！飞（一作挥）剑决浮云，诸侯尽西来"（《古风五十九首》其三）。这就是其中横扫太空、气势磅礴的名句。当诗人以同情的笔墨描述妇女内心的隐痛时，其风格便是哀怨的。"八月蝴蝶来，双飞西园草。感此伤妾心，坐愁红颜老"（《长干行二首》）。这里，流露出少妇思夫的离愁别恨。当诗人平静地描绘女子思念远戍的征夫时，其情调是缠绵悱恻、婉约多情的。如《春思》："燕草如碧丝，秦桑低绿枝。当君怀归日，是妾断肠时。春风不相识，何事入罗帏？"这里，细致地刻画了这个女子的心理活动，表明了她忠于爱情的心迹。当诗人逃避战乱、客居异乡时，其作品亦时时显示出悲怆凄楚的思乡情怀。如《宣城见杜鹃花》："蜀国曾闻子规鸟，宣城还见杜鹃花。一叫一回肠一断，三春三月忆三巴。"以上说明，一个诗人的生活情调、趣味，是多种多样的，它随时产生变化，这就必然影响诗人的作品，从而出现风格上的葳蕤摇漾、丰富多彩。李白如此，其他诗人也是如此，因而就为唐诗的百花园不断增添着风格的新品种，大大促进了唐诗风格的发展。

---

① ［法］莫泊桑：《爱弥尔·左拉研究》，《古典文艺理论译丛》第八册，人民文学出版社 1964 年版，第 149 页。

② 亦译为"风格即人"。见布封：《论风格》，《译文》1957 年 9 月号。

综上所述，关于唐诗发展和唐诗风格繁荣的原因虽然极其复杂，但归纳起来，不外乎内因和外因两方面。从外因方面说，唐代的社会生活激发了诗人的创作热情，调动了他们的积极性，使他们写诗的才能得到充分的发挥，这就为唐诗发展提供了良好的土壤，为诗歌创作的深入、普及开辟了广阔的道路。从内因方面说，诗人的艺术思维处于极其活跃的状态，诗人的创作灵感或如庐山飞瀑，奔腾直泻；或如山涧流泉，汩汩而出，其中渗透着诗人独特的思想、情感、兴趣、体验，充分地表现出诗人独特的个性，寄托在诗歌中，转化为诗歌的艺术个性，从而形成诗人作品中特殊的风采、情调、韵味，散发出特殊的芳香，这就是风格。不同的诗人，风格各各不同，这就出现了唐诗风格姹紫嫣红、百花齐放的繁荣景象。

唐诗风格随着历史的前进而发展，在不同阶段，除了形象地显示作者的风貌、气质、品性以外，还要响应时代的召唤、生活的呼喊，这种不同时期的社会生活，就给唐诗风格打上了不同历史阶段的烙印。

在漫长的三百年中，唐诗经历了哪些发展阶段呢？在特定的历史时期，不同诗人的作品有什么共同特色呢？而决定划分唐诗风格发展阶段的依据又是什么呢？这些问题，从古至今，不少理论家都在进行探索、寻找答案，这就为后人的研究提供了坚实的基础和可贵的资料。最为著名并为多数学者所接受的是"四唐"说。即将唐代划分为初唐、盛唐、中唐、晚唐四个阶段。晚唐诗论家司空图在《与王驾评诗书》中虽未提出"四唐"说，但对唐代诗史不同时期不同诗人不同诗作的不同特色与同一时期不同诗人不同诗作的共同特色，却作了高度概括，如"国初"之"雅风特盛"，王昌龄之"杰出"，李、杜之"宏肆"，王维、韦应物之"趣味澄复"，"元、白力勍而气孱"，刘禹锡、杨巨源"各有胜会"，贾岛则"时得佳致"，"厥后所闻，徒褊浅矣"。这些论析，突现了唐代许多著名诗人诗作的风格个性和共性，从而启发了后人，并为后人划分唐诗风格发展阶段打下了基础。

到了宋代，严羽在《沧浪诗话·诗辨》中论析唐诗时，认为："盛唐之诗，则第一义也"；"大历以还之诗""已落第二义矣"；"晚唐之诗"，则并无师承。在《沧浪诗话·诗体》中，他将唐诗体分为"唐初体，盛唐体，大历体，元和体，晚唐体"。这就为后人划分唐诗发展阶段提供了借鉴。

至于最明确地按"四唐"说对于唐诗风格发展阶段进行细致划分的，则应首先归功于明代的高棅。他在《唐诗品汇总序》中说：

有唐三百年诗，众体备矣。故有往体、近体、长短篇、五七言律句绝句等制，莫不兴于始，成于中，流于变，而陊之于终。至于声律、兴象、文词、理致，各有品格高下之不同。略而言之，则有初唐、盛唐、中唐、晚唐之不同。详而分之，贞观、永徽之时，虞、魏诸公，稍离旧习，王、杨、卢、骆，因加美丽，刘希夷有闺帏之作，上官仪有婉媚之体，此初唐之始制也。神龙以还，洎开元初，陈子昂古风雅正，李巨山文章宿老，沈、宋之新声，苏、张之大手笔，此初唐之渐盛也。开元、天宝间，则有李翰林之飘逸，杜工部之沉郁，孟襄阳之清雅，王右丞之精致，储光羲之真率，王昌龄之声俊，高适、岑参之悲壮，李颀、常建之超凡，此盛唐之盛者也。大历、贞元中，则有韦苏州之雅澹，刘随州之闲旷，钱、郎之清赡，皇甫之冲秀，秦公绪之山林，李从一之台阁，此中唐之再盛也。下暨元和之际，则有柳愚溪之超然复古，韩昌黎之博大其词，张、王乐府，得其故实，元、白序事，务在分明，与夫李贺、卢仝之鬼怪，孟郊、贾岛之饥寒，此晚唐之变也。降而开成以后，则有杜牧之之豪纵，温飞卿之绮靡，李义山之隐僻，许用晦之偶对，他若刘沧、马戴、李频、李群玉辈，尚能黾勉气格，将迈时流，此晚唐变态之极，而遗风余韵，犹有存者焉。

　　这里，把唐诗"品格"（风格）划分为"初唐、盛唐、中唐、晚唐"四个时期。太宗贞观、高宗永徽至玄宗开元初为初唐，开元、天宝间为盛唐，大历、贞元中为中唐，元和之际及开成以后为晚唐，其代表性的诗人作品风格分别列入。这种划分为许多学者所认同，但为人们难以接受的是对元和之际诗人作品风格所处时期的划分。高棅对于他所界定的"大历、贞元中"韦应物、刘长卿、钱起、郎士元等人诗风赞之曰"此中唐之再盛也"，显然，他是把大历、贞元划入中唐的。另一方面，他却把生于大历年间，活跃于大历、贞元、永贞、元和之际的柳宗元、韩愈、张籍、王建、元稹、白居易、贾岛等诗人作品风格，一股脑儿地并入晚唐，称之曰"此晚唐之变也"。这就把他们排除在中唐之外。如此把大历、贞元纳入中唐，又将生活于大历、贞元、永贞、元和之际的诗人诗风排除在中唐之外的做法，岂非自相矛盾？

　　晚于高棅的明代诗评家徐师曾在《文体明辨序说·近体律诗》中说：

　　至唐而有四等，由高祖武德初至玄宗开元初为初唐，由开元至代宗大历为盛唐，由大历至宪宗元和末为中唐，自文宗开成初至五季为晚唐。

这里，把初唐开始上溯到唐太宗李世民之父高祖李渊武德初年，较之高棅把初唐确定自太宗贞观始提前九年。对于盛唐，徐师曾与高棅都确定自开元始，但高棅还说天宝年间也属于盛唐；至于下限至何时，高棅虽未明说，但他把大历、贞元作为中唐，这就暗示着将盛唐末期下推至大历初年，以便与中唐开端紧密相连。至于中唐末期，徐师曾确定为元和末年，这和高棅把元和划入晚唐的做法是截然不同的。徐师曾的说法比较符合实际，但也有疏漏，因为元和之下还有穆宗长庆、敬宗宝历、文宗太和，这些却被徐氏忽略了。至于太和之后的开成，徐氏则视为晚唐之始，这是符合当时诗歌发展潮流的。但徐氏把晚唐下限推至五季（即五代：后梁、后唐、后晋、后汉、后周），则时间未免过长。

总之，高棅、徐师曾对于唐诗风格的划分，虽不无缺陷，但却为后人提供了重要的参照系。

唐诗风格时间划分的依据是什么呢？难道是依据唐代政治经济的兴衰来确定其分期吗？如果那样做，有些文艺现象就难以解释。例如，"安史之乱"严重地削弱了唐代的国力：政治上失去了过去的光彩，经济上遭到巨大破坏，人民苦不堪言。但是，伟大诗人杜甫，就在这个时期写下了《月夜》、《悲陈陶》、《春望》、《羌村三首》、《北征》及"三吏"、"三别"等现实主义诗篇，风格沉郁顿挫、忧愤悲慨，充满了对人民的爱。这就可以看出，伟大的诗篇及其风格，不见得都是政治、经济兴盛时期产生的，因为物质生产与精神生产不见得都是平衡的。在经济繁荣的开元盛世和"安史之乱"前的天宝年间，杜甫固然写出了伟大的诗篇；"安史之乱"时期，经济急剧衰退，他也写出了千古传诵的不朽之作。又如，韩、孟、元、白所处的中唐，国力远远逊于盛唐，然而却形成了险怪与轻俗截然不同的两大诗歌流派，各派均拥有自己为数众多的诗人及其作品；至于晚唐，由于藩镇割据、宦官擅权、外患频仍、政治腐败，经济上已濒于崩溃边缘，然而却出现了以李商隐、杜牧为代表的优秀诗人，其独创的雅艳诗风，在晚唐诗坛上熠熠生辉。这就表明，唐诗风格时期的划分，不一定都和唐代国力的兴衰成正比。当然，我们也毋庸讳言，唐代国力强盛，大大促进了唐诗风格的繁荣，也是有利于突现盛唐诗风的繁荣景象的。

风格是艺术美成熟的最高而集中的表现，是作家、艺术家才华的凝聚，是艺术创造的总特色，因而风格永远象征着活跃的、欣欣向荣的艺术生命力。唐诗之初、盛、中、晚，只是唐诗生命脉搏跳动的四大阶段。它自始至终，都优化着诗人的灵魂，弹奏着时代的音响，而绝非其生命力由盛而衰的演变过程。

当然，在初、盛、中、晚的发展阶段中，唐诗风格生命力的跳动是有强有弱、有急有缓、有疏有密的，这与唐代的由盛而衰、由兴而亡虽有联系，但却是两码事。

盛唐阶段，唐诗风格之花，遍地开放，花团锦簇，璀璨夺目，是唐诗风格美的巅峰。我们既不能因此而任意贬低中、晚唐诗的价值，也不能由于中、晚唐诗各领风骚而淡化雄霸诗坛的盛唐诗风。我们应把唐朝由盛而衰的过程同唐代诗风的初、盛、中、晚的发展趋势严格地区别开来，而不可混为一谈。

初唐近百年之久，盛、中、晚唐各逾大半个世纪。在特定历史阶段，许多诗人，由于诗风相近、相似，便形成了一致的流派，或弹奏着共同的曲调，或掀起了汹涌澎湃的诗潮；有的诗人，站在时代的前列，引吭高歌，唱出了人民的心声；有的诗人，以自己喜爱的笔调，去揭示社会人生的真谛。

初唐时期，尚未完全摆脱绮艳诗风，连精通诗律的沈佺期、宋之问等人也不例外。但以王勃为首的雄丽诗风，以陈子昂为旗帜的悲慨诗风，却唱出了时代的最强音。就其主要美学属性而言，雄丽属于壮美，悲慨属于悲剧美。

盛唐时期，一味秀丽雄浑。就雄浑而言，有岑参、高适之悲壮，王昌龄、王之涣、王翰之悲凉、苍劲，李白之豪放，杜甫之沉郁。就秀丽而言，可分别以清、淡目之。有李白之清新、飘逸，王维之冲淡、空灵，孟浩然之平淡、恬静。就其主要美学属性而言，雄浑属于壮美、崇高，秀丽属于柔和、优美。

中唐时期，流行着清淡、险怪、轻俗的诗风。韦应物、柳宗元、刘禹锡继承了盛唐清淡诗风，并消化吸收，面目别具，故有韦之澄澹，刘之清峻，柳之清峭、简淡。此外，韩愈鉴于李、杜两大巅峰之不可逾越，便另辟蹊径，大变诗风，独创险怪。在此旗幡下，尚有李贺之冷艳，孟郊之塞寒，贾岛之峭瘦，极其化丑为美、以怪为美之能事。此外，与韩孟诗派相左的是元白诗派，其特征可用"元轻白俗"来概括。这两大诗派，主宰着中唐诗坛。

晚唐时期，有李商隐之隐僻，杜牧之之俊爽，温庭筠之绮靡，可目之为雅艳。他们在某种程度上，都是唯美、唯情派。至于皮日休、聂夷中、杜荀鹤、陆龟蒙等人的诗风，则可目之为质朴，属于现实主义诗派。但是，前者乃是晚唐影响深远的主要诗派，其主要美学属性可以用柔婉、优美来概括。

为便于理解，兹列表如下：

唐诗风格分期间表

风格分期	风格品类举要			美学属性
初唐（618—713） 高祖武德初 至玄宗开元初	雄丽（王勃，骆宾王）			壮 美 悲剧美
	悲慨（陈子昂）			
盛唐（713—766） 开元至代宗大历初 （开元至天宝，为 盛唐黄金时代）	雄浑	悲壮（边塞诗派：岑参、高适、王昌龄、王之涣、王翰）		
		豪放（李白）		
		沉郁（杜甫）		
	秀丽	清	清新，飘逸（李白）	优 美
		淡	冲淡，空灵（王维）	
			平淡（孟浩然）	
中 唐（766—835） 主要指大历至宪宗元 和末（766—820），下限 可推至文宗太和末（835）	清	清峻（刘禹锡），清峭（柳宗元）		
	淡	澄澹（韦应物），简淡（柳宗元）		
	险怪	韩孟诗派：险怪（韩愈），冷艳（李贺），寒（孟郊），瘦（贾岛）		丑 怪
	轻俗	元白诗派：轻艳（元稹），通俗（白居易）		讽 谕
晚 唐（836—907） 文宗开成初至哀帝天祐末	雅艳	隐僻（李商隐），俊爽（杜牧），绮靡（温庭筠）		优 美
	质朴	现实主义诗派：悲愤（皮日休、杜荀鹤），讽刺（聂夷中、陆龟蒙）		讽 刺

以上简表，以高棅、徐师曾对唐诗发展阶段的划分为参照系，并依据唐诗风格流派大潮起伏变化的运动规律，而确定其时间起讫。其中，有些诗人往往跨越两个时期，故其诗风亦每每呈现超越性，杜牧、李商隐、温庭筠之所以时而被目为中唐诗人，时而被目为晚唐诗人，就是这个缘故。笔者则视其诗风与当时流派风格大潮联系紧密程度而确定其所处时期。其联系密切甚至被卷入流派风格大潮者，则决然作出属于某期的划分。此外，则视诗人诗风主要流行于何时而作出属于某期的判断。

唐诗风格品类的划分是相对的，风格与风格之间的界限每每是模糊的，往往难以作出非此即彼的界定，因而必须用亦此亦彼的方法去考量风格与风格之间的互渗性、圆融性，而不可机械执著地作出判断。如"盛唐一味秀丽雄浑"①，其基本风格是雄浑。岑、高边塞诗派之悲壮，就属于雄浑，然与悲慨亦相渗相融，故《沧浪诗话·诗评》云："高、岑之诗悲壮，读之使人感慨"；胡应麟则称颂"高适之浑雄"②，李白之豪放，亦含雄浑气象，故李白曾引他人之言曰："李白之文，清雄奔放。"（《上安州裴长史书》）杜甫虽自称诗风"沉郁顿挫"（《进鵰赋表》），但亦不乏雄浑，故其《望岳》历来被诗家誉为"雄极冠裳"之作。这就表明，只有用雄浑去概括，才足以突现盛唐诗歌气象。当然，盛唐诗风也是绚烂多彩的，因而它也可用"秀丽"来概括。李、杜之诗，固然主要显示为雄浑，但亦有秀丽动人的描绘。

　　唐诗风格由于变革所掀起的时代大潮与流派运动，在划分"四唐"时，具有关键作用。陈子昂的变革，开一代诗风，故成为初唐诗坛的旗帜。李、杜诗风的创新，成为盛唐气象的标志。韩、孟怪变与元、白俗变，成为中唐诗坛的潮流。李商隐尚美、尚情的雅艳诗风，成为晚唐诗坛的主流。

　　唐诗风格发展四个阶段的美学属性是有共同点、交叉点与对立点的。总的说来，初唐、盛唐，都激荡着壮美、悲剧美的波澜；盛、中、晚唐，都绽开着优美的花朵；中、晚唐缺少阳刚的调子和崇高的歌喉，但却突出了险怪与轻俗、雅艳与质朴的对立；而晚唐的雅艳与初唐的绮艳（如上官仪、沈佺期、宋之问）虽有某种联系，但却是有区别的。就多数情况而言，晚唐雅艳毕竟是由艳入雅，初唐绮艳则是由绮入艳，故前者的胭脂味比之于后者要薄得多、淡得多。所以，晚唐的雅艳是对初唐绮艳的变革、超越。

---

①② 　（明）胡应麟：《诗薮》内编卷四。

第一章　王勃诗歌风格论

一　王勃诗风能否用"绮丽"来概括

在中国文学史上，许多才华横溢的诗人，在青年时代就写下了光彩夺目的诗篇。他们本可不断地为人民创造出熠熠闪光的艺术明珠，多多地为祖国文化宝库增添异彩，然而不幸的是，他们却惨遇厄运、横遭不测，以致赍志以殁，遂成千古遗恨。初唐诗人王勃，就是如此。

王勃（649—677），字子安。他六岁能文，九岁撰《指瑕》十卷，指出颜师古《汉书注》中的错误。十岁，就精读了六经——《诗》、《书》、《易》、《礼》、《乐》、《春秋》。十四岁时，赴洪州（南昌）牧阎伯玙举行的滕王阁宴，即席写成了千古传诵的《滕王阁序》，自此声名大振。十七岁时做了从七品官朝散郎。二十岁时，由于写了讽刺英王斗鸡的文章，得罪了唐高宗，被免官。他到过四川，又到过南方。二十八岁时，从广州出发，赴交趾去看望他父亲福畤时，渡南海时坠入水中，被淹死。他在短促的一生中，写下了三十卷诗文。

王勃以其卓越的艺术成就而被列入"初唐四杰"。在"四杰"中，他也被公认为领袖。这是什么道理呢？

我们认为：王勃的诗歌具有独创的风格和不可磨灭的时代意义，这是他之所以驰名当时的重要原因。唐代诗人，很多都是有独特的艺术风格的，但并不是所有富于独特风格的诗人都能站在时代的前列高瞻远瞩、针砭时弊、为开一代新风而大声疾呼的。因此，有些诗人的作品虽富于独创性而赢得人们的喜爱，但却不是时代的最强音；有些诗人的作品，既富于风格的独创性，又富于鲜明的时代性。王勃就是后者。只有把王勃的诗歌放在当时时代社会生活环境中去考察，才能看出他的诗歌风格的真正价值。否则，把王勃诗歌的某种特色当成他的诗歌的主导风格，就会犯片面性错误。遗憾的是，从古至今，不少人在评论王勃的诗作时，并没有很好地把它放在当时时代这个大的背景下去考察，没有把握诗人作品中跳动着的时代脉搏，仅仅抓住作品的某个特点，就对王勃的诗歌风格作出总体的判断。宋代王应麟说王勃诗具有"江左卑弱之风"①；元代辛文房说他风格

---

① （宋）王应麟：《困学纪闻》卷十七。

"绮丽"①；明代张逊业说他"富丽"②；《钦定四库全书简明目录·王子安集十六卷》说他"钜丽"；近代许多学者也认为，王勃的诗虽然和梁、陈浮靡之风大相径庭，但亦受到影响，其风格仍可用"艳丽"二字概括。以上说法，只谈到了王勃诗歌风格的某些方面，并没有看到王勃诗歌风格的基本精神面貌，因而在部分上虽有可取之处，但在总体上却是不够全面的。

当然，我们也毋庸讳言，绮丽的确是王勃诗风的一大特点。

所谓绮丽，就是指文采彪炳、姿容秀美。司空图用"露余山青，红杏在林，月明华屋，画桥碧阴"③ 的句子，形象地描绘了绮丽美。

绮丽和淫丽不同。绮丽容光焕发、天真纯净，而淫丽则涂脂抹粉、浮华虚伪。司空图形容绮丽"浓尽必枯，浅者屡深"④，是极为精到的，也就是前人所说的绮丽之至，反归平淡之意，所以清代的蒋斗南说得好："绮丽羞涂饰。"⑤ 王勃诗歌的绮丽和六朝诗风的淫丽，是完全不同的。王勃诗歌的绮丽，总体上说是从属于雄放刚健的，二者是交融在一起的。此外，王勃还有一些作品，虽以绮丽见长，而并不雄放刚健，但也是和六朝风习南辕北辙的。它是真正的绮丽，是属于优美、秀美的风格范畴的。它的出现，只会使那些冒充风格之花的淫丽黯然失色，难以立足。且看如下诗句：

> 桂宇幽襟积，山亭凉夜永。
> 森沉野径寒，肃穆岩扉静。
> 竹晦南汀色，荷翻北潭影。
> 清兴殊未阑，林端照初景。
>
> ——《山亭夜宴》

这里，寓绮丽于清幽、深邃之中，衬托出诗人愉悦的心境。诗人笔下的房舍、山亭、小道、山岩、屋门、河水、潭影、朝阳等，都染上了鲜明的色彩。再如：

> 芳屏画春草，仙杼织朝霞。

---

① （元）辛文房：《唐才子传》卷一。
② （明）张逊业：《校正王勃集序》。
③④ （唐）司空图：《诗品·绮丽》。
⑤ （清）蒋斗南：《诗品目录绝句》。

何如山水路，对面即飞花。

——《林塘怀友》

这里的色彩就不是清淡的，而是明丽、纤秾了。屏风上画的春草，仙女织成的彩锦，虽然很美，但哪里有山水路上迎面扑来的飞花好看呢？诗人用对比的手法为我们描绘出一幅绝妙的风景图。其他如："北山烟雾始茫茫，南津霜月正苍苍"（《寒夜怀友杂体二首》其一）；"物外山川近，晴初景霭新"（《登城春望》）；"野烟含夕渚，山月照秋林"（《夜兴》）；"乱竹开三径，飞花满四邻"（《赠李十四四首》其二）；"江旷春潮白，山长晓岫青。他乡临睕极，花柳映边亭"（《早春野望》）；"长江悲已滞，万里念将归；况属高风晚，山山黄叶飞"（《山中》）；"桂密岩花白，梨疏林叶红。江皋寒望尽，归念断征蓬"（《冬郊行望》）。这些诗，虽有淡丽、幽丽、明丽、清丽、秾丽之别，但均属绮丽。至于李白所说的"自从建安来，绮丽不足珍"（《古风五十九首》其一），乃是批评六朝淫靡、浮艳的文风，并非指责真正的绮丽。像王勃那样的绮丽，却正是李、杜所推崇的。李白在《古风》中所说的"雕虫丧天真"和王勃反对雕饰的主张是一脉相承的。杜甫在《戏为六绝句》中说："龙文虎骨皆君驭"，"不废江河万古流"，"王杨卢骆当时体"，"清词丽句必为邻"。杜甫不仅高度评价了"四杰"龙文虎骨的雄健美，而且也肯定了"四杰"诗歌风格的绮丽美。莎士比亚曾经通过哈姆雷特之口，称赞绮丽是一种"老老实实的写法"，"毫无矫揉造作的痕迹"，它"没有滥加提味的作料"，它"壮丽而不流于纤巧"（《哈姆雷特》）。这些话用来说明王勃诗歌风格的绮丽美，也无不可。

当然，我们也毋庸讳言，在王勃的某些诗作中，的确也有瑰玮的词采、华艳的藻饰，残存着雕琢的痕迹，有难解、费解之处，因而没有完全摆脱六朝文风的余习，所谓"流水抽奇弄，崩云洒芳牒"（《春日宴乐游园赋韵得接字》），"帝里寒光尽，神皋春望狭"（同上），就是这类诗句。但它数量不多，毕竟无法取代王勃诗歌风格的绮丽美。

二 壮而不虚 刚而能润 雕而不碎 按而弥坚

对王勃的诗歌风格作出令人信服的评价的，是王勃的好友杨炯。他在《王勃集序》中说："以兹伟鉴，取其雄伯，壮而不虚，刚而能润，雕而不碎，按而弥坚。"意思是说：从大的方面看，王勃之作，风格堪称为雄。它雄而壮实，刚而柔润，雕饰而不烦琐，按之则内涵充实坚牢。这是对王勃诗歌风格总的概括。这种概括是可信的，因为杨炯和王勃是同代人，他可看到王勃作品的全貌，这样就不会挂一漏万。而后代人只能见到王勃的部分诗作，而不能在王勃全部诗作的基础上对其风格作出完整、全面的概括。但尽管如此，我们仍可从王勃现存的诗集中看出王勃诗歌风格的主导方面也是和杨炯的分析相符合的。可见，历代诗家所谓的绮丽、富丽、钜丽、艳丽，只能揭示王勃作品"雕"（修饰、描绘、刻画）的方面，而不能代表王勃诗歌的主导风格。

王勃诗歌风格的基本特色是：熔雄壮、柔润于一炉，雄而能润，刚而能柔。然而它的润是隶属于雄，它的柔是服从于刚的，故能雄中显润，刚中见柔，有刚有柔，刚柔相济。我们可用"雄放刚健、柔润绮丽"八个字来概括，也可以把它浓缩为"雄丽"两个字。其主导风格是雄放刚健，而柔润绮丽却居于从属地位。

为什么说王勃诗歌的主导风格是雄放刚健呢？这就必须对诗人所处的时代环境进行一番考察。

王勃不是随波逐流的人，而是极富于创造精神的人。他能以其敏锐的洞察力，透视出时代的病症，并对它进行无情的解剖。他在《上吏部裴侍郎启》中大声疾呼："天下之文，靡不坏矣。"于是他以自己的作品为武器去解剖文坛弊端，向齐、梁以来萎弱淫靡的诗风进行猛烈的扫荡。而扫荡这种根深蒂固、泛滥成灾的恶习，是要有巨大的勇气和自我牺牲精神的。王勃以无畏的雄姿，顶着颓风，树起了雄放刚健的旗帜。关于这一点，请看杨炯的介绍："尝以龙朔初载，文场变体，争构纤微，竞为雕刻。糅之金玉龙凤，乱之朱紫青黄，影带以徇其功，假对以称其美，骨气都尽，刚健不闻。"[①] 这里说得很清楚。龙朔初年，正是高宗当朝、上官仪独揽大权的时候。上官仪深得高宗的宠幸，在诗歌创作中，大力推行"上官体"，提倡"以绮错婉媚为本"[②] 的诗风，在遣词造句上，则玩弄"影带"（烦琐的雕饰）、"假对"（僵死的对仗）一类形式主义的把戏，一时间，上行下效，蔚为风气；而汉魏风骨却消失殆尽。如此风习，只会使人陶醉在歌舞升平、纸醉金迷的世界中，只会涣散人们的斗志，削弱唐代初年建立的经济基础。面对如此风习，王勃"思革其弊，用光志业"[③]，针锋相对，提倡改革，并得到杨炯、卢照邻、骆宾王的支持，所谓"知音从之矣，知己从之矣"。王勃

---

①③　（唐）杨炯：《王勃集序》。

②　《旧唐书》本传。

团结他们，激励他们，共同努力。"于是鼓舞其心，发泄其用，八纮驰骋于思绪，八代出没于毫端"，以雄放刚健的风格武器，向绮错婉媚的文风壁障进行猛烈的冲击，"遂使繁综浅术，无藩篱之固；纷绘小才，失金汤之险。积年绮碎，一朝清廓，翰苑豁如，词林增峻"，终于动摇了"上官体"的垄断地位，树立了雄放刚健的风格大旗。可见，王勃诗歌之所以雄放刚健绝非偶然。它是应运而生的时代产儿。时代需要雄放刚健，诗人顺应了时代需要。因而王勃的诗歌风格，具有鲜明的针对性、强烈的战斗性、历史的进步性。但是，有的人却忽视了这些特点，而把绮丽看成是王勃诗歌的主导风格。以绮丽为风格的质地是属于柔的，它怎能有力量负荷起扫荡萎靡淫艳风习的重任呢？这个重任只有落在雄放刚健的风格巨人的肩上，从而才能有千钧之力，摧枯拉朽，所向披靡。因此，这就决定了王勃诗歌的主导风格是雄放刚健。至于绮丽，虽然也是王勃诗歌风格的一个品种，但却居于非主导地位。

王勃诗歌之所以能形成雄放刚健的风格，不仅与时代有关，而且与前辈有关，与家庭有关，与流派集团有关。前人的影响、先辈的启迪、家庭的熏陶、流派集团的砥砺，都是形成、强化王勃雄放刚健诗歌风格的重要因素。就前人的影响说，隋代的李谔，在《上隋高帝革文华书》中，就批评了"竞一韵之奇，争一字之巧。连篇累牍，不出月露之形；积案盈箱，唯是风云之状"的轻浮、华伪的文风。他虽然解剖得还不深刻，但不可能不对王勃产生影响。就先辈的启迪说，王勃的祖父王通，在其著作《中说》（亦称《文中子》）中，就曾尖锐地批评过当时流行的傲、冶、怨、怪、碎、诞、淫、虚等"繁以塞"的文风，王勃也不可能不受到家庭教养的熏染。此外，王勃之兄王勔、王勮，"磊落词韵，铿锵风骨"，"亦一时之健笔焉"[1]。可见王氏兄弟诗文风格之所以刚健，同他们彼此之间的互相影响有关。就流派集团的砥砺来说，据宋代欧阳修、宋祁的《新唐书·王勃传》记载："勃与杨炯、卢照邻、骆宾王皆以文章齐名，天下称'王、杨、卢、骆'，号'四杰'。炯尝曰：'吾愧在卢前，耻居王后。'议者谓然。"但"初唐四杰"的组合，并不是没有目标的。他们是统一在反对当时萎弱淫靡的诗风这一大纛之下的。王勃与杨炯在未成为至交前，也有过不睦，但当王勃举起诗风改革的旗帜后，杨炯便和王勃合作，并甘居王勃之后。这对王勃来说，无疑是个很大的鼓励，对于王勃的雄放刚健风格的发展，是起了促进作用的。杨炯所称誉的"人间才杰"卢照邻，也被杨炯看为王勃的"知音"。卢照邻

---

[1] （唐）杨炯：《王勃集序》。

在《驸马都尉乔君集序》中说他自己的创作"雅爱清灵，不以繁词为贵"①。在《乐府杂诗序》中又说："其有发挥新题，孤飞百代之前；开凿古人，独步九流之上。"② 这种革新精神，是和王勃一致的。可见，他们是志同道合、风格相近的。他们相互砥砺、相互激励，王勃深得其益，从而强化了王勃诗作雄放刚健的风格。

此外，王勃诗歌风格之所以雄放刚健，还必须从审美客体和审美主体的结合上去进行探索。且从王勃《滕王阁序》中的滕王阁诗谈起。

> 滕王高阁临江渚，佩玉鸣鸾罢歌舞。
> 画栋朝飞南浦云，朱帘暮卷西山雨。
> 闲云潭影日悠悠，物换星移几度秋。
> 阁中帝子今何在？槛外长江空自流！

这里，有长江的奔流、云彩的飞动、山雨的来临，如此壮阔的背景下，兀地涌现出高耸入云的滕王阁，是何等气派！这里，鲜明地表现了滕王阁的直观性及其所占有的巨大空间，给人以强烈的立体感，仿佛滕王阁就矗立在你的眼前。不仅如此，诗人还在昂扬的格调中伴之以舒缓的节奏，表现出闲云悠悠、物换星移、春秋代序的时间，虽然岁月流逝，但滕王阁仍在。在如此巨大的空间和悠久的时间中，滕王阁巍然屹立、岿然不动，其气势何等雄伟！如果不用雄放的风格去表现，焉能显示出滕王阁的风采？这里，王勃诗歌风格之所以雄放，同滕王阁本身的雄伟有关。对于雄伟的建筑景物，必须运用雄放的风格去歌咏，方可充分显示出它的造型美和质地美。这首滕王阁诗，属于《滕王阁序》的结尾，但却是王勃诗歌的代表作。从中可以看出：作为审美客体的雄伟美，乃是形成王勃诗歌风格雄放美的重要原因之一。

同时，王勃诗歌风格之所以雄放，除了和审美客体本身的雄伟有关以外，同作为审美主体的诗人雄伟的气魄、壮阔的胸襟也是密切相关的。如果没有后者，也就无法表现前者。诗人目击雄伟的客观景物或事物，心理上也会发生奇妙的变化，其精神情绪会随着雄伟的审美对象而升华到崇高的境界，并不断地向外扩展，从而形成广阔的意念空间（思维天地）和漫长的意念时间（思维过程），也

----

①② （唐）卢照邻：《幽忧子集》卷六。

就是刘勰所说的"寂然凝虑，思接千载；悄焉动容，视通万里"①。如果不臻于此种宏大悠远的境界，焉能形成雄放的风格？

三　王勃大脑的信息储存

王勃之所以形成雄放的诗歌风格，同他大脑的信息储存也有密切的关系。王勃在描绘滕王阁之前，头脑中已储藏了丰富的关于滕王阁的信息。在创作时，这种信息必然会活跃起来、飞腾起来，在形象思维的过程中，迅速地进行筛选、分析、组合，最后定型、定式，聚于笔端。因此，王勃滕王阁诗的雄放美，虽然是凝于纸上、显现于字里行间的，但作为思维过程中的信息来说，却是储存在诗人大脑之中的，它在诗人大脑皮质上面刻下了一道道痕迹，平时它处于静谧的安息的状态，一旦遇到相似、相近、相同的信息，就会苏醒过来，由抑制状态转入兴奋状态，从而和新的信息一拍即合。这种旧信息和相似、相近、相同的新信息有机地结合在一起，就会使特定风格的深度和广度得到增强，就会使特定风格的质量得到提高。由此可见，王勃大脑中储藏着的关于滕王阁雄放的风格信息，可以和他别的诗作雄放的风格信息相融合，别的诗作的雄放风格信息又可同另一部分诗作的雄放风格信息相融合。在这种不断融合、不断强化、不断沉淀、不断浓缩的过程中，就形成了诗人关于风格的信息储存、信息编码、信息传达的基本特色——雄放。例如，在《白下驿钱唐少府》中，诗人描绘了"浦楼低晚照，乡路隔风烟。去去如何道，长安在日边"的雄放、壮丽景象；在《泥溪》中，描绘了"江涛出岸险，峰磴入云危。溜急船文乱，岩斜骑影移。水烟笼翠渚，山照落丹崖"的险峻、雄奇的景象；在《江亭夜月送别二首》中，描绘了"江送巴南水，山横塞北云"的奔放、磅礴的气势；在《送杜少府之任蜀州》中，抒发了"海内存知己，天涯若比邻"的豪情。这些诗，或雄放，或雄奇，或雄迈，虽各呈异彩，但都离不开一个"雄"字。

王勃诗歌的雄放刚健不仅体现了时代的共性特点，而且也具有他自己的个性特点。它雄而不浑、放而不肆、刚而不硬、健而不粗，换句话说，它还有柔润的一面。柔润有时表现在情调上，有时表现在风采上，有时表现在韵味上，但具体显示在王勃诗歌风格上的柔润则主要表现在风采上的绮丽。

---

① （南朝）刘勰：《文心雕龙·神思》。

第二章　骆宾王诗歌风格论

一　文辞雄放　滔滔混混

在"初唐四杰"中，骆宾王（638—684?）虽排在最后，但并不意味着他的艺术造诣逊于其他三人。他的诗歌风格，同样可用"雄丽"二字来描述。胡应麟在《补唐书骆侍御传》一文中说：他"与王勃、杨炯、卢照邻并以藻绘擅一时，号垂拱四杰云。先是，唐起梁、陈衰运后，诗文纤弱萎靡，体日益下，宾王首与勃等一振之，虽未能骤革六朝余习，而诗律精严，文辞雄放，滔滔混混，横绝无前。唐三百年风雅之盛，以四人者为之前导也"。这里，既肯定了骆宾王和王勃等人在扫荡齐、梁淫靡诗风方面所起的历史作用，又指明他的诗歌风格具有"雄放"、"藻绘"的特色。明王世贞《艺苑卮言》卷四云："卢骆王杨，号称'四杰'。词旨华靡，固沿陈、隋之遗，翩翩意象，老境超然胜之……宾王长歌虽极浮靡，亦有微瑕，而缀锦贯珠，滔滔洪远，故是千秋绝艺。"这里强调了"四杰"华丽的一面，忽略了"四杰"雄放的一面，显然不及胡应麟说得全面。

从陈、隋脱胎而来，不可避免地要沾染一些华靡的风习，这是不足为怪的。但"四杰"所孜孜以求的并非沿袭华靡，而是冲破华靡。冲破华靡是要有一种伟大的气魄、巨大的力量的，这便是雄壮奔放的气力。因此，雄放的风格从骆宾王的诗歌中表现出来，是自然而然、合乎逻辑的。

雄放绮丽的有机结合，便是雄丽。在二者的结合中，有的偏于雄放，有的着重绮丽，有的则兼而有之。但骆宾王的雄丽诗风却有自己的特色，它忽而通视万物、达观人生，显示出一个"旷"字；忽而壮志凌云、卓然不群，突出一个"傲"字；时而投笔从戎、为国捐躯，突出一个"壮"字；时而怀才不遇、忧心如焚，显示出一个"愤"字；时而深秋吟哦、高空放鹤，表现出一个"清"字。总之，骆诗雄丽中常分别伴之以旷、傲、壮、愤、清等特质。现分述之。

二　气势雄伟　襟怀旷达

骆宾王在《上吏部裴侍郎书》中说："不汲汲于荣名，不戚戚于卑位。"其开朗的心胸可以想见。

雄而能旷者，莫如《上吏部侍郎帝京篇》了。据《旧唐书》本传记载："骆宾王，婺州义乌人，少善属文，尤妙于五言诗。尝作《帝京篇》，当时以为绝唱。"足见《帝京篇》的巨大影响。在该篇开端的"启"中，充分表明诗人才华横溢，通今博古，因而始可驾驭描绘帝京巨大场景与浩瀚气势的文笔。他写道："诗人五际，比兴存乎国风。故体物成章，必寓情于小雅；登高能赋，岂图容于大夫。"这的确表现出诗人的才能。尤为突出的是，诗人十分善于运用数字结构去制造帝京磅礴的气势和庞大的体积，充分地为揭示作品雄放的风格服务。例如："山河千里国，城阙九重门。""五纬连影集星躔，八水分流横地轴。秦塞重关一百二，汉家离宫三十六。""三条九陌丽城隈，万户千门平旦开。""小堂绮帐三千户，大道青楼十二重。"这些，都是以数字来结构雄放的风格大厦的。这是《帝京篇》的一个重要特点。沈德潜说它写得"冠冕堂皇"①，陈熙晋说它写得"卓荦不可一世"②。

古来写帝京的，岂止骆宾王一人？但无非奢言皇家富贵、纸醉金迷、声色犬马而已。而骆宾王却另辟蹊径，独创一格。他不就事论事、就宫殿写宫殿，而是站在历史的高峰之上，回溯以往，观察当时，谋虑未来，纵览历史潮流之变迁，横视时代朝野之更迭，描绘与议论相结合，以抒发自己旷达的情怀。"春去春来苦自驰，争名争利徒尔为"，这便是作者洞察世事、描述帝京的结论。沈德潜评论这首诗："首叙形势之雄，宫阙之壮。次叙王侯贵戚游侠倡家之奢僭无度。"后来则"慨世道之变迁"，"伤一己之湮滞"③。这种剖析，层层深入，独具见地。但他紧接着说："此非诗之正声也。"④这就说得不对了。从相反方向可以看出，这种非正声，恰恰显示出它那卓然独拔的特异风姿和炜烁闪耀的炫目光彩。

在《荡子从军赋》中，也充满了雄放旷达的情怀：

胡兵十万起妖氛，汉骑三千扫阵云。
隐隐地中鸣战鼓，迢迢天上出将军。
边沙远杂风尘气，塞草长垂霜露文。
荡子辛苦十年行，回首关山万里情。
……
征夫行乐践榆溪，倡妇衔怨守空闺。
靡芜旧曲终难赠，芍药新诗岂易题。

①③④ （清）沈德潜编：《唐诗别裁集》卷五骆宾王《帝京篇》评注。
② （唐）骆宾王著，（清）陈熙晋笺注：《骆临海集笺注》卷一。

池前怯对鸳鸯伴，庭际羞看桃李蹊。

陈熙晋在笺注这首诗时写道："临海夙龄英侠，久戍边城，慷慨临戎，徘徊恋阙。借子山之赋体，摅定远之壮怀。绝塞烟尘，空闺风月。虽文托艳冶，而义协风骚。"[1] 这种分析是很中肯的。

三　壮志凌云　气贯长虹

骆宾王在《自叙状》中曾"自谓身负管、乐之资，志怀周、召之业"。他从过军，打过仗，熟悉边塞生活，写过不少《从军行》和边塞诗。诗人尽情地抒发了内心雄伟的抱负和报国的情思。如《边城落日》：

> 紫塞流沙北，黄图灞水东。
> 一朝辞俎豆，万里逐沙蓬。
> 候月恒持满，寻源屡凿空。
> 野昏边气合，烽迥戍烟通。
> 膂力风尘倦，疆场风月穷。
> 河流控积石，山路远崆峒。
> 壮志凌苍兕，精诚贯白虹。
> 君恩如可报，龙剑有雌雄。

全诗大开大合，大起大落，纵横驰骋，心雄万夫，大丈夫之报国激情，跃然纸上。然而，表现诗人之崇高志向者，岂独此篇？它贯串在诗人一系列作品中。在《久戍边城有怀京邑》中描绘道："弱龄小山志，宁期大丈夫"；"怀铅惭后进，投笔愿前驱"；"有志惭雕朽，无庸类散樗"。这就形象地表述了诗人远大的抱负。正因为如此，诗人的内心世界就燃烧着一团炽热的火焰，它产生了一种巨大的能量，驱使诗人自觉地去为实现崇高的目的与理想而努力奋斗。

---

[1] （唐）骆宾王著，（清）陈熙晋笺注：《骆临海集笺注》卷六。

四　投笔从戎　为国捐躯

在《自叙状》中，诗人说："临大节而不可夺。"因此，在《咏怀古意上裴侍郎》中，他这样描绘：

> 轻生长慷慨，效死独殷勤。
> 徒歌易水客，空老渭川人。
> 一得视边塞，万里何苦辛。
> 剑匣胡霜影，弓开汉月轮。
> 金刀动秋色，铁骑想风尘。
> 为国坚诚款，捐躯忘贱贫。

诗人直接用"轻生"、"慷慨"、"效死"、"为国"、"捐躯"等词去表述自己的心声，焉能不雄壮奔放？此种风格，也显隐在其他诗篇中。且看《从军行》中所写：

> 弓弦抱汉月，马足践胡尘。
> 不求生入塞，惟当死报君。

其报国之心，何等强烈！在《宿温城望军营》诗中，也表述了"投笔怀班业，临戎想霍勋。还应雪汉耻，持此报明君"的雄心壮志。其《早秋出塞寄东台详正学士》诗，描绘了"山川殊物候，风壤异凉温。戍古秋尘合，沙塞宿雾繁（一作冷）"的塞外风光；在《夕次蒲类津》中，描绘了"晚风连朔气，新月照边秋。灶火通军壁，烽烟上戍楼"的战地岁月；在《军中行路难同辛常伯作》中，描绘了"阴山苦雾埋高垒，交河孤月照连营。连营去去无穷极，拥旆遥遥过绝国"的从军之难；《在军中赠先还知己》中描绘了"风尘催白首，岁月捐红颜。落雁低秋塞，惊凫起暝湾"的军旅之苦；在《从军中行路难二首》中，描绘了"重义轻生怀一顾，东征西伐凡几度。夜夜朝朝斑鬓新，年年岁岁戎衣故"的牺牲精神。特别难能可贵的是，这首诗并不像以往某些《从军行》诗，只是着力渲染军旅之苦、战争之惨，而是既写苦又不怕苦，因而令人振奋，令人向上，令人感动。"弃置勿重陈，征行多苦辛。且悦清笳杨柳曲，讵忆芳园桃李人。

绛节朱旗分白羽，丹心白刃酬明主。但令一被君王知，谁惮三边征战苦?"字里行间，洋溢着积极进取的精神，充满了克服困难、战胜险阻的决心。

但诗人决不是黩武主义者，他所抒发的乃是抵御外侮、捍卫祖国的爱国之情。他所渴望的乃是消弭外患后的举国安宁。《在军登城楼》诗，便是这种情思的写照：

> 城上风威冷，江中水气寒。
> 戎衣何日定，歌舞入长安。

从战争与和平的观点分析，骆宾王并不醉心于连年征伐、马革裹尸，而是谋求安定、祈祝太平，因而他之所以雄视边塞、誓讨入侵，也是立足于祖国疆域完整、人民安居乐业的基础之上的。这就显示了他那高尚的思想和优美的情操的多层次性和逐渐递进的纵深感，从而把诗人雄放的诗风提升到更高境界。鲍照诗中有"边风急兮城上寒"句，北齐祖挺从《北征诗》有"方系单于颈，歌舞入长安"句①，均系描绘边塞战事者；考骆宾王曾远征塞外，故此诗所渲染的氛围当与塞外戎马生涯有关。清代陈熙晋据《旧唐书》则天纪云徐敬业在扬州起兵，就断定"此诗当在广陵军中所作"②，恐不无牵强之处。

五　悲愤填膺　幽忧满怀

骆宾王的诗，不仅雄旷，而且悲愤。

悲，是一种崇高的风格。历代诗人，出于民族自尊心和时代责任感，当国家民族处于生死存亡关头，个人功业居于成败的关键时刻，便毅然决然，挺身而出，自觉地肩负起时代的使命，或振臂高呼，或慷慨悲歌，誓作中流砥柱，力挽颓波狂澜。然而却屡受邪恶势力的打击，迭遭黑暗社会的迫害，或身陷囹圄，或赍志以殁，或颠沛流离，或亡命异乡，或不幸被戮。在他们的诗歌中，集中地显示出一种崇高的风格——悲。它反映了黑暗吞噬光明、假恶丑战胜真善美、反动遏制进步的短暂的历史现象。骆宾王就是其中的一个悲剧人物，他的作品也显示出这种悲剧风格。它具体地表现在以下几个方面。

1. 被诬下狱，惨遭折磨。含冤受屈，幽忧不已。他写的《在狱咏蝉并序》，

①② （唐）骆宾王著，（清）陈熙晋笺注：《骆临海集笺注》卷五。

充分地显示了这一点。诗云：

> 西陆蝉声唱，南冠客思侵。
> 那堪玄鬓影，来对白头吟。
> 露重飞难进，风多响易沉。
> 无人信高洁，谁为表予心？

此诗作于唐高宗仪凤三年（678）。由于骆宾王上书揭露弊政，触怒武则天，被诬陷，以贪赃罪下狱。《新唐书》本传说他在"武后时，数上疏言事。下除临海丞，鞅鞅不得志"。看来是可信的。诗人用比兴的方法，含蓄地表述内心的痛楚与不平。以秋天（西陆）蝉鸣的快乐，来反衬诗人入狱作囚（南冠）时的忧心忡忡；用"玄鬓影"喻青春焕发，用"白头吟"比年衰罹祸。两两映衬，苦乐相对，愁丝萦胸，闷闷不乐。接着，以"露重"、"风多"句，暗喻道路险巇，人生多艰，宦海茫茫，振翮难飞，宏志易沉。末句则独自沉吟，感慨万千，用反诘语气表明自己品性的高洁、内心的纯净以及不为别人理解的苦闷、痛楚。如果说，《渔父》辞中所写的"屈原曰：'举世皆浊我独清，众人皆醉我独醒'，表现得十分坦率的话，那么，骆宾王的咏蝉诗则表现得含蓄蕴藉，韵味隽永。且其思想和前者又是一脉相承的。骆宾王《在狱咏蝉》的"序"中说："声以动容，德以象贤，故洁其身也，禀君子达人之高行。"又云："有目斯开，不以道昏而昧其视；有翼自薄，不以俗厚而易其真。"这哪里止于赞美秋蝉？实际上是在借蝉自喻，曲折地表述内心的纯洁和痛苦。"仆失路艰虞……感而缀诗……非谓文墨，取代幽忧云尔"，这就点明了作者自己歌咏秋蝉的真正目的。

初唐有名的诗人虞世南（558—638）曾以《蝉》为题，歌咏道："垂緌饮清露，流响出疏桐。居高声自远，非是藉秋风。"这是唐人咏蝉的最早诗篇。它托物言志，流露出虞世南身居高位、一切遂意、怡然自得的心情。它突现了一个"喜"字。而骆宾王由于处境危急，故其咏蝉诗显示出一个"忧"字。至于李商隐的咏蝉诗，又别具一番情趣。正如清代诗评家施补华在《岘佣说诗》中所说："三百篇比兴为多，唐人犹得此意。同一咏蝉，虞世南'居高声自远，端不（一作非是）藉秋风'，是清华人语；骆宾王'露重飞难进，风多响易沉'，是患难人语；李商隐'本以高难饱，徒劳恨费声'，是牢骚人语。比兴不同如此。"是说虽有见地，岂独比兴使然？盖诗人处境、心情各异，故其所咏之蝉，格调亦迥然有别也。

骆宾王的忧愁悲愤之情，也表现在其他诗篇中。它们从不同方面显示出同一个悲壮风格。其《幽絷书情通简知己》诗，就描述了自己作为侍御史时，被酷吏诬以赃罪而下狱的悲愤情怀：

　　　　一命沦骄饵，三缄慎祸胎。
　　　　不言劳倚伏，忽此遘遭回。
　　　　骢马刑章峻，苍鹰狱吏猜。
　　　　绝缣非易辨，疑璧果难裁。

诗中隐隐曲曲，流露出惨罹不白之冤、有口难辩的忧愁和愤懑。

　　　　霜歇兰犹败，风多木屡摧。
　　　　地幽蚕室闭，门静雀罗开。
　　　　自悯秦冤痛，谁怜楚奏哀。
　　　　汉阳穷鸟客，梁甫卧龙才。

诗人身陷囹圄，备受凌辱，犹志节不变，自比卧龙。这就把诗人的忧愤情思升华到更高境界。此种境界，在《萤火赋》中得到更为形象的表现。所谓"类君子之有道，入暗室而不欺。同至人之无迹，怀明义以应时。处幽不昧，居照斯晦。随隐显而动息，候昏明以进退。委性命兮幽玄，任物理兮推迁。化腐木而含彩，集枯草而藏烟。不贪热以苟进，每和光而曲全。岂如熔金而自铄，宁学膏火之相煎"。皆系以萤火自喻，寄托诗人高尚的情思，比拟自身久遭幽絷、临危不惧的英雄气概。

　　2. 慷慨悲歌，壮怀激烈。忆昔抚今，一唱三叹。尤为感人肺腑的，是《于易水送人》：

　　　　此地别燕丹，壮士发（一作壮发上）冲冠。
　　　　昔时人已没，今日水犹寒。

燕太子丹遣荆轲刺秦王，送荆轲于易水之畔。荆轲起歌曰："风萧萧兮易水寒，壮士一去兮不复还。"高渐离击筑，宋如意和之。为壮声，则怒发冲冠；作哀乐，则泫然流涕，盖悲荆轲一去不返也。骆宾王采取了这一久已流传、咸为人知的悲壮题材，来寄托自己的悲愤情思，焉能不表现出悲愤的风格？陶潜《咏荆轲》诗云："其人虽已没，千载有余情。"骆宾王则继承之、创造之，以"昔时"对比"今日"，用"人"衬托"水"，将"已没"映照"犹寒"，堪称对仗工整，结构谨严，并造成情绪上的跌宕起伏，从而更加强化了诗人激荡的情感。特别是"今日水犹寒"一句，沉著凝重，一往情深，韵致无穷，感人至深，为全诗诗眼。若细细揣摩，则全诗无一"悲"字，又无往不悲；无一"慨"字，而又无处不慨。诚壮调之上乘，哀歌之绝唱也。

3. 怀才不遇，命运塞涩。怊怅述情，隐痛内潜。晋阮籍道途坎坷，感而为诗，遂作《咏怀》。骆宾王也是如此。他在《咏怀》诗中，体验到"少年识事浅，不知交道难"的辛酸，深感"虚心徒有托，循迹谅无端。太息关山险，吁嗟岁月阑"。隐约地描述了武后无道、日渐坐大、讨逆乏人、殊堪痛惜的情状，发出了"阮籍空长啸，刘琨独未欢"的慨叹。最后，以"悲调弦中急，急愁醉里宽。莫将流水引，空向俗人弹"作结。对此，陈熙晋笺注道："结言孤怀独抱，难遇知音，读者可以悲其志矣。"堪称得其三昧。为了寄托自己的情思，骆宾王不仅以怀才不遇的古人作比，而且还以高大的断松自况。且看《浮槎》诗中所写：

> 昔负千寻质，高临九仞峰。
> 贞心凌晚桂，劲节掩寒松。
> 忽值风飙折，坐为波浪冲。
> 摧残空有恨，拥肿遂无庸。
> 渤海三千里，泥沙几万重。
> 似舟飘不定，如梗泛何从？
> 仙客终难托，良工岂易逢。
> 徒怀万乘器，谁为一先容。

劲挺高松，乃擎天柱、栋梁材，但狂飙肆虐，折断之，弃之于海，故万乘之器忽成无用之物。诗人托物抒怀，感慨万端，在《浮槎》的"序"中喟然叹曰："故材用与不用，时也。悲夫！"可见诗人慨叹的乃是自己的身世。

4. 沦落飘忽，转蓬无定。触目伤怀，愁绪万千。由于骆宾王宏志不能舒展，常年过着寄人篱下的生活，故心境抑郁，往往即景生情，悲从中来，发而为诗，从中显示出一个显著的风格特色——悲。其《晚泊江镇》诗云：

　　　　转蓬惊别绪，徙橘怆离忧。
　　　　魂飞灞陵岸，泪尽洞庭秋。

这里，用转蓬、徙橘写生活的动荡，以惊、怆、忧表示内心的愁苦，拿魂飞、泪尽形容巨大的哀痛。再看《望月有所思》中的描写：

　　　　晓色依关近，边声杂吹哀。
　　　　离居分照耀，愁绪共徘徊。

真是别绪丝丝，离情绵绵。在《晚憩田家》中，描写了"转蓬劳远役，披薜下田家"、"旅行悲泛梗，离赠断疏麻"的羁旅之劳；在《送郭少府探得忧字》中，描绘了"当歌凄别曲，对酒泣离忧。还望青门外，空见白云浮"的送别之忧；在《寒夜独坐游子多怀简知己》中，抒发了"故乡眇千里，离忧积万端"的无限乡愁；在《乐大夫挽歌诗五首》中，则描绘了"草露当春泣，松风向暮哀。宁知荒陇外，吊鹤自徘徊"的凄凉景象。

　　从上述剖析中，可以看出，骆宾王的悲，是蕴蓄着极其丰富的内容的，而且是多层次的。它的最高层次是因报国无门而悲；它的其他层次（如怀才不遇、横遭不测、离愁别忧等），也是从不同角度为最高层次（报国）作铺垫的。因此，骆宾王的悲是有其崇高的目的性的。他在《伤祝阿王明府》诗序中说："夫心之悲矣，非关春秋之气；声之哀也，岂移金石之音。何则？事感则万绪兴端，情应则百忧交轸。"这就表明，诗人作品的悲愤风格，乃是诗人忧愤情感的集中显现。而诗人的忧愤情感又是由于诗人侘傺的境遇和险恶的环境决定的。诚如陈熙晋在《咏怀》诗的笺注中所说："临海少年落魄，薄宦沉沦。始以贡疏被愆，继因草檄亡命。播迁陵谷，晦匿姓名。狙击一朝，鸿冥万古。"① 这是对骆宾王悲剧一生的总结。

　　骆宾王为国献策，却屡遭武则天斥责、诽谤，乃至下狱。这是他后来跟从徐敬业在扬州起兵、讨伐武则天的根本原因。《代徐敬业传檄天下文》指出：武则天"虺蜴为心，豺狼成性，近狎邪僻，残害忠良，杀姊屠兄，弑君鸩母……犹复包藏祸心，窥窃神器"。"是用气愤风云，志安社稷……爰举义旗，誓清妖孽"。

──────────

① （唐）骆宾王著，（清）陈熙晋笺注：《骆临海集笺注》卷五。

文章雄壮激越，痛快淋漓，震撼人心，与骆宾王雄放悲壮的诗风相映成辉。这就更加强化了他作品风格的广度和深度。

六　骆宾王与陈子昂、王勃诗风的比较

骆宾王比陈子昂年长二十三岁，二人的遭际有相似之处。他们都受过武则天的迫害，都下过狱，都怀才不遇、饮恨而终。他们的诗歌风格都含有雄壮、悲愤的特色。但陈子昂却是开一代诗风的旗手，骆宾王乃系荡涤齐、梁艳习的俊杰。像陈子昂那样横绝太空、力扫千军、大气磅礴的《登幽州台歌》，在骆宾王的诗作中是找不到的。故陈子昂的雄壮比骆宾王的雄壮显得更为恢弘，陈子昂的悲愤比骆宾王的悲愤则更为深厚。陈子昂的诗，苍劲老成，慷慨多气，回旋激荡；而骆宾王则略逊一筹。陈子昂的诗，千锤百炼，洗尽铅华，炉火纯青；骆宾王的诗，则或在雄壮、悲愤中见绮丽，或在描绘时略带藻饰，或在叙述时微显故实，尤其是诗人写的许多诗，骈四骊六，华彩艳耀，对仗工整，音调铿锵，故仍然多少含有从六朝风习脱胎而来的痕迹。

但骆宾王的绮丽却具有自己的特色，它往往追求清丽、流丽，而不推崇艳丽、靡丽。这种特点，在诗人的写景诗、咏物诗和抒情诗中表现得尤为显著。例如：写山谷风月，则"谷静风声彻，山空月色深"（《夏日游山家同夏少府》）；写山庄夜宿，则"独此他乡梦，空山明月秋"（《宿山庄》）；写气候之凉，则"霜威侵竹冷，秋爽带池凉"（《送宋五之问得凉字》）；写瑟瑟秋风，则"乱竹摇疏影，萦池纤细流"（《秋风》）；写秋日菊花，则"碎影涵流动，浮香隔岸通"（《秋菊》）；写石门峻削，则"石明如挂镜，苔分似列钱"（《出石门》）；写山林风光，则"落蕊翻风去，流莺满树来"（《春晚从李长史游开道林故山》）；写黄河急流，则"通波连马颊，迸水急龙门"（《晚渡黄河》）；写河曲晚景，则"叠花开宿浪，浮叶下凉飙"（《晚泊河曲》）；写友人入蜀，则"魂将离鹤远，思逐断猿哀"（《饯郑安阳入蜀》）；写江中夜景，则"月迥寒沙净，风急夜江秋"（《渡瓜步江》）；写古寺景物，则"绿竹寒天笋，红蕉腊月花"（《陪润州薛司空丹徒桂明府游招隐寺》）；写边陲夜景，则"满月临弓影，连星入剑端"（《送郑少府入辽共赋侠客远从戎》）；写灵隐风光，则"楼观沧海日，门听浙江潮。桂子月中落，天香云外飘"（《灵隐寺》）。这些诗，清光大来，清气满纸，清新美丽，清雅宜人，清香扑鼻，沁人心脾，流动飘逸，明快爽利。李白说："骆宾王

诗，格高指远，若在天上物外，神仙会集，云行鹤驾，想见飘然之状。"① 这就描绘了骆诗飘逸流动的状态和清雅的风韵，也使我们联想到骆诗之丽也是飘逸流动的清丽、流丽，而不是艳丽、靡丽。

即使像《艳情代郭氏答卢照邻》、《代女道士王灵妃赠道士李荣》这类七言长诗，也并不冶艳妖媚，更无脂粉味。且看：

> 柳叶园花处处新，洛阳桃李应芳春。
> 妾向双流窥石镜，君住三川守玉人。
> 此时离别那堪道，此日空床对芳沼。
> 芳沼徒游比目鱼，幽径还生拔心草。

这是从《艳情代郭氏答卢照邻》这首长诗中摘录的几句，它表现了女子思夫的急切、真挚的感情，不仅清丽、流丽，而且是通脱、坦易的。

综上所述，骆宾王的诗歌风格，可以概括为六个字：雄放、悲愤、清丽。如果和王勃的诗风相比，则骆宾王的雄放更偏重于旷达，王勃的雄放则多悲怆之音；骆宾王的悲愤倾向于他自己所说的幽忧，且忧多愤少，王勃的悲愤则更深沉壮阔；骆宾王的清丽，清新雅致，但不及王勃的含蓄隽永，也不及王勃的色泽斑斓。

---

① （宋）魏庆之：《诗人玉屑》卷十二引《李太白集》。

第三章　陈子昂诗歌风格论

一　悲风为我起　激烈伤雄才

触景生情，睹物伤怀，悲壮慷慨，谓之悲慨。清代的诗评家杨廷芝，把它释为"悲痛慨叹"①。大凡诗人，慨叹风云变幻之疾，痛惜韶光流逝之速，目击人民灾难之重，身受命运坎坷之苦，郁结壮志未酬之愤，而忧心忡忡、慷慨悲歌者，均以悲慨目之。可见，悲慨，是时代的心声，诗人的呼喊。诗人面对动乱的现实，出于强烈的责任感，遂作悲慨。正如刘勰在评论汉魏风骨时所说："观其时文，雅好慷慨，良由世积乱离，风衰俗怨，并志深而笔长，故梗概而多气也。"②

陈子昂（659—700）的诗，就以悲慨而驰誉诗坛。"悲风为我起，激烈伤雄才"（《冬到金华山观因得故拾遗陈公学堂遗迹》），这是杜甫对陈诗的形象描述。陈诗的悲慨，和他的不幸遭遇密切相关。他虽出身于豪富之家，但他并不安于锦衣玉食的生活，不愿白白地消磨自己的一生，而是怀有远大的抱负、高尚的志趣，这就是报效国家。因而他雄心勃勃，总想干出一番惊天动地的事业来。他就怀着这样的目的，去寻找实现自己理想的阶梯。在封建社会，要想报效国家，其中一条最主要的捷径，就是参加科举，以求识才者的选拔、录用。因此，二十二岁的陈子昂，就满怀着希望，赴京应试，却不幸落第，这是对他刚刚踏入生活的征途时的第一次打击。经过这次打击，他虽然没有倒下，但内心的痛楚，却不时萦绕于脑际，因而在《落第西还别魏四懔》一诗中，就流露出淡淡的哀愁，在年轻人的心灵上投下了一层阴影，并使他产生了归隐田园的念头。

> 转蓬方不定，落羽自惊弦。
> 山水一为别，欢娱复几年！
> 离亭暗风雨，征路入云烟。
> 还因北山径，归守东陂田。

---

① （清）杨廷芝：《诗品浅解》。
② （南朝）刘勰：《文心雕龙·时序》。

在这里，诗人把自己比为飘零落魄的蓬草，喻为中箭受伤的惊鸟，饱尝风雨云烟，终于疲极归来。其辛酸、苦闷、哀伤、愤懑，已隐隐地寄托在字里行间。这就悄悄地埋下了悲慨风格的种子。从心理学的观点看来，第一次挫折会在人的心灵上留下不可磨灭的伤痕，这种伤痕遇到特殊的气候，会阵发出难以忍受的隐痛，必然要在自己的诗歌中把它表现出来，必然要以悲慨的曲调奏出心底的声音。

但是，作为年仅二十二岁的陈子昂来说，他毕竟年少气盛，虽然初试未第，但并未消沉下去，而是振作精神，重整旗鼓，再次赴京应试。终于在二十四岁时进士及第。二十五岁时，武则天临朝称制。二十六岁时，诣阙上书，一下就被武则天召见，擢为麟台正字。他本以为自己的经国之才从此可以得到施展，因而他在武则天面前，慷慨陈词，大谈治国之道。但武则天只是欣赏他那韡晔的文采，而并不理解他的苦心，也未把他看成是经国之才。恰恰相反，当他切实地说明自己的政治主张时，却每每受到冷落。他郁郁不得志，因而便以丁继母忧，而解官返里。这是对他的第二次打击。其时，他已三十三岁。在他返里前的几年时间，他写了不少奏书。在《谏灵驾入京书》中，他以悲痛的心情，描述了“父兄转徙，妻子流离，委家丧业，膏原润莽”和“白骨纵横，阡陌无主”的凄凉景象；在《谏用刑书》中，抨击了武则天为制造冤狱所推行的“一人被讼，百人满狱，使者推捕，冠盖如云”的政策；在《答制问事八条》中，强调“贤不可疑”，又揭露了武则天“外有信贤之名，而内实有疑贤之心”的变态心理；在《上西蕃边州安危事三条》等表疏中，则主张巩固边防，阻止外敌入侵，反对穷兵黩武。总之，这些主张都直接表露了陈子昂忧国忧民的赤子之心。但是，武则天仍然我行我素。陈子昂的政治理想不能实现，因而悲慨之情有增无已。据陈子昂自己说，他在三十四岁时，因“误识凶人，坐缘逆党”（《谢免罪表》）而下狱。旋被释放。这是对他的第三次打击。由于屡遭不幸，心情极度苦闷。为此，他写了不少《感遇诗》，字里行间，洋溢着他那生不逢时、壮志未酬的慨叹和报国无门的悲痛心情。在《感遇·其三》中，描绘了“苍苍丁零塞，今古缅荒途。亭堠何摧兀，暴骨无全躯”的凄凉、索漠、悲惨景象，显示出诗人对战死沙场的征人的无限同情；在《感遇·其九》中，流露出“去去桃李花，多言死如麻”的难言之隐和悲痛的情怀；在《感遇·其十二》中，描写了“怨憎未相复，亲爱生祸罗”的大兴冤狱的状况；在《感遇·其十六》中，记述了“圣人去已久，公道缅良难”，废弃贤良、亲信奸佞的黑暗政治；在《感遇·其二十三》中，发出了“多才固为累，叹息此珍禽”的慨叹；特别是《感遇·其三十五》这首诗，诗人纵笔挥毫，畅抒爱国之情，把悲慨的调子升华到更高的境界。

> 本为贵公子，平生实爱才。
> 感时思报国，拔剑起蒿莱。
> 西驰丁零塞，北上单于台。
> 登山见千里，怀古心悠哉。
> 谁言未忘祸？磨灭成尘埃。

　　如果说，陈子昂这个时期写的许多《感遇诗》还比较隐晦的话，那么，这首诗却非常明朗。它直抒胸臆，慷慨陈词，倾吐保卫边疆、反对侵略、报效国家的伟大襟怀。语言剀切，气概恢弘，节奏明快，毫不曲折幽晦。因此，它虽然有悲有慨，但却慨多于悲。可见悲慨一格，虽然悲愤慷慨兼而有之，但在具体作品中，有的悲多慨少，有的悲少慨多，有的无分轩轾。这主要取决于诗人显现在作品中的情绪状态如何。忧郁之感强，则诉之于悲；愤懑之气盛，则诉之于慨。悲则哀伤郁结，慨则慷慨多气。悲偏于内在肺腑痛感的激荡，慨偏于外在气质状态的回旋。但二者均由内而外、由外而内，相互交织，彼此渗透，形成肠一日而九回、气顷刻而百转的状态。陈子昂的悲慨，就是如此。他的三十八首《感遇诗》，虽然写作时间不一，但多数是他遭受挫折后写成，其风格可用"悲慨"二字来概括。他四十岁时所作的《感遇·其三十六》云："时哉悲不会，涕泣久涟洏"，就偏重于悲；他晚年所作的《感遇·其十八》云："世道不相容，嗟嗟张长公"，就偏重于慨。

　　当然，陈子昂的悲慨，并不仅仅表现在他的《感遇诗》中，而是表现在他的大部分诗歌中。其中最激荡人心的是千古传诵的杰作《登幽州台歌》：

> 前不见古人，后不见来者。
> 念天地之悠悠，独怆然而涕下！

　　此诗作于诗人三十九岁（697）时。当时，诗人挂着右拾遗的官衔，随军远征，抵抗契丹入侵。由于建安郡王武攸宜指挥无能，前锋迭遭惨败，举军震惊。陈子昂献计献策，力挽败局，并挺身而出，请求分兵万人，亲自带兵杀敌，却遭到武攸宜的断然拒绝，并受到降职处分。这是对诗人的第四次打击，也是最严重的打击。诗人怀着极度的悲痛，登上蓟城（古址在今北京西南方向）西北楼，泫然流涕，感慨万端。诗人缅怀往昔的英雄，盼望未来的俊杰。现实是如此的残酷，竟使无辜者横遭迫害。虽有凌云壮志，但却报国无门！真是生不逢时！诗人只有对着悠悠的苍天、茫茫的大地，痛哭、呼喊、感叹！诗人用如椽大笔，勾勒出过去、现在、未来的连绵不断的时间图卷，描绘出辽阔无垠的宇宙空间画面。其悲壮歌声，响彻云霄；慷慨之气，横绝太空。在这无穷无尽的时间和无边无际的空间中，耸立着一个顶天立地的巨人——陈子昂，他那伟大的人格和爱国主义精神，在人们的心中树立起一座崇高的非人工的纪念碑。《登幽州台歌》弹出了诗人悲慨曲调中的最强音。其他如《蓟丘览古赠卢居士藏用七首》、《登蓟城西北楼送崔著作融入都》、《同宋参军之问梦赵六赠卢陈二子之作》等诗，都不同程度地体现了悲慨。

由于陈子昂和统治者政见不合，便以父老为理由而于四十岁时辞职返里。但他仍忧心忡忡，关心国事，并创作出许多优秀的作品。例如，在《修竹篇》中，诗人以修竹自况，以"春木有荣歇，此节无凋零。始愿与金石，终古保坚贞"，来比喻自己崇高的气节。在《送别出塞》中，以"平生闻高义，书剑百夫雄"的句子，赞颂出塞杀敌的将士。在《喜马参军相遇醉歌》中，描述了诗人"幽默"（无声）独处、"深林潜居"的凄凉情景，发出了"时岁忽兮，孤愤遐吟，谁知我心"的慨叹。这些诗都唱出了悲愤、郁结、慷慨的心声。但是，就连这样，统治阶级还是不放过他，终被贪暴的县令段简逮捕下狱，迫害而死，时年四十二岁。这是对陈子昂的第五次打击，也是致命的一击。但他的人格永存，他的诗歌永远放射出生命的光辉。

从陈子昂遭受五次打击的情况来看，他的悲慨诗风是不断发展的。如果说诗人应试落第，所弹奏的曲调，还萦绕着个人失意情怀的话，那么，随着不幸遭遇的纷至沓来，诗人笔下悲慨的色调就越来越浓，它所概括的广度就越来越阔，深度就越来越厚，力度就越来越强，以至于在登蓟城西北楼时，能酣畅淋漓，慷慨抒情，谱写时代的最强音。

陈子昂是开一代诗风的伟大诗人，高棅称颂他的诗"继往开来，中流砥柱。上遏贞观之微波，下决开元之正派"（《唐诗品汇·五言古诗叙目》）。可见，他的诗歌风格具有划时代意义。比他大十二岁的王勃，虽然也反对华靡的诗风，但在实际创作中，并未完全摆脱藻饰的影响。而陈子昂则以自己的创作实践表明，他完全廓清了雕虫之风，而在诗坛上成为反对齐梁风习、提倡诗歌改革的旗手。这就推动了诗歌创作的发展。他的友人卢藏用在《陈氏别传》中说："初为诗，幽人王适见而惊曰：'此子必为文宗矣！'"又云："时洛中传写其书，市肆间巷，吟讽相属，乃至转相货鬻，飞驰远迩。"这说明了陈子昂作品的广泛影响，连武则天都赞扬他的文采。可见陈子昂的诗风，为当时广大人群所接受，成为诗坛楷模，乃是可信的。

陈子昂的悲慨，具有深刻的现实性。悲慨，对于诗人来说，绝非空洞的呼号，更非无病呻吟，而是残酷的现实对诗人的无情打击造成的。因而他的诗作中的悲慨之气，是从深厚的现实土壤中喷射出来并逐渐向广漠无垠的心灵空间弥漫、扩散开去的。所以，就能激起广大人群的共鸣。特别应该强调的是，诗人还从理论上总结了他的风格特色。他晚年写的《修竹篇并序》就是诗人创作实践与理论主张融为一体的杰作。在这首诗的序言中，作者对五百年来的"文章道弊"进行了尖锐的批判，对齐、梁之间"彩丽竞繁"的风习进行了猛烈的扫荡，对风雅兴寄、汉魏风骨等优秀的传统作出了高度的评价，并热情地赞颂了"骨气端翔，音情顿挫，光英朗练，有金石声"的风格。这类风格的表现形态也是多种多样的。陈子昂的悲慨，就是其中的重要品种。

二　陈子昂与曹操、阮籍、张九龄等人悲慨诗风的比较

陈诗的悲慨，不仅继承了建安风骨的优秀传统，而且显示了自己的特色。它具有高度的独创性。它是陈子昂的"悲慨"，而不是曹孟德的"悲慨"。曹孟德的悲慨，不是报国无门，而是饱经战祸、同情人民，而陈子昂的悲慨，则是报国无门、屡遭不幸。他们都心雄万夫，因而都有一股慷慨之气。但曹孟德却踌躇满志、驰骋中原、叱咤风云，故其悲慨中时时显现出一种英雄气概，其语言明朗爽快，决不吞吞吐吐；陈子昂却生不逢时，或因落第，或受冷落，或被贬官，或遭陷害，始终没有称心如意的时候，因而他的悲慨，往往似骏马失蹄时的哀鸣。同时，由于陈子昂是处在武则天大兴冤狱和告密之风盛行的年代，稍有犯上之嫌，即罹杀身之祸。所以，他的许多诗，或隐晦曲折，或依稀朦胧，或比兴寄托，或蕴藉含蓄，因而就使他的悲慨显现出一种特殊的风采、特殊的情调、特殊的韵味。当然，像《登幽州台歌》那样的既悲慨之至、又明朗已极的诗作，虽然也有，但不多见。

不仅如此，陈子昂的悲慨，虽受正始诗坛的代表人物阮籍的《咏怀诗》的影响，而表现出诗人对于命运无常的深切悲痛，但阮诗慷慨之气少，陈诗慷慨之气多。

不仅如此，陈诗的悲慨和同时代的张九龄比，其特色也不一样。张九龄比陈子昂小十七岁，任过右丞相，因为李林甫所忌，被贬为荆州长史。他虽为政清廉，但在宦海中却受到排挤，故心情忧郁，其诗特别是《感遇诗》十二首每每以孤鸿、兰桂、嘉木等物自喻，隐隐地寄托着悲慨之情。"美服患人指，高明逼神恶；今我游冥冥，弋者何所慕？"这里暗喻诗人为奸佞所谗，而像孤鸿远飞时的感叹！"江南有丹橘，经冬犹绿林。岂伊地气暖，自有岁寒心。可以荐嘉宾，奈何阻重深。运命唯所遇，循环不可寻。徒言树桃李，此木岂无阴？"这里，诗人以丹橘自况，流露出命运塞乖、前程受阻的隐痛。比之于陈子昂，张九龄的《感遇诗》，显得更深沉、更曲折、更复杂。如果说，陈诗更富于主观的抒情性，诗人也曾直接出现在作品中而慷慨悲歌的话，那么，张诗的主观抒情性经常是隐藏在诗人所描绘的客观事物背后的，因而张诗的悲慨，比陈诗更富于客观性。张诗的主观性，就比陈诗显得更隐蔽、更深沉。可见，同一悲慨，气韵各异。

陈子昂的悲慨，发扬了建安精神，所以，同以曹操为代表的汉魏风骨具有血缘的继承关系，这就使陈诗的悲慨含有某种与先人相同的共性。但陈子昂毕竟是初唐诗坛的俊杰，他的悲慨是他个人特有的遭遇、个性、气质、心情的综合表现，是他人不能代替的，因而显示在艺术上，就必然具有他那艺术个性的独创性，这就造成了陈诗悲慨的个人特色，而放射出特异的芬芳。

三　悲慨与雄浑、豪放、沉郁的比较

悲慨是同作者宏伟的抱负、坚定的信念、奔放的热情、坎坷的命运联系在一起的，因而它常常兼有雄浑、豪放、沉郁等特点。但仔细品味，它们又有区别：雄浑豁达，悲慨执著；豪放昂扬，悲慨凄怆；沉郁凝重，悲慨激越。

悲慨似耸立齐鲁、终年放旷于茂林修竹中的泰山，而不像西子湖畔的柳浪闻莺。它比雄浑悲愤，比豪放深沉，比沉郁慷慨。

悲慨并非哀痛欲绝，更非牢骚满腹，而是悲中有慨，慨中有悲，有悲有慨。司空图描绘道："壮士拂剑，浩然弥哀，萧萧落叶，漏雨苍苔。"[1] 这就是悲慨。悲中含有积极进取的精神，慨中寄托着人生的执著追求。它虽然命运坎坷，但并不颓唐，决不向邪恶屈服，而是含辛茹苦，悲愤填膺，为冲破牢笼而呼喊，为争取生存而奋勉。因之，它是对人的高尚气节的讴歌，对人的优美情

---

① （唐）司空图：《诗品》。

操的肯定。

悲慨，是陈子昂诗歌的主导风格，但不是唯一风格。布封说过，一个大作家绝不能只有一颗印章。因此，陈诗的悲慨，经常同其他风格密切地渗透在一起。卢藏用称其"感激顿挫，微显阐幽"[1]，朱熹称其《感遇诗》"词旨幽邃，音节豪宕"[2]，高棅称其"高才倜傥"，"音响冲和，词旨幽邃"[3]，胡应麟称颂"子昂《感遇》，尽削浮靡，一振古雅"[4]，可见，陈诗的风格是以悲慨为主而兼及其他的。"明月隐高树，长河没晓天。悠悠洛阳道，此会在何年?"(《春夜别友人》)可谓沉郁顿挫，一往情深;"雁山横代北，狐塞接云中。勿使燕然上，独有汉臣功!"(《送魏大从军》)可谓豪情荡漾，气概恢弘;"岩悬青壁断，地险碧流通。古木生云际，孤帆出雾中"(《白帝城怀古》)，可谓壮丽崇高，古朴自然;"故人洞庭去，杨柳春风生。相送河州晚，苍茫别思盈"(《送客》)，可谓清新雅致，含蓄多情;"寂寥守寒巷，幽独卧空林。松竹生虚白，阶庭横古今"(《南山家园林木交映盛夏五月幽然清凉独坐思远率成十韵》)，可谓宁静淡泊，孤独寂寞。这些诗，虽然飘出不同的芳香，但都笼罩在悲慨的氛围中。

陈诗的悲慨，对后来的诗人都产生过巨大的影响。除张九龄外，王昌龄、高适、岑参的边塞诗，又何尝不受其影响? 李白的《古风》，更是如此。李白极口称赞陈子昂的"卓绝"(《赠僧行融》)，可见其仰慕之忱。刘克庄云:"太白《古风》六十八首，与陈拾遗《感遇》之作，笔力相上下，唐诸人皆在下风。"[5]又据张颐云:"李太白、韦苏州、柳柳州相继而起，皆踵伯玉之高风。"[6] 这些说法，都是符合事实的。

到了宋代，悲慨一格，得到大大发扬。陆游、辛弃疾、岳飞、文天祥，都把个人的襟怀和国家民族的命运紧密地联系在一起，这就扩大了悲慨的境界，增强了悲慨的威力。且看陆游的名句:"逆胡未灭心未平，孤剑床头铿有声"(《三月十七日夜醉中作》);"一身报国有万死，双鬓向人无再青"(《夜泊水村》)，以及他的《书愤》、《示儿》等诗，字里行间，洋溢着强烈的爱国主义

---

① (唐)卢藏用:《右拾遗陈子昂文集序》。
② (宋)朱熹:《斋居感兴二十首序》。
③ (明)高棅编:《唐诗品汇·五言古诗叙目》。
④ (明)胡应麟:《诗薮》内编卷二。
⑤ (宋)刘克庄:《后村诗话》前集。
⑥ (明)杨澄校正本:《陈伯玉文集》卷首。

激情。其他如文天祥的《正气歌》及《过零丁洋》中的名句"人生自古谁无死，留取丹心照汗青"，也以悲慨而彪炳千秋。这些诗，不能说不和陈子昂诗歌中以悲慨见著的爱国主义精神有关。但它却不像陈诗那样含蓄，而是笔酣墨饱，畅快淋漓，这就大大地发扬了陈诗的风格传统，并把悲慨提到更新的境界。

第四章　高适、岑参诗歌风格论

一　盛唐一味秀丽雄浑

唐代的诗论家司空图，在他的《诗品》中，把雄浑放在首位。他说："返虚入浑，积健为雄。"意思是说：向实处求则不可能得浑，而必须返而求之于虚，才可达到入浑的极境；积聚健壮有力之气，则可为雄。杨廷芝在《诗品浅解》中说："大力无敌为雄，元气未分曰浑。"可见，雄浑是指力的至大至刚，气的浑厚磅礴。"具备万物，横绝太空。荒荒油云，寥寥长风。"① 这是对雄浑的生动描述。它的特点是：骨力挺健，气壮山河，气吞宇宙，气度豁达，气象恢弘，气冲霄汉，气势浩瀚，气魄雄伟。它如奔腾咆哮、波涛汹涌的大海，而不像碧波荡漾、涟漪粼粼的西湖；它若横空出世、千嶂连云的昆仑山，而不似一丘一壑、小巧宜人的苏州园林。西方古典美学家所说的"崇高美"，足以当之。

在具体作品中，有的壮志凌云、刚毅雄健，如刘邦的《大风歌》："大风起兮云飞扬，威加海内兮归故乡，安得猛士兮守四方！"有的慷慨悲歌，视死如归，如项羽的《垓下歌》："力拔山兮气盖世，时不利兮骓不逝；骓不逝兮可奈何？虞兮虞兮奈若何？"有的胸襟豁达，豪情横溢，如曹操的《步出夏门行·观沧海》，描绘了"秋风萧瑟，洪波涌起。日月之行，若出其中；星汉灿烂，若出其里"的壮丽情景。

盛唐之诗，继承了汉、魏以来雄浑的风格传统，并发扬光大之，成为盛唐诗风的一面旗帜。

盛唐经济繁荣，政治开明，仓廪充实，国力强盛，群情欢乐。广大诗人，胸怀宏伟的抱负，都想献身朝廷、报效国家，充满着奋发有为、蓬勃向上的精神；即使历尽艰辛，也能百折不回，矢志不渝，为祖国而献身，为人民而呼喊。故其作品雄壮有力、浑厚海涵、大气磅礴、格调高昂。即使是描绘祖国河山，也具有一股雄浑之气。明代的诗论家胡应麟说："盛唐一味秀丽雄浑"②，可谓得其三昧。

在雄与浑二者之中，有的偏重于雄，有的则偏重于浑。胡应麟说："李才高

---

① （唐）司空图：《诗品》。
② （明）胡应麟：《诗薮》内编卷四。

气逸而调雄，杜体大思精而格浑。"① 这是对李白、杜甫诗歌风格的概括。李白
素以豪放、飘逸见长，杜甫向以沉郁顿挫取胜，为什么又冠之以雄、浑？盖李、
杜均为大家，故能兼备众长，又各具一格；而名家虽也各具一格，但不尽兼备众
长。特别是雄浑，如群马奔驰荒野、飞龙腾旋太空，非才力过人者，焉能驾驭？
司空图把雄浑放在首位，其用心之苦，不言自明。

　　雄浑一格，在初唐时，就已播下种子。唐太宗的一些诗，富丽堂皇，气魄宏
大，但并未摆脱齐、梁余风，故丽词藻饰不时闪烁其中。深得唐太宗推崇的魏
徵、虞世南，其艺术造诣虽超过太宗，惜诗篇不多。但就其现存的少数佳作看，
笔力之雄健，气势之豪迈，极能鼓舞人心。且看魏徵（580—643）的《述怀》
（又名《出关》）这首名作：

> 中原初逐鹿，投军事戎轩。
> 纵横计不就，慷慨志犹存。
> 杖策谒天子，驱马出关门。
> 请缨系南粤，凭轼下东藩。
> 郁纡陟高岫，出没望平原。
> 古木鸣寒鸟，空山啼夜猿。
> 既伤千里目，还惊九逝（一作折）魂。
> 岂不惮艰险，深怀国士恩。
> 季布无二诺，侯嬴重一言。
> 人生感意气，功名谁复论！

此诗慷慨言志，抒发报国之情，追忆中原鏖战、戎马驰突、请缨沙场、历尽艰险
的具体景况。意气风发，格调昂扬，气势贯注，直抒胸臆，语言朴实，洗尽铅
华。此外，如虞世南（558—638）的诗，既有"剑寒花不落，弓晓月逾明。凛
凛严霜节，冰壮黄河绝"（《从军行二首》其一）的豪气逼人，又有"云起龙沙
暗，木落雁门秋。轻生殉知己，非是为身谋"（《结客少年场行》）的壮怀激烈。
他们的诗，都这样或那样地含有雄浑的因素，从而为盛唐的雄浑开辟了先河。

　　雄浑，是盛唐诗歌的时代风格。它反映了盛唐欣欣向荣的景象和朝气蓬勃的
活力。所谓盛唐，主要是指唐玄宗开元元年（713）至天宝十四载（755）。这是

---

① （明）胡应麟：《诗薮》内编卷四。

盛唐的黄金时代，也是唐王朝的黄金时代，诗坛上大家辈出，名家如云，能诗者不可胜数。张九龄、张若虚、孟浩然、王维、储光羲、王昌龄、高适、岑参、李颀、王翰、王之涣、李白、杜甫、贺知章、崔颢、常建等人，就是其中的俊杰。他们的诗，流露出各自的情性，具有独特的风格，但却不同程度地体现出雄浑。且看王昌龄的《出塞》中的一首：

> 秦时明月汉时关，万里长征人未还。
> 但使龙城飞将在，不教胡马度阴山！

此诗气势浩瀚、雄伟壮丽，曾被杨慎、王世贞等人誉为唐人七绝的压卷之作，足见其高妙。再看王之涣的《凉州词》其一：

> 黄河远上（一作黄沙直上）白云间，一片孤城万仞山。
> 羌笛何须怨杨柳，春风（一作光）不度玉门关。

此诗想象丰富，境界辽阔，构思危峻。施补华在评价这两首诗时，认为"意态绝健，音节高亮，情思悱恻，百读不厌"①。即使以冲淡闲逸载誉诗苑的王孟诗派，也写过雄浑的篇什。"八月湖水平，涵虚混太清。气蒸云梦泽，波撼岳阳城"（孟浩然《临洞庭》）。这里的境界是多么辽阔，气魄是多么伟大，气势是多么雄壮！再看："征蓬出汉塞，归雁入胡天。大漠孤烟直，长河落日圆。"（王维《使至塞上》）这里的描绘，何其高远，又何其壮丽！但是，总的说来，他们的雄浑之作，毕竟凤毛麟角。而能够真正称得起为雄浑的，却是以高适、岑参为代表的边塞诗人。

二 高适之浑雄

高适（701—765）一生三次出塞。第一次出塞时还是个布衣，第二次出塞时是个小小的县尉，均未被人注意。在第三次出塞时，才得到河西节度使哥舒翰的赏识，表为左骁卫兵曹参军、掌书记。当时，诗人虽已四十九岁，但由于得到重用，故心情是舒畅的。自此以后，诗人作品的风格起了巨大的变化。《旧唐

---

① （清）施补华：《岘佣说诗》。

书》本传说高适年过五旬才留意写诗。此说虽不精确，但认为他诗的风格已产生了变化，"以气质自高"而博得人们的称颂，这却是可信的。高适慷慨任侠、性情豪爽，有鸿鹄之志。为寻求报国的时机，不远万里，来到塞外。塞外苍茫的大地、辽阔的原野、无垠的沙漠、浩渺的天空、荒瘠的群山，在诗人眼里出现了一幅苍凉、寂寥的画面。诗人投笔从戎，亲临前线。沙场厮杀声、金鼓齐鸣声、干戈撞击声、战马嘶叫声、胡笳悲鸣声，纷纭杂沓，震荡于脑际。每次鏖战，尸横遍地，血染黄沙。死者虽云已矣，伤者惨卧疆场，哀号不止。百姓则颠沛流离，或转乎沟壑，或沦为饿殍，或到处行乞，或奄奄待毙。高适目击此情此景，感慨万端，胸臆如流泉，自笔底汩汩流出。或歌兵将杀敌之勇，或颂军旅获捷之劳，或叙疆场肉搏之惨烈，或书少妇思念征夫之愁苦，或谴责穷兵黩武之恶行，或揭露杀人越货之残酷，笔力雄健而刚劲，气势浩荡而浑涵，因而形成雄浑的风格。胡应麟曾把李白与高适的诗句加以比较研究："太白'人分千里外，兴在一杯中'，达夫'功名万里外，心事一杯中'，甚类。然高虽浑厚易到，李则超逸入神。"① 在这里，高适雄浑，李白飘逸，风格泾渭分明。此外，他在谈论七言绝句时，对于"高适之浑雄"②，亦赞叹不已。再看高适边塞诗《蓟门行五首》中的三、五两首：

> 边城十一月，雨雪乱霏霏。
> 元戎号令严，人马亦轻肥。
> 羌胡无尽日，征战几时归？

> 黯黯长城外，日没更烟尘。
> 胡骑虽凭陵，汉兵不顾身。
> 古树满空塞，黄云愁杀人。

在这里，塞北苍茫之景、兵士征战之勇、将军号令之严，无不跃然纸上。但此诗毕竟为诗人早年之作，其雄壮之力、浑厚之气，尚在积蓄酝酿之中。他三十八岁（开元二十六年）时写的《燕歌行》，其雄浑的风格便得到进一步发展，而臻于成熟。

---

① （明）胡应麟：《诗薮》内编卷四。
② （明）胡应麟：《诗薮》内编卷六。

汉家烟尘在东北，汉将辞家破残贼。

男儿本自重横行，天子非常赐颜色。

拟金伐鼓下榆关，旌旆逶迤碣石间。

校尉羽书飞瀚海，单于猎火照狼山。

山川萧条极边土，胡骑凭陵杂风雨。

战士军前半死生，美人帐下犹歌舞！

大漠穷秋塞草腓，孤城落日斗兵稀。

身当恩遇恒轻敌，力尽关山未解围。

铁衣远戍辛勤久，玉箸应啼别离后。

少妇城南欲断肠，征人蓟北空回首。

边庭飘飘那可度，绝域苍茫更何有。

杀气三时作阵云，寒声一夜传刁斗。

相看白刃血纷纷，死节从来岂顾勋？

君不见沙场征战苦，至今犹忆李将军。

此诗概括的时间跨度很大，空间范围辽阔，虽写汉代，实指唐朝。场面浩大，人物众多，事件复杂。有天子、将军、校尉、战士、歌女、少妇、单于等人物组成一幅幅生动的画面，有大规模残酷的战争，有将校帐前的歌舞，有为国捐躯的男儿，有闺房寂守的少妇，有冲天如云的杀气，有寒夜报警的刁斗……不仅内容丰富，线索纷繁，而且有巧妙的衬托和对比：在战士拼死之时居然有美人歌舞，这不仅有悲壮与欢乐的对比，也衬托出战士的崇高和将校的卑鄙。对于塞外风光的描写，也别具一格，富于独创。在诗人笔下，山，不是普通的山，而是狼山；沙漠，不是一般的沙漠，而是大漠、瀚海；秋，不是正常的秋，而是穷秋；城，不是喧嚣的城，而是孤城；塞外，不是宁静的塞外，而是苍茫的绝域。但全诗却贯串着一个基调：歌唱守边男儿为国捐躯的"死节"。正是由于有这种骨力作为精神支柱，因而全诗气势雄壮，深沉浑厚。殷璠说："适诗多胸臆语，兼有气骨，故朝野赏其文。至如《燕歌行》等篇，甚有奇句。"① 这种评价，是切中肯綮的。刘勰《文心雕龙·风骨》云："故辞之待骨，如体之树骸；情之含风，犹形之包气。"高适的诗，就具有这种气骨、风骨，因而便有一种刚毅勇猛的力和横极太

---

① （唐）殷璠：《河岳英灵集》卷上。

虚的气，这就必然凝成雄浑。但高适的雄浑却异于其他诗人，而具有自己的特点，正由于他的诗注重骨力，故其风格虽有雄有浑，但却雄多于浑，雄壮突出而浑厚次之。所以历代诗家美其壮者多，美其浑者少。如严羽说："高、岑之诗悲壮，读之使人感慨。"① 高棅在《唐诗品汇·总序》中也用"悲壮"二字概括高、岑之诗。但高适的好友杜甫却能既美其雄、又美其浑。且读如下诗句："忆与高李辈，论交入酒垆。两公壮藻思，得我色敷腴。"（《遣怀》）又曰："呜呼壮士多慷慨，合沓高名动寥廓。叹我凄凄求友篇，感君郁郁匡时略。"（《追酬故高蜀州人日见寄》）这里，显然着重于歌咏高诗的雄壮。再看："高岑殊缓步，沈鲍得同行。意惬关飞动，篇终接混茫。"（《寄彭州高三十五使君适虢州岑二十七长史参三十韵》）显然，这里着重赞美高适、岑参诗篇的浑厚。除《燕歌行》外，高适在老年所写的许多诗篇，亦极尽雄浑之高妙。在《塞下曲》中，既有"万鼓雷殷地，千旗火生风"的紧急情况，又有"万里不惜死，一朝得成功"的报国激情。《同李员外贺哥舒大夫破九曲之作》诗，既写"作气群山动，扬军大旆翻"，"石城与岩险，铁骑皆云屯"的壮阔，又写"威稜慑沙漠，忠义感乾坤"的雄迈。《送李侍御赴安西》诗，既写"功名万里外，心事一杯中"的忧虑，又写"离魂莫惆怅，看取宝刀雄"的壮烈。

三　岑参之雄壮

在边塞诗派中，和高适齐名的是岑参（715—769）。天宝八年至至德二年，诗人两度出塞。任过安西节度判官、关西节度判官。戎马倥偬的战斗生活，激发了诗人的创作热情。诗人笔纵塞外，气吞漠北。《轮台歌奉送封大夫出师西征》诗，或写出师的威武，如"上将拥旄西出征，平明吹笛大军行。四边伐鼓雪海涌，三军大呼阴山动"。或写恶战的残酷，如"虏塞兵气连云屯，战场白骨缠草根。剑河风急雪片阔，沙口石冻马蹄脱"。《走马川行奉送出师西征》诗，或写漠北的飞沙走石，环境的险恶，如"君不见走马川行雪海边，平沙莽莽黄入天！轮台九月风夜吼，一川碎石大如斗，随风遍地石乱走"。或写北国风光，以及对战机的选择，如"匈奴草黄马正肥，金山西见烟尘飞，汉家大将西出师"。或写行军途中的千辛万苦，如："将军金甲夜不脱，半夜军行戈相拨，风头如刀面如割。"或写气候的严寒，如："马毛带雪汗气蒸，五花连钱旋作冰，幕中草檄砚

---

① （宋）严羽：《沧浪诗话·诗评》。

水凝。"或写胜利的祝愿，如："虏骑闻之应胆慑，料知短兵不敢接，车师西门伫献捷。"这些描绘，显得雄壮高亢、气势磅礴、形象逼真。如果诗人没有亲身的体验和真实的感受，焉能道出只字？

但岑参的诗，对于塞外风光、将士出征、战斗生活的描绘，与高适决不雷同。且看《白雪歌送武判官归京》中的开头："北风卷地白草折，胡天八月即飞雪。忽如一夜春风来，千树万树梨花开。"这里的雪显得无比的美丽，它并不叫你害怕，而是令人欢欣。再看此诗的结尾："轮台东门送君去，去时雪满天山路。山回路转不见君，雪上空留马行处。"这里寄托着诗人依依惜别的深情，友人的身影渐渐地消失，见到的只有雪上空留着的马蹄印了。全诗的开头与结尾，虽然写了雪景，但并不使你感到冷气逼人，相反使你感到温暖、喜悦。但是，塞外毕竟是塞外，雪毕竟是严寒的象征。诗人虽然在雪上未着一个"寒"字，但却在诗的头尾之间插入这样的描写："将军角弓不得控，都护铁衣冷难著。瀚海阑干百丈冰，愁云惨淡万里凝……纷纷暮雪下辕门，风掣红旗冻不翻。"这就把塞北的严寒充分地表现出来了。

岑参不仅善于描绘塞外的严寒，还善于表现漠北的酷热。"将军狐裘卧不暖，都护宝刀冻欲断"（《天山雪歌送萧治归京》），这是写冷。"蒸沙烁石燃虏云，沸浪炎波煎汉月"（《热海行送崔侍御还京》），这是写热。同是写热，则有热水、热气、热沙、热石、热云、热山，此外，还有热上加热的火山："火山突兀赤亭口，火山五月火云厚。火云满山凝未开，飞鸟千里不敢来。平明乍逐胡风断，薄暮浑随塞雨回。缭绕斜吞铁关树，氛氲半掩交河戍。迢迢征路火山东，山上孤云随马去。"（《火山云歌送别》）这首诗，同《经火山》中所写的"赤焰烧虏云，炎氛蒸塞空。不知阴阳炭，何独燃此中"有异曲同工之妙。它给人的感觉是：火山、火云、火焰不仅是灼热的，而且整个的天空也是灼热的。在诗人笔下，火山、热海，均升腾着磅礴的蒸气，可谓氤氲缭绕，浑成一体。但是，在如此恶劣的自然环境中，诗人不是为写景而写景，而是以景寓情。深深地寄托着诗人所歌咏的男儿征战、报效国家的豪情。因而不仅给人以浑厚的感受，而且给人以雄壮的感受。

四　高悲壮而厚　岑奇逸而峭

细加比较，岑参的雄浑，同高适的雄浑却存在着明显的区别。王士祯认为："高悲壮而厚，岑奇逸而峭。"（见《师友师传续录》）翁方纲认为："高之浑厚，岑之奇峭"（《石洲诗话》卷一），迥然有别。胡应麟认为：岑参"句格壮丽"，高适"情致缠绵"（《诗薮》内编卷五）。由此可见，高、岑的边塞诗，虽以雄浑驰誉诗坛，但高适偏于雄壮、雄伟、雄犷，岑参偏于雄奇、雄峭、雄丽。以岑诗而言，平沙万里，广袤无垠，虽出语平凡，但感觉新奇，如"沙上见日出，沙上见日没"（《日没贺延碛作》）；有的遣词奇崛，境界辽阔，笔意纵横，动作性强，如："还家剑锋尽，出塞马蹄穿。逐虏西逾海，平胡北到天。"（《送张都尉东归》）还有"看君走马去，直上天山云"（《醉里送裴子赴镇西》），都是；有的想象瑰诡，造境奇特，如写"阴火潜烧天地炉，何事偏烘西一隅"（《热海行送崔侍御还京》）来形容塞外之热；有的飞动自然，豪纵轻敏，如"匹马西从天外归，扬鞭只共鸟争飞"（《送崔子还京》）；有的夸张出格，意境雄奇，如"弓抱关西月，旗翻渭北风"（《奉送李太保兼御史大夫充渭北节度使》）；有的体察入微，景观壮丽，如"日没鸟飞急，山高云过迟"（《陪封大夫宴瀚海亭纳凉》）；有的出语通俗，造境不俗，如"马汗踏成泥，朝驰几万蹄"（《宿铁关西馆》）；有的构思新颖，意味深长，如"容鬓老胡尘，衣裘脆边风"（《北庭贻宗学士道别》）；有的则在诗末直接用警句抒发自己的豪情，如"功名只向马上取，真是英雄一丈夫！"（《送李副使赴碛西官军》）这些，都是岑诗的独到之处。

以上，指出了岑诗的特点，又说明了岑参和高适所共具的雄浑风格。在分析时虽以他们的边塞诗作为例证，但实际上不可局限于边塞诗。在他们其他许多诗篇中，也震荡着雄浑之气。如高适的《同诸公登慈恩寺浮图》诗，既有"登临骇孤高，披拂欣大壮。言是羽翼生，迥出虚空上"的雄伟，又有"秋风昨夜至，秦塞多清旷。千里何苍苍，五陵郁相望"的浑莽。又如岑参的《与高适薛据同登慈恩寺浮图》诗，壮浮图之高峻险奇，则"塔势如涌出，孤高耸天宫。登临出世界，磴道盘虚空"。喻浮图体积之大与重、形态之奇突，则"突兀压神州，峥嵘如鬼工。四角碍白日，七层摩苍穹"。诗人登高远眺，极目俯视，则别有一番景象："下窥指高鸟，俯听闻惊风。连山若波涛，奔凑似朝东。"这里，写凌空翱翔的飞鸟，呼啸而过的疾风，状若波涛、奔腾汹涌、滚滚东流、迤逦起伏的群山，既写动态美（高鸟、惊风），又写化静为动的美（连山若波涛），真可谓气魄宏大，气势雄伟，境界奇特。接着，映入诗人眼帘的是："青槐夹驰道，宫馆何玲珑。秋色从西来，苍然满关中。五陵北原上，万古青濛濛。"这里，写的是广阔无际的大平原上的美丽风景，作为浮图的衬景，更烘托出塔势的峥嵘美。作者先写登临前仰视宝塔时的壮丽景象，次写登临中的壮美感，接着写登塔后俯视、平视时的壮丽的奇景。突出地、多层次多角度地表现了塔势的雄浑美。而表现塔势的雄浑美，当然也要运用雄浑的风格。描绘边塞风光又何独不然？苍茫辽阔的原野，一望无际的黄沙，剽悍凶猛的匈奴，咆哮怒吼的烈马，粗犷悲凉的胡笳，人马绝迹的火海，彻骨钻心的严寒，大开大阖的出征，大起大落的胜负，激烈残酷的厮杀，白骨累累的战场，突兀荒瘠的高山，无不为雄奇、雄峭、雄壮、雄丽、雄伟提供了客观描写对象，把它们摄入作品中，焉能不促成雄浑的风格？可见描绘对象的雄浑乃是促成风格雄浑的客观原因。当然，这种客观原因只是促使风格形成的一个方面原因，形成雄浑的另一方面决定性的原因在于诗人的主观因素。高适、岑参均有凌云之志、报国之心，对戎马风尘的战斗生活，有着深切的体会和感受，因而都能以壮阔的主观情怀去歌咏壮阔的客观世界，这就使他们的许多诗作，同样表现出雄浑。但是，他俩又各有其独特的气质、个性、兴趣、习惯、文化教养、出身经历、社会关系，因而又有各不相同的主观世界。高适年少落魄，不事生业，家境贫寒，到处漂游，形成了他那磊落不羁的性格。中年以后，得到哥舒翰的重用，其好气任侠、仗义执言的性格得到进一步发展，其报效国家的才能得到进一步施展。即使在玄宗面前，他也能"负气敢言"[1]。这就为他的诗歌增添了胆识、力量、气魄，使他的雄浑之作具有特异的风采，并带有粗犷的情调。至于岑参，则与高适迥异。岑参出身世宦之家、书香门第，早年习诗，"属辞尚清，用意尚切，其有所得，多入佳境，迥拔孤秀，出于常情"[2]。因而形成了秀丽峭拔的风格。以至他出塞之后，虽然诗风大变，臻于雄浑，但早年的"迥拔孤秀"却渗透其中，这就使他的雄浑别具特色，也就是雄奇、峭拔、壮丽，而不像高适那样雄犷。

五　雄浑的崇高美

高、岑的雄浑美，是一种崇高美。德国的古典美学家康德（1724—1804）在其美学专著《判断力批判》"崇高的分析"中，把崇高分为两种：一种是数学的崇高，亦即数量的崇高，就是指体积之大；一种是力学的崇高，亦即力量的崇高，就是指威力之大。前者如埃及金字塔、罗马圣彼得大教堂，就拥有数学的崇高。后者如挟电的乌云、喷焰的火山、怒吼的狂飙、呼啸的海洋、倾泻的巨瀑等等，就拥有力学的崇高。康德的崇高论，乃是就自然美而言，但对我

---

① 《旧唐书》本传。
② （唐）杜确：《岑嘉州诗集序》。

们研究唐诗的雄浑美也具有借鉴作用。高适所描绘的杳霭、云屯、胡天、远天、万木、高原、冰雪、青云、北溟、大漠、荒城、三边、蓟门、戍楼、异域、空塞、风尘、肥马、骐骥、鸿鹄、黄鹄、白鸥、苍鹰、长山、铁岭、天路、千岩、千旗、氤氲、大旆、大刀、浩歌、雷霆、大浪、沧波等等，岑参所描绘的赤焰、虏云、炎氛、千仞、万蹄、大荒、胡沙、天涯、边烽、胡烟、昆仑、天山、葱山、万岭、战场、出征、六翮、苍穹、飞鸿、边空、浮屠等等，或显出巨大的体积，或显现出巨大的力量，因而便给人以壮美的感受。当然，这种壮美已超出了康德所划定的界限。康德局限于大自然的崇高，而高适、岑参所写的塞外风光和边塞战争，已超越了自然界，它已和社会联系在一起了。可见康德所说的数学的崇高和力学的崇高是可以用来解释某些社会现象的。雄浑的崇高美（壮美）就不局限于自然界，而是对于人类社会生活的整体的形象的艺术的概括。例如：保卫祖国边疆的战争，为国捐躯、万死不辞的浩然之气，就为高、岑诗作提供了骨力、骨气，因而其雄浑之中必含崇高。车尔尼雪夫斯基说："伟大（或崇高）之超越渺小或平凡是在于它的远为巨大的数量（在空间或时间上的崇高）。"① 这种看法虽受康德的影响，但比康德却前进了一步，这就是注视到"人的崇高"。当然，并非所有的人的惊天动地的行为力量都可以达到崇高的，只有那些对人民作出了重大贡献、对历史前进起了巨大作用的行为力量，才可获得人的崇高美。高、岑的许多诗，不仅描绘了自然界的崇高，而且表现了社会中"人的崇高"，因而就使他们的艺术风格——雄浑，也臻于崇高美的境界。

当然，这并不意味着，高适、岑参的所有诗篇只有雄浑一格，事实绝非如此！

雄浑是沉郁的紧邻。杜甫以沉郁见长，亦时见雄浑。当他目击雄伟的大自然时，便一扫胸中积郁，其襟怀豁然开朗，雄浑之情油然而生。他的《望岳》诗，便是雄浑的杰作。

雄浑是豪放的亲友。李白以豪放见长，亦常于豪放中见其雄浑。如胡应麟所指出的，李白的"独坐清天下，专征出海隅"，就是"冠裳雄浑"之作。

雄浑和豪放、沉郁，是相互渗透、相互转化的。当它沉思默处、忧愤蕴蓄时，就会变为沉郁；当它飘逸飞动、奔放不羁时，就会形成豪放。

雄浑与粗犷，都有一股浊重之气，都有一种广阔的襟怀。但雄浑是庄严的，

---

① ［俄］车尔尼雪夫斯基：《生活与美学》，人民文学出版社1957年版，第20页。

粗犷是不驯的；雄浑是不过分的，粗犷则有点放肆。

　　从雄浑与沉郁、豪放、粗犷等风格的撞击中，可知雄浑的磅礴之气喜与其他崇高风格相渗相融，而富于包孕性、流动性、变易性。它时而飞腾上升，时而沉沉下降，倏忽多变，转化为多种风格，因而具有一种活性美。

第五章　王维、孟浩然诗歌风格论

一　冲淡论

盛唐诗坛，百花争艳，姹紫嫣红。独创风格，摇曳多姿，光彩炫目。其最诱人者，则为李白之豪放飘逸，杜甫之沉郁顿挫。

伟大的艺术探求者都是知难而进的勇士。他们并不因为高峰挡路就畏葸不前，而是披荆斩棘，独辟蹊径，去创造最新最美的风格。王孟诗派，就是如此。王维（701—761）、孟浩然（689—740）、储光羲（707—760）以及裴迪、綦毋潜、丘为、祖咏等人，都是王孟诗派的重要成员。其中成就最大的是王维。王维的诗风虽然是发展的、变化的、多样的，但是能够使他卓然成为这一派首领的，就是由于他的诗风以冲淡著名；他之所以成为唐代诗坛的大家，就是由于他的冲淡是无与伦比的。他虽然也偶有豪放（如《从军行》、《燕支行》、《老将行》），但在总体上远不及李白；他虽然也偶有沉郁（如《陇头吟》、《叹白发》、《寄荆州张丞相》、《凝碧诗》），但远远赶不上杜甫。然而，他却以冲淡独树一帜，无人匹敌。因而，王维不能为李白之豪放、杜甫之沉郁，李、杜也不能为王维之冲淡。

所谓冲淡，就是冲和、淡泊。司空图在《诗品》中把冲淡列为一格，释之为："素处以默，妙机其微。饮之太和，独鹤与飞。"大意是说：静默淡漠地生活，是极其微妙的。畅饮天地间的冲和之气，就像独鹤在飞翔。这是多么闲逸啊！杨廷芝释之为："冲而弥和，淡而弥旨。"[①] 杨振纲则曰："冲，和也；淡，淡宕也。"[②] 从他们的分析中，可知冲淡含有闲逸、静默、淡泊、深远等特点。如果用四个字来概括，就是：闲、静、淡、远。王维的山水田园诗，就是如此，所以，王维是冲淡派的大师。且看以下作品：

> 人闲桂花落，夜静春山空。
> 月出惊山鸟，时鸣春涧中。

———《鸟鸣涧》

---

① （清）杨廷芝：《诗品浅解》。
② 《诗品解》。

木末芙蓉花，山中发红萼。

涧户寂无人，纷纷开且落。

——《辛夷坞》

空山不见人，但闻人语响。

返景入深林，复照青苔上。

——《鹿砦》

秋山敛余照，飞鸟逐前侣。

彩翠时分明，夕岚无处所。

——《木兰砦》

吹箫凌极浦，日暮送夫君。

湖上一回首，青山卷白云。

——《欹湖》

这些诗，不仅出现了闲、静、寂、无、空等冲淡的字眼，而且出现了冲淡的意境。这里，没有城市的喧嚣，没有人间的纷争，没有外界的纷扰，只有大自然的宁静、山水花鸟的生机。诗人尽情地消受着、欣赏着、陶醉着，简直是投入大自然的怀抱之中，变成了大自然的有机体了！诗人笔下的大自然，无处不跳动着诗人的脉搏，回旋着诗人的声音，震荡着诗人的灵魂。因此，大自然已被人格化了。王维笔下的大自然，就是王维自己！它反映了王维冲淡的心情。王维已冲淡到忘我的程度。他把自己消融在大自然中了。这种消融，意味着冲淡。它把主体渗透到客体中，把主观的情思化入客观的景物中。诗人不是超然物外，而是融于物中；诗人所追求的是忘我、无我的空寂境界。这种空寂，难道不是冲淡的极致吗？然而，诗人难道真能百分之百地达到忘我、无我的极境吗？答曰：非也。诗人所希冀的只是忘掉官场的挫折、命运的坎坷、人世的烦恼，也就是把人生道路上所遭到的险恶风云忘得一干二净；他所向往的是悠然自得、安谧恬淡的生活。大自然是王维追求的"情人"，大自然只要露出美的倩影、美的姿容，诗人就要向它献殷勤，向它讨好，努力去捕捉它的美，并把它形象地描绘出来。在肯定大自然的同时也就肯定了诗人自己。诗人自己悄悄地隐蔽在大自然的背后，去观察人们对大自然的赞美：大自然的美，是多么冲淡啊！冲淡，是何其令人神往啊！

二 王维的冲淡有无人间烟火味

然而，冲淡难道就形同槁木、心如死灰乎？答曰：非也。王维的冲淡并非幻灭、死寂，而是富于生机的。它是诗人把活跃的生命力转化为凝固的生命力的结果，活跃的生命力呈现出流动状态，凝固的生命力则呈现出静谧状态。愈是流动，则愈能衬托出静谧；愈是静谧，则愈要借助于流动的衬托。在流动与静谧的鲜明对比中，才可使动者更动、静者更静。故王维的诗，之所以静得不能再静（也就是静的极致），就是由于活跃着动的生机。前面所举的一些诗就是如此。春夜人闲，山谷空寂，是多么静啊！就在此时，桂花飘零，气氛显得更凄清了。如果不用个"落"字就很难出现静的极致。尤其是月出时惊鸟扑棱起飞鸣叫，就把寂静的山涧映衬得尤为寂静了，而且显示出鸟鸣涧的一派生机。如果王维不表现这种流动的生机，恐怕冲淡就不会有如此生命力，也不成其为冲淡。因此，在《辛夷坞》中，尽管涧户寂无人，但由芙蓉花发红萼、开且落，就给寂寞的山涧增添了生气。在《鹿柴》中，虽然空山不见人，但是人语的响声、阳光影子的移动，却使画面显现出活力。这些都意味着王维的冲淡是冲而不薄、淡而有味的。其中所显示的静谧，是离不开流动的衬托的。有人责备王维的山水诗追求的是一种幻灭的境界，没有人间烟火味，就是由于他们没有看到王维的山水诗中还隐蔽着动的生机。此外，用"人间烟火味"的模式去规范王维，就是要求王维就范于这些批评家的理论观点和艺术趣味，其实，这正是理论批评中的教条主义倾向。王维的山水诗难道真的没有人间烟火味吗？回答是：有！不过它不是那么醉心于现实的火热斗争，不是沉湎于澎湃着的生活激流中，而是喜欢在山水林泉中徘徊罢了。这难道不也是人间烟火味的另一种表现吗？在王维笔下，大自然已不是处于自在状态，而是经过诗人的点化，已呈现自觉状态。大自然或成为诗人的朋友，或变为诗人的有机体，或者简直就是诗人自己了。这种赋予自然以诗人的人格的现象，这种变粗朴的自然为人化的自然的做法，正是王维在自己的山水诗中点燃人间烟火的表现。不过这种人间烟火，不是浓烟滚滚，像杜诗那么强烈，而是炊烟袅袅，时断时续，若有若无而已。如果我们把人间烟火味理解为现实世界中的生机、生命力的话，那么，表现在王维的山水诗中，大致有三种情况。

第一种是以我（王维）观物（景物、人物、事物），且看《山居即事》：

寂寞掩柴扉，苍茫对落晖。

鹤巢松树遍，人访荜门稀。

绿竹含新粉，红莲落故衣。

渡头烟火起，处处采菱归。

　　呈现在诗人眼帘的，是山居黄昏时的苍茫景色，鹤鸟还巢，行人归宅，气氛寂寞。加之嫩竹生绿，红莲落瓣，更衬托出一种静谧之美。但是就在这个时刻，渡口灯火点燃，到处显现出采菱人归来的情景。这一"起"、一"归"，就突现出画面的动态，渲染出意境的生机。而这一切，都是显隐在诗人眼中的。再看《渭川田家》：

斜光照墟落，穷巷牛羊归。

野老念牧童，倚杖候荆扉。

雉雏麦苗秀，蚕眠桑叶稀。

田夫荷锄至，相见语依依。

即此羡闲逸，怅然吟《式微》。

这里写的是傍晚的田园风光，有斜阳光影的移动美，放牧归来的恬适美，山鸡啼鸣的声音美，蚕儿安睡的静态美，农民荷锄相语的安详美，诗人吟咏的闲适美，诗人用了照、归、念、倚、雏、眠、荷、语、羡、吟等字，把画面点染得情趣横生。在这幅美丽的田园图中，诗人是处于观赏地位的。

　　第二种是以物寄我。即诗人不直接出现在画面中，而是隐藏在意境深处。画面上见到的是物（景物），但这种物却是诗人情趣的显现。最明显的例子如《栾家濑》：

飒飒秋雨中，浅浅石溜泻。

跳波自相溅，白鹭惊复下。

从这幅图画中，你仿佛听见了秋风秋雨的飒飒声，雨点落到沙石上的滴答声，石滩上浅浅急流的飞溅声，水波忽上忽下、忽左忽右地跳跃着，彼此撞击着，把白鹭儿弄得担惊受怕，时飞时落。在这幅画面中，王维虽未露面，但却流露出他那

欢快的明朗的情绪色彩。这首小诗,虽然反映出王维的秋居辋川时的闲适,但却是以动态描写为主的。再如《萍池》:

> 春池深且广,会待轻舟回。
> 靡靡绿萍合,垂杨扫复开。

此诗描绘小舟荡漾池中,拨开两边浮萍,舟过以后,绿萍又缓缓合拢,而又为垂杨扫开的情景,生动地反映出诗人愉悦、淡泊的心境。这便是所谓以物寄我、寓我于物吧。

第三种是物我合一。诗人直接出现在画面中,不仅是个旁观者,而且是个主人公。他不只是观照物(风景)的美,同时又在突出自身的美。且看《辋川闲居赠裴秀才迪》:

> 寒山转苍翠,秋水日潺湲。
> 倚杖柴门外,临风听暮蝉。
> 渡头余落日,墟里上孤烟。
> 复值接舆醉,狂歌五柳前。

在这里,诗人不仅观赏着寒山暮色,而且把他的诗友裴迪比作古代高士陆接舆。裴迪醉了,诗人也不禁雅兴大发,狂歌起来。这种既写物、又写我的方法,可谓物我合一,有物有我,彼此衬托,相映成趣。

从上述三种情况看来,王维的山水诗所描绘的"物"和"我",都是富于生机和生命力的,都是现实生活中的一个组成部分,因而就不能简单地责备诗人没有表现人间烟火味。如果一定要求王维表现那种浓厚的人间烟火味,恐怕他就会失去冲淡之美,而不能卓然成为大家,也不成其为王维,更不能和当时的李、杜争雄。可见,王维之所以不朽,其重要的原因就在于:他在盛唐诗坛的上空,高悬着一颗永远不落的冲淡的明星。无怪乎杜甫称赞他为"高人"了。

三 冲淡的特点及其成因

心境冲和,气质舒缓,和蔼可亲,平易近人,乃是冲淡的一个特点。且看如下描绘:

轻航迎上客，悠悠湖上来。
当轩对樽酒，四面芙蓉开。

——《临湖亭》

清浅白石滩，绿蒲向堪把。
家住水东西，浣纱明月下。

——《白石滩》

君自故乡来，应知故乡事。
来日绮窗前，寒梅著花未？

——《杂诗三首》其二

萋萋芳草春绿，落落长松夏寒。
牛羊自归村巷，童稚不识衣冠。

——《田园乐七首》其四

诗人信笔所之，着手成春，随手拈来，绝不故意用力，故行文没有波澜，而是平静如水，其节奏的运动不是大起大落、忽疾忽徐的，而始终是缓慢舒展的。这种出神入化的功力，颇可与陶诗相埒。陶渊明《饮酒》诗云："采菊东篱下，悠然见南山。"这是何等舒缓、恬谧！"清晨闻叩门，倒裳往自开。问子为谁与，田父有好怀。"这是多么平易！

淡泊宁静，洁身自处，意境清幽，淡而有味，是冲淡的又一特点。司空图认为王维诗"澄澹精致，格在其中"①，"趣味澄夐，若清流之贯达"②。宋代魏庆之《诗人玉屑》载："王右丞如秋水芙蕖，倚风自笑。"又云："为诗欲清深闲淡，当看韦苏州、柳子厚、孟浩然、王摩诘、贾长江。"欧阳修《书梅圣俞稿后》说王维"得其（按，指古乐）淳古淡泊之声"。可见，王维的冲淡，是冲冲和之、淡淡出之。它淡而深，淡而远，淡而幽，淡而雅，淡而古，淡而淳，淡而清，淡而闲，淡而有致，淡而有味，味在淡中，亦味在淡外。这种淡，只可意

---

① （唐）司空图：《与李生论诗书》。
② （唐）司空图：《与王驾评诗书》。

会，难以言传。在色彩上，它不用浓墨，不爱华艳，而追求萧疏清淡。在运笔上，既非精雕细刻，又非粗线勾勒，而是点点染染，意到笔随。在情趣上，不作惊人语，不崇尚夸饰，不出大言，不吞吐日月，不豪情满怀，也不执著于现实，不留意生活的纷争，不关心人事的纠葛，不激动，不悲痛，不恣肆，不愁苦，而是洁身自好，孤身静处，独善其身，寄情山水，吟咏风月，始终保持着内心的和平与淡泊。

且看《青溪》：

> 言入黄花川，每逐清溪水；
> 随山将万转，趣途无百里。
> 声喧乱石中，色静深松里；
> 漾漾泛菱荇，澄澄映葭苇。
> 我心素已闲，清川澹如此；
> 请留磐石上，垂钓将已矣！

这里，青溪至黄花川的景色，历历在目。溪水清长，随山回旋，奔腾而下，流水与乱石相搏，发出悦耳的喧哗声，为我们谱成了一曲绝妙的大自然的音乐，也就是所谓天籁、地籁吧。它在你的视网膜上还呈现出曲折流动的美。但诗人把笔锋一转，紧接着又把你带入清幽的画境，叫你去观赏松林深处的绿色的美。这种美，却又无比的静谧。这种由动（声喧）入静（色静）的描绘，使你的视觉先后落在两个（动、静）不同的点上，你只会感到由于视觉追逐的变化而使你不断获得新鲜的美感。如果诗人只是写动，而不写静，或只是写静，而不写动，那么，动与静不能相互衬托，就不能形成鲜明的对比，既不能充分地突现动，也不能充分地突现静。你的视觉就会由于只停留在一个固定的点上而感到疲劳，从而降低了自己的美感。王维是多么善于捕捉大自然的生机，又是何等善于化动为静啊！这种静，是幽静、清静，加上还有水中的菱荇、葭苇相映成趣，显得漾漾然、澄澄然，就给静更增添了活力。面对青溪美景，诗人不觉沉醉，但诗人不是手舞足蹈，赞不绝口，而是心往神驰，反复玩味，静观之，素处之，闲尝之，慢嚼之，盘桓于巨石之上，垂钓于清川之中，得澄澹之情致，撷清幽之雅趣。岂非冲淡使然？

王维的淡泊，之所以有味，是由于诗人热爱大自然，但其热爱的方式却是独特的。诗人把自己爱的汁液深深地注射到大自然的机体上，把自己的情趣移植到青山绿水之中，以自然美为依归，把自己的生命融入自然之中，使无情的自然变成有情的自然，使有情的自然变成冲淡的自然，使自然变成人生的观照对象，这样追求自然，难道不是玩味人生的表现吗？不过是冲淡地品尝人生的滋味而已。这表明诗人并不是完全厌世的。他厌恶的只是使他吃足了苦头的动乱的社会，也是人民遭殃的苦难年代（如"安史之乱"）。他所向往的是宁静、安详、平和，因而他便寄情山水，陶醉自然，力图在淡泊中涤尽过去的烦恼，忘却心灵的创伤，从而在自然美的开拓中发现新的境界，这就是以造化为师，师法自然，吟诗作画，以山水自娱，在冲淡中寻求人生的真谛。这便是诗人的志向、情思。可见，王维并非无情无志，但其情志是深深地寄托在冲淡之中的，所谓淡泊明志是也。清代文人徐增《而庵诗话》云"摩诘以理趣胜"，这也说明了诗人淡泊明志的一个方面。正因为如此，王维之冲淡，就不是为冲淡而冲淡；就不是浅薄平庸，索然寡味。可见，冲淡之所以有味，也是由于个中深含着诗人的情趣、情感、志向和人生哲理的缘故。

王维的冲淡，也是诗人努力实践自己人生观的证明。诗人在《与魏居士书》中，对于陶潜"不肯把板屈腰见督邮，解印绶弃官去"的行为，是称赞的，但对其叩门乞食、拙于言辞的酸态却是摇头的。诗人有自己独立的人生观。他很欣赏孔子的话："我则异于是，无可无不可。"谓："可者适意，不可者不适意也。君子以布仁施义、活国济人为适意，纵其道不行，亦无意为不适意也。"由于王维怀着能进（活国济人）能退（道不行则隐）的想法，故进则固然为"可"、为"适意"，退则亦为"无不可"、为"无不适意"。因此，他下了一个结论，对魏居士劝勉道："愿足下思可不可之旨，以种类俱生，无行作以为大依，无守默以为绝尘，以不动为出世也。"由此可见，王维并不认为归隐山林的"守默"就是"绝尘"，静居田园的"不动"就是"出世"。这种"守默"、"不动"，亦意味着冲淡，它是"无不可"、"无不适意"的表现，也是体察人生的方式。它是玩味人生，而不是逃避人生。它只是喜欢在巨幅的人生图画上的一个小小的幽静的角落中玩味而已。

王维的冲淡，也是诗人努力实践自己艺术观的证明。王维诗、书、画、音乐无不精绝。他将多种艺术的精粹，熔于一炉，使一种艺术兼及多种艺术的功能，尤以诗画为最，故苏东坡云："味摩诘之诗，诗中有画；观摩诘之画，画中有诗。"① 王维在《画学秘诀》中说："渡口只宜寂寂，人行须是疏疏。""远岫与云谷相接，遥天共水色交光。"如此闲静淡远的境界，移入山水诗中，焉得不冲

---

① （宋）苏轼：《书摩诘蓝田烟雨图》。

和淡泊？"宿世谬词客，前身应画师"（《偶然作六首》其六），这是王维能诗善画的自述。且看如下诗句，多么像一幅幅冲淡的图画啊！

秋天万里净，日暮澄江空。
清夜何悠悠，扣舷明月中。

——《送綦毋校书弃官还江东》

远树带行客，孤城当落晖。

——《送綦毋潜落第还乡》

行人返深巷，积雪带余晖。

——《喜祖三至留宿》

流水如有意，暮禽相与还。
荒城临古渡，落日满秋山。

——《归嵩山作》

日落江湖白，潮来天地青。

——《送邢桂州》

江流天地外，山色有无中。

——《汉江临泛》

读到这些诗句，你不禁万虑俱消，而沉醉在冲淡的风格洌酒中了。

王维的冲淡，并非退隐之后才有，即使在他春风得意之时，也有过冲淡。当出现冲淡时，他不一定就想到归隐山林，而是独树冲淡一帜，作为与对立流派的抗争手段，作为艺术上追求的最高境界。因此，如果我们任意地把冲淡视为诗人逃避现实的表现，那么，既不完全符合诗人创作的实际，又贬低了冲淡的社会作用和艺术价值。唐代，以李思训父子为代表的北宗画派，富丽堂皇，与崇尚黼黻的宫廷诗风相呼应。而作为诗人兼画家的王维，便以山水花鸟画参加了争鸣。他的画，以萧疏清淡誉满京华，成为南宗的开山祖。如《万峰积雪图卷》，可谓笔疏墨淡。清代高士奇《江村销夏录》云其"西风翻鸦忽零乱，远雁迷云犹呖呖"。它集中地显示出淡远闲静的特点。宋代的米芾、元代的黄公望、明代的董其昌，都深受王维冲淡风格的影响。王维将绘画的风格运用到山水诗的创作中去，就形成了特有的冲淡。《史鉴类编》谓王维之作"辞情闲畅，音调雅驯"。"如上林春晓，芳树微烘，百啭流莺，宫商迭奏……芊绵伟丽于氤氲杳渺之间，真所谓有声画也。"① 可见王维的冲淡诗风，不仅吸取了绘画的特点，而且采撷了音乐的特点。

冲淡，不仅与王维的山水诗形影相随，而且同诗人其他许多篇什，也结下了不解之缘。诗人十九岁时写的《桃源行》就含着冲淡。诗人的一些送别诗，也有过冲淡。例如《送别》：

> 下马饮君酒，问君何所之？
> 君言不得意，归卧南山陲。
> 但去莫复问，白云无尽时。

这首诗中流露出友人淡淡的哀愁和诗人惜别的情意。结句以"白云无尽时"淡淡出之，显示了诗人对于友人归卧南山、依傍白云的仰慕。此外，如"和光鱼鸟际，澹尔兼葭丛"（《送綦毋校书弃官还江东》），"天寒远山净，日暮长河急"（《齐州送祖三》），"山中一夜雨，树杪百重泉"（《送梓州李使君》）等，都显现出淡远幽深的特点。

王维的冲淡，继承了魏、晋文人的优秀传统。魏、晋文人濯足清流，不染尘俗，同封建权贵不合作的精神，对安静、美好的理想境界的憧憬，是形成冲淡的一个重要原因。陶渊明是冲淡的开山祖，胡应麟说他"开千古平淡之宗"②。这是因为，陶潜目击当时政治腐败，既无力扭转乾坤，又不愿同流合污，遂弃官归隐，躬耕于山水田园之间，过着宁静、安闲、平淡的生活。他在《饮酒诗》中所写的"采菊东篱下，悠然见南山……此中有真意，欲辨已忘言"，就意味着他的无限情思是融于淡泊之中的。因此，他并未完全脱离现实，什么都不关心，而是在淡泊之中曲折地流露出他那不平的情绪。所以，苏轼说陶诗"癯而实腴"③，朱熹则誉之曰"语健而意闲"④。可见，冲淡之中是含着深刻的人生哲理的。正

---

① 转引自（清）赵殿成：《王右丞集笺注》，上海古籍出版社1984年版，第511页。
② （明）胡应麟：《诗薮》内编卷二。
③ （宋）苏轼：《与苏辙书》。
④ （宋）黎靖德：《朱子语类》卷一百四十。

由于如此，就启发了王维。王维在诗中对陶潜是很赞赏的。例如《田园乐七首》中有如下描绘：

> 采菱渡头风急，策杖林西日斜。
> 杏树坛边渔父，桃花源里人家。
>
> 山下孤烟远村，天边独树高原。
> 一瓢颜回陋巷，五柳先生对门。

王维这种遐远幽寂的情趣，显然深受陶诗的感染。

此外，王维的冲淡，还深受魏晋文人艺术风尚的影响。"庄老告退，而山水方滋"①。魏、晋时，士大夫知识分子对玄言诗早感兴味索然，便另辟蹊径，从山水中寻找寄托。他们经常出没于名山古刹之中，遨游于茂林修竹之间，时有所感，遂系之以诗文，而冲淡一格，亦溢于笔端。它显示的是自然界的冲和清淡的色彩及诗人悠远的心境。如谢朓的"远树暧阡阡，生烟纷漠漠。鱼戏新荷动，鸟散余花落"（《游东田》），这就是冲淡风格的又一形象写照。王维的冲淡，和他们也是一脉相承的。且看："渡头余落日，墟里上孤烟"（《辋川闲居赠裴秀才迪》），"落日鸟边下，秋原人外闲"（《登裴迪秀才小台作》），和他们的诗不是有异曲同工之妙吗？

当然，王维的冲淡，并非因袭前人，而是具有自己的独创性的。和陶潜、谢灵运、谢朓等人相比，王维的冲淡更显得空灵、自然、幽雅、静谧，并时与纤秾相间，故参差沃若，浓淡相映，明暗昭然。而陶渊明则尚平实而不空灵，重白描而无华彩；谢灵运则浓淡辉映，但浓多于淡，且辞藻雕琢，而不及王维自然。可见王维的冲淡，具有特殊的风采、情调、韵味。

平淡与冲淡，都注重一个"淡"字。但冲淡更显得空灵闲适、寂寞清静、高妙远逸，其语言也不尽朴素；而平淡则朴素无华，质木趻文，它也不及冲淡的空灵、幽雅、高妙。"方宅十余亩，草屋八九间。榆柳荫后檐，桃李罗堂前。暧暧远人村，依依墟里烟。狗吠深巷中，鸡鸣桑树颠。"② 简直是不加修饰，脱口而出，何其朴素，何其平淡！而王维则不同，王维的冲淡别具高致，这就是空灵。

---

① （南朝）刘勰：《文心雕龙·明诗》。
② （东晋）陶渊明：《归园田居》。

四　冲淡与空灵

清代刘熙载在《艺概》中曾提到过"空灵"。它神奇八荒，思接千载，缥缈莫测，意趣悠远。如习习清风，不着一点痕迹；似浩渺太空，可望而不可即。它追求的是高妙无迹的境界和超诣的审美情趣。司空图《诗品》中所谓的"超诣"就飞动着空灵的神韵；"如将白云，清风与归。远引若至，临之已非。"这是多么美妙的比喻，多么神奇的描述！

王维的冲淡，常伴之以空灵，故显得静寂高远，令人悠然神往。且体悟如下诗意：

澹然望远空，如意方支颐。

——《赠裴十迪》

铙吹发西江，秋空多清响。

——《送宇文太守赴宣城》

秋天万里净，日暮澄江空。

——《送綦毋校书弃官还江东》

空谷归人少，青山背日寒。

——《酬比部杨员外暮宿琴台朝跻书阁率尔见赠之作》

夜坐空林寂，松风直似秋。

——《过感化寺昙兴上人山院》

寂寞柴门人不到，空林独与白云期。

——《早秋山中作》

九州何处远，万里若乘空。

——《送秘书晁监还日本国》

故乡不可见，云外空如一。

——《和使君五郎西楼望远思归》

雀噪荒村，鸡鸣空馆。

——《酬诸公见过》

荒城自萧索，万里山河空。

——《奉寄韦太守陟》

洒空深巷静，积素广庭闲。

——《冬晚对雪忆胡居士家》

了自不相顾，临堂空复情。

——《待储光羲不至》

此外，在《山居秋暝》、《鸟鸣涧》、《鹿砦》、《山中》等著名诗篇中都分别出现过"空山"、"山空"、"空翠"字样，这些描绘，不仅字面上显示出空寂，而且在意境深处隐藏着空灵。当然，诗句的空灵，显示着诗意的空灵；诗意的空灵，亦凭借诗句的空灵。诗句与诗意，均显示着空灵，为王维诗之绝响也！此外，字句上并未出现"空"的字样，而在意境深处却隐藏着空灵者，则俯拾皆是。"背岭花未开，入云树深浅"（《李处士山居》）；"行到水穷处，坐看云起时"（《终南别业》）；"客来深巷中，犬吠寒林下"（《过李揖宅》）；"悠然远山暮，独向白云归"（《归辋川作》）；"泉声咽危石，日色冷青松"（《过香积寺》）；"所居人不见，枕席生云烟"（《千塔主人》），既闲静淡远，又空灵幽深，为冲淡之精品。司空图在《诗品》中形容冲淡："犹之惠风，荏苒在衣。阅音修篁，美曰载归。"这种美，又何尝不含空灵！关于空灵，清代书法家朱和羹在《临池心解》中说："作文须立身题巅，从空处落想，到得空处，自然不脱不粘。作画到得空处，自然超浑洒脱。作书何独不然？"这段话，也可用来解释王维的诗。空，当然不是空洞幻灭，玄言满纸，而是居高临下，鸟瞰万物；或登高远眺，极目寰宇；或静默遐思，神游太空。这种空，归根结底也是离不开实的。它是现实的高度概括化和意象化的反映，它是蕴蓄着无限情思和丰富内容的。因而这种空，是实上之空，而不是幻中之空。它不仅空，而且灵。所谓灵，就是精神，亦即朱和羹说的

"神味"。只空不灵，则乏神韵；只灵不空，则近神灵；既空且灵，始臻妙境。那些玄言诗之所以寂灭玄奥、缺少形象的鲜明性，就是由于它只重抽象地歌颂神灵，而忽视神思的具象性的缘故。王维的山水诗，之所以神妙，而非玄妙，其中一个原因就在于它的空灵是形神兼备、情景交融的。

五　冲淡与纤秾

王维崇尚冲淡，但不排斥纤秾。大自然生机蓬勃、欣欣向荣的景象，也会把诗人搅得心潮翻滚，而去描绘纤秾之美。且看《渡河到清河作》：

> 泛舟大河里，积水穷天涯。
> 天波忽开拆，郡邑千万家。
> 行复见城市，宛然有桑麻。
> 回瞻旧乡国，淼漫连云霞。

在这里，诗人已走出田园山林，歌咏郡邑了，哪里见出多少冲淡的意味呢？再如"落花寂寂啼山鸟，杨柳青青渡水人"（《寒食泛上作》）；"唯有相思似春色，江南江北送君归"（《送沈子福归江东》），这里岂但色泽浓丽，更重要的是情思浓郁。尤其是《送元二使安西》，更为脍炙人口。且看：

> 渭城朝雨浥轻尘，客舍青青柳色新。
> 劝君更进一杯酒，西出阳关无故人。

这是唐代广为流传的《渭城曲》，又叫《阳关三叠》，字里行间缱绻着依依惜别的深情厚意，堪称纤秾之妙品。

但纤秾绝非王维诗歌的主导风格。王维诗歌的主导风格乃是冲淡。冲淡是一种老练精纯的艺术风格，它并非唾手可得，而是去粗取精、千锤百炼的结果。这种淡，才具有美的价值。薛宝钗《咏白海棠》诗云："淡极始知花更艳，愁多焉得玉无痕？"（《红楼梦》第三十七回）这种淡到极点的白海棠是更加艳丽了。冲淡一格，也是如此。

冲淡之至乃是绚烂已极的结果，绚烂已极乃是冲淡之至的原因，可见要获得冲淡必先获得绚烂。所谓绚烂，就是气象峥嵘、色彩绮丽。先取绚烂，再反复砥砺，洗尽铅华，以臻于炉火纯青的艺术境界，则冲淡一格，庶可脱颖而出。苏轼在给赵德麟的信中写道："凡文字，少小时须令气象峥嵘，色彩绚烂，渐老渐熟，乃造平淡。其实不是平淡，绚烂之极也。汝只见爷伯而今平淡，一向只学此样，何不取旧日应举时文字看，高下抑扬，如龙蛇捉不住，当且学此。只书字亦然。"① 许多著名诗人在年少气盛时，都英俊豪迈，爽朗奔放，风度翩翩，故其艺术风格亦风流倜傥，明媚绮丽，摇曳多姿。但随着年龄的增长、阅历的丰富、艺术的成熟，其笔力亦日渐老练，至炉火纯青之境时其风格反归于冲淡。正如宋代葛立方所说："大抵欲造平淡，当自组丽中来，落其华芬，然后可造平淡之境。"② 金代元好问所推崇的"一语天然万古新，豪华落尽见真淳"（《论诗三十首》）的陶诗，就是如此。王维之诗，何独不尔？他十九岁时写的《李陵咏》就描绘了"旌旗列相向，箫鼓悲何已！日暮沙漠陲，战声烟尘里"的壮烈景象；二十一岁时写的《燕支行》，就描绘了"叠鼓遥翻瀚海波，鸣笳乱动天山月"、"汉兵大呼一当百，虏骑相看哭且愁"的豪迈气势。此外，十六岁时写的《洛阳女儿行》描绘"画阁朱楼尽相望，红桃绿柳垂檐向"，"春窗曙灭九微火，九微片片飞花璅"，都富于绚烂之美。但随着岁月流逝，诗人饱受风霜，久经磨炼，其诗风亦归于冲淡。它"似淡而实美"③。因为它在冲淡之中蕴涵着丰富的情感、膏腴的内容。所以，清代施补华在《岘佣说诗》中讲得好："凡作清淡古诗，须有沉至之语，朴实之理，以为之骨，乃可不朽；非然，则山水清音，易流于薄。"陶诗如此，王维诗亦如此。

但是，浓后之淡并不等于浓后必淡。有的作品，虽然风格绚烂，但并不归于冲淡。例如，韩愈的《山石》中所描绘的"山红涧碧纷烂漫，时见松枥皆十围"，不仅诗句绚烂，全诗也是绚烂的。再如，杜牧的《齐安郡后池绝句》：

> 菱透浮萍绿锦池，夏莺千啭弄蔷薇。
> 尽日无人看微雨，鸳鸯相对浴红衣。

诗中所描绘的菱、浮萍、锦池、蔷薇，均是深绿色，鸳鸯红色羽毛与绿色相映，就强化了色泽的层次感、对比感、参差感。加上夏莺歌唱，鸳鸯戏水，并笼

---

① （宋）赵德麟：《侯鲭录》卷八引。
② （宋）葛立方：《韵语阳秋》卷一。
③ （宋）苏轼：《评韩柳诗》。

罩在蒙蒙微雨中，就给这幅斑斓的图画增添了蓬勃的生气。从上述分析中，可以看出有些诗篇就是以绚烂的风格著称的，它不可能再归于平淡。而绚烂已极归于平淡则主要是针对诗人艺术磨炼的过程而言的，它是常见的，但不是唯一的。

冲淡的类型很多，有简淡、清淡、雅淡、枯淡、古淡等等。言简意深、淡而味长者，谓之简淡；清新俊逸、淡而有致者，谓之清淡；幽雅端庄、淡然出之者，谓之雅淡；枯寂闲静、淡然孑立者，谓之枯淡；意境高远、淡而古拙者，谓之古淡。王维则博采众长，熔于一炉，独创一格。

以上，我们论析了王维冲淡诗风的特点及其形成的原因，说明王维的冲淡是独特的。它的形成，和诗人恬淡的心境有关，和大自然的特性有关，和诗人师承前辈的文化教养有关，和诗人对以画入诗的静谧美的追求有关，和诗人抗争宫廷繁缛鞴敝的画风有关。它是王维独特的个性、艺术独创性在诗中的集中表现。但是，王维冲淡诗风的形成，同诗人所处的社会政治生活环境有没有关系呢？同诗人晚年接受佛老的影响有没有关系呢？这是异常复杂的，然而又是饶有兴味的问题。

六 冲淡与拥抱自然

王维冲淡诗风的形成，虽然同他政治生活中的受挫有关，但这种关系不是呈直线的，而是异常复杂曲折的。王维一生三次受挫。第一次受挫，约当于开元九年（721）诗人二十一岁进士及第以后不久。他精通音律，故任大乐丞，执掌音乐。由于伶人不慎，跳起禁跳的黄狮子舞（黄狮子舞只可为皇帝表演），被皇帝知道了，便责备王维，并把他贬谪到济州（今属山东）当司仓参军这样的小官吏。他写的《济上四贤咏》就以愤慨的调子，咏叹了罢官归田的崔录事和慷慨任侠不为世用的成文学，并以讽刺的笔调揭露了纨绔子弟的奢侈骄纵。诗人对"少年曾任侠"、"论心游侠场"、"著书盈万言"的贤者，是仰慕之至的；对于"翩翩繁华子"、"肉食骛华轩"是极其不满的。这种诗是不含冲淡的。而诗人在未受挫折前却也流露过冲淡，前面所举的诗人十九岁写的《桃源行》就是一例。开元二十二年（734）诗人三十四岁，张九龄这位开明的政治家当了宰相。他独具慧眼，起用贤良，提升王维为右拾遗。但好景不长，在开元二十四年，张九龄就被罢相，开元二十五年被贬谪为荆州长史。而口蜜腹剑的奸佞李林甫却被加官晋爵，当上了宰相。开元二十八年，张九龄卒，诗人的好友孟浩然也于是年去世。这对诗人来说，无疑是个严重的打击。因为诗人在政治上失掉了一个重要靠山，艺术上失掉了一个知音。这是诗人政治生活中第二次受挫。尽管他在三十七岁（737）时，也就是张九龄被贬荆州之时还当过监察御史，并奉命出塞，到凉州劳军，且写下了《使至塞上》等气势壮阔的传世之作，但对张九龄却是一往情深的。他在《寄荆州张丞相》中写道：

> 所思竟何在？怅望深荆门。
> 举世无相识，终身思旧恩。
> 方将与农圃，艺植老丘园。
> 目尽南飞雁，何由寄一言！

全诗贯串着一个"思"字，怀念张九龄的知遇之恩，并表露出自己行将归农守园的心情。后来，约在诗人四十岁后（自襄阳返回长安以后），至四十四岁这段时间（开元二十八年至天宝三年），一度曾带官归隐终南山，过着半官半隐的生活。他的《终南山》，便是诗人山水诗中气魄雄伟、景象壮丽的冠裳之作：

> 太乙近天都，连山到海隅。
> 白云回望合，青霭入看无。
> 分野中峰变，阴晴众壑殊。
> 欲投人处宿，隔水问樵夫。

这首诗描绘了终南山绵亘千里、高耸入云的壮阔，显隐出白云、青霭的忽现忽隐，表现了群峰回转、众谷阴晴的变幻，衬托出山林投宿的幽雅情趣。从总的倾向看来，诗人涂抹的是壮丽的色彩，而不是冲淡。

天宝七载（748）诗人四十八岁前，建成了蓝田辋川别墅。一直到天宝十一年（752）诗人五十二岁时，李林甫才死去。在李林甫当权的十六年中，诗人的心情一直是惆怅的。这种心情也反映在他的山水诗中。例如："临觞忽不御，惆怅远行客"（《春中田园作》）；"上下华子冈，惆怅情何极"（《华子冈》）；"依迟动车马，惆怅出松萝"（《别辋川别业》），就是如此。在冲淡的画面上蒙上了一层惆怅的轻纱。它隐约地显示出诗人失意的心情。

诗人的第三次挫折发生在天宝十五年（756），诗人五十六岁。当时长安沦陷，王维被俘。安禄山素知其才，便把他带到洛阳，强迫他当了"给事中"这样的伪官。王维身陷贼营，犹心怀唐室，曾写诗一首，题作《菩提寺禁裴迪来相看说逆贼等凝碧池上作音乐供奉人等举声便一时泪下私成口号诵示裴迪》，以表心迹。诗曰：

> 万户伤心生野烟，百僚何日更朝天。
>
> 秋槐叶落空宫里，凝碧池头奏管弦。

诗中流露出诗人对唐王朝的怀念，心情极其沉重、悲痛。后来，"安史之乱"被平息，至德二年（757）收复两京，肃宗还都，见到王维写的这首诗，便宽恕了他，而未治罪。乾元元年（758），诗人五十八岁，被免罪复官。次年，转为尚书右丞。上元二年（761）归隐辋川，时年六十一岁，旋卒。

从以上简括的介绍中，可以看出王维冲淡的诗篇，大都写在诗人中晚年，也就是政治上第二次受挫以后。诗人由于备尝官场的酸辛，便想到另一个安静的世界中去排遣苦闷，寻找乐趣，因而归隐田园，吟咏山水，追求闲静淡远的审美情趣。这就出现了冲淡的诗风。可见，冲淡并不是诗人逃避现实的结果，而是诗人离开纷乱如麻、不可收拾、摇摇欲坠的唐王朝直接统治下的现实，回归清静幽丽、冲和淡泊的大自然怀抱中的结果。如果我们仅仅认为前者是现实，而后者不是现实，从而进一步断定拥抱大自然的王维就是现实的逃避者，就要降低其冲淡诗风的现实意义，那么只会得出片面的结论。可见，王维的冲淡，其所疏远的正是乱糟糟的现实，所亲近的却是一种安定的现实。大乱之后，渴望安定，这是人心所向。而王维之诗，追求冲淡，也是无可厚非的。如果责怪他为什么要回归辋川别墅，而不参与朝政，甚至于问他为什么不参加农民起义，那么，唐诗中冲淡一格就会成为空白。恰恰相反，王维这样的诗人，正由于回到大自然的怀抱中，才使他的冲淡诗风升华到最高境界。他那冲淡的诗风不仅表现了祖国河山的冲淡美，也表现了诗人情趣的冲淡美。难道歌咏祖国山河的冲淡美也是逃避现实的表现吗？

七　冲淡与参禅

王维全家信佛。王维晚年，尤其笃恋佛老。他精通佛学，写下了《赞佛文》、《西方变画赞并序》等佛学诗文，而且在他的一些诗中，也闪现着佛的光轮。且读如下诗句："中岁颇好道，晚家南山陲。兴来每独往，胜事空自知。"（《终南别业》）"散发时未簪，道书行尚把。与我同心人，乐道安贫者。"（《过李揖宅》）"晚年唯好静，万事不关心。自顾无长策，空知返旧林。"（《酬张少府》）"岩壑转微径，云林隐法堂。羽人飞奏乐，天女跪焚香。"（《过福禅师兰若》）"白法调狂象，玄言问老龙。何人顾蓬径，空愧求羊踪。"（《黎拾遗昕裴迪见过秋夜对雨之作》）"龙钟一老翁，徐步谒禅宫。欲问义心义，遥知空病空。山河天眼里，世界法身中。"（《夏日过青龙寺谒操禅师》）在这里，作者以玄理议论入诗，迷漫着浓厚的佛教烟雾，这就妨碍了画面形象的鲜明性，产生了艺术风格所要求的形象性同佛教教义力图削弱这种形象性之间的矛盾。这种矛盾是不可克服的。因为形象性愈鲜明，就愈符合艺术风格的要求，愈有助于风格的显现；而思想玄虚，措辞笼统，则有助于表现佛学的神秘主义，有助于形成天国、地狱等幻灭的境界，它是排斥文学的根本特征——形象性的。王维的一些诗，正由于宣扬佛教，就必然显得抽象、玄奥，因而也必然妨碍了他那冲淡的诗风所追求的艺术画面的明朗性和清晰性。

但是，王维毕竟是一个杰出的山水诗人，一个善于以画入诗的大师。当他直面大自然时，他就毫不犹豫地和大自然拥抱在一起，他所笃信的佛老便飘然而去。在他笔下，一派山光水色，迎面扑来，祖国山河的冲淡美，便从画面上显映在你的眼前。这就给我们一个启示：冲淡是排斥佛教的玄秘情绪的。

问题的复杂性在于：王维的某些山水诗的画面，虽然也时而回旋着禅音，但却清静淡远，并不妨碍冲淡美的显现，这是什么缘故呢？其原因在于：尽管其中有禅音，但并不是玄奥的哲理、神秘的氛围、空洞的议论，而是以画面出现的形象，况且在整个诗的画面中，它只占一角，并不妨碍整个山水诗的高妙的意境表现，因此，这种禅音并未构成对于冲淡诗风的威胁。且看《蓝田山石门精舍》诗：

> 落日山水好，漾舟信归风。
> 玩奇不觉远，因以缘源穷。
> 遥爱云木秀，初疑路不同。
> 安知清流转，偶与前山通。
> 舍舟理轻策，果然惬所适。
> 老僧四五人，逍遥荫松柏。
> 朝梵林未曙，夜禅山更寂。
> 道心及牧童，世事问樵客。
> 暝宿长林下，焚香卧瑶席。

涧芳袭人衣，山月映石壁。

再寻畏迷误，明发更登历。

笑谢桃源人，花红复来觌。

　　这首诗，描绘了傍晚时分山水的幽丽和月夜风景的魅人。其中虽有老僧逍遥、深夜参禅、牧童问樵、焚香静卧，但不过是一幅幅人生图画而已，其中并未大谈佛理，故形象鲜明，栩栩如生，冲淡之风，习习而至。其他如："野花蔗发好，谷鸟一声幽。夜坐空林寂，松风直似秋。"（《过感化寺昙兴上人山院》）"不知香积寺，数里入云峰。古木无人径，深山何处钟。"（《过香积寺》）这里显现的完全是生动的形象图画。僧人入定、古刹钟鸣，构成诗画的机体，绝无玄奥之象，这怎会妨碍冲淡的表现呢？由此可见，当王维在诗中大谈佛学之时，也就是他的冲淡诗风受到冲击之日；当诗人将佛学悬诸高阁，仅把事佛活动作为山水画面的一角加以点染时，便不会妨碍冲淡的显现。至于王维佛学理论中所谓"寂等于空"（《绣如意轮像赞并序》）的思想，乃是一种抽象的佛理。它虽然对王维的山水诗也有影响，但和王维山水诗中空灵的境界却不是一回事。后者是寄托在诗的形象画面之中的，它既是诗人闲逸淡泊的情趣的显现，又是大自然幽雅宁静的景象的写照。

　　王维的冲淡风格，不仅显示在他的山水诗中，而且表现在他的山水散文中。他写的《山中与裴秀才迪书》，就是最享盛名的。它的冲淡风格可与王维冲淡的诗风相互辉映，兹全录如下：

　　近腊月下，景气和畅，故山殊可过。足下方温经，猥不敢相烦。辄便往山中，憩感配寺，与山僧饭讫而去。北涉玄灞，清月映郭。夜登华子冈，辋水沦涟，与月上下。寒山远火，明灭林外。深巷寒犬，吠声如豹。村墟夜春，复与疏钟相间。此时独坐，僮仆静默。多思曩昔，携手赋诗，步仄径，临清流也。当待春中，草木蔓发，春山可望，轻鲦出水，白鸥矫翼，露湿青皋，麦陇朝雊。斯之不远，倘能从我游乎？非子天机清妙者，岂能以此不急之务相邀？然是中有深趣矣。无忽。因驮黄蘗人往，不一。山中人王维白。

　　这简直是一幅绝妙的冲淡的水墨画。千余年来，诗家赞赏备至，无不为它的美所倾倒。

八 王维与孟浩然冲淡诗风的比较

和王维同以冲淡著称的，乃是王维的挚友孟浩然。孟浩然比王维年长十二岁，一生寄情山水，不愿随俗浮沉，颇受王维尊重。四十岁前，曾隐居鹿门山。年四十，始赴长安。他才华横溢，名震京师。据孟浩然之友王士源《孟浩然集序》所载，孟浩然"闲游秘省，秋月新霁，诸英华赋诗作会。浩然句曰：'微云淡河汉，疏雨滴梧桐。'举座嗟其清绝，咸阁笔不复为继。"但就连这样一个知名的诗人，居然进士考试落第，这太不公平了。可贵的是，他能保持文人的正直、清白。他品性高傲，不愿把诗歌作为登龙的敲门砖，连皇帝也不放在眼里，因而开罪于玄宗。据《新唐书》王维传记载，孟浩然曾被王维"私邀入内署。俄而玄宗至，浩然匿床下，维以实对。帝喜曰：'朕闻其人而未见也，何惧而匿？'诏浩然出，帝问其诗，浩然再拜，自诵所为，至'不才明主弃'之句，帝曰：'卿不求仕，而朕未尝弃卿。奈何诬我？'因放还。"这无疑是个晴天霹雳打在孟浩然的头上。但这首违背玄宗意愿的《岁暮归南山》诗，却青史留名，大放异彩：

> 北阙休上书，南山归敝庐。
> 不才明主弃，多病故人疏。
> 白发催年老，青阳逼岁除。
> 永怀愁不寐，松月夜窗虚。

诗中流露出怀才不遇的愤懑和岁月催人的忧愁，写作时间约当于开元十七年冬天。

诗人由于考试未中，加之玄宗斥退，便于开元十七年冬，离开长安的前夕，写下了《留别王侍御维》一诗：

> 寂寂竟何待？朝朝空自归。
> 欲寻芳草去，惜与故人违。
> 当路谁相假？知音世所稀！
> 只应守索寞，还掩故园扉。

诗中流露出苦闷惆怅的情绪，从"寂寂"、"空自归"、"世所稀"、"守索寞"、"掩故园扉"的描写中，已经透露出诗人笔底冲淡诗风到来的信息。

诗人李白，对孟浩然是极其仰慕的。他的《赠孟浩然》诗，热情洋溢，韵致高雅：

> 吾爱孟夫子，风流天下闻。
> 红颜弃轩冕，白首卧松云。
> 醉月频中圣，迷花不事君。
> 高山安可仰，徒此揖清芬。

这里，对于孟浩然不事玄宗、不做官吏、归卧田园的品格，是歌颂备至的。

至于王维，则不仅写过《送孟六归襄阳》诗，赞美孟浩然，而且也为孟浩然画过像。

孟浩然为什么能受到李白、王维的称颂呢？这固然是由于他的清白自守，另外也是由于他那独创的风格。如果他仅仅是为人清白，而无名震天下的独创诗风，恐怕也就默默无闻，而不会受到李白、王维的如此尊重；也正由于他的诗歌风格以冲淡见长，所以才能和王维等人结成王孟诗派。

"诗品出于人品"（刘熙载《艺概·诗概》）。孟浩然人品是怎样的呢？王士源在《孟浩然集序》中说他"骨貌淑清，风神散朗。救患释纷，以立义表。灌蔬艺竹，以全高尚"。我们可以用"风清骨峻"四个字来形容他。当年王维在绢本上画的孟浩然像"颀而长，峭而瘦……风仪落落，凛然如生"（《韵语阳秋》引张洎题识），也形神毕肖地再现出孟浩然的风骨。这种风骨表现在他的诗中便形成了特有的冲淡。它既体现了孟浩然的人品，又显示了孟浩然的诗品。

闻一多先生的《孟浩然》一文中对此有段独到的分析，他说："真孟浩然不是将诗紧紧地筑在一联或一句里，而是将它冲淡了，平均地分散在全篇中"，"甚至淡到令你疑心到底有诗没有"[1]。闻一多列举了两首诗，一首是《游精思观回王白云在后》：

> 出谷未停午，至家已夕曛。
> 回瞻下山路，但见牛羊群。

---

① 闻一多：《唐诗杂论》，古籍出版社 1955 年版，第 34—35 页。

樵子暗相失，草虫寒不闻。

衡门犹未掩，伫立待夫君。

另一首是《万山潭作》：

垂钓坐磐石，水清心亦闲。

鱼行潭树下，猿挂岛藤间。

游女昔解佩，传闻于此山。

求之不可得，沿月棹歌还。

正如闻氏所说，这是孟浩然的诗，又是诗的孟浩然。诗人的心境是多么悠闲、清静、旷达、淡泊啊！诗人的形象是何其"风神散朗"、"风仪落落"啊！这真是诗如其人、人即其诗了。歌德说："风格，这是艺术所能企及的最高境界。"① 孟浩然所创造的人入其诗、诗显其人的最高境界就是冲淡。孟浩然和王维一样，都是冲淡诗国中的自由人！

孟浩然的诗，冲淡得就像一杯白开水！白开水，虽不稀奇，却是人人需要的。它没有一点斧凿的痕迹，所谓"羚羊挂角，无迹可求"（《沧浪诗话·诗辨》），正是此中境界的写照。孟诗的冲淡，是当之无愧的。让我们再看看《宿建德江》这首诗：

移舟泊烟渚，日暮客愁新。

野旷天低树，江清月近人。

这里的境界一旷、一清。极目远视，苍茫辽阔，连天也显得低了，树也显得小了，这不是旷吗？俯视江水，明澄净澈，月影浮现，妩媚皎洁，这不是清吗？这一远一近、一暗一明的对照写法，把清旷的景象就鲜明地描绘出来了。这种清旷，正是孟浩然冲淡诗风的一个特点。胡应麟《诗薮》外编卷四云："浩然清而旷……王维清而秀。"可见，王、孟虽同样具有冲淡中"清"的特点，但王维偏重一个"秀"字，孟浩然偏重一个"旷"字。再看孟诗："夕阳度西岭，群壑倏

---

① ［德］歌德：《自然的单纯模仿·作风·风格》，见王元化译：《文学风格论》，上海译文出版社1962年版，第3页。

已暝。松月生夜凉，风泉满清听。"（《宿业师山房期丁大不至》）这里的西岭、群壑给人以"旷"的美感；这里的松月、风泉给人以"清"的美感。

再如《秋登兰山寄张五》：

北山白云里，隐者自怡悦。
相望试登高，心飞逐鸟灭（一作心随雁飞灭）。
愁因薄暮起，兴是清秋发。
时见归村人，沙行（一作平沙）渡头歇。
天边树若荠，江畔舟如月。
何当载酒来，共醉重阳节。

诗人登高远眺，不禁心旷神怡。远处飞雁上下，时出时没，把诗人开阔的胸怀开拓得更辽阔了。平沙渡头歇着归村人，给这辽阔的平原增添了活气，再把视野伸向远处，则天边树低若荠，江畔舟小如月，更为遥远宽阔的是诗人通达旷远的心境。它与清旷之景相叠合，就显得格外情景交融、魅力诱人了。如果说这首诗在清旷之中偏重于"旷"的话，那么，《夏日南亭怀辛大》，则偏重于"清"。

山光忽西落，池月渐东上。
散发乘夕凉，开轩卧闲敞。
荷风送香气，竹露滴清响。
欲取鸣琴弹，恨无知音赏。
感此怀故人，中宵劳梦想。

这里，不仅出现了"清"、"闲"的字样，而且从氛围、环境、心境上烘托出清闲的情思与雅兴。在池月光辉的抚摸下，自由自在地散开头发，打开窗户，闲散地躺着纳凉，这是多么清爽舒适啊！加之荷风飘香，竹露滴响，既美嗅觉，又美听觉，就更增添了一种清兴雅趣。诗人不禁情思萌生，对他的同乡人辛谔怀念不已。这就把他的清兴提到艺术的高尚境界，显示出诗人对于知音的兴味美的企求。从以上分析中，可以看出，孟浩然的清旷，就是清静、闲逸、豁达、旷远。这正是孟诗冲淡的一个重要特色。

此外，孟诗的冲淡，朴素自然，脱口而出，如话家常，亲切感人，富于泥土味。且看《过故人庄》：

故人具鸡黍，邀我至田家。

绿树村边合，青山郭外斜。

开筵面场圃，把酒话桑麻。

待到重阳日，还来就菊花。

此诗写作者与田家老友促膝谈心，情感真挚，平易近人，可谓冲而不稀，淡而不薄。再如《春晓》：

春眠不觉晓，处处闻啼鸟。

夜来风雨声，花落知多少？

春眠本是处于静谧状态的，然而春晓鸟鸣，生机蓬勃，打破了酣睡状态，可谓由静入动。此时，风停雨歇，本属静态，但诗人巧妙地把笔锋倒转，在时间上回转到夜里，又回思起风雨声而联想到花的飘零，这就又把动的景象写活了。从全诗看，诗人是漫不经心、出口成诗。诗人的心情也是悠闲恬适的。

我们如果把王、孟的冲淡作个比较，就可体味出他们之间的区别：王维的冲淡，高雅清秀，空灵闲寂；孟浩然的冲淡，淳朴清旷，平静悠远。王维的冲淡，偶现纤秾之美；孟浩然的冲淡，时有古拙之态；王诗时见彩绘，孟诗往往白描；王诗脱俗入雅，孟诗入俗致雅。

第六章　李白诗歌风格论

一　豪迈奔放　吞吐大荒

豪迈奔放，谓之豪放。

司空图在《诗品》中用"吞吐大荒"、"处得以狂"来形容豪放的情状，以"天风浪浪，海山苍苍"来描绘豪放的气势，拿"晓策六鳌，濯足扶桑"来比喻豪放的行踪，真活活画出了豪放的英姿。

"李白之文，清雄奔放。"① 这是豪彦名流对李白文风的评价，李白是欣赏的。

诗人李白，是唐诗豪放风格之集大成者。白居易云："诗之豪者，世称李白。"② 李白狂纵奔放，叱咤风云，吞吐日月，睥睨一世，横扫千军，落笔如飞。诗之豪者，莫过李白。李白比杜甫大十二岁，是盛唐的代表诗人，其豪放诗风反映了盛唐蓬勃向上的景象，也形象地描绘了盛唐气象背后的阴暗色彩。诗人十二岁至四十一岁时，正处于长达二十九年的开元盛世，从四十二岁到五十三岁，正处于平静的天宝元年至天宝十二年。在这四十多年中，总的说来，唐代的经济是繁荣的，政治是比较安定的，诗人的爱国热情是强烈的。但就在诗人五十五岁那年，也就是天宝十四年，"安史之乱"爆发，唐王朝遭受严重的打击，国势由此衰落，从而标志着盛唐黄金时代的结束。当时，李白远离"安史之乱"爆发地点，正在漫游江淮。后李白受累于永王璘兵变，而身陷囹圄，旋虽获释，但却过着颠沛流离的生活，终因贫病交迫，而客死安徽当涂，享年六十有二。但从诗人一生看来，不管是身处顺境，还是屈居逆境，诗人的襟怀始终豁达开朗，心雄万夫，纵有忧愁，亦非愁眉不展、郁结愁肠、哀痛欲绝，而是忧愁缠绕之中，能独自排遣、寻找快乐、驱散愁云，这就显示出诗人的乐观心境和对人生的热爱与追求。这种积极的人生观和快活人的性格灌输到诗作中，就必然使自己作品的风格变得豪放雄迈、明朗潇洒、落拓不羁。且看诗人处于顺境、在长安时期所写的作品《古风五十九首》其四十六："一百四十年，国容何赫然！隐隐五凤楼，峨峨横三川。王侯象星月，宾客如云烟。斗鸡金宫里，蹴鞠瑶台边。举动摇白日，指

---

① （唐）李白：《上安州裴长史书》。
② （唐）白居易：《与元九书》。

挥回青天。当涂何翕忽，失路长弃捐。独有扬执戟，闭关草《太玄》。"在这里，诗人赞美了唐高祖武德初年至唐玄宗天宝初年的国容显赫的盛况，也不过一百二十多年光景（疑"一百四十年"为"一百二十年"之误）。高大的建筑群、巍峨的宫殿，鳞次栉比，横贯流经长安地区的泾、渭、洛三川之滨。王公大臣，云集宫中，斗鸡、踢球，寻欢作乐，得意忘形，取悦玄宗。然而一朝失去皇上的宠爱，便被长弃路旁。这有什么意思？独有汉代扬雄那样的人，淡泊自守，闭门著《太玄经》，才是值得仿效的。诗中，有歌颂，也有揭露。歌颂的是盛唐的繁荣景象，揭露的是权贵的奢侈生活。格调豪迈，气势磅礴，才思横溢，情感激荡。这首诗，与《古风五十九首》其二十四可以相互发明。此外，在《驾去温泉后赠杨山人》诗中，李白描述了自己得到唐玄宗赏识、供奉翰林、随驾出游时的喜悦情怀与报国热忱："一朝君王垂拂拭，剖心输丹雪胸臆。忽蒙白日回景光，直上青云生羽翼。幸陪鸾辇出鸿都，身骑飞龙天马驹。王公大人借颜色，金璋紫绶来相趋。"此时此境，诗人受到优厚的礼遇，自然感到报国有门、可以实现凌云之志了。因此，他对杨山人说："待吾尽节报明主，然后相携卧白云。"可见诗人报国，并非为了自己荣华富贵，而是想尽节以后，归隐山林。这就显示出诗人高尚的品格和情操。在《白马篇》中，诗人写道："发愤去函谷，从军向临洮。叱咤经百战，匈奴尽奔逃。"诗人以昂扬的调子赞美了保卫边疆、立功报国的高尚行为和勇敢善战、驱逐入侵者的爱国精神。总之，这时诗人正处于顺境，故诗歌的调子是高亢的、乐观的、振奋人心的，因而就决定了诗人豪放的调子是豪迈明朗、激越感人的。

但是，李白毕竟是一个蔑视权贵、濯足清流的诗人，他不愿意和他们同流合污，这样就必然遭受他们的排挤、打击，而由顺境转入逆境。然而，这却丝毫没有动摇李白的高尚志向。诗人仍然豪纵不羁，但在字里行间亦时时露出悲愤的心情。在《行路难》中，描绘了诗人受到排挤、离京远去、未能忘情的苦闷心情，情不自禁地高呼："行路难！行路难！多歧路，今安在？长风破浪会有时，直挂云帆济沧海。"不仅如此，诗人还振臂高呼："大道如青天，我独不得出。"既悲愤，又气愤！生动地表现出诗人傲岸的性格。最后，诗人鉴于历史教训，而发出"吾观自古贤达人，功成不退皆殒身"的慨叹。其中，也有一些消极情绪，所谓"含光混世贵无名，何用孤高比云月"，所谓"且乐生前一杯酒，何须身后千载名"，但也不过是自我解嘲、自我安慰而已。从全诗看来，基调还是豪迈奔放的。再看《梁甫吟》："狂客落魄尚如此，何况壮士当群雄！我欲攀龙见明主，雷公砰訇震天鼓，帝旁投壶多玉女。三时大笑开电光，倏烁晦冥起风雨。阊阖九门不可通，以额叩关阍者怒。白日不照吾精诚，杞国无事忧天倾。猰貐磨牙竞人肉，驺虞不折生草茎。"作者运用浪漫主义方法，描绘了诗人自己报效明主、遭遇险阻、备受排斥的景况，并把嫉贤妒能、危害国家的佞臣，喻为食人肉的猰貐。其忧民忧国的赤子之心，跳跃于字里行间。全诗想象丰富，比喻奇特，气势雄壮，风格豪放。

特别是李白在惨遭厄运、身受严重的挫折时，犹能泰山崩于前而色不变，并吟出豪放的诗句，这是十分难能可贵的。《经乱离后天恩流夜郎忆旧游书怀赠江夏韦太守良宰》是自传性的诗史式的作品，在现存李白诗作中，篇幅最长。诗人以细腻的笔触，描绘了国家的灾难、人民的不幸、诗人的坎坷，叙述了自己报国进长安到流放夜郎遇赦后的亲身经历，并愤怒地谴责了"安史之乱"，深刻地揭露了统治阶级的腐败。"剑非万人敌，文窃四海声。"足见诗人乃文武全才。然而诗人却怀才不遇，故有"慷慨泪沾缨"之叹。诗人把安禄山比为"天狼"、"凶渠"，描绘了"贼势腾风雨"的嚣张气焰，叙述了玄宗、肃宗逃离长安的情况："汉甲连胡兵，沙尘暗云海。草木摇杀气，星辰无光彩。白骨成丘山，苍生竟何罪？"诗人用愤怒的声音，强烈地揭露了安史叛军屠杀人民的罪行。"安史之乱"爆发之时，诗人虽在南方，犹不忘国事，同时，诗人的心田也燃烧着旷达、豪放的热情："仆卧香炉顶，餐霞漱瑶泉。门开九江转，枕下五湖连。"这是何等的雄姿！何等的襟怀！何等的气魄！何等的口气！在动乱的年代，诗人犹能如此镇定，这又是何其难能可贵！诗人自诉，他之所以参加永王璘军队是被动的："半夜水军来，寻阳满旌旄。空名适自误，迫胁上楼船。徒赐五百金，弃之若浮烟。辞官不受赏，翻谪夜郎天。"可见，他被流放乃是一种不幸。尽管如此，诗人并未消沉下去，仍然保持他那豪放不羁的性格和风格："登楼坐水阁，吐论多英音。片辞贵白璧，一诺轻黄金。"这便是诗人的写照。因此，诗人虽然受到严重打击，但其报国之心从未消失，豪放热情也未减退。"中夜四五叹，常为大国忧。"诗人爱国之情何其深厚！"安得羿善射，一箭落旄头！"诗人平叛欲望何其炽烈！总之，这首长诗以昂扬的调子、进取的精神，抒发了诗人兴国平叛的豪情，表现了诗人远大的抱负和壮志未酬的慨叹。它在诗人作品中占有极其重要的位置，是诗人亲身经历的政治活动和重大历史事件的形象总结，因而含有诗史的性质。这就使它的豪放风格体现出巨大的历史深度与广度，而富于高度的人民性。

从以上分析中，可以看出：李白不论是身处顺境，还是身处逆境，都没有改变他那倜傥不羁的性格，也没有改变他那豪迈奔放的风格。

那么，李白豪放的诗风究竟有什么特点呢？

笔者认为，豪放的特点，既表现了作为主体的诗人的特点，又表现了作为客体的描绘对象的特点。就主体而言，李白的思想情感、思维方式、气度、骨力等方面内在的特点必须集中突出地凝结在作品中，显现在风格上，从而具有如下特点：情感激荡，格调昂扬；想象奇特，夸张出格；志向高远，襟怀旷达；气吞宇宙，力拔山河；傲骨嶙峋，狂荡不羁。就客体而言，李白描写的客观对象，往往拥有巨大的体积、伟大的力量而显示出特有的壮美、崇高，或者显示出浑茫、浩渺的无限阔大的景象，因而表现出如下特点：气势峥嵘，场面壮阔；境界缥缈，极目无垠。就主体（李白）对于客体（事物）的再现、表现方法来说，显示在豪放诗风上也是独具特色的：就其形状而言，则纵横驰骋，飞扬跋扈；就其变化而言，则回飙掣电，神出鬼没；就其结构而言，则大开大合，大起大落；就其笔力而言，则雷霆万钧，惊天动地；就其技巧而言，则泼墨如雨，痛快淋漓。兹谨就其主观、客观两个方面论述如下。

二 情感激荡 格调昂扬

情感激荡，格调昂扬，乃是李白豪放诗风的根本特点。诗发乎情，但情感的表达则因人、因时、因地而异，只有在特定的主客观条件下，才突然迸发：或如烈火腾空而起，直冲云霄；或如飓风卷地而来，山呼海啸。它是情绪的升华，是感情的白热化。它要冲破一切牢笼，在无际的宇宙翱翔。它是心灵矿藏底层的原子核，一旦燃烧，便立刻爆炸，拼命地向外扩散、喷射，在人们的心海中掀起惊涛骇浪。且看："北落明星动光彩，南征猛将如云雷。手中电曳倚天剑，直斩长鲸海水开。我见楼船壮心目，颇似龙骧下三蜀。扬兵习战张虎旗，江中白浪如银屋。"（《司马将军歌》）其气概何其威严！其气势何其雄壮！其场面何其壮阔！再看："少年学剑术，凌轹白猿公。珠袍曳锦带，匕首插吴鸿。由来万夫勇，挟此生雄风。托交从剧孟，买醉入新丰。笑尽一杯酒，杀人都市中。羞道易水寒，从（一作徒）令日贯虹。"（《结客少年场行》）这里，生动地描绘了少年任侠、轻生重义的英雄气概，真是激昂慷慨，气贯长虹！诗人如果没有激荡的情感，焉能道出只字！

激荡的情感须以飞扬的音韵、高亢的歌喉去演奏；否则，就不足以表现它那活跃的姿态、豪迈的步伐和奔放的气势。因此，这就必然要求格调昂扬。

"噫吁嚱，危乎高哉！蜀道之难难于上青天！"李白《蜀道难》的起句就气势非凡，令人有昂首天外之感。诗人的一声惊呼，就紧紧攫住你的心弦。接着，就把你随手抛入天际，忽听铿然一声，便飘落在高耸入云、崎岖险峻的巴山之巅。难怪贺知章一读此诗，便称李白为"谪仙人"了。

由于豪放的情绪是激越的、格调是昂扬的，因而就决定了它所驰骋的空间必然是浩渺无垠的；它的情感必然是外溢的，而不是内向的；它的节奏必然是疾速的，而不是徐缓的；它的气势必然是冲击型的，而不是迂回型的；它的风度必然是倜傥不羁的，而不是谨严方正的；它的胸襟必然是旷达的，而不是狭窄的；它的格局必然是宏伟的，而不是玲珑的。且看《古风五十九首》中的描绘："北溟有巨鱼，身长数千里。仰喷三山雪，横吞百川水。"（其三十三）这种巨鱼的体积、力量、气势是巨大的，拥有巨大的空间，如此夸张的笔墨，更突出地显现出豪放的宏伟气魄。再看："登高望四海，天地何漫漫。霜被群物秋，风飘大荒寒。荣华东流水，万事皆波澜。"（其三十九）这里的天地、大荒都是广阔无边的。诗人的人生观也是豁达的、开明的。至于"秦王扫六合，虎视何雄哉！挥剑决浮云，诸侯尽西来"（其三），可谓叱咤风云，挥斥六合。"齐有倜傥生，鲁连特高妙……吾亦澹荡人，拂衣可同调"（其十），直接表明心迹，以豪放人为依归，心直口快，从不隐蔽。"容颜若飞电，时景如飘风。草绿霜已白，日西月复东"（其二十八），描绘光阴流逝之快，人事变迁之速，一气呵成，天衣无缝。再看《乐府三十首》中所写："黄河西来决昆仑，咆哮万里触龙门。"（《公无渡河》）此种情状，真是浑洪颎怒，崩浪万寻！"君不见黄河之水天上来，奔流到海不复回。"（《将进酒》）真是气势浩荡，一泻千里！"我欲攀龙见明主，雷公砰訇震天鼓，帝旁投壶多玉女。三时大笑开电光，倏烁晦冥起风雨。阊阖九门不可通，以额扣关阍者怒。"（《梁甫吟》）这里，诗人用浪漫主义方法，描绘了自己报效朝廷受到阻挠的情况。诗人对迎面压来的障碍，决不妥协，毫不在乎！诗人的真实遭遇，并未直接写出，而是显隐在想象的画面之中，其格局是宏大的，其格调是昂扬的。

三　想象奇特　夸张出格

正由于这一切，就必然要求诗人饱蘸夸张之墨，在奇诡的想象天地中自由驰骋。因而，想象奇特、夸张出格就成为豪放的另一特点。

所谓想象，就是把某些形象综合为一个整体或把某个形象分析为许多个别形象的心理功能。它可任意调遣和安排已有的事物、将有的事物和没有的事物。正如莎士比亚所说："诗人转动着眼睛，眼睛里带着精妙的疯狂，从天上看到地下，地下看到天上。他的想象为从来没有知道的东西构成形体，他笔下又描出它们的状貌，使虚无杳渺的东西有了确切的寄寓和名目。"（《仲夏夜之梦》第五幕第一场）缺乏想象，豪放就不能奋翅远飞。李白如果没有奇特的想象，焉能写出"抚顶弄盘古，推车转天轮"（《上云乐》）和"举手弄清浅，误攀织女机"（《游泰山》）的诗句？

豪放，不仅需要想象，而且需要夸张。夸张可用改变事物形状的方法来增强豪放的气势。刘勰所说的"夸饰"就包括夸张。"言峻则嵩高极天，论狭则河不容舠；说多则子孙千亿，称少则民靡孑遗。"（《文心雕龙·夸饰》）可见，夸张既有夸大的意思，又有缩小的意思。豪放所要求的夸张，往往是出格的。它可夸大如李白所说的"燕山雪花大如席"（《北风行》）、"白发三千丈"（《秋浦歌》），又可缩小为李白所说的"黄河如丝天际来"（《西岳云台歌送丹邱子》）、"兴在一杯中"（《江夏别宋之悌》）。

夸张必须合情合理。谁人见过"白发三千丈"呢？但李白接着写道"缘愁似个长"（《秋浦歌》）。这就一语道出了它的秘密。它和"横江欲渡风波恶，一水牵愁万里长"（李白《横江词》）倒是有异曲同工之妙的。当你联想到在那漫漫黑夜中，无数仁人志士追求美好理想而不能实现时，当你仿佛看到他们一生穷愁潦倒的情景时，你就会相信那白发真有三千丈，非三千丈不可了。这是荒诞的，却是逼真的，惟其荒诞才更逼真。这是豪放诗人的一个特点。关键在于诗人的诚实纯洁。一旦羼杂了弄虚作假的思想感情，就变成吹牛撒谎。谎言即使再美丽，也是要露马脚的。

夸张和浮夸是南辕北辙的。夸张有助于豪放，浮夸有损于豪放。夸张与诚实形影不离，浮夸和虚伪亲密无间。夸张的特点是"夸而有节，饰而不诬"（《文心雕龙·夸饰》）。只要是诚实的，夸张无论怎样出格，也是有节制的，即使尽力修饰，也是不诬谬的；如果不诚实，即使有一点点夸大，也是没有节制的，哪怕修饰很少，也是诬谬的。

夸张是一种修辞手法，想象是其心理活动的特点。豪放，既需要想象的金翅，又需要夸张的笔墨。但是，我们不能倒过来说，凡是想象夸张，必须同豪放相联系。文学史告诉我们，许多唐人诗作，虽有想象、夸张，但其风格却不是豪放的。

豪放，是生活的常青树上永吐芬芳的风格奇葩，而不是虚无缥缈的幻影。李白如果不在浙江天台漫游，又怎能表现"天姥连天向天横，势拔五岳掩赤城。

天台四万八千丈，对此欲倒东南倾"（《梦游天姥吟留别》）的宏伟气魄？

千古诗人，莫不喜爱李白。李白的豪放诗风，以情感激荡、格调昂扬、想象奇特、夸张出格著称于世。但李白绝不滥用自己的感情，乱弹高亢的音调，从不胡思乱想、爱说大话，李白的豪放，虽属水到渠成、自然而然，但却基于诗人远大的目的，出于诗人宏伟的抱负。因而就形成了诗人豪放的另一个特色：胸怀祖国，心雄万夫。

四　胸怀祖国　心雄万夫

李白胸怀祖国，心雄万夫，总想为人民做出一番事业来，因而在他的诗作中经常流露出这种积极进取的思想。特别是，他想边塞建功，报效祖国："边月随弓影，胡霜拂剑花。"（《塞下曲》其五）"横行负勇气，一战静妖氛。"（《塞下曲》其六）这里洋溢着诗人爱国主义的激情。当诗人政治上受到打击而离开长安，在梁园漫游时，也未忘记苍生之苦。"东山高卧时起来，欲济苍生未应晚。"（《梁园吟》）这便是诗人的豪情壮志。即使诗人在遭受厄运误入永王璘幕府中时，也未忘记凭借永王之力，平定安史之乱："齐心戴朝恩，不惜微躯捐。所冀旄头灭，功成追鲁连。"（《在水军宴赠幕府诸侍御》）"三川北房乱如麻，四海南奔似永嘉。但用东山谢安石，为君谈笑静胡沙。"（《永王东巡歌》其二）"试借君王玉马鞭，指挥戎虏坐琼筵。南风一扫胡尘静，西入长安到日边。"（《永王东巡歌》其十一）可见，诗人的爱社稷、济苍生的思想是一以贯之的。"报国有壮心，龙颜不回眷。"（《江夏寄汉阳辅录事》）这便是诗人的悲剧。对于那些没有匡济苍生、报效国家思想的腐儒，诗人是嗤之以鼻的："鲁叟谈五经，白发死章句。问以经济策，茫如坠烟雾。"（《嘲鲁儒》）可见李白对于那些读死书的书呆子，是不屑一顾的。诗人推重的是有远大志向的人。诗人的远大志向支配着诗人去努力创作，这就使诗人的作品获得了高度的人民性和艺术价值："我志在删述，垂辉映千春。希望如有立，绝笔于获麟。"（《古风五十九首》其一）这种远大志向也必然突出地显示在豪放风格中，从而使诗人的豪放体现出特有的崇高性。诗人在任何环境中都能正视万物，处之泰然，"人生达命岂暇愁，且饮美酒登高楼"（《梁园吟》）。可见，李白能以豁达的情怀去看待自己的命运和社会生活的变化，反映在诗风上则可用"襟怀旷达"四个字来形容。纵观李白诗作，即知诗人立身扬名，并非一心为己，而是襟怀坦荡，为国为民。一旦大功告成，即归隐山林，过那自由自在、无拘无束的生活。这就可以看出：诗人胸中装着的不是小我，而是社稷，因而这就决定了诗人豪放是具有旷达情怀的。此外，诗人也担过忧、发过愁、流过泪，故也写过忧、愤、愁、泪，特别是在最艰难的时刻，简直是忧心忡忡，愤懑满怀，愁云密布，泪下如雨。但这不等于说诗人就不旷达了，因为诗人的忧、愤、愁、泪并不仅仅是为着自己，而是为着社稷，诗人是因为自己壮志未酬、备受打击而忧愁流泪的。可见襟怀旷达的人遇到重大挫折与不幸，也是会忧愁、悲伤、下泪的。但李白写的忧、愤、愁、泪，并不是消极、颓废的，而是与积极的思想、旷达的胸襟有着千丝万缕的联系的。"抽刀断水水更流，举杯消愁愁更愁。人生在世不称意，明朝散发弄扁舟。"（《宣州谢朓楼饯别校书叔云》）这里表现了诗人怀才不遇的忧愁情怀，显示出与统治者不合作的思想。诗人浪迹江湖、排遣郁闷，也是旷达的一种表现。天宝末年，君主昏庸，奸佞弄权，国势日衰，诗人忧心如焚，悲愤满怀。在《远别离》中，诗人寄兴托言，发出了"我纵言之将何补"的慨叹！更有甚者：当诗人身陷囹圄之际，曾以《万愤词投魏郎中》为题，写诗抒发被囚浔阳狱中百感交集、悲愤填膺的沉痛之情："恋高堂而掩泣，泪血地而成泥……一门骨肉散百草，遇难不复相提携……德自此衰，吾将安栖？"这里，描绘了国破家亡之痛，妻离子散之悲，横遭不测之祸，不由得发问："自古豪烈，胡为此繁？"但诗人并未由此绝望，而是满怀着生之欲望，大声地呼喊道："倘辨美玉，君收白珪。"这里，诗人以白珪自况，希望得到慧眼的赏识，帮他摆脱牢笼，再开始新的生活、新的追求。这首诗同《上崔相百忧章》中的"豪圣凋枯，王风伤哀……万愤结绹，忧从中催"的描写，可以相互映衬。像李白那样一生任侠、豪荡不羁的硬汉子，居然被逼得无路可走："平生不下泪，于此泣无穷。"（《江夏别宋之悌》）这就是诗人流放夜郎途中经过江夏时所写的诗句。尽管诗人受到严重的打击，却并未心灰意冷、颓废下去，而是希望有朝一日，重现生命的光辉。当诗人六十一岁时，太尉李光弼率领大军追击窜扰东南地区的史朝义，李白请缨出征，半途因病而返。这就表明，李白即使到了晚年，犹思报效社稷。如果没有远大的志向、旷达的襟怀，诗人怎会做出如此豪迈的壮举呢？因此，《闻李太尉大举秦兵百万出征东南懦夫请缨冀申一割之用半道病还留别金陵崔侍御十九韵》一诗，用豪迈的调子，唱出了彻底平叛的声音，流露出诗人喜悦的心情和乐观主义精神。

五　气吞宇宙　力拔山河

正由于诗人志向高远，襟怀旷达，因而诗人之诗，天地广阔，容量极大，力量极大，从而表现在豪放的诗风上就形成了另一个特点，这就是：气吞宇宙，力拔山河。

欲令豪放风格气吞宇宙、力拔山河，必须出言不逊，既要气魄大，又要口气大。且看如下描绘：

大鹏一日同风起，扶摇直上九万里。
假令风歇时下来，犹能簸却沧溟水。
世人见我恒殊调，闻余大言皆冷笑。
宣父犹能畏后生，丈夫未可轻年少。

——《上李邕》

首句显然受《庄子·逍遥游》的启发，紧接着诗人别出心裁，想象风歇时大鹏犹可簸却海水，足见其威力之大。诗人描写至此，并不讳言是由于他口出"大言"的结果。再看如下诗句："云龙风虎尽交回，太白入月敌可摧。"（《胡无人》）"吾将囊括大块，浩然与溟涬同科。"（《日出入行》）"黑池飞出北溟鱼，笔锋杀尽中山兔。"（《草书歌行》）"旌旗缤纷两河道，战鼓惊山欲倾倒。"（《猛虎行》）"百年三万六千日，一日须倾三百杯。遥看汉水鸭头绿，恰似葡萄初酦醅。"（《襄阳歌》）"兴酣落笔摇五岳，诗成笑傲凌沧州。"（《江上吟》）"身骑飞龙耳生风，横河跨海与天通。"（《元丹邱歌》）"手接飞猱搏彫虎，侧足焦原未言苦。"（《梁甫吟》）这些诗句，生动地表现了李白诗风的气概与魄力。诚如唐代诗人皮日休在《刘枣强碑文》中评价李白时指出的那样："言出天地外，思出鬼神表。读之则神驰八极，测之则心怀四溟。"至于《唐诗纪事》则美之为"天与俱高，青且无际，鹍触巨海，澜涛怒翻"。这些，都是对太白豪放诗风的形象比喻。它显示了气魄大、口气大、力气大等特点。

六　傲骨嶙峋　倜傥不羁

正由于李白之诗气吞宇宙，力拔山河，故能挥斥万物，睥睨一世。对于达官权贵，则往往采取不屑一顾的态度。这样，就形成了他的豪放诗风的另一个特点，就是：傲骨嶙峋，倜傥不羁。

李白的豪放诗风，推崇一个"傲"字，突出一个"狂"字。在《答王十二寒夜独酌有怀》中，诗人自述道："一生傲岸苦不谐，恩疏媒劳志多乖。"由于轻视权贵，以致屡遭谗毁，志不得申："吟诗作赋北窗里，万言不直一杯水。"那些奸佞群小，却窃居高位，扬扬得意，并百般地诽谤贤能："骅骝拳跼不能食，蹇驴得志鸣春风。""一谈一笑失颜色，苍蝇贝锦喧谤声。"尽管谤声四起，如蝇逐臭，但诗人决不退缩，依然傲骨嶙峋，清白自守。他声称决不"沽名矫节以耀世"（《鸣皋歌送岑征君》），他还是"一醉累月轻王侯"（《忆旧游寄谯郡元参军》），他高呼"安能摧眉折腰事权贵，使我不得开心颜!"（《梦游天姥吟留别》）李白的傲骨，正表现了中国古代文人不阿谀逢迎、不低三下四、正直无私、不惧邪恶的高尚品格。李白诗风之傲，并非始于诗人遭受排挤之时，远在诗人供奉翰林、春风得意之时，就天生一副傲骨。天宝三年，诗人四十四岁，玄宗与杨贵妃在兴庆池东、沉香亭前观赏牡丹花，命李白作《清平调词》三章，由李龟年歌唱。李白备受礼遇。但权宦高力士却在杨贵妃面前攻击李白。声称《清平调词》中所写的"可怜飞燕倚新妆"，是借赵飞燕来贬低杨贵妃。据《新唐书》本传载："白常侍帝，醉，使高力士脱靴。力士素贵，耻之，摘其诗以激杨贵妃。帝欲官白，妃辄沮止。白自知不为亲近所容……恳求还山。帝赐金放还。"这里表明：李白不畏权贵，不愿随俗浮沉，一身傲骨，浑身正气，因而他的诗风也突现出一个"傲"字。

正由于傲，所以也显出狂。所谓狂，就是指狂荡不羁，倜傥不群，自由自在，无拘无束，而决不是疯狂、癫狂。它狂而有则，荡而不浮，而不是放浪形骸，烂醉如泥。"我本楚狂人，凤歌笑孔丘。"（《庐山谣寄卢侍御虚舟》）诗人摆出一副对礼教、儒学传统的挑战姿态。"镜湖流水漾清波，狂客归舟逸兴多。山阴道士如相见，应写《黄庭》换白鹅。"（《送贺宾客归越》）李白挚友贺知章，自号四明狂客，归隐山阴，像王羲之那样，以书法自娱，雅兴岂不浓乎？这里，李白以狂写狂，正突出地显示了他那向往山林的情趣。因此，李白诗风之狂，正是诗人自由自在的表现。司空图在《诗品》中把"由道返气，处得以狂"作为"豪放"的一个特点，这不是毫无道理的。这里所谓的"道"，的确说得玄乎；这里所谓的"狂"，倒是一语破的的。李白之狂，甚为杜甫所深知。杜甫在怀念李白的诗篇中，对李白的狂放描绘甚详。有的是突现李白倜傥不羁的性格："痛饮狂歌空度日，飞扬跋扈为谁雄？"（《赠李白》）有的是赞美李白的风度、笔调、文采："昔年有狂客，号尔谪仙人。笔落惊风雨，诗成泣鬼神。"（《寄李十二白二十韵》）有的是为李白遭到非议鸣不平，并突现出李白狂放的诗才："不见李生久，佯狂真可哀。世人皆欲杀，吾意独怜才。敏捷诗千首，飘零酒一杯。"（《不见》）有的是刻画李白的睥睨一世的气概："李白斗酒诗百篇，长安市上酒家眠。天子呼来不上船，自称臣是酒中仙。"（《饮中八仙歌》）李白，就是这样一个口出狂言的人，一个个性狂荡的人，一个举止狂放的人，一个喜交狂士（如贺知章、张旭）的人，一个狂歌纵饮的人。表现在豪放诗风上，焉得不狂？

以上，就主体的诗人方面，着重地分析了豪放的主要特点。下面，再从描绘的客体方面，谈谈豪放的一些特点。

七　气势峥嵘　场面壮阔

不管是描写山，还是刻画水，李白诗风都显示出特有的壮美。"石头巉岩如虎踞，凌波欲过沧江去。钟山龙盘走势来，秀色横分历阳树。"（《金陵歌送别范宣》）这里的山势，龙盘虎踞，何其雄伟！"万壑与千岩，峥嵘镜湖里。"（《送王屋山人魏万还王屋》）这里山水的倒影，是何等挺秀峻拔啊！"西岳峥嵘何壮哉！黄河如丝天际来。黄河万里触山动，盘涡毂转秦地雷。荣光休气纷五彩，千年一清圣人在。巨灵咆哮擘两山，洪波喷流射东海。"（《西岳云台歌送丹邱子》）这里，诗人极力形容山河之壮美，显然是在歌颂大自然的美。但作者接着又在自然美的高峰之巅树立了一尊元丹邱（诗人的道友）的形象："云台阁道连窈冥，中有不死丹邱生……我皇手把天地户，丹邱谈天与天语。"这样就把元丹邱衬托得更加高大了。再如："登高壮观天地间，大江茫茫去不还。黄云万里动风色，白波九道流雪山。"（《庐山谣寄卢侍御虚舟》）这里写的是辽阔苍茫的庐山的自然景色。在此佳境中漫游，自然别有一番感受，心情必然豁然开朗，飘飘欲仙。因而诗人李白就不期然而然地写出如下诗句："遥见仙人彩云里，手把芙蓉朝玉京。先期汗漫九垓上，愿接卢敖游太清。"（同上）。此类场面在诗人其他作品中亦随处可见。"涛卷海门石，云横天际山。白马走素车，雷奔骇心颜。"（《送王屋山人魏万还王屋》）"海神来过恶风回，浪打天门石壁开。"（《横江词》其四）"惊波一起三山动，公无渡河归去来！"（《横江词》其六）"危柯振石，骇胆栗魄，群呼而相号。峰峥嵘以路绝，挂星辰于岩崿。"（《鸣皋歌送岑征君》）这里的景观是巨大的、骇目的、惊心动魄的，因而给人以壮美的感受。

八　境界缥缈　极目无垠

李白笔下的客观景象，常常是虚无缥缈、浩渺无垠的。它浩浩乎，荡荡乎，苍苍然，茫茫然，飘飘然，忽忽然，简直难以捉摸，不可思议。这种景观，如果用康德的美学语言来分析，就是无限大，即"全部地，绝对地，在任何角度（超越一切比较）称为大，这就是崇高"①。又说："崇高是一切和它较量的东西都是比它小的东西。"这种说法乃是针对大自然而言，用它来分析李白笔下的自然景观的浩渺美也是适用的。李白笔下的山山水水，往往无边无际，显示出无限大。它或者混混沌沌，苍苍茫茫；或者浩浩荡荡，横无际涯。这种景物不仅大得不可名状，而且伴随着恍惚不定的气。这种气，忽聚忽散，忽浮忽沉，忽隐忽现，忽浓忽淡，千姿百态，变化无常。正如王世贞《艺苑卮言》所云："太白古乐府，杳冥惝恍，纵横变幻。"这就给人以特有的神奇感、惊异感、新鲜感。可见，豪放的风格之所以往往显得无限大，就是由于诗人不仅描绘了客观景物的巨大性，而且描绘了它的巨大的变幻性。

为了表现豪放风格的磅礴的气势，李白所选择的景观、场面往往是巨大的。例如：巍峨的泰山，峭拔的峨眉，奔腾的江河，浩荡的湖海，滚滚的惊雷，光耀的闪电，苍茫的云海，浩瀚的星空，喷射的瀑布，呼啸的长风，咆哮的猛虎，怒吼的豺狼，沙场的拼搏，烈马的嘶鸣，侠客的纵歌，豪士的狂饮，等等，经常隐显于笔底，跳跃于纸上。诗人即使以不大的景观为描写对象，也每每赋予它以巨大的形态、雄伟的气魄，如对敬亭山、谢朓楼的描绘，就体现了这个特点。或者赋以辽阔的背景、峻拔的英姿，如新平楼、谢公亭等原来不大的景物，一经诗人润色加工，就成为壮观的形象了。

以上，我们就主体、客体两个方面论析了李白豪放诗风的特点，说明了李诗豪放是有巨大的艺术深度与广度的，因而才成为历代豪放诗人的楷模。

但由于李白具有自己所特有的气质、个性，因而它的豪放诗风也打上了自己气质、个性的烙印，而具有自己的独特性。具体地说，李白的豪放诗风，回旋着一种特有的气。这种气，袅袅上升，直入云霄，在浩渺的天际浮荡，虚无缥缈，游弋自如。它的形状可用"飘逸"二字来形容。

九　飘洒闲适　清新俊逸

司空图在《诗品》中把飘逸列为一格。杨廷芝在《诗品浅解》中把飘逸释为"飘洒闲逸"。飘逸的特点是：体气轻扬，志向凌云，形影飘忽，磊落不群，风姿洒脱，神情闲逸。李白之诗，足以当之。《西清诗话》云："李太白诗，逸

---

① 〔德〕康德著，宗白华译：《判断力批判》上卷第二十五节，商务印书馆1964年版。

态凌云。"《苕溪渔隐丛话》转引王荆公语云："白之歌诗豪放飘逸。"《苏东坡集》云："太白诗飘逸绝尘。"李纲《书四家诗选后》云："太白诗豪迈清逸,飘然有凌云之志。"《沧浪诗话》云："太白天才豪逸。"这都是对李白飘逸诗风的概括。

李白学过仙、求过道、任过侠,练就一身轻功,胸中充满豪气,念念不忘报效国家,干出一番惊天动地的伟大事业来,因而就经常把这种思想情趣带入诗歌创作中,往往在豪放中显出飘逸。飘逸之气轻,故诗人每每轻身飞扬,入云穿月,抚摸苍天,遨游长空。或昂首阔步,畅抒凌云之志;或俯视下界,痛斥魑魅魍魉。且看《古风五十九首》其十九:

> 西上莲花山,迢迢见明星。
> 素手把芙蓉,虚步蹑太清。
> 霓裳曳广带,飘拂升天行。
> 邀我登云台,高揖卫叔卿。
> 恍恍与之去,驾鸿凌紫冥。
> 俯视洛阳川,茫茫走胡兵。
> 流血涂野草,豺狼尽冠缨。

诗人虽飘游太空,但却缅怀现实。胡兵入侵,金瓯残缺,安史叛乱,河山破碎,诗人爱国之情,油然而生,焉能不沉痛抒怀、惆怅述情?唯此情此痛,显隐于飘逸之中而已。故李白飘逸,绝非弃世,亦非玩世,而是热爱祖国,热爱生活!李白的飘飘欲仙,并非摒尘绝俗,不食人间烟火味,而是玩味人生的一种特殊手段!他并不像那些潜心修行的道士,求仙问卜,一味为己,而置人生于度外。作为"谪仙人"的李白,是喜爱人间的。当人间的邪恶气焰嚣张、到处横行时,当诗人受到打击、被迫颠沛流离时,诗人为了排愁解闷,往往寻找天上恍惚迷离的仙境,以寄托自己的情思,因而在诗歌风格上,必然显现为飘逸。有时闲散旷远,有时愁云飘拂,有时呼唤苍天,有时埋怨帝子,有时怀疑道术,有时自励自勉。且看《古风五十九首》其二十中的描绘:

> 在世复几时,倏如飘风度。
> 空闻《紫金经》,白首愁相误。
> 抚己忽自笑,沉吟为谁故。

名利徒煎熬，安得闲余步。
　　终留赤玉舄，东上蓬莱路。
　　秦帝如我求，苍苍但烟雾。

在这里，诗人对于仙境已兴味索然，居然对于炼丹之书《紫金经》也产生怀疑
了。可见，诗人所追求的飘逸乃是兴托的方式，而不是纯以道教为皈依的。

　　李白飘逸，虽飘然物外，但不超然物外。飘然物外，是为了静观默察，排遣
世虑，故还是关心人生的表现。超然物外，则是物我无涉、物我分离，故不是关
心人生的表现。

　　飘逸之诗，固然有描写仙山琼阁的，但也有描写人间的。关键是有无飘逸的
气韵。徐而庵《说唐诗》云"太白以气韵胜"。且看《赠孟浩然》诗：

　　吾爱孟夫子，风流天下闻。
　　红颜弃轩冕，白首卧松云。
　　醉月频中圣，迷花不事君。
　　高山安何仰，徒此揖清芬。

　　字里行间，弥漫着飘逸之气，孟浩然潇洒的风韵，闲逸的神姿，对功名富贵
不屑一顾的傲气，显露无遗。李白之敬浩然，一至于此！再读脍炙人口的《月下
独酌》：

　　花间一壶酒，独酌无相亲。
　　举杯邀明月，对影成三人。
　　月既不解饮，影徒随我身。
　　暂伴月将影，行乐须及春。
　　我歌月徘徊，我舞影零乱。
　　醒时同交欢，醉后各分散。
　　永结无情游，相期邈云汉。

这里，诗人喜悦的心情、活跃的身姿、快乐的情状、同明月共欢的景象，仿佛从
字中跳出来，立现在你的面前。本来无声的月下独酌，忽然变成了有情的月我同
欢了。此诗色彩明朗，境界幽丽，气氛轻松。诗人舞姿翩跹，醉意朦胧，飘飘欲

仙，与月相约，在缥缈的天空再见，其飘逸之态，宛然在目。由上可见，飘逸的品种是多样的。它既有写天上的，也有写地上的；既可忧思缕缕，又可其乐融融。

李白的飘逸，是独特的、无法代替的。正如《沧浪诗话·诗评》所云："子美不能为太白之飘逸，太白不能为子美之沉郁。太白《梦游天姥吟》、《远别离》等，子美不能道；子美《北征》、《兵车行》、《垂老别》等，太白不能作。"李白飘逸，充分地显示了李白诗歌中所蕴藏的自由性，这种自由性构成了李白诗风飘逸的精髓。李白诗歌中流露出来的合则留、不合则去的思想情调，正是这种自由性的反映。

李白是大家，大家既有自己独创的风格，又兼各家之所长，故李白既以豪放、飘逸而成为唐诗中不可企及的典范，又兼有旷达、潇洒、清新、俊逸之美。

十　豪放的传统精神

豪放与雄浑的"血型"相似。在雄浑的身上，含有豪放的因素；在豪放的身上，也有和雄浑相通的东西。它们之间的区分，只是相对的。它们都有某种刚健之气。它们不仅同沉郁相殊，而且与婉约也大异其趣。

从李白的豪放中，可以看到我们民族源远流长的优秀文化传统，可以看到我国古代人民的伟大襟怀和进取精神，可以看到祖国辽阔无垠的美丽山河。李白的豪放风格，对后来的诗人产生过巨大影响。中唐的韩愈、刘禹锡、李贺，宋代的苏轼、陆游、辛弃疾，直至现代的郭沫若、陈毅，都师承李白，写出了大量豪放的诗词，形成了我们民族文学的豪放气派和优秀传统。当然，历代师承李白的优秀诗人、词人，又有各自的个性特色。既有刘禹锡的"晴空一鹤排云上，便引诗情到碧霄"（《秋词》）的清豪，又有李贺的"端州石工巧如神，踏天磨刀割紫云"（《杨生青花紫石砚歌》）的瑰诡；既有苏轼的"乱石崩云，惊涛裂岸"（《念奴娇·赤壁怀古》）的壮丽，又有辛弃疾的"马作的卢飞快，弓如霹雳弦惊"（《破阵子》）的激越；既有郭沫若的"我要如暴风雨一样怒吼"（《恢复·诗的宣言》）的狂飙突起，又有陈毅"此去泉台招旧部，旌旗十万斩阎罗"（《梅岭三章》）的大气磅礴。

第七章　杜甫诗歌风格论

一　豪放与沉郁的比较
——李如星悬日揭　照耀太虚
　杜若地负海涵　包罗万汇

豪放仿佛火山爆发，沉郁好似海底潜流。当诗人飘逸飞动、奔放不羁时，就形成豪放；当诗人沉思默处、忧愤填膺时，就变得沉郁。李白和杜甫，在唐代诗坛上，如双峰并峙，一个豪放，一个沉郁，是后代诗人不可企及的典范。

李白豪放，其体轻，其气清，故袅袅上升，飞入云霄，若野鹤闲云，随处飘逸。杜甫沉郁，其体重，其气浊，故沉沉下坠，潜入心海，感慨激荡，回旋纡折。

豪放、沉郁，如天空两颗灿烂的明星，光辉夺目，普照人间。尽管元稹曾抑李扬杜，郭沫若曾扬李抑杜，但都无损于李、杜。因为李、杜诗歌的风格美是客观存在着的。

豪放和沉郁是两种截然不同的风格。它形象地表明，李白和杜甫，尽管所处的时代大致相同，尽管都有很高的诗名，尽管是相互尊重的朋友，但豪放飘逸，却是李白卓绝；沉郁顿挫，则为杜甫独创。二人各有特色，不可代替。故胡震亨云："凡诗，一人有一人本色。"① 表现在李白身上，则"以俊逸高畅为贵"；表现在杜甫身上，则"以奇拔沉雄为贵"。"咏之使人飘扬欲仙者，太白也；使人慷慨激烈，歔欷欲绝者，子美也。"② 这是从审美效果上评价李、杜诗风的各自特点的。

李白飘飘欲仙，有凌云之志，有"诗仙"之称；杜甫博大精深，闳廓沉雄，有"诗圣"之誉。诚如胡应麟所说："李如星悬日揭，照耀太虚；杜若地负海涵，包罗万汇。"③

豪放似黄河奔流，汹涌澎湃，一泻千里；沉郁如东海急湍，呼号腾挪，回旋起伏。

---

① （明）胡震亨：《唐音癸签》卷二十五。
② （明）胡震亨：《唐音癸签》卷六引王世贞语。
③ （明）胡应麟：《诗薮》内编卷四。

历代诗家，均重视沉郁。屈原《九章》云："申旦以舒中情兮，志沉菀而莫达。"这里的菀和郁相同。所谓沉菀，也就是沉郁。梁代的钟嵘，在《诗品序》中曾经称赞梁武帝萧衍"体沉郁之幽思，文丽日月"。杜甫在《进雕赋表》中用"沉郁顿挫"四个字准确地概括了自己作品的风格特色。他说：

　　　　臣之述作，虽不足以鼓吹六经，先鸣诸子，至于沉郁顿挫，随时敏捷，扬雄、枚皋之流，庶可跂及也。

这里，杜甫自谦己之诗作不逮先哲，但却信心百倍地对皇帝说，他是善于沉郁顿挫的，和扬雄、枚皋相比，庶可企及。为什么杜甫与扬雄、枚皋相比呢？据《汉书·扬雄传》云：扬雄"默而好深远之思"。又据《文心雕龙·体性》所载："子云沉寂，故志隐而味深。"可见杜甫欣赏的是扬雄的深沉、含蓄。至于枚皋，杜甫则推崇其才思敏捷。据《汉书·枚皋传》云："上有所感辄使赋之。为文疾，受诏辄成。"因此，杜甫自比为"随时敏捷"之才。其实，扬雄、枚皋是不能和杜甫相比的。

　　杜甫说他所写的《雕赋》体现了沉郁顿挫的特色。因此，略作分析，对于我们理解杜诗风格是有好处的。在《雕赋》中，杜甫把雕看成是搏击长空的鸷鸟，但却不为人欣赏。尽管它晨飞绝壑，暮起长汀，然而年岁倏尔，终将老于岩扃。杜甫反复运用对比、衬托、比喻手法，以激起回旋百折的波浪，极言雕之能和窃居鸟林高位的凡鸟之无能。行文至此，杜甫沉郁之情，戛然作结，使其蕴藏、凝聚于笔底，而不让它全部流泻出去。末段以"不见用也"几个字点出了大雕的凄凉遭遇，暗示出杜甫自己仕途坎坷的苦闷心情。我们设想，如果把话说尽，而不将余韵蓄于笔底，则其情感必将露而不藏，又怎能使人震荡于胸臆？而杜甫则沉郁之、顿挫之，故斯作情丝摇漾，百折不回，深沉蕴藉，感人至深。不仅《雕赋》如此，杜诗悉如此，故为历代诗家所推崇。严羽在《沧浪诗话·诗评》中说："太白不能为子美之沉郁。"高棅在《唐诗品汇总序》中也很赞赏"杜工部之沉郁"。至于清代的诗评家陈廷焯，对沉郁的论述更多。他的《白雨斋词话》一书，通体都强调沉郁，不仅强调词的沉郁，而且强调诗的沉郁。他说："诗之高境，亦在沉郁。"（卷一）特别是对于杜诗的沉郁，则推崇备至。

二 杜诗沉郁风格的特征

什么叫沉郁呢?

陈廷焯说:"所谓沉郁者,意在笔先,神余言外。"它要"若隐若见,欲露不露,反复缠绵,终不许一语道破。匪独体格之高,亦见性情之厚"①。这些话,强调了情感的深厚性,对我们理解沉郁的内涵是有很大启发性的。我们认为:沉郁,就是指情感的深厚、浓郁、忧愤、蕴藉。所谓沉,主要是就情感的深沉而言;所谓郁,主要是就情感的浓郁而言。正如陈廷焯所言:"沉则不浮,郁则不薄。"②

杜甫之诗,博大精深,浩瀚汪洋,变幻莫测,为沉郁之极致。诚如刘熙载所说:"杜诗高、大、深俱不可及。吐弃到人所不能吐弃,为高;涵茹到人所不能涵茹,为大;曲折到人所不能曲折,为深。"③

沉郁的根本特点是深厚。陈廷焯云:"沉郁则极深厚。"④又云:"不患不能沉,患在不能郁。不郁则不深,不深则不厚。"⑤反过来说,郁则能深,深则能厚。可见,深厚是沉郁的根本。

但沉郁所要求的深厚,却具有自己的特色。首先,它是忠厚的、诚实的,而无半点虚伪和矫饰,所谓"忠厚之至,亦沉郁之至"⑥,所谓"沉郁顿挫,忠厚缠绵"⑦,无不把忠厚与深厚连接在一起。惟其忠厚,故喜爱蕴藉。"即比兴中亦须含蓄不露,斯为沉郁,斯为忠厚。"⑧杜甫之诗,就是极忠厚、极诚实的,故也极深厚。他一生佗傺,两袖清风,人品高尚,爱国爱民,故诗中所明之志、所抒之情、所咏之物、所叙之事、所绘之景,极其忠厚、诚实,故其艺术造诣亦极其深厚,因而也能极尽沉郁之态。"此生那老蜀?不死会归秦!公若登台辅,临危莫爱身。"(《奉送严公入朝十韵》)此系杜甫送给他的朋友严武的诗句,希望他在国难当头时能为国捐躯。此中可以想见杜甫之为人!"不眠忧战伐,无力正乾坤!"(《宿江边阁》)诗人漂泊夔州,犹关心国事,赤子之诚,感人至深。"心折此时无一寸,路迷何处望三秦?"(《冬至》)时届冬

---

① ② ④ ⑥ (清)陈廷焯:《白雨斋词话》卷一。

③ (清)刘熙载:《艺概·诗概》。

⑤ (清)陈廷焯:《白雨斋词话》卷三。

⑦ (清)陈廷焯:《白雨斋词话》卷七。

⑧ (清)陈廷焯:《白雨斋词话》卷二。

至，诗人想到的是长安，爱国之情，何其执著、深沉、缠绵！

其次，沉郁所要求的深厚，扎根于生活的最底层，具有浓郁的泥土味，所谓"沉厚之根柢深也"①。惟其根深，故必然含蓄。但含蓄不见得都沉郁。二者虽然都有言已殚而意未尽的特点，但含蓄却是泛指，而沉郁则更进一步，它所要求的含蓄是特指。它深邃幽绝，妙不可测。如刘熙载所说的"一转一深，一深一妙"②。它常常山重水复，时时柳暗花明。它把充沛的情感隐藏在心灵深处，让它九曲回肠，尽情旋转，而不恣意宣泄、倾泻无余。杜诗为深得个中奥妙者。以送别诗而言，一般都是劝慰、勉励、祝愿，而杜甫给郑虔的送别诗，则别出心裁，独具一格。在《送郑十八虔贬台州司户伤其临老陷贼之故阙为面别情见于诗》中，说郑虔已老，却遭贬谪，待平息"安史之乱"、中兴唐室，恐已不逮而早辞世矣。故云："苍惶已就长途往，邂逅无端出饯迟。便与先生应永诀，九重泉路尽交期。"这里，可以清楚地看出，杜甫是极其忠厚、诚实的，绝不愿在送别时讲些违心的话。同时，也可体察到杜诗情感的深沉、浓郁、悲痛、凄绝！它不是酒席上为人祝福的套话，而是在心灵深处回荡着的情感波澜。如果没有当时悲惨的生活遭遇，如果没有深厚的友情，杜甫绝不会写出这样的送别诗！

第三，沉郁所要求的深厚和忧愤结下了不解之缘。它喜欢与悲慨、愤疾结伴，而不愿同谐谑、滑稽为邻。它"沉郁苍凉，跳跃动荡"③，"悲愤慷慨，郁结于中"④。杜甫之诗，或悲或愁，或哀或愤，或涕或叹，堪称沉郁之绝唱！许多诗，单从题目上，就可窥及沉郁的氛围。如《悲陈陶》、《悲青坂》、《哀江头》、《恨别》、《百忧集行》、《释闷》、《愁》、《逃难》等等。

第四，正由于沉郁以深厚为根本，故在表现时往往不施淡墨，而用浓墨。它的特征是："淋漓痛快，笔饱墨酣。"⑤ 杜甫在五十九岁时（770）所写的《风疾舟中伏枕书怀三十六韵奉呈湖南亲友》，就是如此。这是一首五言排律，也是杜甫的绝笔。"故国悲寒望，群云惨岁阴……郁郁冬炎瘴，濛濛雨滞淫。"这里写的悲、寒、惨、阴、滞、淫、郁郁、濛濛，不用浓墨点染，焉能道出只字？"转蓬忧悄悄，行药病涔涔……家事丹砂诀，无成涕作霖！"诗人入湘后，流落飘零，类如转蓬。百忧交集，悄然无声。服药行走，病扰汗蒸。丹砂无

---

① （清）陈廷焯：《白雨斋词话》卷三。
② （清）刘熙载：《艺概·词曲概》。
③④ （清）陈廷焯：《白雨斋词话》卷一。
⑤ （清）陈廷焯：《白雨斋词话》卷六。

效，病情至笃，恐即辞世，故老泪纵横不止。堪称笔墨酣畅淋漓。

第五，沉郁所形成的深厚，绝非从天而降，而是作家气力并用的结果。陈廷焯认为辛弃疾词"气魄极雄大，意境却极沉郁"①。杜诗何独不然？胡震亨在评价盛唐排律时说："少陵变幻阆深，如涉昆仑，泛溟渤，千峰罗列，万汇汪洋。"② 非有足够的气力，焉能至此浑境？胡应麟说：杜诗"吴楚东南诉，乾坤日夜浮"在气象上超过孟浩然的"气蒸云梦泽，波撼岳阳城"，杜诗"星垂平野阔，月涌大江流"在骨力上超过李白的"山随平野尽，江入大荒流"③。由于杜诗有气有力，故能扬能抑。正如胡应麟所云：杜诗"扬之则高华，抑之则沉实；有色有声，有气有骨"④。气力必须用得恰到好处。滥用气力，则易剑拔弩张，露而不藏；气力不足，则不能形成特定的气概、气魄、气势、气度，也不能形成足够的能量与力度，这就无法进入沉郁的境界。所以，气与力，相得益彰，缺一不可。有气无力，则其气必不能持久；有力无气，则其力必不能震荡。气力充沛，则必有助于造成回旋纡折，从而在层层荡漾的情感波涛中，不断强化和深化沉郁之深厚的结构。杜诗的沉郁，既表现为情感的深厚、浓郁，又表现为阅历的丰富、深广。而情感的深厚、浓郁，则是杜诗沉郁的根本特征。杜诗情感的深厚、浓郁，并非一朝一夕所能积聚而成，而是在漫长的艰辛的人生旅途中逐渐积累的结果，因而，诗人不幸的遭遇、亲身的体验、内心的痛楚、丰富的见闻、深广的阅历，在诗人的心灵深处逐渐化为一股股情感的潜流。它回旋激荡，飞湍暗转，愤怒呼号，沉郁顿挫。它又仿佛是山谷雷鸣，回声久久荡漾不息，不停地起着振聋发聩的作用。这就是沉郁的杜诗中所流露出来的深厚感情！这种感情的结构层次是逐步加深的，其时间跨度是不断递进的。

三　杜诗沉郁风格的发展过程
——酝酿期，成熟期，鼎盛期，持续期

纵观杜甫一生，可分为四个时期。从中我们可以寻见诗人沉郁的风格之所以深厚的发展脉络。

---

① （清）陈廷焯：《白雨斋词话》卷一。
② （明）胡震亨：《唐音癸签》卷十。
③ （明）胡应麟：《诗薮》内编卷四。
④ 转引自（明）胡震亨：《唐音癸签》卷六。

第一时期为诗人沉郁风格的酝酿期。诗人三十四岁（745）以前的生活是学习、游历，约有诗作三四百首，惜已大部亡佚，今仅存二十余首。这个时期，正处于开元盛世。经济繁荣，社会安定，人民安居乐业，诗人心情舒畅，在吴、越、齐、赵漫游，过着"放荡齐赵间，裘马颇清狂"（《壮游》）的生活。在二十四岁（735）时进士考试虽然落第，但诗人并不认为是个严重的打击，故在次年（二十五岁）漫游齐、鲁时，仍能写出神驰太虚、目骋八极的《望岳》。此诗以雄浑、豪宕的风姿，突兀诗苑，在艺术风格上已经成熟。"会当凌绝顶，一览众山小"就是诗中的传神之笔。其他诗作，同样有一股雄浑之气："浮云连海岱，平野入青徐。"（《登兖州城楼》）这是诗人登楼纵目所见的一望无际的云海、山峦、旷野。景象何其壮阔！但目击孤嶂秦碑、荒城鲁殿，诗人不仅大发思古之幽情，而且感到怅惘、踌躇了。这样，在辽阔的背景上又轻轻地抹上一层苍茫的色彩，就给全诗增添了一缕沉郁的情绪。"所向无空阔，真堪托死生。"（《房兵曹胡马》）这是诗人笔下胡马骁腾的雄姿。它四蹄轻快如风，骑之可作万里行。全诗气势壮阔，刻画入微，对马充满了感情，堪称为笔力沉雄之作。至于五言排律《临邑舍弟书至苦雨黄河泛溢堤防之患簿领所忧因寄此诗用宽其意》，描绘了黄河泛滥，灾民遍野、嗷嗷待哺的惨状，诉说了自己虽为一介野夫，然而却关心民瘼的情怀。"吾衰同泛梗，利涉想蟠桃。却倚天涯钓，犹能掣巨鳌。"这是全诗的诗眼。它形象地表现了诗人手掣巨鳌，制伏洪水，为民解忧的人道主义精神。通过以上分析，不难看出：杜甫此时诗作，就有一股沉郁之气，但它并未形成诗海巨澜。此时，杜诗的主导风格乃是磅礴、雄浑。印度 14 世纪文艺理论家毗首那他在《文镜》中记载："伐摩那说：'风格是诗的灵魂。'"杜甫由于出身书香门第、官宦世家，读书破万卷，下笔如有神，七岁即能诗，故其早年，风格即形成。现存杜诗开篇之作《望岳》就标志着雄浑风格的成熟和确立。故历来被诗家誉为"雄极冠裳"之作。这种雄浑的风格气魄伟大、气势浩瀚，为杜诗奠定了深厚的基础，开拓了辽阔浑茫的境界，展现出诗人无边无际的襟怀，并为沉郁的风格种子提供了肥沃的生长土壤。故杜诗后来之所以逐渐发展成以沉郁为主导风格，实在与早期雄浑有关。如果没有博大宏阔的雄浑，也就难见精深厚重的沉郁。故雄浑为沉郁开辟了先河，沉郁为雄浑增添了风采。后来杜诗之所以既沉郁又雄浑，实与早期的雄浑有关。不过早期雄浑中间有沉郁的因子，后来沉郁中时现雄浑的格调罢了。

如果说诗人未入长安前是其沉郁风格的酝酿期，那么进入长安后，便是诗人沉郁风格的成熟期，不妨称之为第二时期。时当杜甫三十五岁至四十四岁（746—755），约十年光阴，诗人写诗一百一十首，二百字以上的长篇很多，特别是出现了《自京赴奉先县咏怀五百字》。单七言古体，就有二十八首。这些表明，诗人的阅历大大地丰富了，眼界空前地开阔了。五光十色的现实生活，充沛炽热的真情实感，需要创造相应的形式、体裁，才能把它充分地揭示出来。诗人正是这样做了。

诗人进入长安以后，开始心情还舒畅，因而还在高唱《八仙歌》；但好景不长，不久父亲杜闲病故，失去依靠。加之长安米贵，直接威胁到诗人的生活。杜诗沉郁风格成熟的根本原因则是唐王朝正处在由盛而衰的急剧变化的时期，唐玄宗纵情声色，醉生梦死，荒淫无度；李林甫妒贤嫉能，迫害忠良，以权谋私，贪污腐化，怕文人揭发其阴私，故天宝六年，凡在京应试文人，无一及第，李林甫反而蒙骗玄宗，上表祝贺，声称海内人尽其才，才尽其用，无剩余之贤能。此外，则杨国忠弄权，杨贵妃专宠，藩镇坐大，奸佞横行，军队腐败。另一面，农民遭受残酷的剥削，广大人民陷于水深火热之中，各种矛盾日益尖锐，唐王朝处于即将爆发的火山之上，表面上虽然也呈现出一些虚假繁荣，但内囊已经空虚腐朽。统治阶段虽然歌舞升平，但就像暴风雨即将到来前一刹那的平静，唐代封建王朝的大厦已处于风雨飘摇之中。诗人目击现实生活中的种种不平和唐王朝的衰败现象，不禁忧愤填膺，悲从中来，发言为诗。诗人写道："破胆遭前政，阴谋独秉钧；微生沾忌刻，万事益酸辛。"（《奉赠鲜于京兆二十韵》）这是对于李林甫专权、文士遭殃的悲惨命运的描述，也是752年李林甫死后，诗人愤懑之情的大胆倾吐。诗人两次落第，穷困潦倒，寄人篱下，饔飧不继。青年时代那种裘马清狂、豪宕放达的生活，早已一去不返。由于长年积郁不舒，故其雄浑的诗风已不占主导地位，积蓄在诗人心底的，乃是辛酸的泪水。这种泪水越聚越多，以至汇成了澎湃的江河，里面翻腾的是诗人的忧愁！这种忧愁既深且厚，是杜诗沉郁的主要因素。它成为诗人长安时期沉郁诗风的根本标志。且看诗人的自诉："朝扣富儿门，暮随肥马尘。残杯与冷炙，到处潜悲辛。"（《奉赠韦左丞丈二十二韵》）一代诗才，竟含辛茹苦，受此冷遇，焉能不愁结饥肠、忧愤满怀？"长安苦寒谁独悲？杜陵野老骨欲折……饥卧动即向一旬，敝衣何啻联百结。君不见空墙日色晚，此老无声泪垂血。"（《投简咸华两县诸子》）严冬侵袭，诗人饥寒交迫，垂泪泣血，焉能雄浑得起来？只有向别人痛诉自己凄楚的情怀而已。不仅如此，即使诗人在长安游览名胜时，在畅目悦心之余，仍然忧心忡忡，愁丝缠绕，足见其沉郁之情的浓度和深度。在游乐游园时，在观赏美丽的风景时，居然"却忆年年人醉时，只今未醉已先悲……此时饮罢无归处，独立苍茫自咏诗"

（《乐游园歌》）。诗中虽有乐有悲，但却是悲多乐少。诗人畅游名胜时的沉郁风格，如果和其他诗人作品作一对比，就显得格外清楚。天宝十一年（752）秋，杜甫与高适、岑参、储光羲、薛据共登慈恩寺宝塔，每个人都写了一首诗，除薛据的一首失传外，其余四人的诗至今仍在。高适的《同诸公登慈恩寺浮图》云："登临骇孤高，披拂欣大壮。言是羽翼生，迥出虚空上。"这里，显示了塔寺的巍峨美。"秋风昨夜至，秦塞多清旷。千里何苍苍，五陵郁相望。"这里，表现了登高远眺时大块的浑茫美。诗人的心境也是愉快的。再看岑参的《与高适薛据同登慈恩寺浮图》："塔势如涌出，孤高耸天宫。登临出世界，磴道盘虚空。突兀压神州，峥嵘如鬼工。"这里，充分地表现了塔寺的突兀美、峥嵘美。此外岑参和高适一样，也描写了五陵北原上的壮阔气势："五陵北原上，万古青蒙蒙。"但岑参看到此种景象以后，却和"道"联系起来，似乎悟出了人生的归宿："净理了可悟，胜因夙所宗。誓将挂冠去，觉道资无穷。"在这里，诗人想到的还是自己，根本没有触及当时的国家大事。至于储光羲的《同诸公登慈恩寺塔》，开始即显出"地静我亦闲，登之秋清时"的雅兴，然后又描绘："冠上阊阖开，履下鸿雁飞。宫室低逦迤，群山小参差。"这里表现了登塔远眺时的壮美。最后虽以"崱屴非大厦，久居亦以危"作结，但也是就景谈景，就事论事，并非另有所指。总之，他们登临慈恩寺塔，着重描写了塔寺的峥嵘美，诗人的心情也是舒畅的。至于杜甫，在思想深度上，则要比他们高出一筹。杜甫的《同诸公登慈恩寺塔》虽然描绘了寺塔的雄伟、壮阔，但却流露出诗人悲怆的情怀和无穷的忧愁。"高标跨苍穹，烈风无时休。自非旷士怀，登兹翻百忧。"可见杜甫绝不只是游玩的雅士，而是关心现实、忧国忧民的人。特别是当时正处于奸佞弄权、国运衰颓、"安史之乱"的前夕，诗人虽然登高远瞻，但却无心欣赏美景，而是担心祖国的命运。因而诗人情不自禁地发出感慨："回首叫虞舜，苍梧云正愁……黄鹄去不息，哀鸣何所投？"这里用比喻象征的手法，抒发自己的哀愁，充分表现了诗人的沉郁之情。这种忧愁是其他几个诗人所没有的。

忧愁成为杜诗沉郁的主要内容。但是，如果这种忧愁仅仅是诗人个人的，而和人民、国家、民族的命运没有多大联系，那么，这种忧愁就像天空的薄云，悠悠忽忽，无根无襻。这样，沉郁之情就必然显得不深不厚。只有当个人的忧愁和人民的痛楚、国家的前途紧密地联系在一起的时候，只有当自己的忧愁反映了人民的思想感情、兴趣、愿望时，这种忧愁才具有丰富的层次，才能使沉郁获得深厚的情感。杜诗中所表现的忧愁绝不只是个人的，而是反映了人民的苦难、民族的命运、国家的前途，因而就富于高度的人民性和现实主义精神。这就使杜诗的沉郁风格获得了崇高的价值。杜甫越是接近人民，越是表现人民的思想、情感、要求、愿望，就越会增强他的沉郁风格的深度和广度。天宝十年（751）写的《兵车行》就是第一首直接描绘人民苦难生活、为人民代言的诗篇。它形象地揭露了唐玄宗、杨国忠穷兵黩武、到处抓丁、发动侵略战争的暴行。"车辚辚，马萧萧。行人弓箭各在腰。爷娘妻子走相送，尘埃不见咸阳桥。牵衣顿足拦道哭，哭声直上干云霄！"诗人亲目所睹、亲耳所闻，感受至深，故能真切地表现人民的巨大悲痛和反战情绪。"君不闻：汉家山东二百州，千村万落生荆杞。纵有健妇把锄犁，禾生陇亩无东西。"这里以汉喻唐，生动地描写了当时农村田地荒芜、生产力遭受严重破坏的情景。尽管如此，官府仍然敲骨吸髓、横征暴敛、鱼肉乡民，故诗人郁愤满腔，不禁厉声责问："县官急索租，租税从何出?!"紧接着连连发出慨叹："信知生男恶，反是生女好；生女犹得嫁比邻，生男埋没随百草!"至此，仍未搁笔，而是继续抒写人民的冤恨，把悲痛之情推向高潮："君不见，青海头，古来白骨无人收。新鬼烦冤旧鬼哭，天阴雨湿声啾啾!"诗人抛弃了以往乐府中"从军行"之类的体裁，而是独创一格，以《兵车行》为题，描写现实生活中人民所关心的重大历史事件，深切地表现人民的思想情感。正由于如此，就给杜诗注入了人民的血液，从而使杜诗的沉郁之情变得更深厚了。此诗广泛而深入地揭示了以唐玄宗为首的封建地主阶级同广大人民（尤其是农民）的尖锐矛盾，表现了诗人对人民的无限同情。它标志着杜诗沉郁风格的成熟，也是杜诗沉郁的典范作品之一。

正由于诗人是同情人民的，因而对于封建权贵的贪婪、腐朽的罪恶生活，就必然予以无情的揭露。诗人于天宝十二年创作的《丽人行》，就是如此。它生动地揭露了杨国忠兄妹骄奢淫逸的无耻行径和咄咄逼人的嚣张气焰。"炙手可热势绝伦，慎莫近前丞相嗔!"就是其中的点睛之笔。这简直是在指着杨国忠的鼻子骂了。全诗并未直接写悲，而是客观地把杨氏兄妹的铺张淫靡的生活揭示在人们眼前，最后则愤怒地予以抨击。这种化悲为愤的描写，为杜诗的沉郁增添了新的品种。

此外，如《前出塞九首》、《后出塞五首》、《送高三十五书记十五韵》、《醉时歌》等诗，都是沉郁的力作。"但觉高歌有鬼神，焉知饿死填沟壑?""儒术于我何有哉? 孔丘盗跖俱尘埃。"（《醉时歌》）当年高唱"致君尧舜上，再使风俗淳"（《奉赠韦左丞丈二十二韵》），笃信儒家学术的杜甫，居然也骂起孔子来，这不能说不是被残酷的现实、不幸的遭遇逼迫出来的结果。

尤其值得大书特书的是，天宝十四年（755）十一月，杜甫从长安到奉先县探望自己的妻儿时，写下了《自京赴奉先县咏怀五百字》。这首五言长诗，在杜诗创作中具有划时代的意义，它标志着杜诗风格已升入沉郁的最高境界，是杜甫长安十年沉郁诗风的最高成就，具有"史诗"的性质。它是杜甫前半生思想情感、生活遭遇、创作生涯、风格特色等方面全面、系统、形象的总结。全诗以"穷年忧黎元，叹息肠内热"为纲，其中心思想是"忧民"二字。这忧民的表达方式是"咏怀"。可见"咏怀"的诗题与"忧黎元"的中心思想是紧密呼应的。这种咏怀忧黎元的思想正是杜诗沉郁的精髓。全诗的风格结构可分为三大层次。

第一个大层次是追怀往昔。以"穷年忧黎元"为主干，统领全诗。诗人自比稷、契，激烈浩歌，潇洒日月，有江海之志，故"生逢尧舜君，不忍便永诀"，"葵藿倾太阳，物性固难夺"。然诗人却不愿干谒权贵，故兀兀寂寂，默默无闻，未受器重。只有沉饮自遣，聊以解闷而已。末句以"放歌颇愁绝"作结，"愁绝"乃愁之极致，与前面的"忧黎元"相呼应，是"忧黎元"的注脚。故第一个大层次，以忧、愁二字贯穿始终，突出地表现出沉郁的风格特色。

第二个大层次是咏叹现实。岁暮严冬，百草凋零，疾风悲鸣，寒气袭人，衣带欲折。唐玄宗和杨贵妃以及高官厚禄的权贵们，却在骊山上、宫殿中过着花天酒地的生活。他们吃的是驼蹄羹、橙香橘，穿的是貂鼠裘，用的是内金盘，分的是进贡帛。而广大的贫苦百姓呢？则无衣无食，饥寒交迫。诗人目击如此不平，不禁忧愤满怀，奋笔疾书，一针见血地揭露道："彤庭所分帛，本自寒女出。鞭挞其夫家，聚敛贡城阙！"民脂民膏，被搜刮殆尽。权贵们何其狠毒！行文至此，语犹未了，而是有一股凝重的沉郁之气，震荡于笔端。诗人把艺术的描绘和哲学的解析有机地结合起来，形象地揭示出贫富的对立，显示出诗人对贫苦人民的深切同情，写出了光耀千秋的名句："朱门酒肉臭，路有冻死骨！荣枯咫尺异，惆怅难再述！"如果诗人没有明察秋毫的分析力，如果诗人没有总体的哲学思辨力，焉能看出贫富两极，一枯一荣?！正由于诗人将哲学的思辨性寓于描绘的形象性之中，因而便空前地强化了沉郁的层次，使其更富于深厚性。特别是第二大层次的结句："惆怅难再述！"把沉郁中的悲痛情感推向高峰，并和第一个大层次"穷年忧黎元"的描写相呼应，是第一个大层次的沉郁之情的发展和深化。

第三个大层次是为国家的前途担忧，也就是忧国。诗人把忧黎元的思想发展到最高阶段，就变成了忧国家，从而在这篇长诗中最后完成了沉郁的风格创造。当时，正处于安禄山叛乱前夕，险象四伏，国家危如累卵，大厦风雨飘摇。"疑是崆峒来，恐触天柱折。河梁幸未坼，枝撑声窸窣。"这里，诗人以天柱喻国家，暗示唐王朝正处于兴衰存亡的关键时刻。诗人希望有回天之力，力挽狂澜。然而官微言轻，又有何用？在动乱之中，诗人回家探亲，不意"入门闻号咷，幼子饿已卒"。诗人由己及人，觉得自己出身于官宦世家，享有免租税、免服役的特权，犹罹此惨剧；而那些缴租服役的平民百姓，即使在秋谷丰登之年，竟也沦为饿殍，这是何等辛酸！诗人默默地思念着那些生活无着的失业的人们，又怀念着远征边塞的士卒，不禁忧从中来，真是"忧端齐终南，澒洞不可掇"了！诗人把自己忧民忧国的忧思，比为有终南山那样的高，像鸿蒙澒洞那样汗漫，可见其沉郁不仅具有极高的深厚度，而且具有极大的广阔度。它仿佛形成了三度空间（长度、阔度、高度），具有立体的美！这种以情感的深厚、忧愤的浓郁为特点的沉郁，是杜诗的灵魂。

如果说，长安十年的生活是诗人沉郁风格的成熟期，那么，"安史之乱"以后的三年里（756—759），便是诗人沉郁风格的鼎盛期，也是诗人沉郁风格光彩四射的第三个时期。这个时期，诗人直接卷入大动乱的险风恶浪中，亲身体验到生活的各种艰辛，亲眼看到了"安史之乱"对社会生产力的大破坏，亲自接触到广大受苦受难的人民，诗人的生活内容空前丰富，眼界空前开阔，题材空前多样，体裁也空前翻新，有五古、五律、七古、七律等等。但都离不开一个"悲"字和一个"忧"字，也就是贯穿着忧国忧民的思想感情，换言之，就是爱祖国爱人民的思想感情。因而就从不同方面、不同角度投射出形象的光束，这就空前地强化了沉郁的深度和广度。

这个时期，长安陷落，胡军横行，生灵涂炭，玄宗出逃。756年秋，杜甫由鄜州奔赴灵武的途中，被胡军捕获，押送长安，亲眼看见胡兵屠戮人民的血腥暴行。大约有九个月的惨淡日子他是在安史叛军中熬过来的。后来逃出长安，到处漂泊，写下了大量诗歌。四年之中，共写诗二百四十九首，比长安十年还多一倍。诗人的作品，再现了动乱的现实，表现了人民的苦难，显示了诗人内心的巨大悲痛。在诗人笔下，祖国的一山一水、一草一木，都含着悲痛，都溅上了叛军铁蹄下的斑斑血迹。这就使诗人作品沉郁的风格升华到悲剧美的最高境界。悲剧是美学的重要范畴，它是作为美而存在的。只要符合悲剧的美学特征即悲和悲剧性的，都可称之为悲剧。因此，悲剧除了悲剧体裁之外，在诗歌、小说等艺术中，同样存在。这种悲剧是一种特殊的审美对象。它是人格美的颂歌。作为诗史的杜诗，就是一种美学意义上的悲剧。悲剧的主题是美的毁灭，而美的毁灭是由丑的猖獗造成的。杜甫目睹"安史之乱"的破坏（丑的猖獗），广大人民所遭受的巨大灾难（美的毁灭），因而发言为诗，在其高度的思想性与高度的艺术性的完美结合中，创造了深邃的悲的意境，形成了浓郁的悲的氛围，因而也结出了特异的丰硕的沉郁风格之果。至此，就整个杜诗而言，其沉郁风格，可谓尽善尽美，炉火纯青，登峰造极。且看《月夜》中的描绘：

> 今夜鄜州月，闺中只独看。
> 遥怜小儿女，未解忆长安。
> 香雾云鬟湿，清辉玉臂寒。
> 何时倚虚幌，双照泪痕干？

此诗写于至德元年（756）八月，当时诗人被叛军所俘，陷身于被洗劫一空的长安。前四句写妻子在鄜州见月而想念诗人，并写自己的儿女因年纪小而不理解母亲为何思念在长安的父亲（杜甫自己）；后四句写诗人想象妻子在月光笼罩下思念自己时的情态，并急盼团聚的心情。全诗的写法，独具一格。诗人不是写单方面的思念，而是写乱散两处的夫妻之间的双双思念，写诗人想象妻子对自己的思念，写诗人对战乱后一家人重聚时的憧憬。因而这种写法就不是平面的，而是立体的，逐层深入的，忧绪缠绕的，富于变化的，所以就必然回旋着一股沉郁顿挫之情。

再看《悲陈陶》所写：

> 孟冬十郡良家子，血作陈陶泽中水！
> 野旷天清无战声，四万义军同日死！
> 群胡归来血洗箭，仍唱胡歌饮都市。
> 都人回面向北啼，日夜更望官军至。

这首诗也是杜甫于至德元年冬所作。它描绘了丞相房琯兵败陈陶的惨状和人们渴望官军收复河山的爱国主义情感。当时诗人正在长安，故能目睹安史叛军趾高气扬、飞扬跋扈、以血洗箭的实况。此外，同年十月，房琯又兵败青坂。杜甫虽身陷安史叛军之中，犹不忘国事，故作《悲青坂》诗，希望官军不打无准备之仗："焉得附书与我军：忍待明年莫仓卒！"此外，至德二年（757）月，杜甫在长安以《春望》为题写道：

> 国破山河在，城春草木深。
> 感时花溅泪，恨别鸟惊心。
> 烽火连三月，家书抵万金。
> 白头搔更短，浑欲不胜簪。

春光明媚，本应令人欢娱，但因国破家亡，反而使人生悲。花为之溅泪，鸟为之惊心，更衬托出心境的悲哀。诗人只身陷于叛军之中，家书难达，忧愁万端，白发苍苍，短得连簪子也没法子插上去了。诗中流露出杜甫极其沉痛的心情。与此诗作于同一年的《哀江头》，则用今昔对比的方法描写了长安宫殿昔日的繁荣、今日的萧条，并突现了诗人的悲哀："少陵野老吞声哭，春日潜行曲江曲。江头宫殿锁千门，细柳新蒲为谁绿？"最后则以"黄昏胡骑尘满城，欲往城南望城北"作结，说明了长安遭到大破坏、大灾难的直接原因。

至德二年（757）四月，杜甫冒着生命危险逃往凤翔，肃宗给了他左拾遗这样的小官。杜甫的诗，虽偶尔有喜，但骨子里还是隐藏着一个"悲"字。"喜心翻倒极，呜咽泪沾巾。"（《自京窜至凤翔喜达行在所三首》其二）这便是诗人内心的写照。同年五月，诗人上书为房琯辩护，得罪肃宗，几乎被杀，由于宰相张镐的申救，才幸免于难，遂被逐出凤翔，回鄜州的羌村去探亲。千古传诵的《羌村三首》和《北征》，便作于此时。"妻孥怪我在，惊定还拭泪"；"歌罢仰天叹，四座泪纵横"。这便是《羌村》诗中的绝唱。"经年至茅屋，妻子衣百结。恸哭松声回，悲泉共幽咽"；"祸转亡胡岁，势成擒胡月。胡命其能久？皇纲未宜绝"。这便是《北征》诗中的名句。诗人把自己的命运、家庭的遭遇、国家的前途、灭胡的决心、振兴的渴望，紧紧地连接在自己的心弦上，最后信心百倍地高呼："煌煌太宗业，树立甚宏达。"在沉郁顿挫之中，陡然化忧愤为昂扬，变深沉为高亢，从而把沉郁之风升华到更高的境界，使其更加深厚，更加广阔。

此后，诗人始终处在动荡的生活激流中，始终饱含着沉郁的泪水。"一片花飞减却春，风飘万点正愁人。且看欲尽花经眼，莫厌伤多酒入唇。"（《曲江二首》）诗人的哀伤与忧愁，是有感而发的。"安史之乱"，曲江遭受胡兵洗劫，荒凉冷落，寂寞凄清，故诗人触目伤怀，愁眉不展。

尤其值得大书特书的是，乾元二年（759）间写的"三吏"、"三别"，可以说是杜诗现实主义的光辉典范，这六首诗是杜诗沉郁之风鼎盛期的代表作。这年春天，郭子仪、李光弼、王思礼等九个节度使率领的大军共六十万，在邺城被胡兵打得溃不成军。统治阶级为了收拾残局，便不择手段，到处抓丁，老弱亦不能免。杜甫亲眼看到如此景况，愤而成诗。诗人一面谴责官府的残暴行径，一面又声称当兵是为国出力。可见诗人的思想情感是非常矛盾的，也是十分痛苦的。但是，诗人终究以国家民族利益为重，故经过再三权衡，还是勉励那些被捉去当兵的人"努力事戎行！"在《新安吏》中，诗人运用一问一答的方式，描写县吏抽取未成年的男孩去从军的情景："白水暮东流，青山犹哭声！"这是何等凄惨！"莫自使眼枯，收汝泪纵横！眼枯即见骨，天地终无情！"哭亦无用，不如不哭，还是以国家为重吧："况乃王师顺，抚养甚分明。送行勿泣血，仆射如父兄。"这是安慰，又是勉励！在《潼关吏》中，诗人称赞"艰难奋长戟，万古用一夫"。但又劝诫勿作无谓的牺牲，而应战则必胜："哀哉桃林战，百万化为鱼。请嘱防关将：慎勿学哥舒！"在《石壕吏》中，写悍吏抓人，老翁逾墙走、老妇犹不能免的惨景。杜甫虽目击如此惨状，但未予评论，只是"天明登前途，独与老翁别"而已。扩充军队，到前线杀敌，乃举国大事，焉能任意责备呢？可见诗人抒发沉郁之情，是极有分寸感的。以上是"三吏"。诗人完全是站在客观的角度去描绘扩军备战的实况的。至于"三别"，则在诗人笔下，完全变换了另一种角度，就是以第一人称手法，去描写战事的紧张、垂老的凄惨、蒸黎的无家可归和无家可别。在《新婚别》中，通过新婚女子的自诉，描绘了"暮婚晨告别，无乃太匆忙！""君今往死地，沉痛迫中肠"的悲怆情怀，又表现了妻子勉励丈夫努力杀敌的高尚品格："勿为新婚念，努力事戎行！"其爱国主义精神，跃然纸上。在《垂老别》中，描绘了"子孙阵亡尽"、"老妻卧路啼"、"投杖出门去"的一位参军的老翁，他身穿甲胄，人老心壮，长揖上官，诀别老妻，应征入伍。不禁发出"弃绝蓬室居，塌然摧肺肝"的慨叹！在《无家别》中，描写了一个孑然一身、无家可归的人。通过他的追叙、自述，反映了"安史之乱"给广大人民带来的灾难。"久行见空巷，日瘦气惨凄。但对狐与狸，竖毛怒我啼！"形单影只、悲凉死寂，唯见野兽出没，使人触目惊心！末句"人生无家别，何以为蒸黎？"不仅是此诗的诗眼，而且也是"三吏"、"三别"的总结，是《自京赴奉先县咏怀五百字》中的"穷年忧黎元"的发展。清代诗评家浦起龙《读杜心解》云："末二句以点（点题）作结。'何以为蒸黎'可作六篇总结。反其言以相质，直可云：'何以为民上？'"这种理解是独具慧眼的。它深刻地揭示了杜诗丰富的思想内涵。民不聊生，无家可归，无家可别，那些口口声声为民做主的父母官和最高统治者，又作何感想呢？郑东甫说《无家别》"刺不恤穷民也"（《杜诗钞》），这是切中肯綮的。总之，"三吏"、"三别"通过不同人物故事的描述，表现了"安史之乱"所造成的国破家亡之痛，洋溢着诗人爱国主义的感情。如果说"三吏"、"三别"是诗人沉郁诗风鼎盛时期的代表作，那么《自京赴奉先县咏怀五百字》就是沉郁诗风成熟时期的代表作。但前者偏重于客观的叙述，后者偏重于主观的抒情；前者的沉郁之风是显隐在故事的进程之中的，后者的沉郁之风是流露在诗人的胸臆之中的。

如果说"安史之乱"时期是杜诗沉郁风格的鼎盛期，那么诗人漂泊西南时期（760—770），就是诗人沉郁诗风的持续期，也是诗人沉郁诗风发展的第四期。约当于诗人四十九岁到五十九岁之间。诗人在这十一年共成诗一千零七十二首，为现有杜诗的百分之七十三强。这时，诗人先后漂泊在成都、梓州、阆州、云安、夔州及湖北、湖南等地。诗人虽远离"安史之乱"的爆发地，但并未摆脱贫苦的处境，对于平定安史叛军的消息仍永念备至，对于人民的生活仍很关切，故其诗作仍然含有沉郁之情，不过显得更加复杂罢了。有的老成稳健，不着痕迹——这种沉郁已渗透到所描绘的事物之中了。有的还时时和其他风采、情调、韵味掺和在一起，因而已不单单是百分之百的沉郁了，但只要我们用心搜求，还是可以看见它的飘忽的踪影的。这都说明，杜诗的沉郁是在变化着的。有的几乎是羚羊挂角，无迹可求了——且看《狂夫》中的描写："厚禄故人书断绝，恒饥稚子色凄凉。欲填沟壑惟疏放，自笑狂夫老更狂。"这里说明诗人家境仍很贫寒，否则，他的稚子为什么常常挨饿呢？但这种饥饿的生活对于诗人来说已属司空见惯了。诗人为了排遣忧愁，便采取另一种方法：淡然处之，狂放与之。因而这种沉郁已不像先前那样稳定，而是更富于变化了。当然，诗人直接抒发沉郁之情的篇什，也是不时可见的。例如《野望》中的描写："海内风尘诸弟隔，天涯涕泪一身遥……跨马出郊时极目，不堪人事日萧条。"就荡漾着沉郁之情。在《百忧集行》中，诗人"悲见生涯百忧集"，"入门依旧四壁空"，"痴儿不知父子礼，叫怒索饭啼门东"。何其直切、真实！再看《茅屋为秋风所破歌》中的最后一段："安得广厦千万间，大庇天下寒士俱欢颜，风雨不动安如山！呜呼！何时眼前突兀见此屋，吾庐独破受冻死亦足！"这里充分地表现了诗人热爱人民、同情人民的伟大襟怀。诗中处处寄托着诗人"穷年忧黎元"的思想情感，说明和诗人以忧民忧国为根本特质的沉郁诗风是一脉相承的。此外，有时诗人沉郁之中还包含着多种情调，如《旅夜书怀》既有"星垂平野阔，月涌大江流"的壮阔，又有"飘飘何所似？天地一沙鸥"的感慨。《白帝城最高楼》既有"城尖径仄旌旆愁，独立缥缈之飞楼"的危峭，又有"杖藜叹世者谁子？泣血迸空回白头"的悲愤。《白帝》既有"高江急峡雷霆斗，古木苍藤日月昏"的惊骇，又有"哀哀寡妇诛求尽，恸哭秋原何处村"的哀痛。《壮游》既有"性豪业嗜酒，嫉恶怀刚肠……饮酣视八极，俗物都茫茫"的豪迈，又有"郁郁苦不展，羽翮困低昂……群凶逆未定，侧伫英俊翔"的勃郁。总之，诗人虽漂泊西南，但未忘平叛，时时关怀着人民的命运、祖国的前途，故其诗作纵有多种风采，但仍然洋溢着沉郁之情。一直到"安史之乱"被平定，诗人的作品才露出明朗的色彩和欢快的情绪。特别是千古传诵的名篇《闻官军收河南河北》：

> 剑外忽传收蓟北，初闻涕泪满衣裳。
>
> 却看妻子愁何在？漫卷诗书喜欲狂！
>
> 白日放歌须纵酒，青春作伴好还乡。
>
> 即从巴峡穿巫峡，便下襄阳向洛阳。

此诗系代宗广德元年（763）春作于梓州。当诗人听到"安史之乱"平定的消息时，不禁破涕为笑，转悲为喜，惊喜若狂，纵酒放歌，脱口即成这首七律。全诗感情充沛，色彩明朗，情绪欢快，节奏迅速，一气呵成。如行云流水，自然而然。富于强烈的流动感。它将诗人长年回旋于胸中的漫漫愁云，一扫而空，而代之以欢乐的调子。浦起龙《读杜心解》云："八句诗，其疾如飞。题事只一句，余俱写情。生平第一首快诗也！"的确如此。但这首诗的风格，仍然是沉郁的。因为它具备着沉郁的根本特质——深厚。它所失去的不过是忧愁而已。

以上论述了杜甫沉郁诗风酝酿、成熟、鼎盛、持续的四个时期，勾画了杜甫沉郁诗风的发展过程，说明了杜甫沉郁诗风的形成和当时的社会环境有关，和诗人的遭遇有关，和诗人的心情有关。

此外，杜诗之所以沉郁，同诗人丰富的学识、敏锐的洞察力和深邃的哲学眼光也是密切相关的。杜甫一生好学，"熟精《文选》理"，精通百家文，尤其对儒家思想，信仰至笃，研讨至深。故在艺术创作中，喜作冷静的理性思考，善于哲学地解剖人生，能高屋建瓴，鸟瞰世界，对事物的分析细致入微，鞭辟入里，入木三分。别人看不到的，他能看到；别人只看到六七分，他却能看到十分；别人把看到的一股脑儿地说出来，他却引而不发，让别人去体会、玩味、领悟。这样，杜诗的沉郁顿挫，就含有丰富而深刻的哲理，因而显得特别深厚。"细推物理须行乐，何用浮名绊此身？"（《曲江二首》其一）"法自儒家有，心从弱岁疲。"（《偶题》）这就是他的信条之一。如果诗人缺乏学力，怎能用哲学的眼光去透视人生？又焉能使哲学的深邃性渗透于沉郁之中呢？

沉郁因情绪色彩的深浅浓淡而不同。有的沉而悲，有的郁而怨，有的沉而雄，有的郁而愤。但沉而谐、郁而谑者，则未之闻。盖谐谑重外露而不尚隐秀，且与忧愤相悖，故不能为沉郁也。

四　沉郁与顿挫

　　沉郁和顿挫，是水乳交融地结合为一体的。"沉郁文中，运以顿挫，方是词中最上乘。"（《白雨斋词话》卷七）何独词？诗亦如此。"如杜陵之诗，包括万有，空诸依傍，纵横博大，千变万化之中，却极沉郁顿挫，忠厚和平，此子美所以横绝古今，无与为敌也。"（《白雨斋词话》卷八）

　　所谓顿挫，从字面上看，就是指语意的停顿挫折（间歇、转折）。它又仿佛是音乐上的休止符，表面上休止了，骨子里没有休止，而是韵味的延续与深化。作家在运笔时，可于间歇转折之际，从从容容，渲染色彩的浓淡，涂抹情感的层次，为寄托沉郁之情提供一个适合的空间与时间。据此，则作家的情绪，就可回旋纡折，缱绻自如。从结构上看，顿挫往往呈现在起承转合处。它表现为纡徐斗健，交互为用，按理循脉，或起或伏，有情有景，相间相融。

　　我们不仅要从修辞上去解释顿挫，更应从风格上去领悟顿挫。这就是情感的千回百折，节奏的徐疾相间，音调的抑扬抗坠，旋律的跌宕有致。

　　明人解缙在《春雨杂述》中有一段精辟的论述，对我们理解书法、诗歌中的顿挫，都有启发作用。兹录于下：

　　　　若夫用笔，毫厘锋颖之间，顿挫之，郁屈之，周而折之，抑而扬之，藏而出之，垂而缩之，往而复之，逆而顺之，下而上之，袭而掩之，盘旋之，踊跃之，沥之使之入，衄之使之凝，染之如穿，按之如归，注之趯之，擢之指之，挥之掉之，提之拂之，空中坠之，架虚抢之，穷深掣之，收而纵之，蛰而伸之，淋之浸淫之使之茂，卷之蹙之，雕而琢之使之密，覆之削之使之莹，鼓之舞之使之奇。①

由此可见，在郁与屈、周与折、抑与扬、藏与出、垂与缩、往与复、逆与顺、下与上……之间，顿挫的作用，可以得到充分的发挥。

　　沉郁和顿挫，是不可分割的。沉郁凭借顿挫，顿挫服从沉郁。二者有机结合，相得益彰。杜甫极善于运用反复、重叠、对比、衬托等手段，使沉郁之情巧妙地寓

---

　　① 上海书画出版社、华东师范大学古籍整理研究所编：《历代书法论文选》上册，上海书画出版社1979年版，第497—498页。

于跌宕有致、徐疾相间的顿挫中，把沉郁顿挫昭昭然地揭示在人们眼前。且看《秋兴八首》，全诗的主题是抒发对故国的无限思念之情。第一首中的"丛菊两开他日泪，孤舟一系故园心"为画龙点睛之笔，也是全诗的中心，并对其他七首起着统领作用。表明诗人虽身在夔州，但心怀长安。与第二首中的开头"夔府孤城落日斜，每依北斗望京华"紧密呼应，从而加强了故国之思的情感层次与沉郁的深厚度。第三首则转入回忆、追叙，在节奏上稍稍舒缓，而显示出一顿一挫。末句"同学少年多不贱，五陵衣马自轻肥"，言同学虽富贵显赫，也不过是五陵衣马（裘马）自以为轻肥（轻裘肥马）而已，何足道哉？言下不胜鄙视。然此慨叹自身贫困潦倒、看不惯纨绔子弟飞黄腾达，已意在言外，蕴蓄句中，其沉郁之情亦暗转于顿挫之内。紧接着第四首追述长安陷落、山河易色的国破家亡之痛，以"鱼龙寂寞秋江冷，故国平居有所思"作结，与前面的"故园心"、"望京华"相照应，且又加深了诗人沉郁之情的层次，而愈发深厚、浓郁。第五首末句是"一卧沧江惊岁晚，几回青琐点朝班?"抒发诗人对长安宫廷的思念之情，继续强化沉郁的厚度。第六首诗人把笔一转，回到蜀中，紧接着把蜀中与长安的曲江胜境连成一气，写出了"瞿塘峡口曲江头，万里风烟接素秋"的名句。两处相隔万里，但一望无际的秋色却把两地紧密地连接在一起。这里，诗人发挥了高度的想象力。诗人虽未高呼口号，但故国之思已浓郁其里、顿挫于中。第七首写长安西南名胜昆明池的景色，纯系客观地描绘祖国江山的美丽。第八首在描写长安风物以后，末句以"彩笔昔曾干气象，白头吟望苦低垂"作结。这里的"望"与前面的"望京华"的"望"遥相呼应。诗人为自己塑造出一个饱经苦难、忧愤满腔、低头沉思、缅怀故国的崇高形象。诗人把自己的忧国忧民的沉郁之情安排在八首《秋兴》中，节奏忽疾忽徐，音调时高时低，角度或仰或俯，光线有明有暗，运墨时淡时浓，时辰有夜有暮，它们组成了许许多多的顿挫，为表现沉郁服务。可见杜诗沉郁顿挫是凝为一体的。从杜诗中可以看出，沉郁顿挫不仅是形式问题，也是内容问题。它是在内容和形式的完美统一中所集中体现出来的一种情调、风采、氛围和韵味。

五　沉郁与沉著

　　唐代的司空图，在《诗品》中虽未提沉郁，但却谈到沉著。他说的沉著，不外是"绿林野屋，落日气清"，"海风碧云，夜渚月明"之类，未免流于空灵。

杨廷芝把沉著释为"深沉确着"①。沉郁和沉著，虽然都重视气力，但二者仍有轩轾。沉著强调一个"力"字，沉郁注重一个"气"字。所以，沉著凝重稳健，深沉有力，力透纸背。胡应麟云："沉著，则万钧九鼎"②，这是从力量和重量上形容沉著的。唐代大书法家颜真卿曾从张旭学书，张旭对于沉著一格领悟极深，对颜真卿很有启发。张旭认为：用笔当须如印印泥、如锥画沙。"自兹乃悟用笔如锥画沙，使其藏锋，画乃沉著，当其用笔，常欲使其透过纸背，此功成之极矣。"③ 他谈的虽是书法上的沉著，但对我们理解诗歌中的沉著也是有帮助的。沉著，也就是宋代大诗人、大书法家黄庭坚在《论书》中所说的"锋藏笔中"、"颖秀劲清"；也就是清代书法理论家周星莲在《临池管见》中所说的"沉著痛快，淋漓酣畅"。沉著、痛快密不可分。沉著而不痛快，则浊重而乏风采；痛快而不沉著，则马虎而不稳健。故严羽在《沧浪诗话·诗辨》中一再强调"沉著痛快"；明代书论家丰坊在《书诀》中也强调："古人论诗之妙，必曰沉著痛快。"颜真卿的诗、书，均以雄浑、沉著为美，故解缙在《春雨杂述》中说："鲁公之沉著，何尝不嘉？"

有的诗家认为：沉著有赖于沉郁。欲臻于沉著，必经过沉郁。舍弃沉郁，则不能沉著，故沉郁是沉著的母体，沉著是沉郁的产儿。沉著虽以力胜，但脱离沉郁，其力便浮而不沉，甚至苍白无力，因而也不成其为沉著。陈廷焯云：

> 吾所谓沉著痛快者，必先能沉郁顿挫，而后可以沉著痛快。若以奇警豁露为沉著痛快，则病在浅显，何有于沉？病在轻浮，何有于着？病在鲁莽灭裂，何有于痛与快也？④

陈氏认为，沉著痛快，必须从沉郁顿挫中提炼出来，则庶可避免浅显轻浮。此说有其合理内核。但沉著不见得都与沉郁中的忧愤相联系。沉著与忧愤相联系者，固然不乏其例；但不相联系者，亦不乏其例。但沉著却和沉郁中的深厚的特质具有血缘关系，摒弃深厚而显现为沉著者，未之见也。

① （清）杨廷芝：《诗品浅解》。
② （明）胡应麟：《诗薮》内编卷五。
③ （唐）颜真卿：《述张长史笔法十二意》。
④ （清）陈廷焯：《白雨斋词话》卷六。

第八章　韩愈诗歌风格论

一　险怪论——精诚忽交通　百怪入我肠

险奇怪诞，谓之险怪。

险怪一格，先秦就有，何独唐诗？庄子散文，即以险怪著称。不过在险怪之中时时露出豪放的光芒而已。刘熙载在《艺概·文概》中说："庄子寓真于诞，寓实于玄。"又云："意出尘外，怪生笔端，庄子之文，可以是评之。"可见庄子的怪诞，绝非故弄玄虚，而是寄托着真实的。它富于极其深刻的含义，但这种意义并不都显现在实处，而是超凡脱俗、虚无缥缈、难以捉摸的。

中唐贞元、元和年间，在诗坛上有两大潮流。一是以白居易、元稹、刘禹锡、张籍、王建为代表的诗人，他们的诗歌崇实崇俗，而不尚奇尚怪，用白居易的话来说就是"不务文字奇"（《寄唐生》）。另一派则是以韩愈、孟郊、李贺、卢仝、刘叉、马异为代表的诗人。他们的诗，追求险奇怪诞。其中，韩、孟交谊甚笃，且均尚险怪，故历代诗家都把他们看成是一个诗派。其实，孟郊之诗，虽有险奇之处，但他还以酸寒枯槁著称于世，这个特点，倒和贾岛相同，故历代诗家也把孟、贾看成是一个诗派。韩愈是具有险奇怪诞之美的俊杰，其次则推卢仝，至于刘叉、马异，则影响较小。后来，异军突起、独树一帜的李贺，则是怪中之怪，其诗风以奇诡冷艳彪炳千秋。笔者在分析险怪时，将以韩愈、李贺诗为主。至于孟、贾诗风，除涉及险奇者外，则另文论述。

韩愈（768—824）是唐代古文运动的领袖，他提倡文以载道、务去陈言。他站在李、杜两位伟大诗人的肩上，继往开来，另辟蹊径，崇险奇，尚怪诞，成为中唐诗坛的一面旗帜，并影响着贾岛、卢仝·李贺等一批诗人。

韩愈在《调张籍》中说："李杜文章在，光焰万丈长。不知群儿愚，那用故谤伤。蚍蜉撼大树，可笑不自量。"中唐时，在诗坛上出现了扬杜抑李的倾向，韩愈针锋相对，李杜并尊。他极其推崇李杜"巨刃磨（一作摩）天扬，垠崖划崩豁，乾坤摆雷硠"的艺术风格，因此，他继承了李白的浪漫主义传统，故其诗时时闪烁着豪放雄奇的光芒；他又继承了杜甫的现实主义传统，故其诗亦常常显示出浑涵浩瀚的气势。但韩愈并不想亦步亦趋、蹈袭前人，而是千方百计进行新的开拓。然而，李、杜这两座奇峰，令人叹为观止，谁能超过呢？韩愈并不气馁，而是披荆斩棘，奋勇向前，探索新的道路，追求新的风格。他说："我愿生两翅，捕逐出八荒。精诚忽交通，百怪入我肠。刺手拔鲸牙，举瓢酌天浆。腾身跨汗漫，不著织女襄。"这里，诗人运用形象的比喻，表述自己是在探求险奇雄怪的艺术风格。这种风格，或上天入地，或呼风唤雨，或翻江倒海，或山崩地裂，或精灵鬼怪，或魑魅魍魉，或险岩危壁，或仙山琼阁……夸张出格，造境险谲，立意奇崛，出语奇特，叙事奇怪，形状奇异，光怪陆离，危言耸听。司空图在评价韩愈诗风时指出："韩吏部歌诗数百首，其驱驾气势，若掀雷挟电，撑抉于天地之间，物状奇怪，不得不鼓舞而徇其呼吸也。"① 这就准确地揭示出韩愈诗歌风格的特点。《全唐诗》卷三百三十六说韩愈"为诗豪放，不避粗险。格之变亦自愈始焉。"这种概括也是对的。韩愈的《南山诗》，历来被称为险怪风格的代表作。全诗一百零二韵，一韵到底，为了凑数，诗人刻意搜求，制造了不少险韵，且以文入诗，用了五十一个"或"字："或连若相从，或蹙若相斗，或妥若弭伏，或辣若惊雏，或散若瓦解，或赴若辐辏，或翩若船游，或决若马骤。"这便是其中的句子。这种诗句，已经散文化了，因而削弱了诗的艺术魅力。全诗雄奇诡异，险峻危耸。纷纭挥霍，不一而足。横亘在人们面前的南山，层峦叠翠，奇态万千，时而"横云时平凝，点点露数岫"；时而"天空浮修眉，浓绿画新就"。其四季风景，各不相同："春阳潜沮洳"，"夏炎百木盛"，"秋霜喜刻轹"，"冰雪工琢镂"。其山势有的癯瘦，有的参差，有的巍峨，有的崎岖。其形状奇奇怪怪，目不暇接：如曝鳖、寝兽、藏龙、搏鹫、舞袖、战阵。其动态则或行、或奔、或飞、或驰。此情此景，连韩愈本人也大为惊异，高呼："吁嗟信奇怪，峙质能化贸。"可见，韩愈是一个自觉地突出表现险怪的诗人。

二 狰狞美

　　韩愈喜欢用奇禽怪兽张牙舞爪的动态美来比喻自然景物的静态美，这种化静为动的夸张描写，是险怪的重要特色。《南山诗》就体现了这个特点。不仅如此，他还善于用飞禽走兽的动态来比喻运动着的事物，使动者愈动。这种描写，是变化莫测的。《陆浑山火和皇甫湜用其韵》一诗，就是如此。"虎熊麋猪逮猴猿，水龙鼍龟鱼与鼋，鸦鸱鹏鹰雉鹄鹍，燖炰煨爊孰飞奔。"这些动物，虽然奇怪，但也逃不了火神爷的手掌心，都要被烤焦煮死。动的禽兽，被动的火势吞噬，岂非动者愈动吗？这正是韩诗险怪的又一显著特色。不仅如此，韩诗还喜欢

---

① （唐）司空图：《题柳柳州集后》。

描写光和力来强化险怪的状态："山狂谷狠相吐吞，风怒不休何轩轩，摆磨出火以自燔，有声夜中惊莫原。天跳地踔颠乾坤，赫赫上照穷崖垠，截然高周烧四垣，神焦鬼烂无逃门，三光弛隳不复暾。"由于光的炫耀、力的跳动，更助长了火势，再加上奇禽怪兽和神仙鬼魅的骚动，织成了一幅光怪陆离的火焰图，突出地显现出一种狰狞美。不仅如此，韩诗还善于描绘各种各样的色彩，来渲染狰狞美的氛围："粉墙丹柱动光彩，鬼物图画填青红"（《谒衡岳庙遂宿岳寺题门楼》），这是在烘托寺庙的阴森恐怖；"岣嵝山尖神禹碑，字青石赤形模奇"（《岣嵝山》），这是在形容山的神秘。以上种种，都暗示着一种恐怖感。从审美效果说，它可以使人流露出某种惊骇之情，从而在惊骇中集中全副注意力，去观照审美客体的美，以强化、深化审美主体的美感。韩愈之友皇甫湜云：韩诗"凌纸怪发，鲸铿春丽，惊耀天下"①。这既是指韩诗本身险怪特质而言，又是指韩诗客观的审美效果而言。唐代书法家张怀瓘在其《文字论》中，形容书法艺术"忽若电飞，或疑星坠。气势生乎流便，精魄出于锋芒。观之欲其骇目惊心，肃然凛然，殊可畏也"②。这里用来形容韩愈险怪诗风的骇目惊心的美感，也是适宜的。

三　拗中取奇　出奇制胜

韩愈险怪诗风的另一个特点就是拗中取奇，出奇制胜，因难见巧，愈险愈奇。欧阳修在《六一诗话》中，称赞其《病中赠张十八》就具有"因难见巧，愈险愈奇"的特色，"譬如善取良马者，通衢广陌，纵横驰逐，惟意所之"。的确如此。"文章自娱戏，金石日击撞"，这里，赋予文章以巨大的声响；"龙文百斛鼎，笔力可独扛"，这里，赋予文笔以巨大的体积和力量；"谈舌久不掉，非君亮谁双"，这里，是竭力危言自己的善言辞，而只有对方能匹敌。总之，这些描绘，正如苏轼所说，是"字字觅奇险，节节累枝叶"③。再如《贞女峡》一诗："江盘峡束春湍豪，风雷战斗鱼龙逃。悬流轰轰射水府，一泻百里翻云涛。漂船摆石万瓦裂，咫尺性命轻鸿毛。"水流湍急、漂船难渡、性命难保，已经危险了，再加上风啸雷鸣，就更险更奇了。特别是，韩愈喜以长短句入诗，更助长了散文化的气势，更显现出意境的奇崛险拗。且看《忽忽》诗："忽忽乎余未知生之为

---

① 转引自（明）胡震亨：《唐音癸签》卷七。
② 上海书画出版社、华东师范大学古籍整理研究所编：《历代书法论文选》上册，上海书画出版社1979年版，第210—211页。
③ 转引自（清）薛雪：《一瓢诗话》。

乐也，愿脱去而无因，安得长翮大翼如云生我身，乘风振奋出六合，绝浮尘，死生哀乐两相弃，是非得失付闲人。"这类忽长忽短的句式，在韩诗中是常见的，它可以造成韩诗的奇崛美和参差美。

四　硬语盘空　化丑为美

险怪诗风的另一个特点是硬语盘空，结构奇特，以怪为美，化丑为美。

韩愈在《荐士》诗中推崇孟郊的诗风"横空盘硬语，妥帖力排奡。敷柔肆纤余，奋猛卷海潦"。其实，韩愈的诗风又何独不然？硬语盘空，最易表现山势的奇崛、体积的巨大、景物的怪异、力量的非凡、空间的缥缈、时间的无限、宇宙的运动、事态的变幻。因此，它仿佛是险怪风格大厦的支柱，没有它，就不能使险怪一格站立起来，并昭昭然显现在人们眼前。当然，盘空硬语绝非生拉硬扯、一味猎奇。清代赵翼说得好：

　　盘空硬语，须有精思结撰。若徒寻撷奇字，诘曲其词，务为不可读，以骇人耳目，此非真警策也。昌黎诗如《题炭谷湫》云："巨灵高其捧，保此一掬悭。"谓湫不在平地，而在山上也。"吁无吹毛刃，血此牛蹄殷。"谓时俗祭赛此湫龙神，而己未具牲牢也。《送无本师》诗云："鲲鹏相摩窣，两举快一啖。"形容其诗力之豪健也。《月蚀诗》："帝箸下腹尝其膰"，谓烹此食月之虾蟆以享天帝也。思语俱奇，真未经人道。

（《瓯北诗话》卷三）

此外，赵翼也批评了韩愈《南山》、《和郑相樊员外》诗中的"聱牙辖舌"的词句。对险怪的语言得失，评价很有分寸。

此外，险怪的风格也是奇特的、异乎寻常的。以韩诗而论，在造型上表现出种种奇姿怪态。有的是四言，如《元和圣德诗》；有的是起句六言，其他为四言，如《越裳操》；有的是五言、七言相夹杂，如《利剑》；有的七言、四言、三言相夹杂，如《东方半明》；有的九言、七言、五言相夹杂，如《醉留东野》。就五言诗而言，一般是上二下三，而韩诗常作上一下四，如"曰吾儿可憎"（《读东方朔杂事》）、"乃一龙一猪"（《符读书城南》）便是。有时则作上三下二的拗句，如"有穷者孟郊"。就七言诗而言，一般是上四下三，而韩诗却常作上三下四，如"子去矣时若发机"（《送区弘南归》）。这些独特的结构方式，给人造成了一种奇异的印象，从而加强了韩诗险怪的气势。当然，这样说并不意味着排除韩诗其他句式的险怪特征。

此外，韩诗不仅以怪为美，还以丑为美。以怪丑为美者，何独诗家？画家亦如此。刘熙载云："怪石以丑为美，丑到极处，便是美到极处。"（《艺概·书概》）又说："昌黎诗往往以丑为美。"① 自然中的丑并不完全是令人厌恶的，有的丑，并不丑，它只是客观事物的变态。怪石之美，就是如此。它在画家的笔下，愈怪愈美，愈丑愈美。这种美，既表现出怪石的奇特、异常，又显示出作者卓越的描绘技巧，因而能给人以永久的艺术魅力和强烈的审美享受。当然，也毋庸讳言，在生活中的确也存在着另一种丑，它是令人作呕的。但是，只要经过艺术家的改造制作，它就可改变原来的丑态，而构成艺术美的有机组成部分，这就叫化丑为美。例如，拉肚子，这本是令人讨厌的，但韩愈却叫它入诗："中虚得暴下，避冷卧北窗。"（《病中赠张十八》）这虽够不上美到极处，但却是以丑为美。因为诗歌是以语言为材料来塑造形象、表现生活的艺术样式，它并不直接诉诸视觉，而是诉诸思维，来唤起人们对生活现象的印象，因此，它的形象是间接的。这就避免了生活丑的直观性，而撷取了它的象征性，并用美的语言把它表现出来。人们在阅读时，不会联想它原有的具体的丑恶性，而是着眼于探求它那美的艺术外衣的奇异性，因而它就失去了生活中原来的丑。这种以丑为美、化丑为美的做法，是韩愈的拿手好戏。当然，由于韩愈刻意追求险拗古怪，这就给他的一些诗带来不可避免的缺点，就是艰生晦涩、斧凿伤神。陆游说："琢雕自是文章病，奇险尤伤气骨多。"（《读近人诗》）这里指出了过分地执著于奇险的弊病，但不意味着说奇险本身是不可取的。为奇险而奇险，就会斫伤奇险。险由危岩出，怪从诡云生。这种自然而然、信手拈来的奇险，哪里还有什么斧凿的痕迹呢？韩诗之险怪，不少是出乎自然的，有的则有斧凿的痕迹。但总的说来，它表现出诗人大胆改革诗风的创新精神。赵翼说得好：

> 至昌黎时，李、杜已在前，纵极力变化，终不能再辟一径。惟少陵奇险处，尚有可推扩，故一眼觑定，欲从此辟山开道，自成一家：此昌黎注意所在也。然奇险处亦自有得失。盖少陵才思所到，偶然得之，而昌黎则专以此求胜，故时见斧凿痕迹，有心与无心异也。其实昌黎自有本色，仍在文从字顺中自然雄厚博大，不可捉摸，不专以奇险见长。恐昌黎亦不自知，后人

---

① （清）刘熙载：《艺概·诗概》。

平日读之自见。若徒以奇险求昌黎，则失之矣。(《瓯北诗话》卷三)

这里，既指出了韩诗奇险的一面，又指出了韩诗雄厚博大的一面，是很公允、全面的。刘熙载在《艺概·诗概》中，摘韩诗"若使乘酣骋雄怪"(《酬卢云夫望秋作》)句，并以"雄怪"目之，且认为韩诗"有正有奇"。这都是正确的评论。

当然，韩诗中也有著名的篇什如《山石》，就不能全用"险怪"二字去概括。刘熙载云："昌黎诗陈言务去，故有倚天拔地之意。《山石》一作，辞奇意幽"[1]，是说极中肯綮。

五　韩愈与孟郊、卢仝、马异、刘叉、 李贺险怪诗风的比较

比韩愈年长十七岁的孟郊(751—814)，深受韩愈的推崇。韩愈《醉赠张秘书》云："东野动惊俗，天葩吐奇芬。"又《醉留东野》云："我愿身为云，东野变为龙。"二人经常写诗唱和，并相互联句，诗交至深。他们虽同以险怪而博得诗家的称颂，但孟郊险多怪少，而韩愈则既险且怪。孟郊《石淙》诗云："人深得奇趣，升险为良踦。"可见孟郊是刻意探险寻奇的。其《答卢仝》云："闪怪千石形，异状安可量。有时春镜破，百道声飞扬。"真是山奇水怪，骇人耳目。他不说看蔷薇花，而是写"忽惊红琉璃，千艳万艳开"(《溧阳唐光寺观蔷薇花同诸公饯陈明府》)；他不说与韩愈诗情之笃，而是写"诗骨耸东野，诗涛涌退之"(《戏赠无本》)；他不说山路难走，而是写"众虻聚病马，流血不得行"(《京山行》)；他不说草书落笔如飞，而是写"手中飞黑电，象外飞玄泉……江人愿停笔，惊浪恐倾船"(《送草书献上人归庐山》)。这类诗都含有险奇的特点，也就是《唐音癸签》卷七所引："郊诗刿目鉥心，神施鬼设，间见层出。"但在孟郊近五百首诗作中，能够称得上惊骇的，特别是可以怪诞目之的，却不多见。

同韩诗最接近的却是卢仝、马异、刘叉、李贺等人的诗。他们都着力追求险怪，却又各有特色。

卢仝(775?—835)是韩愈的诗友，韩愈很推崇卢仝，他谈论卢仝的风格时说："往年弄笔嘲同异，怪辞惊众谤不已。近来自说寻坦途，犹上虚空跨绿骊。"(《寄卢仝》)卢仝自知诗风险怪，即使自云改弦易辙，仍不脱险怪。但卢

---

[1] （清）刘熙载：《艺概·诗概》。

仝绝不故弄玄虚，而是很有分寸的。险怪只是他表现生活、抒发情感的特殊手段而已。卢仝本人却是清醒的、有规矩的。"先生事业不可量，惟用法律自绳己。"（《寄卢仝》）这是韩愈对卢仝的事业和人品的肯定。因此，卢仝的险怪也不会离谱的。卢仝的《月蚀诗》，是其代表作。他和韩愈一样，以文为诗，句子有长有短，有二言、三言、四言、五言、七言、九言、十一言、十四言等参差不齐的句子，全诗长达三百多句，在结构上已经够奇怪的了。作者还不厌其烦地以大量的数字入诗，如"八月十五夜"、"径圆千里入汝腹"、"黄帝有二目"、"十日烧九州"、"六合烘为窑，尧心增百忧"与"此时九御导九日，争持节幡麾幢旒，驾车六九五十四头蛟螭虬。掣电九火锹"等等数字，不下五十处。这就更奇怪了。在诗的结构上，单以七言而论，劈头第一句，就有上三下四的，如"新天子即位五年"，再如"望日蚀月月光灭"也是上三下四。诗人自己更直接入诗，危言耸听，如"地上虮虱臣仝告愬帝天皇"、"奏上臣仝顽愚胸"等。特别是意境的险怪，更能引人注目，如写月明之夜："森森万木夜僵立，寒气屭屭顽无风，烂银盘从海底出，出来照我草屋东"；写月蚀之状则为："火龙珠，飞出脑，却入蚌蛤胎，摧环破璧眼看尽，当天一搭如煤始，磨踪灭迹须臾间。"此诗铺陈杂沓，琳琅满目，奇奇怪怪，比之于韩愈，有过之而无不及。此外，在《与马异结交诗》中，则这样描绘马异的骨相："天眼不见此奇骨，此骨纵横奇又奇，千岁万岁枯松枝，半折半残压山谷，盘根蹙节成蛟螭。忽雷霹雳卒风暴雨撼不动，欲动不动千变万化总是鳞皴皮。此奇怪物不可欺，卢仝见马异文章，酌得马异胸中事。风姿骨本恰如此。是不是，寄一字。"在这里，以奇怪之文写奇怪之人，实为亘古未有。在《萧宅二三子赠答诗二十首》中，每首的题目都是不寻常的，有：客赠石，石让竹，竹答客，石请客，客答石，石答竹，竹请客，客谢竹，石请客，客谢石，石再请客，客许石，井请客，客谢井，马兰请客，客请马兰，蛱蝶请客，客答蛱蝶，虾蟆请客，客请虾蟆。这些诗题，运用拟人的手法，赋予物以人的生命，从而去肯定美，这是以怪为美的突出表现。如与韩愈比，则卢仝险少怪多，且气魄不及韩诗之博大雄浑。

卢仝的诗友马异，也以险怪著称，惜只存诗四首。在《送皇甫湜赴举》中，称赞皇甫湜"吞（一作含）吐一腹文，八音兼五色"。在《贞元旱岁》中，描写了"协地炎都寸草无，百川水沸煮虫鱼"的严重旱象，诗句形象通脱，但紧接着描写："定应焦烂无人救，泪落三篇古《尚书》。"这里流露出诗人的内心痛楚和对于灾区人民的深切同情，但遣词造句却比较奇怪。在《暮春醉中寄李干秀才》中，劈头就写"欢异（一作喜）且交亲，酒生开（一作生开一）瓮春"。

诚可谓盘空硬语，别开生面。至于《答卢仝结交诗》，则自诩"此诗峭绝天边格，力与文星色相射。长河拔作数条丝，太华磨成一拳石"。作者直抒胸臆，用奇异的语言，表述了自己的愤懑情怀："将吾剑兮切淤泥，使良骥兮捕老鼠。"其怀才不遇、大材小用的不平情绪，萦绕于字里行间："白云虽好恋不得，看云且拟直须臾。"亦含情托意滋味深长。此诗是马异的代表作。

卢仝还有一个诗友——刘叉，也以险怪著称。刘叉曾以《冰柱》、《雪车》二诗干谒韩愈，得到韩愈的赏识。他和孟郊、卢仝、姚合也有交往。"酸寒孟夫子，苦爱老叉诗。生涩有百篇，谓是琼瑶辞。"（《答孟东野》）可见刘叉当时，颇有诗名。但他并不沽名钓誉、滥于应酬，而是为知音作诗。因此，他说："作诗无知音，作不如不作。"（《作诗》）他和韩愈、卢仝一样，以散文入诗，大大突破了诗的格式，故"作不如不作"就成为上一下四句式。至于长短句，在同一首诗中也每每是夹杂着的。其《冰柱》诗云："檐间冰柱若削出交加，或低或昂，小大莹洁，随势无等差。始疑玉龙下界来人世，齐向茅檐布爪牙。"这里，显示出奇特的参差美和晶莹美。其《雪车》诗云："寒锁侯门见客稀，色迷塞路行商断。小小细细如尘间，轻轻缓缓成朴簌（一作扑籁），官家不知民馁（一作冻）寒，尽驱牛车盈道载屑玉。载载欲何之，秘藏深宫以御炎酷。徒能自卫九重间，岂信车辙血，点点尽是农夫哭。"诗中深刻地揭示了贫富悬殊、官民对立，风格虽含险怪，内容却是现实的。诗的最后，刘叉大声疾呼，慷慨陈词："为民吞蝗唐之德，未闻庐孽苦苍生。相群相党上下为蟊贼，庙堂食禄不自惭。我为斯民叹息还叹息。"这里，不仅是同情人民的疾苦，而且揭露了统治阶级上下勾结、鱼肉乡民、恬不知耻的罪恶脸谱。此外，刘叉和卢仝一样，也喜欢以数字入诗，在奇怪的数字中，寄托着深刻的哲理。其《修养》诗云："世人逢一不逢一，一回存想一回出。只知一切望一切，不觉一日损一日。劝君修真复识真（一作真修），世上道人多忤（一作误）人。披图醮录益乱神，此法哪能坚此身。"这里，运用朴素的辩证法思想，形象地揭露了道士的欺骗性，是奇中有正的佳作。它和"自古无长生，生者何戚戚？……若问（一作自古）长生人，昭昭孔丘（一作孟）籍"（《自古无长生劝姚合酒》）的诗意，可以相互发明。诗人的人生观是旷达的。诗人以孔、孟为表率，崇尚著书立说，显示出诗人的高尚趣味。诗人有胆识，有魄力，故其诗作亦时露雄肆："酒肠宽似海，诗胆大于天。"（《自问》）这就是诗人的自况。诗人时而正气凛然，侠义满怀："日出扶桑一丈高，人间万事细如毛。野夫怒见不平处（一作事），磨损（一作尽）胸中万古刀。"（《偶书》）前三句如平原丘陵，时时可见；后一句似奇峰突起，秘不可测。诗人时而纵笔驰骋，极目江天，山川美景，率搜眼底："峡色侵天去，江声滚地来。"(《入蜀》)其视觉随着峡谷风光移入天际极远处，又随着江涛汹涌声转到地上来，有静有动，俯仰自由。山光水色，迎面扑来。诗人时而奇峭深邃，悠然神往："碣石何青青，挽我双眼睛。爱尔多古峭，不到人间行。"(《爱碣山石》)这里，不仅描绘了色彩，而且描绘了动作，运用一个"挽"字，就赋予碣石以敏锐的触觉器官。它可以把你的视觉吸引过去，去欣赏它的美。诗人时而塞外遇友，悲慨不已："直到桑乾北，逢君夜不眠。上楼腰脚健，怀土眼睛穿。斗柄寒垂地，河流（一作黄河）冻彻天（一作河源冷接天）。羁魂泣相向，何事有诗篇。"(《塞上逢卢仝》)这首诗，并不以险怪见长。但刘叉诗作，却以险怪居多："老菊凌霜葩，狞松抱雪姿……寸心生万路，今古梦若丝。"(《勿执古寄韩潮州》)此系以古怪笔墨劝韩潮州勿执古者；"君莫嫌丑妇，丑妇死守贞。山头一怪石，长作望夫名。鸟有并翼飞，兽有比肩行。丈夫不立义，岂如鸟兽情？"(《古怨》)此系以丑为美、寓美于丑、歌咏丑妇美和怪石美者；"杀气不上天，阴风吹雨血。冤魂不入地，髑髅哭沙月。人命固有常，此地何夭折？"(《经战地》)此系渲染阴森氛围、烘托战场之凄惨、凭吊死者的。总之，刘叉诗作的险怪风格，具有自己的特色。这就是平易中见艰难，方正中显奇崛。在险怪中时时表现出诗人对真理的探求，常常流露出对贫苦人民的深切同情，并对封建统治者予以无情的鞭挞。可是，这个重要特色，并未受到文学史家的重视。不仅如此，他们还在著作中竭力贬低、抹杀刘叉的成就，动辄批评他的险怪是走入魔道，对其不屑一顾。这是不公平的，缺乏分析的。

当然，对于刘叉的诗风，也不能一味颂扬，而应实事求是地进行评价。总的说来，他的诗和马异一样，缺少韩愈那种雄迈的气势、壮阔的场面和震撼人心的魅力。

此外，还有一个深受韩愈赏识的才气很大的年轻诗人，这就是李贺。李贺（790—816）比韩愈小二十二岁，但却比韩愈早死八年，二十七岁时，就与世长辞。他曾写《高轩过》一诗，而备受韩愈、皇甫湜的器重。其诗云："华裾织翠青如葱，金环压辔摇玲（一作冬）珑。马蹄隐耳（一作隐）声隆隆，入门下马气如虹。云是（一本无云是二字）东京才子，文章钜（一本无钜字）公。二十八宿罗心胸，九精照耀（一作元精耿耿）贯当中。殿前作赋声摩空，笔补造化天无功。庞眉书客感秋蓬，谁知死草生华风。我今垂翅附冥鸿，他日不羞蛇作龙。"这首诗，气势昂扬，气贯长虹，气概恢弘。九精造化、二十八宿、秋蓬死草、冥鸿蛇龙等等奇异现象，神气活现地跳跃在诗中，从而给我们透露出诗人险怪风格到来的信息。历代诗家，对李贺诗风，均有评述。唐代张为在《诗人主客图》中，就很推崇李贺，誉为诗国之"入室"者。对"酒酣喝月使倒行"（《秦王饮酒》）、"踢天磨刀割紫云"（《杨生青花紫石砚歌》）、"飞香走红满天春"（《上云乐》）等诗句，尤其赞赏。晚唐诗人杜牧，在《李长吉歌诗叙》中，对李贺诗风的多样性，描述极详，在评论其险怪时指出："鲸吸鳌掷，牛鬼蛇神，不足为其虚荒诞幻也。"后晋刘昫评李贺诗"如崇岩峭壁，万仞崛起"①。欧阳修、宋祁说李贺"辞尚奇诡"②。严羽在《沧浪诗话·诗评》中也肯定了"长吉之瑰诡"。司马光说："'天若有情天亦老'，人以为奇绝无对。"③ 宋周紫芝在《古今诸家乐府序》中说："李长吉语奇而入怪。"计有功曾谓：唐贞元中人张碧贞，用"奇峭"二字赞美李贺诗风，并用"春拆红翠，霹开蛰户"比况之（《唐诗纪事》卷四十五）。魏庆之在《诗人玉屑》中，则用"瑰诡"二字赞美李贺之诗。明代评论家谢榛，认为李贺诗歌"险怪如夜壑风生，暝岩月堕，时时山精鬼火出焉。苦涩如枯林朔吹，阴崖冻雪，见者靡不惨然"④。清人叶燮在《原诗》中说："李贺鬼才，其造语入险，正如仓颉造字，可使鬼夜哭。"以上引述，从不同角度接触到李贺诗歌的险怪风格。

但是，李贺诗歌的险怪风格却和韩愈、孟郊、卢仝等人不同，而具有自己的独创性。韩愈险峭奇崛，怪异雄峻，气势壮阔，云诡波谲，着意于一个"雄"字。孟郊险瘦奇枯，寂寞苍凉，酸寒凄楚，含辛茹苦，偏重于一个"寒"字。卢仝危言耸听，荒诞奇异，古古怪怪，善用数字系统来结构形象，直接出面倾吐主观激情，始终离不开一个"怪"字。至于李贺，则冷艳凝香，奇诡瑰丽；异想天开，光怪陆离；凄厉孤愤，神出鬼没，其总的特色则可用"奇艳"二字概括。

① 《旧唐书》李贺传。

② 《新唐书》李贺传。

③ （宋）司马光：《温公续诗话》，见何文焕辑《历代诗话》上册，中华书局1981年版，第277页。

④ （明）谢榛：《四溟诗话》卷四。

第九章　李贺诗歌风格论

一　冷艳凝香　奇诡瑰丽

罗根泽说："李贺乐府诗词别具特殊风格，古人形容美人曰：'冷如秋霜，艳如桃李'，'冷艳'二字，确可为贺词评语。"① 例如，李贺描写年轻女子，绝不珠光宝气、媚态可掬，而是追求风姿绰约、含蓄凝重的美。"洛苑香风飞绰绰"；"兰风桂露洒幽翠"（《洛姝真珠》）；"蛮娘吟弄满寒空，九山静绿泪花红"（《湘妃》）；"寒入罘罳殿影昏，彩鸾帘额著霜痕"（《宫娃歌》）；"秋肌稍觉玉衣寒，空光帖妥水如天"（《贝宫夫人》）。这里描写的女子的美，含有一种特有的风韵。她冷中凝香，雅中藏艳，幽丽动人。

当然，我们分析冷艳的风格，绝不能仅限于美人描写。冷艳的温度是冰凉的，境界是清冷的，情绪是凝结的。它的色彩或靛青，或深紫，或绛红，或碧绿。重叠参差，纤秾藻密。例如："吴兴才人怨春风，桃花满陌千里红"（《送沈亚之歌》）；"况是青春日将暮，桃花乱落如红雨"（《将进酒》）；"王母桃花千遍红，彭祖巫咸几回死"（《浩歌》）。这里的桃花茂密重叠，一派喜人景象！"飞香走红满天春，花龙盘盘上紫云……天江（一作河）碎碎银沙路，嬴女机中断烟素"（《上云乐》）。这里的花，色泽鲜艳，形状瑰丽，动态轻盈，姿容秀美。诗人用了"飞"、"走"、"上"这三个字，就把花的动作、姿势活脱脱地勾勒出来了。这些红花，并不给人以灼热感，因为诗人在描绘时总是把它们置于特定的情境、氛围之中的。这种情境、氛围是宁静的、有凉意的。在这种情境、氛围中，即使火红的花儿也不会给你热烈、亢奋的感觉了。拿《送沈亚之歌》中所绘的桃花来说吧，李贺好友沈亚之落第还乡之时，李贺因贫困，无力请客饯行，只好写首诗来安慰他，尽管桃花盛开，但他们的心情是悲痛的，因而他们眼中桃花艳丽的景象只有冻结在深沉的情感之中了。这大概就是冷艳吧！"东方风来满眼春，花城柳暗（一作禁）愁杀（一作几）人。"（《河南府试十二月乐词·三月》）花城春景，何其动人！只一个"愁"字，就把热情冷却了。这时的花，非冷艳而何？再如："晓凉暮凉树如盖，千山浓绿生云外。依微香雨青氛氲（一作过清氛），腻叶蟠花照曲门。金塘闲水摇碧漪。老景沈重（一作帖）无惊飞。堕红残

---

① 罗根泽：《乐府文学史》，北平文化学社 1931 年版。

萼暗参差。"(《河南府试十二月乐词·四月》)这里,写了浓绿、碧漪、堕红、腻红、残萼、蟠花、晓凉、暮凉、树盖、香雨、云外、曲门、金塘、闲水等自然景物,温度凉爽,色彩浓郁,清气缭绕,暗香浮动,富于参差美、掩映美、疏朗美,是冷艳之精品。即使写六七月炎炎的天气和自然风物,也不会叫你感到热气灼人。例如:"裁生罗,伐湘竹。岥拂疏霜簟秋玉。炎炎红镜东方开,晕如车轮上裴回。啾啾赤帝骑龙来。"(《河南府试十二月乐词·六月》)这里,把六月的烈日比为红镜、车轮、赤帝,炎热已化为间接的形象,给人的感觉就不是热焰熏人了。这首诗色彩艳丽,比喻新奇,想象大胆,造境奇特,故其风格也可用"奇艳"二字来概括。

二 异想天开 光怪陆离

从现存李贺的二百多首诗来看,所描绘的空间是浩渺无垠的。诗人笔底,人间已不敷施展其才能,因而他常常飞笔乘龙,直入天际,喝月拿云。且看《秦王饮酒》中的描绘:"秦王骑虎游八极,剑光照空天自碧。羲和敲日玻璃声……酒酣喝月使倒行。"这里的秦王何其威武!何其雄肆!他的剑闪着青光,居然能碧照太空,居然能听见羲和敲日作玻璃声……居然能在酒酣之时喝使月亮倒行。在这里,诗人把秦王神化了,赋予他以无穷的胆和力。他的形象是多么伟大啊!这是诗人幻想的熔炉中浇铸出来的形象结晶。因而这种奇特的幻想、美妙的象征、大胆的想象就成为诗人奇诡风格的主要特点。"女娲炼石补天处,石破天惊逗秋雨。"(《李凭箜篌引》)唐代音乐家李凭的箜篌弹奏声,居然震破了女娲补天处,引得秋雨也从中落下来了。这种音乐声产生了无穷的魅力,达到了"石破天惊"的程度。李贺如此的想象力,用"极其丰富"几个字来形容是远远不够的,似乎可以用"异想天开"一词来描述。李贺的音乐描写和李颀、白居易等人迥然不同。因为后者通俗平实,和李贺的异想天开是风马牛不相及的。

正由于李诗的异想天开,因而往往在我们眼前展现出一幅幅艳丽动人的神话图卷。它有时烟波浩渺,浩瀚无垠;有时奇光异彩,灼灼照人;有时跳跃滚动,明珠错落;有时隔露看花,迷离恍惚。所以显得光怪陆离,幽艳奇绝。时而若明若暗、若有若无,具有一种朦胧美;时而若住若行、可仰可俯,具有一种距离美。"洞庭明月(一作帝子)一千里,凉风雁啼天在水"(《帝子歌》);"天河夜转漂回星,银浦流云学水声"(《天上谣》)。此非天水一色、云波有声的幻想世界吗?"江中绿雾起惊波,天上叠巘红嵯峨"(《江南弄》),这里的远水高山,不是错落有致、尽收眼底吗？"遥望齐州九点烟，一泓海水杯中泻"（《梦天》），这里，大地是多么美妙，海水是多么神奇！"黑云压城城欲摧，甲光向日金鳞开"（《雁门太守行》）；"山头老桂吹古香，雌龙怨吟寒水光"（《帝子歌》），这里所写的光，闪灼耀眼，熠熠然，灿灿然。"骨重神寒天庙器，一双瞳人剪秋水"（《唐儿歌》），这里虽未直接写光，而光已从炯炯双目中射出。"青云教绾头上髻，明月与作耳边珰"（《大堤曲》），这里，使人仿佛听到了耳边振荡着玲玲的玉饰声。"宫城团回凛严光，白天碎碎坠琼芳"（《河南府试十二月乐词·十一月》），这里的寒光仿佛碎玉坠地，琤然有声，不仅给人以视觉的美感，而且给人以听觉的美感。这就是所谓"通感"吧。"向前敲瘦骨，犹自带铜声"（《马诗二十三首》之四），敲瘦马之骨，若发铜声，造响之奇，莫此为甚。"千岁石床啼鬼工，蛇毒浓凝（一作毒蛇浓吁）洞堂湿，江鱼不食衔沙立"（《罗浮山父［一作人］与葛篇》）。石床之古、蛇毒之浓、江鱼之怪，无不跃然纸上。"青狸哭血寒狐死，古壁彩虬金帖尾，雨工骑入秋（一作夜骑入）潭水，百年老鸮成木魅，笑声碧火巢中起"（《神弦曲》），这里写了青狸、寒狐、彩虬、老鸮等奇怪的禽兽，有的哭、有的死、有的笑，现出种种奇异的状态，创造出一个奇怪的世界，充分显示出作者幻想的奇异性。诗人笔底的跳跃性很强，光怪陆离的色彩往往投射在浓缩艳丽的语言珍珠上；境界幽邃朦胧，和真实世界保持一段距离，在视觉上给人以可望而不可即之美感，在听觉上给人以神奇莫测之感。《听颖师琴歌》给人的美感就是如此："别浦云归桂花渚，蜀国弦中双凤语。芙蓉叶落秋鸾离，越王夜起游天姥。暗珮清臣敲水玉，渡海峨眉牵（一作乘）白鹿。"这里，并不直接表现琴声，而是通过想象，运用象征、比喻等手段去描绘琴声所暗示的内容，简言之，它如云归、如凤语、如叶落、如离鸾、如登峰、如击玉、如牵鹿……这里的比喻，虽然形象，但由于语言的浓缩跳跃，投射在人的视网膜上的形象，往往缺乏有序性，它仿佛是许多点状形象的排列，而缺少把这些点状形象连成一气的一以贯之的线，因此它给人的感觉就若断若续、不即不离、依稀仿佛、恍惚迷离。必须调动审美主体的积极性，用想象去补充作者所创造的形象，才可把它连成一气，从而再造出完整的系列的形象。这种形象既是李贺艺术独创性的集中表现，又要借助于读者的补充创造，才可获得巨大的审美效果。

三　凄厉孤愤　神出鬼没

　　历代诗家都把李贺看成鬼才，因为他写鬼的地方比较多，而且他又是短命鬼，故以鬼才、鬼仙目之。不少研究李贺的论著，都指责李贺的诗鬼气太重、阴气逼人。其实从现存的李贺二百多首诗来看，描写鬼的诗也不过十余首，而描写天上、特别是描写人间的却占绝大多数。就他描写鬼的诗篇而言，并不使人感到魂魄震荡、毛骨悚然、鬼气袭人，而是使人感觉有一股人味，也就是人情味。因而李贺笔下的鬼，乃是对于生活中人的活动的曲折反映，是对人的幻觉化的描写。这种描写是艺术家表现生活的特殊手段，它的变幻性、神秘性强化了诗人作品奇诡险怪的风格因素和力量，可以使读者得到一种异乎寻常的审美感受。因而李贺的写鬼，乃是李贺诗风的一大特点和优点，而绝不是缺点。关汉卿的《感天动地窦娥冤》、汤显祖的《牡丹亭》以及和汤显祖同时代的莎士比亚的名剧《哈姆雷特》都写过鬼，但都富于人情味。我们有什么理由指责李贺诗中的鬼魅描写呢？李贺描写的鬼，都具有象征意义。"提出西方白帝惊，嗷嗷鬼母秋郊哭"（《春坊正字剑子歌》），这是描写剑光逼人，连白帝也为之震惊，鬼母也因之害怕、哭泣，这明明是鬼怕剑、鬼怕持剑者，哪里存在半点人怕鬼的心理呢？"愿携汉戟招书鬼，休令恨骨填蒿里"（《绿章封事》），这里所招的书鬼，明明是指读书人，哪里有鬼气呢？"南山何其悲，鬼雨洒空草。长安夜半秋，风前几人（一作剪春姿）老"（《感讽五首》其三），这里写鬼，是在渲染秋夜悲凉的气氛，抒发诗人不得志的苦闷心情。"思牵今夜肠应直，雨冷香魂吊书客。秋坟鬼唱鲍家诗，恨血千年土中碧"（《秋来》），这是在凭吊死去的读书人，寄托诗人的怀念之情。"海仙山鬼来座中，纸钱窸窣鸣飙风……呼星召鬼歆杯盘，山魅食时人森寒"（《神弦》），这里描写女巫浇酒，海神、鬼魅赴宴的情景。但诗人并不绝对地相信它的存在，故在《神弦》诗的后面指出："神兮长在有无间。"这首诗充满了神话的浪漫主义色彩。写鬼写得最出色，恐怕要从《南山田中行》中去找："秋野明，秋风白。塘水漻漻虫啧啧。云根苔藓山上石，冷红泣露娇啼色。荒畦九月稻叉牙，蛰萤低飞陇径斜。石脉水流泉滴沙，鬼灯如漆点（一作照）松花。"这是一幅绝妙的秋色图。秋高气爽，凉风瑟瑟，塘水漻漻，虫声啧啧。好一派深秋景象！仰而观山，则见山石耸立，云根错结，苔藓斑驳，红花战栗，花瓣滴露，如娇女啼泣。平视田野，只见稻叉参差，蛰萤低飞，陇径倾斜，别有一番情趣！在朦胧的夜色中，石缝中的泉水缓缓地淌出来，滴在沙上，发出细微的幽咽的响声。绿莹莹的磷火，若明若暗，悠悠忽忽，漆一样地黝黑，如松花一般发出亮光。这幅秋夜图，清冷幽艳，阴森爽肃，但却是大自然一角的生动写照。总之，在李贺笔下，鬼的形象，或是神话中的一个插曲，或是大自然的一点闪光，或是人生旅途中的一线折光，或是诗人的某种幻想，这都是对于现实描写的补充，是诗人艺术独创性的突出表现。但是，也正由于诗人描写了鬼魅，因而就给诗人的作品风格抹上一层幽暗的色彩，造成一种阴森的气氛，曲折地显示了诗人某种阴郁的情绪和孤独愤疾的心情。反映在诗歌风格上就是幽艳清绝、孤愤不平。王思任《李贺诗解序》中说李贺"以其哀激之思，必作涩晦之词。喜用'鬼'字、'泣'字、'死'字、'血'字，如此之类，幽冷豯刻"①。由此可见，诗人之诗所以幽冷奇艳，同神出鬼没是有关的。

此外，诗人之诗之所以幽冷奇艳，也和诗人的文化修养有关，和诗人对传统的继承有关。诗人出身书香门第，博览群书，尤其喜爱《楚辞》，深受《离骚》等优秀作品影响。他所说的"咽咽学楚吟"（《伤心行》），"坐泛楚奏（一作酒）吟《招魂》"（《南园》），"楚魂寻梦风飔（一作飒）然"（《巫山高》），表明他对《楚辞》有一种特殊的感情，因此他声称"《楚辞》系肘后"、"欲取青光写《楚辞》"。他写的《湘妃》、《帝子歌》、《神弦》、《巫山高》等诗受《楚辞》影响很深。《楚辞》中的神话传说、鬼魅故事，萦绕于诗人脑际，成为诗人艺术思维的重要内容，当诗人描绘现实生活时，这些魑魅魍魉、牛鬼蛇神必然要蹦出来，在笔底跳舞，这是诗人风格变得奇诡怪诞的一个传统原因。加上诗人又深受前辈韩愈、孟郊等人的险怪诗风的影响，因而他的诗就自然而然也险怪起来。然而诗人又不愿寄人篱下，重蹈别人的窠臼，因而便我行我素，独自沿着幽僻冷艳的险路走下去，这就卓然成为险怪中的另一大家。

特别重要的是，李贺之所以另立门户，独辟蹊径，同他所处的特殊环境、心境具有密切的关系。李贺是唐代皇族后裔，父亲名叫晋肃，因"晋"字音同进士的"进"字，故犯讳，使一代才人李贺失去了进士及第的机会，这对年轻的天才诗人是个沉重的打击，实际上是裁定了他的终身。韩愈为李贺打抱不平，写了《讳辩》一文，也无法改变这种陋规。李贺从此郁郁不得志，变得孤独怪僻、悲愤沉寂。"长安有男儿，二十心已朽"（《赠陈商》）；"我当二十不得意，一心愁谢如枯兰"（《开愁歌》）；"少年心事当拿云，谁令幽寒坐呜呃"（《致酒行》）；"壮年抱羁恨，梦泣生白头"（《崇义里滞雨》），这些诗句，都是诗人苦闷心情的写照。"言为心声"，诗人必然要在作品中抒发自己愤懑的情怀，并寄托在对于上苍的呼喊和鬼神的召唤中。这样就要忽而上天，忽而入地，忽而人间，非多种色调不足以涂抹广漠无垠的空间，非用冷色青光不足以表现光怪陆离的世界……故在风格上必然显得奇诡古怪，冷峻幽艳。

---

① （唐）李驾：《李长吉昌谷集句解定本》。

第十章　孟郊、贾岛诗歌风格论

一　郊寒岛瘦论

历代诗家都把孟郊、贾岛看成是一个诗派的首领，认为孟郊的风格特色是"寒"，贾岛的风格特色是"瘦"。寒与瘦，虽各具风采，但也有相同之处，故又视孟、贾为一个流派。和孟、贾诗风相近的还有马戴、喻凫、顾非熊、张乔、张蠙、姚合、李频、刘得仁、曹松等人。苏轼《祭柳子玉文》曰："郊寒岛瘦。"又《宿水陆寺寄清顺僧》其二曰："遥想身后穷贾岛，夜寒应耸作诗肩。"可见，贾岛不仅有瘦的一面，也有寒的一面。至于孟郊，不仅有寒的一面，也有瘦的一面。严羽在《沧浪诗话·诗评》中说："孟郊之诗，憔悴枯槁，其气局促不伸。"所谓憔悴枯槁，也就包含着瘦。但不管是寒也好，瘦也好，其特点都是：蹇涩孤高、傲骨嶙峋；峭瘦枯寂，冷僻凄清。孟郊《秋夕贫居述怀》云："卧冷无远梦，听秋酸别情。高枝低枝风，千叶万叶声。浅井（一作水）不供饮，瘦田长废耕。今交非古交，贫语闻皆轻。"诗中用了冷、梦、酸、瘦、贫这些字去制造寒的氛围，表现了诗人贫困的生活。但诗人并不因贫辍笔，而是孜孜不倦，坚持笔耕："无子抄文字，老吟多飘零。有时吐向床，枕席不解听。斗蚁甚微细，病闻亦清冷。"（《老恨》）诗人老病贫孤，寂寞清冷，虽在吟诵，无人答应，即使有时对床吐句，无情之枕席亦不解听，这更增加了孤独感。诗人心境之悲凉、凄楚，可以想见。其《秋怀》这组五言诗，共十五首，乃是体现孟郊寒瘦诗风的代表作。兹摘录如下：

孤骨夜难卧，吟虫相唧唧。
老泣无涕洟，秋露为滴沥。

——之一

秋月颜色冰，老客志气单。
冷露滴梦破，峭风梳骨寒。

——之二

一尺月透户，仡栗如剑飞。

老骨坐亦惊，病力所尚微。

——之三

秋至老更贫，破屋无门扉。
一片月落床，四壁风入衣。

——之四

这些诗句，形象地描绘了诗人的孤独、贫寒、疾病、垂老。这类寒瘦的字眼、枯寂的心境，贯串在整个诗篇中。此外，"秋衣卧单云"、"冷露多瘁索"，不着"寒"字，而寒自现；"瘦坐形欲折"、"瘦攒如此枯"、"瘦卧心兢兢"，均含"瘦"字，可谓瘦骨堪把。写老，则"老骨惧秋月"；写步履维艰，则"惊步恐自翻"；写生命危浅，则"衰衰一线命"；写草，则"秋草瘦如发"；写枯，则"枯风晓（一作饶）吹嘘"；写愁，则"肠中转愁盘"；写苦，则"深秋月清苦"；写酸，则"棘枝风哭酸"；写衰，则"衰毛暗相刺"；写饥，则"腹（一作晚）饥心将崩"；如此等等，都离不开"寒"、"瘦"二字。

　　孟郊的寒瘦，还具有另一个特点，这就是寒中见瘦，瘦中有奇。在《秋怀》中，就体现了这个特点。"幽竹啸鬼神，楚铁生虬龙。志士多异感，运郁由邪衷。""老虫乾铁鸣，惊兽孤玉咆。"这里写了鬼神、虬龙、惊兽的动态，来渲染诗人所处的恶劣环境，这就更强化了诗人饥寒交迫、贫病相侵的孤寂、悲凉感。此外，诗人还以特异的怀古方式来表述其内心的愤懑之情："忍古不失古，失古志易摧。失古剑亦折，失古琴亦哀。夫子失古泪，当时落灌灌。诗老失古心，至今寒皑皑。古骨无浊肉，古衣如鲜苔。劝君勉忍古，忍古销尘埃。"十二行诗句，用了十一个"古"字，真是亘古未有。这种古古怪怪的句式无非是强调恢复古道。这同韩愈所推行的复古，倒是气息相通的。诗人面对生老病贫衰的痛苦生活，无力自拔，无力自救，焉能不牢骚满腹、大发思古之情呢？故诗人评古之是，实为议今之非，而慨叹己之处境维艰也。可见，在古怪的语言中，深深地寄托着诗人的苦闷、愤慨、隐痛，它同诗人的寒与瘦是有密切关系的。当然，这种寒瘦中见奇怪的风格，对于孟郊来说，不是篇篇都有，但它的确是孟郊诗风的一个重要特点。必须说明的是：孟郊之诗，虽有险怪之句，但少险怪之篇。其寒瘦之作，纵有险怪之句，也是居于从属地位的。

　　如果说，孟郊之寒瘦比较外露，且含有险怪的话，那么，贾岛之寒瘦则比较蕴藉，且含有清奇。同是寒瘦，孟郊直率、险怪；贾岛含蓄、清峭。

贾岛（779—843）比孟郊小二十八岁，比韩愈小十一岁，他崇拜孟、韩，但诗风更接近于孟。孟郊死后，韩愈写了一首《赠贾岛》，诗云："孟郊死葬北邙山，日月星辰顿觉闲。天恐文章中断绝，再生贾岛在人间。"可见，韩愈是很推崇孟郊、贾岛的。贾岛自觉地学习孟郊，对孟诗评价很高，对孟郊的凄凉身世深表同情。且看下面的两首挽诗：

> 身死声名在，多应万古传。
> 寡妻无子息，破宅带林泉。
> 冢近登山道，诗随过海船。
> 故人相吊后，斜日下寒天。

——《哭孟郊》

> 才行古人齐，生前品位低。
> 葬时贫卖马，逝日哭惟妻。
> 孤冢北邙外，空斋中岳西。
> 集诗应万首，物象遍曾题。

——《吊孟协律》

　　从中可以看出，孟郊的声名高、诗名高、才气高、德行高，但官职低、家境寒、无子女，因而身后凄凉，命运悲惨。贾岛的挽诗，情真意切，仰慕至深。

　　如果说，孟郊的瘦是枯瘦，那么，贾岛的瘦就是清瘦。"新题惊我瘦，窥镜见丑颜。陶情惜清澹，此意复（一作共）谁（一作群）攀。"（《和刘涵》）这种瘦，和诗人苦苦创作"新题"有关，故是苦吟的结果。诗人瘦了，但情性却"清澹"了。这种瘦，既有外在的清癯，又有内在的清澹。那种把"瘦"字仅仅看成是外形的瘦削而与内容无关的说法，乃是一种皮相之见。

　　贾岛的瘦，是风清骨峻，突兀峥嵘，故极为孟郊称颂。孟郊在《戏赠无本》诗中说："瘦僧卧冰凌，朝咏含金痍。金痍非战痕，峭病方在兹。"这里突出了一个"峭"字，正道出了岛"瘦"的精髓所在。这种峭渗透在贾岛的全部诗作中，并环绕着清的氛围。峭为瘦之骨力，清为瘦之风貌，故"清峭"二字集中地概括了岛瘦的基本内涵。清代薛雪《一瓢诗话》云："贾岛诗骨清峭。"可谓得其三昧。

　　贾岛的诗，正由于贯串着一个"峭"字，故见傲骨嶙峋。尽管生活凄苦，饥寒交迫，绝不摇尾乞怜，更不为五斗米折腰，因而表现了古代读书人的一种骨气。它不是寒骨、酸骨、俗骨、媚骨，而是一种傲骨。正由于这一点，就给贾岛的诗歌增添了永久的生命力。贾诗也正由于如此，才在唐诗中大放异彩。尽管贾岛在诗中也涉及到酸，描写过寒，但并没有流露出一副酸相、寒相，也就是可怜巴巴相。"病蝉飞不得，向我掌中行。拆翼犹能薄，酸吟尚极清。"（《病蝉》）这里，诗人虽在描写病蝉，但也寄托了自己的情思。岂止是病蝉呻吟，亦实为诗人之"酸吟"也。司空图《与李生论诗书》中所强调的味在"咸酸之外"，乃是味外之味，这是诗味的最高境界。贾岛的"酸吟"、"苦吟"也是为了探求这种境界。酸、寒这类字眼，在孟郊诗中多见，而在贾岛诗中则少见。贾岛所着意寻求的乃是清峭的风骨。他的所谓酸、寒也是为突出其清峭服务的。诗人在《朝饥》中说：

> 市中有樵山，此（一作北）舍朝无烟。
> 井底有甘泉，釜中乃空然。
> 我要见白日，雪来塞青天。
> 坐（一作立）闻西床琴，冻折两三弦。
> 饥莫诣他门，古人有拙言。

此诗第一联写断炊，第二联写断粮，第三联写雪寒，第四联写弦冻，且达到折断的程度，这虽是夸张之笔，但却是严寒的真实写照。四联层层递进，在深度和广度上都突出地表现了一个"寒"字。第五联是警句，尽管如此饥寒交迫，也要挺得住，切勿到别人门上乞怜。这就表现了诗人的傲骨、傲气，也就是集中地突出了一个"峭"字。这种贫贱不能移的精神是很可贵的。尽管贾岛如此凄苦，仍不忘苦吟，正如王建在《寄贾岛》中所说："尽日吟诗坐忍饥，万人中觅似君稀。僮眠冷榻朝犹卧，驴放秋田夜不归。"贾岛艺术上的执著追求，并不因饥寒所困而丝毫懈怠，这也是他成功的一个原因。

但是，贾岛的寒瘦并没有得到司空图的充分理解，他在《与李生论诗书》中说："贾浪仙诚有警句，视其全篇，意思殊馁。大抵附于蹇涩，方可致才，亦为体之不备也，矧其下者哉！"对此，宋代方岳颇以为然，对受司空图影响的苏轼亦颇有异议，他在《深雪偶谈》中说："贾浪仙燕人，产寒苦地，故立心亦然……司空表圣后辈之本用其机，反以浪仙非附蹇涩，无所致才。坡公不细考，亦然其言，独非叛道者欤？"这里表明，贾岛的蹇涩、寒苦，并不是贾岛的过错，更不是诗人故弄玄虚，而是诗人心情的写照，也是诗人苦寒的环境所造成的。俗话说，饱汉子不知饿汉子饥。司空图出身于豪富之家，过着锦衣玉食的生活，哪能体会到蹇涩的苦味呢？贾岛正由于有切肤之痛、彻骨之寒，所以才能吟出"常恐泪滴（一作滴泪）多，自损两目辉。鬓边虽有丝，不堪织寒衣"（《客喜》）的诗句。

贾岛之寒峭是清寒、清峭，因而他的诗清气氤氲，弥漫于字里行间，飘飘然，荡荡然，超凡脱俗，另辟蹊径，故其寒瘦，具有一种清气，这便同孟郊的寒瘦明显地区别开来。其《题青龙寺镜公房》云："孤灯冈（一作龛）舍掩，残磬雪风吹。树老因寒折，泉深出井迟。"可谓清寒之至。如参阅《崇圣寺斌公房》中"近来惟一食，树下掩禅扉。落日寒山碧，多年坏衲衣"句，则更感到寒气满纸。再看《秋衣仰怀钱孟二公琴客会》中所写：

> 月色四时好，秋光君（一作吾）子知。
> 南山昨夜雨，为我写（一作寄）清规。
> 独鹤耸寒骨，高杉韵细飔。
> 仙家缥缈弄，仿佛此中期。

这里，不仅"清"、"寒"二字直接呈现于诗，而且从清寒的氛围中绰绰约约地显示出诗人高远的情趣。此外，从多种角度表现清的氛围者，俯拾即是。有的清幽，如"幽深足（一作入）暮蝉，惊觉石床眠"（《送田卓入华山》）；有的清静，如"石室人心静，冰潭月影残"（《寄白阁默公》），"鸟宿池边树，僧敲月下门"（《题李凝幽居》）；有的清渺，如"浩渺浸云根，烟岚没远村。鸟归沙有迹，帆过浪无痕"（《登江亭晚望》）；有的清闲，如"砚中枯叶落，枕上断云闲"（《僻居无可上人相访》）；有的清凄，如"静棋功奥妙，闲作韵清凄"（《寄武功姚主簿》）；有的清远，如"晚凉疏雨绝，初晓远山（一作蝉）稀"（《荒斋》）；有的清丽，如"锦砾潺湲玉溪水，晓来微雨藤花紫。冉冉山鸡红尾长，一声樵斧惊飞起"（《莲峰歌》）；有的清豪，如"棹穿波底月，船压水中天"（《过海联句》）；有的清哀，如"旧流寒枕上，迹绝旧山（一作溪）中"（《冬夜》）；有的清凝，如"丛菊在墙阴，秋穷未开萼"（《斋中》）；有的清濛，如"波岛忽已暮，海西寒濛濛"（《辞二知己》）；有的清寰，如"索莫对孤（一作寒）灯，阴云积几层"（《即事》）；有的清新，如"五字诗成卷，清新韵具偕"（《赠友人》）；有的清奇，如"樵人归白屋，寒日下危峰"（《雪晴晚望》）；有的清虚，如"极浦清相似，幽禽到不虚"（《光州王建使君水亭作》）；有的清孤，如"寂寥思隐者，孤独坐秋霖"（《怀紫阁隐者》）；有的清诡，如"岩峦叠万重，诡怪浩难测"（《北岳庙》）；有的清壮，如"瀑布五千仞，草堂瀑布边"（《送田卓入华山》）；有的清逸，如"白石通宵煮，寒泉尽日春"（《山中道士》）；有的清澄，如"蓝溪秋漱玉，此地涨清澄"（《雨后宿刘司马池上》）。总之，贾岛的诗，风清骨峻，绝非气馁骨弱，因而能突兀于诗林，卓然成名家。无怪乎张为在《诗人主客图》中把贾岛列为获得"清奇雅正"风格桂冠的、能够"升堂"的七位诗人之一。

二　寒瘦优劣辨

以上，我们论析了孟郊、贾岛的诗歌风格特色。下面，需要继续深入探讨的是：郊寒岛瘦，在中国诗史上究竟占据什么位置？寒、瘦本身，究竟是优是劣？应该如何评价？

历代诗家，对孟、贾诗风有不同评价。其一是微讽的口吻、嘲笑的态度。司空图是贬低贾岛的。连提出"郊寒岛瘦"的苏轼也瞧不起孟郊的诗，说什么"何苦将两耳，听此寒虫号"（《读孟郊诗》）；欧阳修也是如此，他在《太白戏圣俞》中说："下看区区郊与岛，萤飞露湿吟秋草。"严羽也在《沧浪诗话·诗评》中说："李杜数公如金鳷擘海，香象渡河，下视郊、岛辈，直虫吟草间耳。"至于宋代的张表臣，则在《珊瑚钩诗话》中直接断言："以气韵清高深眇者绝，以格力雅健雄豪者胜……郊寒岛瘦，皆其病也。"在这里，张表臣已比欧阳修等人更进一步，他已不止于贬低，而是完全否定了。其实，郊寒岛瘦恰恰是他们诗歌风格的根本特点，他们寒而不卑，瘦而不朽。孟郊时见险怪、雄豪，贾岛尤擅清峭、雅健，而且都体现在寒、瘦中。张表臣所赞美的"清高深眇"、"雅健雄豪"，同寒、瘦并非水火不容。恰恰相反，郊寒岛瘦，正这样或那样地显示着这些特点，而张表臣却没有看到。就连欧阳修在贬低贾岛时，也没有否定其作品的优点。他在《六一诗话》中说："圣俞尝语余曰，诗家虽率意而造语亦难，若意新语工得前人所未道者，斯为善也。必能状难写之景如在目前，含不尽之意见于言外，然后为至矣……贾岛'怪禽啼旷野，落日恐行人'，则道路辛苦，羁旅愁思，岂不见于言外乎？"这里，欧阳修以贾诗为例，说明意在言外之诗，乃是诗之极致，对贾诗作了很高的评价。这同他对贾诗的微词，是自相矛盾的。

再则，和贬低郊、岛诗风持截然相反态度的是另一批人。韩愈是孟郊的好友，最了解孟郊，因而对他的人品、诗品评价极高，对于受过他提携的后进贾岛也很推崇。他曾在《送无本师归范阳》中，用"鲸鹏相摩窣，两举快一啖"、"狂词肆滂葩，低昂见舒惨。奸穷怪变得，往往造平澹"等诗句，来描述贾岛的诗歌风格。其他如姚合、李洞、崔涂、可止、薛能、张为等人，也非常推崇贾岛。有些人崇拜贾岛甚至达到迷信程度。晁公武《郡斋读书志》十八曰："南唐孙晟……尝画贾岛像置于屋壁，晨夕事之。"元代辛文房《唐才子传·李洞传》曰：洞"酷慕贾长江，遂铜写岛像，戴之巾中，尝持数珠念《贾岛传》。人有喜岛诗者，洞必手录岛诗赠之，叮咛再四曰：'此无异佛经，归焚香拜之。'"又据各家诗话记载，晚唐学习贾岛者，有张祜、姚合、喻凫、李洞等二十余人。贾岛尤擅五言，故学者常效之。例如："竹光寒闭院，山影夜藏楼"（张祜《招隐寺》）；"树摇幽鸟梦，萤入定僧衣"（刘得仁《宿僧院》）；"巢鸟寒栖尽，潭泉暮冻余"（李频《寻华山隐者》），等等，均是学习贾岛的结果。除晚唐诗人外，宋代诗人也争相仿效。江西诗派喜作拗句，深受郊、岛"硬语盘空"的影响，如陈师道之五古，时时留下了郊、岛的痕迹。纪昀《后山集钞序》云："其五古划削坚苦，出入于郊、岛之间。"即使像梅尧臣那样的著名诗人，也从郊、岛诗中得到启发。欧阳修《寄子美》云："郊死不为岛，圣俞发其藏。"这就表明，郊、岛各有特色，不能互代，圣俞择其善而从，并发扬而光大之。后来，如南宋之四灵派、江湖派，学习贾岛者更多。以上说明，郊寒岛瘦并非诗病，而是郊、岛诗风艺术独创性的集中表现。如果他们的寒与瘦没有精到之处，恐怕就不会受到诗家的高度尊重。钱振锽《谪星说诗》云："东坡称东野为寒，不知寒正不为诗病。"这样分析是准确的。

三 寒瘦与苦吟

郊寒岛瘦，是来之匪易的，它是诗人苦吟的风格结晶。苦吟，绝非无病呻吟，而是言之有物的。它是诗人对寒和瘦的艺术境界的执著追求，它显示出诗人坚忍不拔的精神，它既要苦苦炼字，更要苦苦炼意。严羽说"孟郊之诗刻苦"①，魏泰说"孟郊诗蹇涩穷僻，琢削不暇，真苦吟而成"②。至于贾岛的"推敲"，更是一个为人熟悉的例子。贾岛在自己的诗篇中，也经常提到苦吟的艰苦。其《秋暮》诗云："白须相并出，清（一作暗）泪两行分。默默空朝夕，苦吟谁喜

---

① （宋）严羽：《沧浪诗话·诗评》。
② （宋）胡仔：《苕溪渔隐丛话》前集卷第十九引《隐居诗话》语。

闻。"此系因朝夕苦吟而须白泪流者；其《怀博陵故人》云："路遥千万里，人别十三秋。吟苦相思处，天寒水急流。"此系因怀念故人而苦吟者；其《送李溟谒宥州李权使君》云："英雄典宥州，迢递苦吟游。"此系因送友人而苦吟者；其《三月晦日赠刘评事》云："三月正（一作更）当三十日，风（一作春）光别我苦吟身。"此亦系因赠友而描述苦吟者。其《送无可上人》云：

> 主峰霁色新，送此草堂人。
> 麈尾同离寺，蛩鸣暂别亲（一作秦）。
> 独行潭底影，数息树边身。
> 终有烟霞约，天台作近邻。

诗人在吟成"独行潭底影，数息树边身"两句后，注如下一绝："二句三年得，一吟双泪流。知音如不赏，归卧故山秋。"（《题诗后》）这可说是诗人描述苦吟情状的典型例子，故历来为人所引用，虽有夸张之处，但却形象地表现了诗人对艺术境界的追求，因而诗人的作品，凝聚着诗人的心血和汗水，诗人的作品风格，正是诗人辛勤耕耘的硕果。其《戏赠友人》云：

> 一日不作诗，心源如废井。
> 笔砚为辘轳，吟咏作縻（一作萦）绠。
> 朝来重汲引，依旧得清泠。
> 书赠同怀人，词中多苦辛。

这种锲而不舍的苦吟精神，激励着多少诗人！

郊寒岛瘦是诗人艺术独创性的标志。它的形成和诗人独特的生活遭遇有关。它是由诗人辛苦的泪水所滴聚而成的闪烁着幽黯清光的两颗风格珍珠。孟郊一生守贫，至四十六岁，始进士及第，但官运不佳，只当了几年小小的溧阳尉，后来愤然辞职，拂袖而去。经韩愈推荐，虽当过水陆转运判官、协律郎、参谋、大理评事一类的小官，但仍郁郁不得志。加上他心爱的小儿子死了，这无疑是对诗人的严重打击。到了晚年，诗人生活每况愈下。"借车载家具，家具少于车。"（《借车》）可见诗人是何等窘困！但他傲骨峥嵘，"未尝俛眉为可怜之色"①，终

---

① （元）辛文房：《唐才子传》卷五。

因贫病交加，而溘然长逝。追随孟郊的贾岛，也当过和尚。还俗后，屡试进士不第，故极为愤懑不平。年六旬，才当上长江主簿这样的小官。他们命运坎坷，遭遇有相同之处，特别对于穷愁潦倒的生活具有深刻的感受、特殊的体验，他们从自己独特而辛酸的记忆的熔炉中，便自然而然地提炼出一个"寒"字，浇铸出一个"瘦"字。因而"寒"、"瘦"二字不是凭空产生的，它既是诗人生活道路的缩影，又是诗人心灵的呼喊。它是符合生活的真实的，又是符合诗人的精神状态的。诗人对生活中发生的细枝末节、重大事件最为敏感，其捕捉生活的能力最强，尤其是命运乖蹇的诗人，最易激动。郊、岛诗名很大、家境极贫，却饮恨终身，能不含辛茹苦、吟寒咏瘦乎？

同时，也正因为郊、岛一生贫困，故与当时广大的下层人民具有天然的联系。如果说贾岛因为与佛老相伴，常幽居在山寺林泉中而给他的诗作风格打上清峭烙印的话，那么，孟郊则因为过着颠沛流离、飘忽不定的生活，其作品涉及的生活面比较广阔，他不像贾岛那样老是参禅打坐、寄情山水，而是能够较多地接触下层人民，反映他们的生活，并把自己的命运和贫苦人民的命运联系在一起。其《织女词》云："筋力日已疲，不息窗下机。如何织纨素，自着褴褛衣？官家榜村路，更索栽桑树。"这里，织女的辛酸、官家的勒索，跃然纸上。其《寒地百姓吟》云："霜吹破四壁，苦痛不可逃……寒者愿为蛾，烧死彼华膏。"这里，形象地表现了百姓的苦痛和贫富的对立。可以看出，窘困的诗人和贫寒的百姓是心心相印的，因而诗人作品的寒与瘦，就更富于现实意义和人民性。此外，孟郊作品比之于贾岛，更富于泥土味和现实性，题材也较贾岛更为广泛，例如：羁旅情、离别怨、游子吟、远愁曲、征妇愁、织妇辞、劝学篇、塞上吟、文士吟、江南忆、海柳咏、品松诗、猛虎行、野老歌、牧童词、农人歌、乌夜啼，以及唱和词、咏物诗等等，牵涉到社会生活的许多方面。贾岛的赠诗较多，记述遨游于山林之间的诗篇较多，故题材的丰富性、多样性逊于孟郊。

郊、岛的寒与瘦，究竟有没有可以指责之处呢？笔者认为，风格是作家艺术个性在作品中的集中表现，是艺术独创性的标志，是作家艺术才华的凝聚，也是作家艺术上成熟的标志。郊、岛的寒与瘦，正体现了上述特点，因而作为艺术风格来说，是无可指责的。有些诗评家之所以指责郊、岛的寒与瘦，是由于他们离开了特定的社会历史条件，离开了诗人所处的典型环境，而一味地用他们所推崇的风格为标准，去机械地规范"寒"、"瘦"的缘故，因而当寒、瘦与他们所推崇的风格大相径庭时，他们便奚落寒、瘦，而他们所指责的却往往停留在表面，无非是说郊、岛之诗酸寒贫苦，枯槁憔悴，读来不能使人产生欢乐愉悦之情。其实，他们并没有透过这些字眼去了解全诗的面貌，没有把这些字眼和全诗联系起来，去进一步分析全诗的意境，因而也就看不到郊寒岛瘦的孤高不拔、傲骨耸立的气概和诗人痛苦、凄凉的生活，当然也就无法领悟诗人内心世界的苦味、涩味、酸味。这样，他们对郊、岛的指责就必然是空泛的、不切实际的。况且，以甲种风格为尺度，去要求乙种风格也要或多或少地向甲种风格看齐，其本身就不利于风格的发展。

但是，如果说郊寒岛瘦有某种局限性的话，那倒是无可厚非的。风格的局限性并非风格本身的缺点、缺陷。风格的局限性是由特定的社会历史条件和作家独特的生活境遇所造成的。例如：贾岛长期当和尚，其独特的生活方式和心理状态在他的诗歌风格上必然打上了印记，因而他的生活面就必然局限于夜半谈禅、山林听泉之类，所以他的诗题材不够多样，这也必然在清峭的诗风上反映出来。这大概就是所谓局限性吧。它是不可避免的，但却不是清峭本身造成的。

第十一章　白居易、元稹诗歌风格论

一　通俗论

叙事直切，描绘真实，明白晓畅，平易浅显，叫做通俗。

中国古代许多著名文人都推崇通俗。王充《论衡·自纪》云："口则务在明言，笔则务在露文。"所谓明言、露文，即指通俗。王充又说："晓然若盲之开目，聆然若聋之通耳。"这是对通俗的形象比喻。钟嵘在《诗品序》中，极力反对用典。他说："思君如流水"、"高台多悲风"、"清晨登陇首"、"明月照积雪"等佳句，"皆由直寻"，非常通俗，而不是出自经史的。

白居易则有意识地追求通俗。苏轼赞之为"白俗"，王安石誉之为"白俚"。高棅在《唐诗品汇总序》中美之为"务在分明"。清代的沈德潜称之为"浅易"①、"平易近人"②，宋代惠洪《冷斋夜话》云："白乐天每作诗，令老妪解之。问曰：解否？妪曰解，则录之，不解则易之。"可见，白居易的通俗，并非脱口而出，而是在吸取人民意见的基础上，经过修改加工的产物。白居易的好友、新乐府运动的参加者张籍的诗，也平易晓畅。王安石在《题张司业诗》中说："看似寻常最奇崛，成如容易却艰辛。"这就表明，通俗是来之不易的。

在唐代诗人中，从理论上到创作实践上都提倡通俗的，是白居易和元稹。他俩既是诗友，又是挚友，世称元白。他们是新乐府运动的倡导者，由于他们主张通俗，就大大地促进了中唐诗歌的改革。特别是白居易，影响最大。他的《与元九书》，可以说是中唐诗歌改革的纲领。论述的内容，极其丰富，其中，也生动地描述了他的诗对当时社会各阶层的巨大影响。上自王公贵族、达官显要，下至黎民百姓，贩夫歌妓，无不喜诵白诗。"自长安抵江西三四千里，凡乡校、佛寺、逆旅、行舟之中，往往有题白诗者。士庶、僧徒、孀妇、处女之口，每每有咏仆诗者。"③ 元稹在《白氏长庆集序》中说：白居易诗，"巴蜀江楚间泊长安中少年，递相仿效，竞作新词，自谓为'元和体'……禁省、观寺、邮候墙壁之上无不书。王公妾妇、牛童马走之口无不道。至于缮写模勒，炫卖于市井，或持之

---

① （清）沈德潜：《说诗晬语》。
② （清）沈德潜：《唐诗别裁评语》。
③ （唐）白居易：《与元九书》。

以交酒茗者，处处皆是。"元稹本人也见到村校、诸童要求他教授元白诗的动人场景。

为什么元、白之诗（特别是白诗）能产生如此广泛而深远的影响呢？其中一个重要因素，就是通俗。元稹在《上令狐相公诗启》中，就自谦他是探求"思深语近"的"褊浅之词"的，至于对待白居易，则推崇备至。

那么，通俗的特点究竟何在呢？用白居易的话来说，就是："其辞质而径，欲见之者易谕也；其言直而切，欲闻之者深诫也；其事核而实，使采之者传信也；其体顺而肆，可以播于乐章歌曲也。"① 所谓"易谕"就是通俗易懂，所谓辞质而径、言直而切、事核而实、体顺而肆，如果概括成六个字，就是：质朴、率真、切实。这是通俗的根本特点。这里，通俗已不仅是个形式问题，而且也是个内容问题。内容是求实的，形式是淳朴的，才符合通俗的要求。白居易在《寄唐生》诗中说他"篇篇无空文，句句必尽规……非求宫律高，不务文字奇。惟歌生民病，愿得天子知。"可见，他之所以不尚华彩，只求通俗，乃是为了歌咏苍黎的痛苦，希望皇帝能够知道，这就显示出白诗"白俗"的人民性和现实主义精神，说明诗人之所以追求通俗，并不单是为了博取百姓的青睐，而更是为了反映人民的疾苦，因此，诗人追求通俗的目的是高尚的，而不是为通俗而通俗。作为新乐府运动的倡导者，白居易所提倡的通俗，开一代诗风，成为中唐诗歌发展史上的巨大潮流。但是，凡是新事物的出现，总要遭到形形色色的保守势力的非议、嘲笑、反对，甚至扼杀。因此，当元、白通俗的诗风出现之时，也受到很多人的诋毁。诚如白居易所说，"言未闻而谤已成"，"凡闻仆《贺雨》诗，而众口藉藉，已谓非宜矣。闻仆《哭孔戡》诗，众面脉脉，尽不悦矣。闻《秦中吟》，则权豪贵近者相目而变色矣。闻《乐游园》寄足下诗，则执政柄者扼腕矣。闻《宿紫阁村》诗，则握军要者切齿矣。大率如此，不可遍举"②。有的说白居易沽名钓誉，有的则诋讦之，有的则讪谤之。甚至于骨肉妻孥，皆以诗人为非。而不以诗人为非者，也不过元稹、邓鲂、唐衢三两人。可见新事物的成长，是多么艰难啊！但诗人绝不知难而退，而是迎着险浪上，为开创通俗的诗风不惜代价。他说："未得天子知，甘受时人嗤。药良气味苦，瑟淡音声稀。不惧权豪怒，亦任亲朋讥。人竟无奈何，呼作狂男儿。"（《寄唐生》）这就表明，通俗诗风的诞生不是一帆风顺的。

---

① （唐）白居易：《新乐府序》。
② （唐）白居易：《与元九书》。

白居易不仅在理论上提倡通俗，而且在创作上也实践通俗。他的《秦中吟》、《新乐府》就是推行通俗诗风的力作。在《轻肥》中，诗人揭露了统治阶级内臣、大夫、将军山珍海味的奢侈生活，最后以"是岁江南旱，衢州人食人"作结。这种强烈的对比，与杜甫写的"朱门酒肉臭，路有冻死骨"有异曲同工之妙。在《杜陵叟》中，诗人愤怒地谴责了统治阶级急敛暴征、鱼肉农民的罪恶行径："典桑卖地纳官租，明年衣食将何如？剥我身上帛，夺我口中粟，虐人害物即豺狼，何必钩爪锯牙食人肉？"这里，对封建官吏的揭露，可谓字字见血，淋漓尽致！仿佛连珠炮似的打在统治者的身上。至于元稹，也追求通俗，其《旱灾自咎贻七县宰》诗云："村胥与里吏，无乃求取繁。符下敛钱急，值官因酒嗔……强豪富酒肉，穷独无刍薪。俱由案牍吏，无乃移祸屯。"这里，愤怒地控诉了官吏的横征暴敛的罪行，生动地描述了贫富的对立。其《田家词》云："牛吒吒，田确确，旱块敲牛蹄趵趵，种得官仓珠颗谷……姑舂妇担去输官，输官不足归卖屋。"这里，形象地描绘了农民艰苦的劳动生活和纳税交租卖屋的凄惨状态。其《织妇词》云："蚕神女圣早成丝，今年丝税抽征早。"诗中描写了丝税之重和织妇之苦，语言质朴通俗，用元稹对他自己的诗的评价来说，就是"词直气粗"（《上令狐相公启》）。正由于元稹和白居易在理论和创作上都有相同、相近之处，因而形成了共同的诗风——通俗。

通俗既追求艺术表达的浅显，又追求思想内容的深刻。因此，它浅而深，而不是浅而薄。它浅中藏深，寓深于浅。浅，显示出它的通脱、俗拙；深，表明了它的深刻、充实。叶燮《原诗》云：白居易的"重赋、致仕、伤友、伤宅等篇，言浅而深，意微而显。"薛雪云："元、白诗言浅而思深，意微而词显。"（《一瓢诗话》）这都道出了通俗的妙处。金代诗评家王若虚说："乐天之诗，情致曲尽，入人肝脾，随物赋形，所在充满，殆与元气相伴。至长韵大篇，动数百千言，而顺适惬当，句句如一，无争张牵强之态。此岂捻断吟须悲鸣口吻者之所能至哉！而世或以浅显轻之，盖不足与言矣。"（《滹南诗话》卷一）这里，对孟郊、贾岛的苦吟诗的评价虽不切实际，但对白居易通俗浅易的诗风的评价却是得体的、公正的。由此可见，言浅旨遥，平易近人，乃是通俗的最高境。正如胡应麟所说："乐天诗，世谓浅近，以意与语合也。若语浅意深，语近意远，则最上一乘，何得以此为嫌？"（《诗薮》内编卷六）这对通俗诗风的剖析，是切中膏理的。但是，有些诗评家却对通俗一格怀有偏见，或不屑一顾，或一味贬低，其中一个原因就是由于他们没有看到通俗的深刻含义，而把它歪曲成粗鄙的、俗不可耐的、不登大雅之堂的东西。元代诗评家方回在《跋方君至庚辰诗》中声称："诗不厌

'寒'、不厌'瘦'，惟'轻'与'俗'则决不可。"这对元、白诗风的批评，显然是片面的。

俗有通俗与庸俗之分。平易浅显是指通俗，俗不可耐是指庸俗。通俗是风格的品种，庸俗是语言的垃圾。唐代许多民歌都通俗而有深致，是诗人学习的范例。白居易和他的诗友元稹、张籍、李绅、刘禹锡都吸取了民歌的精华。如刘禹锡的《竹枝词》："杨柳青青江水平，闻郎江上唱歌声。东边日出西边雨，道是无晴却有晴。"这是一首明朗流畅、情趣诱人的好诗。可见通俗的诗是不卑俗也不浅薄的。

通俗富于强烈的泥土味。它浓郁芬芳，扑鼻诱人，耐人寻味。且看白居易《观刈麦》诗："田家少闲月，五月人倍忙。夜来南风起，小麦覆陇黄。"这类诗句，脱口而出，像从地里顺手捡来一样。接着，诗人描写了拾麦穗的贫妇的悲叹："家田输税尽，拾此充饥肠。"这里形象地反映了农民生活之苦和官府租税之重，流露出诗人对人民的深切同情。辛文房在《唐才子传》中说："后人评白诗：'如山东父老课农桑，言言皆实'者也。"这就深刻地揭示出通俗中的泥土味。当然，这种泥土味决不仅仅限于那些描写农民痛苦生活的作品，它也普遍地存在于诗人其他作品中。不管是描写人民疾苦，还是刻画权贵脸谱，不管是抚今追昔，还是即景生情，诗人都是从生活实际出发，因而表现在诗风中就散发出一阵阵泥土味。所谓"文章合为时而著，歌诗合为事而作"（《与元九书》），就深刻表明：诗人的创作思想是深深地根植于现实生活的土壤之中的，因而在创作实践上也就要表现生活的泥土味。

元、白的诗歌，正由于是深深地扎根于人民的生活土壤之中的，因而其通俗的诗风也集中地表现出人们所关心的社会问题，体现出鲜明的人民性。赵翼《瓯北诗话》卷四云："元、白尚坦易，务言人所共欲言。"可见元、白的通俗诗风反映了人们的共同心声。但他们的通俗，又体现着诗人本人的个性，这也正如赵翼所说："坦易者，多触景生情，因事起意，眼前景，口头语，自能沁入心脾，耐人咀嚼……世徒以轻俗訾之，此不知诗者也。"（《瓯北诗话》卷四）这样的分析，全面深刻，也是公允的。

元、白之诗，之所以能不胫而走，风靡天下，雄视百代，同诗人锤炼字句有关。因此，元、白之通俗，绝非粗制滥造，而是千锤百炼的。在锤炼过程中，诗人尽量采用民间语言，以口语入诗，并对口语进行加工改造，唯求词能达意，明白晓畅。尽量少用成语典故，故凡晦涩难懂、佶屈聱牙之词，经诗人笔底，均一扫而空。如此成诗，则人民语言中生动活泼、富于生命力的成分便跳跃于诗人笔底，因而也给诗人通俗一格灌注了生气。可见，通俗诗风是吸取了人民的乳汁营养而形成的。赵翼评论白诗："且其笔快如并剪，锐如昆刀，无不达之隐，无稍晦之词，工夫又锻炼至洁，看是平易，其实精纯。"（《瓯北诗话》卷四）这就可以看出，通俗不是粗俗，而为洁俗、精俗。正因为如此，它不仅可为老妪听懂，也可为名士赏识。白居易十六岁时，从江南跑到遥远的西安，以诗晋谒当时大诗人顾况。顾况读到《赋得古原草送别》中"野火烧不尽，春风吹又生"的诗句时，赞赏不已。这就表明，通俗是可登大雅之堂的。

俗与雅，没有一道不可逾越的鸿沟，而是相反相成的。要俗中出雅，雅中含俗，有雅有俗，方为上乘。元、白之诗，足以当之。黄庭坚就很强调"以俗为雅"（《再次杨明叔韵引》），吴讷也注重"由俗入雅"（《文章辨体序说》）。

俗是下里巴人，雅是阳春白雪。在普及的基础上提高，下里巴人也可变为阳春白雪，因而这就存在着一个化俗为雅的问题。化俗为雅关键在于一个"化"字。这种俗，变化为美，即具有无可名状的魅力。它能够渗透到人们的精神世界中，使人的情感得到陶冶、净化、提升。这种俗，就达到了化的境界，而入大雅之堂。唐代诗评家张为在《诗人主客图序》中把元稹看成是"升堂"者，而"以白居易为广大教化主上入室"，即把元、白都视为登大雅之堂的著名诗人。

雅，也是不排斥俗的。单纯的雅，往往古奥、凝重，而缺乏明了性和群众性；如雅中含俗、寓俗于雅、由雅返俗，则无俗的痕迹，却有俗的滋味；没有俗的形状，而有俗的神韵。这种俗，是雅的极致，也是俗的极致。因为它已非纯粹的俗，而是含雅之俗，这就高于原来的俗。因此，也就能够获得雅俗共赏的审美效果。白居易的《长恨歌》就是有雅有俗、雅俗共赏的杰作，上自王公贵人、文人雅士，下至黎民百姓、凡夫俗子，无不喜爱。故礼部、吏部选举人才，常以白居易诗为评判的标准，而广大人民则以会歌咏白诗为荣，故长安有妓大夸曰："我诵得白学士《长恨歌》，岂同他妓哉？"由是增价（《与元九书》）。由此可见，白居易的诗风是俗中含雅、雅中寓俗的。正如叶燮在《原诗》中所说："白俚俗处而雅亦在其中。"至于元稹诗风，也是如此。其《连昌宫词》，描述杨贵妃之娇媚，讽刺安禄山之骄纵，指责上皇之衰朽，语言剀切，情感真挚，动人心弦。其《行宫》云："寥落古行宫，宫花寂寞红。白头宫女在，闲坐说玄宗。"宋代洪迈《容斋随笔》说此诗系元稹佳作，评为"语少意足，有无穷之味"。

通俗是喜爱朴素的，元稹的诗友李绅的《古风二首》，在通俗而又朴素之中，道出了生活的哲理："春种一粒粟，秋收万颗子。四海无闲田，农夫犹饿死！""锄禾日当午，汗滴禾下土。谁知盘中餐，粒粒皆辛苦！"何其通俗！又何其朴素!

但通俗又不等于朴素。例如："日出江花红胜火，春来江水绿如蓝。"（白居易《忆江南》）就于通俗中见绮丽。

二　轻艳论

通俗一格，在不同诗人的笔下，会溢出各种不同的香汁，具有各自的特色。故元、白虽均以通俗驰誉诗坛，但因他们气质、性格、出身、经历、习惯、兴趣等等的差异，其诗风也迥然有别。苏东坡说："元轻白俗。"[①] 明袁宏道云："元轻白俗任诗成。"（《诗六首》其一）这里用了一个"轻"字就把元、白的诗风区别开来了。元稹虽也通俗，但却俗而轻；白居易则俗而不轻。所谓轻，决非轻薄、轻佻，而是轻浅、轻艳。它虽也尚俗，但色泽鲜润，色彩斑斓，兼纤秾、繁缛之美；而白居易则崇尚一个"淡"字。故元稹为艳俗，白居易为淡俗。元喜欢涂色，白善于白描。清代诗评家田雯在《古欢堂集》中有几句话，说得异常深刻："白香山、张司业，名言妙句，侧见横出，浅浅精洁之至。""乐天诗极清浅可爱，往往以眼前事为见得语，皆他人所未发。"可见，白诗的通俗是浅、淡、清，这与元诗的轻、浓、艳迥然有别。白居易也直言不讳地说他自己"诗成淡无味，多被众人嗤"（《自吟拙什因有所怀》）。其实，淡，正是白俗的一大特点，它淡而有味，极有深致。所以，田雯说："香山讽喻诗，乃乐府之变。《上阳白发》等篇，读之心目豁朗，悠然有余味。"[②] 不仅如此，白居易一方面宣称他的诗风崇尚一个"淡"字，另一方面，又公开地排斥一个"艳"字。但这种艳，绝非绮丽、纤秾，而是一种淫靡之风，因而在给元稹的诗序中声称他的诗"淫文艳韵，无一字焉"（《和答诗十首序》）。在诗人写给皇帝的《策林》中，也强调"删淫辞，削丽藻"。当然，在白居易的诗中，也可以偶见绮丽，但并不占主导地位，如《晚秋夜》：

> 碧空溶溶月华静，月里愁人吊孤影。
> 花开残菊傍疏篱，叶下衰桐落寒井。
> 塞鸿飞急觉秋尽，邻鸡鸣迟知夜永。

---

① （宋）苏轼：《祭柳子玉文》。
② （清）田雯：《古欢堂集》。

凝情不语空所思，风吹白露衣裳冷！

此时此境，月光如水，残菊稀疏，落叶飘零，塞鸿飞急。秋深夜静，冷气袭人，唯见诗人凝神遐思而已。氛围清冷寂静，色彩皎洁幽丽，韵味清新隽永，然而又是通俗浅显、平易近人的。其余如《昆明春》中的"今来净浔水照天，游鱼鲅鲅莲田田"，《秋蝶》中的"秋花紫蒙蒙，秋蝶黄茸茸"，《草堂前新开一池养鱼种荷日有幽趣》中的"红鲤二三寸，白莲八九枝"，等等，均有绮丽之美，然而又是通俗的。这种绮丽，乃是淡艳，而非浓艳，故与元诗之艳不同。

元稹的轻艳自有特色。它色彩浓，密度稠，层次厚，甚至给人以腻的感觉，并时有雕琢的痕迹。特别是他写了一百首艳诗，其中也含有某种脂粉气、胭脂味，个别地方还涉及淫艳。最典型的例子是《会真诗三十韵》细腻地描绘了张生与莺莺的私通情态："低鬟蝉影动，回步玉尘蒙。转面流花雪，登床抱绮丛。"这类句子已属不雅，还有些描写则涉及淫艳了。当然，淫艳和轻艳是不同的。轻艳虽然易被误解，但它毕竟是一种风格，其本身是无可指责的；而淫艳则是轻艳的赝品，它本身不是风格，但却喜欢潜列在轻艳的肩侧，以博取人们的青睐。轻艳与淫艳虽不可同日而语，但轻艳向前迈进一步，也会过量，而改变原来的形态，这就不属轻艳，而变为淫艳。当然，从《会真诗三十韵》来看，基调仍是轻艳，不过只是沾染上一点淫艳的色彩而已。因而《会真诗》总的方面还是应该肯定的。元诗的艳，连他本人也认为是一个特点。因此，他在《叙诗寄乐天书》中说："近世妇人晕淡眉目，绾约头鬟，衣服修广之度，及匹配色泽，尤剧怪艳，因为艳诗百余首。"如果客观地描写女子的艳丽，当然无可指责，但如果掺杂淫靡之辞，那就涉及淫艳了。唐代的李肇在《国史补》中说："学浅切于白居易，学淫靡于元稹，俱名为'元和体'。"这种评价对元稹虽有微辞，但的确也指明了元、白之间诗风的区别。

三　杜牧缘何否定元、白诗风

晚唐诗人杜牧，曾对元稹诗歌的艳丽之风，大加挞伐，连白居易的诗风也被杜牧目为艳丽而完全否定。杜牧说："尝痛自元和以来，有元、白者，纤艳不逞，非庄士雅人，多为其所破坏。流于民间，疏于屏壁，子父女母，交口教授，淫言媟语，冬寒夏热，入人肌骨，不可除去。吾无位，不得用法以治之。"（《唐故平卢军节度巡官陇西李府君墓志铭》）

为什么杜牧对元、白诗风采取完全否定的态度呢？原因是：杜牧的好友张祜受到元、白的奚落，未被起用，饮恨终身。杜牧抨击元、白，乃是出于义气，为了替张祜打抱不平。张祜是一位才华出众的诗人。张为在《诗人主客图序》中把张祜列为"入室"者，名字还排在元稹之前。元稹为朝廷宰相，声名显赫，重权在握。张祜以一介书生，至京寻找晋身之阶。文学家令狐楚深知张祜有才，特为之引荐，誉为"早上篇什，研机甚苦，搜象颇深，辈流所推，风格罕及"（王定保《唐摭言》卷十一）。皇帝召问张祜，元稹却极其贬低之能事，说："张祜雕虫小技，壮夫耻而不为者，或奖激之，恐变陛下风教。"皇帝听了元稹的话，张祜"由是寂寞而归"（王定保《唐摭言》卷十一）。除元稹外，白居易对待张祜也怀有偏见。皮日休说：白居易"荐凝（徐凝）而抑祜"，所以，作为张祜的好友杜牧"为祜恨白，理亦有之"（《论白居易荐徐凝屈张祜》）。的确，元、白对待张祜实有过分之处，但杜牧以牙还牙，对元、白之诗嗤之以鼻，并讥之为"纤艳"，讽之为"淫言媟语"，亦有偏激之处。其实，张祜、杜牧之诗也含艳丽，而元、白之诗，也不尽艳丽。况且，艳丽绝非洪水猛兽，只要不涉及淫靡，那也是一种很好的风格。"凡言之浮靡艳丽者，谓之元白体。"（皮日休《论白居易荐徐凝屈张祜》）这句话只说对一半。浮靡并非元、白诗的本色。艳丽却是"元和体"的一个特色。不过，这种特色对于元稹来说，却是和通俗相辅相成，并为衬托通俗服务的。

四　元、白诗风与新乐府运动及白居易对元、白诗风的批评

元、白诗风，对于新乐府运动起过巨大的促进作用。唐衢、邓鲂、李绅、张籍、王建等人都是新乐府运动的积极参加者，他们都崇尚通俗，并在继承前人乐府的现实主义传统的基础上，进行新的开拓，新的创造。正如清代诗评家何世璂所说："元、白、张、王诸作，不袭前人乐府之貌而能得其神者，乃真乐府也。"（《然灯纪闻》）他们虽属同一流派，但其诗风又各有特色。宋代张戒在《岁寒堂诗话》中指出：他们的相同处是"专以道得人心中事为工"，他们的不同处是"白才多而意切，张思深而语精，元体轻而词躁尔"。至于王建，张戒虽未道及，但其诗风却简淡古俗，接近张籍。在四人之中，张、王成就逊于元、白，影响也不及元、白。就元、白而言，则元逊于白。白诗质朴平实，剀切深刻，一针见血，一目了然，平淡自然，活泼自如，其现实主义精神很强。而元诗则稍稍驳

杂，稍稍浮泛，稍稍矫揉，稍稍雕琢，其现实主义精神亦稍弱。元稹虽自恃甚高，但对白居易却是佩服的。他曾自述不及白居易。此外，他还在《白氏长庆集序》中说："乐天之长可以为多矣，是以讽喻之诗长于激，闲适之诗长于遣，感伤之诗长于切。"可见，白居易的成就是多方面的。

白居易对于自己是否有个正确估价呢？他是否认为自己的诗就无懈可击呢？这从他的《与元九书》中就可看出。"凡人为文，私于自是，不忍于割裁，或失于繁多，其间妍媸，益又自惑，必待交友有公鉴，无姑息者，讨论而削夺之，然后繁简当否，得其中矣。况仆与足下为文，尤患其多，况他人乎？"在这里，白居易指出了他和元稹作品的共同毛病是繁多。关于这一点，他在给元稹的《和答诗十首序》中就曾说过："顷者在科试间，常与足下同笔砚，每下笔时，辄相顾语，患其意太切而理太周，故理太周则辞繁，意太切则言激。然与足下为文，所长在于此，所病亦在于此。足下来序，果有词犯文繁之说，今仆所和者，犹前病也。待与足下相见日，各引所作，稍删其烦而晦其义焉。"在这里，诗人既指出了他俩作品的长处：意切、理周；又揭示了他俩作品的短处：辞繁、言激。并进一步指明他俩的努力方向：删繁尚简，力求含蓄。正由于诗人在艺术上一直严格要求，精益求精，故其诗风亦由博而约、从繁到简，愈加质朴通脱、老练精纯。关于这一点，远远超过元稹。元、白诗风对于后代一些著名诗人的创作实践也起着巨大的推动作用。且看宋代范成大的诗："高田二麦接山青，傍水低田绿未耕。桃杏满村春似锦，踏歌椎鼓过清明。"（《春日田园杂兴十二绝》其三）再读宋代杨万里的诗："吴侬一队好儿郎，只要船行不要忙。着力大家齐一拽，前头管取到丹阳。"（《竹枝歌》）这些作品，扎根于人民生活的底层，极富于现实性。它和元、白通俗的诗风是一脉相承的。再如宋代张俞写的一首五言绝句《蚕妇》："昨日入城市，归来泪满巾。遍身罗绮者，不是养蚕人。"显而易见，这首诗也继承了元、白诗风的现实主义优秀传统。

第十二章　刘禹锡诗歌风格论

一　清峻论

清新豪峻，谓之清峻。

司空图在《诗品》中所说的"清奇"就包含清新。

> 娟娟群松，下有漪流。晴雪满汀，隔溪渔舟。可人如玉，步屟寻幽。载行载止，空碧悠悠。神出古异，澹不可收。如月之曙，如气之秋。

司空图描绘了一幅美妙无比的清奇的图景。群松与漪流争奇，可仰可俯；晴雪同渔舟并美，极目无际。既有直觉投影的高度，又有横视投影的阔度。在如此寂寥的情境中，美好如洁玉的可意之人，漫步于汀溪流泉之畔，优游于碧山群松之中，探求清幽的景致，只见空山滴翠，静谷流碧，应接不暇，美不胜收。不觉神驰物外，而有高古奇异、悠悠不尽之感。如东升皓月，明媚皎洁；若高秋之气，寂寥爽肃。

清代杨振纲《诗品解》引《皋兰课业本原解》在解释清奇时说："此对雄浑而言。盖雄则未有不奇者。清则易流于弱，不必皆奇。今如剡溪反棹，独钓寒江，幽绝胜绝，高绝奇绝，乃清奇之至矣。"可见，清为气，奇为骨。雄之所以为雄，乃是由于它含有奇崛的因素。这种奇崛的因素渗透在清新之中，则清新之气就含有奇崛的骨力，而表现为清峻。这种峻，在形态上体现为高峻，在气概上显示为豪峻。刘禹锡的诗风就以清峻为特色。不过有时偏重于清新，有时偏重于豪峻，有时则兼而有之。

刘禹锡（772—842），字梦得，生于唐代宗李豫大历七年，卒于唐武宗李炎会昌二年，享年七十一岁。白居易推他为"诗豪"。高棅在《唐诗品汇总序》中也用"诗豪"一语来评价刘禹锡。胡应麟说："乐天才具泛滥，梦得骨力豪劲，在中、晚唐间自为一格。"① 这些评论，在清峻之中，突出了豪峻的一面，是极为精当的。

胡震亨《唐音癸签》卷七云："禹锡有'诗豪'之目。其诗气该今古，词总

---

① （明）胡应麟：《诗薮》内编卷五。

华实，运用似无甚过人，却都惬人意，语语可歌，真才情之最豪者。"这种评价大体是可取的。刘禹锡在诗中也曾具体地赞颂过豪峻。"高人必爱竹，寄兴良有以。峻节可临戎，虚心宜待士。"（《令狐相会见示赠竹二十韵仍命继和》）这就是其中名句。

刘禹锡豪迈诗风的形成，和唐室衰颓的命运有关，和险恶的政治气候有关，也和诗人振兴国家、力挽狂澜的雄心壮志有关。诗人生活的年代，正处于"安史之乱"以后和黄巢起义之前。当时阶级矛盾十分尖锐，土地兼并日益严重，豪强地主对农民阶级敲骨吸髓、横征暴敛，广大农民不堪忍受残酷剥削，大批逃亡。唐代宗李豫宝应元年（762）四月敕，谓"百姓逃散"，户口"十不存半"①。农民走投无路，纷纷举行起义。但这种严重的局势，并没有引起上层封建统治者的重视。他们穷奢极欲，极力盘剥。彼此之间则勾心斗角，尔虞我诈，相互倾轧，鱼死网破。宫廷之内，宦官擅权，弑君戮臣，挟天子以令诸侯。京师之外，藩镇割据，拥兵自立，对抗朝廷。广大人民陷于水深火热之中，国家民族处在生死存亡关头。一部分庶族地主出身的进士，本来就同豪强地主（如皇亲国戚、宦官藩镇）存在着尖锐的矛盾，眼看社稷衰颓、生灵涂炭、满目疮痍，无不悲愤填膺、感慨万端。他们以拯救国家危难命运为己任，挺身而出，主张改良，提倡革新，芟除弊端，施行德政，刘禹锡就是其中的俊杰。唐顺宗李诵即位以后，谋求刷新政治。永贞元年（805）起用王叔文。王叔文曾任太子（李诵）侍读。他知人善任，对刘禹锡、柳宗元等人颇为推许，尝"引禹锡及柳宗元入禁中，与之图议"②，共商改革大计。他们主张内抑宦官，外制藩镇，严惩奸佞，废除苛政，减轻租税，取消宫市。历史上称之为"永贞革新"。其核心人物王叔文、王伾、刘禹锡、柳宗元，被称为"二王刘柳"。他们的革新措施，打击了豪强地主，抑制了邪恶势力，减轻了农民负担，有助于国家的统一，在历史上是具有进步作用的。但他们的革新运动却遇到封建豪强地主的反扑，仅仅维持了一百四十六天，即告失败。顺宗李诵，在位只十八个月，就被迫让位，传位给他的长子宪宗李纯。王叔文先被贬，后被赐死。王伾被贬后身染重疾，含冤而逝。刘禹锡、柳宗元、凌准、陈谏、韩泰、韦执谊、程异、韩晔八个"永贞革新"运动的中坚分子，均被贬谪到边远地带担任司马，历史上称之为"二王八司马"事件。

---

① （宋）王溥：《唐会要》。
② 《旧唐书·刘禹锡传》。

二　豪峻的生成与"永贞革新"运动

刘禹锡的诗风之所以豪峻，与革新具有密切的联系。在宦官擅权、藩镇跋扈的中唐时代，稍有疏忽，即可罹祸，何况变革？这需要多大的胆识、勇气与魄力！要遭到多少顽固势力的反对！然而，诗人却顶逆流、战恶浪，奋力向前，大胆革新！这种大无畏的精神和英雄气概，表现在诗中，焉能不豪迈清奇？在"永贞革新"前，诗人即进士及第，满怀兴国之大志；在"永贞革新"中，诗人亲身从事变革实践；在"永贞革新"失败后，诗人仍矢志不渝，为实现自己的政治抱负而努力。总之，诗人的一生，均在探索、追求革新。革新成为诗人创作的重要题材，革新成为刘禹锡诗风清新的标志、豪迈的灵魂。正因为如此，诗人无论在什么时刻，其诗风均体现了奋发向上、积极进取的豪情壮志。且看诗人被贬为朗州（今湖南常德市）司马时写的诗，如《学阮公体三首》：

> 少年负志气，信道不从时。
> 只言绳自直，安知室可欺！
> 百胜难虑敌，三折乃良医。
> 人生不失意，焉能暴知己！
>
> 朔风悲老骥，秋霜动鸷禽。
> 出门有远道，平野多层阴。
> 灭没驰绝塞，振迅拂华林。
> 不因感衰节，安能激壮心！
>
> 昔贤多使气，忧国不谋身。
> 目览千载事，心交上古人。
> 侯门有仁义，灵台多苦辛。
> 不学腰如磬，徒使甑生尘。

诗人以晋代名士阮籍诗体为模范，抒情言志，表述自己少年正直，遵循法度，不苟且，不盲从，不屈服，不随俗；慨叹自己备受挫折，教训累累。诗人以细致的笔触描绘了人生道路上的朔风、秋霜、层阴、险阻、远道、绝塞，但诗人绝不触景伤情，而是把恶劣的气候和命运当做考验、锻炼自己意志的机会，作为激励自己壮心的动力。至此，诗人豪情未已，轻轻把笔一提，回溯历代贤者。对他们忧国忧民、不谋私利的高尚品格，景慕不止；对窃国权贵，则嗤之以鼻。诗人表示，即使自己锅甑生尘，宁愿耿介自守，清贫度日，而不愿学弯曲圆转的玉磬，为五斗米折腰，而去谄媚那些权贵。全诗深刻地表现了诗人坚强不屈的高尚节操和百折不回的凌云壮志。它生动地体现了豪迈峻拔的风格。诗人这种铁骨铮铮、傲骨嶙峋的气节，构成了诗人豪迈诗风的重要特点。但在豪迈之中，是含着诗人饱经风霜的辛苦的。在《上杜司徒书》中，诗人所说的"优节"、"效节"，正是诗人坚持高尚气节的自我写照。在《庭梅咏寄人》中，诗人以梅花自况："早花常犯寒，繁实常苦酸。"在《萋兮吟》中，诗人揭示出"名高毁所集，言巧智难防"的事实，但诗人并不颓然泄气："莫吟萋兮吟，徒使君子伤！"在这里，诗人还在奋力勉励受挫的人们哩！此外，诗人在被贬朗州时，还写了很多寓言诗，来曲折地针砭时弊，抒发自己的愤慨之情，因而在豪迈的格调中就涂上一层象征的色彩。如《摩镜篇》："山神妖气沮，野魅真形出。"喻邪恶势力在正义的照妖镜下必然原形毕露。《昏镜词》："一日四五照，自言美倾城"，喻以昏镜自照的丑恶形象，自美其丑。《聚蚊谣》："我躯七尺尔如芒，我孤尔众能我伤"，喻群小之毒害贤良。《百舌吟》："笙簧百转音韵多，黄鹂吞声燕无语"，喻群小弄舌，贤良无声。《飞鸢操》："鹰隼仪形蝼蚁心，虽能戾天何足贵！"喻奸佞形状威武、内心卑微，不足挂齿。《白鹰》："轻抛一点入云去，喝杀三声掠地来"，喻任凭主子摆布、驱使、掠杀生灵的爪牙。在这些寓言诗中，诗人把豪迈、象征、讽刺熔于一炉，从而突出了诗人清峻风格品种的多样性和丰富性。此外，诗人还善于咏史，并以古喻今，以今述古，古今结合，从而表明自己在任何风波的冲击下都坚如磐石、决不妥协的气概。且看《咏史二首》：

> 骠骑非无势，少卿终不去。
> 世道剧颓波，我心如砥柱。
>
> 贾生明王道，卫绾工车戏。
> 同遇汉文时，何人居贵位？

诗人以简练的笔触首先刻画了刚直不阿的任少卿的形象。他是卫青门客，并不因为霍去病被封为骠骑将军而离开门庭冷落的卫青去依附霍去病，从而显示出他那光明磊落、不趋炎附势的优良品格。接着，诗人以古寓今，告诉人们："永贞革新"失败后，颓波翻腾，浊浪滚滚，杀戮贬谪，风云险恶。然而诗人却临危不惧，誓作中流砥柱，力挽政治狂澜。"我心如砥柱"，就是诗中传神之笔。它充分突现了诗人作为改革家的凌云壮志。风格豪迈峻拔。可见诗人着眼点并不单单为咏史而咏史，而是以古喻今，古为今用。但诗人又不是诗学上的实用主义者、标签主义者，在他巧妙地联系当时政治形势以后，立即在第二首中又回到咏史上来。这就不失为咏史之作的本色。诗人告诉人们：贾谊那样明了治国之道的王佐之才却不幸被贬，而只用玩车小技博得汉文帝刘恒欢心的卫绾，却被擢升为中郎将，二人同处汉文帝时代，孰居显位，不是非常清楚的吗？这首诗，诗人虽只字未谈当时政治，但联系上一首诗看，其"永贞革新"失败、诗人被贬的情景，已在言外。这是咏史诗的上乘。

如果说被贬朗州是刘禹锡遭到的第一次政治打击的话，那么被贬连州（今广东连县），就是对诗人的第二次政治打击。诗人在朗州度过漫长的十年贬谪生活以后，于唐宪宗李纯元和十年（815）奉召返回长安。诗人绝无旧文人那种受宠若惊之感，而是冷静地观察现实，执著地探索人生，勇敢地嘲讽权贵。他在游览长安城内道教庙宇玄都观时，写下了名震京师的杰作《元和十年自朗州承召至京戏赠看花诸君子》：

> 紫陌红尘拂面来，无人不道看花回。
> 玄都观里桃千树，尽是刘郎去后栽。

诗人用隐喻的笔法，描绘出权贵趾高气扬、炙手可热的嚣张气焰。"紫陌红尘"原指长安豪华的街道和飞扬的红土灰尘，诗人却拿来暗指反对革新、飞扬跋扈的保守势力。"玄都观"则影射崇信道教的皇廷。"桃千树"是暗喻权势显赫、献媚争宠的新贵。"刘郎"是诗人自称。诗人把象征、讽刺结合在一起，畅快淋漓地抒发对权贵们不屑一顾的豪情，使豪迈的风格升华到更高的境界。从标题来看，一个"戏"字就表现出对权贵的轻蔑。"看花诸君子"乃是指和刘禹锡一起奉召回京的柳宗元、韩泰、韩晔等人。在被贬的革新派人物中，以轻蔑的姿态，讽刺保守势力，感而为诗，赠给战友，岂不豪哉！此诗写出后，不胫而走。保守派们慌了手脚，又气又恼，深恐动摇了他们的反动统治地位，因而便大加挞伐，兴师问罪，要把刘禹锡远放到播州（今贵州省遵义市）。他的战友柳宗元因念及他的母亲年迈，不便远走，要求代替他去。后来由于裴度的奏请，才改放连州。

但诗人并未消沉下去，而是时刻关心人民的疾苦、国家的安危。当他被贬连州后的第三年，即唐宪宗李纯元和十二年（817），听到蔡州（今河南汝南县）军阀吴元济被李愬所败时，心情激奋，写下了《平蔡州三首》，其中第一首云：

> 蔡州城中众心死，妖星夜落照壕水。
> 汉家飞将下天来，马箠一挥门洞开。
> 贼徒崩腾望旗拜，有若群蛰惊春雷。
> 狂童面缚登槛车，太白（一作大帛）夭矫垂捷书。
> 相公从容来镇抚，常侍郊迎负文弩。
> 四人归业闾里间，小儿跳浪（一作踉跳）健儿舞。

这首诗描述了吴元济盘踞蔡州，丧失民心。李愬夜袭蔡州，如汉代飞将军李广，所向披靡，吴元济土崩瓦解，束手就擒。宰相裴度亲临蔡州劳军，检校左散骑常侍李愬率军至城郊迎接。蔡州士农工商，从此安居乐业。儿童欢欣跳跃，军士载歌载舞。诗中用飞、下、来、挥、开、崩、惊、垂、抚、迎、跳、舞等一系列动作性很强的词语，来构造画面，强化平蔡州的军事斗争情势，在第一首就渲染出豪迈乐观的氛围。再看第二首：

> 汝南晨鸡喔喔鸣，城头鼓角音和平。
> 路旁老人忆旧事，相与感激皆涕零。
> 老人收泣前致辞：官兵入城人不知。
> 忽惊元和十二载，重见天宝承平时！

诗中通过对老人忆旧、感激、流泪、致辞的描写，歌颂了统一，歌颂了天宝、元和年间的安宁岁月。第三首云：

> 九衢车马浑浑流，使臣来献淮西囚。
> 四夷闻风失匕箸，天子受贺登高楼。
> 妖童擿发不足数，血污城西一抔土。
> 南峰无火楚泽间，夜行不锁穆陵关。
> 策勋礼毕天下泰，猛士按剑看恒山。

这首诗描绘了吴元济服诛的过程，四方藩镇（四夷）惊慌失措的丑态，南方安定、夜不锁关的景况，朝廷论功嘉奖、庆祝太平的情形。但诗人并不就此煞尾，而是高瞻远瞩，以敏锐的眼力纵观全局：必须削平所有割据一方的藩镇，才能实现国家的统一，而盘踞在常山（今河北省正定县）的王承宗仍然冥顽不化、分庭抗礼，故削藩猛士手操剑器怒视着常山。这就表现了再接再厉、平叛到底的决心和勇气。以上三首诗都贯穿着削平藩镇、统一祖国的主题，洋溢着豪迈峻拔的精神。元和十二年写于连州的《城西行》，是描写藩镇吴元济、李锜和刘辟的服诛过程的；元和十四年写于连州的《平齐行二首》，是歌颂官军平定藩镇李师道的功绩的。它们都体现了豪峻的风格。

唐敬宗李湛宝历二年（826），刘禹锡在担任和州（今安徽和县）刺史时，奉诏回洛阳，途经扬州，同白居易相会，两人赋诗唱和，畅叙别情。白居易以《醉赠刘二十八使君》诗吟唱，刘禹锡以《酬乐天扬州初逢席上见赠》诗答和。刘诗如下：

> 巴山楚水凄凉地，二十三年弃置身。
> 怀旧空吟闻笛赋，到乡翻似烂柯人。
> 沉舟侧畔千帆过，病树前头万木春。
> 今日听君歌一曲，暂凭杯酒长精神。

诗人自三十四岁起，至五十七岁止，过了二十三年的贬谪生活。但诗人并未气馁而一蹶不振，仍然精神饱满地坚持战斗，这是十分难能可贵的。这首诗继续发扬了诗人一以贯之的豪峻风格。

诗人回到洛阳后，担任主客郎中。后经裴度荐举又被召回长安。诗人豪情满怀，重游玄都观，写下了千古传诵的《再游玄都观》绝句：

> 百亩庭中半是苔，桃花净尽菜花开。
> 种桃道士归何处？前度刘郎今又来！

十四年前，诗人因游玄都观赋诗开罪权贵而被贬；十四年后，诗人旧地重游，赋诗明志，绝不屈服。从题目上就一眼看出是前诗的姊妹篇；从内容上看，又提到曾经触犯过权贵的桃花；从诗的结尾看，诗人又自豪而骄傲地宣告：昔日被谪刘郎，今番又来游观！潜台词是：刘禹锡素志未改，看你（保守派）能奈我何！

由于诗人志节高尚，不愿随俗浮沉，故任职清廉，洁身孤处，备受冷落。越四年，裴度罢相，诗人亦被外放，先后任苏州、汝州（今河南临汝）、同州（今陕西大荔）刺史。这是对诗人的第三次打击，但诗人并未因此消沉下去。他在《乐天寄重和晚达冬青一篇因成再答》诗中写道：

> 风云变化饶年少，光景蹉跎属老夫。
> 秋隼得时凌汗漫，寒龟饮气受泥涂。
> 东隅有失谁能免，北叟之言岂便诬？
> 振臂犹堪呼一掷，争知掌下不成卢！

此诗写于唐文宗李昂大和六年（832）诗人任苏州刺史时。诗人饱经风霜，连遭波折，经验老成，虽年已花甲，但豪情未减。然已非少年意气，而是善于应变，能飞能藏！身处顺境，则如雄鹰展翅，凌空翱翔；身处逆境，则如寒龟入土，饮气图存。接着诗人用"失之东隅，收之桑榆"① 和"塞翁失马，焉知非福"的故事，比喻政治生活中的遇挫是难免的，失败也可导致成功。诗人老当益壮，奋勉向前，振臂高呼，豪情满怀。对前途、命运充满了信心。尽管日月流逝，故人凋零，但新陈代谢，流水不腐。

> 芳林新叶催陈叶，流水前波让后波。
> 万古到今同此恨，闻瑟泪尽欲如何！

这是刘禹锡写的《乐天见示伤微之敦诗晦叔三君子皆有深分因成是诗以寄》中的诗句，作于唐文宗李昂大和七年（833）。如与白居易同作于是年的《微之敦诗晦叔相次长逝岿然自伤因成二绝》诗句相比，则风格迥然有别。白诗其二云：

> 长夜君先去，残年我几何？
> 秋风满衫泪，泉下故人多。

真是悲哀忧伤，痛惜残年。而刘诗则豪迈旷达，高歌猛进！其昂扬的格调，即使在作于苏州的《杨柳枝词九首》中也可看得出来。且录其中的一首：

---

① 《后汉书·冯异传》。

> 塞北梅花羌笛吹，淮南桂树小山词。
> 请君莫奏前朝曲，听唱新翻杨柳枝！

这里弹奏的曲调，显然不是缠绵缱绻，而是清新豪峻的。

在垂暮之年，刘禹锡任职洛阳。在诗作中仍然保持豪峻的特色。在六十九岁时写了一首《酬皇甫十少尹暮秋久雨喜晴有怀见示》诗。其中有如下脍炙人口的句子：

> 扫开云雾呈光景，流尽满污见路歧。
> 何况菊香新酒熟，神州司马好狂时。

在"永贞革新"失败之后的三十五年，诗人犹怀念革新人物的狂放和胆识，岂非豪峻之至乎？诗人暮年，身体大衰，身瘦发稀，老眼昏花，然谙于世事，思路清晰，心情开朗，充满希望，故在《酬乐天咏老见示》诗中，高唱道：

> 莫道桑榆晚，为霞尚满天。

比之于白居易的"唯是闲谈兴，相逢尚有余"（《咏老赠梦得》），则豪迈多矣，达观多矣！

诗人在去世前一年，即唐武宗李炎会昌元年（841）写的《秋声赋》，末句是："力将疲兮足受绁，犹奋迅于秋声！"表达了老骥伏枥、志在千里的心声和体衰足困、犹思奋进的勇气。会昌二年，诗人七十一岁，写了《子刘子自传》一文，对自己的一生作了总结，对王叔文的评价很高，对"宫掖事秘"、"功归贵臣"、宦官擅权的现象非常气愤，并义正词严地表明："人或加讪，心无疵兮。"这些话，是诗人对自己缅怀"永贞革新"诗歌的最好注脚。

纵观诗人一生所写关于内抑宦官、外制藩镇、主张革新、奋发向上的诗歌，都富于豪峻的特色。它豪迈峻拔，不屈不挠。正如胡震亨在《唐音癸签》中所说："刘禹锡播迁一生，晚年洛下闲废，与绿野（裴度）、香山（白居易）诸老，优游诗酒间，而精华不衰，一时以'诗豪'见推。公亦自有句云：'莫道桑榆晚，为霞尚满天。'盖道其实也。"如此评价，是精练准确的。

三　豪峻的特色

刘禹锡的豪峻诗风，具有独特的个性。它除了豪迈峻拔以外，还有雄浑苍劲的特色。《唐音癸签》卷七引《吟谱》云："刘禹锡诗以意为主，有气骨。"又引刘克庄语云："梦得诗雄浑老苍，尤多感慨之句。"《后村诗话》前集卷一对于刘禹锡五言《蜀先主庙》、《八阵图》、《中秋》，七言《洛中寺北楼》、《西塞山怀古》、《哭吕温公》、《金陵怀古》等诗的评价是："皆雄浑老苍，沉著痛快，小家数不能及也。"且看《西塞山怀古》：

> 西晋（一作王濬）楼船下益州，金陵王气黯然收。
> 千寻铁锁沉江底，一片降幡出石头。
> 人世几回伤往事，山形依旧枕寒流。
> 今逢四海为家日，故垒萧萧芦荻秋。

诗人笔下的西塞山（在今湖北黄石市），俯视寒江，雄伟峻拔，形势险要，为东吴江防要塞。此诗反映的时代背景是：晋武帝司马炎下令讨伐东吴。东吴末代皇帝孙皓以千寻铁链横锁江面，凭险固守。益州（今成都）刺史王濬率战船顺江而下，攻破东吴江防堡垒。孙皓出降。三国纷争的局面，由此结束。诗人怀古抒情，用一个"伤"字创造出悲凉的氛围，来慨叹往昔数百年封建割据局面，尽管西晋统一了全国，但公元316年西晋灭亡后，又出现南北分裂，至581年由隋朝统一全国。诗人由古思今，心潮澎湃，厌恶分裂，渴望统一。风格豪迈沉雄，苍劲悲慨。其他如《蜀先主庙》中"天下英雄气，千秋尚凛然"，则于豪峻中见沉雄；《壮士行》中"壮士走马去，镫前弯玉弰"，则于豪壮中显英俊；《石头城》中"山围故国周遭在，潮打空城寂寞回"，则于豪迈中见苍凉；《金陵怀古》中"兴废由人事，山川空地形。《后庭花》一曲，幽怨不堪听！"则于豪迈中透愤慨；《秋江早发》中"纳爽耳目变，玩奇筋骨轻。沧州有奇趣，浩荡吾将行"，则于豪迈中见洒脱；《乌衣巷》中"朱雀桥边野草花，乌衣巷口夕阳斜。旧时王谢堂前燕，飞入寻常百姓家"，则苍凉凄清，寂寞冷落，慨多豪少。

刘禹锡的豪峻诗风还表现在那些描绘山川风景自然美的诗篇中。且看《华山歌》：

洪炉作高山，元气鼓其橐。

俄然神功就，峻拔在寥廓。

灵踪露指爪，杀气见棱角。

凡木不敢生，神仙聿来托。

天姿帝王宅，以我为关钥。

能令下国人，一见换神骨。

高山固无限，如此方为岳！

丈夫无特达，虽贵犹碌碌。

在诗人笔下，华岳鬼斧神工，高耸峻峭，气势磅礴，体积巨大，屏障京都，雄跨关钥，令人敬畏！使人景仰！堂堂男子汉，若无突出的才能和高尚的品格，即使权位显赫，也是庸庸碌碌之辈。至此，不仅描绘了华山的崇高美，而且更进一步，以华山比贤能，从而烘托出贤能的崇高美（特达美），显贵的庸俗丑。这样，就把华山峻拔的自然美与丈夫特达的社会美有机地结合在一起。而表现华山峻拔与丈夫特达的崇高美时，诗人极准确地选择了豪峻的风格。在《九华山歌》中，则描写了"奇峰一见惊魂魄"的壮美。

四　清新的特色

刘禹锡的诗风，不仅以豪峻著称，而且以清新见美。明代杨慎说："清者，流丽而不浊滞；新者，创见而不陈腐也。"[①] 清新的特点是：境界清幽，色彩淡丽，气氛爽肃，格调高峻。它喜欢宁静，而厌恶喧嚣。在清幽的环境中，它领略着大自然所赐予的情趣。它不追求色彩的斑斓，而着意描摹的素洁。它的声调，袅袅上升，飘入天际，回旋于青云之上，萦绕于琼阁之巅。它的温度，既不热，也不寒，而偏于凉。它仿佛破晓明星，又如深秋三潭映月。刘禹锡的诗歌，就是如此。特别是它的《竹枝词》、《杨柳枝词》等，写得清新明朗，优美动人。且看下面脍炙人口的《竹枝词》中所写：

杨柳青青江水平，闻郎江上唱歌声。

东边日出西边雨，道是无晴还有晴。

---

① 《新清庚开府》。

此诗音韵悠扬，琅琅上口，明白爽净，含蓄隽永。再看《踏歌词》中所写：

> 春江月出大堤平，堤上女郎连袂行。
> 唱尽新词欢不见，红霞映树鹧鸪鸣。

其中"唱尽新词欢不见"句，鲁迅《集外集·赠人二首》曾经引用过。江淮某些地方称情人为"欢"，谓其喜爱之人也。成群结队的女郎，手挽着手，足踏着地，唱着情歌，等待着意中人，直到朝霞的红光映照着树枝、鹧鸪鸣叫的时分，还没盼来！这是一幅情真意切、清朗新鲜的风俗画。再看《杨柳枝词》中的描写：

> 金谷园中莺乱飞，铜驼陌上好风吹。
> 城东桃李须臾尽，争似垂杨无限时？

真是情绪欢快，节奏鲜明，语言流丽，格调清新。其他如："夜色不见山，孤明星汉间。如星复如月，俱逐晓风灭。"（《畲田行》）亦清新可喜，隽永无穷。刘禹锡在其《竹枝词》的序言中所说的"激讦如吴声"，"含思宛转，有淇濮之艳"，也就是强调其激扬清脆，委曲清新。

但刘禹锡的清新，往往又是和豪峻渗透在一起的。且看《秋词二首》：

> 自古逢秋悲寂寥，我言秋日胜春朝。
> 晴空一鹤排云上，便引诗情到碧霄。
>
> 山明水净夜来霜，数树深红出浅黄。
> 试上高楼清入骨，岂知春色嗾人狂？

此诗一反过去悲秋的传统写法，而歌咏美丽的秋天，这本身就是别开生面的创新！特别是，这是诗人被贬朗州时写的。一般人的设想是：要用悲痛惆怅的色调来描绘秋景，但诗人却截然相反。诗人以积极昂扬、豪迈激越的歌喉，引吭高唱，赞美秋天，而且以清新明朗的曲调伴奏，显得格外动人。这是清峻的绝唱！它显示出诗人处于逆境时奋发向上的精神，因而在清新豪峻之中，它尤其注重一个"豪"字，特别强调一个"峻"字。此外，《浪淘沙词》也是如此。

至于以清新为主要特色的诗篇，亦俯拾即是。如《月夜忆乐天兼寄微之》：

> 今宵帝城月，一望雪相似。
> 遥想洛阳城，清光正如此。
> 知君当此夕，亦望镜湖水。
> 展转相忆心，月明千万里。

再如《望洞庭》：

> 湖光秋月两相知，潭面无风镜未磨。
> 遥望洞庭山水翠，白银盘里一青螺。

这些诗，虽然浩渺辽阔，极目无垠，含有豪壮之气，但却是笼罩在清新的氛围之中的。

五　刘禹锡与阮籍清峻诗风的比较

刘禹锡写诗，曾学阮籍。二人同为清峻，但却各有特色。阮籍是魏晋时代名士，名士动辄罹祸，横遭不测，故其诗不敢明言其志，往往隐晦曲折。阮籍为了避祸，或遁迹山林，或酣醉终日，或佯称有疾，或痴狂累月。《晋书·阮籍传》说他"志气宏放，傲然独得，任性不羁，而喜怒不形于色"。又云其"辞甚清壮"。梁代钟嵘的《诗品》评价阮籍的《咏怀诗》："言在耳目之内，情寄八荒之表，洋洋乎会于风雅，使人忘其鄙近，自致远大，颇多感慨之词。厥旨渊放，归趣难求。"这种评价是精辟的。阮籍的《咏怀诗》第三十九首中就流露出"壮士何慷慨，志欲威八荒……垂身谢后世，气节故有常"等清壮豪峻的特色。阮籍与刘禹锡虽然都有清风峻骨，但阮籍遁世，刘禹锡入世；阮籍脱俗，刘禹锡入俗；阮籍隐晦，刘禹锡明朗；阮籍凄怆，刘禹锡豪迈；阮籍悲慨，刘禹锡豪放；阮籍孤独，刘禹锡坦易；阮籍忧伤，刘禹锡旷达。就主要方面而言，阮籍的清峻偏重一个"悲"字，刘禹锡的清峻偏重一个"豪"字。

刘禹锡的豪峻与李白的豪放，又有不同。李白飘飘欲仙，倜傥不羁；刘禹锡则无飘逸之气、不羁之性。

六 清新与俊逸、飘逸、婉约、豪放

清新一格，不仅善于和豪峻相处，而且易与其他风格为邻。不仅为刘禹锡所擅长，而且为其他名家所兼有。清新中带点秀气，清新变成俊逸；加上洒脱，就会变得飘逸；出以柔细，就可入于婉约；如果伴以昂扬、激越，那就是豪放了。所以在各种风格中，常常可以见到清新的踪迹。如李白的诗歌，基调是豪放的，但在豪放中却显示出飘逸、俊逸、清新。故杜甫在《春日忆李白》中说："白也诗无故，飘然思不群。清新庾开府，俊逸鲍参军。"

历代诗家，都很重视清新。杜甫不但以清新称赞李白，又誉孟浩然"清诗句句尽堪传"；还说他自己作诗"清词丽句必为邻"（《戏为六绝句》）。晚唐韦庄称赞许浑诗"字字清新句句奇，十斛明珠量不尽"（《题许浑诗卷》）。李商隐称赞年仅八岁的韩偓，其诗格之清新已超过乃父，所谓"雏凤清于老凤声"。苏轼也说："诗画本一体，天工与清新"（《书鄢陵王主簿所画折枝二首》）。清代王士祯主张"为诗要清挺"①。清代施补华誉王昌龄的诗"最为清幽"（《岘佣说诗》）。此外，如清婉、清壮、清巧、清逸、清老、清淡、清雅、清俊、清野、清朗、清美等等，或是清新的姊妹，或是清新的品种。

刘禹锡清峻诗风的形成，还得益于民间风物的熏染。他长年过着贬谪生活，漂泊异乡，与当地人民接触较多，日积月累，其诗风中就不期然而然地含着阵阵扑鼻的泥土香。加之忧民忧国，感愤满怀，故清新之中亦时露豪迈激扬之音。诗人自己就说过，他被"谪于沅湘间，为江山风物之所荡，往往指事成歌诗，或读书所感，辄立评议。穷愁著书，古儒者之大同，非高冠长剑之比耳"②。故诗人处巴、楚、朗、夔之时，或寄情山水，或吟咏风月，或托讽草木，或寓意禽鸟，而发清新之思、豪峻之词，遂致清峻之风。

刘禹锡和柳宗元是亲密的战友和诗友，但其诗风却各有特色。刘禹锡以清峻见长，柳宗元则以清峭知名。

---

① （清）王士祯：《然灯记闻》。
② （唐）刘禹锡：《刘氏集略说》。

第十三章　柳宗元诗歌风格论

一　清峭论

　　淡泊凄清，孤寂冷峭，谓之清峭。胡应麟云："诗最可贵者清，然有格清，有调清，有思清，有才清……若格不清则凡，调不清则冗，思不清则俗。"又说："清者，超凡绝俗之谓，非专于枯寂闲淡之谓也。"① 柳宗元的诗，显示一个"清"字，突出一个"峭"字。他追求的清，清气氤氲，意味隽永，虽不像刘禹锡清新入俗，但并非完全超凡绝俗，也不摒弃枯寂闲淡。胡应麟说："仪曹（按，指柳宗元）清峭有余，闲婉全乏。"② 并把柳诗之清和其他诗人之清进行了比较："靖节清而远，康乐清而丽，曲江清而澹，浩然清而旷，常建清而僻，王维清而秀，储光羲清而适，韦应物清而润，柳子厚清而峭，徐昌谷清而朗，高子业清而婉。"③这里用清峭去概括柳诗风格，极中肯綮。宋代高斯得说柳诗"孤峭"④，元代方回说柳诗"峭而劲"⑤，都着意强调一个"峭"字。柳宗元的清峭表现为：气清，色丽，味淡，性傲，骨峭，境界寂，温度冷。但清峭只是柳诗主导的风格，此外，柳诗还有雄深雅健、精工丽刻等特色。

二　孤寂冷峭　淡泊凄清

　　胡应麟说："绝涧孤峰，长松怪石，竹篱茅舍，老鹤疏梅，一种清气，固自迥绝尘嚣。至于……使人神骨冷然，脏腑变易，不谓之清可乎！"⑥柳宗元的清，庶几近之。柳宗元（773—819），唐河东（今山西永济县）人，他年轻有为，怀济国之志，二十一岁进士及第，二十六岁中博学宏词科。因参加王叔文"永贞革新"进步集团，与刘禹锡同时被贬。柳宗元被贬为永州（今湖南省零陵县）司马。公元815年，又远放为柳州刺史。诗人虽备遭迫害打击，但坚贞不屈，节操未易，每每濯足清流，啸傲林泉，寄情山水，托物言志，不染尘俗，一身正气，故其诗风显示出一个"清"字。且看《渔翁》：

---

　　①③⑥　（明）胡应麟：《诗薮》外编卷四。
　　②　（明）胡应麟：《诗薮》内编卷二。
　　④　（宋）高斯得：《跋林逢吉玉溪续草》。
　　⑤　（元）方回：《瀛奎律髓》卷四。

渔翁夜傍西岩宿，晓汲清湘燃楚竹。

烟销日出不见人，欸乃一声山水绿。

回看天际下中流，岩上无心云相逐。

此诗作于被贬永州期间。诗中的渔翁，有诗人的影子。诗人以山水自娱，悠然自得。明代唐汝询说："此盛称渔翁之乐，盖有欣慕之意。"① 诗人笔下的渔翁是清高的，境界是清静的，湘水是清澈的，氛围是清寂的，空气是清爽的，色彩是清朗的，因而无不体现出一个"清"字。再看《溪居》：

久为簪组累，幸此南夷谪。

闲依农圃邻，偶似山林客。

晓耕翻露草，夜榜（一作牓）响溪石。

来往不逢人，长歌楚天碧。

此诗写于永州冉溪。诗人不言迁谪之苦，反述脱离簪组（古代贵族帽饰，比喻官位）之幸，乃系不得已之辞。在苦谪生活之余，与农为邻，闲话桑麻，畅游山林，晓种田圃，夜弄响溪，独玩幽石，长歌碧天。愁中寻乐，清气满怀。再看《夏初雨后寻愚溪》：

悠悠雨初霁，独绕清溪曲。

引杖试荒泉，解带围新竹。

沉吟亦何事，寂寞固所欲。

幸此息营营，啸歌静炎燠。

此诗写于永州。诗人觅胜地，结庐舍，种树木，凿沼址，建台榭，称为愚溪。常于雨后，独游其间，在孤寂清静中寻找慰藉。柳宗元死后三年，愚溪不复如前。刘禹锡知道这一消息后，悲不自胜，遂作《伤愚溪三首》以寄恨，兹录一首如下：

---

① （明）唐汝询：《唐诗解》卷十八。

溪水悠悠春自来，草堂无主燕飞回。

隔帘唯见中庭草，一树山榴依旧开。

此诗流露出刘禹锡对柳宗元之死的无限悲痛与怀念之情。

在柳诗中，表现为清静闲适者，如《雨后晓行独至愚溪北池》：

宿云散洲渚，晓日明村坞。

高树临清池，风惊夜来雨。

予心适无事，偶此成宾主。

表现为清冷寂寞者，如《中夜起望西园值月上》：

觉闻繁露坠，开户临西园。

寒月上东岭，泠泠疏竹根。

石泉远逾响，山鸟时一喧。

倚楹遂至旦，寂寞将何言。

表现为清幽疏隽者，如《秋晓行南谷经荒村》：

杪秋霜露重，晨起行幽谷。

黄叶覆溪桥，荒村唯古木。

寒花疏寂历，幽泉微断续。

机心久已忘，何事惊麋鹿。

表现为清旷遥远者，如《雨晴至江渡》：

江雨初晴思远步，日西独向愚溪渡。

渡头水落村径成，撩乱浮槎在高树。

表现为清静索寞者，如《南涧中题》：

秋气集南涧，独游亭午时。

回风一萧瑟，林影久参差。

始至若有得，稍深遂忘疲。

羁禽响幽谷，寒藻舞沦漪。

去国魂已远（一作游），怀人泪空垂。

孤生易为感，失路少所宜。

索莫竟何事，徘徊只自知。

谁为后来者，当与此心期。

此诗作于永州。据《笔墨闲录》云："《南涧诗》平淡有天工。"又云："柳仪曹《南涧》诗，忧中有乐，乐中有忧，盖绝妙古今矣。然老杜云：王侯与蝼蚁，同尽随丘墟。仪曹何忧之深也。"① 东坡尝题此诗后云："柳子厚南迁后诗，清劲纤馀，大率类此。"②

表现为清丽葱郁者，如《零陵春望》：

平野春草绿，晓莺啼远林。

日晴潇湘渚，云断岣嵝岭。

仙驾不可望，世途非所任。

凝情空景慕，万里苍梧阴。

表现为清空超诣者，如《禅堂》：

发地结青茆，团团抱虚白。

山花落幽户，中有忘机客。

涉有本非取，照空不待折。

万籁俱缘生，窅然喧中寂。

心境本同镜，鸟飞无遗迹。

表现为清爽流利者，如《酬曹侍御过象县见寄》：

---

① 转引自（唐）柳宗元：《柳河东集》卷四十三《南涧中题》夹注。
② （宋）苏轼：《书柳子厚南涧诗》。

破额山前碧玉流，骚人遥驻木兰舟。
春风无限潇湘意，欲采苹花不自由。

表现为清淡简古者，如《重别梦得》：

二十年来万事同，今朝歧路忽西东。
皇恩若许归田去，晚岁当为邻舍翁。

表现为凄清迷离者，如《柳州二月榕叶落尽偶题》：

宦情羁思共凄凄，春半如秋意转迷。
山城过雨百花尽，榕叶满庭莺乱啼。

表现为凄清险怪者，如《岭南江行》：

瘴江南去入云烟，望尽黄茆是海边。
山腹雨晴添象迹，潭心日暖长蛟涎。
射工巧伺游人影，飓母偏惊旅客船。
从此忧来非一事，岂容华发待流年。

诗人笔下的云烟、海边、山腹、潭心、雨晴、日暖，不仅有一股清奇之气，而且显示出射工虫、飓母风的恐怖。本来，诗人被贬远放，形单影只，孤寂清冷，已属凄凉之至；再加上自然界的鬼蜮灾害，就更忧心忡忡、催生华发了。全诗别开生面，在凄清之中夹杂着险怪。

此外，在凄清之中，偏重于凄而苍凉悲慨者，如《登柳州城楼寄漳汀封连四州》：

城上高楼接大荒，海天愁思正茫茫。
惊风乱飐芙蓉水，密雨斜侵薜荔墙。
岭树重遮千里目，江流曲似九回肠。
共来百越文身地，犹自音书滞一乡。

永贞元年，柳宗元和刘禹锡、韩泰、韩晔、陈谏、凌准、程异、韦执谊同被贬为司马，号"八司马"。凌准、韦执谊死于贬谪之地。元和十年，柳宗元又被外放为柳州（今广西柳州）刺史，刘禹锡为连州刺史，韩泰为漳州（今福建龙溪县）刺史，韩晔为汀州（今福建长汀县）刺史，陈谏为封州（今广东封川县）刺史。柳宗元到达柳州后写成此诗，给共遭患难的战友，以抒发内心的悲愤，寄托对战友的怀念之情。首联写诗人登楼远眺，极目寰宇，国忧谪悲，涌上心头，愁如海天，茫茫无际。颔联写惊风撼摇荷花水、密雨侵袭薛荔（一种常绿香草、援木蔓生）墙的情景，和同僚惨遭权贵迫害的情景有暗合之处。颈联写山岭层层、树木森森、明月遮掩、柳江回曲的景象，以寄托自己的重重忧思和对保守势力的愤懑。尾联诗人忧愤的情怀，更向前扩展，慨叹共来岭南僻境，但各处一隅，音书阻滞，信息杳然。全诗愁情游荡，但并不潜回暗转，而是贯注在对于保守势力的诅咒中，荫蔽在对于芙蓉水、薛荔墙、江流水的描绘中，寄寓在对于患难与共的战友的遥思中，表现在岭南自然风光的描写中。明代唐汝询说："岭树重叠，既遮我远望之目；江流盘曲，又似我肠之九回也。因思我与诸君同来绝域，而又音书久绝，各滞一乡，对此风景，情何堪乎？"[1] 此说甚切。

此外，在凄清之中愁肠千结、乡情震荡者，如《与浩初上人同看山寄京华亲故》：

> 海畔尖山似剑铓，秋来处处割愁肠。
> 若为化得身千亿，散上（一作作）峰头望故乡。

此诗写于柳州。诗人长年被贬异地，思乡之情本来就很炽热，加之浩初和尚乃是诗人朋友，特地去看望诗人，诗人和他登山，更加感慨万千，益发增加了自己的故乡之思。诗人虽祖籍河东，却在长安成长，这样长安就成为诗人故乡了。而长安又是京都，是唐帝国的心脏，故又是国家的同义语。诗人的乡思也暗喻国忧。诗人把二者交融在一起，寄寓在对长安的怀念中，从而显现出诗人乡情的崇高性。诗人浮想联翩，欲化千亿身，散登诸峰顶，遥寄故乡情。这就把忧国怀乡之思推向最高潮，并表现出奇特的构思技巧。

尤其是，当诗人在异乡与亲人相会时，更是愁肠千折，悲愤不已。如《别舍弟宗一》：

---

[1] （明）唐汝询：《唐诗解》卷四十四。

零落残魂倍黯然，双垂别泪越江边。

一身去国六千里，万死投荒十二年。

桂岭瘴来云似墨，洞庭春尽水如天。

欲知此后相思梦，长在荆门郢树烟。

当时，诗人被贬柳州，其从弟柳宗一到柳州探望，临别时，诗人送行，百感交集，乃作此诗。字里行间，国忧家愁，贬辛谪苦，离情别绪，一股脑儿涌上心头，如山谷涩泉，呜咽而出。此诗情境，已由凄清转入悲愤。宋代刘克庄说：柳诗"其幽微者可玩而味，其感慨者可悲而泣"①，这种评价是符合柳诗凄清特质的。

由以上分析中，可以看出：柳诗之清，形态多样，但与诗人贬谪生活，均有密切联系，它从各个不同角度，投射清峭的光束，显示出诗人孤高脱俗、坚毅峻拔的特性。然而最明显地体现出诗人清峭特性的还是《江雪》：

千山鸟飞绝，万径人踪灭。

孤舟蓑笠翁，独钓寒江雪。

此诗作于永州司马寓所，画面描绘了雪封大地、人鸟绝迹、寒气逼人、寂寞凄清的境界，但居然有一个老渔翁，不畏严寒，身着蓑笠，抗拒风雪，孤舟独钓，突出地显示了他那孤峭冷峻、坚忍不拔的精神，反映了诗人被贬后孤寂的心情和不甘屈服的勇气。唐汝询云其"托此自高"②，王尧衢言其"宦情孤冷"③，胡应麟誉为"骨力豪上"（《诗薮》内编卷六），是论均有见地。

关于柳宗元的冷峭风格，我们可以从他的挚友刘禹锡的话中得到证实。柳宗元死后，刘禹锡整理其遗稿，编成《河东先生集》，在该书序言《唐故尚书礼部员外郎柳君集记》中说："天下文士争执所长，与时而奋，粲焉如繁星丽天，而芒寒色正，人望而敬者，五行而已。河东柳子厚，斯人望而敬者钦！"所谓"芒寒色正"不独指五行，也是指柳宗元。我们也可从这里得到启发——文如其人。

---

① （宋）刘克庄：《后村先生大全集》卷一八五。

② （明）唐汝询：《唐诗解》卷二十三。

③ （清）王尧衢：《古唐诗合解》。

它也可以用来说明柳诗清峭、冷峭的风格。

三　雄深雅健　精工镌刻

司空图在《诗品·劲健》中说：

> 行神如空，行气如虹。巫峡千寻，走云连风。茹真饮强，蓄素守中。
> 喻彼行健，是谓存雄。

可见雄是重视气的，健是重视力的。《庄子·天下篇》曾提出"存雄"，《易·乾卦》曾提出"行健"。存雄于内，行健于外，则生雄健。刘禹锡在《唐故尚书礼部员外郎柳君集记》中，指出了柳文"雄深雅健"的特色。刘整理柳的遗稿，不仅包括文，而且包括诗，故我们也可用"雄深雅健"去概括柳诗。宋代蔡絛说："子厚诗雄深简淡，迥拔流俗，至味自高。"① 这些都突出了柳诗雄健的一面。诗人的咏史诗不多，但却表现了雄健的特点，如《咏三良》：

> 束带值明后，顾盼流辉光。
> 一心在陈力，鼎列夸四方。
> 款款效忠信，恩义皎如霜。
> 生时亮同体，死没宁分张。
> 壮躯闲幽隧，猛志填黄肠。
> 殉死礼所非，况乃用其良。
> 霸基敝不振，晋楚更张皇。
> 疾病命固乱，魏氏言有章。
> 从邪陷厥父，吾欲讨彼狂。

公元前 622 年，秦穆公任好死，以子车氏的三个儿子奄息、仲行、铖虎去殉葬。他们都是秦国的良将。在《诗经·黄鸟》中，就描述了这件事。柳宗元借古抒怀，感慨万端，其中寄托着诗人被贬时的悲壮心情，深刻地表现了对于三良的无限同情，强烈地表现出对于暴君的切齿痛恨！其他如《咏史》、《咏荆轲》、《古

---

① （宋）胡仔：《苕溪渔隐丛话》后集卷三十三引。

东门行》、《行路难》等诗，均含有一股雄壮之气、刚健之力。

除了咏史诗以外，柳诗雄健的风格还表现在诗人许多描绘山川风物、奇异风光的诗篇中。如《法华寺石门精舍三十韵》，言志，则"拘情病幽郁，旷志寄高爽"；写高，则"稍疑地脉断，悠若天梯往"；绘险，则"堑峭出蒙笼，墟埏临溷漾"；述奇，则"密林互对耸，绝壁俨双敞"；状势，则"映日雁联轩，翻云波泱漭"；寻幽，则"探奇极遥瞩，穷妙阅清响"。此诗虽作于永州被贬时，却气势雄壮，笔力挺健，意境深远，造型秀雅。其他如《湘口馆潇湘二水所会》，亦系咏永州风景者，但见："九疑濬倾奔，临源委萦回。会合属空旷，涨澄停风雷。高馆轩霞表，危楼临山隈。"有一股雄健之气，奔跃腾飞。再如：《登蒲州石矶望横江口潭岛深迥斜对香零山》、《游朝阳岩遂登西亭二十韵》、《界围岩水帘》等诗，均于雄健中回荡着清旷之音。此外，在诗人笔底，南方的风俗人情和少数民族的生活习惯，也流露出雄健古朴、简淡敦实的特点，如《柳州峒氓》，就栩栩如生地再现了少数民族"文身"的习俗及诗人的热情歌咏。《柳州城西北隅种甘树》、《田家》，就质朴刚健地描绘了种黄甘的情趣和农民的悲惨境遇。

尤其值得注意的是，诗人还另辟蹊径，写了一些动物寓言诗，诗人托物言志，抒发愤懑之情，在雄健之中往往流露出悲慨的调子和讽刺的声音。且看《笼鹰词》：

> 凄风淅沥飞严霜，苍鹰上击翻曙光。
> 云披雾裂虹霓断，霹雳掣电捎平岗。
> 砉然劲翮剪荆棘，下攫狐兔腾苍茫。
> 爪毛吻血百鸟逝，独立四顾时激昂。
> 炎风溽暑忽然至，羽翼脱落自摧藏。
> 草中狸鼠足为患，一夕十顾惊且伤。
> 但愿清商复为假，拔去万累云间翔。

此诗作于永州被贬期间。诗人以失去自由的笼鹰自况，寄托了自己政治上遭受挫折的悲愤心情。诗人在迁谪前，参加"永贞革新"，春风得意马蹄疾，雄心壮志入云天，如苍鹰搏击长空，雾裂虹断，电掣雷鸣，劲翮剪刺，勇攫狐兔，百鸟惊逝，四顾激昂，岂不雄哉！但风云突变，时运逆转，溽暑忽降，苍鹰受挫，狸鼠欺凌，备感凄怆。但愿秋风相助，挣脱一切羁绊，重新翱翔太空。全诗雄健悲愤，感人至深。此外，在《跂乌词》中，以病一足的跂乌自况，慨叹落魄失势的不幸遭遇。在《放鹧鸪词》中，亦以鹧鸪自况，慨叹万里为孤囚，"破笼展翅当远去"。在《闻黄鹂》中，描写黄鹂的鸣声，触发了诗人的乡思："我今误落千万山，身同伧人不思还。乡禽何事亦来此，令我生心忆桑梓。"从这些寓言诗中，可以看出：尽管诗人寄托遥深，含义丰富，但其基调是激昂的，风格是雄健的。它体现了诗人即使忧心忡忡、义愤填膺，但仍然希望不绝、继续追求！故其风格刚健清新。

至于柳诗风格中精工镌刻的一面，前人已指明。胡震亨《唐音癸签》卷七引述元代刘履的话说："柳子厚诗，世与韦应物并称；然子厚之工致，乃不若苏州之萧散自然。"明王世贞说："韦左司平淡和雅，为元和之冠……柳州刻削虽工，去之稍远。"[1] 方回云："柳州诗精绝工致。"[2] 明代李东阳说："陶诗质厚近古，愈读而愈见其妙；韦应物稍失之平易；柳子厚则过于精刻。"[3] 这些都突出了柳诗精工镌刻的一面。所谓精工镌刻，就是指精约工致、峻削细刻。《文心雕龙·体性》云："精约者，核字省句，剖析毫厘者也。"柳宗元的诗，言约意丰，字字中的。犹矿出金，炉火纯青。"虽发语已殚，而含意未尽。使夫读者，望表而知里，扪毛而辨骨，睹一事于句中，反三隅于字外。"[4] 且看《衡阳与梦得分路赠别》：

> 十年憔悴到秦京，谁料翻为岭外行。
> 伏波故道风烟在，翁仲遗墟草树平。
> 直以慵疏招物议，休将文字占时名。
> 今朝不用临河别，垂泪千行便濯缨。

此诗立意新奇，构思工巧，语言精练，发人遐思。首联以"十年憔悴"开始，尾联用"垂泪千行"照应。"十年"与"千行"，数字对数字。"憔悴"与"垂泪"，忧愁加悲伤。情感层次，层层推进，诗人隐痛，不断加深。从空间看，由长安到岭外（广东、广西一带）。从时间看，永贞元年（805）至元和十年（815），整整十年，过着被贬生活。原因何在？因为诗人以漫不经心的"慵疏"的态度去对待那些保守的权贵们，这就招致物议，而横遭不测。诗人用"直以"

---

① （明）王世贞：《艺苑卮言》卷四。
② （元）方回：《瀛奎律髓》卷四。
③ （明）李东阳：《怀麓堂诗话》四二。
④ （唐）刘知几：《史通·叙事》。

对"休将"，以"伏波故道"对"翁仲遗墟"，对仗工整，裁剪严密，浑然一体，天衣无缝。此外，柳诗还有工巧峻削的特点。诗人匠心独运，富于创造，刻画细致，结构精巧，巧夺天工。在《界围岩水帘》中，就写下了这样的诗句：

> 界围汇湘曲，青壁环澄流。
> 悬泉粲成帘，罗注无时休。
> 韵磬叩凝碧，锵锵彻岩幽。
> 丹霞冠其巅，想象凌虚游。

《笔墨闲录》云："此诗奇丽工壮。"① 其境界幽静曲折，色彩有青有赤，音韵荡漾碧空，泉水汩汩而出。诗人把色彩、声音、山脉、河流、云霞、树木有机地描绘在一幅精美的诗画中，显示了诗人高超的艺术才能。如果不细心琢磨，精工雕刻，这种青翠欲滴的景象和迷人的境界，怎能栩栩如生地展现在人们眼前？

四　柳宗元与陶渊明、韦应物澄澹诗风的比较

古代诗家，喜将柳诗与陶渊明、王维、孟浩然、刘长卿、韦应物等人的诗加以类比，说明他们之间诗风的同异。见仁见智，众说纷纭。唯针锋相对者，则以宋代苏轼与清代王士禛为最。苏轼云：

> 李、杜之后，诗人继出，虽有远韵，而才不逮意，独韦应物、柳子厚发纤秾于简古，寄至味于澹泊，非余子所及也。②

> 柳子厚诗在陶渊明下，韦苏州上。退之豪放奇险则过之，而温丽靖深不及也。所贵乎枯澹者，谓其外枯而中膏，似澹而实美，渊明、子厚之流是也。③

王士禛则谓：

---

① （唐）柳宗元：《柳河东集》卷四十二《界围岩水帘》诗题注引。
② （宋）苏轼：《书黄子思诗集后》。
③ （宋）苏轼：《评韩柳诗》。

东坡谓柳州诗在陶彭泽下、韦苏州上，此言误矣，余更其语曰："韦诗在陶彭泽下，柳柳州上。"余昔在扬州，作论诗绝句，有云："风生澄澹推韦柳，佳句多从五字求。解识无声弦指妙，柳州那得并苏州！"①

二人的评价，在孰上孰下方面做文章，是有偏颇之处的。但他们都确定了一个风格标准——淡，并以此作为区分孰上孰下的尺度。其实，这只是一种风格，用一种风格作为最高标准，去苛求其他诗人向这种风格标准看齐，以此定上下，这本身就不够科学。柳宗元的淡不同于陶、韦，而具有自己的特色，这就是清峭中显淡泊，并时见雄健、精致。而陶诗虽开平淡之宗，并对柳诗产生过影响，但它淡得像一杯白开水，它淡而旷，淡而远，淡而静；而柳诗之淡，则淡而清，淡而峭，淡而愁，淡而丽。因此，他们的淡，各有千秋。我们不能以陶诗之淡去否定柳诗之淡，也不能以柳诗之淡来贬低陶诗之淡。

至于韦应物（736—790）的淡，也有独自特点。胡震亨《唐音癸签》卷七引白居易语云："韦苏州五言诗高雅闲淡，自成一家体。今之秉笔者，谁能及之？"司空图《与李生论诗书》云："韦苏州澄澹精致，格在其中。"高棅《唐诗品汇总序》则用"雅澹"二字去形容韦诗风格。胡应麟《诗薮》内编卷五则概括为"韦应物之旷"。总之，韦诗之淡，是淡而旷、淡而雅、澹而澄，与柳诗之淡而峭、淡而悲、淡而工，迥不相同。且看韦应物的《寄全椒山中道士》：

> 今朝郡斋冷，忽念山中客。
> 涧底束荆薪，归来煮白石。
> 欲持一瓢酒，远慰风雨夕。
> 落叶满空山，何处寻行迹？

此诗写于滁州刺史任内。风雨之夕，寒气袭人，斋中忽忆山中道士，欲持酒远慰，诚以己之冷度人之寒也。但落叶纷纷，行迹何觅？全诗至此，戛然作结，余味无穷。真是淡淡地思念，淡淡地了结，淡淡地涂抹，无不显示出一个"淡"字。这种淡，是淡而冷，它与柳诗的冷峭孤寂却迥异其趣。柳诗淡而工，淡而削。韦诗澄澹自然，不着痕迹。《许彦周诗话》云："韦苏州诗：'落叶满空山，何处寻行迹？'东坡用其韵曰：'寄语庵中人，飞空本无迹。'此非才不逮，盖绝

---

① （清）王士禛：《带经堂诗话》卷一引。

唱不当和也。"施补华《岘佣说诗》亦云:"《寄全椒山中道士》一作,东坡刻意学之而终不似。盖东坡用力,韦公不用力;东坡尚意,韦公不尚意,微妙之诣也。"这对我们体会韦诗澄澹的风格,颇有启发。其实,韦诗之淡,何独这首诗?它还表现在其他许多诗中,不过淡的色彩、情调、韵味各有特色而已。且看《滁州西涧》:

> 独怜幽草涧边生,上有黄鹂深树鸣。
> 春潮带雨晚来急,野渡无人舟自横。

此诗也显出一个"淡"字,但并不寂静,而是描绘了景物的动态美。喻守真说:"'涧边'、'深秋',已有雨意。'春潮带雨'再加'急'字,又闻其声。雨至故'无人',潮来故'舟横',一幅荒江渡口景象,宛在目前。"① 诗人以恬淡的心境观景,尽管黄鹂鸣叫,春潮急雨,但却处于安闲恬淡的状态中。"野渡无人"固然是潮来造成的,但不也显示出另一种淡雅的情趣吗?再看《淮上喜会梁州故人》:

> 江汉曾为客,相逢每醉还。
> 浮云一别后,流水十年间。
> 欢笑情如旧,萧疏鬓已斑。
> 何因不归去,淮上对秋山。

久别重逢,不免欷歔,但诗人笔下,却欢欢喜喜,笑容可掬,虽鬓发已斑,然旷达如旧,这一反传统的对友话旧更添愁的写法,而另创新意。再如《夕次盱眙县》:

> 落帆逗淮镇,停舫临孤驿。
> 浩浩风起波,冥冥日沉夕。
> 人归山郭暗,雁下芦洲白。
> 独夜忆秦关,听钟未眠客。

---

① 喻守真:《唐诗三百首详析》,中华书局 1957 年版,第 296 页。

此诗漫不经心，随笔所之，自然而然。眼前景物，尽收笔底。停舫落帆，夕次盱眙，已生雅兴，又逢浩浩风波，冥冥日沉，山暗人归，雁落洲白（月光照射），更增幽情。深夜独坐，遥忆秦关，静听钟鸣，风清骨爽，不禁神驰。非有淡泊之意，焉能出此澄澹之境？它与柳诗的淡丽峭刻相比，另有一番韵味。

当然，韦诗之淡，只是就其主导风格而言。它也偶见雄健，如《寄畅当》中所写：

> 秋郊细柳道，走马一夕还。
> 丈夫当为国，破敌如摧山。

此处抒发了热血男儿的爱国情怀，可谓奔放劲健、雄姿英发。

从以上分析中，不难看出：韦、柳之诗，虽然韵味淡泊，但又各有特色，正如方回所说："韦诗淡而缓，柳诗峭而劲。"① 故孰上孰下之争，殊不可取。

---

① （元）方回：《瀛奎律髓》卷四。

第十四章　杜牧诗歌风格论

一　英俊豪纵

杜牧（803—853）是晚唐的杰出诗人。他比许浑小八岁，比李商隐、温庭筠大十岁。他们的诗歌风格各不相同。胡应麟在《诗薮》中说："俊爽若牧之，藻绮若庭筠，精深若义山，整密若丁卯（按，指许浑），皆晚唐铮铮者。"这里，从不同角度，对他们的某些作品风格进行了概括，特别是用"俊爽"一词来揭示杜牧的诗风，是很精当的。

所谓俊爽，就是英俊豪纵，飒爽流利。在俊爽这一主导风格的制约下，杜牧的某些诗篇还显示出拗峭不群、轻倩秀艳的特色。

《吟谱》云："杜牧诗主才，气俊思活。"①《新唐书》本传云："牧于诗，情致豪迈，人号为小杜，以别杜甫云。"《唐诗品汇总序》美之曰："杜牧之之豪纵。"刘熙载在《艺概·诗概》中把杜牧与李商隐的诗做了比较："杜樊川诗雄姿英发，李樊南诗深情绵邈。"这些评析，用对比的方法强调了杜牧诗风的英俊豪纵。它是俊爽的主要内容。它突出地显示在杜牧的感怀诗、咏史诗中。如：《感怀诗一首》、《郡斋独酌》、《李甘诗》、《过骊山作》、《史将军二首》、《华清宫三十韵》、《长安杂题长句六首》、《河湟》、《题永崇西平王宅太尉愬院六韵》、《东兵长句十韵》等，均英光朗练，豪气逼人。纵横古今，雄视万代，畅谈历史，痛砭时弊，总结教训，忧民忧国，怀撑天之宏志，感报效之无门，而振臂高呼，不胜感慨系之！文宗大和元年（827）诗人二十五岁时写的《感怀诗一首》，就是这种情怀的表述。当时，割据一方的李同捷，违抗朝命，兴兵作乱，唐军讨之，攻下沧州，斩李同捷。诗人在这首诗的标题下自注"时沧州用兵"五个字，就清楚地表明乃是有感而作。诗的开始描述了唐高祖和唐太宗的德政：

> 高文会隋季，提剑徇天意。
> 扶持万代人，步骤三皇地。
> 圣云继之神，神仍用文治。
> 德泽酗生灵，沉酣薰骨髓。

---

① 转引自（明）胡震亨：《唐音癸签》卷八。

接着描写"安史之乱"和藩镇割据给国家、民族带来的灾难：

> 旄头骑箕尾，风尘蓟门起。
> 胡兵杀汉兵，尸满咸阳市。
> 宣皇走豪杰，谈笑开中否。
> 蟠联两河间，烬萌终不弭。

然后诗人把笔一转，详细地描绘了唐室衰微、民不聊生的原因：

> 如何七十年，汗赪含羞耻？
> 韩彭不再生，英卫皆为鬼。
> 凶门爪牙辈，穰穰如儿戏。
> 累圣但日吁，阃外将谁寄？

自唐玄宗天宝十四年（755）安禄山叛变作乱，至诗人写作此诗时的文宗大和元年（827），共七十三载。为什么备受屈辱呢？由于朝无良将忠佐，加之法度毁坏，纪律废弛，百弊丛生，所以内忧外患，纷至沓来，黎民百姓，备遭涂炭，正是：

> 因隳画一法，且逐随时利。
> 流品极蒙尤，网罗渐离弛。
> 夷狄日开张，黎元愈憔悴。
> 邈矣远太平，萧然尽烦费。

接着，诗人迭述德宗、宪宗、穆宗之政绩。"至于贞元末，风流恣绮靡。"这是德宗时的风习。"勃云走轰霆，河南一平荡。"这是歌颂元和年代宪宗的削藩行动。但至穆宗时，藩镇之乱又起，朝廷束手无策："坐幄无奇兵，吞舟漏疏网。骨添蓟垣沙，血涨滹沱浪。"目击如此杀戮的残酷景象，诗人忧愤满怀，怒火盈腔，挺身而出，慷慨陈词，献计献策，恨不得投笔从戎，血溅疆场，誓灭叛逆：

> 关西贱男子，誓肉虏杯羹。

请数系房事，谁其为我听？
荡荡乾坤大，瞳瞳日月明。
叱起文武业，可以豁洪溟。
安得封域内，长有扈苗征！
七十里百里，彼亦何尝争。
往往念所至，得醉愁苏醒。
韬舌辱壮心，叫阍无助声。
聊书感怀韵，焚之遗贾生。

诗中的"贱男子"，系诗人谦称。"虏"、"扈苗"系指作乱的藩镇。诗人恨不得肉食叛逆，荡平藩镇，恢复唐室，振兴社稷，统一祖国，可谓其志高，其情豪，其胆壮，充分显示出杜牧的宏伟抱负和丈夫气概。风格即人。诗人这种独特的性格、气质表现在作品中，必然形成英俊豪纵的特点。但由于志不得伸，故在俊爽之中亦时时露出报国无门的忧愁。诗人的"壮心"虽可荡乾坤、豁洪冥，但昏者不察，叫阍无应，只有感怀长咏、借以博得贾谊的同情了。诗人的忧民忧国之情，在这里得到进一步深化，达到了最高潮，成为全诗的最强音，从而也更加强化和突出了英俊豪纵。可见英俊豪纵的特色，是以诗人统一祖国的雄心、誓杀叛逆的壮志为内容的。这首五言长诗，把咏怀与咏史、抒情与叙事有机地融合为一体，最后则以诗人的抒情、咏怀作结，更加突现了诗人雄姿英发的形象及其俊爽豪纵的诗风。

　　如果说，诗人在进士及第前的诗风就以俊爽豪纵载誉诗林的话，那么，诗人在进士及第步入仕途以后，这种俊爽豪纵的诗风，不仅没有削弱，而且进一步得到发扬光大。誓削藩镇、统一国家的俊爽豪纵的风度、气格，仍然洋溢在诗人一系列作品中。诗人四十岁任黄州（今湖北黄冈）刺史时写的《郡斋独酌》，就是这样的诗篇。诗人身处一隅，胸怀八方，纵谈天地（空间）之大、流光（时间）之速，以祖国广袤的疆土而自豪。

甘英穷四海，四万到洛阳。
东南我所见，北可计幽荒。
中画一万国，角角棋布方。
地顽压不穴，天迥老不僵。
屈指百万世，过如霹雳忙。

人生落其内，何者为彭殇？

诗人从宏观的高度观察世界，把人生置于浩渺无垠的时空中，再去评价人生，这就表现出诗人宽阔的襟怀、高瞻远瞩的气概和雄俊豪纵的风采。诗人从大处着眼，实处落墨。笔锋轻轻一转，即去描绘那些支撑时空大厦、捍卫国家疆土的贤者。

> 我爱李侍中，标标七尺强。
> 白羽八扎弓，腱压绿檀枪。
> 风前略横阵，紫髯分两傍。
> 淮西万虎士，怒目不敢当。

诗人形象地刻画了唐宪宗的名将李光颜英武赳赳的形象，歌颂了他征讨吴元济、平定淮西的功绩。诗人一面肯定了贤良，一面又否定了奸佞：

> 太守政如水，长官贪似狼。
> 征输一云毕，任尔自存亡。

诗人对不顾人民死活、横征暴敛的贪官是痛加申斥的。诗人所崇敬的是至贤：

> 出语无近俗，尧舜禹武汤。

诗人关心的是国家，和如何消灭入侵河湟的外侮：

> 岂为妻子计，未去山林藏？
> 平生五色线，愿补舜衣裳。
> 弦歌教燕赵，兰芷浴河湟。
> 腥膻一扫洒，凶狼皆披攘。

从全诗看，虽属感怀，未忘咏史。诗人笔意纵横，豪情满怀，雄俊风姿，跃然纸上。

　　由上可见，杜牧诗风的英俊豪纵，不仅表现在平定藩镇叛乱方面，而且还表现在抵抗外侮入侵方面。而两者都是为了实现诗人远大的抱负，完成国家统一的大业。它显示在诗人一系列诗篇中，如"百战百胜价，河南河北闻"，"壮气盖燕赵，耽耽魁杰人"（《史将军二首》）；"牧羊驱马虽戎服，白发丹心尽汉臣"（《河湟》）；"臣实有长策，彼可徐鞭笞。如蒙一召议，食肉寝其皮"（《雪中书怀》）。这些，都表现出诗人强烈的爱国主义思想。当诗人听到河湟光复时，喜出望外，尽情欢呼，昔日忧愁，一扫而空："威加塞外寒来早，恩入河源冻合迟。听取满城歌舞曲，凉州声韵喜参差。"（《今皇帝陛下一诏征兵不日功集河湟诸郡次第归降臣获睹圣功辄献歌咏》）在这里，诗人的豪纵之情，像泉水一样向外喷射，其欢乐，其兴奋，几乎可同杜甫写作《闻官军收河南河北》时的心情相比拟。

杜牧英俊豪纵的诗风，还表现在对昏君的讽刺方面。杜牧早在二十三岁时，就写了《阿房宫赋》，以揭露秦始皇为名，行讽刺唐敬宗之实。《樊川文集》卷十六《上知己文章启》云："宝历大起宫室，广声色，故作《阿房宫赋》。"如此讽刺的特色一直保持在诗人以后的作品中。这种为了国家民族不怕犯上、冒着生命危险的做法，是英俊豪纵的又一特点。且看《过华清宫绝句三首》：

> 长安回望绣成堆，山顶千门次第开。
> 一骑红尘妃子笑，无人知是荔枝来。
>
> 新丰绿树起黄埃，数骑渔阳探使回。
> 《霓裳》一曲千峰上，舞破中原始下来。
>
> 万国笙歌醉太平，倚天楼殿月分明。
> 云中乱拍禄山舞，风过重峦下笑声。

全诗以含蓄讽刺的笔调，深刻地揭露了唐玄宗大造宫殿、纵情声色、骄奢淫逸、醉生梦死的生活，描绘了"安史之乱"的情景。诗人把矛头直接指向封建皇帝，这是需要何等的勇气！如果说英俊豪纵是杜牧诗风的主要特色，那么，这三首诗就是偏于豪纵的。"舞破中原"是全诗诗眼。它比喻杨贵妃的祸国殃民，她导致一场巨大的灾难，且与"乱拍禄山舞"紧密呼应。如果诗人不用豪迈的笔墨纵横点染，焉能道出只字？如此风格亦表现在《华清宫三十韵》中：

昔帝登封后，中原自古强。
一千年际会，三万里农桑。
几席延尧舜，轩墀立禹汤。
雷霆驰号令，星斗焕文章。

诗人回忆往昔，用豪迈的歌喉，赞颂了华夏的兴旺景象。但守业维艰，到天宝后期，风习日益萎靡，唐王朝笼罩在一片歌舞升平的景象之中。

神仙高缥缈，环佩碎丁当。
泉暖涵窗镜，云娇惹粉囊。
嫩岚滋翠葆，清渭照红妆。
帖泰生灵寿，欢娱岁序长。
月闻仙曲调，霓作舞衣裳。
雨露偏金穴，乾坤入醉乡。

这里的描绘，纤秾艳丽，竭力铺陈，尽情揭露玄宗、贵妃之淫靡误国。诚如宋代许𫖮《许彦周诗话》所说："小杜作《华清宫》诗云：'雨露偏金穴，乾坤入醉乡。'如此天下，焉得不乱?"

喧呼马嵬血，零落羽林枪。
倾国留无路，还魂怨有香。
蜀峰横惨澹，秦树远微茫!

这里，描写了玄宗、贵妃乐极生悲、失国远走的情景。诗的情调转入凄怆哀怨。从全诗看来，这首五言三十韵长诗的风格，起势豪纵，继之以秾艳，再续之以凄楚，可谓一波三折，俊丽多姿，已不完全是单纯的豪纵，因而比之于《华清宫绝句三首》的风格，色彩更为秾艳了。明代诗评家杨慎在《升庵诗话》中说："律诗至晚唐，李义山而下，唯杜牧之为最。宋人评其诗豪而艳，宕而丽，于律诗中特寓拗峭，以矫时弊。"这里所说的豪宕、艳丽、拗峭，也可用来形容《华清宫三十韵》的风格。其他如《长安杂题长句六首》，系作于大中四年（850）春，诗人时年四十八岁。诗家考为收复河湟后所作，故全诗喜气十分，热情洋溢，"四海一家无一事，将军携镜泣霜毛"，"晴云似絮惹低空，紫陌微微弄袖风"，

"雨晴九陌铺江练，岚嫩千峰叠海涛"，"江碧柳深人尽醉，一瓢颜巷日空高"。这些都是诗中的佳句。全诗熔豪纵、秾艳于一炉。

但在豪纵与秾艳的交融组合中，其基调往往偏重于豪纵。如《兵部尚书席上作》：

> 华堂今日绮筵开，谁唤分司御史来？
> 忽发狂言惊满座，两行红粉一时回。

诗中的"华堂"、"绮筵"、"红粉"所结构的形象，是秾艳的；但"狂言"这个核心词所结构的形象，却是全诗的中心。它的情姿是豪纵异常的，但它却是主导方面，因为从"惊满座"的强烈反应中，可以看出这直接牵动"华堂"的"绮筵"、"红粉"。所以，这首诗的秾艳是服从于豪纵的。

当然，只见豪纵而未显秾艳者，也是有的，例如《过骊山作》：

> 始皇东游出周鼎，刘项纵观皆引颈。
> 削平天下实辛勤，却为道旁穷百姓。
> 黔首不愿尔益愚，千里函关囚独夫。
> 牧童火入九泉底，烧作灰时犹未枯。

此诗颂扬了统一天下、为百姓计的明君，谴责了愚弄百姓的独夫，气格豪迈而奔放。

此外，以俊爽为特色的诗篇，也不时可见，例如《及第后寄长安故人》：

> 东都放榜未花开，三十三人走马回。
> 秦地少年多酿酒，已（一作即）将春色入关来。

此诗作于大和二年（828），诗人时年二十六岁，始进士及第，故心情舒畅，雄姿英发，诚为春风得意马蹄疾的得意之作。再如《九日齐山登高》中所写：

> 江涵秋影雁初飞，与客携壶上翠微。
> 尘世难逢开口笑，菊花须插满头归。

诗中的色彩是明朗的，格调是乐观的，情绪是诙谐的，风姿是英俊的。

以上，着重论析了杜牧英俊豪纵的诗歌风格。在不同的诗篇中，它的表现形态也是多种多样的，它或英俊，或豪纵，或英俊豪纵，或二者各有侧重，或糅之以秾艳，或夹之以拗峭。

拗峭，就是执拗孤峭，它性格执著，志向坚定，刚直不阿，铁骨铮铮。在杜牧的诗歌中，它傲然屹立，独树一帜，与英俊豪纵相互辉映，似次峰之烘托主峰，更加突出了英俊豪纵的美。这种拗峭的特点，往往表现为同封建皇帝及藩镇割据势力的对立，同官宦奸佞的对立，同造成社会弊端的恶势力的对立。诗人的思想、情趣，经常与掌权者针锋相对，诗人的行政措施往往不被采纳，而被认为不合时宜。所谓识时务者为俊杰，而诗人偏偏不识时务，不愿随俗浮沉，不愿随波逐流，而具有自己独立的人格、独特的观点。此种情绪，凝结在诗歌风格中，就表现为拗峭。其《酬张祜处士见寄长句四韵》云：

> 七子论诗谁似公？曹刘须在指挥中。
> 荐衡昔日知文举，乞火无人作媳通。
> 北极楼台长挂梦，西江波浪远吞空。
> 可怜"故国三千里"，虚唱歌辞满六宫。

张祜满腹经纶，才华出众，深受杜牧推崇。张祜虽寥落终生，但遇杜牧，结为知己，常赠诗唱和。杜牧为张祜事，辄愤愤不平，故作此诗。诗人与皇廷的用人标准是不同的，唱如此反调，非拗峭而何？再如《登池州九峰楼寄张祜》：

> 百感中来不自由，角声孤起夕阳楼。
> 碧山终日思无尽，芳草何年恨即休？
> 睫在眼前长不见，道非身外更何求？
> 谁人得似张公子，千首诗轻万户侯！

诗中寄托了杜牧对张祜的无限怀念与崇敬之情。以"睫在眼前长不见"，痛人之不识张祜，并把张祜与万户侯作对比，推许张祜的诗作，轻蔑万户侯的庸俗。这种不识时务的独特的看法，当然只能用"拗峭"来概括了。且在拗峭之余，还充满了对张祜的同情、对人生的无限感叹。正如胡震亨《唐音癸签》所载："牧之诗含思悲凄，流情感慨，抑扬顿挫之节，尤其所长。以时风萎靡，独持拗峭，虽云矫其流弊，然持情亦巧矣。"当然，杜牧拗峭，并不止于对待张祜的看法上，在对待国家政治生活中重大问题的主要观点上，也与当政的昏君、宦官、藩镇的观点截然不同，这乃是其拗峭的主要内容。不过，在杜牧诗作中，也可见到人情练达、老于世事的句子，如"遇事知裁剪，操心识卷舒"（《自遣》）、"无穷尘土无聊事，不得清言解不休"（《寄浙江韩八评事》）。但它并非圆滑，而是诗人的教训、慨叹。所以，它与拗峭并不相悖。

二　飒爽流利

杜牧诗风的另一特色是飒爽流利。所谓飒爽，就是矫健豪举，潇洒风流；所谓流利，就是流转飞动，畅快爽利。

杜牧的诗，飒爽处则神采奕奕，风度翩翩，无拘无束，挥斥自如，倜傥不羁，潇洒风流，满面春风，笑容可掬。流利处则"若纳水辂，如转丸珠"[1]，节奏明快，活泼飞动。似山峦起伏，泉水玲珑，雁去燕来，花开花落，流畅爽利，自然而然。且看《自宣州赴官入京路逢裴坦判官归宣州因题赠》中所写：

> 我初到此未三十，头脑钗利筋骨轻。
> 画堂檀板秋拍碎，一引有时联十觥。
> 老闲腰下丈二组，尘土高悬千载名。
> 重游鬓白事皆改，唯见东流春水平。
> 对酒不敢起，逢君还眼明。
> 云罍看人捧，波脸任他横。
> 一醉六十日，古来闻阮生。
> 是非离别际，始见醉中情。

诗人酒逢知己少，一举累十觞，纵横话古今，落拓不羁，谈笑风生，诙谐满纸，妙趣横生。其他如："黄鹤楼前春水阔，一杯还忆故人无？"（《送王侍御赴夏口座主幕》）"绝艺如君天下少，闲人似我世间无。"（《重送绝句》）"独佩一壶游，秋毫泰山小。"（《独酌》）"窗外正风雪，拥炉开酒缸。何如钓船雨，篷底睡秋江。"（《独酌》）"大抵南朝皆旷达，可怜东晋最风流。"（《润州二首》）均诙谐

---

① （唐）司空图：《诗品·流动》。

旷达，启人笑窦。至于"一镜奁曲堤，万丸跳猛雨"（《题池州弄水亭》），"一笑五云溪上舟，跳丸日月十经秋"（《寄浙江韩八评事》），则飞动旋跃，"圆美流转如弹丸"①。再看《赤壁》：

> 折戟沉沙铁未销，自将磨洗认前朝。
> 东风不与周郎便，铜雀春深锁二乔。

全诗怀古抒情，节奏明快，一气呵成，天衣无缝。又如《朱坡绝句三首》中所绘：

> 烟深苔巷唱樵儿，花落寒轻倦客归。
> 藤岸竹洲相掩映，满池春雨鹧鸪飞。

这里，形象鲜明生动，气势贯串流畅，具有三国时魏国书法家钟繇所说的"流美"。诗人不仅善于把握社会生活和大自然中的事物、景物的运动状态，并栩栩如生地把它描绘下来，而且还善于运用转折、反复等手法来强化这种流动的气势。且看《题桐叶》中的描绘：

> 去年桐落故溪上，把笔偶（一作叶因）题《归燕诗》。
> 江楼今日送归燕，正是去年题叶时。
> 叶落燕归真可惜，东流玄发且无期！
> 笑筵歌席反惆怅，明（一作朗）月清风恰别离。

这里，用"把叶"、"题叶"、"叶落"分别顺次插入诗句中，既显示了"叶"字动态的互见美，又含有重复美，而且"把"、"因"、"真"、"且"、"反"等词，词意转换，既显示了一波三折的流利美，又强化了语意层层递进一以贯之的气势美。再如《杜秋娘诗》的结尾：

> 地尽有何物？天外复何之？
> 指何为而捉？足何为而驰？

---

① 《南史·王筠传》，南朝谢朓语。

耳何为而听？目何为而窥？

己身不自晓，此外何思惟？

因倾一樽酒，题作杜秋诗。

愁来独长咏，聊可以自怡。

这里用了七个"何"字，提出七个问题，如连环滚动，环环相依，叙述杜秋娘曲折的遭遇，描绘她那任人摆布、浮沉寥落的一生和凄凉的晚景，并和自己困难的处境联系起来，而发出无可奈何的慨叹！

杜牧诗风的流利美，是由诗人笔下客观事物的流动、主观情感的流动、语言本身的流动所决定的。客观事物在流动过程中，必然有它的音响、速度、旋律、状态、节奏。杜牧在描绘时，必然要在风格上反映出来；同时，诗人情感的波澜起伏，用音调悦耳、旋律优美、节奏明快的语言表现出来，必然也会形成流动；而语言本身的抑扬抗坠、沉郁顿挫、回旋纡折，也会在气势上形成流动。这种流动，乃是杜牧诗风流利美的主要内容。

三 轻倩秀艳

杜牧的诗歌风格还有一个重大特点，这就是轻倩秀艳。清代李调元《李调元诗话》云："杜牧之诗，轻倩秀艳，在唐贤中另是一种笔意，故学诗者不读小杜诗必不韵。"所谓轻倩秀艳，就是轻盈巧倩，秀美艳丽，它仿佛是个风华正茂的女子，秋波流转，含情脉脉，秀而不媚，艳而不淫，风姿婀娜，楚楚动人。例如，描写杜秋娘神态："联裾见天子，盼盻独依依……低鬟认新宠，窈袅复融恰。"（《杜秋娘诗》）刻画张好好姿容："玉质随月满，艳态逐春舒。绛唇渐轻巧，云步转虚徐。"（《张好好诗》）这类描绘，构成了轻倩秀艳的美，为作品整个的风格增添了华丽的色彩。有时，这种轻倩秀艳之美，显隐在作品的整体形象中。如《赠别二首》：

娉娉袅袅十三余，豆蔻梢头二月初。

春风十里扬州路，卷上珠帘总不如。

多情却似总无情，唯觉樽前笑不成。

蜡烛有心还惜别，替人垂泪到天明。

在这里，诗人描绘了烟花少女的窈窕美，她那青楼赔笑的勉强形态和复杂的内心活动，被刻画得惟妙惟肖。此外，诗人描写自己的爱情生活感受，风流潇洒、轻情秀艳，并不流为淫靡者，则如《遣怀》：

> 落魄江南载酒行，楚腰肠断掌中轻。
> 十年一觉扬州梦，赢（一作占）得青楼薄幸名。

此诗千余年来之所以被人传诵，就是由于它轻而不佻，情而不矫，秀而不冶，艳而不妖。虽云"薄幸"，实非放荡。仅系柔情暗寄，并无胭脂味。

当然，轻情秀艳，绝非仅仅显示在对妇女形象和爱情生活的描绘中，它还表现在整个作品诗情画意的点染中。杜牧的许多诗，并未刻画妇女形象，也未表现爱情生活，而是描绘大自然和社会生活的美，但却轻情秀艳，赏心悦目。

> 溶溶漾漾白鸥飞，绿净春深好染衣。
> 南去北来人自老，夕阳长送钓船归。
>
> ——《汉江》

> 青山隐隐水迢迢（一作遥遥），秋尽江南草木凋。
> 二十四桥明月夜，玉人何处教吹箫？
>
> ——《寄扬州韩绰判官》

> 远上寒山石径斜，白云深处有人家。
> 停车坐爱枫林晚，霜叶红于二月花。
>
> ——《山行》

> 前山极远碧云合，清夜一声白云微。
> 欲寄相思千里月，溪边残照雨霏霏。
>
> ——《寄远》

> 数树新开翠影齐，倚风情态被春迷。
> 依依故国樊川恨，半掩村桥半拂溪。
>
> ——《柳绝句》

千里莺啼绿映红，水村山郭酒旗风。

南朝四百八十寺，多少楼台烟雨中！

——《江南春绝句》

这里的描绘，或溶溶漾漾，或隐隐遥遥，或白云微微，或细雨霏霏，显示出一种特有的轻捷美、轻盈美、飘拂美。诗人还以数字入诗，什么二十四桥、二月花、千里月、四百八十寺等，在时间或空间上巧作安排，给画面增添了立体感、新鲜感。在诗人笔下，或绿净春深，或枫林晚红，或红绿相映，或碧云远合，或翠影齐平，或白鸥飞翔，或千里莺啼，或皓月当空，或烟雨迷离，或秋夜箫声，或相思遥寄，或春迷倚风，或故国依依，既写出了情致的俊逸美、飒爽美、遥远美，又写出了景物的掩映美、参差美、婆娑美，且描绘了色彩的秀艳美、斑斓美、纤秾美。上面的诗，有的写江汉春色，有的绘扬州秋景，有的写寒山枫林，有的绘溪边残照，有的写樊川柳根，有的绘江南烟雨，各具一番风韵；但掩卷返思，觉得都有一种美的诱惑，这就是轻倩秀艳。

轻倩秀艳是一种阴柔之美，也就是优美。在拉丁文中，优美叫 gratia，意即愉快、直爽。其实，它的实际含义是指风姿秀丽，体态袅娜，动作轻盈，性情温和，韵致美妙，结构玲珑，情状活泼，轻而不浮，秀而不寒，倩而不拙，艳而不淫。英国美学家柏克说："优美这个观念是属于姿态和动作的。""优美的全部魔力就包含在这种姿势和动作的悠闲自若、圆满和娇柔里。"① 总之，优美的质地是柔和的，情致是缠绵的，姿容是美丽的，动作是轻盈的。杜牧的诗，轻倩秀艳，极其优美。且看《村行》：

> 春半南阳西，柔桑过（一作遍）村坞。
>
> 娉娉（一作袅袅）垂柳风，点点回塘雨。
>
> 蓑唱牧牛儿，篱窥茜裙女。
>
> 半湿解征衫，主人馈鸡黍。

这是一幅美丽的农村风景画。遍村柔桑，垂柳袅袅，塘雨点点，多美妙的景色啊！农家牧儿愉快地唱着歌，竹篱笆内可窥见穿着绛黄色裙子的农家女的身影。行路的

---

① ［爱尔兰］埃德蒙德·柏克：《关于崇高与美的观念的根源的哲学探讨》，见《古典文艺理论译丛》第五册，人民文学出版社 1963 年版，第 61 页。

征人解衣歇脚，村主人热情地用鸡黍招待客人。这首小诗，就有轻柔秀美的特点。此外，如《商山麻涧》中所写的云光岚彩，柔柔垂柳，雉飞鹿过，牛巷鸡埘，秀眉老父，茜裙女儿，均富于柔和的特质。诗人写竹，则"历历羽林影，疏疏烟露姿"（《栽竹》）；写梅则"轻盈照溪水，掩敛下瑶台"（《梅》）；写鸂鶒则"静眠依翠竹，暖戏拍高荷"（《鸂鶒》）；写鹭鸶则"惊飞远映碧山去，一树梨花落晚风"。（《鹭鸶》）均独具一番优美的情趣。总之，杜牧笔下轻倩秀艳的诗风，具有娇柔、缠绵、轻盈、秀丽等特点，因而在美学上属于优美的范畴。

四 柔中寓刚

至于杜牧诗风的英俊豪纵、拗峭不群，则属于壮美的范畴。壮美的质地是刚，故又称阳刚之美。苍松翠柏，雄鹰翱翔，骏马飞驰，大海咆哮，冲锋陷阵，为国捐躯，均给人以刚烈壮美的感受。它们有的描写了巨大的事物，有的显示了巨大的力量，因而使人震惊，令人感奋，激人向上。杜牧的诗笔，不仅善于表现优美，而且善于表现壮美，例如："死绥却是古来有，骁将自惊今日无。青史文章争点笔，朱门歌舞笑捐躯。"（《闻庆州赵纵使君与党项战中箭身死长句》）这里大气磅礴，生动地歌颂了为国捐躯的悲壮美。再如："嵩山高万尺，洛水流千秋。往事不可问，天地空悠悠！……人生一世内，何必多悲愁！"（《洛中送冀处士东游》）这里，就含有旷达不羁的豪气、刚气，表现了诗人宽广的襟怀以及对人生的态度。再看看诗人对崇高人物的歌颂："天下无双将，关西第一雄。授符黄石老，学剑白猿翁。矫矫云长勇，恂恂却榖风。"（《题永崇西平王宅太尉愬院六韵》）这是赞美李愬削平叛变的藩镇，收复淮蔡，屡建奇勋的雄壮凯歌。其他如："雄如马武皆弹剑，少似终军亦请缨。屈指庙堂无失策，垂衣尧舜待升平。"（《东兵长句十韵》）此系歌颂李德裕削平藩镇刘稹的赞歌。至于《登乐游原》：

> 长空澹澹孤鸟没，万古销沉向此中。
> 看取汉家何事（一作似）业？五陵无树起秋风。

此系感喟世事沧桑变异、宇宙运转不息、时光流逝疾速的怀古之作，从中亦可听到寄唐于汉、慨叹晚唐皇政萧条冷落的弦外之音。其格调是悲壮、慷慨的。至于描绘景观壮美的，如"楼飞九十尺，廊环四百柱。高高下下中，风绕松桂树"

（《题宣州开元寺》）；"上吞巴汉控潇湘，怒似连山净（一作静）镜光"（《西江怀古》），也是具有空间的雄伟美和气势的浩瀚美的。此外，杜牧也写过带有恐惧感和痛感的壮美的景观，如《大雨行》中所描绘的：

> 东垠黑风驾海水，海底卷上天中央。
> 三吴六月忽凄惨，晚后点滴来苍茫。
> 铮栈雷车轴辙壮，矫蹚蛟龙爪尾长。
> 神鞭鬼驭载阴帝，来往喷洒何颠狂！

诗人触景感怀，追昔抚今，慨叹自己的遭遇：

> 百川气势苦豪俊，坤关密锁愁开张。
> 大和六年亦如此，我时壮气神洋洋。

大和六年（832），诗人三十岁，正在宣州宣歙观察使幕中。时隔六载，至开成三年（838），诗人三十六岁。他深感韶光荏苒，岁月流逝，人世坎坷，处事维艰，故慨叹悲伤之情油然而生：

> 今年（一作来）阑茸鬓已白，奇游壮观唯深藏。
> 景物不尽人自老，谁知前事堪悲伤？

全诗贯串着一个"悲"字，先由观照大雨开始，极言惊涛骇浪的凶猛、雷霆的震怒。后写沧桑变异、人生不平，并把自己前后作一对比，因而由景及情，由物及人，景情交融，物人相彰，形象地显示出全诗的悲壮美。

但诗人笔下的优美与壮美并非完全绝缘，而是紧密相连的。有些诗歌，壮美与优美相互渗透，水乳交融，有的偏于壮美，如《皇风》；有的偏于优美，如《柳长句》；有的则无分轩轾，各呈异彩，如《湖南正初招李郢秀才》。

但杜牧优美与壮美的诗却具有自己独创的特色，这就是都富于飒爽流利的美。就其属于优美的轻情秀艳的风格而言，正由于含有飒爽流利的美，因而就显出柔中有刚，风流潇洒；就其属于壮美的英俊豪纵、拗峭不群的风格而言，正由于含有飒爽流利的美，因而就显出刚中有柔，婆娑多姿。可见，飒爽流利，是轻情秀艳的亲戚，是英俊豪纵的紧邻。它是优美与壮美相结合的产儿。正因为如此，所以杜牧的轻倩秀艳，含有刚性，虽风姿绰约，情味感人，但绝无脂粉气。杜牧的英俊豪纵、拗峭不群，含有柔性，虽雄姿英发，锐气逼人，但绝不草率粗鲁。总之，杜牧的诗歌风格以英俊豪纵、拗峭不群、飒爽流利、轻倩秀艳为特色。就其主导风格而言，则可用"俊爽"二字来概括。

五 俊爽的生成

下面，我们要进一步分析，杜牧为什么会形成俊爽的诗歌风格呢？

首先，杜牧出身高门，抱负远大，心雄万夫，忧民忧国，关心国家的统一和百姓的命运，当宦官擅权、藩镇作乱、外族入侵时，诗人即振臂高呼，慷慨陈词，主张统一，反对叛乱，赴汤蹈火，在所不辞。如此激情，倾注在诗中，则必形成生气蓬勃、飒爽流利、英俊豪纵的风格。

杜牧的祖父，是宰相杜佑。杜佑辅佐过唐德宗、唐顺宗、唐宪宗，是个杰出的政治家。杜佑还写过《通典》一书，因而又是个著名的史学家。杜牧的堂兄杜悰，也官至宰相，辅佐过唐武宗、唐懿宗。唐人尝谓："城南韦、杜，去天尺五。"足见其家世显赫。杜牧生在如此高门宦第，深受儒学的传统影响，讲究经国致用之道，力图发挥自己的才能，为国家朝廷干出一番轰轰烈烈的伟大事业来。当他进士及第以后，这种报效国家的热情更为强烈。他熟读兵书，注过《孙子》，曾写《战论》、《守论》、《原十六卫》等军事论文，并屡次上书陈述用兵之道，被誉为"真王佐才"[1]。李商隐用"名总还曾字总持"来赞美杜牧的文才，用"心铁已从干镆利"来赞美杜牧的武才（见《赠司勋杜十三员外》）。当时，出身高门的世族地主与出身平平的庶族地主的矛盾斗争日益尖锐复杂，牛（僧孺）李（德裕）党争，相互倾轧，就是这种斗争白热化的表现。杜牧虽出身高门，与牛僧孺关系密切，但他却不愿卷入党锢之争的漩涡中，且对牛僧孺纵容藩镇坐大的做法表示不满；相反，对代表新兴进士阶层利益的庶族地主官僚李德裕等人的削藩措施，则表示支持。实际上，他是冲破豪门地主礼法樊篱、以国家民族利益为重的诗人。因此在牛党执政时，他未受重用，在李党执政时，他却被看做牛党，而被排斥，所以，诗人的仕途生涯并不十分得意。他在《上吏部高尚书状》中所写的"三守僻左，七换星霜，拘挛莫伸，抑郁谁诉？"[2] 就流露出身受

---

[1] （唐）王定保：《唐摭言》卷六。
[2] （唐）杜牧：《樊川文集》卷十六。

排斥的愤懑心情。因此，他被外放为黄州、池州、睦州刺史时，心情并不舒畅。诗人浪迹江南，心存社稷，当国家处于危急存亡之秋，诗人恨不得手擎天柱、支撑大厦，平定风波、力挽狂澜！故其诗风在雄俊豪纵之中，不时流露出忧愤的情怀。这些，主要表现在他的咏怀诗中，如《雪中抒怀》、《河湟》、《李给事二首》、《街西长句》、《夏州崔常侍自少常亚列出领麾幢十韵》、《故洛阳城有感》、《往年随故府吴兴公夜泊芜湖口今赴官西去再宿芜湖感旧伤怀因成十六韵》，均脍炙人口。他在《商山富水（一作春）驿》中说：

> 邪佞每思当面唾，清贫长欠一杯钱。
> 驿名不合轻移改，留警朝天者惕然。

充分显示了杜牧对奸臣宦官的憎恨，对国家前途的忧虑。在《昔事文皇帝三十二韵》中说：

> 我实刚肠者，形甘短（一作裋）褐鬓。
> 曾经触蛮尾，犹得凭熊轩。

这里表现了诗人的刚毅正直的精神和敢于进谏的勇气。如此直抒胸臆、指斥时政，绝不吞吞吐吐、躲躲闪闪，其作品中焉能不表现出英俊豪纵、飒爽流利？从上述分析中可以看出：紧张激越的生活节奏，易于在诗人的心中掀起壮阔的波涛，一个文质彬彬的诗人，对于这种情势也不能无动于衷，何况杜牧？他是个刚性的人，目击动荡的生活急流，危难的国家民族，必然要挺身而出，大声疾呼，因此在诗歌创作中，也必然要表现这种强烈的情感。可见，杜牧的英俊豪纵、飒爽流利的诗风，之所以形成；既有它的客观原因，又有它的主观原因。

当诗人遭遇打击时，当诗人处于逆境时，诗人绝不屈服，绝不苟且，而是一如既往，努力向前，从而表现了他性格上的刚毅、坚强的一面。这种性格上的特点表现在诗歌上，就易形成拗峭不群、傲然独拔的风格。杜牧的好友李商隐说："高楼风雨感斯文，短翼差池不及群。"（《杜司勋》）这是在赞美杜牧的作品感叹时政、悖背群俗，感喟其不受重视。《新唐书》杜牧传云："牧刚直有奇节，不为龊龊小谨，敢论列大事，指陈病利尤切至。"杜牧在《长安送友人游湖南》中说他自己："愚衷深褊狷。"这种褊急狷介的性格，必然在他的作品中打上拗峭的烙印。这种拗峭的特质，更有力地突出了英俊豪纵的阳刚之气和飒爽流利的美。且看《念昔游三首》中所写：

> 十载飘然绳检外，樽前自献自为酬。
> 秋山春雨闲吟处，倚遍江南寺寺楼。

> 李白题诗水西寺，古木回岩楼阁风。
> 半醒半醉游三日，红白花开山雨中。

诗人出身于豪门世家，居然漠视礼法，不为绳检所缚，岂非拗峭、狷介使然？但其拗峭、狷介并不古怪、执著，而是化入俊爽的风格之中，故显得豪纵洒脱、放达不羁，有李白之风。

　　但是，为什么在英俊豪纵、拗峭不群、飒爽流利之外，杜牧还追求轻倩秀艳的风格呢？因为杜牧的性格、情趣、气质是多侧面的。他既有刚的一面，又有柔的一面；既有谙晓兵书、熟悉军事、报效国家的壮志豪情，又有花前月下、两情依依、离愁别绪的缠绵悱恻。此外，杜牧出生京兆万年（陕西西安），青年时代是在北方度过的，二十六岁进士及第以后至五十岁，大部分时间是在洪州、宣州、扬州、蕲州、黄州、池州、睦州、湖州等地度过。中间虽返回长安，但时间很短。南方的风俗人情、江南的秀丽景色，长期地熏陶着、感染着诗人，当它化为诗的风格时，便会凝成轻倩秀艳。此外，诗人常年在外，浪迹江湖，有时至秦楼楚馆中，会描写歌女的难言之情与难诉之苦，流露出她们哀怨的情思，故其诗风也染上了轻倩秀艳的色调。诗人还同情广大妇女悲惨的遭遇和不幸的命运，对于她们秀丽的风姿常常用赞美的情调去歌咏。如前面所举过的《杜秋娘诗》、《张好好诗》，就形象地表现了这一点。李商隐说："杜牧司勋字牧之，清秋一首杜秋诗。"（《赠司勋杜十三员外》）又说："刻意伤春复伤别，人间唯有杜司勋。"（《杜司勋》）抒发离别之情，描述痛苦际遇，刻画动人风姿，焉能不用轻倩秀艳？此外，六朝以来的绮丽诗风对杜牧也有影响。六朝艳丽文风虽为陈子昂、李白所不齿，但在唐代三百年间并未绝迹。这里有两种情况：一种是像梁简文帝、陈后主、江总那样的淫艳的宫体诗，情调萎靡、矫揉造作；一种是像谢灵运、鲍照、谢朓、沈约、江淹、庾信等人的清词丽句。前者为唐代大多数诗人所唾弃，后者为唐代大多数诗人所赞美。陈子昂所反对的齐梁诗风主要是针对前者，李白所说的"自从建安来，绮丽不足珍"（《古风五十九首》其一），主要也是指前者，韩愈所说的"齐梁及陈隋，众作等蝉噪"（《荐士》），也是针对淫靡风习而言。但淫艳与绚丽在六朝诗人的某些作品中又往往交织在一起，因而唐代某些诗人在接受前人文化遗产时又会自觉或不自觉地受到影响，在自己的作品中也留下了痕迹。尤其是那些出身皇廷世族、豪门权贵之家的诗人，由于自己优裕的经济生活和显赫的社会地位，为了表现自己生活的豪华，也会在自己诗作中或多或少地流露出艳丽，甚至淫靡。如初唐杨师道的《初宵看婚》、虞世南的《中妇织流黄》、李百药的《妾薄命》、李义府的《堂堂词》等，即使是唐太宗，也写过《采芙蓉》、《翠微宫》、《咏风》等宫体诗。这种轻艳的诗风虽然不能形成大的气候，但的确是残存的。只是经过唐朝诗人的洗涤，其淫靡之音已大为减少，然其艳丽的色彩却被保存下来。所以，到中唐元稹的诗歌中有自称为艳体者；李贺之诗有"理虽不及，辞或过之"者（杜牧《李长吉歌诗叙》）。至晚唐，则杜牧、李商隐、温庭筠，虽各有特色，但也都存在着艳的一面，因而有人称李商隐与杜牧为"李杜"，称温庭筠与李商隐为"温李"，足见他们的诗风有相似之处。杜牧对李贺仰慕至深，同李商隐也是诗友。故杜牧的艳丽，既是由于受了前人的影响，也是由于同辈诗友之间的相互影响。当然他们之间也各有特色：元稹轻艳、俗艳，李贺冷艳、怪艳，李商隐隐艳、僻艳，温庭筠绮艳、缛艳，杜牧则为秀艳、清艳。但有趣的是，杜牧在追求轻情秀艳的同时，却反对元稹的轻艳。杜牧在《李府君墓志铭》中，借李勘之口，对元和以来的"元白体"大加挞伐，斥之为"纤艳不逞"、"淫言媟语"。他在《感怀诗》中也说："至于贞元末，风流自绮靡。"这里说明中晚唐时浮艳的风气确有抬头的趋势。杜牧所反对的正是轻薄浮艳的不良倾向，因而是具有特定意义的。但他连元、白的通脱特点也视而不见，甚至不屑一顾，这就流于偏颇。元稹的某些艳诗，的确有淫靡之处（如《会真诗三十韵》），因而杜牧的指责是有道理的。另一方面，杜牧反对元、白，也是为了替张祜打抱不平。有人认为，杜牧批评元、白淫靡的同时自己也犯了同样的毛病，因而断定杜牧的秀艳也不可取。这种论断是缺乏说服力的。杜牧对元稹的批评虽有过激之词，但也有打中要害之处，这对于那些热衷于艳诗的人确是一个有力的针砭。至于杜牧自己也确曾写过艳丽之诗，但并不淫靡，而是轻情秀艳。更何况它又是从属于俊爽这种主导风格的。

杜牧之所以形成俊爽的诗歌风格，同他在艺术上对于独创性的孜孜追求是有密切关系的。他在《献诗启》中写道："某苦心为诗，本求高艳，不务奇丽，不涉习俗，不今不古，处于中间。"这表明，杜牧不愿因袭古人，也不愿仿效今人（当时人），不沿承绮丽的衣钵，不随俗浮沉，而是走自己的路。因而，他虽很推崇李、杜、韩、柳，但绝不亦步亦趋，而是取其精髓，得其神韵。他在《冬至日寄小侄阿宜》中说：

> 李杜泛浩浩，韩柳摩苍苍。
> 近者四君子，与古争强梁。

那么，杜牧的独创性立于什么基点之上呢？他在《答庄充书》中说："凡为文以意为主，气为辅，以辞采章句为之兵卫。"这不仅是指文章，也是指诗歌。意思是说：凡作诗文，首先要注重思想情感，还要考虑辞章文采。这种理论也影响着杜牧的诗风。这就是说：杜牧的俊爽，不仅是健康、积极的，而且是绚丽、华美的。

关于杜牧的诗歌风格，杜牧的外甥裴延翰在《樊川文集序》中说：

> 窃观仲舅之文，高骋夐厉，旁绍曲摭，絜简浑圆，劲出横贯，涤濯滓秽，支立敧倚。呵摩皱瘃，如火煦焉；爬梳痛痒，如水洗焉。其抉剔挫偃，敢断果行，若誓牧野，前无有敌；其正视严听，前衡后銮，如整冠裳，祗谒宗庙；其眊蛰爆聋，迅发不栗，若大吕劲鸣，洪钟横撞，撑裂噎喑，戛切韶頀；其砭熨嫉害，堤障初终，若濡槁于未焚，膏痈于未穿。栽培教化，翻正治乱，变醨养瘠，尧酨舜薰。斯有意趋贾、马、刘、班之藩墙者邪！

这段论析，内容丰富，含义深刻。所谓"高骋夐厉"、"敢断果行"，不正是"英俊豪纵"吗？所谓"劲出横贯"、"如水洗焉"，不近乎"飒爽流利"吗？所谓"抉剔挫偃"、"砭熨嫉害"，与"拗峭"不是有类似之点吗？所谓"旁绍曲摭"、"支立敧倚"，与"轻倩秀艳"不是有某些相近之处吗？

第十五章　李商隐诗歌风格论

一　含隐蓄秀　奥僻幽邃

高棅在《唐诗品汇总序》中用"隐僻"二字，来概括晚唐诗人李商隐的诗歌风格，称为"李商隐之隐僻"。

所谓隐僻，就是含隐蓄秀，奥僻幽邃。

含隐蓄秀，简称隐秀。所谓隐，就是言外之旨；所谓秀，就是篇中之萃。"隐也者，文外之重旨者也；秀也者，篇中之独拔者也。隐以复意为工，秀以卓绝为巧。"① 李商隐的诗风就以隐秀为特色，故叶燮称其"寄托深而措辞婉"，张采田称其"隐词诡寄"。且看《初食笋呈座中》这首诗：

> 嫩箨香苞初出林，於陵论价重如金。
> 皇都陆海应无数，忍剪凌云一寸心？

此诗作于大和八年（834），诗人时年二十二岁，在兖海观察使崔戎幕内。诗人以初出土的嫩笋自况，言其价重如金。皇廷海内应有无数嫩笋（嫩箨）之才，须加珍惜呵护，始可物尽其用，人尽其才。诗人焉能不竭尽股肱之力报效国家，而表明自己的心迹？诗人以笋寄情，寓情于景，充分地表现出含隐蓄秀的风格美。但此诗毕竟作于诗人早年，诗人热血满腔，心怀社稷，虽托物言志，语意委曲，但毕竟"重旨"、"复意"多，晦僻艰涩少。如仔细揣摩，是不难理解的。

隐秀的特点，正如《文心雕龙·隐秀》篇中所说，是"源奥而派生，根盛而颖峻"。因而源奥根盛，枝叶茂峻，生气贯注，乃是隐秀的标志。在隐与秀之间，李商隐尤其注重一个"隐"字。"夫隐之为体，义主文外，秘响傍通，伏采潜发。"② 李商隐的诗，就是如此。且看《思贤顿》：

> 内殿张弦管，中原绝鼓鼙。
> 舞成青海马，斗杀汝南鸡。
> 不见华胥梦，空闻下蔡迷。

---

① ② （南朝）刘勰：《文心雕龙·隐秀》。

宸襟他日泪，薄暮望贤西。

此诗用隐喻、寄托的方法，讽刺唐玄宗纵情声色、斗鸡走马、荒废朝政、丧权辱国的行径，并以"思贤"反衬出唐玄宗的腐败。语意双关，"旨趣遥深"①，为咏史诗之上乘。再看《吴宫》：

> 龙槛沉沉水殿清，禁门深掩断人声。
> 吴王宴罢满宫醉，日暮水漂花出城。

此诗写吴王夫差纸醉金迷、骄奢淫逸的生活。先写龙轩水树的沉寂、清静，再绘宫门深锁、人声断绝的情景。为什么如此静谧呢？原来是吴王宴罢、满宫酩酊大醉、人散夜深之时啊！全诗以静写动，从吴宫醉后之静衬托出醉前之动（喧哗）。静是明写、实写，动是暗写、虚写。写"水殿清"、"断人声"，也正是为了强调"满宫醉"。这里的描写，真是明暗相映，虚实分明，层次清晰，有主有宾，堪称"深文隐蔚，余味曲包"②。这类咏史诗，都是强调"隐"的。其他如《贾生》、《陈后宫》、《龙池》、《马嵬》、《齐宫词》、《南朝》、《隋宫》、《咏史》诸作，或以古喻今，或以今述古，或由此及彼，或由彼及此，隐晦曲折，揭露历代昏君之荒淫无耻，慨叹国家之日益沉沦，可谓含不尽之意于言外，蓄难状之情于隐中。可见，言虽殚而意无穷，为李商隐咏史诗显著的艺术特色。苏东坡说："言有尽而意无穷者，天下之至言也。"③李商隐的咏史诗七律、七绝较多，但在压缩的形式中都包蕴着十分丰富的内容。重大的历史事件，豪华的宫廷生活，热闹的歌舞场面，富丽的宫殿建筑，严重的历史教训，深沉的思想情调，都隐藏在凝练的语言中，可谓由博反约、以少总多、含一蓄十、寓无限于有限。它表面上似乎一平如水，骨子里却滚动着起伏的波澜。它有时言内无一字触及当时的政治，但在言外却无不戳进当时皇帝的痛处。这种写法，用司空图的话来说，就是"浅深聚散，万取一收"，"不著一字，尽得风流"④。李商隐的含隐蓄秀的诗风，就体现了这个特点。不仅咏史诗如此，即使是那些明白如话的诗篇也是如此。且读《夜雨寄内》（亦作《夜雨寄北》）：

---

① （清）冯浩：《玉谿生诗评注》序。
② （南朝）刘勰：《文心雕龙·隐秀》。
③ 转引自（宋）姜夔：《白石道人诗说》。
④ （南朝）钟嵘：《诗品·含蓄》。

君问归期未有期，巴山夜雨涨秋池。

何当共剪西窗烛，却话巴山夜雨时。

此诗有人说是寄给友人的，有人说是寄给内人（妻子）的。写作年代约在大中二年秋诗人游巴蜀之时。有人考证说，当时诗人的妻子已去世，因而不可能是写给妻子的。但从全诗意境看，写给妻子一说，似较合乎情理。即使亡妻之后，寄情于诗，抒发追念之情，仿佛妻子仍在，也是一种未尝不可的假设。当然，在理解此诗时，还是从作品本身出发为宜。起句以设问始，一问一答，诗人漂泊在外，乡情、恋情、羁旅之愁，如蚕抽丝，缕缕若织，感喟之情，油然而生：一问归期，一答无期，均盼有期，而结果是"未有期"，希望终归失望，其怅惘之情，虽未著一字，却尽在纸上。两人尽管相隔千里，恍如深闺共语，此情此景，真乃"身无彩凤双飞翼，心有灵犀一点通！"（李商隐《无题》）存在于不同空间的人，只要架起情感的桥梁，他们就可以跨越过去握手言欢、畅叙别情，对于李商隐来说，是多么轻而易举！而这，却是凝聚在诗人含隐蓄秀的诗风之中的。诗人语犹未已，紧接着描绘巴山夜雨、淅淅沥沥、秋池水涨的景象，益发激化了诗人的羁旅之愁和离别之情。我们可以设想，一个远在他乡的游子，本已乡情满怀、愁绪萦绕，再加上深夜秋雨，绵绵不休，就把人的离情别绪拉扯得更长了。诗人的描写，字面上平平淡淡，骨子里却牵动着他的层层裹叠的相思之情。这正是隐秀的蕴藉性、包孕性和重叠性所决定的。但是，就在诗人忧丝萦怀之时，突然以神来之笔，用"何当"一词一转，拿"却话"一词一折，想象出一幅美妙的画面：深夜长谈，共剪烛花，回忆往昔。末句以回忆巴山夜雨时的欢欣，来衬托前面描写的面对巴山夜雨时的愁苦，前后对比，一愁一喜，显现出诗人对久别重逢的憧憬。然而，这仅仅是诗人想象的美景啊！现实的处境却是"巴山夜雨涨秋池"。当想象中的欣喜幻灭之后，面临着的仍是现实中的羁旅之愁和离别之苦。在诗人笔下，先由忧入喜，再化喜为忧，然眼前景融入未来情中，蕴涵已更深。这亦忧亦喜之间，一往一返，含蓄着多少离愁，隐藏着几多别绪！如果不含隐蓄秀，诗人的情思，焉能表现于万一？清代桂馥在《札朴》卷六中说道："眼前景反作后日怀想，此意更深。"徐德泓在《李义山诗疏》中指出："翻从他日而话今宵，则此时羁情，不写而自深矣。"李商隐就是如此善于在回环纡折之中，曲尽情致，低声吟诵的，因而也就愈加显示出旨遥意深的特点。再如《宿骆氏亭寄怀崔雍崔衮》所写：

竹坞无尘水槛清，相行迢递隔重城。

秋阴不散霜飞晚，留得枯荷听雨声。

亦含隐蓄秀，韵味深长。其他如《忆梅》、《赠柳》、《乐游原》等诗，均为隐秀之绝唱。这些诗，明朗清丽，楚楚动人，隐而不僻。

此外，我们也要看到，李商隐的诗风，不仅有隐的一面，而且还有僻的一面。它隐中含僻，既隐且僻。僻的含义非常广泛，有涩僻、冷僻、古僻、奇僻、孤僻、奥僻、幽僻、拗僻、硬僻、生僻、枯僻、偏僻。李诗的僻，主要是言其苦心孤诣、独辟蹊径、深奥难解、鲜为人知。其最大的特点是喜欢用典。

诗人以典入诗，在风格上显示为僻，形成了独创的奇异的特点。这个特点，如从诗人创作过程和阅读欣赏过程看，就表现得非常清楚。从诗人创作过程看，现实生活中的风风雨雨，激发了诗人的灵感，使诗人产生了创作冲动。诗人的思想仓库中储存着五彩缤纷的形象图画，但在很多情况下，诗人并不是让这些图画像生活那样真实地展现出来，而是隐去真事，只是借用与这种真事有关的典故来比喻真事，影射现实，诗人本身对于这种比喻、影射当然是清楚的，因而诗人大脑中所进行的形象思维活动必然呈现两种状态：一种是诗人当时所处的现实生活的一幅幅画图，一种是流传久远或见诸典籍的故实。前者是面，后者是点；前者的形象是展开的，后者的形象是浓缩的；前者是活泼流动的，后者是固定不变的；前者的时空是近的，后者的时空是远的。在创作过程中，诗人往往隐去前者，每每显示后者，仅取前者与后者的类似之处，来表现前者，其本意是通过典故来显示现实，着眼点并非典故本身，然而突出地显示出来的却是典故，而非现实本身，这就出现了现实生活画面的显示所要求的形象的鲜明性同典故本身所存在的暗示性、隐寓性之间的矛盾。当诗人或多或少地克服了这种矛盾而使二者或多或少地有某种统一时，即现实生活的形象的鲜明性压倒了典故本身的隐晦性之时，则其所描绘的诗的画面，就含有或强或弱的明朗性；当现实生活的形象的鲜明性被典故的隐晦性所掩盖时，则益加显示出诗的画面的隐晦性。此李诗之所以为僻者一也。以典入诗，必重视譬喻，而譬喻本身是跛足的，其类比就含有不确定性，不确定的因素是难以捉摸的。此李诗之所以为僻者二也。把展开着的现实生活画面，块块分割开来，分别挤压在一个个典故的浓缩点中，以点代面，寓面于点，欲知其面，须析其点，而其点，只是这样或那样地显示着面的一角或某些部分，而难以显示面的全貌。此李诗之所以为僻者三也。诗人在以典入诗的创作过程中，必然略去或舍弃了某些生活细节，只是较多地保存了典故的骨架，从典故的骨架中测知生活的血肉，谈何容易！此李诗之所以为僻者四也。诗人以千百年前之事喻诗人当时之事，在时间、空间上，跨度很大，历史的中间环节很多，故诗的形象表现为"隔"（晦、虚）。宋代诗评家黄彻在《碧溪诗话》卷十中说："李商隐诗好积故实，如《喜雪》云：'班扇慵裁素，曹衣讵比麻。鹅归逸少宅，鹤满令威家。'又'洛水妃虚妒，姑山客谩夸'；'联辞虽许谢，和曲本惭巴'。一篇中用事者十七八。"诗人在用典故时，又未加诠释。此李诗之所以为僻者五也。李商隐跟随令狐楚学习，熟知骈辞俪句，精通骈体文。骈文讲究字有出处，词有来源，语有所本，强调准确、工稳地表达思想感情，故对推敲字句、运用典故，十分重视。他在《樊南甲集序》中说："有请作文，或时得好对切事，声势物景，哀上浮壮，能感动人。"宋代黄鉴《杨文公谈苑》云："李商隐为文，多检阅书册，左右鳞次，号'獭祭鱼'。"由于他对典故烂熟于心，故每逢作诗，典故即浮现脑际，召之即来，跃入笔端。正如他自己所说："自探典籍忘名利，枕藉时惊落蠹鱼。"（《和刘评事永乐闲居见寄》）此李诗之所以为僻者六也。且诗人一生，处于牛（僧孺）李（德裕）两党的斗争中，起初，跟随令狐楚（属于牛党），并得到令狐楚之子令狐绹的推荐，一跃而进士及第。他对令狐氏感激不已，声称虽"碎首糜躯，莫知其报效"①。后因娶王茂元（属于李党）之女，从王茂元幕，并支持李德裕，因而便受到令狐绹的冷落、非难、打击。令狐绹"以商隐背恩"②，牛党遂"蚩谪商隐，以为诡薄无行"③。诗人处在牛李党争的夹缝中，左右为难，心情抑郁，常恐遇谤罹祸，然又不忘忧国忧民，故作诗言志，抒发情感时，辄用隐语，每每寄托。诗人自己所说的"楚雨含情皆有托"（《梓州罢吟寄同舍》），"楚天云雨尽堪疑"（《有感》），"为芳草以怨王孙，借美人以喻君子"④，就含有这种用意。此李诗之所以为僻者七也。总之，李商隐的隐僻诗风的形成原因，是极其复杂的，有主观的原因，又有客观的原因。

正因为李诗隐僻，故其画面具有很大的荫蔽性与间接性。它仿佛被蒙上了一层薄纱，隐隐绰绰，可辨难辨。加之时隔百千年，读者又非当时的读者，故对李商隐的诗，常常感到僻涩难解。金代诗人元好问在《论诗三十首》中写道：

---

① （唐）李商隐：《上令狐相公第五状》。
② 《旧唐书·李商隐传》。
③ 《新唐书·李商隐传》。
④ （唐）李商隐：《樊南文集》卷四《谢河东公和诗启》。

望帝春心托杜鹃，佳人锦瑟怨华年。

诗家总爱西昆好，独恨无人作郑笺。

在这里，元好问以李商隐的《锦瑟》诗为例，肯定了李商隐诗的美，但又深感李诗隐僻难解。宋代惠洪在《冷斋夜话》中说："诗到义山，谓之文章一厄，以其用事僻涩，时称西昆体。"元好问所选的《中州集》引李纯甫屏山所作《西昆集序》也说："李义山喜用僻事，下奇字，晚唐人多效之，号'西昆体'。"胡震亨《唐音癸签》卷八引《古今诗话》云："义山诗用事深僻。"明李东阳《怀麓堂诗话》亦以"涩僻"目之。这些论述，都特别地强调李商隐诗的突出之点，这就是一个"僻"字。

李商隐的诗，有的有隐有僻，有的有隐无僻，有的隐多僻少，有的隐少僻多。

由于诗人描绘的题材不同，角度不同，方法不同，情绪色彩不同，前后经历不同，故其隐僻也呈现出多种多样的风采。历代诗家也往往从他们各自的理解出发，去描述李商隐的诗歌风格，或曰"繁缛"①，或曰"巧丽"②，或曰"用事婉约"③，或曰"微密闲艳"④，或曰"包蕴密致，味酌之而愈出"⑤，或曰"沉博绝丽"（朱鹤龄语），或曰"深情绵邈"、"绚中有素"⑥。这些，都是对于李商隐不同诗风的具体概括，但它们都是受着隐僻的主导风格所制约的。总之，李商隐的诗歌风格，除了具有含隐蓄秀、奥僻幽邃的基本特色外，还有其他特色，这就是：委曲朦胧，深情绵邈；沉郁顿挫，典丽精工。

二　委曲朦胧　深情绵邈

由于李商隐的诗含隐蓄秀、藏而不露，故必然委婉曲折。李商隐也声称，他作诗文，喜欢追求委曲："每水槛花朝，菊亭雪夜，篇什率征于继和，怀觞曲赐其尽欢；委曲款言，绸缪顾遇。"⑦ 司空图在《诗品》中，曾将"委曲"列为一

① 《新唐书》本传。
② （明）胡震亨：《唐音癸签》卷八引杨慎语。
③ （宋）许顗：《彦周诗话》。
④ （元）范梈：《木天禁语》。
⑤ （明）胡震亨：《唐音癸签》卷八引宋人杨亿语。
⑥ （清）刘熙载：《艺概·诗概》。
⑦ （唐）李商隐：《上令狐相公状一》。

种重要的风格。"登彼太行，翠绕羊肠，杳霭流玉，悠悠花香。"这是对委曲境界的形象描绘。李商隐的无题诗，就是委曲的绝唱。它具有柔、曲的特点。

惟其柔，所以它情调缠绵，风姿袅娜，步履轻盈，音韵悠扬，节奏舒徐。惟其柔，所以它不用激情，而用抒情。惟其柔，所以它徘徊沉吟，一唱三叹。

> 来是空言去绝踪，月斜楼上五更钟。
> 梦为远别啼难唤，书被催成墨未浓。
> 蜡照半笼金翡翠，麝香微度绣芙蓉。
> 刘郎已恨蓬山远，更隔蓬山一万重。

这首《无题》诗通过对梦境的追忆，抒发了对意中人无限的眷念之情。首联是写夜尽月残的楼上，梦见意中人默默地走来，又悄悄地离开。第二联描写对意中人的呼唤，在匆促、急迫、连墨也没有来得及磨浓的景况下，奋笔疾书，表述对意中人的深切怀念之情。第三联是追忆：在镶金的翡翠灯笼的烛光映照下，在麝香吐芳的芙蓉绣帐前，诗人和意中人团聚时的美好情景。在尾联中，诗人以"刘郎"自况，以"蓬山"喻意中人远在天涯，寄托诗人渺茫、迷惘、可望而不可及的依恋之情。这里两次提到"蓬山"，与《无题》"相见时难别亦难"这首诗尾联"蓬山此去无多路"中的蓬山，都是比喻理想中的仙境，可是远隔万重，相会无期，怎能不令人愁丝萦怀，感喟万端呢？全诗情意缠绵，情丝摇漾，令人回味无穷。加之富于动作性，意中人倩影婷婷，仿佛就在目前，更激起诗人的无限恋情，而感到柔肠欲断了。这种柔，往往带有凄婉的特点，它经常流露出诗人的怅惘、忧伤的情怀。且读下面一首《无题》诗：

> 相见时难别亦难，东风无力百花残。
> 春蚕到死丝方尽，蜡炬成灰泪始干。
> 晓镜但愁云鬓改，夜吟应觉月光寒。
> 蓬山此去无多路，青鸟殷勤为探看。

首联抒发诗人同意中人相见既难、分别时又依依难舍的深情，复衬之以"东风无力百花残"的景象，更增添了这种惆怅的心绪。颔联以"春蚕到死"、"蜡炬成灰"，比喻对意中人的极度忠诚和至死不渝，也流露出诗人内心的无限悲痛之情。颈联是揣念意中人的愁思：早晨对镜，忧绪万千，连鬓发恐也愁得白了；深夜对月，寒气逼人，该在独自吟诵、排遣苦闷吧！尾联系劝慰之词。以"蓬山"比仙境，以"青鸟"喻信使，表达了对意中人的抚慰、惦念之情。全诗情调凄婉，感人肺腑，楚楚动人。这种柔婉凄楚的风格特色也表现在李商隐其他无题诗中。例如："春心莫共花争发，一寸相思一寸灰。""归来展转到五更，梁间燕子闻长叹。""直道相思了无益，未妨惆怅是清狂。"这些都是脍炙人口的名句。

李商隐的诗，不仅柔，而且曲。曲，是指婉转曲折，曲径通幽。杨振纲《诗品解》引《皋兰课业本原解》云："文如山水，未有直遂而能佳者。人见其磅礴流行，而不知其缠绵郁积之至，故百折千回，纡余往复，窈深缭曲，随物赋形。"李商隐的诗，也是如此。惟其曲，所以它同直、露是疏远的。惟其曲，所以它不追求刚，而喜爱柔。惟其曲，所以它的形态或峰回路转，或山重水复，或柳暗花明，或波澜起伏，或一波三折，或回旋纡折，或缠绵缱绻，或余音绕梁，或情丝摇漾，或风姿婆娑，约而言之，则可分为景曲与情曲两种。景曲为景物显现之曲，情曲为情感显现之曲。情景交融，曲折有致，则益加衬托出柔婉。例如：

> 凤尾香罗薄几重，碧文圆顶夜深缝。
> 扇裁月魄羞难掩，车走雷声语未通。
> 曾是寂寥金烬暗，断无消息石榴红。
> 斑骓只系垂杨岸，何处西南任（一作待）好风？

这首《无题》诗描写了一个年轻女子对只曾一面、未诉衷肠的意中人思念、等待的心情。首联描写这个女子在夜深人静时亲手缝制碧花蚊帐、期待意中人的情景；颔联追叙她自己窥见情人，羞涩难掩，以扇遮面，终未一语，直至车走雷声、情人离开时的心理活动；颈联描写孤独寂寥、烛光暗淡、闺阁空守时的苦闷，虽然韶光流逝、度日如年，但待到石榴花红的季节，仍然音信杳无，见不到意中人的影子。尾联暗喻意中人并未远去，他喜乘的斑骓只系在垂杨岸边；怎样才能等到西南好风，将自己吹入意中人的怀抱呢？全诗生动地表现了女子思春的心理活动。诗人没有用一句直语，没有一句爱的独白，却无一句不暗示着深沉的爱。虽一语未通，却一见倾心，心随郎去。这里，是包含着多少曲折的情思啊！况且，这种情思是寄托在诗人所描绘的景物之中的。这也是一种曲折的表现！当然，这并不仅仅限于无题诗，在其他诗篇中，这种曲的特点也是非常显著的。例如：在《安定城楼》中，用"贾生年少虚垂涕，王粲春来更远游"的典故，来暗喻自己年少忧国、不为世用、落第漂泊、忧郁苦闷的情怀；在《令狐八拾遗绹见招送裴十四归华州》中，用"嗟余久抱临邛渴，便欲因君问钓矶"的句子，来曲折地表达自己急于求偶的心情；在《悼伤后赴东蜀辟至散关遇雪》中，用"散关三尺雪，回梦旧鸳机"的诗句，描述自己散关逢大雪、梦见亡妻刺绣时的情景；在《流莺》中，描绘了"流莺漂荡复参差，度陌临流不自持。巧啭岂能无本意，良辰未必有佳期"。诗人触景生情，暗暗地流露出惆怅的情怀。这些描写，虽然寄情于景，寄景于物，托情于事，但都是曲尽其情，而绝非开门见山的。杨振纲在《诗品解》中，曾对"曲"的特点作过细致的分析，把"曲"释为"转"。他说：

> 转则不板，转则不穷。如游名山，到山穷水尽处，忽又峰回路转，另有一种洞天，使人应接不暇，则耳目大快。然曲有二种，有以折转为曲者，有以不肯直下为曲者，如抽茧丝，愈抽愈有；如剥蕉心，愈剥愈出。又如绳伎飞空，看似随手牵来，却又被风飏去，皆曲也。然此行文之曲耳。至于心思之曲，则如"遥知杨柳是门处，似隔芙蓉无路通"，又曰"祇言花似雪，不悟有香来"。或始信而忽疑，或始疑而忽信，总以不肯直遂，所以为佳。

这段论述，异常精到，对于我们理解李商隐的委曲诗风，是很有启发的。

柔与曲，是紧密结合的。要柔而不软，曲而不晦，方是上乘。柔而至于软，则易于沾上花柳情、胭脂气、市井味。曲而至于晦，则必境界昏暗，而不能通幽。李商隐的诗，柔中有曲，曲中有柔，水乳交融，形成了独特的委曲的风格。

但诗人有时偏重于柔，故深情绵邈，一唱三叹；有时偏重于曲，故回旋纡折，朦胧幽邃。

所谓朦胧，就是扑朔迷离，恍恍惚惚，隐隐约约，影影绰绰。朦胧美乃是李商隐委曲诗风的一大特色。拿他所描绘的月色来说，就体现了这种朦胧美：

> 此夜西亭月正圆，疏帘相伴宿风烟。
>
> ——《西亭》

> 昨夜西池凉露满，桂华吹断月中香。
>
> ——《昨夜》

玉匣清光不复持，菱花散乱月轮亏。

——《破镜》

如何云月交光夜，更在瑶台十二层。

——《无题》

归去定知还向月，梦来何处更为云？

——《促漏》

池光不受月，夜气欲沉山。

——《戏赠张书记》

月澄新涨水，星见欲销云。

——《夜出西溪》

晚晴风过竹，深夜月当花。

——《春宵自遣》

云通梁苑月，月带楚城秋。

——《江上》

石梁高泻月，樵路细侵云。

——《题郑大有隐居》

清渠州外月，黄叶庙前霜。

——《商於》

其他描写月的名句如："露可为霜月堕烟"，"含烟带月碧于蓝"，"清月依微香露轻"，"桂宫留影光难取"，"疏帘留月魄"，"皱月觉鱼来"，等等。色彩明暗交错，光辉有隐有显。

李商隐所描写的月色，往往是青而淡、明而暗的。它默默地给人以抚慰。月色的青，略微带点暗，它暗中藏幽，幽中寓静。在李商隐笔下，月光下面的景物如池塘、小溪、河流、山脉、树木、花丛、建筑，经常披着一层薄薄的青纱，显示出一种朦胧美。如果它不带点暗，则会一览无余。李商隐在描写情侣倾吐内心秘密时，往往选择僻静幽暗的月下，就是由于月色是含蓄着朦胧美的缘故。"花明月暗笼轻雾，今朝好向郎边去。"这是李煜《菩萨蛮》中的句子。李商隐对月下男女幽会之情的描绘，比李煜朦胧多矣！"来是空言去绝踪，月斜楼上五更钟。"（《无题》）"风波不信菱枝弱，月露谁教桂叶香？"（《无题》）这种月光下的爱情描写，未露一字，不着痕迹，但其炽热的情思，却是深藏在诗的意境之中的。在李商隐的笔下，月光有时像青纱帐，笼罩着沉睡的大地；有时恍如浮动的烟，飘在水面上；有时像迷蒙的雾，半明半暗，迷漫在树木、花丛中。依稀仿佛，如梦如幻；若即若离，若有若无。它恍惚迷离，可望而不可即，当你用手捕捉时，它却从你手中飘走了。它若明若暗，参差沃若，悠悠忽忽，影影绰绰，笼罩万物，时而显示出一种错落美、稀疏美；时而它的光辉照在树干上，造成一种倾斜美、婆娑美。在李商隐笔下，月色的美是充满柔情的。它有性格上的文静美，姿容上的婀娜美，情态上的娴淑美，装扮上的朴素美，情调上的蕴藉美，氛围上的迷濛美，形状上的残缺美、团圆美。

李商隐笔下的朦胧美，不仅表现在景物描写中，而且突出地表现在情境创造中。景物的朦胧，主要是为了创造情境的朦胧；情境的朦胧，借助于景物描写的朦胧。这是李商隐诗风朦胧美的最大特点，也是他同其他诗人诗歌中景物描绘的朦胧美的显著区别所在。其他诗人虽然也描写过景物的朦胧美（如月色的朦胧美），但不一定着意表现情境的朦胧美，而只是把景物描写的朦胧美，作为表现诗人规定的情境的外壳，因而这种景物描写的朦胧美，只停留在形象的造型上。例如，杜牧写的"烟笼寒水月笼沙，夜泊秦淮近酒家。商女不知亡国恨，隔江犹唱《后庭花》"（《泊秦淮》）。这里具体地描绘出秦淮之夜的朦胧月色的美，委婉地讽刺了歌唱亡国之音的商女。其表现的情境是很明朗的。再如：晚唐诗人李九龄写的"点点渔灯照浪清，水烟疏碧月胧明。小滩惊起鸳鸯处，一只采莲船过声"（《荆溪夜泊》）。这里写的朦胧月色、渔灯、水烟、小滩等景物，组成了一幅疏疏落落的碧青色的画面，映衬出夜泊时的美丽景色。但它的意境却是明朗的。至于李商隐笔下景物描写的朦胧美，其侧重点是为了烘托出情境的朦胧美。如《夜冷》诗：

树绕池宽月影多，村砧坞笛隔风萝。
西亭翠被余香薄，一夜将愁向败荷。

这里的月影是朦胧的，诗中流露出淡淡的忧思，是怀念情人呢？还是触目伤怀呢？可谓骈意丛生，情深意长，韵味隽永，发人遐思。诗人为我们提供了一个无形的宽广的情境，给人玩味、咀嚼、捕捉。人们只是觉得思索的范围大，驰骋的空间广，观赏的意味多，但究竟是指哪一种情境？这就很难答出来。这正是这首诗情境的朦胧美所造成的。可见，对于特定情境的朦胧美的追求，正是李商隐笔下朦胧美的显著特色，他所描绘的景物的朦胧美也是为情境的朦胧美服务的。

朦胧和含蓄，都追求蕴藉之美，但朦胧必然含蓄，含蓄则不尽朦胧。唐诗都以含蓄为美，但热衷于朦胧者，则以李商隐为最。白居易的诗，以通俗著称，也是含蓄的，然而却不朦胧。

朦胧和晦涩不同。晦涩是指色泽的暗淡、意境的昏沉、滋味的塞涩，它晦而不明，涩而不润，暗而不幽。朦胧则隐中有显，显中有隐，有明有暗，暗中藏幽，氛围迷濛，意境深濛，李商隐的许多诗，就是如此。

当然，李商隐的诗也不尽朦胧。例如《月夕》：

> 草下阴虫叶上霜，朱阑迢递压湖光。
> 兔寒蟾冷桂花白，此夜姮娥应断肠。

即使那些朦胧的诗篇，其朦胧的程度也不完全相同。有的异常朦胧，如"沧海月明珠有泪，蓝田日暖玉生烟"（《锦瑟》）。有的比较朦胧，如"来是空言去绝踪，月斜楼上五更钟"（《无题》）。有的微含朦胧，如"初生欲阙虚惆怅，未必圆时即有情"（《月》）。

朦胧美是氛围的距离美，是隔与不隔之间适度的距离美。这种距离，和瑞士心理学家布洛（1880—1934）所说的心理距离是有区别的。布洛在《作为艺术因素与审美原则的"心理距离说"》中说："距离这一概念能够引起人们一系列饶有兴味或者很富于思辨意义的思想活动。"[①] 至于空间距离、时间距离，则只属于心理距离的"一些特殊形式"。而我们所说的距离则不是逻辑的思辨意义上的距离，而是形象的氛围的时空距离。这种距离，既不远，又不近。距离太远，则看不清，摸不着；距离太近，则一览无余。距离适度，不远不近，若即若离，则既可看到鲜明生动的形象，又可发挥欣赏者的想象力，去挖掘形象中的丰富含

---

① 中国社会科学院哲学研究所美学研究室编：《美学译文》第 2 册，中国社会科学出版社 1982 年版，第 92 页。

义，并对形象的含义进行补充。从诗人来说，则可在朦胧的氛围中，隐藏着复杂而丰富的情思，为读者提供取之不尽的再创造的时间和空间。李商隐的朦胧诗风，就体现了这种距离美。诗人像深山藏宝一样，把自己的无限情思隐蔽在诗的朦胧的氛围中，读者则像深山探宝一样，透过朦胧的氛围，去探索诗境中的无限丰富的底蕴。这是无法穷尽其奥秘的。所以，历代诗家对李商隐的诗，笺释很多，但仁者见仁，智者见智。如果诗人没有作品的朦胧氛围的距离美，诗家焉能产生"一篇《锦瑟》解人难"、"独恨无人作郑笺"的慨叹？

李商隐的诗风，不仅委曲朦胧，而且"深情绵邈"（《艺概·诗概》）。它缠绵缱绻，情长旨遥。它经常把人带入遐想和深思中，使人们驰骋在缥缈无垠的情境中，去回忆、追踪、领悟那惨淡的人生，探索那美好的未来，并把自己的隐忧深深地埋藏在心灵深处，把自己苦闷的情怀悄悄地向人低诉。人们读了李商隐的诗，感到他有无限情思、万般隐忧。它曲折地显示出诗人对光明的向往，对美好事物的期待，对人生的勉力追求。且看《莫秋独游曲江》：

> 荷叶生时春恨生，荷叶枯时秋恨成。
> 深知身在情长在，怅望江头江水声。

这里把无情的荷叶美化为有情的荷叶，连用"春恨生"、"秋恨成"、"情长在"这三组情感色彩鲜明的词语，来深化诗人自己的情思，并寄托在对荷叶的描绘中。诗人连着两次提到荷叶，两次提到"恨"字，隐约地寄托了诗人的忧愤心情。末句则由恨人怅，益发强化了诗人的忧愁。再看《端居》：

> 远书归梦两悠悠，只有空床敌素秋。
> 阶下青苔与红树，雨中寥落月中愁。

此诗写天涯海角、两情依依、相思不已、寂寞寥落的情景，并隐隐地浮动着诗人的悠悠愁云。

三　沉郁顿挫　典丽精工

李商隐不仅写了许多爱情诗、咏物诗，而且写了许多政治诗、咏史诗。从诗人现存的六百余首诗篇来看，政治诗约占百余首。它形象地表现了当时险恶多变的政治风云。诗人生于唐宪宗李纯元和七年（812），卒于唐宣宗李忱大中十二年（858），享年四十七岁。在短促的一生中，看到了五次皇位交接，即宪宗李纯、穆宗李恒、敬宗李湛、文宗李昂、武宗李炎、宣宗李忱。从皇位的频繁更迭中可以看出，在阶级斗争的疾风暴雨的冲击下，唐王朝已经风雨飘摇，朝不保夕，濒于崩溃的边缘了。

当时，浙东、广东、广西、四川、河南、江西等地小规模的农民起义不断发生，这就为后来王仙芝、黄巢领导的农民大起义积蓄了力量，并使之成为唐王朝的掘墓人。唐王朝已经步履蹒跚地进入暮年。就在它行将就木之时，各种社会矛盾都集中地表现出来了。除了农民阶级与地主阶级这对基本矛盾之外，还有外敌入侵、藩镇割据、宦官擅权、党派纷争。李商隐就处于这一复杂多变的矛盾时代。他同情人民疾苦，反对藩镇割据，主张抵抗外来侵略，严厉地申斥专横跋扈的宦官，尖锐地批评晚唐昏聩无能的君主。他以诗的画面，形象地再现了当时的社会矛盾，从而使它们成为九世纪上半叶和中叶反映中国封建社会现实生活的动人史诗。如《随师东》、《有感二首》、《重有感》、《曲江》、《寿安公主出降》、《行次西郊作一百韵》、《咏史》、《赠刘司户蕡》、《瑶池》、《韩碑》、《漫成五章》、《偶成转韵七十二句赠四同舍》等等。这些作品的风格以沉郁顿挫为特色。李商隐潜心学习杜甫，故其诗风深受杜甫影响。杜甫关心人民疾苦和国家的兴衰命运，并将深厚悲愤的沉郁之情深深地蕴涵在诗歌中。使其九曲回肠，一唱三叹。李商隐的政治诗、咏史诗也是如此。所不同的是：杜诗的沉郁，是明朗的，而李诗的沉郁，则是隐僻的。因而李诗的沉郁风格，是受着隐僻的总的风格所支配的。李诗的沉郁稍含"英俊屈沈"① 的特点，而杜诗的沉郁则雄迈浑厚。宋代诗评家范晞文认为李商隐的某些诗，"若'江海三年客，乾坤百战场'，则绝类老杜"②。宋代蔡启《蔡宽夫诗话》云："王荆公晚年亦喜称义山诗，以为唐人知学老杜而得其藩篱者，惟义山一人而已。每诵其'雪岭未归天外使，松州犹驻殿前军'，'永忆江湖归白发，欲回天地入扁舟'与'池光不受月，暮气欲沉山'，'江海三年客，乾坤百战场'之类，虽老杜无以过也。"的确如此，李商隐的一些咏物诗，亦有不乏沉雄浓郁之情者，如"四海秋风阔，千岩暮景迟"（《陆发荆南始至商洛》）、"地里（一作理）南溟阔，天文北极高"（《献寄旧府开封公》）就是。其实在风格上绝类老杜者主要是政治诗、咏史诗。杜甫有《诸

① （宋）黄彻：《䂬溪诗话》卷一。
② （宋）范晞文：《对床夜语》卷四。

将五首》，李商隐有《随师东》、《重有感》；杜甫有《哀江头》，李商隐有《曲江》；杜甫有《北征》，李商隐有《行次西郊作一百韵》，李商隐的这些诗显然受了杜甫的影响。特别是《有感二首》：

> 九服归元化，三灵叶睿图。
> 如何本初辈，自取屈氂诛？
> 有甚当车泣，因劳下殿趋。
> 何成奏云物，直是灭萑苻。
> 证逮符书密，辞连性命俱。
> 竟缘尊汉相，不早辨胡雏。
> 鬼篆分朝部，军烽照上都。
> 敢云堪恸哭，未免怨洪炉。

> 丹陛犹敷奏，彤庭歘战争。
> 临危对卢植，始悔用庞萌。
> 御仗收前殿，兵（一作凶）徒剧背城。
> 苍黄五色棒，掩遏一阳生。
> 古有清君侧，今非乏老成。
> 素心虽未易，此举太无名。
> 谁瞑衔冤目，宁吞欲绝声？
> 近闻开寿燕，不废用咸英。

这两首诗，运用了许多典故，曲折地描绘了大和九年（835）的晚唐重大政治事件——"甘露之变"。唐文宗深恶宦官之祸，便与宰相李训及凤翔节度使郑注共谋：诈称左金吾大厅后石榴树上，有甘露降临，诱使宦官仇士良等人前来观赏，捕而杀之。但因计谋败露，除李训、郑注被害外，许多无辜者如王涯、贾𫗧等人均遭灭门之祸。史称"甘露之变"。诗人悲愤填膺，潜气内转，笔力纡折回旋，顿挫有致，曲陈其事，沉痛抒怀。诗人批评了李、郑的谋划不周，终成千古遗恨，揭露了宦官的罪恶行径，斥之为疯狂反扑的"凶徒"。全诗的沉郁、悲壮之情荫蔽在隐僻的氛围中，是其风格上的显著特色。民国张采田说："二诗悲愤交集，直以议论出之，笔笔沉郁顿挫，波澜倍极深厚，属对又复精整，虽少陵无以远过，岂晚唐纤琐一派所能望其项背哉？"① 这种评价是很精辟的。

唐文宗开成二年（837），诗人二十五岁，经令狐绹推举，进士及第。时当"甘露之变"后二年。由于宦官擅权，皇帝昏聩，国势日颓，黎民百姓处于水深火热之中。是年诗人在旅次长安西郊之时，目击一片衰败景象，感叹之情，油然而生，遂成《行次西郊作一百韵》这首五言长诗。此诗首先描绘了京郊生产遭受毁灭性破坏的凄惨景象："农具弃道旁，饥牛死空墩。依依过村落，十室无一存。存者皆面啼，无衣可迎宾。"这是诗人亲目所睹的悲惨现实。接着，诗人把笔锋一转，以生动的语言追述了唐代贞观以后的兴盛、开元时期的弊端、天宝年间的"安史之乱"、晚唐文宗时"甘露之变"以来的衰败，描绘了"少壮尽点行，疲老守空村。生分作死誓，挥泪连秋云……城空雀鼠死，人去豺狼喧"的惨状，指出"疮痍几十载，不敢抉其根。国蹙赋更重，人稀役弥繁"是唐王朝衰败的重要原因。为了力挽狂澜，振兴唐室，诗人不仅从反面揭露唐王朝的痼疾之患，而且从正面提出治理国家的大略，这就是沿袭贞观之治："官清若冰玉，吏善如六亲。""例以贤牧伯，征入司陶钧。"在诗的最后，诗人"冤愤如相焚"，为了挽救国家衰亡的命运，大声疾呼："又闻理与乱，系人不系天。我愿为此事，君前剖心肝。叩头出鲜血，滂沱污紫宸。"诗人赤胆忠心，虽死不辞，愿为振兴国家而鞠躬尽瘁，充分地表现了诗人的爱国主义精神。全诗痛心疾首，怊怅述情，悲壮慷慨，沉郁顿挫，和老杜的《北征》及《咏怀五百字》，有异曲同工之妙。特别是用典较少，故隐而不僻，易于领会。这也是学习杜甫的一个突出的成就。至于《韩碑》，则在沉郁之中寓雄健，在顿挫之中寄古拙。故宋代诗评家曾季狸在《艇斋诗话》中以"诗有雄健"誉之。屈复在《玉谿生诗意》中以"生硬中饶有古意"赞之。此外，诗人还经常把咏物和咏史结合起来，悲痛地抒发沉郁之情，如"江阔惟回首，天高但抚膺"②。"并将添眼泪，一洒问乾坤"（《哭刘司户二首》其二），就回旋着沉痛深厚的感情。

李商隐的诗风，不仅沉郁顿挫，而且典丽精工。宋代诗评家葛立方在《韵语阳秋》卷二中论析"西昆体"时，对于"效李义山之为丰富藻丽，不作枯瘠语"极为赞赏，在转述杨亿对李商隐的评价时说："公尝论义山诗，以谓包蕴密致，演绎平畅，味无穷而炙愈出，钻弥坚而酌不竭，使学者少窥其一斑，若涤肠而洗骨。"这不仅指出了李诗华美的一面，而且也说明了精密的一面。即以华美

---

① 张来田：《李义山诗辨证》。
② （唐）李商隐：《哭刘司户贲》。

而言，也是多种多样的：有的流丽，有的清丽，有的藻丽，有的缛丽。但它们都是典雅的，故均可视为典丽，即典雅华美。明代诗评家谢榛在《四溟诗话》卷二中，以"流丽"二字称誉"春蚕到死丝方尽，蜡炬成灰泪始干"的描写。明代诗评家陆时雍在《诗境总论》中，赞美李商隐的诗"丽色闲情"，"气韵香甘"，并以"枇杷晚翠"四字描述了他的诗在晚唐的突出地位。"深居俯夹城，春去夏犹清。天意怜幽草，人间重晚晴。"（《晚晴》）其中没有藻饰，岂非清丽而何？至于"寻芳不觉醉流霞，倚树沉眠日已斜"（《花下醉》），"回廊四合掩寂寞，碧鹦鹉对红蔷薇"（《日射》），则带藻丽，甚至微含缛丽。而"水文簟上琥珀枕，傍有堕钗双翠翘"（《偶题二首》其一），则显现出某种艳丽，含有胭脂味，是不足取的。

李商隐的诗，不仅以典丽见长，而且以精工取胜。所谓精工，即缜密严整。诗人兼擅各体，尤喜七律、七绝，兼爱五绝、五律、排律、五古，诗法精严，属对工切，音韵铿锵，节奏鲜明，喜爱重叠，时有反复。如"暗暗淡淡紫，融融冶冶黄"（《菊》），此重叠也；"沟水分流西复东……十二玉楼空复空"（《代应》），此反复也。且其重复之处，每每蕴涵新意，语意双关，意在言外，韵长味深，极耐咀嚼。如《旧将军》中所写："日暮灞陵原上猎，李将军是旧将军。"李将军指李德裕，旧将军指李广。诗人哀叹宰相李德裕被贬后的遭遇，如同汉代名将李广失位时被一个小小的灞陵尉申斥一样，是非常悲惨的，是令人愤愤不平的。诗人用典精审，对仗工整，惯用虚词，长于转折，从而强化了风格的典雅美。"只有安仁能作诔，何曾宋玉解《招魂》？"（《哭刘蕡》）这里的"只有"、"何曾"是虚词转折，用得极其巧妙。下面以"安仁"对"宋玉"，用"能作诔"对"解《招魂》"，可谓密不透风、无懈可击。大意是说：西晋的潘岳（安仁）能够写作哀诔，以吊死者；楚国的宋玉虽作《招魂》以悼屈原，但怎能使死者复生？在这里，诗人寄托了自己只可作诗文追悼刘蕡，而不能使刘蕡魂魄再生的沉痛之情。其他如"只应不惮牵牛妒，聊用支机石赠君"（《海客》），"空归腐败犹难复，更因腥臊岂易招"（《楚宫》），"但须鸑鷟巢阿阁，岂假鸱鸮在泮林"（《随师东》），等等，均以缜密严整见著。杨慎《升庵诗话》卷八《孙器之评诗》云："李义山如百宝流苏，千丝铁网，绮密瓌妍"，这就表明，李商隐的诗，典丽与精工是紧密地结合在一起的。

从上述分析中可以看出，李商隐的诗歌风格既是多样的，又是统一的。它委曲朦胧，深情绵邈，沉郁顿挫，典丽精工，形成了绚烂多姿的风采。但它们又是统一在含隐蓄秀、奥僻幽深的基调之中的。因此，我们可以用"隐僻"一词，来概括李诗总的风格特色。

李商隐诗歌风格的总特色，是他的全部诗作艺术独创性的标志。如果我们用诗人的压卷之作《锦瑟》为例，去进行分析，也是可以窥见全豹的。

> 锦瑟无端五十弦，一弦一柱思华年。
> 庄生晓梦迷蝴蝶，望帝春心托杜鹃。
> 沧海月明珠有泪，蓝田日暖玉生烟。
> 此情可待成追忆，只是当时已惘然。

这是以首联头两个字"锦瑟"命名的无题诗，是诗人四十七岁即临终那一年写成的。它是诗人坎坷一生的艺术写照。由于它的重要性，不少诗家把它放在诗人全部诗作之前，以引起读者的重视。人们都怀着浓厚的兴趣，去探索《锦瑟》的奥秘，有的说是作者悼念亡妻的，有的说是怀念令狐氏的，有的说是追述友情的，有的说是感伤身世的。他们都根据自己的猜测，去附会诗中的典故。可谓众说纷纭，莫衷一是，如入五里雾中，使人感到恍惚朦胧，隐僻难懂。正如王士禛在《戏仿元遗山论诗绝句》中所说："獭祭曾惊博奥殚，一篇《锦瑟》解人难。"

但是，如果我们结合诗人身世，从作品实际出发，去反复揣摩，似可看出：此诗乃诗人慨叹自己一生命运的沉痛之作。

首联是说：弹起那精美的五十弦的瑟啊，追忆那悲凉的一生。

颔联引《庄子·齐物论》中庄周梦中化蝶、梦醒后又复为庄周的故事，以寄托自己的情思；又以周末蜀王杜宇（号望帝）死后魂魄变为啼血的杜鹃鸟的故事，来寄托诗人对当时世事变异的哀痛。

颈联用南海中鲛人哭泣出珠的典故，寄托极度悲痛的情思。同时，以陕西蓝田县境玉山的美玉化为烟雾的故事，来譬喻美好事物的白白消逝。

尾联是说：此情此景，可待追忆，即在当时，早令人怅惘不已，何况今日乎？

从当时的历史背景来看，宣宗任用牛党，排挤李党，对于以李德裕为代表的进步人物，百般打击。他们或被排挤，或被贬谪，或被逼死。诗人自己在写《锦瑟》的同年也被罢弃斥逐，还郑州闲居。可见，《锦瑟》中所寄托的忧伤，乃是有感而发的。诗人受到致命的打击后，悲愤交加，在追忆他的一生，回顾他亲身经历过的风暴，手抱锦瑟，以沉痛的曲调，在不疾不徐地弹奏、低诉。

这或许是我们敲开《锦瑟》奥秘大门的一把钥匙。

对于《锦瑟》的理解，虽时逾一千多年，但仍处于探索阶段。它那隐僻的风格，含义深邃，意在言外，韵味无穷，是永远值得我们玩赏的。

第十六章 温庭筠诗歌风格论

一 温飞卿之绮靡

辞采艳耀，文思华美，谓之绮靡。陆机《文赋》云："诗缘情而绮靡。"钟嵘《诗品序》中所谓"篇章之珠泽，文采之邓林"，又何尝不与绮靡有关？刘勰说的"轻靡"[①]，日本弘法大师空海（774—835）说的"绮艳"[②]，均与绮靡有相似之处。

晚唐诗人温庭筠（812—870）的诗歌风格，即以绮靡著称。温庭筠原名岐，字飞卿，山西太原人。宋代尤袤《全唐诗话》说他"才思艳丽"。他工诗赋，文思敏捷，凡八叉手而八韵成，人称温八叉。高棅亦以"温飞卿之绮靡"[③] 誉之。胡震亨云："温飞卿与义山齐名，诗体丽密概同，笔径较独酣捷。"[④] 他是李商隐的诗友，其《秋日旅舍寄义山李侍御》云：

> 一水悠悠隔渭城，渭城风物近柴荆。
> 寒蛩乍响催机杼，旅雁初来忆弟兄。
> 自为林泉牵晓梦，不关砧杵报秋声。
> 《子虚》何处堪消渴？试向文园问长卿。

此诗托物寄怀，情意含蓄，韵味隽永，离别之思，缱绻纸上，但未见绮靡。

绮靡只是温庭筠诗歌的主导风格，却非唯一风格，但温诗的绮靡独具特色，品级亦复杂多样。有的清丽芊眠，有的柔婉浓艳，有的细密纤秾，有的稠叠繁缛。

二 清丽芊眠

陆机《文赋》云："藻思绮合，清丽芊眠。"温庭筠的许多诗，是当之无

---

① （南朝）刘勰：《文心雕龙·体性》。
② （日）空海大师：《文镜秘府论·论体》。
③ （明）高棅：《唐诗品汇总序》。
④ （明）胡震亨：《唐音癸签》卷八。

愧的。但有的色彩绚烂，有的色彩清淡。前者是绮靡的品种，后者是绮靡的毗邻。且看《哭王元裕》：

> 闻说萧郎逐逝川，伯牙因此绝清弦。
> 柳边犹忆红骢影，坟上俄生碧草烟。
> 箧里诗书疑谢后，梦中风貌似潘前。
> 他时若到相寻处，碧树红楼自宛然。

读悼亡诗，辄闻哀痛之音不绝如缕者；而温诗却独具一格，以逐逝川、绝清弦，喻与才友永别；在红骢影、碧草烟、碧树红楼处，无不重叠着亡友的形象；在诗书里、梦幻中，亡友的声音笑貌宛在目前。除题目外，全诗未着一个"哭"字，但却寄托着对亡友的无限怀念。这种深情，不是运用伤感的调子伴奏的，而是通过鲜艳的色彩描绘出来的。再看《咏山鸡》：

> 万壑动晴景，山禽凌翠微。
> 绣翎翻草去，红嘴啄花归。
> 巢暖碧云色，影孤清镜辉。
> 不知春树伴，何处又分飞？

这里描绘了山谷、天空、树木、山禽等自然景物，色彩有红有绿，有青有碧，堪称藻思绮合、清朗明丽。其他如"疏钟细响乱鸣泉，客省高临似水天。岚翠暗来空觉润，涧茶余爽不成眠"（《和赵嘏题岳寺》），"烟光似带侵垂柳，露点如珠落卷荷"（《游南塘寄王知白》），"绿杨阴里千家月，红藕香中万点珠"（《寄卢生》），均生机蓬勃，清丽诱人。

　　清丽虽常有色彩，但并不错金镂玉、雕缋盈目，而是清朗爽净、明丽天然，且常与通脱、朴素、平实为邻。如《烧歌》："起来望南山，山火烧山田。微红夕如灭，短焰复相连。差差向岩石，冉冉凌青壁。低随回风尽，远照檐茅赤。"这里，写得是多么生动、形象！接着诗中描写了"邻翁能楚言，倚插欲潸然"的具体情景。末段描绘丰收之年尽被盘剥的惨象："仰面呻（一作呼）复嚏，鸦娘咒丰岁。谁知苍翠容，尽作官家税。"这里，深刻地揭露了官府横征暴敛的残酷性，对农民寄以无限的同情，是温诗中人民性的最强音。

　　此外，清丽还有优雅素洁、不著彩绘者。此中道理，可联系到锦、绮来解释。织彩为文叫做锦，织素为文叫做绮。故不染色彩而织之成文，乃是绮的本色。不着色彩却有文采的清丽，就是如此。且看《清旦题采药翁草堂》：

> 幽人寻药径，来自晓云边。
> 衣湿术花雨，语成松岭烟。
> 解藤开涧户，踏石过溪泉。
> 林外晨光动，山昏鸟满天。

这首诗并未浓彩描绘，但却清丽动人。胡应麟说："诗最贵丽，而丽非金玉锦绣也。"又说："丽语必格高气逸，韵远思深，乃为上乘。"① 温庭筠的某些诗，并不盛装浓抹、花枝招展，而是清而不寒，丽而不冶，秀而不媚，雅而不俗，别具风韵，并不像有的诗评家所说的那样，温诗妖冶浮艳，与宫体无异。再看《细雨》：

> 凭轩望秋雨，凉入暑衣清。
> 极目鸟频没，片时云复轻。
> 沼萍开更敛，山叶动还鸣。
> 楚客秋江上，萧萧故国情。

这首诗清爽流丽，一往情深，不以艳色悦人，而以素雅取胜。此外，尤为脍炙人口的，是《商山早行》：

> 晨起动征铎，客行悲故乡。
> 鸡声茅店月，人迹板桥霜。
> 槲叶落山路，积花明驿墙。
> 因思杜陵梦，凫雁满回塘。

诗中的"鸡声茅店月，人迹板桥霜"被诗家誉为千古传诵的绝唱。梅尧臣曾对欧阳修评论此诗："道路辛苦，羁旅愁思，岂不见于言外乎？"② 这是一幅绝

---

① （明）胡应麟：《诗薮》内编卷五。
② （宋）欧阳修：《六一诗话》。

妙的早行图：时至深秋，凌晨，月光如水，冷气袭人；茅店鸡鸣，唤醒了赶路的人；看板桥霜上的脚印，可以窥见人的行踪。全诗笼罩在清冷静寂的氛围中，并显映出明丽的色彩。《旧唐书》本传云："庭筠著述颇多，而诗赋韵格清拔，文士称之。"可见，清丽而不着艳彩，也是温诗的一个特点。

三　柔婉华艳

柔媚婉约，华美艳耀，文采彪炳，姿容秀丽，是温诗的重要特点。钟嵘在《诗品》中赞美陆机"才高词赡，举体华美"，张协"文体华净"、"调彩葱青"。唐释皎然在《诗式》中称赞"华艳如百叶芙蓉，菡萏照水"。这些评价，对理解温诗的特色也有借鉴意义。温庭筠自己也说："应为临川多丽句，故持重艳向西风。"（《和太常杜少卿东都修行里有嘉莲》）这就流露出他对华艳诗风的喜爱。

柔婉是就其情调而言，华艳是就其风采而言。在温诗中，柔婉之情，时时可见；华艳之彩，常常闪耀。且看《牡丹二首》之二：

> 水漾晴红压叠波，晓来金粉覆庭莎。
> 裁成艳思偏应巧，分得春光最数多。
> 欲绽似含双靥笑，正繁疑有一声歌。
> 华堂客散帘垂地，想凭阑干敛翠蛾。

此诗柔情荡漾，婉转纡折，光彩炜烨，色泽炫目。再看《题磁岭海棠花》：

> 幽态竟谁赏？岁华空与期。
> 岛回香尽处，泉照艳浓时。
> 蜀彩澹摇曳，吴妆低怨思。
> 王孙又谁恨？惆怅下山迟。

前四句着重描绘色彩，并以"艳浓"入诗。后四句着重抒发情思，且用"惆怅"述怀。尽华美之姿，极婀娜之态。但在温诗中，有的重柔媚，有的重华艳，呈现出多种情采与韵味。如《题柳》诗：

杨柳千条拂面丝，绿烟金穗不胜吹。
香随静婉歌尘起，影伴娇娆舞袖垂。
羌管一声何处曲？流莺百啭最高枝。
千门九陌花如雪，飞过宫墙两自知。

作者虽然写了绿、黄、白等色彩，但它们却是显隐在柔婉的情调之中的。柔婉，缠绵缱绻，委曲温柔，明媚秀丽，含情脉脉。她似《牡丹亭》中的杜丽娘，而不是驰骋沙场的花木兰。她如苏州园林中亭亭玉立的出水芙蓉，而不像泰山顶上巍然屹立的五大夫松。她玲珑活泼，风姿动人，落落大方，妩媚风流。他所吟咏的题材十分广泛。有男女之恋，如《常林欢歌》；有朋友之情，如《酬友人》；有离别之忧，如《送李亿东归》；有羁旅之愁，如《过分水岭》。此外，温诗中涂抹华艳重彩而佐以柔婉者如《芙蓉》：

刺茎澹荡碧（一作绿），花片参差红。
吴歌秋水冷，湘庙夜云空。
浓艳香露里，美人清镜中。
南楼未归客，一夕练塘东。

此诗描写美人清曲悠扬，丽容映镜，妩媚浓艳；加之秋水澄澈，叶绿花红，更衬托出美人的妖娆多姿。此外，婉艳交织，相互渗透，情采并茂，尽得风流者，如《吴苑行》：

锦雉双飞梅结子，平春远绿窗中起。
吴江澹画水连空，三尺屏风隔千里。
小苑有门红扇开，天丝舞蝶俱徘徊。
绮户雕楹长若此，韶光岁岁如归来。

此诗媚而不荡，艳而不淫，婉而不软，丽而不冶，既有柔情，又有美姿。此外，在温诗中，还有一些委婉华美之作，深受民歌影响，如《西州曲》中所写：

悠悠复悠悠，昨日下西州。

> 西州风色好，遥见武昌楼。
>
> 武昌何郁郁，侬家定无匹。
>
> 小妇被流黄，登楼抚瑶瑟。
>
> 朱弦繁复轻，素手直凄清。
>
> 一弹三四解，掩抑似含情。

此诗通俗明畅，色彩鲜丽，婉约之情，见于言外，是温庭筠吸取民间文学营养的力作。

四 细密纤秾

纤细稠秾，谓之纤秾。纤，指纹理细密；秾，是色泽葱郁。它质地细，密度大，色彩浓，组合匀。它像镜湖荡起的阵阵涟漪，它似垂杨蔽日的浓荫，它如碧桃满树的果林。唐代的司空图，以重彩浓墨描绘了一幅绝妙的纤秾图。"采采流水，蓬蓬远春"①，就是其中的传神之笔。

温庭筠的诗，纹理细密，色泽浓厚，光彩灿然。且看《偶题林亭》：

> 月榭风亭绕曲池，粉垣回互瓦参差。
>
> 侵帘片白摇翻影，落镜愁红写倒枝。
>
> 鸂鶒刷毛花荡漾，鹭鸶拳足雪离披。
>
> 山翁醉后如相忆，羽扇清尊我自知。

仿佛画家用工笔绘画一样，诗人一笔一笔，细心雕刻，纹理井然，且用浓墨重彩，层层涂抹，故厚度深，结构紧，空间满。满纸皆景，因而给人以花团锦簇、红飞绿舞的感觉。"红垂果蒂樱桃重，黄染花丛蝶粉轻"（《偶题》），"桥上衣多抱彩云，金麟不动春塘满"（《照影曲》），均为纤秾之妙笔。

纤秾充满了蓬勃的生机。"碧桃满树，风日水滨"②，这不是桃花源的纤秾吗？"柳阴路曲，流莺比邻"③，这不是西子湖畔的纤秾吗？温庭筠的诗，有纤有秾。且看《莲花》：

---

①②③ （南朝）钟嵘：《诗品·纤秾》。

绿塘摇滟接星津，轧轧兰桡入白苹。

应为洛神波上袜，至今莲蕊有香尘。

此诗不仅有浓厚的色泽，而且也有细密的结构，景物与景物之间，衔接得极紧极密，在有限的字句中包含极其繁富的内容。例如，用个"接"字，就把"摇滟"与"星津"这水天两处的景色，描绘在人们眼前；用个"入"字，就把"兰桡入白苹"的动态美，写得活灵活现。

在温庭筠的笔下，纤秾是直观的。它诉诸视觉，在你眼前展开一个绚烂多姿的世界，让你饱尝眼福，令人感到愉悦。且看《杏花》诗中所写：

红花初绽雪花繁，重叠高低满小园。

正见盛时犹怅望，岂堪开处已缤翻。

这里，红白相彰，色彩斑斓，绘出了浓；落英缤纷，参差满园，写出了密。再如："水极晴摇泛滟红，草平春染烟绵绿"（《晚归曲》），"小姑归晚红妆浅，镜里芙蓉照水鲜"（《兰塘词》），"银河欲转星靥靥，碧浪叠山埋早红"（《晓仙谣》），"水清莲媚两相向，镜里见愁愁更红"（《莲浦谣》），均为纤秾之绝唱。

纤秾的特色，不仅温诗中有，在唐代具有多种风格的诗人作品中也不时可见。例如：杜甫的"风含翠筱娟娟净，雨浥红蕖冉冉香"（《狂夫》），写风摇翠竹，光洁柔美，雨洗荷花，袅袅吐香，是何等细致入微啊！"黄四娘家花满蹊，千朵万朵压枝低。留连戏蝶时时舞，自在娇莺恰恰啼。"（《江畔独步寻花七绝句》其六）这里，花是多么盛、多么密、多么沉啊！戏蝶、娇莺是多么繁忙、多么愉快啊！李贺的"飞香走红满天春，花龙盘盘上紫云"（《上云乐》），无数朵花，驾着轻风，织成飞龙，盘盘旋入天际，香飘万里，是多么美妙的春景啊！杜牧的"停车坐爱枫林晚，霜叶红于二月花"（《山行》），其色泽是何等鲜艳、深厚、浓郁啊！

但温诗的纤秾，却有独自的特色。它每每形象铺张，镶金嵌玉，香味浓郁，辞采卓烁，甚至受到脂粉气、市井味的干扰，情调上过软，节奏上过缓，光泽上过艳，如《张静婉采莲歌》：

兰膏坠发红玉春，燕钗拖颈抛盘云。

城西杨柳向娇晚，门前沟水波粼粼。

麒麟公子朝天客，珂马珰珰度春陌。

掌中无力舞衣轻，剪断鲛绡破春碧。

抱月飘烟一尺腰，麝脐龙髓怜娇娆。

秋罗拂水碎光动，露重花多香不销。

鸂鶒交交塘水满，绿萍金粟莲茎短。

一夜西风送雨来，粉痕零落愁红浅。

船头折藕丝暗牵，藕根莲子相留连。

郎心似月月易缺，十五十六清光圆。

此诗描写伎女张静婉形态的娇娆美，但色彩太浓，有胭脂味，且形象过满，层次过密，故有涨目之感。这就影响了纤秾的感染力。再如："簌簌金梭万缕红，鸳鸯艳锦初成匹"（《织锦词》），"藕肠纤缕抽轻春，烟机漠漠娇娥（一作蛾）颦"（《舞衣曲》），也嫌繁腻。

纤秾要求纤而不繁，秾而不腻；纤而不乱，秾而不滞。繁乱腻滞，是艺术的赘疣，它不能给人以美感，只会引起人的厌恶。

纤秾应有节制。否则，浓得化不开，即流于僵与死。故应有流动活泼之气，方为上乘。

纤秾的彩笔，宜于描绘欣欣向荣的满园春色、绿油油的夏日的田野、层林尽染的秋景，而不宜于表现萧瑟肃杀之气和寒风凛冽的冬天。纤秾善于表现美丽的披着盛装的大自然，长于描写人对大自然的感受与体验，但这种感受与体验，是和大自然的山光水色交融在一起的。大自然的纤秾，往往激荡着人的喜悦、欢快的情绪。温庭筠除了善于捕捉大自然的纤秾景色外，还长于刻画年轻女子纤秾的装饰、姿态、表情与心理状态，并经常把这二者相互交织在一起。

纤秾和冲淡，相反相成。有浓有淡，有深有浅，则浓淡相宜，层次分明。过浓，则易流于板滞。浓淡相间，则有助于纤秾的表现。温诗中的纤秾妙笔，往往间之以淡墨；其繁腻之作，常常过于追求浓。

纤秾追求缜密，故与疏朗相悖。萧疏错落，清爽明朗，谓之疏朗。疏朗和缜密是一对矛盾。刘勰说："密则无际，疏则千里。"[1] 疏能走马，这是疏的极致；密不透风，这是密的极致。过疏，便疏而空；过密，便密而肿。光密不

---

① （南朝）刘勰：《文心雕龙·神思》。

疏，则境界堵塞；光疏不密，则松散空虚。要疏中有密，密中有疏，疏密相间，方为上乘。但在疏密相间之中，有的偏重于密，有的偏重于疏。偏重于密者，有助于表现纤秾；偏重于疏者，有助于表现冲淡。"渡口只宜寂寂，人行须是疏疏"（《山水诀》），这是王维对冲淡的追求。"颇知甄藻之规"（《上杜舍人启》），"不敢独专华藻"（《牓国子监》），"常叹美玉在山，但扬异彩；更恐崇兰被径，每隔殊榛……俄生藻绣，便出泥沙"（《上学士舍人启二首》），这是温庭筠对纤秾的追求。

五 稠叠繁缛

刘勰云："繁缛者，博喻酿采，炜烨枝派者也。"[①] 由此可见，辞采铺丽，思绪稠叠，叫做繁缛。陆机在《文赋》中曾用"炳若缛绣，凄若繁弦"来描绘繁缛。钟嵘在《诗品》中赞美潘岳之诗"翩翩然如翔禽之有羽毛，衣服之有绡縠"，"烂若舒锦，无处不佳"。胡应麟在《诗薮》中说："六朝俳偶，靡曼精工"，"唐初四子，靡缛相矜"。这就可看出繁缛的特点：叙事直接，描述铺张；色彩鲜艳，黼黻斑斓；雍容华贵，富丽堂皇。且看温庭筠的《汉皇迎春词》：

> 春草芊芊晴扫烟，宫城大锦红殿鲜。
> 海日如融照仙掌，淮王小坠缨铃响。
> 猎猎东风展焰旗，画神金甲葱芃网。
> 钜公步辇迎句芒，复道扫尘鸾彗长。
> 豹尾竿前赵飞燕，柳风吹尽眉间黄。
> 碧草含情杏花喜，上林莺啭游丝起。
> 宝马摇环万骑归，恩光暗入帘栊里。

此诗揭露了汉皇笃信神仙、崇拜方士、铺张奢靡的生活，诗中运用了一些典籍故实和隐秀之词，融艳彩、纤秾于繁缛之中。结合唐代的宫廷生活来看，中唐以后，道教兴盛，皇帝信奉炼丹术，以求长生之道。据《新唐书》卷一一四《崔慎由传》载："宣宗饵长年药，病渴且中躁。"又据《新唐书》卷一八三

---

① （南朝）刘勰：《文心雕龙·体性》。

《毕诚传》载："太医李玄伯……又治丹剂以进,帝饵之,疽生于背。"一心向往着成仙的皇帝昏聩迷信至此,焉能治理朝政?国运哪得不衰?温庭筠主要生活于文、武、宣、懿四朝,对于皇帝的如此昏庸、朝政的如此腐败,不可能置若罔闻,故其讽刺汉皇信奉方士的作品,同讽刺晚唐昏君的初衷,也有暗合之处。

温庭筠的繁缛,还表现在那些刻画妇女形象的诗篇中,且看《齐宫》:

> 白马杂金饰,言从雕辇回。
> 粉香随笑度,鬓态伴愁来。
> 远水斜如剪,青莎绿似裁。
> 所恨章华日,冉冉下层台。

此诗描绘了宫女淡淡的哀愁。她们衣着绮丽,梳妆入时,仪饰气派,雍容华贵,但却掩盖不住内心的苦闷。无聊的生活在消磨着她们的青春,怎能不使她们惆怅终日、愁情满怀呢?再读《陈宫词》:

> 鸡鸣人草草,香辇出宫花。
> 妓语细腰转,马嘶金面斜。
> 早莺随彩仗,惊雉避凝(一作鸣)笳。
> 淅沥湘风外,红轮映曙霞。

据《后汉书·马廖传》云:"楚王好细腰,宫中多饿死。"而六朝以来,昏庸淫乱之君,何尝不然?此诗虽然没有直接抒发宫女的哀怨之情,但其内心深处的隐痛,已回旋于歌舞之中;宫廷的奢靡,已铺陈于纸上,非用繁缛风格,则皇家富贵景象,焉能毕现?

温庭筠的繁缛诗风,更善于表现巨大的场景、豪华的作风、富贵的气派、显赫的声势、堂皇的景观、威严的状貌、黼黻的文采。且读《过华清宫二十二韵》:

> 忆昔开元日,承平事胜游。
> 贵妃专宠幸,天子富春秋。
> 月白霓裳殿,风乾羯鼓楼。
> 斗鸡花蔽膝,骑马玉搔头。

绣毂千门伎，金鞍万户侯。

薄云欺（一作敧）雀扇，轻雪犯貂裘。

过客闻韶濩，居人识冕旒。

气和春不觉，烟暖霁难收。

涩（一作细）浪和琼甃，晴阳上彩游。

卷衣轻鬓懒，窥镜澹蛾羞。

屏掩芙蓉帐，帘褰玳瑁钩。

重瞳分渭曲，纤手指神州。

御案迷萱草，天袍妒石榴。

深岩藏浴凤，鲜隰媚潜虬。

不料邯郸虱，俄成即墨牛。

剑锋挥太皞，旗焰拂蚩尤。

内嬖陪行在，孤臣预坐筹。

瑶簪遗翡翠，霜仗驻骅骝。

艳笑双飞断，香魂一哭休。

早梅悲蜀道，高树隔昭丘。

朱阁重霄近，苍崖万古愁。

至今汤殿水，呜咽（一作惆怅）县前流。

此诗先写开元、天宝时玄宗奢侈和贵妃得势、炙手可热的景况，他们和权臣住着金碧辉煌的宫殿，穿着锦衣重裘，过着声色犬马、荒淫无度的腐朽生活。诗中把安禄山比为"邯郸虱"、"即墨牛"，含蓄地写出了"安史之乱"及贵妃之死。全诗自第一韵至第十四韵，极力铺陈华清宫的富丽堂皇，玄宗的骄奢淫逸。第十五韵至第二十二韵，则描绘唐玄宗的衰败命运。但诗人的艺术描写并不是赤裸裸的，也不是令人触目惊心的，而是显示在"艳笑"、"香魂"、"遗翡翠"、"驻骅骝"等一幅幅画面之中的。它显得辞采闪烁、光泽耀眼、绚丽斑斓。这种以繁缛风格表现唐室兴衰过程的构思，乃是温诗艺术独创性的重要性所在，是温庭筠绮靡诗风的显著特色。

温诗的繁缛，不仅有丰富的文辞，而且有精密的文思。只注重文辞，而不注重文思，就会如刘勰所批评的那样："碌碌丽辞，则昏睡耳目。"① 故繁缛一格，

---

① （南朝）刘勰：《文心雕龙·丽辞》。

是显示在文辞与文思的有机统一之中的。它繁而不乱，缛而不淫，与宫体文风，迥然不同，故深受刘勰重视，把它列为八大风格之一。

繁缛在表现纷纭复杂的内容时，尤其醉心于形式的炜烨卓烁。温诗中的繁缛长篇，如《感旧陈情五十韵献淮南李仆射》、《题翠微寺二十二韵》、《洞户二十二韵》等均如此。

但温庭筠也有许多诗篇，每每堆砌辞藻，变成繁缛的赘疣。什么锦罗绣帷呀，鬓云画眉呀，鸳鸯莺凤呀，宝珠翡翠呀，镂金雕玉呀，等等，散发出一股浓烈的胭脂味。例如，在《夜宴谣》中描绘："长钗坠发双蜻蜓，碧尽山斜开画屏"；在《郭处士击瓯歌》中描绘："兰钗委坠垂云发，小响丁当逐回雪"；在《生禖屏风歌》中描绘："绣屏银鸭香蓊濛，天上梦归花绕丛"；在《湘宫人歌》中描绘："生绿画罗屏，金壶贮春水"；在《金虎台》中描绘："皓齿芳尘起，纤腰玉树春。"这些诗句，倚红偎翠，雕琢炫目，既满（形象极度铺张）且直（形象直接外露）。王国维在《人间词话》中用"画屏金鹧鸪"五个字，倒是点出了温庭筠这类诗词的特色。它"雕文镂采太纷然，开卷沉沉我欲眠"（清代张问陶《论诗十二绝句》），这就削弱了繁缛的艺术魅力。

繁缛和繁文缛节不同。前者辞采绚烂纷披，情思稠密厚重，层次井然有序；后者辞采闪烁而琐屑，思想累赘而漫漶，意义重复而枝蔓。

温庭筠的绮靡诗风，有繁缛、纤秾、绮丽之美。它们都具有鲜明的色彩、动人的风姿，但又各具特色。

在温诗中，繁缛与纤秾，都重视色彩的涂抹、气氛的渲染、意境的烘托，但繁缛更加绚丽斑斓、五彩缤纷，纤秾则追求色泽的浓郁，尤其喜爱碧绿；繁缛尚铺陈，重宏大，有富贵气，而纤秾则重凝练，重含蓄，没有富贵气；繁缛文理繁复、思路稠叠；纤秾则细而不繁、浓而不缛，其内容不及繁缛那样铺张，其形式缺乏繁缛那样蕴藉。

在温诗中，繁缛与绮丽，都推重文采华美；但绮丽并不醉心于追求富贵，它虽然秀美，但不一定豪华，它绮而不繁，丽而不缛。

温庭筠的绮靡诗风，熔绮丽、纤秾、繁缛于一炉。花团锦簇，摇曳多姿。然在具体诗篇中，又各有侧重：或以绮丽见长，或以纤秾取胜，或以繁缛称美。

六 温氏绮靡诗风的形成

温庭筠绮靡诗风的形成，具有多方面的原因。

首先，六朝以来骈俪文风、绮丽诗风，对温诗的影响是很大的。温诗中对妇女情态、动作、风姿的描绘，同六朝诗风是有联系的。如《春日野行》：

> 骑马踏烟莎，青春奈怨何。
> 蝶翎朝粉尽，鸦背夕阳多。
> 柳艳欺芳带，山愁紫翠蛾。
> 别情无处说，方寸是星河。

此中的娇艳诗风与六朝的绮丽，显然是一脉相承的，其"蝶翎朝粉尽"句，几乎是从梁简文帝"花留蛱蝶粉"诗句脱胎而来。简文帝《乌栖曲》有"浮云似障月如钩"句，温庭筠《西江贻钓叟骞生》则有"碧天如镜月如钩"句。温庭筠《织锦词》中"影转高梧月初出"句，同简文帝"避暑高梧侧，轻风时入襟"句，也有师承的痕迹。温庭筠《莲浦谣》有"白马金鞭大堤上，西江日夕多风浪"句，简文帝则有"采莲渡头拟黄河，郎今欲渡畏风波"句。此外，江淹有"丹巘被葱蒨"句，温庭筠则有"烟树含葱蒨"（《长安寺》）句；谢灵运有"昏旦变气候，山水含清晖"句，温庭筠则有"爽气变昏旦，神皋遍原隰"（《秋日》）句；梁元帝《咏歌》诗有"汗轻红粉湿"句，其赋中有"愁容翠眉敛"句，而温庭筠《金虎台》中则有"倚瑟红铅湿，分香翠黛颒"句；谢朓有"叠鼓送华辀"句，温庭筠则有"叠鼓辞宫殿"句；鲍照有"乳窦夜涓滴"（《过铜山》）句，温庭筠则有"乳窦濺濺通石脉"（《西陵道士茶歌》）句；何逊有"风逆浪花生潇湘"句，温庭筠则有"浪花无际似潇湘"（《南湖》）句。以上列举的诗句，意在说明：温诗的绮靡同六朝的绮丽诗风，具有密切的血缘关系。

　　其次，温庭筠绮靡诗风的形成，同诗人艺术上的着意追求有关。关于这一点，表现在两个方面。第一个方面是，晚唐时，有人把李商隐、温庭筠和段成式的诗体称为"三十六体"。据《旧唐书·文苑传》记载："十六"乃是指他们在家族中兄弟一辈之间的排行。又据宋王应麟《小学绀珠》说："一人皆行十六，故曰'三十六体'。"元人辛文房《唐才子传》卷七云："时温庭筠、段成式各以秾致相夸，号'三十六体'。"[①] 温庭筠与段成式，经常饮宴唱和，以追求艳丽为荣，故诗中充满华美词藻和珠光宝气，这就助长了绮靡诗风的形成。从段成式的《寄温飞卿笺纸》、《嘲飞卿七首》、《柔卿解籍戏呈飞卿三首》等诗中，就可看到

---

① 见傅璇琮主编：《唐才子传校笺》（三），中华书局1990年版，第277页。

他们对于绮靡诗风的热衷。温庭筠的《和周繇广阳公宴嘲段成式诗》，也有“神交花冉冉，眉语柳毵毵。却略青鸾镜，翘翻翠凤秽”等浓词艳语。第二个方面是，温庭筠有意识地寻求艳丽，不独表现在诗中，而且也表现在词赋中。《旧唐书》本传说他“苦心研习，尤长于诗赋……能逐弦吹之音，为侧艳之词”。他以词赋入诗，把词赋的绮靡之风也带入诗中，这就必然助长了他的绮靡诗风。其中，有的固然五彩缤纷、摇曳多姿，为其诗风增添了灿烂的光彩；但也有过于浓艳之词，这就给他的诗风带来了软、腻、滞、冗的弊端。前者如《梦江南》、《荷叶杯》、《河渎神》、《杨柳枝》，后者如《菩萨蛮》、《更漏子》、《归国遥》、《女冠子》。这些词，或华美动人，或柔软腻人，都不同程度地影响着温庭筠的绮靡诗风。不仅如此，温庭筠的赋，写得也很绮靡。例如，他的《再生桧赋》，描绘“竦亭亭之柯叶，擢郁郁之辉华”。“残阳未落，宫庭之林薮忽生；明月初悬，玉砌之桂华复盛”。对于唐室兴盛时的景象，写得光华飞动，栩栩如生。在《锦鞵赋》中，描绘“兰里化春，云边月新”。对于“罗袜红蕖之艳，丰跗蹋锦之奇”，刻画得纤秾细致，惟妙惟肖。对于“碧缱缃钩，鸾尾凤头”，则尽力铺陈，精心夸饰。“愿绸缪于芳趾，附周旋于绮楹。”可谓稠叠反复，光怪陆离。把这种描写词赋的方法拿来写诗，哪能不绮靡？温庭筠在《答段成式书七首》中，描绘“色夺紫帷，香含漆简”、“丽事珍繁，摘华益赡”、“流辉精绢，假润清泉”，堪称绮靡之绝唱。这是在书信中流露出来的，带有鲜明的主观情感色彩，说明温庭筠在艺术领域中的各方面都在刻意地创造绮靡。这焉能不影响他的诗风呢？

此外，温庭筠绮靡诗风的形成，同他独特的生活经历、生活方式也是分不开的。温庭筠年轻时，性情傲岸，行为放荡，举止风流，气度潇洒，经常在秦楼楚馆中与歌伎厮磨，了解她们的心理状态，熟悉她们的性格特征，同情她们的凄凉境遇，对于她们温柔的情性、秀美的风姿、绮丽的妆饰，赞赏备至，故其诗词常多绮靡之音。且看《新添声杨柳枝辞二首》：

一尺深红蒙曲尘，天生旧物不如新。
合欢桃核终堪恨，里许元来别有人。

井底点灯深烛伊，共郎长行莫围棋。
玲珑骰子安红豆，入骨相思知不知？

据《云溪友议》记载：温庭筠与裴郎中诚友善，作此词，饮筵竞唱打令。歌女周德华，善唱杨柳词。温、裴二人曾作词，请德华配置曲调，以助艳兴，德华未从。此诗第一首，首先描绘衣服的色彩美：深黄与深红相映，绚丽鲜明。其次则引用隋炀帝以合欢水果赐给吴绛仙的故事，暗寄对佳人的幽怨之情、思念之情。第二首以明烛寄托相思，用"长行"局这种掷骰博戏邀约对方；用相思子（红豆）为诱发剂，以寄托自己的无限爱慕之情。这两首诗，艳彩浓郁，婉约多情，非深知歌女者，焉能及此？

另一方面，温庭筠为人傲岸，藐视权贵，在权贵的鄙弃下，沉沦坎壈，遂从花柳烟月中寻找慰藉，故屡奏哀怨缠绵之音，辄弹浓艳绮靡之曲。据《旧唐书》本传记载：温庭筠"心怨令狐绹在位时不为成名"，"与新进少年狂游狭邪"。又据尤袤《全唐诗话》云："宣宗爱唱《菩萨蛮》词，丞相令狐绹假其修撰密进之，戒令勿泄，而遽言于人，由是疏之。温亦有言云'中书堂内坐将军'，讥相国无学也。"这就得罪了令狐绹。又因宣宗微服出行，遇温于逆旅，温语言唐突，遂开罪于宣宗。这些事例，都说明温庭筠睥睨一切，不会逢迎。他在政治上没有出路，功名上"累年不第"①，生活上"醉而犯夜，为虞候所击，败面折齿"，声名上所谓"污行闻于京师"，这就使他无法立足。固然，温庭筠放荡不羁，浪迹江湖，显得寒酸落魄，但权贵们的恶言诽谤却使他难以自持，为了洗刷不白之词，"庭筠自至长安，致书公卿间雪冤"。尽管徐商也为他说了好话，但却不起作用。后来，杨收在一怒之下，把他贬为方城尉，再迁为隋城尉。不久，就在沦落寂寞中结束了自己的一生。从他的逆运中可以看出，这么一个才华横溢的诗人，却走投无路，在权贵的怒詈与白眼下生活。久而久之，就在他的心灵上刻下了道道伤痕。没有人关怀他，他又不那么坚强，于是，只有到秦楼楚馆中去寻找知音了。他又精通音律，善作诗词，下层女子也需要这样的人，为她们谱写心曲，表达她们内心的苦闷、忧伤、哀怨和欢乐。因此，温庭筠就成了青楼女子、闺阁少妇的代言人。他的诗词，以浓艳的笔墨，描绘了她们绮靡的风采。其中，虽然有时流露出诗人赞赏她们的变态心理和炽烈的情欲，但就其大多数作品而言，却寄寓着诗人对她们真挚的爱，表现了诗人对封建社会妇女的尊重。

以上，我们论述了温庭筠绮靡诗风的主要内容及形成的主要原因。但是，绮靡只是温诗的主导风格，而不是唯一风格。温诗除了绮靡以外，还有多方面的特点，尤其是具有"韵格清拔"②的一面。诗人自己对于刚健清新的风格就很欣赏。

①② 《旧唐书》本传。

他的《秘书省有贺监知章草题诗笔力遒健风尚高远拂尘寻玩因此有作》，以清挺峻拔的声调，赞扬了贺知章草书"出笼鸾鹤辞辽海，落笔龙蛇满坏墙"的豪放风格。再如《长安春晚二首》：

> 曲江春半日迟迟，正是王孙怅望时。
> 杏花落尽不归去，江上东风吹柳丝。

> 四方无事太平年，万象鲜明禁火前。
> 九重细雨惹春色，轻染龙池杨柳烟。

此诗描绘长安名胜曲江景色，淡抹轻染，不着浓艳，清新明朗，英爽俊逸。再看《题萧山庙》：

> 故道木阴浓，荒祠山影东。
> 杉松一庭雨，幡盖满堂风。

> 客莫晚沙湿，马嘶春庙空。
> 夜深雷电歇，龙入古潭中。

此诗色泽葱郁，境界幽深，氛围空灵，景物险怪，在清拔之中伴有玄古之音。再看《过潼关》：

> 地形盘屈带河流，景气澄明是胜游。
> 十里晓鸡关树暗，一行寒雁陇云愁。
> 片时无事溪泉好，尽日凝眸岳色秋。
> 麈尾角巾应旷望，更嗟芳霭隔秦楼。

此诗境界开阔，一望无际，色调明朗，气格清拔。其他如《河中陪帅游亭》，描绘：

> 满座山光摇剑戟，绕城波色动楼台。
> 鸟飞天外斜阳尽，人过桥心倒影来。

清光流动，高远峻拔。至于《和赵椻题岳寺》，则描绘：

> 疏钟细响乱鸣泉，客省高临似水天。
> 岚翠暗来空觉润，涧茶余爽不成眠。
> 越僧寒立孤镫外，岳月秋当万木前。
> 张邴宦情何太薄，远公窗外有池莲。

可谓疏爽清澈，豪气满纸。而《苏武庙》则描绘：

> 苏武魂销汉使前，古祠高树两茫然。
> 云边雁断胡天月，陇上羊归塞草烟。
> 回日楼台非甲帐，去时冠剑是丁年。
> 茂陵不见封侯印，空向秋波哭逝川。

此诗对"丁年奉使，皓首而归"①、陷漠十九载、坚贞志不屈的民族英雄苏武，竭情歌颂，堪称苍凉高古，悲壮慷慨。至于《华清宫二首》②，则见：

> 风树离离月稍明，九天龙气在华清。
> 宫门深锁无人觉，半夜云中羯鼓声。

> 天阁沉沉夜未央，碧云仙曲舞《霓裳》。
> 一声玉笛向空尽，月满骊山宫漏长。

此诗融微讽于清挺之中，含隽永于杳远之外，以"羯鼓声"暗暗点出"安史之乱"，用"向空尽"表示往昔怅惘的情思及华清宫的寂寥，其讥刺玄宗及吊古怀旧之情，尽入笔底，与《龙尾驿妇人图》有异曲同工之妙。其他如《题友人居》、《华阴韦氏林亭》、《寄裴生乞钓钩》、《途中偶作》、《宿松门寺》等诗，均

---

① （西汉）李陵：《答苏武书》。
② 按，（唐）温庭筠：《华清宫二首》，乃《全唐诗》第五一一卷张祜《华清宫四首》中之前二首。王重民等人辑录、由中华书局于1982年出版的《全唐诗外编》下册503页之记载，可以备考。

清丽峻拔，高渺悠远。此外，诗人在壮年时写了一首长诗，题为《病中书怀呈友人》，诗人列举了大量典籍故实，结合自己的身世和所闻所见，饱蘸笔墨，尽力驰骋，上下钩稽，左右铺陈，或纤秾，或繁缛，或绮丽，或清拔，或激荡，或悲慨，熔多种风格于一炉。字里行间，流露出诗人报国无门的苦闷："衔恩空抱影，酬德未捐躯。""激扬衔箭虎，疑惧听冰狐。""瞻风无限泪，回首更踟蹰。"

如果说，诗人在早年、壮年还有报国之志的话，那么，在连连碰壁之后，诗人深知，在那个时代讲究经国大业也是难的，因而便自解自嘲，责备自己不该热衷仕途，而不将心思转到山林烟霞之中去寻求隐逸的田园生活。"自笑漫怀经济策，不将心事许烟霞"（《郊居秋日有怀一二知己》），便是他的心情的写照，也是他对人生道路的一条重要的经验总结，就全诗看，其风格也是平实、清旷、挺拔的。至于《过孔北海墓二十韵》，则熔清挺悲慨于一炉："抚事如神遇，临风独涕零。墓平春草绿，碑折古苔青。珪玉埋英气，山河孕炳灵。发言惊辨囿，挥翰动文星。蕴策期干世，持权欲反经。激扬思壮志，流落叹颓龄。"这些诗句，深邃沉著，气魄宏大，笔力挺劲，凄清峻刻。与绮靡诗风南辕北辙。用温庭筠自己的话来说，就是"声词激切，曲备风谣"，"灯烛之下，雄词卓然"（《榜国子监》）。

总而言之，温庭筠的诗歌风格，以绮靡誉满诗林，以清拔著帛千秋，并兼有多种特点。

后 记

我国唐代，诗人如云，歌潮似海。风格之花，千姿百态，五彩缤纷。唐诗以其灿烂夺目的光辉，普照世界。它是人类文化的宝库，中华民族的骄傲。它具有无穷的魅力。只要你和它亲近，就会被那不可抗拒的艺术感染力所征服。呈现在眼前的唐诗画卷，令人目不暇接。你仿佛在山阴道上，左顾右盼，流连忘返，陶醉不已！它把你带进奇妙的想象的天国中，去尽情地遨游：有时，你仿佛站在时代高峰之巅，俯视万物，展望未来，慷慨放歌；有时，你如驰骋疆场、为国捐躯的勇士，拼搏厮杀，壮怀激烈；有时，你若啸傲山林、濯足清流的雅士，冲和淡泊，宁静默处；有时，你似关心民瘼、解除国忧的贤能，深谋远虑，沉著干练；有时，你像花前月下、悄悄细语的恋人，缠绵缱绻，婉约多情……仅此数端，即可表明：唐诗及其风格，具有无可名状的震撼人心的力量。

笔者在青少年时代，就爱好唐诗，并得到慈祥的外祖父王东屏老人家的指点。我的父亲王锡章（宪斌）、母亲王絮生老人家经常吟诵唐诗，我也深受感染。在北京师范大学中文系读书时，我们的业师黎锦熙、黄药眠、钟敬文、刘盼遂、陆宗达、李长之、萧璋、谭丕谟、穆木天、彭慧、陈伯吹、叶苍岑、文怀沙、启功、俞敏、陈秋帆、王汝弼、郭预衡、钟子翱等著名专家教授，言传身教，为我们打下了学术研究的基础。

笔者目击唐诗妖娆的风姿，不禁心荡神怡，但笔拙词贫，难以昭昭然毕现其形态于眼前，只是怀着解渴的心情，去汲取其美的甘露而已。

笔者在默默地探索，期待着能够迈入唐诗意境深处，发现其风格美的真谛，使自己的情性不断得到陶冶、净化，俾寂寞的心灵自然得到慰藉、滋养。

王明居　谨志

2000 年 10 月 17 日

于安徽师范大学文学院

唐代美学

绪　论

一　唐代美学的国际地位

唐代（618—907）自高祖李渊算起，历太宗李世民等二十二位皇帝，统治中国近三百年之久。其间虽有兴有衰，但总的说来，乃泱泱大国，政绩赫赫的贞观之治、开元之治，为唐代奠定了雄厚的经济基础和政治基础，为唐代强盛的国力提供了保障，为唐代文学艺术的繁荣提供了良好的气候与土壤。

唐代是诗的国度。唐诗的发达带动了其他文学艺术的昌隆。唐诗，是中国诗史上的高峰，也是世界诗史上的高峰。它为唐代美学提供了极其丰富的研究对象。

唐代所处时期，为公元7—9世纪，相当于西方中世纪早期。在西方，中世纪是指5—15世纪，前后约千余年。如果我们将唐代美学与中世纪美学稍作比较，就可看出前者在世界上应占据什么地位。

对于西方人来说，中世纪简直是漫漫长夜。封建教会一直处于统治地位。基督教的权威凌驾于王权之上，上帝的意志成为人人必须执行的教条，到处弹奏的是鼓吹宗教信仰的福音。他们用恐怖和高压的手段扼杀其他进步的文学艺术和美学思想。希腊教父说："上帝是所有美的事物的根源"①，"我不会容忍在自由艺术中接受画家、雕塑家以及石匠和其他放荡的奴才"②。罗马神学家圣·奥古斯丁（354—430）在《忏悔录》中也谴责艺术。他们咒骂：舞台表演是"肮脏的疥癣和空虚无聊"，戏剧艺术是"魔鬼"、"一贯弄虚作假的骗子"、"甜蜜的毒药"，诗歌和绘画是"华丽的谎言"。甚至声称：要把尘世间的美踏平，因为所有的美都来自上帝③。由于教会的摧残，早期雕塑艺术濒于绝境；对于音乐艺术的排斥，一直延至9世纪初。

但是，在地球的东方，唐代文明的曙光却出现了。它把希望的光辉播撒在华夏大地上，孕育出无量数的文学艺术的花朵，编织成数不清的令人目眩神迷的美学花环。城乡内外，宫廷上下，大街小巷，到处可以见到诗人、舞者、乐师、画

---

① ［波］沃拉德斯拉维·塔塔科维兹：《中世纪美学》，褚朔维等译，中国社会科学出版社1991年版，第31页。

② 同①，第32页。

③ ［美］凯·埃·吉尔伯特：《美学史》，夏乾丰译，上海译文出版社1989年版，第160—165页。

家，艺术创作和艺术表演蔚然成风，高潮迭起，流派纷呈。华夏文苑显示出一派繁荣景象。美学讲坛也是百花齐放，百家争鸣，生气勃勃。

如果说，漫漫长夜的中世纪，教会独赏上帝的声音，棒杀艺术、美学的话，那么，有唐一代便是诗歌之声动天地、美的花朵开满园了。

把唐代文学、艺术、美学放在国际大背景下考察，我们还可发现，当唐代文学、艺术、美学已成为参天大树、独傲苍穹的时候，有的国家的文学、艺术、美学园地还是一片荒芜，有的只有一些小树小草，有的尽管后来也长出了挺拔高耸的大树，却远远晚于唐代达数百年、千余年之久。我们可以说，唐代文学、艺术、美学，在其所处的时空，是卓绝独拔的高峰。它巍然屹立于世界文化之林而毫无愧色。

唐代美学之林中有两株参天大树，这就是：意境论、风格论。

意境论是地道的中国货。王昌龄、司空图所树立的意境论的里程碑，矗立于世界美学高峰之巅，熠熠闪光，艳耀千秋。

风格论是在诗山文海总汇的漩涡中心涌现、升华、凝固而成的美学结晶。元兢、崔融、皎然、高仲武、司空图等人均是创造风格论的大师。

唐代美学理论固然有独立存在的形态与方式，但也有与作品圆融并存的形态与方式。它富于具体与概括、形象与抽象、悟性与理性、直觉与逻辑相渗相融的特点。这一特点也是在吸取中国传统文化基础上形成的。它不仅以独创的品格称雄当时，而且以不朽的魅力感染后代。

二 唐代美学的传统风味

有人认为，唐代文学艺术，在世界文化史上堪称高峰；但其美学，却不可以高峰目之。因为中国古代文化只有美而没有美学，如果说有美学，也只能是潜美学，所以，便用"有美无学"四个字来概括。按此逻辑推演，唐代美学也是不存在的，更谈不上跻身于世界美学之林而处于巅峰地位了。

笔者认为，中国文化，既有美，也有美学，唐代也是如此，因而以美为主要考察对象的唐代美学是存在的。

唐代美学具有中国古典美学传统的特色，具有中国作风和中国气派，它富于感性体验的特征。感性体验的特征主要构建在审美主体与审美客体之间所形成的审美关系中，它表现为审美客体对于审美主体的诱惑，更表现为审美主体对于审美客体的接受。这种关系可用"玩味"、"畅神"、"妙悟"来表述。

（一）玩味

玩味是指对于美的品尝、体味，是审美感觉器官对于美的接受方式。当审美对象对于审美者发出美的信号时，审美者便做出反应。如果被这种信号所吸引，其审美心理空间场便慢慢打开，成为美的接受载体，自己的美感便与美逐渐契合、交融，而出现亦此亦彼的模糊状态。主体的感官相互协作、相互感通、共同品味，而产生目想、耳见的通感现象，这便是玩味的结果。

味、滋味，是中国古代重要的美的范畴，而玩味则是中国古代重要的审美范畴。《道德经》六十三章有"为无为，事无事，味无味"。第一个"味"字，指玩味，作动词用；第二个"味"字，指滋味，作名词用。王弼在《道德经注》中把"味无味"释为"以恬淡为味"。"味无味"不仅揭示了味的质地（恬淡），而且强调了对无味的体味、玩味，并与无为之道挂钩，这与《道德经》三十五章"道之出口，淡乎其无味"的说法是相呼应的。这也表明了如此体味、玩味是富于哲学意味的。这种观点，一直影响着中国文论的玩味说，使其蕴涵着深邃的哲理。

南北朝时，对于诗味十分重视，玩味说直接针对艺术美，所以得到了实质性的发展。刘勰《文心雕龙·声律》："吟咏滋味，流于字句。"颜之推《颜氏家训·文章》："至于陶冶性灵，入其滋味，亦乐事也。"此外，钟嵘在《诗品序》中，不仅从审美客体方面赞美了"指事造形，穷情写物，最为详切"的"有滋味"的诗，而且从审美主体方面揭示了"使味之者无极，闻之者动心"的美感。此外，他还批评了"理过其辞，淡乎寡味"的诗，并指出味的品级有风格类型之别，有水平不齐、高低强弱的上中下之别。这就全面地推进了滋味说，丰富了玩味论。到了唐代司空图手中，诗味说又得到了深化、发展。他在《与李生论诗书》中提出了"辨于味，而后可以言诗"说，"然后可以言韵外之致"、"味外之旨"说；在《与极浦书》中提出了"象外之象，景外之景"说。个中诗味，必须反复咀嚼，始能得其奥妙。正如元代杨载《诗法家数》所云："熟读玩味，自见其趣。"又如宋代范晞文《对床夜话》所云："咀嚼既久，乃见其意。"这里，咀嚼乃是玩味的同义词。

玩味不仅要重视景、象的再现，而且要讲究理、意的传达。创作如此，鉴赏亦如此。王昌龄对于这两个方面，都是很注意的。他在《诗格》中说："其景与理不相惬，理通无味。"① 他又说："诗一向言意，则不清及无味；一向言景，亦无味。"反过来说，景理相兼之诗，才会有味。有味，才能激发审美者玩味的兴趣。

玩味，必须借助于审美感官的通力协作。王昌龄《诗格》云："人心至感，必有应说，物色万象，爽然有如感会。"又云："意出成感人始好。"这里所说的"至感"、"感会"、"感人"都要求审美感官的协调。王昌龄还以常建《江上琴兴》诗句为例："泠泠七弦遍，万木澄幽音。能使江月白，又令江水深。"这里，诗人的审美触觉、听觉、视觉都能相互渗透，交融于心，故能掬出个中浓郁的诗味。

白居易《与元九书》："感人心者，莫先乎情……未有声入而不应、情交而不感者。"他说的情之交互感通，为审美玩味提供了中介。尤为重要的是，唐代杨发在《大音希声赋》中拈出"感通"一词，这是个了不起的发现，因为"感通"最靠近通感，它是通感的前提、基础。

在审美观照时，由诸感官的感通而产生通感，是玩味的极致。《列子·仲尼篇》所讲的"耳视而目听"，《列子·黄帝篇》所讲的"眼如耳，耳如鼻，鼻如口"，《大佛顶首楞严经》所讲的"六根互相为用"，法藏《华严金师子章》所讲的"眼即耳，耳即鼻，鼻即舌，舌即身"，都是指感通。但在感通中，视觉观照与知觉感受最易一拍即合，这就是审美视知觉的感通，也就是萧统《文选序》所说的"心游目想"。西汉文学家刘向在《修文》中曾谈及衣服容貌的"悦目"，声音应对的"悦耳"，嗜欲好恶的"悦心"；并谈到与之相应的"目悦"、"耳悦"、"心悦"；且认为"三者存乎心、畅乎体、形乎动静"。这就表明，诸感官是受制于心的。

器官的感通，是产生通感的先决条件；通感是在感官相通的基础上反复玩味的结果，是审美主体的情感、思绪、心智对审美客体的诱惑产生积极感应的结果。

（二）畅神

审美主体对于审美客体，在玩味的基础上，产生强烈的美感愉悦，出现与审美客体相契合的心理状态，这就叫畅神。顾名思义，畅神就是指审美者心神的舒

---

① 参见王利器校注：《文镜秘府论》，中国社会科学出版社 1983 年版。以下引《诗格》同。

畅、情致的酣畅、兴味的浓郁。

南朝宋人宗炳《画山水序》云："圣人含道映物，贤者澄怀味像……夫以应目会心为理者，类之成巧，则目亦同应，心亦俱全。应会感神，神超理得……圣贤映于绝代，万趣融其神思。余复何为哉？畅神而已。神之所畅，孰有先焉。"这里所言，含义极其丰赡，不仅适用于艺术创造，也适用于艺术品鉴。所谓"澄怀味像"、"应目会心"、"应会感神"、"神之所畅"、"畅神而已"，用今天的话来说，就是指：以澄澈虚静的情怀，体味宇宙大化之象，充分发挥审美视知觉心理器官的感悟作用，俾获得最大的美感愉快。

宗炳的畅神说，空前丰富了中国的古典美学。

畅神注重一个"气"字。《周书·王褒庾信传论》继承了曹丕的说法，认为文章"莫若以气为主"；《北齐书·文苑传序》："情思底滞，关键不通"，与气不畅有关；殷璠《河岳英灵集序》："夫文有神来、气来、情来"；柳冕《答衢州郑使君论文书》："夫善为文者，发而为声，鼓而为气"；李德裕《文章论》："鼓气以势壮为美。"可见，诗文尚气是唐代文人的共识。就审美而言，畅神也应重气，要神气畅达，方可获得美感。

王昌龄非常重视畅神。他说："必须安神净虑。目睹其物，即入于心，心通其物，物通即言"，要保持"神终不疲"状态；否则，"凡神不安，令人不畅无兴"，那就必须"养神"，庶可写出畅神之作。元兢《古今诗人秀句序》中所说的"烛畅幽遐"，也是畅神的表现，所谓"咏之则风流可想，听之则舒惨在颜"，则属鉴赏时的畅神。举凡畅神对象，均为优秀之品；至于那些卖弄藻饰、"徒夸悦目之美"、"或奔放浅致，或嘈囋野音"，乃文乖词诞的次品，而绝非秀句，因之便不能激起"烛畅"的美感。

（三）妙悟

悟，就是心领神会。其品类有心悟、了悟、体悟、领悟、顿悟、渐悟、妙悟等。术语虽各有别，但都离不开"悟"，故其内涵与外延，大致是相同的；但妙悟却是悟的极致。南朝诗人谢灵运《从斤竹涧越岭溪行》诗云："情用赏为美，事昧竟谁辨。观此遗物虑，一悟得所遣。"这里表现了诗人观照山水之美时美感的升华，达到了万虑俱抛的妙悟境界。

妙悟是审美主体心灵智慧的涌动。审美主体对审美客体情有独钟、反复揣摩，终于豁然开朗、大彻大悟，这是对自然价值、人生真谛的哲学体验。李峤在

《评诗格》中以"风花无定影，露竹有余情"诗为例，"谓貌其形而得其似，可以妙求，难以粗测"，就与妙悟有关。

韩愈《荆潭唱和诗序》："夫和平之音淡薄，而愁思之声要妙……铿锵发金石，幽眇感鬼神。"如此诗论，本身就牵涉到唱和主客体两个方面，其中一个"妙"字，道出了审美的最高标准；一个"感"字，揭示出主客体之间情思的波动状态。所谓"补苴罅漏，张皇幽眇……沈浸酴郁，含英咀华"①，无不是由妙悟得来。这和李德裕《文章论》中对于"妙"的领悟有相得益彰之妙。李氏云："文旨高妙，岂以音韵为病哉！……古人辞高者，盖以言妙而适情，不取于音韵。"又云："文之为物，自然灵气。惚恍而来，不思而至。杼轴得之，濡而无味。琢刻藻绘，弥不足贵。"如此强调自然而然、无味之味，显然是妙在其中的。审美者焉能不妙悟而得其三昧？

深得唐人妙悟的真谛者，虽代不乏人，但最能以己之独特眼光洞察其中奥秘、且为后人所津津乐道者，则为宋代严羽。他在《沧浪诗话·诗辨》中说："大抵禅道惟在妙悟，诗道亦在妙悟……然悟有浅深，有分限，有透彻之悟，有但得一知半解之悟。"这里，他指出了悟的程度、力度、范围，并视"妙悟"为"悟"的最高品级，且与诗道相渗，这是极有见地的。他还指出："盛唐诸人惟在兴趣，羚羊挂角，无迹可求。故其妙处透彻玲珑，不可凑泊，如空中之音，相中之色，水中之月，镜中之象，言有尽而意无穷。"这里，指出了美妙（妙处）的特征，从而为妙悟提供了参照。美妙之处，韵味无穷，使人觉得美而又说不出，且回味不止。这便是妙悟使然。虽然严羽是以禅入诗，但却为了强调诗的艺术功能，强调人格精神的升华，强调诗艺的美感效应。这正是艺术审美价值所在。因此，前人在批评严羽的妙悟论时，虽间有微词，但对于严羽诗论的审美价值，却是予以充分估量的。

玩味、畅神、妙悟，是相渗相融，处于交叉状态的。玩味是对美的品赏；在品赏过程中，获得充分的愉悦，这便是畅神；在玩味、畅神之时，神思独运，不断超越，而达到更高的哲学境界，这便臻于妙悟。可见，玩味、畅神、妙悟，虽然不可分割，但却显示了美感不断发展、逐步升华的递进性。其中的妙悟，虽难以达到，但却是审美者应该努力追求的。

---

① （唐）韩愈：《进学解》。

三 唐代美学的特性

唐代美学具有自己完整的系统。它既有中国古典美学玩味、畅神、妙悟等审美体验的传统特色（共性），又具有自身所独有的而同其他美学区别开来的特质（个性）。在哲学思想、审美范畴、理论创造、艺术品类、美学智慧等等方面，均体现出唐人风貌，弹奏着美妙的唐音。概括说来，表现在如下诸多方面：

其一，哲学思想的圆融性。

唐代美学的哲学思想，体现出容纳百川、为唐所用的海涵大度和共济精神。李唐虽然视老子李耳为先祖，而推崇道学；但对儒、佛、玄学，却采取兼收并蓄的态度。尽管其间也有抑佛、反佛之举，但总的说来，并未形成主流，从宏观的角度观照，却是儒、道、佛、玄，互通有无，显示出哲学思想的圆融性。

其二，美学范畴的阐释性。

唐代美学范畴，深受老子之道影响。老子在《道德经》中，从辩证法的角度，提出了有与无、方与圆、一与多、大与小、白与黑、大音希声、大象无形、巧与拙、动与静等等哲学上的对举的命题，但老子只是言简意赅地提出，并未予以具体阐发。唐代美学则在引进道学的基础上，兼及儒、佛，结合唐代实际，通过诗文歌赋的传达方式，进行美学的阐释，既弘扬了传统的哲学精神，又抒发了唐人的美学情怀。如：佚名《空赋》对有与无的阐释，李泌《咏方圆动静》对方与圆、动与静的阐释，孔颖达《周易正义》对一与多的阐释，唐代华严宗的创始人法藏《华严金师子章》对一与一切的阐释，柳宗元《天说》对大与小的阐释，黄韬《知白守黑赋》对白与黑的阐释，杨发《大音希声赋》对大音希声的阐释，杨炯《浑天赋》、林琨《象赋》对大象无形到大象有形的阐释，白居易《大巧若拙赋》对巧与拙的阐释，白居易《动静交相养赋》对动与静的阐释，等等。都是在阐释的过程中有所发挥、有所创新的。

其三，美学理论的创造性。

初唐美学具有浓郁的爱国主义情思和社会责任感，隋代出现、初唐逐渐完善并集大成的朴质论，就是如此。六朝文坛，淫靡之风到处肆虐，导致亡国之祸。有鉴于此，李世民、房玄龄、李百药、姚思廉、令狐德棻、魏徵、王勃、刘知几等人，坚决反对淫靡之风，成为初唐追求朴质美的群体。

尤其是作为初唐四杰之首的王勃，在大力提倡朴质、刚健、雄放、清丽的同时，还对美的特质进行界定："美哉，贞修之至也！"① 此外，还阐明了美之于善的领属关系："为善不同，同归于美。"② 这同古希腊美学家亚里士多德在《政治学》中所说的"美是一种善"，有异曲同工之妙。所不同的是：亚氏认为善大于美，而王勃则认为美广于善。

至于开一代诗风的陈子昂，除了提倡"风骨"、"兴寄"以外，还宣扬"美在太平，太平之美"③。充满了忧患意识和悲剧情怀，这是盛唐美学的重大特色。

与风骨论连辔而行的，是殷璠的兴象论。他在强调风骨的同时，又强调美的传达。

与朴质论、风骨论、兴象论相联系的是李白的清真论。清真论有批判、有继承、有发展。它批判齐、梁淫靡，继承建安风骨，提倡清新率真，从而把形式美与内容真、善有机地结合在一起，这是盛唐美学的又一重大特色。

从盛唐到中唐，美学理论更趋于丰富多彩。杜甫是盛唐跨入中唐的转换期的文人代表，其美学思想更多地体现为与国家命运休戚相关的个人坎坷遭际所凝成的悲剧美。

古文运动领袖韩愈正由于提倡"文以载道"，因而也特别重视美育。他在《上宰相书》中大声疾呼："乐育才"，"长育人才"，"天下美之"，"天下之心美之"，"教育之"，以期引起对于育才之道的关怀。

散文大家柳宗元在山水游记中，发表了许多新颖的旅游美学见解。就游观的审美效应而言，堪称"游观之佳丽"，"既乐其人，又乐其身"④；就游观的情感特征而言，则显示出"欢而悲"⑤；就游观的选择性而言，则为"美恶异位"、"择恶而取美"⑥；就游观审美的品类而言，可分"旷如"、"奥如"⑦、"观妙"⑧、"大观"⑨；就游观的方式而言，则为"心凝形释，与万化冥合"⑩。

新乐府运动的倡导者白居易，在旅游心理学方面，也有贡献。在《白蘋洲五亭记》中，他指出了"心存目想"、"境心相遇"的审美视知觉通感现象。

白居易的诗友刘禹锡，则用辩证的方法分析美，提出"在此为美兮，在彼

---

① ② （唐）王勃：《平台秘略赞十首·贞修》。
③ （唐）陈子昂：《谏刑书》。
④ ⑤ （唐）柳宗元：《陪永州崔使君游宴南池序》。
⑥ （唐）柳宗元：《永州韦使君新堂记》。
⑦ ⑧ （唐）柳宗元：《永州龙兴寺东丘记》。
⑨ （唐）柳宗元：《永州龙兴寺西轩记》。
⑩ （唐）柳宗元：《始得西山宴游记》

为蛆"的美的相对性。他还说："由我而美者生于颐指"①，从而强调了审美者的主观能动性。

另一方面，由盛唐王昌龄所提倡的意境论，到中唐刘禹锡、皎然和晚唐司空图等人的手中又得到充实、发展，并和风格论相贯通，从而为诗苑文坛创造出新的审美境界，这就是疏远功利目的的一片美丽的天空。

与功利性疏远化的美学，在晚唐李商隐的诗文中得到了净化；他特别注重诗文的美和审美主体的美感，故其《樊南甲集序》云："好对切事，声势物景，哀上浮壮，能感动人。"他还十分赞赏"以自然为祖，元气为根"②的美的本体论。至于在《梓州罢吟寄同舍》中所说的"楚雨含情皆有托"，则属于美的传达方式。

此外，在司空图的许多诗文中，往往超越功利的藩篱，成为审美的范式。因此，晚唐美学虽有宣扬功利的言论，但较多地表现为对于净美的执著追求。

唐代美学与唐代诗文理论存在着密切的交叉关系，往往你中有我、我中有你，显示出互渗性、圆融性，因而既可目之为美学理论，又可目之为诗文理论。

但是，由于美学研究的是自然美、社会美、艺术美，而诗文理论研究的则是文学美，故前者涵盖的范围比后者要广阔得多。就唐代诗文理论本身而言，有的固然属于美学，有的则与美学无涉。所以，我们既要看到美学理论与诗文理论之间的联系，又要看到二者之间的区别。

四　唐代美学光轮辐射圈

唐代美学以文学美学为轴心，向外辐射、扩散、渗透，波及其他，影响深广。

就绘画美学而言，初唐裴孝源在《贞观公私画录》序中提出了"心目相授"和"贤愚美恶"、"图之屋壁"。王维在《题友人云母障子》中说："自有山泉入，非因彩画来。"表明了绘画山水源于自然山水的观点。晚唐朱景玄在《唐朝名画录》序中说："西子不能掩其妍"，"嫫母不能易其丑。"这就揭示出人之美丑的客观自然性。

张璪在《画境》中提出了"外师造化，中得心源"说。张彦远在《历代名

---

① （唐）刘禹锡：《武陵北亭记》。
② （唐）李商隐：《容州经略使元结文集后序》。

画记》中提出了"凝神遐想，妙悟自然，物我两忘，离形去智"；又从谢赫的"气韵生动"出发，阐述了形似与骨气的关系："夫象物必在于形似，形似须全其骨气。骨气形似皆本于立意而归乎用笔。"这些都成为中国绘画美学的经典。

就音乐美学而言，《贞观政要·论礼乐》中，记述了唐太宗李世民与魏徵的谈话："悲悦在于人心，非由乐也。"魏徵也说："乐在人和，不由音调。"这就从主体接受方面强调了音乐审美的主观能动性。

但是，关于人心与音乐的关系，杜佑的看法，则较之李世民、魏徵显得全面而符合辩证法的观点。他在《改定乐章论》中说："夫音生于人心，心惨则音哀，心舒则音和；然人心复因音之哀和亦感而舒惨……是故哀乐喜怒敬爱六者，随物感动。"这里，既强调了心对音的决定作用，又强调了音对心的能动作用。

李百药在《笙赋》中，则从音乐本体论的观点出发，剖析了清浊二音的互渗美："婉婉鸿惊，喈喈凤鸣。或万殊而竞响，乍孤啭而飞声。清则混之而不浊，浊则澄之而不清。实当无而应有，固虚受而徐盈。"这里，清音与浊音在相融中又泾渭分明、各具风韵，实为美的至境。

必须特别提到的是崔令钦的《教坊记》。《教坊记》是颇有影响的音乐专著。其后记云："夫以廉洁之美而道之者寡，骄淫之丑而蹈之者众，何哉？志意劣而嗜欲强也。"这里，将廉洁美与骄淫丑相对照，在美学上是个创造。作者认为，通向廉洁美的途径与举措是："敦谕，履仁，蹈义，修礼，任智，而信以成之。"这种提法，显然深受儒家思想影响。

随着审美心理研究的深入，移情说也就跟踪而至。从《乐府解题·水仙操》中，略可窥及中国古代音乐史上移情说的最早痕迹。

白居易、元稹对于音乐美学的贡献是多方面的。他们鼓吹儒家的音乐思想，重视音乐的教化功能，重视音乐与生活的联系。在《白氏长庆集》、《元氏长庆集》中有许多诗文，都充分表述了他们各自的观点。特别是白居易的《琵琶行》，乃是一篇宣泄音乐情感、传达审美内心感受的杰作。

此外，就对具体音乐样式的分析而言，薛易简的《琴诀》，是很著名的。他说：

> 琴之为乐，可以观风教，可以摄心魂，可以辨喜怒，可以悦情思，可以静神虑，可以壮胆勇，可以绝尘俗，可以格鬼神。此琴之善者也。鼓琴之士，志静气正，则听者易分，心乱神浊，则听者难辨矣。

又曰："定神绝虑，情意专注，指不虚发，弦不误鸣"，则可臻于"清利美畅"之境。这里多角度地强调了琴乐的审美功能，尤其是突出了"静"的审美意义，并以"静"作为琴乐演奏的范式。

就书法美学而言，可谓名家如云，著作多多，新论迭出。如初唐欧阳询在《三十六法》中提出了"小大成形"的美；虞世南在《笔髓论》中提出了"绝虑凝神，心正气和，则契于妙"的美，在《书旨述》中强调"俯拾众美"。李世民在《指意》中强调"以神为精魄"、"以心为筋骨"。在《王羲之传论》中，则纵论诸家之短，独对王羲之之书，则赞之为"尽善尽美"。这就开创了有唐一代的尊王之风。

但唐代极负盛名的书法美学专著乃是垂拱年间孙过庭的《书谱》。它赞颂了书体变易的风格美："虽篆、隶、草、章，工用多变，济成厥美，各有攸宜。篆尚婉而通，隶欲精而密，草贵流而畅，章务检而便。"此外，还论析了书法艺术相反相成的美："违而不犯，和而不同。"

张怀瓘为开元、天宝年间著名书法美学家，著述丰赡，见解精辟。其《书议》中"囊括万殊，裁成一相"的美学命题，最受赞颂。

窦蒙、窦臮兄弟，为天宝年间书家。窦臮作《述书赋》。窦蒙为之注释，有《〈述书赋〉语例字格》一文，列举了九十种文字风格美，共一百言，情调浓郁，言简意赅。千载以下，掬字格韵味之美，无有出其右者。

颜真卿为著名书法大师，在《述张长史笔法十二意》中，描述了"用笔如锥画沙"、"透过纸背"的美。

陆羽在《释怀素与颜真卿论草书》中，提出了符合自然美的"圻壁路"、"屋漏痕"的概念。

韩愈在《送高闲上人序》中，以草圣张旭为典范，强调"神完而守固"的重要性。

此外，如蔡希综、徐浩、李华、韦续等人，亦有书论传世。

总之，唐代书法美学，有的是精粹短论，有的是长篇巨制：或漫不经心，娓娓道来；或洋洋洒洒，高谈阔论；或滋味横溢，意在言外；或音韵铿锵，掷地有声。这些都是唐代文化宝库中熠熠生辉的珍品。

就建筑美学而言，其理论观点大都散见于诗文中。如张说《虚室赋》："理涉虚趣，心阶静缘，室惟生白，人则思元。"这里突出了室尚虚静的哲理。李峤《宣州大云寺碑》："穷壮丽于天巧，拟威神于帝室"；"眺八极之山川，临万家之井邑"；"赏心极目，遣累忘机"；"负荷深委，规模大壮。"这里表现了大云寺的壮美，且符合《易经·大壮》的精义；同时，还抒发了登高远眺、极目无际的豪情（美感）。李白《明堂赋》："观夫明堂之宏壮也，则突兀瞳昽，乍明乍蒙，象太古元气之结空龙。"这里也描绘了壮美的气概。王昌龄《灞桥赋》："圣人以美利利天下。"这里把美利当成善举，表明灞桥利人之功。元结《茅阁记》："因高引望，以抒远怀"；"遂作茅阁，荫其清阴"；并"咏歌以美之"。元结还把茅阁的功能说成"为苍生之麻荫"，从而显示出善与美的联系。至于段成式，则在《寺塔记》卷上、卷下中，保存了唐代寺塔建筑、绘画、诗词等丰富的美的资料；唐文中对于宫殿厅堂楼台亭阁等建筑的记述，也时时闪烁、滚动着美的珍珠。

就舞蹈美学而言，唐人平列《舞赋》把乐与舞放在一起论析道：

> 乐者所以节宣其意，舞者所以激扬其气。不乐无以调风俗，不舞无以摅情志……顿纤腰而起舞，低凤鬟于绮席，听鸾歌于促柱。烛若蓉蕖折波而涌出，婉若鸿鹄凌云而欲举。其为体也，似流风回雪而相应；其为势也，似野鹤山鸡而对镜。总众丽以为资，集群眸而动咏。观其蹑影赴节，体若摧折，将欲来而不进，既似去而复报。回身若春林之动条，举袂若寒庭之流雪。乃其指顾彷徨，神气激昂。竦轻躯以鹤立，若将飞而未翔。作之者不知其所，观之者恍若有亡。

这里，以形象的语言，概括了舞蹈的审美功能，描绘了舞蹈的美学特征；人体美（"纤腰起舞"、"体若摧折"，流动美（"流风回雪"），节奏美、旋律美（"蹑影赴节"），并从整体上进行审美把握（"总众丽"）；且从作者与观者两个方面，揭示出舞蹈美感的强度、力度、深度，均达到了忘我境界（"不知其所"、"恍若有亡"）。总之，我们可以从《舞赋》中悟出：舞蹈是人体的旋律。

此外，唐代文人还写了不少赋，如：谢偃《观舞赋》，佚名《开元字舞赋》，李绰《太清宫观紫极舞赋》，白行简《舞中成八卦赋》，沈亚之《拓枝舞赋》，陈嘏《霓裳羽衣曲赋》，等等，都从不同角度描绘出舞蹈艺术的美，揭示出舞蹈艺术的美学特征。

五 唐代美学研究的方法

其一，原汁原味，重视文本。

唐代文学艺术作品浩如烟海。唐代美学显隐在唐代文学艺术作品的大海中，以无可名状的美的魅力吸引着历代读者。有时，它用滋味横溢的韵致感染人；有时，它用含隐蓄秀的理趣征服人。它是感性与理性的互渗，形象与概念的互渗，具体与抽象的互渗。

给广大的读者提供的唐代美学，应该是原汁原味的，应该让历史的具体性、客观性、真实性栩栩如生地再现在人们眼前。唐人美学具有唐人独特的气质、个性，打上了唐人的烙印，因而具有不可替代性。我们应该复活唐人的声音、笑貌，让唐人诉说自己的理论见解。这就要求我们从唐人的诗文中去挖掘、提取原汁原味的美学珍馐，来给读者品尝。这样，才能真正令人感受到唐代美学气象，聆听到唐人动情的美的歌声。

当然，这并不意味着说，我们不可对唐人的美学思想发表自己的见解。恰恰相反，我们在品尝唐人原汁原味的美学珍馐时，是完全可以对它进行深入细致的分析的。问题在于，我们必须把唐人的美学智慧和我们自己对于唐人美学智慧的理解加以严格区别。

其二，自上而下，自下而上。

德国美学家费希纳（1834—1887），是实验美学的创始人，其代表性著作是《美学导论》（1876）。他认为，以谢林、黑格尔、康德为代表的德国古典主义美学，是"自上而下"的美学，其奉行的基本原则是从一般到特殊，是纯思辨的美学。它已远远落后于现实发展的需要，因而这就必须建立一种适合科学时代的美学，这便是一切从观察开始的实验美学。它从事实出发，遵循科学的求真原则，根据大量的实验进行实事求是的分析，然后逐步予以综合，提升、概括为共同的理论规律。这便是从特殊到一般的"自下而上"的美学。

费希纳的学说，对于我们研究唐代美学也有某种借鉴意义。唐代美学资料是十分丰富的，它或以独立的形态而出现，或以分散的形态存在于诗山文海中，并富于具体感性的特征。我们对这些具体感性的特征，必须仔细地进行梳理：观察，分析，比较，研究，然后提升、概括为理论。这便是自下而上的研究方法的借用。当然，我们不可能机械地照搬费希纳的实验法；但从特殊到一般的原则却对我们有不可忽视的借鉴意义。

此外，我们还要看到，唐代美学除了富于具体可感的特征而适宜于运用自下而上的研究方法外；它还具有抽象的理性特征，因而也可根据实际情况运用自上而下的方法去进行研究。孔颖达、王勃的《周易》美学思想，陈子昂的"天人相感"观点，柳宗元的"文以明道，其道美矣"思想，李商隐的"自然为祖，元气为根"观点，均富于理论的思辨性，是符合从一般到特殊的思维规律的。

唐代美学研究既可自上而下，又可自下而上。唐代美学本身，就其本体论的产生而言，也是既有自上而下、又有自下而上的，而两者往往结合在一起。如有无、方圆、一多、大小、白黑、巧拙、动静、清浊、心物、情理、文质、阴阳、刚柔等对举的范畴，本身就与民族文化传统精神具有千丝万缕的联系，含有高度的模糊性、包蕴性、含蓄性和难以言传性，既可渗透在具体感性、生动形象的美的描述中，又可升华到抽象理性、综合概括的美学理论境界，因而它富于可上可下的灵活性、自由性、变易性。它凝练精粹，内容丰赡，以少胜多，读者品尝之、玩味之，可以起到举一反三的效果。

其三，凸显传统美的特色，汲取西哲美学精粹。

有人认为，中国古代虽然有美，但无美学。这种判断，有失公允。然而，我们也毋庸讳言，中国古代文化典籍中，美的珍珠可谓俯拾即是，但对无数美的珍珠用一根根理论红线把它们有机地贯穿起来，成为科学的系列，并进行美学的剖析者，固然存在，但其数量，却不及美那样普遍、丰富。这就是说，美学的主要对象——美，多于美学理论本身。唐代也是如此。的确，在唐代诗文中，可谓触目皆美，但却非到处皆美学。这种美多于学的现象，绝不是唐代美学发育不全所致，而是中外文化发展史上的一条规律，因为现象总是比规律丰富的。美多于学，便是如此。

以西方德国美学而言，堪称名著多多，大师辈出；但其数量却远远不及美的东西丰富。问题在于，德国美学极富于理性的思辨精神，善于逻辑判断，因而把美学推向世界美学高峰，在现当代美学中具有广泛的影响，也是值得我们借鉴的。它有助于我们从理论的高度去透视、解析唐代美学，特别是从逻辑推理的美学高度去认识唐代美学的感性精神和悟性特色。当然，我们在运用拿来主义时，还要切合唐代美学实际，既不能拔高，又不能贬低，而是应该给予历史的具体的评价。

唐代美学极富于审美主体的情感的倾向性，无论是初、盛、中、晚时期，都贯穿着文人的忧患意识、爱国情思这条主线。这是唐代美学中最富于民族精神的主流，也是唐代美学中最有价值、最值得骄傲、最可宝贵的部分。

拙著分为两部分，前部为唐代美学综论，力图从宏观高度，对唐代美学进行整体的把握：就唐代美学的地位、传统风味、基本特性、辐射范围、研究方法问题进行辨析；对唐代美学的哲学基础、九大阐释性范畴、十大理论问题进行解剖，以期在辽阔的背景上透视唐代美学的风貌。

后部为唐人美学分论。唐代名家辈出，诗人如云，智慧之光遍照大地，美学珍奇艳耀夺目。笔者所列，虽荦荦大者，但却有助于考察唐代美学大厦的细部结构，有助于从微观上去了解唐代美学的具体风貌，有助于从不同角度集中地突现出唐代美学的共同本质，有助于立体地多侧面地估量唐人美学贡献。

　　唐代文人学识渊博，才华横溢。有的专擅某种艺术体裁，有的兼擅数种艺术体裁。为了突现唐代人文精神，笔者便以单个的唐人为独立单元，去阐发其美学思想。因此，笔者不着意以体裁为框架去归纳唐人美学智慧。当然，对于许多专擅同一体裁者，则相对地予以集中论述，以保持专擅的群体风貌。

　　唐代美学资源极其丰富，但开发的力度、深度、广度远远不够，这就需要我们群策群力，不断挖掘，以期获得可喜的成果。笔者所言，希能起到抛砖引玉的作用。

第一章　唐代美学的哲学基础

一　儒道佛玄,互通有无

隋唐五代,历三百七十九年。隋代(581—618)最短,只有三十七年。唐代(618—907)最长,共二百八十九年。五代(907—960)亦短,不过五十三年。这是中国历史上大动荡、大统一、大分裂的时代。在中国美学史上,乃是大变动、大改革、大发展的时期。它起伏着浮艳与反浮艳的斗争,交织着革新与保守的冲突。但从总的趋势看来,由于国家统一的时间长(唐代),经济增长的速度快,文风改革的呼声高,文人竞争的意识浓,因而便出现了以唐代诗文为标志的并带动其他艺术全面繁荣的新局面。这就为唐代美学提供了大量的研究资料,终于出现了以诗文美学为轴心并辐射到所有美学领域的全方位的具有划时代意义的伟大突破。

唐代美学博大精深,源远流长。它是奠定在儒、道、佛、玄的哲学基础之上的。换言之,儒、道、佛、玄的融通性和圆合性(即圆融性),为唐代美学提供了思想营养与理论根据。

有唐一代,近三百年,虽有武宗灭佛、韩愈反佛之举,但总的说来,对于佛的态度还是容忍的、欢迎的。对于儒、道、佛、玄,是兼容并包、为己所用。或亦儒亦道,或亦佛亦玄,或四者并举。由于时间、空间不同,由于政治气候不同,在兼收并蓄之际,其强调的重点也有不同。有最强调道者,有最强调佛者,有醉心于儒者,有醉心于玄者。

在儒、道、佛、玄中,对于道尤为重视,尤为情深。这不是偶然的,而是由于道家的鼻祖李耳(老子)与李家王朝是同姓的缘故。唐代的皇帝把李耳看成是先祖,把自己看成是李耳的后裔,因而便尽力张扬道家学说。虽然也有人考证过李家王朝并非李耳嫡传,但几乎被李氏问罪;这可能是李家王朝想借李耳的名望来抬高自己门族地位的缘故。唐太宗李世民《令道士在僧前诏》云:

> 老君垂范,义在清虚;释迦贻则,理存因果。求其教也,汲引之迹殊途;穷其宗也,宏益之风齐致。然大道之兴,肇于邃古,源出无名之始,事高有形之外,迈两仪而运行,包万物而亭育,故能经邦致治、反朴还淳。至于佛教之兴,基于西域,逮于后汉,方被中华。神变之理多方,报应之缘匪

一。洎乎近世，崇信滋深。人觊当年之福，家惧来生之祸。由是滞俗者闻元宗而大笑，好异者望真谛而争归。始波涌于闾里，终风靡于朝廷。遂使殊俗之典，郁为众妙之先；诸华之教，翻居一乘之后。流遁忘反，于兹累代。朕夙夜寅畏，缅惟至道。思革前弊，纳诸轨物。况朕之本系，出于柱史。今鼎祚克昌，既凭上德之庆；天下大定，亦赖无为之功。宜有改张，阐兹元化。自今以后，斋供行立。至于称谓，其道士女冠可在僧尼之前。庶敦本之俗畅于九有，尊祖之风贻诸万叶。告报天下，主者施行。①

以上全文照录，旨在明了全貌。唐太宗对于道释二家都是肯定的，所以才说"宏益之风齐致"。但相比之下，更推崇道家。一是推崇道家的哲学思想，即"清虚"、"无为"之道，并揭示了"无名"、"有形"的特点。二是赞扬道的运动不止、生生不息及其包孕万物的功能，并由此得出了"经邦致治"的结论。三是在肯定道之"反朴还淳"的同时，揭露了当时崇佛抑道的弊端。所谓"笑元宗"、"归真谛"，即此弊端的突出表现。嘲笑玄之又玄的道宗，皈依体现真谛的佛主，这是唐太宗所批评的不正常现象。四是从家族血缘论出发，宣扬崇道的本原意义在于"敦本"、"尊祖"，所谓"联之本系，出于柱史（按，指老子）"是也。五是出于唐王朝巩固政权的需要，所以才歌颂老子，并将道置于佛前。总之，从哲学思想到政治思想，从家族血缘到唐室宗系等方面，唐太宗全面地昭示了尊道的缘由。这就为有唐一代的崇道论提供了先制与思想基础。

唐太宗把道置于佛前的做法，是有其不可低估的实际意义的。它突出地表现了唐太宗变革的思想。东汉明帝时，佛教传入中国。随着时间的推移，崇佛之风愈演愈烈。南北朝时，达于极点。王公贵族，带头信佛，以致酿成了以佛废政、奢侈腐败、国破家亡的结局。当然，这并不是佛本身造成的，而是封建统治者迷信过度、不理国事使然。这种崇佛之风，一直刮到唐代初建之时，仍未消退。可见，自东汉至唐初，佛教的势力是非常强大的，其主要地位是毋庸置疑的。在如此强大、如此根深蒂固的佛教面前，居然提出"思革前弊"的口号，居然要把佛家名位排在道家名位之后，这是何等宏大的胆识与气魄！

宣扬清虚、无为，也是符合唐太宗的思想逻辑和政治需要的。东汉以来，历魏晋南北朝隋代的六百年间，皇帝昏庸，权贵擅权，战祸频仍，灾害不断，哀鸿遍野，民不聊生。唐代建国之初，满目疮痍，百废待兴。亟待有一个安宁的环境

---

① 《全唐文》卷六。

和清静的世界，让百姓休养生息、恢复元气，因而必须以无为本，促其无中生有，在一张洁白的纸上，画出新的图画来。这就是唐太宗所说"天下大定，亦赖无为之功"。

唐太宗李世民的崇道论影响着有唐一代。不过，有时影响大，有时影响小罢了。他的第九子唐高宗李治，在《定明堂规制诏》中规定皇帝高居之顶必须呈圆形："其宇上圆，按《道德经》，天得一以清，地得一以宁，侯王得一以为天下贞。又曰，道生一，一生二，二生三，三生万物。"① 这就是以道为准绳去规范皇室建构的。

李治第八子唐睿宗李旦，在《老子赞》中说："道非常道，元之又元。"元即玄。这种玄之又玄的道，到了李旦第三子唐玄宗李隆基手中更得到发扬光大。李隆基在《命贡举加老子策制》中，规定"老子《道德经》，宜令庶士家藏一本"。贡举时，必须加试老子策，"俾尊崇道本，宏益化源"②。他在《分〈道德〉为上下经诏》中说："化之原者曰道，道之用者为德，其义至大，非圣人孰能章之？"又说："其《道经》为上经，《德经》为下经，庶乎道尊德贵。"③ 他在《尊〈道德南华经〉诏》中说："以《道德经》列诸经之首。"④ 此外，他还颁布了其他许多诏、敕、批、问、序、词，从各个方面宣扬老子之道。如：《颁示〈道德经〉注〈孝经〉疏诏》，《答中书门下贺写〈道德经〉五本手诏》，《颁示笺注〈道德经〉敕》，《答张九龄请施行御注〈道德经〉批》，《策〈道德经〉及文列庄子问》，《一切道德音义序》，《〈道德真经〉疏释题词》，等等，均从诸多角度论述了道体有无、归于玄妙的本质特征。

李隆基第三子唐肃宗李亨对于道家也是另眼看待的。他对道士、大诗人贺知章的歌颂，就是一个明显的例子。贺知章深受李白推崇。贺知章死后，肃宗给他一个礼部尚书的头衔。其《赠贺知章礼部尚书诏》云："道士贺知章，器识夷淡，襟怀和雅，神清志逸，学富才雄。"⑤ 此外，李亨长子唐代宗李豫，对于道家也是赞美的。但是，总的说来，唐代崇道的极盛时代是太宗、玄宗皇祚鼎昌之际。安史之乱以后，道教的势力明显削弱，崇道之风也大大减退。当然，情况是极其复杂的，在武则天擅权时期，声称佛道并重，但实际上把佛放在首位。她在《令礼官详定享明堂礼仪诏》中对于老子之道，未置一辞。这与她的丈夫李治在

---

① 《全唐文》卷十三。
② 《全唐文》卷二十三。
③④ 《全唐文》卷三十二。
⑤ 《全唐文》卷四十二。

《定明堂规制诏》中的崇道论相比，是迥然有别的。

以李世民、李隆基为代表的崇道论是否有罢黜百家、独尊道术之举呢？回答是：他们虽崇道学、并将道置于佛前，但对包括儒、佛、玄的百家都采取欢迎的态度。

李世民、李治对于玄奘赴西域取经的功绩，赞扬备至。李世民《答元奘还至于阗国进表诏》云："闻师访道殊域，今得归还，欢喜无量，可即速来与朕相见。"① 其欣悦之情，溢于言表。尤其是《大唐三藏圣教序》，则从哲学的高度赞扬佛教：

> 盖闻二仪有像显，覆载以含生。四时无形，潜寒暑以化物。是以窥天鉴地，庸愚皆识其端。明阴洞阳，贤哲罕穷其数。然而天地包乎阴阳，而易识者以其有像也；阴阳处乎天地，而难穷者以其无形也。故知像显可征，虽愚不惑；形潜莫睹，在智犹迷。况乎佛道崇虚，乘幽控寂；宏济万品，典御十方。举威灵而无上，抑神力而无下。大之则弥于宇宙，细之则摄于毫厘。②

这里，从辩证的观点出发，提出了阴阳、天地、有无、潜显、大细（小）等对举的范畴；尤其是突出地指明了"佛道崇虚"的特点，这就揭示了佛教哲学的深层含义。此外，序文还赞扬玄奘西域取经十有七年的辛劳，"探赜妙门、精穷奥业"坚忍不拔的毅力与精神，译经六百五十七部的辉煌成就。此外，李治撰《三藏圣教后序》颂扬佛教和玄奘的功绩；又撰《述圣记》阐述佛教精义："盖真如圣教者，诸法之元宗，众经之轨躅也。综括宏远，奥旨遐深。极空有之精微，体生灭之机要。"③ 这里，不仅揭示出佛教哲学"空有"的特质，而且把它置于"元宗"、"轨躅"的重要地位。

即使是推行道教最得力的李隆基，对于佛教也采取宽容的做法。除了佛教徒（僧尼）违背唐代法律和习俗（如敛财、贪色等）而被禁止外，对于他们的清净的生活是赞许的；尤其对于佛家的哲学思想是抉择、肯定的，并寻找与道家哲学思想的契合点、相似点，从而发扬而光大之。其《澄清佛寺诏》云："夫释氏之

---

① 《全唐文》卷七。
② 《全唐文》卷十。
③ 《全唐文》卷十五。

旨，义归真寂。"① 其《禁僧俗往还诏》云："惟彼释道，同归凝寂。各有寺观，自合住持。"② 其《令僧尼无拜父母诏》云："道教释教，其来一体。都忘彼我，不自贵高。"③ 其《答张九龄贺御注〈金刚经〉批》云："不坏之法，真常之性，实在此经。"④ 这里表明，佛道二家在哲学思想上是有共通契机的，这就是在"凝寂"的融会点上可以找到它们的"一体"所在。换言之，在寂静、虚空的境界中，能够透视佛祖与道尊促膝谈经、相互布道、追求同一的谐和场景。这正是佛道能够和平共处的原因。佛，在不触犯道的前提下，与道携手共行；道采取欢迎、合作的态度，这正表示出道的大度，显示出中国之道对西方之佛的谦恭，说明中国传统文化对外来文化包容含纳的博大襟怀。这与老子在《道德经》中所提倡的"上德若谷"⑤ 的精神是相符的。

道家哲学推崇虚无，但并不排斥实有；崇尚自然，但并不抛弃人生；宣扬无为，但不反对有为。因而在实有、人生、有为的基础上，是可以找到与儒家学说的接轨处的。换言之，道学有生于无中的"有"，与儒学中所宣扬的"有"，有某种契合之点，所以便有共同的语言。以道为重的唐代皇帝便把握了这个契机。从有无相生、无中生有的精义出发，融入儒家的"有"，推行君君臣臣父父子子一套封建秩序。这样，既有利于巩固唐王朝的统治，又符合无为而有所为的老子之道，且受到儒家的欢迎。正因为如此，李世民在《赠孔子为太师诏》中才颂扬孔子创造的儒学："德契机神，盛烈光于后代；化成天地，元功被于庶物。"称赞孔子"资大圣之材"，并引"孟轲曰：自生人以来，未有若孔子者也"⑥。李治为尊儒学，下诏令全国州县营造孔子庙堂及学馆，推行礼乐之道。李旦不仅写了《老子赞》，还写了《孔子赞》。这种崇儒尊孔的思想，在唐代一直贯串着、扩展着、实施着。可见，在儒道关系上，唐代皇帝是十分重视的，处理手段是极其圆通的，似乎可以这样归纳：在哲学上，打着道家无为的旗号；在政治上，推行儒家的有为之实，即以道家无不为名义去推行儒家的封建等级制度；至于在文化上，则采用儒家经典，宣传儒家思想，实施明经取士制度。

唐太宗令孔颖达撰《五经正义》，作为学习的范本。唐代士子参加科举考试，必须熟读《五经正义》，作为立论的依据。此为唐代皇帝颁订的官书，舍此则不能获取晋身之阶而步入仕途。唐高宗所颁《严考试明经进士诏》云："学者

---

① ② ③ 《全唐文》卷三十。
④ 《全唐文》卷三十七。
⑤ 《道德经》第四十一章。
⑥ 《全唐文》卷十二。

立身之本，文者经国之资。岂可假以虚名？必须征其实效。"① 他严厉地批评了"不读正经"、"文儒渐废"的现象，决定考试必须以儒家经典为圭臬。

此外，唐太宗还令颜师古考核五经文字，撰写《五经定本》，作为儒生学习的文字范本。加上陆德明的《经典释文》，更为士子提供了训诂、考证儒经文字与音韵的资料。这样，唐朝初建之时，就从哲学精义、语言传达等方面完成了阐释儒家经典的建设工程，为开科取士确定了遵循的文本。如此以明经为本选拔人才的途径与方式，是奉行儒家经世之学的结果。这种经世之学，显然是致用的。它和"实有"的观念是密切相关的，和"虚无"的观念又是相对立的。在唐代皇帝的哲学世界中，既存在道家的虚无，又存在儒家的实有。并通过道家有无相生、无中生有这座桥梁，把"虚无"与"实有"连接在一起。俾"虚无"与"实有"相反相成、相渗相融，臻于统一。这是从儒道交融的角度论析有无之间的对立统一的；至于道学本身，也存在着无中生有现象和有无之间的对立的统一。此不赘述。到了唐德宗李适时代，则开儒道释三教相互讨论之先河，即令三教信徒在一块面对面地讨论三教精义，寻找三教的共同点，促使三教调和。《南部新书》云其"初若矛盾相向，后来江海同归"。如此对立统一，是符合兼收并蓄、为我所用的目的的。唐德宗《明经举人更习老子诏》云："明经举人所习《尔雅》，多是草木鸟兽之名，无益理道。宜令习老子《道德经》，以代《尔雅》。其进士同大经例帖。"② 这里，沿习唐制，宗于道学，但也重视儒家经典。儒家经典，唐列为三。一为大经，指《礼记》、《春秋左氏传》；二为中经，指《诗经》、《仪礼》、《周礼》；三为小经，指《易经》、《尚书》、《春秋公羊传》、《穀梁传》。凡考进士，必修大经。此外，唐德宗《修葺寺观诏》云："释道二教，福利群生。"③可见，他对三教是一视同仁的。

除儒道佛以外，还有玄。《易》、《老》、《庄》，时称为"三玄"。魏晋玄学家继承了三玄之学，并结合自身所处时代实际，予以发展、创新，创立了魏晋玄学。王弼就是魏正始年间玄学创始人之一。他在《老子道德经注》和《老子指略》中集中深刻地阐发了他的玄学思想。老子《道德经》四十章："天下万物生于有，有生于无。"这里可以看出，从纯粹抽象的"无"，到半抽象的"有"，再到具象的万物，乃是一个有先有后的符合规律的运动过程；产生万物的缘由（源头），必须沿着"有"的轨迹寻找，上溯到"无"、归之于"无"。这个完整

---

①③ 《全唐文》卷十三。

② 《全唐文》卷五十二。

的系列，是有特定的时间发展过程的，其生成阶段（万物—有—无）是可分的。但是，王弼的解析，却别出心裁。王弼认为，无与有是浑然一体、密不可分的。无为有之体，有为无之用。无为有之本，有为无之末。无与有的关系，是体与用、本与末的关系。因而他主张以无为体、以无为本，以有为用、以有为末。所以，王弼在《老子道德经注》中说："有之所始，以无为本。将欲全有，必反于无也。"① 又曰："崇本以举其末，则形名俱有而邪不生，大美配天而华不作。"② 他在《老子指略》中把老子哲学的精义概括为"崇本息末"。这不仅突出了"无"的本源意义，而且突出了"无"的统帅作用。作为"有"的万物的运动状态（末），是受作为"无"的万物运动的规律、法则、原理（本）所支配的。二者又是不可分的。这种分析，在理解老子有无相生之道的基础上，又在哲学的领域里大大地向前跨进了一步，抽象、提升到玄学的巅峰。这种玄，按照王弼的说法，就是："涉之乎无物而不由，则称之曰道；求之乎无妙而不出，则谓之曰玄。妙出乎玄，众由乎道……玄，谓之深者也；道，称之大者也。"③ 又说："夫道也者，取乎万物之所由也；玄也者，取乎幽冥之所出也；深也者，取乎探赜而不可究也；大也者，取乎弥纶而不可极也；远也者，取乎绵邈而不可及也；微也者，取乎幽微而不可睹也。"④ 这里所说的玄与道的关系至为密切。道为万物产生的缘由、源头，是玄乎其玄的。这种玄，其内涵就是深、大、远、微。晚唐的一个宰相王涯在《说玄五篇·立例二》中说："夫玄，深矣，广矣，远矣，大矣。"这种理解和王弼是接近的。王弼以玄释道，深刻地揭示了道的奥妙和不可穷尽性；在对道的本体——无的理解上，虽和老子的本义有点差距，但却是有共同之处的。老子所说的"有生于无"和王弼所说的"以无为本"，对"无"的体认虽各有别，但都强调"无"的原本意义，都突出"无"的虚空价值。正因为如此，王弼之玄与老子之道才能取得共识，并被推崇老子之道的唐朝皇帝所赏识。唐玄宗李隆基《令〈孝经〉参用诸儒解〈易经〉兼帖子夏易传诏》曰："辅嗣注老子，亦甚甄明。"⑤ 王弼的老子注，之所以受到唐玄宗的赞誉，正说明了玄学与道学的一致性。

　　通过以上论析，可以看出，唐代皇帝大体上能对道、儒、佛、玄采取兼收并蓄的态度，其原因即在于道、儒、佛、玄具有相通、相似、相同的哲学基础，而

---

　　① 《老子道德经注》第四十章注。
　　② 《老子道德经注》第三十八章注。
　　③④ 《老子指略》。
　　⑤ 《全唐文》卷二十七。

老子之道则是这种哲学基础的基础（核心）。老子之道以"有生于无"为原则，其"有"的哲学空间通道与儒家崇尚实有的人生轨迹可以相连接；其道德之善与儒学之善，在形式上有相似之处。此外，道之无为、虚静的哲理，与佛家虚寂、空幻的境界，可以相通。他们都追求善。此外，道学之"无"为玄学之"无"提供了源泉，玄学之"无"给道学之"无"创造出新意。在"无"的契合点上，实现了道与玄的互渗。正由于玄学是离不开道学的，因而古代许多学者并没有明确地把道学与玄学划分为两大不同的学派，而是把玄学看成道学的支流。因此，通常不把玄学与儒、道、佛相并列，而是把儒、道、佛相提并论。唐代皇帝不谈玄学，只讲儒道佛，就是典型的例证。总之，道的"有生于无"之论，既通过"有"的桥梁与儒接轨，又通过"无"的桥梁与佛、玄接轨。这样，"有"、"无"之论便分别成为道与儒、道与佛玄的交会点，也是唐代文化思想的共同融合点。唐代艺术哲学就是奠定在儒道佛玄互通"有""无"的理论基础之上的。从辩证法的角度理解这种有无之间的关系，便是"有无相生"①，它是可以被各家所接受的共同点。这种共同点的特征在于一个"圆"字。它圆融、圆润、圆和、圆通。正因为如此，儒道佛玄诸家哲学思想的车轮才能在同一轨道上运转。

二 无为有为，相反相成

老子在《道德经》中强调无为，又强调无不为；因而无为无不为，在老子心目中是对立的统一。不过何时强调无为，何时强调无不为（有为），要视具体情况而灵活把握，不可机械规定。所谓"为无为"②、"道常无为"、"我无为而民自化"③、"明白四达，能无为乎"④、"无为而无不为"⑤ 等等，就是老子《道德经》中对无为无不为的表述。它对后代艺术哲学，影响很大。即使儒、佛，也受其感染。例如，孟子云："人有不为也，而后可以有为。"⑥ 又云："无为其所不为。"⑦ 东晋高僧慧远《庐山出修行方便禅经统序》云："廓大象于未形而不

① 《道德经》第二章。
② 《道德经》第三章。
③ 《道德经》第五十七章。
④ 《道德经》第十章。
⑤ 《道德经》第四十八章。
⑥ 《孟子·离娄章句下》。
⑦ 《孟子·尽心章句上》。

无，无思无为而无不为。"东晋佛教崇拜者姚兴（394年曾即后秦帝位），在《通一切诸法空》中说："大道者，以无为为宗，若其无为，复何所有耶？"东晋佛学家僧肇《肇论·涅槃无名论第四》云："无为者，取乎虚无寂寞，妙绝于有为。"可见，道之有为无为，是与儒、佛相通的，故可为儒、佛所容受。儒家强调人的有为，佛家强调释的空无，故无为而无不为的道，可分别与儒、佛接轨。

正因为如此，唐代皇帝在尊道的同时，既给儒以秋波，又给佛以青睐。而唐代的儒佛二家，也吸取道学，为己所用。唐高宗时代的佛家神会说：

> 远法师问：何者不尽有为，何者不住无为？答曰：不尽有为者，从初发心，至菩提树成等正觉，直至双林大般涅槃，于中一切善，悉皆不舍，即不尽有为。不住无为者，修学空，不以空为证，修学无作，不以无作为证，即是不住无为。①

这里告诉人们，有为中有无为的成分，故称不尽有为；无为中有有为的成分，故称不住无为，从而显示出二者的渗透性。当然，佛家所说，总是归结为佛，总是与空虚寂寞的涅槃境界联系在一起；因而其所论析的无为无不为，总是闪现出佛的光轮；其所涉及的无不为，总是为强调无为而服务的。

至于唐代的儒家，对道家的无为而有所为，也是称颂的；对于道、佛相纳，也是赞美的。如柳宗元在《曹溪大鉴禅师碑》中，歌颂大鉴禅师："其道以无为为有，以空洞为实，以广大不荡为归。"这里，以无为与有为对举，以虚空与实在对举，以广大与不荡对举，说明了它们的相互融合的现象。这是道、佛、儒的圆通性的表现。"佛之道，大而多容"②，这是作为儒家的柳宗元对于佛的赞美。"今有文郁师者，读孔氏书，为诗歌逾百篇，其为有意乎文儒事矣，又遁而之释"③，这是作为文学家的柳宗元对于亦儒亦佛的文郁的赞美。"动无不虚，静无不为"④，这是作为哲学家的柳宗元对于法证的赞美。

---

① 《荷泽神会禅师语录》四七，见《续高僧传》卷八。
② （唐）柳宗元：《送玄举归幽泉寺序》。
③ （唐）柳宗元：《送文郁师序》。
④ （唐）柳宗元：《南岳云峰寺和尚碑》。

三 空无和虚，归于大圆

有唐一代，除短暂的排佛以外，大体上能做到儒、道、佛、玄的并存，并努力寻找他们的思想汇合点。

当然，儒、道、佛、玄的思想互渗，并非唐代所独有。在唐代以前，既存在着各派之间的矛盾，又存在着各派之间的统一。唐代统治者则出于巩固政权的需要，提倡统一，以维护安定的局面，并继承、发扬了儒、道、佛、玄互渗互融的哲学思想。为了了解历史上儒、道、佛、玄的思想的共通、共同性，以便有助于我们更深入一层了解唐代儒、道、佛、玄的思想契合点及其继承性，让我们简略地回溯一下历史。

众所周知，老子是道家的鼻祖，孔子是儒家的鼻祖，但孔子问学于老聃，却历来被传为佳话。《易经》出现于西周；《易传》产生于战国中晚期，是中国最早的《易经》阐释学著作。《易传》中融合了儒、道二家的思想。它是以儒、道二家共通、共同的哲学观点去解析《易经》的。如阴阳、刚柔、动静，乃是道家思想，但也为儒家所接受。《易传·系辞下》引孔子的话说："乾，阳物也。坤，阴物也。阴阳合德，而刚柔有体。"孔老夫子居然把道家的话当成自己的话来说，说明他是善于博采众长的。怪不得他还说过这句话："天下同归而殊途，一致而百虑。"[1] 儒、道所走道路尽管不同，但最后所归则同。正因如此，他才能对道采取容纳态度。《系辞上》还指出了《易经》"无思也，无为也，寂然不动"的虚静的特点，这显然属于道家思想。当然，在《系辞》中"子曰"的地方也不少，讲仁义的也有，这表明所受儒家的思想影响是不能否认的。总之，在《易传》尤其是其《系辞》中，儒、道二家对于《易经》的解析，都表现出互相容纳的态度，因而便显示出调和的观点。唐玄宗颁布《令〈孝经〉参用诸儒解〈易经〉兼帖子夏易传诏》，就看出了儒、道的互补作用。

下面，再谈谈佛经中所表现的儒、道、佛、玄思想的交会点。

汉代牟子（牟融）《理惑论》云："吾既睹佛经之说，览《老子》之要，守恬淡之性，观无为之行，还视世事，犹临天井而窥溪谷，登嵩岱而见丘垤矣。《五经》则五味，佛道则五谷矣。"为什么他要兼收并蓄呢？"君子博取众善以辅其身"，这就是他的回答。

---

[1] 《系辞下》引。

晋代佛学家、文学家孙绰，在《喻道论》中说："夫佛也者，体道者也。道也者，导物者也；应感顺通，无为而无不为者也。无为，故虚寂自然；无不为，故神化万物。"由此出发，他把儒、道、佛看成是一家，因而喊出了"周、孔即佛，佛即周、孔"的口号。此外，晋代著名大诗人谢灵运，在《与诸道人辨宗论》中，也是赞同"儒、道为壹"、"孔、老可齐"的观点的。南朝宋齐时期的佛教徒周颙，则崇佛抑道，曾与同时代的张融进行过论辩。张融在《门论》（即《门律》）中认为道佛"通源"、本无二致。《南齐书·张融传》说张融"左手执《孝经》、《老子》，右手执《小品法华经》"，表示儒、道、佛合一。与张融观点相反的周颙，在《难张长史〈门论〉》中表述了他俩的论争："通源曰：道也与佛，逗极无二。寂然不动，致本则同；感而遂通，达亦诚异。周之问曰：论云'致本则同'，请问何义是其所谓本乎？"又说："虚无（按，指道）、法性（按，指佛），其寂虽同，住寂之方，其旨则别。"这里，周颙在批评佛道同本论的同时，也不得不承认佛道同寂。这种寂，就是空寂、虚无，它与"本"并无二致。因而周颙对佛道同本的否定，实质上也是对他所承认的佛道同寂的否定。当然，他也指出了佛道住寂的法则、途径的区别，这与张融所说的道佛一致的思维模式毕竟是有差异的。

此外，梁代著名文学家、佛教徒沈约在《均圣论》中认为"内圣外圣，义均理一"；在《答陶华阳》中认为，佛戒杀生与孔子的仁义之道是一致的。梁代著名文艺理论家、佛教徒刘勰在《灭惑论》中认为"孔、释教殊而道契"。他还以玄解佛："佛之至也，则空玄无形，而万象并应；寂灭无心，而玄智弥照。"这和晋代佛学家道安以玄解佛的思想是一致的。道安用魏晋玄学家"以无为本"的观点去分析佛学的空无，认为"无在元化之前，空为众形之始，故谓本无"①。这就表明：佛、玄在"空无"这一交会点上，实现了彼此的融通。

佛学调和论，自汉魏晋南北朝以来，一直在延续着。陈隋之间的佛学大师智颛，在《修习止观坐禅法要》一书中曾专设"调和"一题，虽系针对坐禅而发，但也显示出佛家的宽阔心境。"云何名调和？今借近譬，以况斯法。如世间陶师，欲造众器，先须善巧调泥，令使不强不懦，然后可就轮绳。亦如弹琴，前应调弦，令宽急得所，方可入弄，出诸妙曲。"这种坐禅调和论，施诸调和儒道佛玄的关系，也富于启迪意义。各家在圆融的基础上，求同存异，和谐共处，则既能促进本派思想的发展，又能减少乃至消弭与他派的冲突。故佛家在宣扬本教教义

----

① 《名僧传·昙济传》引《七宗论》。

的同时，也能以慈悲为怀的胸襟去拥抱其他学派。身临陈、隋、唐三朝的名僧吉藏，就是如此。他在《三论玄义》中，虽盛赞佛学，并以佛为先，但并不排斥道、儒。他引述道："释僧肇云：'每读老子、庄周之书，因而叹曰，美即美矣，然期神冥累之方，犹未尽也。'"至于孔子的儒学，他虽首肯，但也认为是"次迹"，而逊于佛学。

佛学调和论发展到唐代，起了新的变化。如果说唐以前的佛学调和论，在政治上还是依托着笃信佛教的皇帝的话；那么，到了唐代，新的佛学调和论，在政治上就要依托笃信道教的皇帝。由于唐太宗推崇道学、儒学，因而新的佛学调和论必须更加重视儒、道的作用。此外，由于唐太宗知道黎民百姓的巨大力量，因而新的佛学调和论不仅要容纳儒、道，而且要容纳大众。唐太宗在《自鉴录》中为教育他的后代，打了这样的比喻："舟所以比人君，水所以比黎庶。水能载舟，亦能覆舟。"① 佛学的发展，既赖于帝王的支持，又赖于百姓的信仰。当然，主要还在于能够阐明佛学本身的精义。它既不可违背释迦牟尼所创立的教旨，又要符合唐代的实际。于是，这在客观上便要求佛学、佛教进行创造性的变革，以新颖的风姿出现在世人面前。这样，富于中国特点的佛教——禅宗便应运而生。慧能便是中国佛教禅宗的开山祖。他在《坛经》中说："平等众生佛"，"佛在众生中"，"我心自有佛"。这就把佛教精义通俗化、大众化，而易为世人所接受。特别是他那宽容兼济的襟怀，不仅能接纳各方教派，而且能接纳普通百姓，从而体现出特有的圆融的精神。正因为如此，佛学之"空"、道学之"无"、儒学之"和"、玄学之"虚"，才能产生交叉、参差、重叠、互渗、谐调，而形成有唐一代以"圆"为特征的哲学思想理论基础。

四　极地之美，自然而生

孔颖达是唐代开国功臣。他为创建唐代艺术哲学理论，是立下了汗马功劳的。

孔颖达对于美的理解，很多地方是本于《周易》大传。《文言》曰："亨者，嘉之会也。"孔颖达在《周易正义》中疏之曰："嘉，美也。言天能通畅万物，使物嘉美之会聚，故云嘉之会也。"可见，他心目中的美，就有极大的包容性、覆盖性，近乎庄子所说的"大美"。但天地之美乃是自然的、原本的，它加惠于

---

① 《全唐文》卷十一。

人，给人以美，使人也获得美的特质。这就表现出天地人的三极之道的统一性，也显示出三极之美的统一性。孔颖达所说的"极地之美，自然而生，不假修营"①，就表明了这种自然大化之美的客观性。至于人之美，则富于主体的能动性、修营性。它虽然具有特殊的本质，但却可因为适应人的目的而改变。《周易正义》在注疏坤卦"含章"时，把"章"释为美的意思。说"内含章美之道，待命乃行，可以得正"，且"知虑光大，不自擅其美"。这种美，是可张可弛、有浓有淡的，其展示、表现力是有节制性的，是可以自我调节的。此外，在疏通《文言》"黄中通理"句时，说："黄中通理，是美在其中。有美在于中，必通畅于外……外内俱善，能宣发于事业……故云美之至也。"这种内美达于外美、外美显示内美的现象，说明了内美与外美的一致性，也道出了内容与形式相一致的美学特点。这里，虽然没有指明内美制约外美、内容制约形式，但却透出了外美对于内美的依从性的消息。

不仅如此，孔颖达在《周易正义》中解释大畜卦时，还强调"笃实"之美："凡物暂时荣华而即陨落者，由体质虚薄也；若能笃厚充实，则恒保荣美，不有陨落也。"这和孟子所讲的"充实之谓美"②，有血肉的联系。

不仅如此，孔颖达在《周易正义》中解释离卦时，还揭示出阴柔美、鲜明美、形象美。他说："离，丽也。丽谓附著也……离卦之体，阴柔为主。"又说："必取两明前后相续，乃得作离卦之美。"意思是说，离卦☲（离下离上）由两个象征光明的"离"合成，前后相继，照于四方，所以美。个中还隐含着色彩美。意大利圣·托马斯·阿奎那在《神学大全》一书中提出了美的三要素是完整、和谐、鲜明。孔颖达早生他六百年，既从天人合一的观点出发论述美的完整、和谐性，又从具象分析的角度揭示美的鲜明性，实为难得。

从孔颖达对离卦的分析中，可以看出，他不但揭示了美的自然特质，而且揭示了美的社会特质，并把社会美与社会丑相比较，从而肯定社会美，否定社会丑。他说："离道既成，物皆亲附，当除其非类，以去民害……出征罪人，事必克获，故有嘉美之功。折断罪人之首，获得匪其丑类，乃得无咎也。"这里肯定了离道的美，为了捍卫美，就必须消灭丑，这就是离卦对人们的启示。

此外，孔颖达还肯定了文质相彰、刚柔互渗的美。他在疏通贲卦的含义时说："贲，饰也。以刚柔二象交相文饰也。"又曰："刚柔交错，相饰成文。"这

---

① 《周易正义》。
② 《孟子·尽心章句下》。

种文，既有天文，又有人文，因而堪称"广美"。这里，不仅解释了文饰美的内涵，而且说出了文饰美的产生原因和广大范围。但疏通至此，并不中止，而是继续深究，层层剥析。贲卦的美，是多样化的。除了贲如之美外，它还有濡如、皤如、翰如之美。《周易正义》疏曰："贲如，华饰之貌；濡如，润泽之理。"又曰："皤是素白之色……或守质素，故皤如也。"至于"翰如"，就是指"鲜洁"白马整装待发的样子。可见，贲卦既有文饰之美，又有质素之美。孔颖达在疏通"白贲无咎"的内在意义时说："处饰之终，饰终则反素，故任其质素，不劳文饰，故曰白贲无咎也。"由此可见，贲卦既显示了色彩的斑斓美，又显示了质地的朴素美。从孔颖达的疏解中，我们更加明确了此中丰富的底蕴；同时，也更加认识到绚烂之极归于平淡的真谛。

关于这一点，我们还可以从唐代李鼎祚的《周易集解》中得到不少启发。我们知道，贲卦象为☲☶（离下艮上）。离☲为火，艮☶为山，故《易传·象》曰："山下有火，贲。"对此，李鼎祚引用晋代书法家王羲之的叔父王廙的话解析道："山下有火，文相照也。夫山之为体，层峰峻岭，峭崄参差，直置其形，已如雕饰，复加火照，弥见文章，贲之象也。"火光熊熊，华艳夺目，与山体映照，更显文采，熠熠生辉。加之山形危立，险岩处处，高低参差，千姿百态，与火光相映成趣，其面貌独具，而富于绘画美、雕塑美、语言美的融会性。尤为令人寻味者：山下之火，光明普照，绚丽多姿；火上之山，覆盖土石，一片质木。火显文，山显质，故文质相彰。且火焰绚烂，山体朴素，由文而质，从离至艮，自浓而淡，此离下艮上之必然、由艳返朴之所归也。李鼎祚虽然引述了他人看法，但也含着自己见解。他对美的认知，既形象、直观，又抽象、概括，补充了孔颖达的不足。

孔颖达对美的认识尽管美中不足，但却是多侧面、多角度的。他还揭示了虚实之美。他在《周易正义》中解释鼎的含义时，说："鼎之为义，下实上虚，是空以待物者也。鼎耳之用，亦宜空以待铉。"铉为举鼎而用，故须空以承之。若"实而不虚"，则失鼎耳之义。此外，在解释归妹卦"女承筐无实"时说："筐本盛币，以币为实；今之无实，正是承捧虚筐，空无所有也。"这里，揭示了虚与实乃是一对对举的范畴；它虽然存在着矛盾，却有映衬、互补之美。所以，孔颖达说："女之为行以上，有承顺为美；士之为功以下，有应命为贵。"这种评价，表现出孔颖达进步的妇女观和美学观。

由上可见，孔颖达不仅提出了精辟的见解，而且为始建唐代美学大厦添砖加瓦，为奠定唐代美学理论的哲学基础立下了不可磨灭的功绩。

第二章　唐代美学九大阐释性范畴

一　对"有""无"的阐释

　　无与有是对举的哲学范畴。二者都是对于物质世界和精神世界存在状态的判断。判定其存在者为有，判定其不存在者为无。此其一。原来存在者，随着时间的流逝和空间的变易，而逐渐消失，遂归之于无，此谓之由有变无。此其二。由有变无，并非绝对的无，而是相对的无。为什么呢？因为这种无，并非纯之又纯，而是转化为新的有的起始。根据物质不灭定律，旧的物质存在的消逝，虽属于无，但新的物质存在的产生，却属于有，这叫做无中生有。此其三。从物质世界存在的范围而言，有无限与有限之分。从精神世界存在状态的认知广度与深度而言，有无穷与可穷之别。此其四。

　　在中国哲学史上，关于无与有的轨迹，可先从《易经》中探寻。《易经》坤卦六三爻中，揭示出"无成有终"的对立；巽卦九五爻中揭示出"无初有终"的对立；然而都肯定了有无之间的变易美。变易是《易经》的核心。有无是变易的结果。阴阳、刚柔、动静的转化、变易，均与有无的存在状态发生关系。

　　有无对举的哲学范畴，在《易经》中还处于潜伏、隐形状态。但在老子《道德经》中，却得到空前的发展。老子从思辨哲学高度提出了道的"无名"与"有名"问题，论述了有无之间的辩证关系，提出了"有无相生"① 的观点，并揭示出"天下万物生于有，有生于无"② 和"无有入无间"③ 的根本问题。可见，有无相生，是老子之道的辩证观点；无中生有，才是老子之道的精髓。尤其值得注视的是，老子在《道德经》第一章提出道体有无的观点以后，紧接着在第二章就提出了美丑善恶相互依存的观点。这是隐含着深层意义的。它显示着道体有无对于美丑善恶的制约性。换言之，道之有无的变易，影响着美丑善恶的变易，使其相生相克。

　　唐代哲学家对于《易经》、《道德经》都是推崇的，对于其中的有无观念也是赞赏的。他们往往运用《道德经》的有无论，去诠释《易经》的有无论；用

---

① 《道德经》第二章。
② 《道德经》第四十章。
③ 《道德经》第四十三章。

《易经》的有无论，去引发《道德经》的有无论。做到相互印证、相得益彰。例如，在论述道与器的关系问题时，把道与无相联系、器与有相联系。这就是孔颖达在《周易正义》疏中所说：

> 道是无体之名，形是有质之称。凡有从无而生，形由道而立，是先道而后形，是道在形之上，形在道之下，故自形外已上者谓之道也，自形内而下者谓之器也。形虽处道器两畔之际，形在器不在道也。既有形质，可为器用，故云形而下者谓之器也。

这里告诉我们：道之本体，处于形外，故隐无名。器之质地，处于形内，故显有名。由于有生于无，所以有形之器乃是从无形之道衍生出来的。这同"形而上者谓之道，形而下者谓之器"[①] 的精神是相符的，与"朴（按，指道）散则为器"[②] 的说法也是一致的。

唐代艺术哲学家，不仅喜欢用有无去界定美的存在，而且善于用虚实去描述美的事物；并将有无、虚实与其他范畴交互使用，形成了空无、虚无、虚空、虚白、虚静、实有、实境等等概念，并打上了道儒佛性的烙印。佛尚佛性之空，故追求空无；道尚道理之虚，故追求虚无。至于实有，佛、道虽不排斥，但也不热衷；然而却受到儒家的垂青，当然，儒家也是不反对空无、虚无为己所用的。对此，唐代哲人是兼容并包、充分发挥这些概念的作用的。唐人佚名《空赋》谓：

> 观夫物则有名而有竭，空则无竭而有名。以空自命，何缩何盈？传之不得，书之不明……恬澹者体之而为性，浇浮者象之而为情。情性之别，共禀殊呈。是知均乎空者既若兹，倍乎空者竟如彼。卷之潜方寸之内，舒之盈宇宙之里……妙一以为称，总万以归理。

这里，指出了空的"无竭"（不可穷尽），并与物的"有竭"相对比。前者为空无，后者为物有（属于实有）。此外，还指出了空的不可把握、难以感知、可大可小，并和一以总万的数相联系，从而暗示：空，并非与数（属于抽象的有）绝缘，更非无用之名，而是妙不可言。特别是把空与恬澹之性相联系，就赋予空

---

① 《易传·系辞上》。
② 《道德经》第二十八章。

以美学色彩，从而为创造出空灵、冲淡的艺术风格提供了哲学依据。

唐人佚名在另一篇《空赋》中，全面深入地论述了空的概念、特性、美学内涵和思想基础。什么叫做空呢？他描述道：

> 无形而用者，则其用不穷。若乃质混沌、气鸿濛，生天地之始，匝天地之中不可知，诘其名曰空。夫空也者，迎之不见其首，随之不见其后，听之不闻，抟之不有。舒之则远弥六合，揽之则不盈一手。

空的状态，被形容为浩漫、眇漠：

> 大而观之，则浩漫兮类元胎之貌；审而察之，则眇漠兮凝至道之精。故老氏曰：有物混成，先天地生。寂兮寥兮，孰能为其损益？不曒不昧，安可议其幽明？

空的美学内涵，被描绘为：

> 草木资空以长茂，日月乘空以运行。霜雁云鹏，非空无以矫其翼；乔莺幽鸟，非空无以习其声。

空的美学特性被概括为虚无、惚恍：

> 含太化以虚无，起神功而惚恍。

如此特性，与其思想基础紧密相连，则被归结为道家的玄：

> 玄之又玄，以无有入无间。引微明于纤隙，混余碧于长天。随时小大，应物周旋。处覆盆而俱暗，引测管而同圆。入枝间而带影，通野外以含烟。或高深放旷，或委曲连绵。虽可名而可道，终默然而澹然。

不仅如此，作者还用佛家的"寂灭"、"色空"来衬托道家的虚无：

> 穷未来寂灭之端，探过去混元之始……知有为尽于无形，化万物归于

一指。然后色空皆泯，验先觉于轮王；物我俱齐，得真筌于庄子。

此外，作者还用"大象无形"、"器以虚中为贵"和"虚舟"、"虚白"、"书空"、"课虚"、"投虚"等等，来论述空的特质。总之，佚名所论之空，也就是空无、虚空、虚无，它虽空无一物，但却不能和有绝对地分割开来。因而作者在铺陈空时，也不能不涉及有。这才符合有无相生之道。

空虽无有，但非绝有。关于这一点，唐代文士郭遹在《空赋》中说："造化之工，稽夫有名之域，察以无象之中。彼去有而含体，乃因无而立空。"可见空无乃是"去有"而非"绝有"。对此，唐代张鸣鹤在《空赋》中也有描述，在此不赘。

至于唐代黄滔，则将虚无与实有对举，写下了《课虚责有赋》，说明了"虚者无形以设，有者触类而呈"的道理，揭示了"奚课彼以责此，使从幽而入明"的缘由，讴歌了晋代陆机《文赋》"推含毫仞思之道，得散朴成形之理"，从而进一步张扬了"课虚无以责有，叩寂寞而求音"[1] 的美学思想。

关于虚无与实有对举的辩证法，佛、道二家均有相通、相同之处。僧肇《肇论·涅槃无名论第四》云："有既有矣，不得不无；无自不无，必因于有。所以高下相倾，有无相生。"僧肇的这一说法，显然吸取了《道德经》的精义。智顗《法华玄义》云："空非断无，故言空有。有即是空，空即是有，故言不二。"这种话说得玄乎其玄，似乎叫人摸不着头脑。但仔细捉摸，在这玄秘的佛箧内却藏着辩证的智慧。所谓"空非断无"，是指与有相对立的无有关，但对于无来说，它不是实有，而是空有。在这一意义上说，空即无，亦即空有。如果用等号来表示，就是：空 = 无 = 空有。这里的空有，不是空（无）和有的并列，而是无的同义词。然而，这已不是纯粹的无，不是绝对的无，而是和有有依存关系的无了。换句话说，如果没有有，恐怕也就没有无；反之，如果没有无，也就不会有有。这就体现出有无之间不可分割的联系。那么，把空与有之间画等号，说无就是有、有就是无，岂非梦呓乎？答曰：非也。所谓有即空（无），就是指有中含无。所谓空（无）即是有，就是指无中含有。具体地说，在由有变无的过程中，有逐渐消逝，终归于无，故称有即是无；反之，在由无变有的过程中，无转化为另一种新生的有，故称无即是有。因此，无即有、有即无，乃是指变易：无变为有，有化成无。在这一特定意义上，才把无与有相等同，而说成无即

---

① （西晋）陆机：《文赋》。

有、有即无。这是在有无相生问题上所体现出来的辩证法思想。不过,它的传达方式不像道家那样直截了当、干脆利落,而是带着佛家的空幻罢了。当然,僧肇和智顗都是唐以前的人,但他们对唐代的影响是不可低估的。唐人接受了他们的熏染,并把他们的学说精华加以创造,转化为自己的血肉,也就是形成自己的艺术哲学观点,而虚空与实有观念的文学美学化,就是其中典型的例证。此外,有唐一代佛学中的空无、虚无、虚实、实有诸说,当然对当时的美学观点也会产生直接的影响。如高僧净觉,在《楞伽师资记》原序中说:

> 法身清净,犹若虚空。空亦无空,有何得有;有本不有,人自着有。空本不空,人自着空。离有离空,清净解脱,无为无事,无住无着。寂灭之中,一物不作,斯乃菩提之道。然涅槃之道,果不在于有无之内,亦不出于有无之外。

这里提到了虚空、无空、不空、有、不有等复杂的词语,它们编织成若有若无的花环,显隐着有无互渗、亦有亦无的境界。如果言不及涅槃,而只撷取其哲理,那么,就可获得丰富的营养。

言无即有、有即无者,强调变易性、辩证性、互渗性,追求你中有我、我中有你、亦此亦彼;而非绝无仅有,亦非绝有仅无。王维《六祖能禅师碑铭》云:"无有可舍,是达有源;无空可住,是知空本……得无漏不尽漏,度有为非无为。"无空既云可住,则必与有有缘;无漏既云不尽漏,则必与有漏有关;有为既非无为,则无中岂能无有?可见,王维心目中的有无,是二而一的。刘禹锡《牛头山第一祖融大师新塔记》云:"不由有,何以悟无?"可见,无是离不开有的。晚唐高僧希运《黄檗断际禅师宛陵录》云:"不无即妙有,有亦不有,不有即有,即真空妙有。"他还打了个比喻:深山行走,大叫一声,响从谷出,寻觅不得;又叫一声,山上响应,却无踪迹。

黑格尔从思辨哲学高度,论述了有无之间的关系问题,对于我们理解中国古典美学、哲学中的有无论,颇有启迪意义。他为了充分阐明有无的哲学命题,曾引用过巴曼尼得斯所说"惟'有'在,'无'不在"的名言①,作为出发点。他剖析了"有即是无这命题"②,其实质在于"'有'与'无'的真理,就是两者

---

① [德]黑格尔:《小逻辑》,商务印书馆1980年版,第191页。
② 同①,第195页。

的统一。这种统一就是变易"①。"有过渡到无，无过渡到有，是变易的原则"②。它"'有'中有'无'，'无'中有'有'"③。"在变易中，与无为一的有及与有为一的无，都是消逝着的东西。变易由于自身的矛盾而过渡到有与无皆被扬弃于其中的统一。由此所得的结果就是定在〔或限有〕"④。

以上表明，有与无，是相互依存、相互渗透、不可分割的。有无相生的原因在于变易。从无到有、从有到无，则是变易的结果。亦有亦无、有无合一的深层哲学意蕴在于：无即有、有即无。黑格尔的这一似乎开玩笑的结论，同中国禅宗所云空就是有、有就是空的经义可谓不谋而合。不过，一个是推演着严密的逻辑，一个是闪耀着佛学的光轮罢了。

有无相生的变易美，只是就其生生不已、生机蓬勃的流动性和生命力而言的；有无虽然伴随着美，但也会伴随着丑。因为有无只能表明美丑是否存在，而不能表明美丑本身性质。当有无与美联系时，有无就牵涉到美；当有无与丑联系时，有无就牵涉到丑。有美无丑、有丑无美、有美有丑，都是变易的结果，也就是黑格尔所说的"定在"。因此，我们既要看到有无与美丑的联系，又要看到有无与美丑的区别。

必须指出，变易本身还不等于美，也不等于蕴涵着美；只有当变易含着生气灌注的生命力时，才具有美的特质。黑格尔说：

> 变易本身仍然是一个高度贫乏的范畴，它必须进一步深化，并充实其自身。例如，在生命里，我们便得到一个变易深化其自身的范畴。生命是变易，但变易的概念并不能穷尽生命的意义。在较高的形式里，我们还可见到在精神中的变易。⑤

由此可以推演：在有与无的变易中，必须含着生命力，则此种变易，才可进入美的范畴；其有无相生才富于变易美。在精神世界中，活跃着变易美，给有无相生的美学命题注入了活力，从而使有无相生升华到高级的美的范畴。

---

① 〔德〕黑格尔：《小逻辑》，商务印书馆 1980 年版，第 195 页。
② 同①，第 198 页。
③ 同①，第 198—199 页。
④⑤ 同①，第 200 页。

二 对"方""圆"的阐释

僧肇《肇论·涅槃无名论第四》云:"至人居方而方,止圆而圆,在天而天,处人而人。"无论是面对自然界(天),还是处身社会界(人),要能方能圆。智顗《法华玄义》云:"影临万水,逐器方圆,随波动静。"这是何等形象的比喻!当然,佛学总是将哲学方圆与佛的光轮的运转联系在一起的。

至于儒家,则将方圆与人的道德准则相联系。孟子云:"规矩,方圆之至也;圣人,人伦之至也。"[①] 他认为君臣各尽其道,都效法尧舜,便符合方圆之道。

唐代孔颖达在《周易正义·系辞上》中,从义理的高度去剖析方圆,对方圆的概念、特性、功能、关系,进行了理论界定,从而大大促进了方圆论的发展。他说:

> 神以知来,是来无方也;知以藏往,是往有常也。物既有常,犹方之有止;数无恒体,犹圆之不穷。故著之变通则无穷,神之象也;卦列爻分有定体,知之象也。知可以识前言往行,神可以逆知将来之事,故著以圆象神,卦以方象知也。注:圆者,至方也。

> 圆者运而不穷者,谓团圆之物运转无穷已,犹阪上走丸也。著亦运动不已,故称圆也。言方者止而有分者,方谓处所,既有处所,则是止而有分。且物方者,著地则安。其卦既成,更不移动,亦是止而有分,故卦称方也。

以上所述,是针对《周易》卦爻的变化而言。所谓圆,乃是指著占的旋转运动。它是无穷的、无限的,因而是玄妙神奇的。其突出的功能是可以预测未来,这就是"神以知来"的意思。所谓方,乃是指卦的安定静止。它是有常的、有限的,因而是智慧的结晶。其显著的功能是记述以往,这就是"知以藏往"的意思。在这里,孔颖达从《易》的哲学辩证论出发,揭示了圆的运动性、无穷性、无限性,方的静止性、有常性、有限性。

---

① 《孟子·离娄章句上》。

尤为难得的是，孔颖达还揭示了方圆之间必然的内在联系。这就是圆者至方。换言之，即大圆至方，亦方亦圆。它是方圆合一、相互融通的结果，是方圆美的至高境界。

圆者至方的另一说法是方者至圆，也就是大方至圆。它和老子《道德经》第四十一章所说的"大方无隅"有异曲同工之妙。

大方无隅是大方有隅的逆反。从表层看，方必有角，故称有隅；从深层看，方角已化入圆中，与圆浑然一体，既能保持方的刚健、劲直，又能汲取圆的柔和、委曲，故能刚柔相济、曲直互补。它是无隅之方，也是有隅之圆。无隅之方，即大方无隅；有隅之圆，即大圆有隅。如此方圆的相互参差、交融，便构成了至方至圆的美。

但是，方与圆毕竟是有区别的。从分析的角度看，方是由直线构成的，它的四个拐角各呈九十度直角。它意味着挺拔、高耸、险峻、紧张、劲直、突兀、奇崛、险怪。至于圆，则是由曲线构成的，呈三百六十度。它意味着运动、流畅、柔润、舒展、轻松、活泼、平和。

从数学的角度看，方圆不过是几何图形；用哲学的眼光看，方圆不仅是事物简括的象征，而且富于深邃的哲理。方圆所驰骋的领域，无边无际，大至浩瀚的宇宙，小至微细的尘埃，均有它的踪迹。它的含义，宽泛而复杂：有时被视为形状，有时被视为范式，有时被视为品性。《吕氏春秋·圜道》："天道圜，地道方"；《大戴礼记·天圆》："天道曰圆，地道曰方。"这些说法，不尽准确，但却是为显现出天地的形状的。白居易《君子不器赋》："若止水之在器，任器方圆"；司空图《华帅许国公德政碑》："每于均节之中，须用方圆之术。"这些说法，是指方圆的模器、方术。柳宗元《与杨晦之再说车敦勉用和书》："方其中，圆其外。"指骨子里要坚持原则性，外表上要有灵活性。李泌《咏方圆动静》："方如行义，圆如用智，动如逞才，静如遂意。"这里的行方智圆，显示出伦理道德上的意蕴。柳宗元《乞巧文》："凿臣方心，规以大圆。"比喻心地虽然方正刚直，实乃符合圆和融通之理。但方圆融通、亦方亦圆，既执方之刚直，又秉圆之柔润者，实属罕见。故屈原《离骚》云："何方圜之能周兮，夫孰异道而相安！"屈原选择的是宁方不圆的道路，"伏清白以死直兮，固前圣之所厚！"屈原所指的圆，已不含褒的意蕴，而略带贬的意味了。至于孟郊在《上达奚舍人》中所云："万俗皆走圆，一身独学方"，则属贬圆褒方。

以圆喻人之圆滑者，还有唐代诗人元结。他在《自箴》中，通过对话批评了谄媚权贵"须曲须圆"的奴才行径。在《洴泉铭》中，则提出了"方以全道"、"学方恶圆"的主张，并作《恶圆》篇，描述元结之友公植恶圆爱方的情景。

至于贬方者，则以方比固执、偏执、执拗、僵硬、片面。俗语中所说的"愣头青"、"方头"，就是稍带贬义的。但有时也不尽然，如罗隐《蛱子》："未能惭面黑，只是恨头方"；陆龟蒙句："头方不会王门事，尘土空缁白苎衣。"这里所谓头方，是指性格倔强。

唐代艺术哲学，虽方圆兼收，但尤为重圆。道家之太极，佛家之涅槃，儒家之中和，都是如此。

"太极"一词，源远流长。老子《道德经》二十八章有"复归于无极"说。这里的无极，即太极之意，它是不可穷尽的。《庄子·大宗师》云："在太极之先而不为高。"《易传·系辞上》云："易有太极，是生两仪。"孔颖达《周易正义》卷七疏曰："太极，谓天地未分之前，元气混而为一，即是太初、太一也。故老子云：道生一。即此太极是也。又谓：混元既分，即有天地，故曰太极生两仪，即老子云一生二也。"又疏曰："太极，即无也。"此外，他在《周易正义序》中，详细地论述了太极现象。他认为《周易》易理"唯在于有，然有从无出，理则包无……易理备包有无……道即无也"。可见，他把太极、道、无看成是一个东西。太极之道，归于有无，玄之又玄。具体显示为阴阳相抱、黑白相彰（知白守黑）的太极之圆旋转不止的运动。它与《易经》中卦爻的变易、循环、周流六虚的情状是吻合的。可见，孔颖达是用老子之道解析《易》之太极，又以《易》之太极印证老子之道。尽管他是修订儒家经典的大儒，但却吸取了道家学说，发扬光大了太极论，从而为宋代"太极"论提供了宝贵的精神财富。宋代周敦颐的"太极"论黑白阴阳鱼相抱之圆的运动说，不仅受过《周易》和《老子》的影响，也受过唐代孔颖达等人的影响。不过，它却注入了理学的血液，因而独具面目。在此不赘。

至于佛家之圆，则最终归于涅槃。智顗《四教义》云："圆以不偏为义"；又云：

> 《涅槃》云："金刚宝藏，无所减缺。故名圆也。"所言圆者，义乃多途，略说有八：一教圆，二理圆，三智圆，四断圆，五行圆，六位圆，七因圆，八果圆。教圆者，正说中道言，教不偏也。理圆者，中道即一切法，理不偏也。智圆者，一切种智圆也。断圆者，不断而断，无明惑断也。行圆者，一行一切行也。位圆者，从初一地，具足诸地功德也。因圆者，双照二

谛，自然流入也。果圆者，妙觉不思议三德之果，不纵不横也。

这里，虽然涉及圆的形态，但主要谈的是佛的义理。它从教化、内容、实践、心理、逻辑诸角度，揭示了圆的特性。对于唐代佛学中圆的理论，是具有启迪意义的。

唐代高僧希运《黄檗断际禅师宛陵录》云：

> 诸佛体圆，更无增减，流入六道，处处皆圆，万类之中，个个是佛。譬如一团水银，分散诸处，颗颗皆圆，若不分时，只是一块。此一即一切，一切即一。

这里所说的一即一切、一切即一，与智顗所说的"一行一切行"，显然是一脉相承的。它揭示出数的一与万、一与一切的辩证运动。它显现了普遍性与特殊性的矛盾统一。它与玄觉在《永嘉证道歌》中所说的"一性圆通一切性，一法遍含一切法"，也是血肉相关的。《永嘉证道歌》还说："六度万行体中圆"，"一颗圆光色非色"，"三身四智体中圆"，"定慧圆明不滞空"，"一颗圆光非内外"，"弹指圆成八万门"，"定慧圆明终不失"，等等，都是把圆当成赞美对象的。

至于儒家之圆，则偏重于强调教化之圆、秩序之圆，要符合君君臣臣父父子子的封建等级制度。在此基础之上，则以中和义理作为圆的精神。《孟子·离娄章句上》："诗云：'不愆不忘，率由旧章。'遵先王之法而过者，未之有也。圣人既竭目力焉，继之以规矩准绳，以为方员平直"；又说："不以规矩，不能成方员。"这种规矩，就是符合孔子仁学精神的君臣之道。表现在哲学思想上，就是服从封建秩序的中和之道。《中庸》第一章："喜怒哀乐之未发，谓之中；发而皆中节，谓之和。中也者，天下之大本也；和也者，天下之达道也。致中和，天地位焉，万物育焉。"朱熹认为中和属于中庸，中和是讲性情的，中庸是讲德行的。《论语·学而》："有子曰：'礼之用，和为贵。先王之道斯为美，小大由之。'"中和，既然是大本、达道、天地万物化育之体，则必然有周全圆满之美。唐佚名《人镜赋》："金为镜兮，其鉴则明；人为镜兮，其象则精。彼有取其昭烛，我方致乎和平……执之乃穷理、尽性、致和、乐功。"唐人赵自励《八月五日花萼楼赐百官明镜赋》："比太阳之圆明，不盈不阙。"唐人张汇《千秋镜赋》："公侯卿士，各荐其明，用伸知己，虽大小而殊致，必规圆而相似。"此外，唐代还有许多文人，均撰文赞美圆镜，如何据《古镜赋》，王起《照宝镜赋》，乔琳《太原进铁镜赋》，崔膺《金镜赋》，韦模当《金镜赋》，王棨《握金镜赋》，均从不同角度赞颂了体察中和之道的明镜之圆。显然，他们所说的圆，都打上了儒家的标记。

道家所说之圆，强调有无相生，强调方者至圆、圆者至方。佛家所说的圆，必须符合不种田、不经商、不当官的原则；否则，就不能达到涅槃境界。这与儒家的学稼、营商、求仕的尘世欲望，是迥然不同的。

唐代艺术哲学，对于儒、道、佛，均采取求同存异的做法和融通的态度，目的是撷其所长，为己所用。所以，在文学艺术家、美学家的手中，都能依据实际情况而进行化裁。对于方圆之美，也是如此。虞世南《笔髓论·契妙》："如水在方圆，岂由乎水？且笔妙喻水，方圆喻字，所视则同，远近则异。"张怀瓘《评书药石论》："方而有规，圆不失矩。"欧阳询《用笔论》："方圆上下而相副，绎络盘桓而围绕。"孙过庭《书谱》："泯规矩于方圆，遁钩绳之曲直。"白居易《荷珠赋》："在圆而圆，得水之本性。"白居易《胡旋女》："弦鼓一声双袖舞，回雪飘飖转蓬舞。左旋右转不知疲，千匝万周无已时。人间物类无可比，奔车轮缓旋风迟。"杜牧《破镜》："佳人失乎镜初分，何日团圆再会君？今朝万里秋风起，山北山南一片云。"司空图《诗品·流动》："若纳水䌇，如转丸珠。"又《雄浑》："超以象外，得其环中。"又《委曲》："道不自器，与之圆方。"日僧空海曾于晚唐时留学中国，其《文镜秘府论》专著，深受唐代诗文论影响。书中所提到的"圆文"①、"理贵于圆备"②、"圆清著象，方浊成形"③ 等，和唐代诗文方圆论是一脉相承的。上述唐人对于方圆之美，或论析，或描述，简要地指出了方圆的美学特质，生动地表现了方圆的动态美。

此外，值得介绍的是白居易的《求玄珠赋》中所描绘的圆美、所提出的圆论：

> 至乎哉，玄珠之为物也。渊渊绵绵，不知其然。存乎视听之表，生乎天地之先。其中有象，与道相全……玄无音，听之则希；珠无体，抟之则微。故以音而求之者妄，以体而得之者非。倏尔去焉，将窅冥而齐往；忽乎来矣，与罔象而同归……斯乃动为道枢，静为心符；至光不耀，至真不渝。

---

① ［日］空海大师：《文镜秘府论·论文意》。
② ［日］空海大师：《文镜秘府论·论体》。
③ ［日］空海大师：《文镜秘府论·论对属》。

察之无形，谓其有而非有；应之有信，谓其无而非无。故立喻比夫至宝，强名谓之玄珠。名不徒尔，喻必有以。以不凝滞为圆，以不炫耀为美。盖外明者，不若内明之理；纯白者，不若虚白之旨……珠者，无形之形；玄者，无色之色。

此文描写了玄珠恍兮惚兮、若有若无的状态，表现了玄珠有象无形、无音希声、倏去忽来的美，剖析了玄珠玄之又玄的圆妙美，并从哲学理论上揭示了玄珠之圆的道的本质。

白居易乃系儒生，晚年笃信佛教，但此文却深受老子之道的影响。老子《道德经》的精义在于：道体有无，归于玄妙。"玄之又玄，众妙之门"①。"有无相生"②。并由此导出了"大音希声，大象无形"③ 等美学概念。而白氏文中所说的玄珠，玄乎道，本乎无，似乎有，动乎圆。这同"惚兮恍兮，其中有象；恍兮惚兮，其中有物"④，不是有血缘联系吗？

圆，有无可名状的美妙性、亲和性、融合性。对于美丽的大自然和美好的人生，圆，都乐于参与，并冠之以圆的花环。如圆月，圆宇，圆穹，圆盖，圆镜，圆美，圆转，圆场，圆满，圆合，圆巧，圆圆，圆通，圆融，圆思，圆说，圆静，圆神，圆德，圆梦，圆腔，圆览，圆照，圆润，圆心，圆周，圆妙，圆音，圆精，圆觉，圆象，圆光，等等。即使对于人所不愿的死，佛家也说成是圆寂。

唐太宗李世民，在书法艺术方面很重视用圆。他认为字必须讲究神和，然后才能做到圆和。这才符合规矩。所以，他在《指法论》中说："夫字以神为精魄，神若不和，则字无态度也。以心毫为筋骨，心若不坚，则字无劲健也。以副毛为皮肤，副若不圆，则字无温润也……圆者中规，字者中矩。"⑤ 这实际上是谈艺术创作过程中的心神之圆、用笔之圆。神圆制约笔圆，笔圆显示神圆。二者紧密联系，辩证统一，缺一不可。若无神圆，则心神散失，焉致笔圆？若无笔圆，则空费笔墨，焉可证实神圆？至于孔颖达，则以圆喻礼，赞而美之。其《礼记正义序》云："上法圆象，下参方载。道之以德，齐之以礼……郁郁乎文

---

① 《道德经》第一章。
② 《道德经》第二章。
③ 《道德经》第四十一章。
④ 《道德经》第二十一章。
⑤ 《全唐文》卷十。

哉!"① 唐人吕太一则以圆为教,故在《土赋》中赞曰:"起圆规于阵法,美教化于王者。"② 凡此种种,均表现出唐人对于圆的执著追求。

三 对"一""多"的阐释

在《易经》中,画卦显示出特殊的地位。以八卦而言,每一卦均由三爻组成;以六十四卦而言,每一卦均由六爻组成。爻,是卦的基元。爻有阴__、阳__之分。爻,就其本初的意义而言,象征着太极(太乙)。如果用数学的观点来表示,就是一。它混沌、惚恍,统摄万物。它分阴分阳,阴阳交错,滋生万物。六爻的辩证运动,千变万化,象征着宇宙万物生成、发展的流程和特征。如果用数字的观点来表示,就是万。一与万,相互联系,相互依存,相互转化,相互渗透。一中寓万,万中寄一,缺一不可。

唐代哲学家和美学家对于一与万的价值是十分重视的。孔颖达在《周易正义》中注疏乾卦时说:六爻"奋万物之形象,穷天下之能事"。在解释系辞中的"贞夫一"的含义时说:"天下万事之动,皆正乎纯一也。若得于纯一,则所动遂其性;若失于纯一,则所动乖其理。是天下之动得正在一也。"又说:"万变虽殊,可以执一御也。"这就简明地揭示了以一驭万、以万显一的辩证关系。

关于一与万的论述,当然不是孔颖达的发明。唐代以前的古典哲学中早有独创之见。除了《周易》以外,无论是道、玄、佛、儒,都有鞭辟入里的剖析。老子《道德经》四十二章:"道生一,一生二,二生三,三生万物。"这一观点,孔颖达在《周易正义》系辞上下的注疏中引用过,晚于孔颖达的唐人李鼎祚在《周易集解》中也引用过。

魏正始年间玄学家王弼,对于一代名儒孔颖达的学术思想影响很大。孔颖达在《周易正义序》中说:"唯魏世王辅嗣之注,独冠古今。"王弼有《周易注》、《老子道德经注》等,对于一与万、少与多,发表过极其精辟的见解。很多地方被唐代学者所引用。王弼《周易略例·明象》云:"夫众不能治众,治众者,至寡者也……故众之所以得咸存者,主必致一也。"又曰:"物虽众,则知可以执一御也";"夫少者,多之所贵也;寡者,众之所宗也"。对此,唐代哲人邢璹《周易略例注》中曰:"万物是众,一是寡。众不能理众,理众者,至少以理之

---

① 《全唐文》卷一百四十六。
② 《全唐文》卷二百九十五。

也";"致，犹归也。众皆所以得其存者，必归于一也";"万物虽殊，一之以神道；百姓虽众，御之以君主也"。这些解释也与王弼在《道德经》四十二章注中的说法是一致的。王弼注云："万物万形，其归一也";"虽有万形，冲气一焉"。可见，王弼对于一与万的认知，是符合辩证法思想的。

此外，对于一与万的关系问题，在佛经中也有许多独到见解。南朝宋代高僧竺道生在《妙法莲华经疏·序品》中说："十者，数之满极，表如来理圆无缺，道无不在，故寄十也。如来者，万法虽异，一如是同，圣体之来，来化群生，故曰如来。"这里表明，如来就是一与万的化合。这和梁、陈时高僧慧思在《诸法无诤三昧法门·卷上》中所说"一字（按，指佛）万行化众生"有异曲同工之妙。其卷下又云："如举一毛孔性，即摄一切法性";"如举一毛孔事，即摄一切事";"譬如一明镜，能现一切色像";"所谓一切众生，悉于一佛身中起业招报。一切诸佛，复在一切众生毛孔中修行成道"。这里所说的一，就是指寡；这里所谓的一切，就是指多（或万）。

把一与少、一切与多相联系来说明一与一切的辩证法的，还有陈、隋之际的佛学家、天台宗的创始人智顗。他在《摩诃止观》中说：

> 指一为多，多非多；指多为一，一非少；故名此心为不思议境也。若解一心一切心，一切心一心……乃至一究竟一切究竟，一切究竟一究竟。

和慧能同时的法藏（643—712），是华严宗的创始人，曾因讲经而受到武则天的称赞。他在《华严金师子章》中说："万象纷然，参而不杂。一切即一，皆同无性；一即一切，因果历然。"又说："师子眼、耳、支节，一一毛处，各有金师子。一一毛处师子，同时顿入一毛中。一一毛中，皆有无边师子，又复一一毛，带此无边师子，还入一毛中。如此重重无尽。"又说："金与师子，相容成立，一多无碍。于中理事，各各不同，或一或多，各住自位，名一多相容不同门。"以上，既说明了一与多、一与一切的互渗性，又说明了各自的特殊性。这种精辟的见解，在禅宗始祖慧能（638—713）的论著中也可见到。

以上高僧论述，为唐代慧能提供了资料。他创造性地加以总结，提出了"一切即一，一即一切"[①]。这种口号，把一与一切的关系定型化，成为佛学中解决众与寡、多与少的玄机的范式，并被后人所采用，成为超越佛界、有口皆碑的

---

① 慧能大师：《六祖大师法宝坛经·般若品第二》。

哲学范畴。

慧能晚年的弟子神会（668—760），还从佛、道相融的思想出发，用老子的说法去解释一与一切说。"一切万法皆依佛性力故，所以一切法皆属自然。如道法自然，道生一，一生二，二生三，三生万物。从一以下，万物皆是自然"①。这里，因言佛性而与道有别，然其自然生成观与道并无二致。

受过慧能点化的玄觉（665—713），在《永嘉证道歌》中形象地描述道：

> 一性圆通一切性，一法遍含一切法。
> 一月普现一切水，一切水月一月摄。

此歌影响深远，其中"一月普现一切水，一切水月一月摄"句，宋代理学家朱熹在论及"理一分殊"的概念时，就引用过。

即使与慧能看法相左的神秀的再传弟子净觉（688—746），对于慧能关于一与一切的学术观点，也有所吸取。他在《楞伽师资记·原序》中说："一毫之内，具足三千大千；一尘之中，容受无边世界"；在《楞伽师资记·卷一》中说："巨细虽悬，犹镜像之相入；彼此之异，若殊色之交形。一即一切，一切即一。缘起无碍，理数然也。故知大千弥广，处纤尘而不窄；三世长久，入促略以能容。"又引"庄子说：天地一指，万物一焉。《法句经》云：一亦不为一"。可以看出，净觉除了从慧能《坛经》中吸取营养外，还从老庄那里吸取营养。

直到唐代后期，希运和尚的口中也常常挂着"一即一切、一切即一"的"有"词。他在《黄檗断际禅师宛陵录》中说："见一尘，十方世界山河大地皆然；见一滴水，即见十方世界一切性水。"这是多么生动的比喻！

至于唐代诗人中，深谙佛理的王维，对于一即一切的哲学命题，体悟尤为深刻。其《西方变画赞》云："能于一法见多法"；其《绣如意轮像赞》云："能以一身遍一切。"

四　对"大""小"的阐释

唐太宗尊老子之道为大道；唐高宗《上老君元元皇帝尊号诏》赞老子之道为"大道混成"。谙其寂寞杳冥、淡尔无为之理，则誉之为"执大象"，颂之为

---

① 见胡适校敦煌唐写本《神会和尚遗集》卷一。

"居四大之重"。所谓"四大",即《道德经》第二十五章所说的"道大,天大,地大,人亦大"。这"四大",有的是看不见的,听不见的,摸不到的,而只是心理可以感知、认识的,这就是道;有的则是视觉感官可见的,这就是天、地、人。道大,是无形的,无体积的;天、地、人的大,是有形的,有体积的。因而道家所说的大,既有无形的,又有有形的;既有有体积的,又有无体积的。其广度,无边无际;其深度,不可穷尽。所以,可以归结为一个"玄"字。

如果把大说成是崇高的话,那么,这种大比之于崇高,更具有丰富的内容。德国美学大师康德在《判断力批判》一书中,曾把崇高说成体积之大、力量之大。体积之大,被誉为数学的崇高;力量之大,被誉为力学的崇高。这种看法,还是偏重于形式的。而老子所说的四大,比康德所说的崇高,要广泛得多。老子所说的道,比康德所说的超感官的心意能力,更具有哲学意味和中国传统文化特色。当然,康德所说的崇高,毕竟具有严格的美学意义和理性逻辑;老子所说的大,则显得笼统、宽泛、无所不包,而缺少崇高实质的特指性与明确性,因而其所揭示的崇高,必然不可避免地带着原初的拙朴性、粗疏性。

然而,老子所说的大,对唐代美学的作用,却是不能低估的。

首先,老子所说的大,歌颂了自然,从而为唐代美学赞扬大自然的崇高美,提供了哲学依据。老子在《道德经》中提出了"四大"以后,紧接着就说:"人法地,地法天,天法道,道法自然。"可见,老子是把自然作为道的最高准绳的;天地之道的圭臬,即自然之道。因而天大、地大的最高而集中的表现,即自然之大。而大,是包蕴着崇高的;故自然之大,亦必包蕴着自然的崇高。这就为唐代艺术哲学机体,注入了自然美的崇高的思想血液。唐代美学中所赞颂的大自然的崇高,都或多或少、或明或暗地与老子的自然大道发生这样那样的联系。唐人范荣《三无私赋》,称颂天地日月为"大象"、"昭昭为大";唐人李光朝《新浑仪赋二》,称"夫象之大者曰天地,理之广者曰阴阳";唐人刘允济《天赋》,谓天道无言而含玄,可"驱驭阴阳,裁成风雨";唐人翟楚贤《碧落赋》,谓"轻清为天而氤氲,重浊为地而盘礴","其色清莹,其状冥寞","其体浩瀚,其势渺漫","壮观"至极;唐人王起《披雾见青天赋》,称天"仰之弥高"、"美质相宣";唐人佚名《炼石补天赋》,称玄石质坚而刚,银汉轻清而柔,"圆则九重,功惟百炼"。据此,提出了"言柔与刚,崇高是将"的美学命题,描绘了"照悠悠于峻极,驱凿凿于超忽"的崇高美,歌咏了"生错落之姿,正圆虚之广"的神态美,最后得出了"补上天于炼石,盖虚实之相资焉"的结论。

这里,特别要指出的,是《炼石补天赋》中所提的崇高,颇富于创新的意义。首先，它不仅赋予崇高以刚，而且赋予崇高以柔。这就突破了美学史上视崇高仅仅为刚而与柔无涉的框框，并建立了新的理论构架，即"言柔与刚，崇高是将"。这就是说，崇高兼有刚柔的特性。这同过去把崇高的特性归结为至大至刚相比，更具有丰富性和辩证性。况且，视崇高为至大至刚的说法，至今一直在沿用着；而关于崇高的刚柔兼济的观点，却诞生于一千多年前的唐代。

其次，《炼石补天赋》虽有神话色彩，但它所表现的体积（天）是伟大的，因而富于数学的崇高美；它所表现的威力（补天）也是伟大的，因而富于力学的崇高美。正因为如此，才显示为刚的特性。这是以大为标志的崇高美的主要的特性。许多美学家也正是以至大至刚作为崇高的本质的。但是，《炼石补天赋》除了表现至大至刚以外，还表现了至大至柔。"成广大而星辰系焉"，这不是体积之大吗？"夫取锻之日，排刚之时，龃龉不安，或表艰难之步；清明于外，犹生错落之姿。正圆虚之广矣。"这不仅写出了炼石补天时的巨大威力，坚忍不拔的精神，而且写出了克服困难过程中的艰险和不安的心情，从而表现了崇高美是一种艰难的美、抗争的美，也是刚性的美。此外，文章还告诉人们："石不能言，默助无为之化"，"碧落以丽乎银汉"，"嵯峨不坠，皆投质于轻清"。这些，表现了崇高景色的静默美、碧丽美、轻清美，也是柔性的美。文章虽然强调崇高的亦刚亦柔，但从整篇描述的氛围、气势看来，还是以刚为主、刚中显柔的。

再次，《炼石补天赋》从以大为标志的、以刚柔兼济为特质的崇高论出发，引出了"美质相宣"、"虚实之相资"的美学命题。因此，大—崇高—刚柔—美质—虚实，便成为一根美的链条，而刚柔、美质、虚实便成为由崇高所派生的相关的美学范畴。尽管刚柔、美质、虚实并非此文独创，但却与其崇高论有关，与其崇高论所依托的大有关。当然，也毋庸讳言，此文对于刚柔、美质、虚实之间的联系及其对应性，并未进行剖析，只不过是提出而已。因而，我们只可从体悟中获得个中美的认知，无须再多加附会了。

最后，《炼石补天赋》，把以大为标志的崇高论，从哲学领域引入艺术领域，实现了哲学与艺术的结合、交融，从而把哲学上以大为标志的崇高论，转化为艺术上以大为标志的崇高论，而转化的结果则凝为艺术哲学上以大为标志的崇高论。溯其源头，一是来自《周易》，一是来自《道德经》。

《周易》有经、传之分。《易经》产生于西周，《易传》诞生于战国。《易经》为《易传》之原本根据，《易传》为《易经》的最早阐释学专著。《易经》首卦为乾，乾为天，有"元亨利贞"之美。所谓元，就是大。《易传·象上》解释道："大哉乾元，万物资始，乃统天。"这些观点，均被《炼石补天赋》所吸取。文中所说的"乾仪",即乾卦所指之天(阳仪);"乾道甚明,配彼清真",这是对乾元大道的赞美。此外,《易传·系辞上》云:"法象莫大乎天地,变通莫大乎四时,悬象著明莫大乎日月,崇高莫大乎富贵。"这里铺陈了天地、四时、日月的大象,指出了富贵的崇高。在《炼石补天赋》中,也描述了天体、日月、星辰、烟云、河汉、山峰的壮丽景象,表现了"圆象"、"规圆"、"圆则九重"、"圆虚之广"的崇高美,并把人的以富贵为标志的崇高转变为大自然的崇高。此外,《道德经》中有"四大"说,在《炼石补天赋》中也描述了"无为之化"的大自然的崇高。一言以蔽之,《周易》、《道德经》所说的大,是哲学的;《炼石补天赋》所说的崇高,是美学的。前者包孕性至广至深,后者则特指自然形象的大美。

中国古人强调天人合一,故在研讨大的含义时,除了重视自然的气势与力量以外,还重视人的主观能动作用,特别是重视人的社会性与天的自然性的交融,既发挥人的积极性,又发挥天的积极性,把天的力(天工)与人的力(人工)拧在一块,这就叫天人合一。《易传·象上》曰:"天行健,君子以自强不息。"孔颖达曰:"行者运动之称,健者强壮之名。万物壮健皆有衰怠,唯运动未曾休息,故曰:天行健。"又曰:"天以健为用者,运用不已,应化无穷,此天之自然之理。故圣人当法此自然之象,而施人事亦当应物成务。"这是将天的运动不止与人的自强不息相比拟,而强调天人合一、不断进取的典型的说法。它对唐代美学中"大"的理论,很有影响。唐人佚名《天行健赋》,就赞扬过这种美。柳宗元《天爵论》云:"刚健之气,钟于人也;为志得之者,运行而可大,悠久而不息。"他把仁义忠信比为春秋冬夏,说成是"备四美而富道德"。这显然是用儒家的观点来论析天之大道的。至于刘禹锡,则在《天论上》中说:"天,有形之大者也;人,动物之尤者也……天与人,交相胜耳。"这里,天人合一为大的思想,已蕴涵其中。其《天论中》云:"天形恒圆,而色恒青……恒高而不卑,恒动而不已……今夫苍苍然者,一受其形于高大,而不能自还于卑小;一承其气于动用,而不能自休于俄顷,又恶能逃乎数而越乎势耶?"这里,从数的原本意义出发,论述了以体积之大为特点的天的崇高,把高大的形体和运动的气势组合成美,压缩为一。他在《天论下》中说:"大凡入乎数者,由小而推大必合,由人而推天亦合,以理揆之,万物一贯也。"这里,他不仅用数来标志崇高,而且记述了人对数的审美观照的过程,这就肯定了人的作用。总之,刘禹锡对于以大为特点的天的论析,已涉及崇高的本质和人对崇高的认知。但总的说来,还不如《炼石补天赋》。后者对于崇高本质的剖析,比刘禹锡、柳宗元等人要深刻得多。

当然，柳宗元、刘禹锡等人并非专门论述崇高问题，只是在文中涉及崇高问题，因而不能苛求。

唐代艺术哲学对于人的重视，是有其历史渊源的，是深受儒家文化传统熏陶的结果。对于大的认知，也包蕴着对于人的重视。《论语·泰伯》："子曰：'大哉尧之为君也！巍巍乎！唯天为大，唯尧则之。'"《孟子·公孙丑上》："我善养吾浩然之气……其为气也，至大至刚，以直养而无害，则塞于天地之间。"前者，孔子把天大与尧大等量齐观；后者，孟子将浩然之气与天地紧密相连，并突出了至大至刚的特征，这显然也是崇高的特征。

如果说，儒家对于大的认识强调人的力量的话；那么，佛家对于大的体悟，则强调追求佛的虚空境界。慧能说："何名摩诃？摩诃是大，心量广大，犹如虚空，无有边畔，亦无方圆大小……世界虚空，能含万物色像，日月星宿，山河大地，泉源溪涧，草木丛林，恶人善人……心如虚空，名之为大，故曰摩诃。"①如此虚空境界，无边无际，不可计量，堪称无限大。它涉及客观的世界之大，但归结为主观的心量之大。王维《赞佛文》："故无边大照，不照得空有之深。"张说《卢舍那像赞》："了如来广大之心，达如来加持之力，见虚空界。"又：《唐陈州龙兴寺碑》："观夫广大无相者空虚也……以言乎天地之间，曲成万物。大矣哉！"这些，都是从哲学理论上论赞空虚之大的。至于柳宗元，则在《东海若》中，把哲学与文学结合起来，描述佛的虚空境界中所示之大："今夫大海，其东无东，其西无西，其北无北，其南无南，旦则浴日而出之，夜则滔列星、涵太阴，扬阴火珠宝之光以为明，其尘霾之杂不处也，必泊之西灜。故其大也深也，洁也光明也。"这里，既富于哲学的思辨性，又富于文学的形象性。因而所写之大，显隐着深邃的佛理和美的魅力。

以上，从道、儒、佛的不同角度论述了唐代艺术哲学中"大"（包含崇高）的范畴，并指出了它所接受的传统文化中"大"的观点的影响。它显示了大自然生生不息、蓬勃发展的活力，表现了大自然雄伟的气概和磅礴的气势，描绘了大唐山河的壮美。如唐人谢观《大演虚其一赋》、唐人郑遥《明月照高楼赋》、唐人达奚珣《华山赋》等。此外，它歌颂了中华民族的精神，表现了国富民安、四海升平的繁荣景象，赞美了人的创造力和征服一切的英勇气概。如王勃《滕王阁序》、李白《大猎赋》、杜甫《封西岳赋》、梁洽《水德赋》等。上述之大，显示了大唐欣欣向荣的活力和精神风貌。

---

① 慧能大师：《六祖大师法宝坛经·般若品第二》。

关于"大"的含义的界定，中西古代美学各有所长。柏拉图（前427—前347）通过他的老师苏格拉底之口说："犹如大的事物之所以成其为大，是由于它们比起其他事物有一种质量方面的优越，有了这种优越，不管它们在外表上什么样，它们就必然是大的。美也是如此，它应该是一切美的事物有了它就成其为美的那个品质，不管它们在外表上什么样，我们所要寻求的就是这种美。"① 这段话，有三点值得注意。第一，大是比较而言的。单独一件东西，不好比较，因而必须有两件以上的东西，才好比较，并在比较中见出大小。第二，大之所以为大，是由于它质量优越。舍此，就失去了大的根本，也不成其为大。第三，大与美相联系，则成大美。大中含美，美中显大，导致崇高。柏拉图虽未明言，但却启发了美学。由此可见，比较是决定大的前提、方法，质量优越是决定大的根本原因，大、美结合是导致崇高的必然途径。这种大，不是一般的大，而是特殊的大。因为一般的平凡的大，即使与美结合，也只含有美的某种特质，但却不能构成崇高。因此，这种大，乃是指伟大。康德说："我们所称呼为崇高的，就是全然伟大的东西。大和一个伟大的东西是完全两个不同的概念。"② 又说："崇高是一切和它较量的东西都是比它小的东西。"③ 可见，大的不见得都是崇高的，而崇高的则必然是伟大的。这种理论，对我们理解唐代文艺是有益的。唐代文人写下了大量文学艺术作品，其中很多篇什热情洋溢地讴歌了祖国山河自然景物的崇高美。且看李白《古风》："太白何苍苍？星辰上森列。去天三百里，邈尔与世绝"；"黄河走东溟，白日落西海。逝川与流光，飘忽不相待"；"西上莲花山，迢迢见明星，素手把芙蓉，虚步蹑太清"；"北溟有巨鱼，身长数千里，仰喷三山雪，横吞百川水"；"登高望四海，天地何漫漫。霜被群物秋，风飘大荒寒"；"八荒驰惊飙，万物尽凋落。浮云蔽颓阳，洪波振大壑"；"一百四十年，国容何赫然！隐隐五凤楼，峨峨横三川。王侯象星月，宾客如云烟。"以上诗句属于艺术美；但却是以自然作为审美对象的，它歌咏了大自然的崇高美。当然，有的描绘也牵涉到社会中的人，然而主要的还是赞美自然界的崇高美。尤其是其《蜀道难》："噫吁嚱，危乎高哉！蜀道之难难于上青天！"这就刻画了以体积之大为特点的崇高美；至于《公无渡河》："黄河西来决昆仑，咆哮万里触龙门！"这就刻画了以威力之大为特点的崇高美。杨炯《大唐益州大都督府新都县学先圣庙

① ［古希腊］柏拉图：《柏拉图文艺对话集》，朱光潜译，人民文学出版社 1959 年版，第 179页。

② ［德］康德：《判断力批判》上册，宗白华译，商务印书馆 1987 年版，第 87 页。

③ 同①，第 89 页。

堂碑文》:"太山不辞土壤,故能成其高;沧海不让细流,故能成其大。"这就说明崇高是由少到多、由小到大积累而成的。杨炯又在《浑天赋》中说:"《诗》云'谓天盖高',《语》曰'惟天为大',至高而无上,至大而无外。四时行焉,万物生焉。群神莫尊于上帝,法象莫大于皇天。"这就讴歌了天的崇高美。为了衬托天的崇高美,杨炯还运用夸张之笔,渲染天下事物的崇高美:"日何为兮右转?天何为兮左旋?盘古何神兮立天地?巨灵何圣兮造山川?……鹏何壮兮抟扶摇而翔九万,运海水而击三千?"由此出发,杨炯还联系到社会历史人物,赞美"唐尧之德"、"孔丘之圣"、"颜回之贤"。他们的大德,表现了人的崇高美。

李白《古风》:"羽族禀万化,小大各有依。"这里虽指禽类,但"小大"一词,却含有哲学意义。杜甫《望岳》:"岱宗夫如何?齐鲁青未了。"泰山跨齐越鲁,青色一望无际,体积伟大,气势磅礴。"会当凌绝顶,一览众山小。"孔子登泰山而小天下。此以众山之小,烘托泰山之大。

老子《道德经》提出过"大小多少"① 的命题,认为"为大于其细","天下大事,必作于细"②。

庄子《秋水》云:"以差观之,因其所大而大之,则万物莫不大;因其所小而小之,则万物莫不小;知天地之为稊米也,知毫末之为丘山也,则差数睹矣。"

黑格尔说:"一个大小通常被定义为可增可减的东西。所谓增是使其较大一些,所谓减是使其较小一些。"③

以上所举,可以看出,大与小是相对的,是比较而言的,无论在自然界,还是在社会界,大,总是特定的大;小,总是特定的小。超过了特别的时空规定性,大,就可能变成小;小,就可能变成大。不管是物理学上的大小,还是心理学上的大小,都具有这种变易性。《中庸》第十二章:"天地之大也,人犹有所憾。故君子语大,天下莫能载焉;语小,天下莫能破焉。诗云:'鸢飞戾天,鱼跃于渊。'言其上下察也。"这里,将天地之大与人(君子)之大作了对比,言天地之大不及君子之大。所谓君子之大,就是指君子之语,它体现了君子丰赡而深邃的哲学思想。无论是洋洋大观的言辞,还是细小缜密的话语,均能为世人所用,这是由于它富于无穷魅力的缘故。这显然是从社会心理哲学高度去剖析作为儒家君子的思想言辞的,其关于大小的观念与我们所说的大自然的大小,已有不

---

① ② 《道德经》第六十三章。

③ [德]黑格尔:《逻辑学》上卷,石冲白译,杨一之校,商务印书馆1974年版,第193—194页。

同。再读《中庸》第二十七章："大哉圣人之道！洋洋乎！发育万物，峻极于天。"这里将大道与天相比高，显然是天人合一的崇高论。它所表现出来的大，并非与小无涉，而是关系密切，这就是"致广大而尽精微"①。儒家非常善于利用天道（自然之道）之大来印证人道（儒道、圣道、君子之道）之大；在突出人道之大的同时，也显示了天道之大。《中庸》第二十六章：

> 天地之道，博也，厚也，高也，明也，悠也，久也。今夫天，斯昭昭之多，及其无穷也，日月星辰系焉，万物覆焉。今夫地，一撮土之多，及其广厚，载华岳而不重，振河海而不泄，万物载焉。今夫山，一卷石之多，及其广大，草木生之，禽兽居之，宝藏兴焉。今夫水，一勺之多，及其不测，鼋鼍、蛟龙、鱼鳖生焉，货财殖焉。诗云："维天之命，于穆不已！"盖曰天之所以为天也。"于乎不显！文王之德之纯！"盖曰文王之所以为文也，纯亦不已。

这段文字，含义非常丰富。第一，从总体上论述了天地之道的特征：博、厚、高、明、悠、久。第二，从分体上论述了天地山水的大美：天的无穷大及其包容性，地的广厚及其涵纳性，山水草木禽兽的生生不息。第三，从数学角度分析了一与多的辩证关系，说明了大自然的整体美、盛大美，论述了一中有多、多中有一的变易性。它表现出聚少成多、积小为大的美的规律。所谓"一撮土之多"、"一卷石之多"、"一勺之多"，不仅显示了一与多的互渗性，而且显示了小与大的过渡性。第三，以《诗经·周颂·维天之命》对天道深远的赞美之词为例，比附文王的纯厚之德。总之，文中不仅形象地描述了自然的崇高美，而且歌咏了文王的崇高美。但从字面看，主要的还是赞美前者。

此外，本着天人合一的观点，去论述大的崇高美者，在儒家的经典中比比皆是。《中庸》第三十章："小德川流，大德敦化，此天地之所以为大也。"第三十二章："肫肫其仁！渊渊其渊！浩浩其天！"另外，并不涉及自然而直接歌颂儒家学说者，也是常见的。《论语·学而》："有子曰：'礼之用，和为贵。先王之道斯为美，小大由之。'"这里的小大是指和的美。如果视大和为崇高的话，那么，这种崇高便是指伦理道德的。还有，我们也应该看到，并非一切大小都是与崇高、优美相关的，有些大小，仅仅是指大小，而不是指崇高、优美，因而就不

---

① 《中庸》第二十七章。

能乱加比附。如《孟子·梁惠王下》："以大事小者，乐天者也；以小事大者，畏天者也。"又《孟子·告子上》："体有贵贱，有小大。无以小害大，无以贱害贵。"这里所说的大小，已是另一种含义了。

至于佛家，对于大小范畴，也是颇多贡献的。僧肇《涅槃无名论第四》云："大包天地，细入无间，故谓之道。"这就道出了大小的空间性。慧思《大乘止观法门》卷二："故圣人即能以自摄他，以大为小，促长演短，合多离一"，之所以能如此，是因圣人能够"圆融"的缘故。这就揭示了大小之间的变易性。智𫖮《法华玄义》："良由小不堪大，亦是大隔于小。"这里说明了大小的差别。然而，大小并不是处于死寂状态的，而是流动的，"小隔于大，大隐于小"，变幻倏忽，此系佛法。所谓"次照平地，影临万水，逐器方圆，随波动静"，就含蕴着流动、变化的原理。"又若小不闻大，大一向是顿；若大不用小，小一向是渐；若以大破小，是渐顿并陈；若带小明大，是渐顿相资；若会小归大，是渐顿泯合"。如此"即顿而渐，即渐而顿"，是符合《大经》经义的。这里，论述了大顿与小渐的区别，说明了大小相反相成的关系，并染上了佛学顿、渐的理论色彩。那么，什么是大呢？唐初高僧灌顶《大般涅槃经玄义》卷上，把"大"字与佛的涅槃境界联系在一起，说什么"大者，谓大法身、大般若、大解脱也"。又说"大是神通之极号"。大与小还是不同的，故《玄义》卷下云："今明小不自小，亦不由大故小；大不自大，亦不由小故大。"但大小是可以互渗的，故"入于不思议芥子之微小，是名以不思议之大，入于不思议之小，住首楞严，能建大义"。这也就是须弥入芥子，以大入小、以小示大的意思。唐初高僧法藏《华严经旨归·释经意第八》云："小非定小，故能容大；大非定大，故能入小。"这里，说明了大小的不确定性。又云："小处现大"，"或现须臾作百年"，"时虽无量，摄在一刹那"，"一尘中现无量刹"，"一则一切"，"以一佛土满十方，十方入一亦无余"，"一与多互为缘起"，"一中解无量，无量中解一"，"一一尘中，见一切法界"，"一一位中，摄一切位"。这里，不仅揭示了大小的过渡性、互变性，而且把大小与多少相联系，从体积谈到数量，用数量一多，印证体积大小。这就深化了大小的哲学含义。此外，法藏在《华严策林·四融大小》中，运用对话的形式，对于大小的形状、特性、关系，作了精辟的论析。兹录如下：

> 问：有大有小，相状历然；一广一狭，事物差别。若以小收大，或恐大失本形；若以大收小，亦恐小伤无质。宽隘即其不等，出入何得相容？遮

却蒙云，皎斯智日。

     私对：大必收小方得名大，小必容大乃得称小。各无自性，大小所以相容，并不竟成，广狭以之齐纳。是知大是小大，小是大小。小无定性，终自遍于十方；大非定形，历劫皎于一世。则知小时正大，芥子纳于须弥；大时正小，海水纳于毛孔。若不各坏性，出入何得不备？又以皆存本形，舒卷自然无碍。谨对。

这里所说的大小，是有形的，历历在目的，有广狭之分的。同时，也是具有相融性、交叉性的，因而可以相互包孕、彼此渗透，形成小中有大、大中有小的特点。如此以小观大、以大为小的大小由之的境界，是极富于圆通性、自由性特征的。

大小变易，虽为常性，但却因促其变易的媒质、中介的不同而有所区别。在自然界，如客体的物理性能相对稳定，则其变易亦较缓慢，其大小的转化过程也比较长，因而形态也较静止、固定。大者如高山，小者如玉石。反之，如客体的物理性能不太稳定，则其变易亦较快，其大小的转化过程不会太漫长，形态也不会静止、固定。如黄山排云亭前的深谷云海，忽聚忽散，变幻莫测。聚合之时，云层千重万叠，气势磅礴，如大海狂涛，波澜壮阔。消散之时，云层悄然隐匿，唯见轻烟袅袅，任意飘拂。在社会界，则大小变易，更为复杂。它与人的伦理、道德、心理等社会因素密切相关，与人所从事的活动的价值密切相关。所谓大道、小道，大器、小器，大人、小人，大事、小事，等等，都体现了大小的社会性的错综复杂的组合。屈原、岳飞、文天祥、史可法等爱国主义者都是人中的豪杰，堪称伟人，为人中之至大者。至于秦桧、吴三桂、汪精卫等，则是民族的败类，属于丑，为小人。这是以人的品格、气节去作为区分人的高低标准的。至于在艺术界，则大小变易虽与自然、社会有关，但却有显著的区别。自然、社会是艺术描写的对象，但艺术必须通过想象去塑造形象，以再现和表现自然、社会。形象的想象时空是无限的，它可以根据需要去任意改变大小的形态、特征，既可以大为小，又可小中见大，从而达到小大由之的自由境界。且看李白诗句："君不见黄河之水天上来，奔流到海不复回"[1]，这是想象中的大；"黄河如丝天际来"[2]，这是想象中的小。由于审美观照时错觉的作用，黄河时大时小，给人以

---

[1]（唐）李白：《将进酒》。

[2]（唐）李白：《西岳云台歌送丹邱子》。

视觉美感。这种错觉，又是非常真实的。以李白为代表的盛唐豪放派诗人，在审美观照中，在艺术创造中，非常善于在想象的天国中尽情漫游，并运用夸饰的手法去构造形象的大小。刘勰《文心雕龙·夸饰》："文辞所被，夸饰恒存。虽诗书雅言，风格训世，事必宜广，文亦过焉。是以言峻则崇高极天，论狭则河不容舠，说多则子孙千亿，称少则民靡孑遗。"可见，夸饰既包含夸张、夸大，又包含缩小、入微。它虽然不等于想象，但却是想象的羽翼。唐人张仲素《管中窥天赋》："管为物兮虚受，天为体兮据安，能因径寸之内，将穷转毂之端。用当其无，苍苍之色，何尽微而不大？"这里是以大入小、以小观大。唐人佚名《管中窥天赋》："惟大也不可以小测，惟高也难可以近知。况穷天之至象，徒执管而潜窥……悬象在天，明眸在管。环视而远维不极，仰观而长河若断。云明灭而浮影时聚，星暧昧而流光倏满。"这里表述了大小之别及以小观大的难处，也寄寓着管中窥天、从小见大的乐趣。柳宗元《天说》："天地，大果蓏也；元气，大痈痔也；阴阳，大草木也。"这是以大为小，也是以小喻大。唐人甘子布《光赋》："大则弥于囊龠，小则细于毫芒。"这是可大可小。

大，是个灵动的哲学范畴，它富于亲和性、粘聚力，可与其他事物组建成多种多样的品类，而以新的姿态闪现在人的眼前。因此，它不仅与小相对立，而且可与自然、社会、艺术中的美融为一体，并表现出丰富的内涵与绚丽的色彩。如：大白若辱，大方无隅，大音希声，大象无形，大盈若冲，大直若屈，大巧若拙，等等，虽本于老子《道德经》，但在唐代却得到很大发展。

五 对"大白若辱"的阐释

大千世界，绚丽多姿，五彩缤纷，其基本色调归于黑白。黑即辱墨，与白对立。黑白为颜色之母，是万物色彩的本根，对各种色彩起着调节作用。赤橙黄绿青蓝紫，中和而为白，如白昼；各色荫蔽、消逝而为黑，如黑夜。明媚灿烂的春光，汩汩流动的鸣泉，难道能离开白？幽暗深邃的密林，风雨飘摇的长夜，难道能离开黑？黑与白是大自然对人类的赏赐。地球绕日运行，向日为白，背日为黑；月亮围绕地球，向日有白，背日有黑。大自然有黑有白，缺一不可。设有黑无白，则漫漫长夜，焉见天日？设有白无黑，则蒸蒸白昼，焉逢凉夜？故日月运行，阴阳惨舒，黑白相彰，乃是大自然的规律。

当然，大自然的运动，并非孤立的、机械的，而是相互影响的。黑白变化，也是如此。所谓黑，并非与白绝缘，一味地黑；所谓白，亦非与黑绝缘，一味地白。繁星满天，皓月当空，不是为静悄悄的黑夜增添了青白色的动人光彩吗？乌云翻滚，电闪雷鸣，不是可以为白昼增添骇目惊心的景象吗？就自然美而言，秀丽峭拔的黄山，如果没有乌云的流动，焉能显示出云海的神奇？仅仅是白日明照，一览无余，怎能隐藏自然的奥秘？

在自然美中，除了黑白分明以外，还有黑白互渗。在由白而黑、由黑而白的过程中，黑与白相互消长，形成特有的模糊。例如：当夕阳的余晖落在天的边际、迫近黄昏时分，预示着夜幕降临，正像李商隐《登乐游原》中所描绘的"夕阳无限好，只是近黄昏"时的情景。这是明暗交替、由白入黑的美。又如：当东方欲晓、大地苏醒之时，天边露出一点鱼肚色，由暗入明，破黑为白。温庭筠《商山早行》中所描绘的"鸡声茅店月，人迹板桥霜"，就显示出一线晨曦的破晓美。

大自然黑白变易的美，启迪了人类。人类努力掌握它的规律，并进行新的创造，再经过哲学家的分析、归纳，便得出了高度概括的结论。老子在《道德经》二十八章中说：

> 知其白，守其黑，为天下式。

这就是老子知白守黑的美学观点。它是以道学的整体性作为出发点的，同时也显示出老子的色彩观。白为明，黑为暗；白为显，黑为隐。所谓式，是指范式。王弼《老子道德经注》："式，模则也。"老子把知白守黑的原理作为一条重要的法则。

在知白守黑之中，首先要知白。《易·贲》中所说的"白马翰如"、"白贲无咎"，《文心雕龙·情采》中所说的"贲象穷白，贵乎反本"，就强调了白的本原意义。在老子心目中，白，具有抱朴守素的内容，只有知其白，才能守其黑；在一张洁白的纸上才可画出美丽的水墨画来。所谓玄，体现着黑的极致。"玄之又玄，众妙之门"①，这正是老子对幽深莫测、恍惚迷离的道的境界的哲学描述。那么，白与黑的关系究竟如何呢？《道德经》四十一章指出：

> 上德若谷，大白若辱。

---

① 《道德经》第一章。

这里，把崇高的德比为低下的谷，把大白比为辱黑。可见，白辱之间，存在着相互渗透的中间地带。它不是明朗的，而是模糊的。也就是：黑中有白，白中有黑，黑白之间相互转化，从而导致：白即黑，黑即白。这种说法，与老子整个哲学体系的核心——道，是密切关联的。他说："明道若昧。"① 道有明暗，明暗相通，故道制约下的黑白也是可以互变的。可见，"大白若辱"正是从"明道若昧"衍化而来的，而明道若昧正是大白若辱产生的渊源。老子虽然没有详细地论述大白若辱的互渗美，但却揭示出黑白、明昧之间相互交融的现象。中国古代画论中的"计白当黑"论，即滥觞于此。

唐代许多著名诗人都深谙大白若辱的美，都善于运用知白守黑的理论来指导自己的创作，描绘作品的色调与风采，使其既富于明朗美，又富于模糊美。杜甫《戏为韦偃双松图歌》"白摧朽骨龙虎死，黑入太阴雷雨垂"；李贺《雁门太守行》："黑云压城城欲摧，甲光向日金鳞开"；王维《登河北城楼作》："高城眺落日，极浦映苍山"；杜甫《遣兴》："水静楼阴直，山昏塞日斜"；韩翃《张山人草堂会王方士》："一片水光飞入户，千竿竹影乱登墙"；苏味道《正月十五夜》："暗尘随马去，明月逐人来"；李白《下终南山过斛斯山人宿置酒》："暮从碧山下，山月随人归"；杜甫《将晓二首》："寒沙蒙薄雾，落月去清波"；岑参《江行夜宿龙吼滩临眺思峨眉隐者兼寄幕中诸公》："水烟晴吐月，山火夜烧云"；戎昱《旅次寄湖南张郎中》："寒江近户漫流声，竹影临窗乱月明"；元稹：《苦雨》"东西生日月，昼夜如转珠"；杜甫《倦夜》："重露成涓滴，稀星乍有无"。以上诗句，都不同程度地描绘了黑白相彰、明暗交错的美。黑格尔说："凡在光与黑暗相遇的地方，到处都有光的衍射，它造成了浓淡参差、半明半暗的阴影。光偏离开自己的方向，光与黑暗每一方都越过自己的分明界限，而跨入对方。"② 狄德罗在《画论》中也说："明暗就是阴影和光线的正确分配。"③ 这就从自然哲学的高度说明了明暗互渗的美，对于我们理解大白若辱、黑白相彰的美学命题，是大有裨益的。

但是，大白若辱，除了表明黑白转化的色彩美以外，还表明了社会道德心理的变易性，不仅具有物理学的意义，而且具有哲学社会科学意义。唐代黄韬《知白守黑赋》全面而深刻地阐述了知白守黑的价值，发展了老子的大白若辱的学说。

---

① 《道德经》第四十一章。

② ［德］黑格尔：《自然哲学》，商务印书馆1980年版，第289页。

③ ［法］狄德罗：《画论》，徐继曾、宋国枢译，见《狄德罗美学论文选》，人民文学出版社1984年版，第378页。

第一，确定了黑白的含义。"白也，吐耀含辉，禀西金而成姿，或玄黄而可得，若苍赤而可期。知之者，必能洞彻万物，昭彰一时，故为祸患之所之。黑也，光沉影匿，漫北水而成色，既视之而不见，亦晓之而莫得。守之者，必能混合群象，冥蒙众惑，故为安宁之所。"这里，肯定了白色的光明，进而与人相联系，赞美了洞察事物的清明。然而，正因如此，才会遭不肖之徒的嫉恨，而罹灾祸。这是清清白白地做人的难处，也是清廉自处的君子的难处，更是光明正大、廉洁奉公的人的难处。然而，只有坚持走光明之路，才可称之为知白；尽管艰险处处，也须保住清白，而其妙法，便是守黑。即讲究策略，善于隐身，以便保存自己，寻求安宁。

第二，提倡"韬光用晦"，反对"炫实矜华"。坚持既要知白、又要守黑的两点论："白之能知，须守黑于所为；黑之能守，则知白而无咎。圣人所以立言于彼，垂训于后。将令学者得韬光用晦之机，不使来人有炫实矜华之丑。"知白必须守黑，守黑必须知白。二者是不可分割的。如果只能知白，而不能守黑，便露而不藏，徒知炫耀实力、夸饰才华而已；如果只能守黑，而不能知白，则只藏不露，徒知韬光而不知用晦，空守潜能而不知发挥。可见，只韬光不用晦不行，只用晦不韬光也不行。韬光用晦是相互依存的，这正如知白守黑一样。在此，作者称老子为"圣人"，就由于老子提出了知白守黑的学术观点。

第三，树立了知白守黑的圭臬，植根于玄妙的有无之道。"任怀霜而怀雪，不在明言；纵如璧如珪，终须默识。如此，则准绳万国，龟镜八区。俾其擅清名者若昧，抱明智者如愚。有于不有，无于不无。亦犹玉之贯虹，以韫石而为妙；珠之象月，以蚌胎而为殊。"这里表明：大美不言，大明若昧，大智若愚，大有若无，石之韫玉、蚌之含珠，就是知白守黑的显现。

第四，通过神话、故事的比喻，来鼓吹避难方术："是以钓璜于西渭之滨，扣角向南山之夕，须知刖足以招祸，莫若漆身而遁迹。君不见斗牛乌兔，垂大明而或隔阴霾；麟凤龟龙，作嘉瑞而常居薮泽。则知以白藏黑兮，道无不全；以白离黑兮，理其不然。若内包乎皎皎，当外处乎绵绵。故怀希代之珍者被褐，负不羁之才者草玄。然后弘彰典式，克免危颠。"作者鉴于历史上统治者为维护自己的统治，对于异端千方百计地排斥、打击，遂酿成灾难，因而告诫人们"以白藏黑"。然而，这并非一味地退让，一味地委曲求全，一味地明哲保身，而是一种以避其锋的战术，也是以退为进的手段。何以见得？因为作者并未忘记"弘彰典式"，为了更好地弘彰典式，就必须避开不利因素，克服重重困难，免遭飞来之祸。这实际上是无为而有所为的表现。相反，如果对于不测风云，只是消极地退避，而不是积极地促其消散，那就是"以白离黑"，那就不是"弘彰典式"，而是被吓得魂不附体，急忙躲入避风港中，苟且偷生了事。这是作者所反对的，所以作者用"理其不然"四个字否定了"以白离黑"的做法。作者最终强调坚持的还是"知白守黑"，并声称这是"准绳"、"龟镜"。这就表明作者所说的"韬光用晦"，还是服从于"知白守黑"的原则的。他所说的隐身避祸是以不丧失原则为前提的。可见，作者所言，真正做到了原则性（知白守黑）和灵活性的结合。

黄韬《知白守黑赋》继承和发展了老子的学说。老子在《道德经》中，除了总体上以道规范大白若辱、知白守黑的哲学命题以外，还说："功成而弗居"①；"挫其锐，解其纷，和其光，同其尘，湛兮，似或存"②；"功能身退，天之道"③；"古之所谓曲则全者，岂虚言哉？"④ "自见者不明，自是者不彰，自伐者无功，自矜者不长"⑤。这些说法，都是合乎大白若辱、知白守黑之道的；它和黄韬所说的"将令学者得韬光用晦之机，不使来人有炫实矜华之丑"，是有密切的渊源关系的。

不仅如此，黄韬的《知白守黑赋》并不是对老子思想的简单重复，而是大有发展，并形成了独自的特色。这就是，把大白若辱、知白守黑的哲学观点分解为立身处世的道德原则、弘彰典式的政治原则、形象显隐的美学原则。这些原则，虽然不是以明确的概念铺陈在人们眼前的，但却是可以从文中体悟出来的。它虽不是纯逻辑的，但却是含思辨的。从赋体的铺陈中，从状物的描绘中，从形象的比喻中，从情感的抒发中，从事理的判断中，我们可以看到个中的感性与理性的交融，具象与抽象的交叉，艺术与哲学的结合。它是哲学之赋，又是赋之哲学。从中可见，黑与白乃是既对立又统一的艺术哲学范畴。

黑白的含义，是十分广阔的。在佛家心目中黑白虽迥然有别，但却可以互补。南朝宋文帝时高僧慧琳在《白黑论》中把黑比为佛家，把白比为儒、道，通过辩论，分析儒、道、佛的长短；最后得出了三教"殊途而同归者"的结论。故《白黑论》又名《均圣论》或《均善论》。

就黑白本身而言，其蕴藏也极丰富。《孟子·告子章句上》中，通过孟子与

---

① 《道德经》第三章。
② 《道德经》第四章。
③ 《道德经》第九章。
④ 《道德经》第二十二章。
⑤ 《道德经》第二十四章。

304／ 王明居文集

告子的辩论，说明了白的多样性。即白羽之白、白雪之白、白玉之白是不同的；白人之白、白马之白也是不同的。白居易《求玄珠赋》在谈到玄珠的特质时说："以不凝滞为圆，以不炫耀为美。盖外明者不若内明之理，纯白者不若虚白之旨。"这不仅描述了玄珠的圆美，而且指出其内明对外明的超越、虚白对纯白的超越。此外，《荷泽寺神会和尚五更转两首》云："黑白见知而不染，遮莫青黄寂不论。"这里显示出黑白的净洁。与黑白不染迥然有别的是"明黑融通"。宗密（780—841）在《中华传心地禅门师资承袭图·第三》中说："正见黑色时，黑元不黑，但是其明，青元不青，但是其明，乃至赤白黄等，一切皆然，但是其明。既即于诸色相处，一一但见莹净圆明，即于珠不惑。但于珠不惑，则黑既无黑，黑即是明珠。诸色皆尔，即是有无自在，明黑融通，复何碍哉！"这里辩证地描述了黑白相彰、明暗互渗的模糊美和明朗美。

六　对"大音希声"的阐释

老子《道德经》四十一章有"大音希声"的哲学论断；唐代文人杨发则将此命题引进文艺领域，而写成《大音希声赋》。

《道德经》十四章："听之不闻，名曰希。"王弼《老子道德经注》："听之不闻，名曰希。大音，不可得闻之音也。有声则有分，有分则不宫而商矣。分则不能统众，故有声者非大音也。"所谓大，乃是指大道。大道入音，形成大音。道是听之不闻的，故大音也是听之不闻的。大音是道与音的有机结合，是道统驭下的音，因而它既不能离开道，也不能离开音。有道无音，那仅仅是道，而不是大音；有音无道，那仅仅是音，也不是大音。可见，单纯的道、单纯的音，都不叫大音；只有道音互渗，才可形成大音。二者缺一不可。把道说成是大音，就是以道取代大音；把音说成是大音，就是以音充当大音，这都是不对的，也是不合老子本义的。所以，王弼在《老子道德经注》中认为这是"道之所成也。在象则为大象，而大象无形；在音则为大音，而大音希声。物以之成，而不见其形，故隐而无名也。"这里，王弼肯定了道在形成大音时所起的关键作用。那么，王弼是否否定声在形成大音时所起的作用呢？答曰：非也。王弼是个持辩证观点的玄学家。他一方面说："音而声者，非大音也"[1]；另一方面又说："五音不声，

---

[1]　（魏）王弼：《老子指略》。

则大音无以至"①。换言之，有声之音，固非大音；无声之音，亦非大音。可见，大音是离不开声的，声是构成大音的不可缺少的因素。

但是，声与音是有差异的，然而又是统一的。《乐记·乐本篇》："凡音者，生人心者也。情动于中，故形于声；声成文，谓之音。"可见，众声统一于音，审声可以知音。在老子心目中声音与道相关，故音非常音，而为大音；声非常声，而为希声。这就是大音希声。

知道上述文化背景以后，再读杨发《大音希声赋》，就容易理解了。此赋的贡献在于：

第一，提倡物我交感，拈出"感通"一词。作者说："声本无形，感物而会。生彼寂寞，归乎静泰。含藏于金石之中，缄默于肺肠之外。喻春雷之不震，时至则兴；比洪钟之未撞，扣之斯大。静胜允合于人心，玄同远符于天籁……岂逐物而感通，谅与时而消息。"宇宙间，物与物、物与人、人与人，不断发生碰撞，有的力度强大，有的力度适中，有的力度轻微，因而出现了千差万别的声。它们相互接触，相互摩擦，彼此呼应，彼此渗透，出现了由"感物"到"感通"的变易。感物是感通的前提，感通是感物的结果。关于感物，当然不是杨发的独创之见，因为早在《乐记·乐本篇》中就有"感于物而动，故形于声"之说；关于感通，《乐记·乐本篇》中有"声音之道，与政通矣"之说，《乐化篇》中有"致乐以治心"说，《乐象篇》中有"倡和有应"说；但明确地提出"感通"一说来解析大音希声之道者，却不能不归功于杨发。这种感通，当然是以人为审美主体的。作为审美主体的人，必须充分发挥自己的主动性、积极性、创造性，做到"与时而消息"，准确地、不失时机地捕捉住客观事物运动的生命脉搏，也就是"损之而益，潜运将契于天功；听之不闻，玄化极符于常则；幽玄之旨，足以明征海内"。这就揭示出感通的玄同、玄化、玄幽、玄妙的美学特点。感通虽不等于通感，但其间关系至为密切。通感，是指审美观照时的感官感觉的相通。所谓视之如听，听之如见，就是通感的表现。《列子·仲尼篇》所讲的"耳视而目听"，《黄帝篇》所讲的"眼如耳，耳如鼻，鼻如口"，《大佛顶首楞严经》所讲的"六根互相为用"，法藏《华严金师子章》所讲的"眼即耳，耳即鼻，鼻即舌，舌即身"，都是指通感，即不同感觉的共渗。至于感通，则是指审美鉴赏中心理活动的情感过程。它富于感悟性、情致性、融通性的特点。它比通感的含义要广泛得多。通感虽然是建立在心理感知的基础之上的，但其出发点和落脚点只

---

① （魏）王弼：《老子指略》。

停留在感觉器官的相通上；而感通则要实现对感官的超越，而把审美情感贯穿在心理活动的通道中。当然，感通是绝不排斥通感的，由于感通中含有激活通感的因素，因而这种因素往往与通感发生交叉、重叠、互渗，这就强化了通感的魅力，也强化了感通的穿透性。杨发所说的感通，当然是立足于道心的，大音希声也是本于心理活动中的老子之道的；听之不闻的希声同本于道心的大音也是相通的。这种听觉与知觉相通的现象，也是一种通感现象；不过，它是在大音希声的感通过程中实现的。

第二，提倡冲漠虚淡的音乐美。作者说："大道冲漠，至音希微。叩于寂而音远，求于躁而道违。三年之鸟，不鸣惊人，可异；五弦之琴，载绝知音，盖稀。人生而静，物本无机。修以诚而上下交应，臻其极而禽兽咸归……守此虚淡，终于妙极。"这段话深受老子影响。《道德经》说："道冲，而用之或不盈。渊兮，似万物之宗"①；"致虚极，守静笃"②；"我独泊兮"③；"恬淡为上"④；"淡乎其无味"⑤；"冲气以为和"⑥；"大盈若冲，其用不穷"⑦；"静胜热，清静为天下正"⑧；"澹兮，其若海"⑨。这些，都从哲学上论述了冲淡、虚静、澹泊的特征，从而为《大音希声赋》中所论析的冲漠虚淡的音乐美提供了坚实的理论基础。晋人陆机《文赋》谓："课虚无以责有，叩寂寞而求音。"这和冲漠虚淡之美，也是有内在联系的。

第三，作者还从大音希声出发，引申出无言之美。"声希者其响必大，声烦者其理斯屈……既不言以足教，必于声而可遗。存而不论，驰神于六合之外；语不如默，箝口于三缄之时。"这种说法，同老子所提倡的"大辩若讷"⑩，是相符的。同"不言之教"⑪、"知者不言"⑫，也是一致的。这并非守口如瓶，而是静观默察，含蓄于心，深思熟虑，待机而动。老子并非主张永远沉默，而是提倡

① 《道德经》第四章。
② 《道德经》第十六章。
③ 《道德经》第二十章。
④ 《道德经》第三十一章。
⑤ 《道德经》第三十五章。
⑥ 《道德经》第四十二章。
⑦⑧⑩ 《道德经》第四十五章。
⑨ 《道德经》第二十章。
⑪ 《道德经》第四十三章。
⑫ 《道德经》第五十六章。

"言有宗"①。他所说的无言，正是与有言相对立的。他说："正言若反。"② 我们也可以说：反言若正。老子所说的反话中往往有正面的道理，正言中往往有反面的道理。因而对于他的"大辩若讷"诸说，必须辩证地理解，把握其精神实质。据此分析杨发《大音希声赋》中的无言之美说，便顺利得多、容易得多。杨发之言，并非对老子之言的简单重复，而是化为自己的血肉，在想象的天地中培育无言之美的花朵，所谓"驰神于六合之外"、"箝口于三缄之时"，便是个中的绝响，也是深广玄远的音乐美的显示。

大音希声是有无相生、相反相成的辩证美学观在音乐美学中的表现，它为中国古典美学的玄妙论、体悟论、韵致论提供了丰富的内容。所谓"至音不叫"③，"听之不闻其声"④，"至音无声"⑤，"此时无声胜有声"⑥，都与大音希声有着或多或少的联系。

七 对"大象无形"的阐释

《道德经》三十五章："执大象，天下往。"王弼《老子道德经注》："大象，天象之母也。不炎不寒，不温不凉，故能包统万物，无所犯伤。主若执之，则天下往也。"这里的大，是指体积伟大、气势磅礴；象，是指状态、相貌。所谓大象，有内外两层含义。就外部的含义说，是指天地。为什么呢？因为没有任何东西能超过天地之象了。就内部的含义说，是指大道。大道寓于天地之象中，并通过天地之象而得到显示，这便形成大象，可见大象是天地之象与大道的融合。老子认为大道效法自然，故自然之道乃是大象的核心、主宰。王弼的注释也是符合老子原义的。因为作为天地日月星辰的天象是以作为自然的大象为母体的；而大象又是具有统驭万物的独特的自然性的。如能把握住大自然的特性、规律，遵照自然之道去办事，就可治理好天下。

《道德经》四十一章："大象无形。"王弼注曰："有形则有分，有分者，不温则凉，不炎则寒。故象而形者，非大象。"对此，王弼还进一步从道的高度进

---

① 《道德经》第七十章。
② 《道德经》第七十八章。
③ （西汉）刘安：《淮南子·说林训》。
④ （西汉）刘安：《淮南子·原道训》。
⑤ （东晋）竺道生：《妙法莲华经疏》。
⑥ （唐）白居易：《琵琶行》。

行透视，认为这是"道之所成也。在象则为大象，而大象无形"。

但是，大象究竟有形还是无形呢？

王弼的解析是矛盾的。他在《老子指略》中说："故象而形者，非大象也。"意即：有形之象，乃是形象；由于形象是具体的，因而不是大象，因为大象不是具体的，而是抽象的，所以大象无形。另一方面，他又说："然则，四象不形，则大象无以畅。"所谓四象，就是金、木、水、火。它们是有形的，可以作为表现大象的载体。如果它们是无形的，那么，大象就失去了这些载体，而不能充分地显示出来。可见，大象的载体乃是具体的形象。大象虽然是无形的，但体现大象的具象却是有形的。换言之，无形之大象，必须通过有形之具象，才可得到充分表现。既然如此，则大象便不能舍弃形，而是要有形，这就成为无形与有形的统一了。这种逻辑，显然是与大象无形论的初衷相矛盾的。然而，这种矛盾并不意味着王弼理论上的前后抵牾，而是他在用辩证的方法剖析同一问题的两个方面。一方面，从宏观上透视，由整体上把握，大象的确是"绳绳不可名"的"无状之状，无物之象"①，的确如《道德经》二十一章所说："道之为物，惟恍惟惚。惚兮恍兮，其中有象；恍兮惚兮，其中有物"；另一方面，从微观上体察，由分体上剖析，大象的确是离不开具体的形象的。大象无形，具象有形，这表现了二者的矛盾。无形大象以有形具象为依托，这显示了二者的统一。所以，王弼说："四象形而物无所主焉，则大象畅矣。"四象有形，但并不统驭万物；这样，大象就昭昭然了。否则，没有形的显现，便不能烘托出大象，虽能驰骋天下，却不能穷究至理。所以，王弼又说："无形畅，天下虽往，往而不能释也。"总之，王弼从有无相生的老子之道出发，揭示了大象无形的本质，指出了具象（四象）有形的特点，为从大象到具象、从无形到有形构建了一道过渡的桥梁，这不仅填补了大象论到形象论之间的一段空白，而且为后代文艺形象论的建立与发展提供了有益的资料。

了解大象无形的历史渊源以后，就可知道唐代艺术哲学中的"大象无形"之说的由来。唐代文人的许多论著，不仅继承了"大象无形"的学说观点，而且把它化入自己的理论中，形成了新的特色。由重点强调大象无形到重点强调万物有形，重视刻画的具体性、形象性，从而强化了艺术形象的塑造。

初唐四杰之一的杨炯（650—约693），在《浑天赋》中写道："原夫杳杳冥冥，天地之精；混混沌沌，阴阳之本。"这里，可谓惚兮恍兮的大象；至于日月

_____
① 《道德经》第十四章。

星辰，名山大川，风雨雷电，春夏秋冬，草木鸟兽，皇天上帝，圣贤英杰，黎民百姓，神话传说，等等，在作者笔下，却得到了具体、生动、形象的表现，它是一篇讴歌大象又主要在赞美形象的学术论文。"织女之室，汉家之使可寻；饮牛之津，海上之人易觌。日也者，众阳之长，人君之尊。天鸡晓唱，灵乌昼踆。扶桑临于大海，若木照于昆仑。"这不是在歌唱天河的美丽吗？不是在歌唱日出之美吗？"定天下之文，所以通其变；见天下之赜，所以象其宜。然后播之以风雨，威之以霜霰。或吐雾而蒸云，或击雷而鞭电。"这不是以《易传》笔法来描绘大自然变化的图景吗？这些都是哲理的赋化、赋化的哲理，对于唐代艺术哲学是有影响的。

　　唐人李光朝《新浑仪赋》："夫象之大者，曰天地；理之广者，曰阴阳。分八极，悬三光，不言而化，有形而彰。"这里，强调了物的有形之象。唐人林琨《象赋》："功辟二仪，物标万象。既拆之于混沌，亦闻之于惚恍……江河草木，日月烟云，或毓灵而禀气，或照耀而氛氲。不因象而可睹？岂无声而得闻？仰察天文，傍观地理，灿烂星布，巍峨岳峙，或守位而不易，或镇方而恒止。不因象之所尊，岂为君而胜纪？至若刻凤之琴，盘龙之镜，开玉轸以交错，写菱花而辉映，声信美而俱出，质含虚而转静，不因象而可识？岂克爱而为盛？则有大乐鼓吹，圣人舆跸，备礼而制，乘时而出，宛转国门，逶迤天术，不因象之为用，岂二仪而不失？物皆有象，象必可观。听之则易，审之则难。"这里，不仅从总体上强调了万物的具象性，而且通过大量事实，证明了万物的形象美。作者还叠用反诘的语气，来肯定众象的存在。特别重要的是，作者以音乐形象为例，说明了听觉艺术审美的难度；又以雕刻艺术为例，描述了视听形象（刻凤之琴）、视觉形象（盘龙之镜）的美；并对自己所阐明的问题，从理论的高度加以归纳，得出了"物皆有象，象必可观"的结论。这个结论，是具有历史意义的。第一，它把以混沌、惚恍为特征的大象，转化为"物皆有象"，实现了推陈出新的改造。第二，它把"物皆有象"论引入艺术中，转化为艺术形象塑造论，体现了艺术与哲学的圆通。第三，它对强化文学艺术创作的形象性，必能起促进作用。

　　"物皆有象，象必可观"说，除了发展了"大象无形"的观点以外，也发展了《易传》观物取象的学说。《易传·系辞上》："圣人有以见天下之赜，而拟诸其形容，象其物宜，是故谓之象。"又云："见乃谓之象。"《易传·系辞下》："古者包牺氏之王天下也，仰则观象于天，俯则观法于地，观鸟兽之文与地之宜，近取诸身，远取诸物，于是始作八卦，以通神明之德，以类万物之情。"可见，象，具有视觉感官的直观性、形象性，故能俯仰观照、远近撷取。它虽然是针对八卦而言，但其原理却具有普适性。它说明了象是有形的，也是可见的。有鉴于此，林琨才提出了"物皆有象，象必可观"说。然而，它并非只是简单地重复前人，而是有所发展。这就是把前人的哲学观点（指观物取象）引进艺术领域中，转化为自己的美学观点。

从"大象无形"说到"物皆有象"说，表明了哲学之体到艺术之用的转化，显示了唐代文人在美学上的努力，在哲学与艺术结合上的努力。

但是，"物皆有象"说却不可能取代"大象无形"说。因为前者是泛指具体的物象，后者是特指抽象的道体。视之不见的无形道体，在统驭着一切，这便是无形大象的主宰作用。无形大象可以赋予万物之象，万物之象能够显隐无形大象。

"大象无形"说对于唐代佛学的影响也是深刻的。但它已与佛学虚空说融合为一而面目独具了。《荷泽神会禅师语录》通过问答的方式讨论"形象"的有无，认为"见无物即是真见常见"，"无此无彼，离相非相"。玄觉《永嘉证道歌》："大象不游于兔径，大悟不拘于小节。"《镇州临济慧照禅师语录》："真佛无形，真相无体，真法无相。"以上所述，虽未见"大象无形"一词，但与"大象无形"说却有或明或暗的联系。

至于把"大象无形"直接引入佛典者，可上溯到唐以前。东晋僧肇《肇论·涅槃无名论第四·玄得第十九》："大象隐于无形，故不见以见之。大音匿于希声，故不闻以闻之。故能囊括终古，导达群方，亭毒苍生，疏而不漏。汪哉洋哉！"南朝宋人竺道生《妙法莲华经疏》："妙法。夫至象无形，至音无声，希微绝联思之境，岂有形言者哉？"这些思想，不仅体现出佛道融通，而且也影响着唐代。

八　对"大巧若拙"的阐释

《道德经》四十五章："大巧若拙。"王弼《老子道德经注》："大巧因自然以成器，不造为异端，故若拙也。"

大，含义丰富，有伟大、宏大、巨大、博大之意，有极致、顶点之意。巧，指灵巧、精巧、工巧。大巧，指符合自然之巧。所谓巧夺天工，无斧凿痕，自然浑成，即属大巧。若拙，指似笨非笨，似陋非陋。拙，指朴素、简淡、纯真。大巧若拙的根本精神是遵循自然之道、恪守抱朴守素的原则。在《道德经》中，大巧若拙并不是孤立的命题，而是与大成若缺、大盈若冲、大直若屈、大辩若讷组合成完整的诸大系列的。它符合清静无为的"道"的本义。所以，老子在列出诸大以后，总结其产生原因时说："躁胜寒，静胜热，清静为天下正。"对此，王弼注曰："躁罢然后胜寒，静无为以胜热。以此推之，则清静为天下正也。静则全物之真，躁则犯物之性，故惟清静，乃得如上诸大也。"如此解释，是从道的整体性出发的，颇为后人所称道。

巧，既有褒意，又有贬义。《周礼·冬官考工记第六》："知者创物，巧者述之，守之世，谓之工。"又云："材有美，工有巧。"又云："杂四时五色之位以章之，谓之巧。凡画缋之事，后素功。"这都是肯定巧的。王弼《老子指略》对"巧伪"、"巧利"是否定的。至于对待大巧，则是尽情讴歌的。

知道上述情况，就可更好地理解白居易的《大巧若拙赋》了。

《大巧若拙赋》一文对于巧与拙的内涵作了哲学的界定，对于大巧若拙的原理作了精辟的论述。所谓巧，有大小之分："巧之小者有为"，"巧之大者无迹"。这种无迹之巧，乃是符合《易》理的大巧。它既是自然而然的，又是循规蹈矩的；既超神入化，又"动而有度，举必合规"。如此巧拙有素、相反相成的辩证美，正是大巧若拙的特点。

白居易认为，大巧若拙的思想真谛本乎老子之道。它的自然性、合度性，均由道制约。道，是宇宙的根本，自然的法则。所谓"任道弘用，随形制器；信无为而为，因所利而利"，便显示出道与巧拙的紧密联系。"合乎道焉，老氏之言斯在"。白氏所言，是对《道德经》中大巧若拙命题的美的阐释。

在巧与拙的联系中，白氏强调指出："巧在乎不违天真"，"巧在乎无枉物情"，这和原赋赋题小注中所说的"随物成器，巧在乎中"是个巧妙的呼应。

白氏指出："大盈若冲，大明若蒙，是以大巧，弃其末工。"可见，盈与冲、明与蒙、巧与拙，既是对对矛盾，又是各各统一的。

九　对"动静相养"的阐释

动与静，是一对美学范畴。白居易在《动静交相养赋并序》中，对于动与静作了哲学的阐述。

第一，作者说明了自己撰写此赋的动机，是鉴于人的动静失常的偏颇："居易常见今之立身从事者，有失于动，有失于静，斯由动静俱不得。"

第二，作者指出，动静互济乃是天地万物的规律和特性所决定的："天地有常道，万物有常性。道不可以终静，济之以动；性不可以终动，济之以静。养之则两全而交利，不养则两伤而交病。"

第三，作者高屋建瓴，引用《周易》的《易》理和老庄之道，来论证动静交相养的原理："故圣人取诸震以发身，受诸复而知命。所以，庄子曰：智养恬。《易》曰：蒙养正者也。"《易经》中的震卦卦辞有"震来虩虩，笑言哑哑。震惊百里，不丧匕鬯"的描述，它显示了雷鸣时令人恐惧的崇高美，它的运作既叫人震惊，又使人镇静。所以，《易传·象下》说："君子以恐惧修省。"可见，作为客体的雷的震动，引发了主体的心理惊恐活动，并由此屏气凝神，而转化为内心的静默、沉思。如果只是一味地恐惧，而不能自制，那就不能由动入静，而与动静互渗之理相背。因此，这就必须遵循复卦卦辞中所讲的"反复其道，七日来复"的原则，才能掌握动静互济的方法。在动静相生的运动中，庄子是注重智者冲漠、追求恬淡的，《易传·象上》是注重"蒙以养正"的。这些原理都给白居易的立论提供了哲学根据。

第四，作者从自己的亲身实践出发，去进一步确证自己的立论，并归结为老子之道，从而使实践升华为理论，以证明动静交相养的正确性："吾观天文，其中有程。日明则月晦，日晦则月明，明晦交养，昼夜乃成。吾观岁功，其中有信。阳进则阴退，阳退则阴进，进退交养，寒暑乃顺。且躁者本于静也，斯则躁为民、静为君，以民养君，教化之根，则动养静之道斯存。且有者生于无也，斯则无为母、有为子，以母养子，生成之理，则静养动之理明矣。"这里，以昼夜、寒暑的变易，来印证动静相生的原理，并引用了《道德经》二十六章"静为躁君"的见解，且把静比为母，把动比为子，从而说明动生于静、静为动根的无为之道。这种静主动辅的主张，显然是有机械论的偏颇的，但它却看到了"动养静之道"和"静养之理"的密切联系。

第五，作者形象地描述了动静为用、彼此倚伏的生动图景："所以动之为用，在气为春，在鸟为飞，在舟为楫，在弩为机。不有动也，静将畴依？所以静之为用，在虫为蛰，在水为止，在门为键，在轮为柅。不有静也，动奚资始？则知动兮静所伏，静兮动所倚。"这种分析，是切中肯綮的。总之，从哲学上观照，动与有相关，静与无相关，故动静交养与有无相生有关。但从其"生成之理"看来，则最后还是要归之于以静养动，因为这是符合无中生有的原理的。这是"天下万物生于有，有生于无"①的哲学理论在动静生成观上的具体运用。

老子是强调以静制动的，《道德经》十六章所谓"致虚极，守静笃，万物并

① 《道德经》第四十章。

作，吾以观复"，所谓"归根曰静"，对于白氏的动静交养、终归于静的思想具有深刻的影响。

如果说，老子强调静，那么，《易传》则强调动。换言之，《易传》在表述动静有致、亦张亦弛的情景时，更重视动的运作。《系辞上》云："动静有常"；《系辞下》云："天下之动，贞夫一者也"；"爻也者，效天下之动者也"；"变动不居，周流六虚"。这些说法，显然与老子有别，在表现亦动亦静的辩证性方面，二者又有相似之处。白居易的《动静交相养赋》，虽然吸取了三玄（《易》、《老》、《庄》）之道，但更多的是采撷了老子之道的精粹。这就是说，静之所以能够制动，动之所以起于虚静，是由于虚静终归于无。这便是以有生于无的观点来阐释以静养动、动寂于静的思想的。就宇宙间事物的发生、发展的实际情景而言，静是相对的，动是绝对的。《易传》所强调的变易，就是以运动不止作为动力的，没有动，就不会产生变易。老子哲学产生于《易经》之后、《易传》之前。不管是《易经》，还是《易传》，都强调变易、运动，而老子却强调静止，这显然和事物运动发展的规律不完全相符，也不如《易经》、《易传》所说的科学；而白居易的以静为君说虽合乎老子之道，却与《周易》变动不居的思想不尽吻合。当然，这并不能过多地责怪白居易，因为在动静关系问题上，不仅《周易》的观点与老子的观点不尽相同，而且与佛家的观点也不尽相同。白居易不仅笃信老学，而且皈依佛祖。佛、老都不废动，但均归于静。

僧肇《肇论·涅槃无名论第四》："无为，故虽动而常寂；无所不为，故虽寂而常动。虽寂而常动，故物莫能一；虽动而常寂，故物莫能二。物莫能二，故愈动愈寂；物莫能一，故愈寂愈动。所以为即无为，无为即为，动寂虽殊，而莫之可异也。"这里，把寂静的产生原因归之于无为，把运动的产生原因归之于有为，显然是受道家的思想影响，即以道家的有无作为动静产生的哲学理论依据。此外，还说明了动寂之间的紧密联系和不可分割性，并揭示出寂而常动、动而常寂的非线性特征，特别是指出了逾动逾寂、逾寂逾动的相反相成的辩证性，这就全面深刻地剖析了动寂的内涵。同时，僧肇并未忘记自己佛家的身份，因而他不仅把静说成寂，而且和佛心相连接："寂然不动，未尝不为。经云：心无所行，无所不行。"可见，他是穿着佛家的袈裟去鼓吹道家的动静之说的。这不仅影响着唐代文人的动静观，而且也影响着唐代佛家的动静观。

深受武则天尊敬的华严宗的创始者法藏，在《华严经义海百门·缘生会寂门第一》中说："鉴动静者，谓尘随风飘飘，是动；寂然不起，是静。今静时由动不灭，即全以动成静也；今动时由静不灭，即全以静成动也。由全体相成，是故动时正静，静时正动。"法藏形象、生动地描述了动静的含义，揭示了动静相生相促的状态，表现了动静的对立统一。

法藏再传弟子法铣的弟子澄观《大华严经略策·第二十三动寂自在》云："声闻事寂，事外求真，动而非寂，菩萨体理。即事而真，动而无动，不碍常寂。"澄观又在《答顺宗心要法门》中说："性相寂然，包含德用，该摄内外，能广能深。"又说："放旷任其去住，静鉴见其源流。语默不失玄微，动静岂离法界。言止则双忘智寂，论观则双照寂和。"这些说法，虽与法藏一脉相承，但佛家色彩更浓，且在动寂之中更偏重于寂的境界的探求。

活动于唐高宗、中宗、睿宗、玄宗年间的高僧玄觉（665—713），也是强调静寂的。他撰写的《禅宗永嘉集》中有一篇《劝友人书第九》，是一篇非常优美的充满了哲理的散文。它形象地描绘了有动有静的山水风物、自然景色，尤其是着力刻画了冲虚寂寞的悠远闲淡之境，并表现了"物我冥一"、"喧寂同观"的思想。他说：

> 若能妙识玄宗，虚心冥契；动静长短，语默恒规。寂尔有归，恬然无间。如是则乃可逍遥山谷，放旷郊廛。游逸形仪，寂泊心腑。恬澹息于内，萧散扬于外。其身兮若拘，其心兮若泰；现形容于寰宇，潜幽灵于法界。如是则应机有感，适然无准矣。

这里，从佛家审美心理学和艺术哲学的结合上，探讨了动静的真谛，并显示了对于寂静的痴情。所谓冥契、语默、寂尔、恬然、游逸、寂泊、恬澹等等，不正表现出玄觉对于寂静的执著追求吗？它回荡于山林之间，归结为玄妙之宗，为唐代艺术常青树上的动静之花灌输了养料。唐代文学艺术家笔下的闲、静、淡、远、幽、深的境界，难道同佛家的寂静没有密切联系吗？

由上可知，在动静关系问题上，道家注重虚静，追求无为境界；佛家强调空寂，追求涅槃境界；但都把静放在首位。而儒家则不同。儒家崇尚实有的人生境界，喜爱动静有致，重视动的作用。《论语·雍也》："子曰：'知者乐水，仁者乐山；知者动，仁者静；知者乐，仁者寿。'"对此，宋代理学家朱熹注释道："乐，喜好也。知者达于事理而周流无滞，有似于水，故乐水；仁者安于义理而厚重不迁，有似于山，故乐山。动静以体言，乐寿以效言也。动而不括故乐，静而有常故寿。"这里所说的动静，显然是和人世间事理、义理、知者、仁者相联系的。简单地说，动，指知者深谙事理如水的周流无滞；静，指仁者熟知义理如山的稳固不移。可见，动静，是指作为人的知者与仁者的品性而言的。这里的动与静也是对举的。它并不像佛、道二家那样偏爱静，而是动静均爱，且更重视动。《中庸》第二十三章："动则变，变则化。"《论语·子罕》："子在川上曰：'逝者如斯夫！不舍昼夜。'"这是言大自然的运动不已和人的勤勉奋进、自强不息的。

第三章 唐代美学十大理论

一 朴质论

隋文帝杨坚统一中国后，鉴于六朝淫靡之风泛滥成灾所导致的亡国之祸，决心荡涤浮艳余波，提倡朴素之美。隋人李谔《上隋高帝革文华书》云："开皇四年，普诏天下：公私文翰，并宜实录。其年九月，泗州刺史司马幼之文表华艳，付所司治罪。自是公卿大臣咸知正路，莫不钻仰坟索，弃绝华绮。"隋末大儒文中子王通（王勃的祖父）在《中说·事君》中提出了诗的"四名"（化、政、颂、叹）、"五志"（美、勉、伤、恶、诫）之说，对南朝诗风也基本持批评态度。

> 子谓文士之行可见：谢灵运小人哉！其文傲，君子则谨；沈休文小人哉！其文冶，君子则典；鲍照、江淹，古之狷者也，其文急以怨；吴筠、孔珪，古之狂者也，其文怪以怒；谢庄、王融，古之纤人也，其文碎；徐陵、庾信，古之夸人也，其文诞。或问孝绰兄弟？子曰：鄙人也，其文淫。或问湘东王兄弟？子曰：贪人也，其文繁。谢朓，浅人也，其文捷。江总，诡人也，其文虚。皆古之不利人也。子谓颜延之、王俭、任昉有君子之心焉，其文约以则。

王通提倡谨、典、约、达，反对冶艳淫靡，确实符合时代进步潮流；但其打击面太大，连谢灵运、鲍照、庾信、谢朓等杰出诗人也不放过，其批评、指责实有过火之处。然而，在美学方面，其《中说·事君》篇的成就却不能低估，因为它牵涉到作家个性和作品风格的关系问题，牵涉到作家个性决定着作品风格问题。

此后，淫靡之风虽有收敛，但并未根绝。隋炀帝的作品百般追求浮艳，故被后来的唐太宗李世民斥之为亡国之音。

有鉴于此，初唐文人便继续高举反对淫靡文风的大纛，即使史学名著，也不例外。如：房玄龄等人的《晋书》，李百药的《北齐书》，姚思廉的《梁书》、《陈书》，令狐德棻的《周书》，李延寿的《南史》、《北史》，魏徵等人的《隋书》，均鼓吹文学的教化作用，谴责六朝以来的亡国之音，提倡健康质朴的文风。

《梁书·文学传序》云："经礼乐而纬国家，通古今而述美恶，非文莫可也。"这里论述了文学与礼乐及国家的密切联系，强调了文学"通古今"、"述美恶"的巨大作用。《隋书·文学传序》云："梁自大同之后，雅道沦缺，渐乖典则，争驰新巧。简文、湘东启其淫放；徐陵、庾信分路扬镳。其意浅而繁，其文匿而彩，词尚轻险，情多哀思，格以延陵之所，盖亦亡国之音乎！"这里，把徐陵、庾信文风同淫放之风区别开来，与王通不加区别的做法相比，无疑是符合实际的。在批评梁、陈淫声的同时，魏徵等人在《隋书·文学传序》中还提出了文质并重的美："江左宫商发越，贵于清绮；河朔词义贞刚，重乎气质。气质则理胜其词，清绮则文过其意。理深者便于时用，文华者宜于咏歌。此其南北词人得失之大较也。若能掇彼清音，简兹累句，各去其短，合其两长，则文质彬彬，尽美尽善矣。"如此文质互补、刚柔相济的美学观点，是全面的、深刻的。类似的主张也表现在《周书·王褒庾信传论》中："文质因其宜，繁约适其变，权衡轻重，斟酌古今，和而能壮，丽而能典，焕乎若五色之成章，纷乎犹八音之繁会。"这里表明，符合内容的形式，适应气质的文采，是不可缺少的。这同一味追求淫艳、为文采而文采的梁、陈文风是南辕北辙的。

至于稍后刘知几的《史通》，虽是一部史学名著，但在评史论文时，却能提升到美学的高度。他在《载文篇》中提出"不虚美，不隐恶"；在《叙事篇》中提倡"文约而事丰，此述作之尤美"。此外，对于叙事体的"美秀而文"也极为赞赏。

以上表明，由隋及唐，无论是文学家，还是史学家，举凡有识之士，都反对淫靡，提倡朴质。即使在创作上尚未完全脱离绮丽的人，在理论上也高呼反对淫靡的口号。初唐四杰中的王勃便是其中的代表。王勃的挚友杨炯在《王勃集序》中批评了"影带以徇其功，假对以称其美，骨气都尽，刚健不闻"的文坛弊端，颂扬了王勃诗文"壮而不虚，刚而能润"的雄健美，描绘了"积年绮碎，一朝清廓，翰苑豁如，词林增峻"的景象，并归功于王勃。

的确，初唐四杰在反对梁、陈颓风方面，是立下了汗马功劳的。但是，他们的某些作品，为什么还带有绮丽的风采呢？这是由于骈偶丽文的影响、个人对于文采的美的追求。这与梁、陈淫艳作风是有霄壤之别的。

二　风骨论

继四杰之后，在美学上提出独创见解并开一代诗风的是陈子昂。他写的

《与东方左史虬修竹篇序》是一篇具有划时代意义的声讨淫艳诗风的檄文，也是作者的诗歌美学纲领。他高瞻远瞩，指出五百年来的"文章道弊"，揭露了齐梁间"彩丽竞繁"的颓风；尤其是在理论上明确地提出了"兴寄"与"风骨"问题。所谓兴寄，即比兴寄托。这里实际上是指继承《诗经》中风雅比兴的美学传统而言的。所谓风骨，即气质、品格、骨力、情调。从文学史上讲，它的传统范式就是"汉魏风骨"。它的对立面就是齐、梁颓风。它的代表作就是《咏孤桐篇》。它的美学标准就是"骨气端翔，音情顿挫，光英朗练，有金石声"。作者还以自己的作品如《修竹篇》、《感遇》诗，实践着兴寄美刺、伸张骨力的诗歌美学。为此，卢藏用在《右拾遗陈子昂文集序》中才称赞陈氏有"王霸之才，卓荦之行"，誉其"卓立千古，横制颓波，天下翕然，质文一变"。

陈子昂标举兴寄、风骨，荡涤了六朝以来淫靡之风，从而恢复了诗歌的现实主义传统，不仅影响了同时代的张九龄，也影响了后来的李白、杜甫、元结、韩愈、柳宗元、刘禹锡、韦应物、白居易、皮日休等著名诗人，从而形成了贯串唐代的反淫靡的洪波；尽管其中也有反复（如中唐元稹的轻艳，晚唐温庭筠的绮靡），但均未掀起大浪，而陈子昂的"兴寄"说、"风骨"论却成为时代的美学主流，并指明了唐代美学健康的发展道路。

三　兴象论

如果说，陈子昂是理论上开一代诗风的先驱，那么，殷璠便是在实践上以理论指导选诗的俊杰。

殷璠的《河岳英灵集》以王维、王昌龄、储光羲等二十五人为河岳英灵，诗一百七十首，分上下两卷。在《河岳英灵集序》中，殷璠声称"常愿删略群才，赞圣朝之美"。因此，对于"标格渐高"、"颇通远调"、"恶华好朴，去伪从真"的现象，则予以颂扬；对于"都无比兴，但贵轻艳"的现象，则予以批评。

在《河岳英灵集集论》中，殷璠指出："齐、梁、陈、隋，下品实繁"；"夫能文者，匪谓四声尽要流美"；"词有刚柔，调有高下"；自己所集之诗，系"文质半取，风骚两挟"，以建安气骨为本。如此观点，指导着他的诗评。

同时，他还强调"兴象"。他说陶翰"既多兴象，复备风骨"；称高适"多胸臆语，兼有气骨"。所谓兴象，就是指兴味、气象、形象。这是一个新提出的美学范畴。在兴象说的指导下去评唐诗，论王维则"词秀调雅，意新理惬。在泉为珠，着壁成绘，一句一字，皆出常境"。评孟浩然则"文彩丰茸，经纬绵密……无论兴象，兼复故实"。评常建则"其旨远，其兴僻，佳句辄来，唯论意表"。评刘慎虚则"情幽性远，思苦语奇"。河岳英灵之诗，有兴有象：或兴寄象中，或象隐兴外，或兴象浑成，情景交融。殷璠的兴象说不仅为中国古典美学范畴增添了新品种，而且对皎然、司空图的诗歌美学也产生过深刻的影响。

四 清真论

盛唐诗人李白在继承陈子昂诗歌美学传统的基础上，大胆创造，提出了新的美学命题——清真。

李白在《古风》其一中说："自从建安来，绮丽不足珍。圣代复元古，垂衣贵清真。"在《古风》其三十五中认为"雕虫丧天真"。在《宣州谢朓楼饯别校书叔云》诗中赞美："蓬莱文章建安骨，中间小谢又清发。"可见，清发、天真，自然而然，谓之清真。李白在理论上是清真的倡导者，在创作上是清真的塑造者。他歌咏"清水出芙蓉，天然去雕饰"①；醉心"我吟谢朓诗上语，朔风飒飒吹飞雨"②；赞美"他日池塘一梦君，应得池塘生春草"③；颂扬"梁有汤惠休，常从鲍照游；峨眉史怀一，独映陈公出。卓绝二道人，结交凤与麟"④。只要符合清真的审美标准，无论是唐代还是前人的作品，均属于肯定的范围。这是李白赞美南朝文学家谢灵运、鲍照、谢朓的重要原因。

五 沉郁论

与李白齐名的杜甫是由盛唐跨入中唐的伟大诗人。他在诗歌美学上的重要贡献是：在理论上不仅提倡沉郁，而且还把它运用到自己的创作实践中。他在《进雕赋表》中用"沉郁顿挫"来评论自己作品的风格特色。所谓沉郁，就是指情感的深厚、浓郁、忧愤。所谓顿挫，就是指语意的停顿、挫折，情调的迂回曲折。

怎样才能臻于沉郁的境界呢？这就是：广采博取，择善而从，兼收并蓄，转益多师。其《戏为六绝句》云："不薄今人爱古人，清词丽句必为邻"，"别裁伪

---

① （唐）李白：《经乱离后天恩流夜郎忆旧游书怀赠江夏韦太守良宰》。
② （唐）李白：《酬殷明佐见赠五云裘歌》。
③ （唐）李白：《送舍弟》。
④ （唐）李白：《赠僧行融》。

体亲风雅，转益多师是汝师"。即使对于六朝以来的佳作，也要择其优长，而不应全盘否定。这样才能将沉郁构筑在深厚广博的基础之上。

元稹《唐故工部员外郎杜君墓系铭并序》云："至于子美，盖所谓上薄风、骚，下该沈、宋，古傍苏、李，气夺曹、刘，掩颜、谢之孤高，杂徐、庚之流丽，尽得古今之体势，而兼人人之所独专矣。"这是对杜诗特色的至高概括，对于我们去挖掘杜甫博大精深的沉郁论的底蕴，是有启迪意义的。

六 美刺论

中唐现实主义伟大诗人白居易的《与元九书》，是其诗歌美学纲领。首先，他全面地掬出了诗美的精粹："感人心者，莫先乎情，莫始乎言，莫切乎声，莫深乎义。诗者：根情，苗言，华声，实义。"这是从思想与艺术、内容与形式、情感与言辞的结合上去完整地阐释诗歌美学特征的，在当时是具有开拓性的。

此外，作者十分强调诗文创作的现实性。这就是："文章合为时而著，歌诗合为事而作。"作者尤为重视思想内容的教化作用，这就是："以诗补察时政"、"以歌泄导人情"。为此，他非常重视继承《诗经》的美刺传统，张扬陈子昂、李杜诗歌的讽喻美，反对梁、陈的绮艳诗风。这种精神，一直贯串在他的诗论中。《读张籍古乐府》："上可裨教化，舒之济万民。"《寄唐生》："惟歌生民病，愿得天子知。"《新乐府序》："为君、为臣、为民、为物、为事而作，不为文而作也。"《采诗以补察时政》："今欲立采诗之官，开讽刺之道，察其得失之政，通其上下之情。"这些，都从不同角度深刻地突现了白居易美学思想中的功利主义。

但是，白居易在强调思想内容的功利性时，却有忽视艺术形式的倾向。他甚至于片面地要求把讽喻当做衡量诗美的唯一标准，对谢朓、鲍照的一些不含讽喻但艺术成就极高的名作采取贬抑的态度，这是这位新乐府运动创始人的诗歌理论的美中不足处。

元稹是白居易的诗友，世称二人为元白。元稹是新乐府运动的推行者，著有《元氏长庆集》。

元稹也提倡美刺、讽喻、寄兴，反对梁、陈淫艳之风。他在《进诗状》中，对"稍存寄兴、颇近讴谣"之古风及古今乐府，均很重视。由于他把寄兴、讽喻、美刺作为衡量诗美的主要标准，故在《叙诗寄乐天书》中说："得杜甫诗数百首，爱其浩荡津涯，处处臻到，始病沈、宋之不存寄兴，而讶子昂之未暇旁备矣。"同时,他还把自己的诗分为古讽、乐讽、律讽、古体、新题乐府几类。他在《乐府古题序》中说:"况自风雅至于乐流,莫非讽兴当时之事,以贻后代之人。"所以,他很赞赏"寓意古题,刺美见事"。如杜甫《悲陈陶》、《哀江头》、《兵车行》、《丽人行》等,"率皆即事名篇"。此外,他在《唐故工部员外郎杜君墓系铭并序》中,针对"宋、齐之间,教失根本"、"至于梁、陈,淫艳刻饰,佻巧小碎"的风习,提出了严肃的批评;对于杜甫诗文,则予以高度的颂扬。但其抑李扬杜之词却失之公允。

元、白在美学上的另一贡献是,他们在理论与创作方面,均提倡通俗。

元稹在《上令狐相公诗启》中自称自己的诗"词直气粗"、"思深语近"。对白居易则颂扬备至。白居易在《新乐府序》中评价新乐府"其辞质而径,欲见之者易谕也;其言直而切,欲闻之者深诚也;其事核而实,使采之者传信也;其体顺而肆,可以播于乐章歌曲也"。如果概括成十个字,就是:明白,质朴,率真,切实,上口。这是通俗的根本特点。

元、白虽都尚俗,但却有别。元稹俗而艳,白居易俗而淡。元喜欢涂饰,白擅长白描。元追求轻艳(薄艳),白刻意清浅。所以,元之通俗是轻、浓、艳;白之通俗为浅、淡、清。白居易在《自吟拙什因有所怀》诗中说自己"诗成淡无味,多被众人嗤"。这正是对淡而俗的特点的生动概括。至于元稹的轻艳,则色相纤秾,描绘细腻,有时甚至有点胭脂味,但绝非淫艳。苏轼《祭柳子玉文》谓"元轻白俗",正道出了元、白尚俗的不同点。白居易在致皇帝的《策林》中强调"删淫辞,削丽藻",在致元镇的《和答诗十首序》中声称自己的诗"淫文艳韵,无一字焉"。这就表明,白居易对于轻艳是并不热衷的。

七 明道论

韩愈和柳宗元是唐代贞元、元和年间古文运动的倡导者。唐代的古文运动,是思想文化领域中的复古运动。他们反对当时流行的骈体,竭力主张用秦汉以来的散文体裁来表现儒家的道统,也就是文以载道。韩愈在《题欧阳生哀辞后》中说:"愈之为古文,本志乎古道者也。"柳宗元在《答韦中立论师道书》中说:"始吾幼且少,为文章以辞为工。及长,乃知文者以明道。"韩宣扬"志乎古道",柳崇尚"文以明道",这是古文运动的核心。但韩愈所说的道乃是儒家的仁义;而柳宗元所说的道乃是人生的处世哲学,也就是他在《答吴武陵论非国语书》中所说的"意欲施之事实,以辅时及物为道"。故柳的主张更富于现实社会性。

文以载道的美学意义在于：它重视道所体现的内在含义与文所显示的外部体式之间的对应关系，用现代美学概念来表述，就是重视思想与艺术的统一、内容与形式的统一；用韩愈的美学概念来表达，就是"辞事相称，善并美具"①。

八　丑怪论

韩愈推崇险、硬、怪、奇，往往以丑为美。其《醉赠张秘书》云："险语破鬼胆。"《荐士诗》云："横空盘硬语。"《送穷文》云："不专一能，怪怪奇奇。"《荆潭唱和诗序》云："搜奇抉怪，雕镂文字。"《调张籍》云："精诚忽交通，百怪入我肠。刺手拔鲸牙，举瓢酌天浆。"司空图在《题柳柳州集后》中评价道："韩吏部歌诗数百首，其驱驾气势，若掀雷挟电，撑抉于天地之间，物状奇怪，不得不鼓舞而徇其呼吸也。"韩愈的《南山诗》，以文入诗，连韩愈本人也深感惊异："吁嗟信奇怪，峙质能化贸。"可见，韩愈是个自觉地运用险怪的理论去指导自己创作的人，正如刘熙载在《艺概·诗概》中所说："昌黎诗往往以丑为美。"

此外，孟郊、卢全、李贺等人也是提倡险怪、往往以丑为美的，在此不赘。

至于柳宗元，对于险怪之风却不欣赏，因为他认为险怪是玩弄文辞、不切实际、违背古文运动宗旨的。他在《答吴武陵论非国语书》中说："夫为一书，务富文采，不顾事实，而益之以诬怪，张之以阔诞，以炳然诱后生，而终之以僻，是犹用文锦覆陷阱也。不明而出之，则颠者众矣。"可见，他对"诬怪"、"阔诞"等丑怪是持否定态度的。

但这不是说柳氏不重文采；他对于有助内容表现的文采，不仅不反对，而且十分重视。他在《答吴武陵论非国语书》中又说："言而不文则泥，然则文者固不可少耶！"因此，他在《杨评事文集后序》中说："言畅而意美。"这就从属于形式的言与属于内容的意两个方面的结合上，强调了美的传达和传达的美。

九　意境论

唐代文人由于坚持反淫艳、尚风骨的优秀传统；由于时代责任感强，竞争意

---

① （唐）韩愈：《进撰平淮西碑文表》。

识强，创新观念强，因而在创作上出现了空前繁荣的景象，在理论上也产生了惊人的成就。就美学方面而言，除了重视教化作用以外，更主要的是从艺术美与现实美的特殊本质出发，去挖掘美的宝藏，提炼美学理论。意境论与风格论，便是其中的精粹。其代表作有王昌龄的《诗格》、皎然的《诗式》、司空图的《诗品》等。

王昌龄在《诗格》中提出了"三境"（物境、情境、意境）论。

就物境、情境、意境三者之间的关系而言，物境是客观事物所处之境，它为情境提供了寄托的对象，也为情境提供了广阔的表现天地。

情境是神游的心境，是表现喜怒哀乐的场所。意境体现为情景交融、心物交感、主客合一。它是意与境的互渗、思与真的结合，所谓"思之于心，则得其真"是也。

物境、情境是意境的基础与阶梯，意境是物境、情境的发展与升华。可见，从物境到情境再到意境，是逐层深化、不断提升的过程。

白居易也受过意境论的影响，但他把"意境"说成"境意"。其《文苑诗格·抒折人境意》云："或先境而人意，或人意而后境。古诗：'路远喜行尽，家贫愁到时。'家贫是境，愁到是意。"这里介绍了由境人意、由意人境的不同景况；但在实际创作中，意境互生、情景交融的现象却是屡见不鲜的。

释皎然虽未明确地提出"意境"一词，但却谈到"境象"、"取境"、"缘境"。其《诗议》云："夫境象非一，虚实难明。"其《诗式·取境》曰："取境之时，须至难至险，始见奇句。"此外，在《诗式》中还说："缘境不尽曰情。"这些，虽然只言境而未谈意，但却触及情思，而情思正是意的内核。它和司空图所说的"思与境偕"是息息相通的。

释皎然、白居易对意境论虽然有所丰富，但在美学理论上并未超过王昌龄所界定的范围，因而也无根本性的突破。

标志着意境论的突破性进展的是把意境与象外之象联系在一起的理论，因为它充分地揭示了意境的深层结构与美学特点。

南朝的谢赫在《古画品录》中说："若拘以体物，则未见精粹；若取之象外，方厌膏腴，可谓微妙也。"这种象外，是与象内相比较而言的，是把有限的象内延伸到无限的象外。它启发了唐代的意境论，但它还没有与意境论融合为一体。王昌龄在《诗格》中提到了意境中的"境象"、"意象"，然而却未言象外。后来，释皎然在《诗评》中说："绎虑于险中，采奇于象外。"惜语焉不详，且在理论上未明确地与意境挂钩。刘禹锡在《董氏武陵集记》中说："境生于象外。"这就直接揭示出"境"的产生源头，并把它与象外紧密地联系在一起。以上，均为象外之象说的诞生作了理论上的准备。

继王昌龄之后，真正在意境论上有重大突破并提出独创见解的是司空图。

司空图在《与王驾评诗书》中提出了"思与境偕"的观点。它是指思想情感与物境的水乳交融，是主客体高度结合的艺术境界。王驾的五言诗，就是如此。"思与境偕"的深层结构与最高表现是怎样的呢？《与王驾评诗书》中没有回答，但却可从《与极浦书》中体悟而得。

司空图《与极浦书》，以戴叔伦所说的诗家之景可望而不可即的现象为例，引发出"象外之象，景外之景"的学说。所谓象，是指富于魅力的形象。所谓象外，是指依附形象又超越形象的虚空境界。象，是象外之象的内涵、寄托；象外之象是象的外延、生发。司空图在《诗品·雄浑》中所说的"超以象外，得其环中"，就表述了二者之间的联系。

象外之象，若有若无，若实若虚，恍兮惚兮，妙不可测。就视觉角度而言，有景外之景；就听觉角度而言，有韵外之致；就味觉角度而言，有味外之味。司空图在《与李生论诗书》中所说的"辨于味"，味在"咸酸之外"的"醇美"、"全美"，就是指"韵外之致"、"味外之旨"。它和《与极浦书》中所说的"象外之象，景外之景"有密切的交叉关系。如果说，象、景、韵、味是意境的实有境界；那么，象外、景外、韵外、味外便是意境的虚无境界。二者结构的意境，"妙在笔墨之外"①，"言有尽而意无穷"②。总之，司空图提出来的"象外之象"说，不仅发展了前人的意境论，而且标志着意境论的成熟，并推进到高级的美妙的境界。宋代苏轼《题渊明饮酒诗后》中所说的"境与意会"，明代王世贞《艺苑卮言》中所说的"神与境会"、"兴与境诣"，明代袁宏道《叙小修诗》中所说的"情与境会"，虽各有特色，但均未超越前人意境论的范围。如果说，中国美学史上意境论的第一块里程碑是王昌龄树立的，那么，第二块里程碑就是司空图树立的。

十　风格论

唐代美学宝库中有一串璀璨夺目的理论明珠，这就是诗歌风格论。元兢、崔

---

① 《苏东坡集》后集卷九。
② （宋）严羽：《沧浪诗话·诗辨》。

融、李峤、王昌龄、释皎然、高仲武、司空图等，便是著名的风格学家。其中，以司空图的学术成就最高。

元兢在《芳林要览序》中，颂扬了婉润、清绮、宏丽、遒健、详雅、繁博、响亮、璀璨、浩荡、寥廓等风格美。

崔融在《唐朝新定诗体》一书中，列出十体：形似体、质气体、情理体、直置体、雕藻体、映带体、飞动体、婉转体、清切体、菁华体，并描绘了它们的风格美。

李峤在《评诗格》中把诗也分为十体，与崔融"十体"大体相似。

王昌龄在《诗格》中说："诗有五趣向：一曰高格，二曰古雅，三曰闲逸，四曰幽深，五曰神仙。"

皎然在《诗式·诗有七德》中说："一识理，二高古，三典丽，四风流，五精神，六质干，七体裁。"在《诗式·辨体有一十九字》中说：

高　风韵切畅曰高。　逸　体格闲放曰逸。
贞　放词正直曰贞。　忠　临危不变曰忠。
节　持节不改曰节。　志　立志不改曰志。
气　风情耿耿曰气。　情　缘情不尽曰情。
思　气多含蓄曰思。　德　词温而正曰德。
诚　检束防闲曰诚。　闲　情性疏野曰闲。
达　心迹旷诞曰达。　悲　伤甚曰悲。
怨　词理凄切曰怨。　意　立言曰意。
力　体裁劲健曰力。
静　非如松风不动、林狄未鸣，乃谓意中之静。
远　非如淼淼望水、杳杳看山，乃谓意中之远。

以上所说的七德、十九种体，大多数是讲诗歌风格的。

与皎然同时的高仲武，也是中唐重要的诗论家。他编的《中兴间气集》选唐诗一百三十余首，作者二十六人。他经常运用新奇、清瞻、婉媚、绮错、清雅、清逸、剪刻、婉密、闲雅、清迥、英奇、秀异等词去品评诗人作品。

在诗歌风格研究方面，唐代成就最高、影响最大的是司空图的《二十四诗品》。作者把风格分为二十四种，即：雄浑、冲淡、纤秾、沉著、高古、典雅、洗练、劲健、绮丽、自然、含蓄、豪放、精神、缜密、疏野、清奇、委曲、实境、悲慨、形容、超诣、飘逸、旷达、流动。其主要内涵似可概括为：追求超越、空灵的境界，所谓"如将白云，清风与归"①、"御风蓬叶，泛彼无垠"② 是也；追求冲和、淡泊、遐远、闲静的境界，所谓"阅音修篁，美曰载归"③、"落花无言，人淡如菊"④ 是也；追求从从容容、没有矫饰的自然境界，所谓"如逢花开，如瞻岁新"⑤、"如月之曙，如气之秋"⑥ 是也；追求独特的个人情性，所谓"惟性所宅，真取弗羁"⑦、"情性所至，妙不自寻"⑧ 是也；追求象外之象的至美意境，所谓"超以象外，得其环中"⑨、"意象欲出，造化已奇"⑩、"不著一字，尽得风流"⑪ 是也。总之，司空图的诗歌风格论，贯穿着一个"道"字，体现一个"空"字。二十四品之间，相互交融，亦此亦彼，极富于包孕性、幽邃性、曲折性，是唐代诗歌风格美的理论总结，具有伟大的开拓性、创造性和划时代的意义。

---

① 《超诣》，以下注解皆出于南朝刘义庆编撰之《世说新语》。
② 《飘逸》。
③ 《冲淡》。
④ 《典雅》。
⑤ 《自然》。
⑥ 《清奇》。
⑦ 《疏野》。
⑧ 《实境》。
⑨ 《雄浑》。
⑩ 《缜密》。
⑪ 《含蓄》。

第四章 人文观 旅游观 悲剧观

一 王勃的人格魅力、雄丽诗风和旅游观

（一）美哉，贞修之至也！

初唐四杰：王、杨、卢、骆。即：王勃（650—676），杨炯（650—693），卢照邻（636—695），骆宾王（626—684）。

王勃与杨炯同岁，小于卢照邻、骆宾王。在四杰中，王勃因才气纵横、成就卓著、影响巨大而被誉为四杰之首。

王勃的美学智慧是丰富的、超群的。他不仅提倡自我人格美，而且实践旅游观照美，标举文风雄丽美，并灌注了中国传统文化精髓，尤其是《周易》美学思想。

王勃宣扬自我，并非谋私、钻营，而是要实现自己的抱负。这和儒家的入世思想是相通的，同修身、齐家、治国、平天下的目标是相符的。他在《上吏部裴侍郎启》中说："知忠孝为九德之原"，"审名利为五常之贼"，"君子以立言见志"，"国家应千载之期，恢百王之业。天地静默，阴阳顺序。方欲激扬正道，大庇生人"。这些表明，王勃观察问题是从国家民族正道出发的，而不是从名利出发的；否则，他就不会把名利斥为贼了。

王勃认为，选拔人才，不可完全看诗文写得如何，而要首先看人是否贤良，是否能胜任重托。为此，他对裴行俭说："伏见铨擢之次，每以诗赋为先，诚恐君侯器人于翰墨之间，求材于简牍之际，果未足以采取英秀，斟酌高贤者也。"大凡"识天人之幽致，明国家之大体"者，始可视为良才而被擢用。当然，这并不意味着贬低人才的文学水平。既有济世之才，又能擅长诗赋者，岂不俱美？在尽情陈述之余，将笔锋悠悠暗转，谦称自己也有诗文言志者："然窃不自揆，尝著文章，非敢自媒，聊以恭命。"[1] 这里，将自荐情怀慢慢引出，显得自自然然，合情合理。堪称善于推举自我、实现自己人生价值的绝唱！

王勃在推举自己时，始终把突现人格美放在首位。在《上刘右相书》中，他凭一身正气，慷慨陈词："山野悖其心迹，烟露养其神爽……所以慷慨于君侯

---

[1] （唐）王勃：《上吏部裴侍郎启》。

者，有气存乎心耳。"他才气纵横，视野开阔："故天下至旷，神器不可独专；天道无私，玄勋有时而立。"这里，居然冒着触犯皇权尊严的危险，提出了公正无私、反对擅权的主张，实在是大胆而难能可贵的。他的自荐，在于"披肝胆，布腹心，大论古今之利害，高谈帝王之纲纪"。因而是感于时事、有的放矢的。这就可以看出，王勃之所以希望自己能被录用，并不单单是为了自己，而是为了社稷、苍生。一句话，是为了实现自己的人生社会价值。他在《上百里昌言疏》中说："勃闻古人有言，明君不能畜无用之臣，慈父不能爱无用之子。何则？以其无益于国，而累于家也。"他之所以多次自荐，就是为了施展才能、报效国家，也就是他所说的"此勃所以怀既往而不咎，指将来而骏奔，割万恨于生涯，进一篑于平地者"。

王勃认为，人格美并不是与生俱来的，而是经过贞修获得的。所以，他在《平台秘略论十首·贞修二》中说："美哉，贞修之至也！或抗情结操，仗清刚而励俗；或理韵和神，抱清方而守道。"在《平台秘略赞十首·贞修第二》中又说："列藩好德，清修互起。峻局刚情，中孚素履。道契玄极，芳图青史。为善不同，同归于美。"这里告诉人们，刚直清正，廉洁自省，遵守道德，才是做人的根本。它突出一个"善"字，归于一个"美"字。从中可以看出，王勃所强调的人格美，是以善为内容的。这种善，以清正之气的运作为准星，瞄准着人间社会的形形色色，激励着人们向清正之气就范。这就是王勃对右相刘祥道所自荐的以自己清正之气为内涵的人格精神。

王勃之所以具有如此的人格精神，和他生性耿介也是有关的。他在《春思赋》的序言中说："仆不才，耿介之士也。窃禀宇宙独用之心，受天地不平之气。虽弱植一介，穷途千里，未尝下情于公侯，屈色于流俗，凛然以金石自匹。"在《绵州北亭群公宴序》中，则自称"人间独傲"、"志不屈于王侯，身不绝于尘俗"。在《夏日诸公见寻访诗序》中，称"天地不仁，造化无力，授仆以幽忧孤愤之性，禀仆以耿介不平之气"。

正由于王勃性情耿介，不善逢迎，故虽多次自荐，但终未得到统治者的赏识而获重用；因此，他慨叹道："下官诗书拓落，羽翮摧颓。朝廷无立锥之处，丘园有括囊之所。"[1] 他愤然道："贫穷无有种，富贵不选人。高树易来风，幽松难见日。"[2] 然而，不管慨叹也好、愤怒也好，都无济于事，不能引起权贵的丝毫

---

[1] （唐）王勃：《冬日羁游汾阴送韦少府入洛序》。
[2] （唐）王勃：《感兴奉送王少府序》。

触动；像王勃这样的千里马，只能被困于马厩之中，而不能在国家广阔的政治舞台上立足，更没有时机自由驰骋，施展自己的才能。

他虽然也曾被唐高宗李治之子沛王李贤召为侍读，但在十九岁（668）时，戏为沛王之鸡写了一篇《檄英王鸡文》，迁怒于高宗，高宗斥之为挑拨诸王关系，下令逐出沛王府。这是对王勃的致命打击。一直到二十四岁（673），才被补为虢州参军。据《新唐书·文艺传》载，当时他"倚才陵藉，为僚吏共嫉。官奴曹达抵罪，匿勃所。俱事泄，辄杀之。事觉当诛，会赦除名"。他的父亲王福畤也受牵累而被贬为交趾令。高宗上元二年，王勃赴交趾省亲，次年（仪凤元年）自交趾返，渡海时不幸溺水而亡，时年二十七岁。

王勃虽有凌云之志、济世之才、六艺之能，但因时运多乖，故坎坷而终。虽被人目为神童，却华年不幸。他短促的一生，是悲剧命运。他自尊，自信，自强，自立，自傲，但却时时碰壁，终于赍志以殁，遂成千古遗恨！

（二）雄笔壮词，烟霞照灼

唐太宗李世民掌握政权后，并未廓清文坛积习，六朝时梁陈华艳浮靡遗风仍未大减。李世民之子唐高宗李治当朝的龙朔年间，上官仪深得宠幸。在诗歌创作中，大力推行上官体，提倡"以绮错婉媚为本"①。一时间，上行下效，蔚为风气；汉魏风骨，消失殆尽。长此以往，必将涣散人心，使人沉浸于靡靡之音中而不能自拔。这是不利于唐代的兴盛大业的。许多有识之士都看到了这一点。初唐四杰更敏锐地洞察到这一严重局面。杨炯在《王勃集序》中说：

> 尝以龙朔初载，文场变体，争构纤微，竞为雕刻。糅之金玉龙凤，乱之朱紫青黄。影带以徇其功，假对以称其美。骨气都尽，刚健不闻。思革其弊，用光志业……知音与之矣，知己从之矣。鼓舞其心，发泄其用。

杨炯批评了上官仪提倡的文体，指出了上官体的弊害在于：形式上琐屑细弱、雕琢造作、色彩淫艳、格式僵化；内容上萎靡不振、空虚无聊、风花雪月、无病呻吟。一句话，上官体没有汉魏风骨、阳刚之气、健劲之力，不能体现唐代朝气蓬勃的精神和欣欣向荣的景象，因而阻碍了正在发展的国家大业。有鉴于此，王勃

---

① 《旧唐书·上官仪传》。

便高举改革大旗，向淫靡文风宣战，以恢复刚健骨气，光耀唐代大业，鼓舞人们志气，带领着知音、知己一道前进。

上官仪，字游韶，贞观初，擢进士第，是唐太宗的文学顾问，当上了秘书郎。唐太宗常遣上官仪阅稿、作文。高宗即位，曾任秘书少监、西台侍郎，位至三品。麟德元年罹难，死于狱中。他的诗体格屡弱，缺乏骨力，应制之作甚多。《奉和过旧宅应制》："石关清晚夏，璇舆御早秋。神麾飚珠雨，仙吹响飞流。沛水祥云泛，宛郊瑞气浮。"《早春桂林殿应诏》："步辇出披香，清歌临太液。晓树流莺满，春堤芳草积。"《奉和秋日即目应制》："上苑通平乐，神池迩建章。楼台相掩映，城阙互相望。"《咏画屏》："芳晨丽日桃花浦，珠帘翠帐凤凰楼。蔡女菱歌移锦缆，燕姬春望上琼钩。"这些诗句散发着香脂味、富贵气，与刚健清新的风骨是背道而驰的。

王勃针锋相对，高谈阔论，在《秋晚入洛于毕公宅别道王宴序》中说："高士临筵，樵苏不爨。是非双遣，自然天地之间；荣贱两忘，何必山林之下。玄谈清论，泉石纵横；雄笔壮词，烟霞照灼。既而神驰象外，宴洽寰中。白露下而南亭虚，苍烟生而北林晚。"从美学角度观照，其核心是"雄笔壮词"四个字。它表明了王勃对刚健骨力的重视。它不仅雄壮，而且从"烟霞照灼"中透出"雄笔壮词"的绚丽色彩。但是，这种绚丽是从属于雄壮的。我们可以用"雄丽"二字去概括王勃诗文的美学风格。王勃"雄笔壮词"的雄壮，与"烟霞照灼"的绚丽，相互圆融，并同自然天地、泉石山林的美冥合为一，从而显示了王勃的美学见解与艺术描绘是浑然一体、独领风骚的。此外，他在《夏日宴张二林亭序》中说"雄笔清词"；在《梓州郪县兜率寺浮图碑》中说"雄笔同时"；在《冬日送闾丘序》中说："雅调高徽，清词丽藻。冀抟风于万里，泛羽翮于三江。"这都表明，王勃在利用欢宴大聚宾客之机，或在撰写诗文之时，努力标举刚健大旗，而纵情歌咏时代风格。

王勃不仅在美学理论上提倡"雄笔清词"，而且在美的艺术实践上身体力行，他写下了大量的诗文，以形象生动的艺术画面，显示了这一特点。其序、赋、表、启、书、疏、记、论、颂、赞、碑、铭、行状等文体，虽多有骈俪句式，常见典奥故实，但其笔底却波澜迭起，流动着刚健之气和活泼泼的生命精神。且读《秋晚什邡西池宴饯九陇柳明府序》："同声相应，共驻弦歌；同气相求，自欣兰蕙。琼卮列湛，玉俎骈芳。烟霞举而原野晴，鸿雁起而汀洲夕。"这里"同声相应"、"同气相求"，显然取自《易传·乾文言》。刘勰《文心雕龙·声律》中也有"同声相应谓之韵"之说。王勃用来描述酒宴中欢愉之情，使古老的语汇显露出新的生机。再读《江浦观鱼宴序》："群公以十旬芳暇，候风景而延情；下官以千里薄游，历山川而辍赏。"这与《与邵鹿官宴序》中所写"旅游多暇"、"共写良游"及《九月九日采石馆宴序》中所写"万里浮游"、"请飞雄藻"是可互相映衬的。它显示出"乐在人间"[①]、"引江山使就目，驱烟霞以纵赏"[②]的审美情怀。这种审美情怀是潇洒的、乐观的、豪迈的、雄放的。如《初春于权大宅宴序》："惜风景于他乡"，"尽欢娱于此席"，"倜傥高才"，"物外英奇"，"情飞调逸，乐极兴酣"。又如《春日送吕三储学士序》："崩云垂露之健笔，吞蛟吐凤之奇文。"这些表述，均有刚健之骨、清新之气。如此骨气，充实在他的文中，也充实在他的诗中。

且读以下诗句："肃肃凉风生，加我林壑清。驱烟寻涧户，卷雾出山楹。去来固无迹，动息如有情。日落山水静，为君起松声。"[③] 真是清新明丽，悦人耳目，沁人心脾。"鸟飞村觉曙，鱼戏水知春。初晴山院里，何处染嚣尘。"[④] 可谓生机蓬勃，生气盎然。"江涛出岸险，峰磴入云危。溜急船文乱，岩斜骑影移。"[⑤] 堪称山峻云高，峡深湍急。至于《羁春》、《林塘怀友》、《山扉夜坐》、《春庄》、《春游》、《春园》、《林泉独饮》、《登城春望》、《他乡叙兴》、《早春野望》等，描写明媚的春光，醉人的景色，无不体现出清丽的特点。而《送杜少府之任蜀州》中的"海内存知己，天涯若比邻"的名句，更是千古传诵的绝唱。其《滕王阁序》："滕王高阁临江渚，佩玉鸣鸾罢歌舞。画栋朝飞南浦云，朱帘暮卷西山雨。闲云潭影日悠悠，物换星移几度秋。阁中帝子今何在，槛外长江空自流。"这里，高阁之雄伟，景物之飞动，光阴之流逝，宇宙之无穷，均跃然纸上，历历在目。

杨炯《王勃集序》对王勃诗文之美，给予高度评价："考文章之迹，征造作之程。神机若助，日新其业。西南洪笔，咸出其辞。每有一文，海内惊瞻。所制九陇县《孔子庙堂碑文》，宏伟绝人，希代为宝。"这正是"刚健"骨气充盈的代表作。怪不得杨炯赞美王勃："动摇文律，宫商有奔命之劳；沃荡辞源，河海无息肩之地。以兹伟鉴，取其雄伯。壮而不虚，刚而能润。雕而不碎，按而弥坚。大则用之以时，小则施之有序。徒纵横以取势，非鼓怒以为资。长风一振，

---

① （唐）王勃：《杨五席宴序》。
② （唐）王勃：《秋日登洛城北楼望白下序》。
③ （唐）王勃：《咏风》。
④ （唐）王勃：《仲春郊外》。
⑤ （唐）王勃：《泥溪》。

众萌自偓。遂使繁综浅术，无藩篱之固；纷缋小才，失金汤之险。积年绮碎，一朝清廓。翰苑豁如，辞林增峻，反诸宏博，君之力焉。"这里，描绘了王勃之文浩荡的气势，雄放的风格，健壮的质地，刚劲的力度，柔润的活性，雕饰的精致。此外，还说明了王勃之文的时代性、有序性、纵横性，尤其是歌颂了他在廓清文坛歪风邪气、树立辞林雄风正气方面所起的作用。其中的"雄"、"壮"、"刚"、"润"，乃是王勃诗文的精髓与核心，也是对王勃美学风格的最好概括。正由于高唱雄放之歌，故能上承雅颂风骚，下扫浮靡之音，并为陈子昂树一代诗风开辟了先河。也正由于他能刚能柔（润），故既可健笔凌云，亦有清词丽句。正由于王勃在艺苑中有振臂一呼、应者群集的号召力，故能团结士子，弘扬正气，横制颓波，大振雄风，名震遐迩。所以，杨炯在《王勃集序》中描述："近则面受而心服，远则言发而响应。教之者逾于激电，传之者速于置邮。得其片言，而忽焉高视；假其一气，则邈矣孤骞。"这都是因为受到王勃影响的缘故。于是，杨炯称赞他说："诚壮思之雄宗也。"① 连杨炯自己也谦虚地说："吾愧在卢前，耻居王后。"② 而卢照邻则说："喜居王后，耻在骆前。"③ 这表明王勃位居四杰之首是有缘由的。总之，王勃既有雄笔壮词的阳刚之美，又有清词丽句的阴柔之美，因而深受不同审美趣味的读者的喜爱。

（三）旅游观

1. 为善不同，同归于美

在善与美的关系问题上，王勃并未把善与美相混同，而是引善入美。善是美的内涵，美是善的渊薮，所谓"为善不同，同归于美"是也。这在前面已经提及。但是，也可看出：美是大于善的。如果不是美大于善，善就不可能以美为依归。当然，这种说法是我们分析的结果，然而它却是从王勃的美善论中得出的必然逻辑。从这个逻辑出发，不仅可实践于社会，而且也可实践于自然。正由于美是大于善的，因而除了善可归之于美以外，大凡善以外的其他不属于社会却属于自然界的令人赏心悦目的东西，亦可归之于美。王勃所热衷的山川景物、自然风光的旅游美，就是如此。

---

① 《王勃集序》。
② 《旧唐书·文苑传》。
③ 《太平广记》一百九十八卷。

王勃多次提到"旅游"。其《涧底寒松赋》云:"旅游于蜀,寻茅溪之涧。深溪绝磴,人迹罕到。爰有松焉,冒霜停雪,苍然百丈。"然寒松虽挺拔高耸,却立于山涧之下,观赏至此,不禁触景生情:"徒志远而心屈,遂才高而位下。斯在物而有焉,余何为而悲者!"这是把松高位低与自己才高位下相比附的感兴之作。其《青苔赋》云:"吾之旅游数月矣,憩乎荒涧,睹青苔焉……宜其背阳就阴,违喧处静。不根不蒂,无迹无影。耻桃李之暂芳,笑兰桂之非永。故顺时而不竞,每乘幽而自整。"在王勃的诗、赋、序、记中,言及旅游者,俯拾即是。在今山西、河南、湖北、江西、江苏、浙江、陕西、四川、广东等地,均留下了他那旅游美的足迹。

　　就旅游目的而言,王勃非常看重审美。他在《秋日宴季处士宅序》中所说的"清赏",就是审美的。《送白七序》中所说的"幽桂一丛,赏古人之明月;长松百尺,对君子之清风",也是审美的。此外,在《秋日楚州郝司户宅遇钱崔使君序》中还说:"烟霞充耳目之玩,鱼鸟尽江湖之赏。情盘乐极,日暮途遥。思染翰以凌云,愿挥戈以留景……且欣风物,共悦濠梁。"这里,强调了审美视知觉功能和心理效应,突出了玩、赏、情、乐、思、欣、悦等审美活动,集中地体现了赏心悦目的审美特征。德国古典美学大师康德说:"鉴赏判断是审美的。"① 又说:"美是不依赖概念而作为一个普遍愉快的对象被表现出来的。"② 王勃的旅游就是审美的,就是以令人产生愉快的自然美为审美对象的。其《出境游山二首》云:"驱羊先动石,走兔欲投巾。"山石是静止不动的,但羊群的行走却使人产生错觉,仿佛石头也在运动。兔子一直向前走动,好似以巾投地。如此美景,既与审美对象有关,又与审美主体有关。对象的美作用于旅游者王勃的视觉感官,激起他的审美活动,并出现错觉美,从而为赏心悦目的旅程增加了生动的一笔。

　　王勃的旅游目的,除了审美以外,也间有排遣世虑、濯足山泉的隐逸、休闲,含有报国无门、空怀壮志的悲怆情怀和忧患意识。其《春日孙学士宅宴序》云:"若夫怀放旷寥廓之心,非江山不能宣其气;负郁怏不平之思,非琴酒不能泄其情。则林泉为进退之场,樽酒是言谈之地。"这种夹杂着利害得失感的情思,显然不尽是审美的。他在《游山庙序》中所说的"怀泉途而惴恐,临山河而叹息",就看不出他的以赏心悦目为特征的愉悦感,而是悲怆、恐怖取代了赏心悦

---

①　[德]康德:《判断力批判》上卷,宗白华译,商务印书馆1987年版,第39页。
②　同①,第48页。

目的旅游美观照。当然，这样说并不意味着贬低这种悲怆情怀的价值。不过，这种价值不属于赏心悦目之情，而属于发人深省之思。

2. 放旷怀抱，驱驰耳目：目游，身游，心游

王勃的旅游审美品类是多样化的。有目游、身游、心游。这三者又是相互联系、不可分割的，是符合贞观之道的。《易传·系辞下》云："天地之道，贞观者也。"这是指天地运行变易的规律，总是要显示出来的。王勃在《上巳浮江宴序》中谈及自己时运时，说他也是"属天地之贞观"的，而"偃泊山水，遨游风月"，则更是如此。

王勃在《入蜀纪行诗序》中谈到了他自长安至蜀地一个多月的旅游奇观："若乃采江山之俊势，观天地之奇作，丹壑争流，青峰杂起，陵涛鼓怒以伏注，天壁嵯峨而横立，亦宇宙之绝观也。"又说："况乎躬览胜事，足践灵区，烟霞为朝夕之资，风月得林泉之助。嗟乎！山川之感召多矣，余能无情哉？"以上所说的观，显然包含目游；所抒的情，显然属于心游；而王勃之"躬览"、"足践"，显然是指身游。身游为目游之拓展，目游为心游之先导，心游为目游之感悟。同时，目游也是身游、心游的前提；如果不能目游，则身游、心游便无法实现。目游具有直觉性特点，《秋日饯别序》中所说的"直睹明月生天"、"烟霞直视"，就是如此；《山亭思友序》中所说的"高兴之后，中宵起观，举目四望，风寒月清"，也是如此。如此直觉性品格，映照出景观的现实性、具体性、形象性，它对实现旅游美的价值具有立竿见影的效应。意大利文艺复兴时期杰出的绘画大师达·芬奇认为：眼睛是身体之窗，也是心灵之窗。因而身游、心游必须以目游为凭借。但目游也必须经过身游不断变换处所，而增添新的内容。如果王勃不到处寻春，就不可能尽目娱之乐，也不可能写下《羁春》、《山扉夜坐》、《春庄》、《春游》、《春园》、《林泉独饮》、《登城春望》、《他乡叙兴》、《早春野望》、《仲春郊外》等优美的诗篇。

目游、身游必须与心游相结合，则既可悦目、又可畅神，故心游是目游、身游的深化与升华。王勃在《夏日登韩城门楼寓望序》中，称他自己是居无常处的"东西南北之人也。流离岁月，羁旅山川。辍仙驾于殊乡，遇良朋于异县。面胜地，陟危楼，放旷怀抱，驱驰耳目"。这里，不仅表现了他的目游之乐，而且显示了他的身游之广。此外，在《三月上巳祓禊序》中说："观夫天下四方，以宇宙为城池；人生百年，用林泉为窟宅。"这里也表明了目游、身游的壮阔情怀。《山亭兴序》云："山水来游，重横琴于南涧……千里心期，得神交于下走。"这里所表现的身游，显然与心游、神游是相表里的。王勃还充分发挥了想象的功

能："珠城隐隐，阆干象北斗之宫；清渭澄澄，混漾即天河之水。长松茂柏，钻宇宙而顿风云；大壑横溪，吐江河而悬日月……裁二仪为舆盖，倚八荒为户牖。荣者吾不知其荣，美者吾不知其美。"这里，王勃将目游所及，通过比喻、夸饰，尽情地渲染自然景物的美。简直是美景处处，令人陶醉，以至于难言其究竟美在何处了。王勃慨叹不已，他"情兴未已，即令樽中酒空；彩笔未穷，须使山中兔尽"。用尽兔毛做成的笔去描绘大自然的美，也是写不完的。这就把目击之景与心中之情完美地交融在一起。

心游是对目游的超越。心游之海荡漾着情感之舟。情感固然重在愉悦，也不排斥兴尽悲来。在喜与悲的互渗、转换中，时时流动着哲学的意蕴，从而把心游升华到更高境界。王勃《秋日登洪府滕王阁饯别序》云："穷睇眄于中天，极娱游于暇日。天高地迥，觉宇宙之无穷；兴尽悲来，识盈虚之有数。"这里的"穷睇眄"、"极娱游"，堪称尽目游之乐；而由此导致的乐极生悲，却结成了心游之果。这"兴尽"与"悲来"的纠缠与情绪的跳跃，是"无穷"与"有数"之间的哲学情思、理性的矛盾形成的。王勃在序中曾以"四美具"来表述目游、心游的价值。在《上巳浮江宴韵得耻字》中也以"良辰倾四美"来形容旅游美。所谓四美，就是音、味、文、言之美。刘琨《答卢谌诗》："音以赏奏，味以殊珍，文以明言，言以畅神。"如此四美，是王勃所着力追求的境界。晋刘琨所写的诗词，有雅壮之风、清拔之气、凄戾之音、隽永之味、明快之采、畅神之言；在音、味、文、言四个方面都影响过卢谌。钟嵘在《诗品》中颂扬过刘琨"善为凄戾之词，自有清拔之气"。刘勰《文心雕龙·才略》称赞"刘琨雅壮而多风，卢谌情发而理昭"。可见，刘琨所推崇的四美是深受文人首肯的；而王勃则将四美运用到目游、心游的审美中来，这就显示出他山之石可以攻玉的效应，也表现了王勃的美学创造力。

王勃特别重视一个"美"字。《泥溪》："泛水虽云美，劳歌谁复知。"《上拜南郊颂表》："文不足奇，意有遗美。"《九成宫东台山池》："美仁智之同归，信高深之纵托。"《采莲赋》："莫不权陈丽美，粗举采掇……禀天地之淑丽，承雨露之霄饰。"这些，都是有"美"字存在的句子。至于没有点出"美"字，却充满了美的事物、景物者，则俯拾即是。这里就不一一列举了。正由于王勃爱美，因而在他的旅游生涯中，处处留下了美的踪迹。

对于大自然的美，王勃既爱动观，又爱静观。但不论是动观也好、静观也好，都要符合自然之道。《江曲孤凫赋》形容孤凫："吮红藻，翻碧莲。刷雾露，栖云烟。迫之则隐，驯之则前。去就无失，浮沈自然。尔乃忘机绝虑，怀声弄影。乘骇浪而神惊，漾澄澜而趣静。耻园鸡之恋促，悲塞鸿之赴永。知动息而多方，屡沿徊而自省。"这里，孤凫的姿态是时动时静、符合自然的，而王勃的审美观照也是有动有静、符合自然的。这样，审美主体与客观对象便贴然无间地叠合在同一荧光屏上。

如果我们进一步深究，就可窥及，王勃观照自然风物，并不囿于自然的表层景象，而是注意捕捉自然大化的运行规律，并用自己独特的眼光去进行透视，且同人的命运联系在一起，这就把自然升华到道的高度，从而也使他的旅游美的思想得到了净化。他在《驯鸢赋》中说："与道浮沉，因时俯仰……夫劲翮挥风，雄姿触雾。力制烟道，神周天步。郁霄汉之弘图，受园亭之近顾。"如此"浮沉"、"俯仰"，就越过了一般的自然的表层，而跃入哲学的思考领域。他在《秋夜于绵州群官席别薛昇华序》中说："人之百年，犹如一瞬……他乡怨而白露寒，故人去而青山迥，不其悲乎！"这就不尽是欣赏风月、歌咏山川，更是感叹人生、恨叙幽怀了。在《怀仙》中王勃也是把游目骋怀、神与物俱紧密相连的："客有自幽山来者，予以林壑之事，而烟霞在焉。思解缨绂，永咏山水，神与道超，迹为形滞。"这里，幽山林壑，满目烟霞，美不胜收。吟咏之间，不觉身轻，飘飘欲举，万念俱寂，去形遁迹，神飘物外，而与仙道冥合为一矣。这不仅写了山水旅游之乐，而且写了道家的向往境界。

在表现山水旅游之乐时，王勃的语言是含隐蓄秀、耐人寻味的。他很欣赏地说："孔子曰：'言及之而不言，谓之隐。'"① 又说："天地静默。"因而在旅游之动中，他偏于静照万物。

（四）临观

　　落霞与孤鹜齐飞，秋水共长天一色

读过中国古典文学的人都知道，只要提到初唐四杰，便会脱口而出：王、杨、卢、骆。只要提到王勃，便知道他是四杰之首。如果问王勃的成就如何？研究过王勃的人，知道王勃不仅是杰出的诗人，而且是深通《周易》的易学家，精于医理的医学家，熟谙天文的天文学家。因为他除了写下了诗、赋、表、启、书、疏、序、颂、赞、碑、铭、文、行、状等作品外，还著有《周易发挥》五

---

① （唐）王勃：《上吏部裴侍郎启》。

卷、《黄帝八十一难经》十篇、《医语纂要》一卷、《大唐千岁历》、《次论语》十卷。这些著述，虽已亡佚，但从现存的《八卦卜大演论》、《黄帝八十一难经序》等论文中尚可略知一二。

然而，王勃诗文在历代人们心中印象最深刻的，恐怕莫过于《滕王阁序》了。其中，最令人难忘的句子恐怕莫过于"落霞与孤鹜齐飞，秋水共长天一色"了。一千三百多年以来，人们在吟咏此文时，莫不交口称赞，誉之为千古绝唱；但是，对此也间有责难、非议者。关于这一点，必须联系《滕王阁序》全文加以探讨，始能了解全貌；必须联系传统文化对王勃的影响的纽带，始能知其来龙去脉，方可确定其美学价值。

据唐代王定保《唐摭言》记载：

> 王勃著《滕王阁序》，时年十四。都督阎公不之信，勃虽在座，而阎公意属子婿孟学士者为之，已宿构矣。及以纸笔巡让宾客，勃不辞让。公大怒，拂衣而起，专令人伺其下笔。第一报云："南昌故郡，洪都新府。"公曰"亦是老生常谈。"又报云："星分翼轸，地接衡庐。"公闻之，沉吟不言。又云："落霞与孤鹜齐飞，秋水共长天一色。"公矍然而起曰："此真天才，当垂不朽矣。"遂亟请宴所，极欢而罢。

这个故事，极其生动。它写出了阎公的官气、阔气、俗气；又写出了王勃的傲气、才气。阎公官高权重，仗势凌人，居然在大宴宾客之时欲展示其婿孟学士已草成的文章，虽名曰赞美滕王阁，实乃夸耀孟学士。然而，却又假心假意地谦让一番，逐个儿请宾客即席成文，等到请王勃撰写时，这个愣头小子便当仁不让，拿起笔来便写。顿时惹得阎都督气冲斗牛、拂袖离去。对比之下，王勃显得磊落不羁，不失为名士风雅，而阎公却显得气度褊狭、窘态毕露了。尤其是，阎公还进一步着人暗暗地监视王勃的书写，这就更非待客之道了。然而，从三次向阎都督的报告中，却逐渐突现了王勃的才能。由于阎都督憋着一肚子气，加之鼠目寸光，所以看不见起句的奥妙。"南昌故郡，洪都新府"，虽属平常，但却有不平常处。它突兀峥嵘，奇峰突起，突出了故郡、新府的坐标，显示出磅礴的气势，为引出"星分翼轸，地接衡庐"作了铺垫。从空间上看，二城的位置，天空对应着翼宿、轸宿，地面毗连着衡山、庐山，形势壮阔、雄伟，跃然于王勃纸上。连阎都督也不得不暗自思忖、沉默以待了。王勃究竟能不能一鸣惊人、独占鳌头呢？紧接着他便挥毫疾书，成"落霞"二句。它光芒四射，光彩夺目，仿佛骤然照亮了滕王阁。这使阎都督大为惊叹，不得不折服王勃之才而刮目相看了。阎虽平庸浅俗，但对饱学之士、贤能之才还是不弃的。

"落霞"二句，恍如《滕王阁序》中一颗璀璨的明珠。它光泽艳耀，景色飞动，真是一幅秋天绚丽的图画！不仅使作品熠熠生辉，而且使楼阁永垂千古。韩愈在《新修滕王阁记》中说："愈少时则闻江南多临观之美，而滕王阁独为第一，有瑰伟绝特之称。及得三王所为序赋记等（旧注：王勃作游阁序，王绪作赋，王中丞作修阁记），壮其文辞，益欲往一观而读之，以忘吾忧。"这里指出了审美观照，即"临观之美"；又概括出滕王阁的建筑风格，即"瑰伟绝特"；此外，还突出了王勃《滕王阁序》的壮美。韩愈是唐代古文运动的创始人，对于带有骈俪余韵的《滕王阁序》，尚能如此称道，就足见其美了。

但是，对"落霞"二句并不赞美者，亦有人在。宋欧阳修《集古录·跋德州长寿寺舍利碑》曰："余屡叹文章至陈、隋不胜其弊，而唐家致治之盛，不能遽革其弊。及读斯碑，有云'浮云共岭松张盖，明月与岩桂分丛'，乃知王勃云'落霞与孤鹜齐飞，秋水共长天一色'，当时士无贤愚，以为警绝，岂非其余习乎？"这里，欧阳修的说法，有对的一面，也有不妥的一面。初唐诗文，确带陈、隋陋习残余亦即绮靡浮艳之风，但也不能一概而论。要有分析地对待。评论王勃诗文，必须掬其精髓，究其实质，取其神韵。欧阳修所举长寿寺碑"浮云"、"明月"句，格调不高，并非范式。宋王观国《学林》卷七："庾子山《马射赋》曰：'落花与芝盖齐飞，野水共春旗一色。'王勃正仿此联，非摹长寿寺碑也。"这种分析，对欧阳修所说进行了补正，但"仿"字不可理解为抄袭，而是一种借鉴；在王勃笔下，却变化为推陈出新、独具一格了。

唐代诗人，对于优秀文化传统都采取了认真吸取的态度，包括对仗工整的美也不轻易地抛弃。宋王楙《野客丛书》十三："仆因观《文选》及晋、宋间集，如刘孝标、王仲宝、陆士衡、任彦升、沈休文、江文通之流，往往多有此语。信知唐人句格，皆有自也。"他还列举了唐人其他诗句，如：骆宾王"断云将野鹤俱飞，竹响共雨声相乱"；陈子昂"残霞将落日交晖，远树与孤烟共色"；李商隐"青天与白水环流，红日共长安俱远"。此外，王勃《山亭记》中也有"长江与斜汉争流，白云与红尘并落"的诗句。这些都说明了传统文化对唐代诗人的影响。宋洪迈《容斋续笔》三、《容斋四笔》五，均论述了此中景况，并肯定了王勃《滕王阁序》中的对偶美。欧阳修却斥之为"类俳，可鄙"①，实在是欠公

① 转引自（宋）邵博：《闻见后录》十五。

允的,连邵博也不同意欧阳修的观点。

杜甫《戏为六绝句》云:"王杨卢骆当时体,轻薄为文哂未休。尔曹身与名俱灭,不废江河万古流。"这里高度赞美了初唐四杰作品体式的历史性和不可磨灭的地位,并批评了那些否定四杰的人。这对我们正确领悟王勃的作品,无疑是有启迪意义的。

"落霞"二句不仅本身显示了秋景的美,而且与序中描绘的山川风物、世态人情交融为一,形成了画面的整体美。所谓"物华天宝"、"人杰地灵"、"渔舟唱晚"、"雁阵惊寒"、"达人知命"、"老当益壮"、"千里逢迎"、"高朋满座"等等都不是孤立的,而是与"落"句相互衬托的。它们共同突出了"宾主尽东南之美"的审美观照,显示了"穷睇眄于中天,极娱游于暇日"的旅游美。如果说,"落霞"、"孤鹜"是客观的自然美,那么,"穷睇眄"、"极娱游"便是主观的审美;而"遥襟甫畅,逸兴遄飞",则是主客体交融时所产生的一种审美情感(愉悦)了。王勃生动地突现了这一点。

(五)物类相感

王勃的山水旅游审美,之所以具有睿智的目光,之所以臻于超凡脱俗的境界,同他所受的魏晋文人人格精神的熏陶是分不开的。尤其是阮籍、嵇康,对他影响较深。他在《田家三首》中说:"阮籍生年懒,嵇康意气疏。"指阮籍豪迈不羁,嵇康磊落疏朗。《上明员外启》云:"一丘一壑,同阮籍于西山;一啸一歌,列嵇康于北面。"阮籍《咏怀诗》中有"朝登洪坡巅,日夕望西山"句。这是赞美山水田园之乐。在《为人与蜀城父老书》中,则既言神、道,又赞阮、嵇:"夫神有可遍","道有可符","岂道穷精秘,妙听察于无声;理实杳冥,玄应通于不测……阮籍之对嵇康,自然同气。仆虽不敏,尝从事于兹矣……是以类乎方者,按风云于千里;乖乎类者,起山川于一面。"这里所言神道,实指"玄妙"二字,它是深广远大、变化莫测的,而阮、嵇却能得其真谛,知其奥秘,这是由于他们趣味相投、熟知大自然运行规律的缘故。这一点,深受王勃的推崇,并为其驰骋千里、云游山水拓展了襟怀与视野。

王勃歌咏阮籍、嵇康的言辞,比比皆是:"阮嗣宗陈留之俊人"[1],"阮籍同

---

① (唐)王勃:《越州秋日宴山亭序》。

归"①，"阮籍意疏，嵇康体放"②，"阮籍猖狂，岂效穷途之哭"③，"嵇叔夜之潦倒粗疏，甘从草泽"④，"嗣宗高啸，绿轸方调"⑤，"同人者少，方见阮籍之眼青"⑥，"嵇康入座，左右生光"⑦，"嵇叔夜之龙章凤姿，混同人野"⑧。这些表明，阮籍、嵇康，风清骨峻；对于王勃品格的形成，具有潜移默化的作用。

阮籍、嵇康深受老、庄思想影响，王勃当然也不能例外。老子《道德经》有"大音希声"之论，王勃有"蕴希声而待物"⑨之说，并衍生出"吞九溟于笔海"、"抗五岳于词峰"的神来之笔。这是对小大由之、恍兮惚兮的老子之道深刻感悟的结果。对于老子之道，王勃在《送白七序》中有一段美学的领悟，它紧紧联系着人生之旅："当游绝壑，旅悲空山。幽桂一丛，赏古人之明月；长松百尺，对君子之清风。既而花鸟争飞，烟霞竞集。青山高而望远，白云深而路遥。贵余以道，谁能著后五千言？"这里，不仅显示了绝壑、空山、幽桂、长松、清风、明月、花鸟、烟霞、青山、白云等景物所构成的自然美，而且抒发了王勃的高雅情怀，流露出诗人对清静无为之道的倾慕之心。如果没有老子之道作为思想支柱，诗人的旅游情怀就不可能如此高远。所以，他在《别卢主簿序》中，对于"达于艺，明乎道，诠柱下之理"的清灵之士，称颂不已；并喊出了"贤人师古，老氏不死"的口号，且提出了"目击道存"、"物类之相感"的观点。

但是，王勃并不仅仅限于独尊老子之道，对于儒、佛二家，也能做到兼收并蓄。他在《送劼赴太学序》中说："且吾家以儒辅仁，述作存者八代矣，未有不久于其道，而求苟出者也。故能立经陈训，删书定礼，扬魁梧之风，树清白之业，使吾徒子孙有所取也。"这里所说的道，当然是指儒道。王勃还列举了《诗经》、《书经》、《易经》等典籍，加以论证，并发扬而光大之。这就表明了王勃的笃信程度之深。同时，也说明了他与道家单纯的遁世是有区别的，与阮籍、嵇康的隐逸傲世也是存在差别的；因为儒家讲究入世、治世，对于社会人生抱着积极参与的态度。正由于如此，他不仅赞美嵇康之傲啸山林，也欣赏山涛之参加朝

① （唐）王勃：《上巳浮江宴序》。
② （唐）王勃：《游山庙序》。
③ （唐）王勃：《滕王阁序》。
④ （唐）王勃：《越州永兴李明府宅送萧三还齐州序》。
⑤ （唐）王勃：《江宁吴少府宅饯宴序》。
⑥ （唐）王勃：《送白七序》。
⑦ （唐）王勃：《送宇文明府序》。
⑧ （唐）王勃：《山亭兴序》。
⑨ （唐）王勃：《上武侍极启》。

政，而对嵇康《与山巨源绝交书》中批评山涛的做法未置可否。"山巨源之风猷令望，善佐朝廷；嵇叔夜之潦倒粗疏，甘从草泽。"① 这便是王勃对于入世和遁世的兼容并包的态度。

此外，对于佛家的出世思想，王勃也是宽容的。他写的《释迦如来成道记》，对于佛道是颂扬的："于时十方佛现，同兴赞美之词。"他写的许多寺庙碑记，形象地表现了佛的光轮映照下的山川风物的美："上合钧天之乐，固以轮奂之美"②；"瑶窗绣户，洞达交辉，方井圆泉，参差倒景"；"学究儒林，真穷释部。知通人事，且味禅宗。道可以知归，物由其显会。是岁也，忽于此塔，重睹神光。"③ 这里，明确指出：儒释二家是可以圆通的。

但是，比较而言，在儒、道、释三家中，王勃虽兼收并蓄，然对儒、道却濡染更深。在《秋晚入洛于毕公宅别道王宴序》中，他自述"早师周礼，偶爱儒宗，晚读老庄，动谐真性"。在《益州夫子庙碑》中，他描述"勃幼乏逸才，少有奇志。虚舟独泛，乘学海之波澜；直辔高驱，践词场之阃阈。观质文之否泰众矣，考圣贤之去就多矣，自生以来，未有如夫子者也"。表现了他对儒宗之祖孔子的崇敬之情。

（六）《周易》发挥

1. 见之则两仪，忘之则太极

王勃对祖国美丽的自然景物、风土人情，有特殊的审美感受；对于自己的不幸处境，快快郁郁；为了排遣世虑、淡化忧愁，往往寄情山水、傲啸林泉。加之他深受传统文化熏陶，具有敏锐的洞察力，故在遨游之际，能超越常人目力，而透视到深邃、悠远的境界。究其原因，除了前文论及外，同他哲学思想上所受的《周易》影响是分不开的。他一方面说："仆不幸，在流俗而嗜烟霞，恨林泉不比德，而嵇、阮不同时"④；一方面又说："《易》曰：'君子或出或处，或默或语。'"⑤ 由于他站得高、看得远，所以其审美鉴赏能力卓越俊拔、不同凡响。其中宏观的总体把握能力与微观的具体分析能力，均得益于《周易》的文化沃土

---

① （唐）王勃：《越州永兴李明府宅送萧三还齐州序》。
② （唐）王勃：《梓州通泉县惠普寺碑》。
③ （唐）王勃：《广州宝庄严寺舍利塔碑》。
④ （唐）王勃：《仲氏宅宴序》。
⑤ （唐）王勃：《平台秘略论十首·贞修二》。

的培养。

尤其难能可贵的是，王勃在吸取《周易》精华之时，却能和自己的文化素养相渗相融，绽开出一束束《周易》美学的奇葩。从《八卦卜大演论》中可以窥及王勃的一系列《周易》美学观点。这些观点以太极的两仪美为轴心。

太极是宇宙大化元气未分时的混沌状态，它具有整一性。它是万物的源头，具有初始性。它是万物的归宿，具有凝聚性。它可放可收，能大能小，亦多亦少，能分能合，运动不止，变化无穷。王勃曰："昔者圣人之作《易》也，始画八卦，以通神明之德，以类万物之情。以为分太极者，两仪也……两仪之理达，而太极得矣。故古往今来，寒进暑退，死生乱动，是非滕结，未尝非两仪也，而未尝离太极也。故曰有寒有暑，则两仪不废也；无思无为，则太极未尝远也。见之则两仪，忘之则太极。夫然，故不舍二求一。未尝离动以求静，未尝离动以达静也。"① 这里所说的两仪，就是指阴阳。《易传·系辞上》："《易》有太极，是生两仪。"再读《庄子·天下》："《易》以道阴阳。"阴阳本指寒暖二气，进入哲学领域，则被认为是判明对立的事物的根本原则，它制约着万事万物的矛盾运动。王勃认为，阴阳两仪，来自太极，太极之体，分为阴阳。万物分阴分阳，阴阳统驭万物。故太极—阴阳—万物，是一条生命的链条。它沿着宇宙运行的大圆轨迹，永远向前流动，显示出生生不息的美。这是太极的两仪美的根本特色。

太极的两仪美，还表现为一分为二的美，又显示为合二而一的美。太极为一，两仪（阴阳）为二。两仪是紧密相依、相互交融的。阴阳虽各有别，但阴不离阳、阳不离阴，离阳则阴不生，离阴则阳不发。换言之，脱离阳，就不能获得阴；脱离阴，也不能获得阳。舍弃任何一方，必将适得其反，即：抛开对方，也必然抛开自身。正是基于这一点，太极方衍生为两仪，两仪才升腾为太极。这是一而二、二而一的。所以，王勃说："见之则两仪，忘之则太极。"于是，他得出一个结论："不舍二求一。"可见，存阴舍阳或存阳舍阴，都不能获得太极。因为太极是阴阳两仪的合体，缺阴、缺阳都不能形成太极的美；只有阴阳合德，才可形成太极的两仪美。于此也可看出，两仪是个整体，舍阴不可得阳，舍阳也不能致阴。正如王勃所推断的大演之论。

王勃不仅善于综合，而且善于分析，他从宏观和微观的结合上论述了太极之美的不可穷尽性（无限性）："然天下之理，不可穷也；天下之往，不可尽也……故据沧海而观众水，则江河之会归可见也；登泰山而览群岳，则冈峦之本

---

① 《八卦卜大演论》。以下未注明出处者，均出自此文。

末可知也。是以贞一德之极，权六爻之变，振三才之柄，寻万方之动，又何往而不通乎？"这里，不仅强调了太极的无限性，而且形象地表现了本末之间的密切联系，揭示了太极的基元（一）与天地人（三才）的网络中所交织着的万物纷纭复杂的联系和六爻所象征的变化。这都是在太极的统驭下，阴阳两仪的矛盾运动所产生的结果。

太极的两仪美，还表现为辐射美。太极生两仪，两仪生四象（四季），四象生八卦，八卦相重而为六十四卦，这便是太极的辐射现象。所谓一生二、二生三、三生万物，也与太极的辐射有关。辐射含扩散之意，从一到万、由少至多，便是如此。但太极的辐射，除含扩散之意外，还可以收拢，从万归一，由多到少，便是如此。王弼云："一，数之始而物之极也。"① 又曰："有一有二，遂生乎三……虽有万形，冲气一焉。"② 这里，既表明了一的扩散性，又揭示了一的收拢性。这是符合太极之道的。王勃在论述太极的辐射功能时，十分重视它的释放作用。除了描述了太极—两仪—四象—八卦—六十四卦的释放过程外，又描述了六十四卦—八卦—四象—两仪—太极的聚拢过程。他在说明了太极、两仪、四象的职能后，便指明八卦、六十四卦的职能："八卦者，《易》之径路也。引而申之，终于六十四卦，天下之能事毕矣。"又说："重之以六十四，不能过于八卦。张之于八卦，不能过四象。纪之两仪，两仪之理达，而太极得矣。"这是对太极亦放亦收的美的认知。正由于王勃对太极的辐射美有深刻的领悟，因而他能大处着眼、高处立足，在太极之巅，鸟瞰万物，"抑末执本，研精覃思"，发扬《周易》的根本精神，体察万物变化、运动。

2. 阴阳反合

阳与阴是对立的、相反的；然而，在阴与阳的撞击中，或阴嵌阳，或阳嵌阴，相互过渡，亦阳亦阴，阴阳圆合。这种相反相成的阴阳交融现象便是阴阳反合的美。王勃在分析六十四卦卦爻的运作后，归纳道："此天地以对成之义，阴阳反合之理……故圣人之道，可纵焉，可横焉，可合焉，可离焉。逆而陈之，未尝逆焉；顺而别之，未尝顺焉。"这种纵横、离合、顺逆现象，便体现出阴阳反合。此外，王勃所列举的"幽明"、"寒暑"、"生死"、"去就"、"祸福"、"吉凶"、"成败"等等也显示出阴阳反合；其中，也含着美。

在论述阴阳反合的命题时，王勃还提出了一些重要的美学范畴。他说："夫

---

① 《道德经》第三十九章注。
② 《道德经》第四十二章注。

阴阳之道，一向一背；天地之理，一升一降。故明暗相随，寒暑相因，刚柔相形，高下相倾，动静相乘，出入相藉。"其中，刚柔、动静、明暗、出入、升降、高下等就是对立的美学范畴。王勃虽未加以论述，但却从总体上对这些范畴作了宏观的透视，为后人打开《周易》美学范畴之门提供了一把钥匙。

为了深化对阴阳反合之美的论析，王勃还进一步解剖了六十四卦。有些是《周易》的发挥，有些颇富创意。"故天尊则地卑矣，水湿则火燥矣，山盈则泽虚矣，雷动则风适矣……天地不交，可以否矣；则天地既交，可以泰矣……水在火上，可为既济矣；则火在水上，可谓未济矣……山下有火，可为贲矣……地下有山，可为谦矣"。这些，仅仅是大略而已。

3. 意有遗美

王勃不仅撰有专著、专论以论析《周易》，而且把《易》理运用到文学作品和文章中去。《易传·系辞上》云："形而上者谓之道，形而下者谓之器。"王勃既重视道的把握，又重视器的陶冶。他在《上拜南郊颂表》中自述"时非苟遇，怀雅、颂而知归；道不虚行，想讴歌而有志"。自称"文不足奇，意有遗美"。这里，突出了一个"美"字，主张道美、文美。在《上吏部裴侍郎启》中引述："《易》不云乎，'言行，君子之所以动天地'。"在《上刘右相书》中引"《易》曰：'复其见天地之心乎！'"以上强调了言行和内心的美。目的在于：自我引荐，希望擢用，以尽己美，报效国家。

此外，王勃还以卦爻之变化裁宇宙之美，并展示自己高尚的情怀。《秋日饯别序》："黯然别之销魂，悲哉秋之为气，人之情也，伤如之何！极野苍茫，白露凉风之八月；穷途萧瑟，青山白云之万里。"序的开头就把别情与秋景交融在一起，以抒发诗人旅途中惆怅的襟怀。"惊歧路之悲心"，"助他乡之旅思"。正是诗人旅途忧郁情思的写照。行文至此，笔锋暗转。"天璞自然，地灵无对"。静默之美，悄然而至。仰观太空，运思《易》理，则"二十八宿，禀太微之一星；六十四爻，受乾坤之两卦"。诗人胸中境界，蓦然间豁然开朗、广阔无垠，岂非《易》之神妙使然？诗人顿感神爽气清，"论其器宇"、"序其文章"，俱非凡夫俗子所比，而与高人雅士相埒。所谓"陶铸之余，尚同嵇、阮"，便是诗人的自况。

王勃认为，《周易》具有深远广大之美，是诗文的准则。他在《续书序》中宣扬《易》之"法象天地，同符《易》简"。揭示了"密而显，宏而奥，久而弥新，用而不竭"的特点。不仅如此，他还引《易》入医，揭示了医的《易》理。在《黄帝八十一难经序》中，他记述了师从曹元学医的历程。曹元授以

《周易章句》及《黄帝素问难经》，王勃学习五年，终于升堂睹奥，得医《易》结合之道，致"钻仰太虚，导引元气"之美。此外，王勃还善于把《易》理与天文、文章相结合，从而使美的光轮显出多种色彩。他在《平台秘略论十首·艺文三》中引述："论曰：《易》称'观乎天文，以察时变'。传称'言而无文，行之不远'。故'文章经国之大业，不朽之能事'。"这里，王勃大处着眼，远处观照，充分肯定了艺文的社会作用，并闪耀着《易》学的光辉。此外，在王勃诗文中，嵌入《周易》片言只语，而焕发出美的青春者，可谓不胜枚举，如用"天地之大德曰生"来形容"发挥地利"的作用①；以"用之者乾元亨利"来说明吉祥②；用"山下出泉，蒙，君子以果行育德"来表明品德的涵泳、教养③；用"体刚柔而立本"、说明"法震曜以崇威"④；以"叠用柔刚"来表现唐代皇帝之恩威互加⑤。总之，王勃在其诗文中大量贴切地运用《易》理，就使其作品形象的生动性中透出深刻性，在美的艳耀色彩中闪烁着哲学思想火花。

二　杨炯的人文观和鉴赏论

（一）立言垂范，人文结粹

杨炯，华阴（今陕西华阴县）人。据《旧唐书》本传记载，稍晚于杨炯的张说评价杨炯"文思如悬河注水，酌之不竭，既优于卢，亦不减王"。

《王勃集序》是杨炯的力作，除了论述王勃的美学主张以外，还表明了自己的文艺观点，其中最为突出的便是人文美。他说："大矣哉，文之时义也！有天文焉，察时以观其变；有人文焉，立言以重其范。"这里的"重"字，《文苑英华》卷六九九作"垂"，似更为确切。可见，人文是立言垂范的意思。接着，杨炯从文学发展史的角度，论述了人文的特征、历程。从孔子、屈原说起，谈到人文之兴。从秦始皇焚书、汉皇改运，谈到人文之衰。并益发勾起对《雅》、《颂》、《风》、《骚》的思念。接着，便列举魏晋南北朝以来诸家对于人文的追求。然而，独树一帜、集人文美之大成者，并不多见。因为人文美不是招之即

---

① （唐）王勃：《上刘右相书》。
② （唐）王勃：《夏日诸公见寻访诗序》。
③ （唐）王勃：《平台秘略论十首·幼俊八》。
④⑤ （唐）王勃：《拜南郊颂》。

来、一蹴而就的，它是创造性的结晶。所谓"应运以发其明，因人以通其粹"，便是对人文美的要求，可见人文美体现了创新的特点。"蹈前贤之未识，探先圣之不言"，这不是发人之所未发吗？"并推心于意匠"、"咸受气于文枢"，这不是在进行人文美的创造吗？只有如此，才能实现立言垂范的人文美的价值，而王勃却典型地显示出这一点。"出轨躅而骧首，驰光芒而动俗"，难道不是王勃实践人文美的证明吗？

（二）天下奇赏，域中乐事

在《宴族人杨八宅序》中，杨炯提出了有名的"人伦赏鉴"之说，也就是人的伦理、品格美的鉴赏。"人伦赏鉴，同推郭泰之名；好事相趋，毕诣扬雄之宅"。郭泰与扬雄都是汉代大学者，故为杨炯所推崇。

不仅如此，杨炯还善于品尝"坐忘"之味："当此时也，披云雾，傲松乔，坐忘樽酒之间，战胜形骸之外。雕虫壮思，则符彩惊人；非马高谈，则铿锵满听。亹亹然信天下之奇赏，陶陶然诚域中之乐事。"如此玩味，神驰物外，心寄身外，而与大化贴然无间地冥合为一，岂非"坐忘"之境乎？若赋之以诗文，饰之以彩绘，岂非惊人之作乎？复穷之以白马非马之清谈，掷之以铿锵充耳之音声，岂非天下之奇赏乎？岂不令人陶醉莫名乎？在这里，作者将观景、抒情、品藻、写作等品味方式有机地结合在一起，显示了目视、耳闻、心悟、神游的互渗，极富于灵动性、多样性、人情味、音乐感，尽情发挥了审美观照的人文价值。"八音繁会"、"万壑沸腾"，是多么富于乐感！"纵倾盖之谈"、"泣相知之晚"，是何等富于深情！"道之存也，独在兹乎？"是多么富于哲理！"独游山木，高步烟霞"，是何等逍遥自得！诗人以宴饮之乐为中心，把美丽的自然、流动的人生、形象的艺术，编织成完整生动的图画，调动你所有感觉器官的积极性，去进行审美，使你不知不觉地产生"膏雨零于山原，和风满于城阙"的舒畅感、亲和感。

杨炯的鉴赏美学观，在其他诗序中也有表现。例如在《送东海孙尉诗序》中，赞美孙尉"文章动俗，符彩射人"。批评世俗"庸才扰扰，流俗喧喧"。指出"未能免俗，何莫赋诗？"在《登秘书省阁诗序》中，欣欣然，怡怡然，登高远眺之余，"间之以博弈，申之以咏歌，陶陶然乐在其中矣！"在《李舍人山亭诗序》中描绘了山亭之美："廊宇重复，楼台左右，烟霞栖梁栋之间，竹树在汀洲之外……青溪数曲，赤岩千丈。寥廓兮惚恍，似蓬岭之难行；深邃兮眇然，若桃源之失路。"又描写了李舍人的美:"学富文史,言成准的……田孟尝之待客,照饭无疑;孔文举之邀欢,樽中自溢。三冬事隙,五日归休。奏金石而满堂,召琳琅而触目。心焉而醉,德焉而饱。"这里,形象地表述了李舍人的博学、好客、酒兴、音乐修养、心灵感悟、审美醉态等。据此,诗人得出了这样的体会:"唯谈笑可以遣平生,唯文词可以陈心赏。"这就突出了以笑为特征的排遣人生的愉悦性,并说明了文词的"心赏"价值。

杨炯的鉴赏观还具有旷达、潇洒的特点,并含着深邃的哲理。其《晦日药园诗序》云:"天下皆知乐之为盛,节金石丝黄之变……风俗之微,陶性灵于歌舞……烟霞可赏,岁月难留,遂欲极千载之交欢,穷百年之乐事。"为什么诗人如此高兴呢?因为诗人除了受到外物的感染以外,还出自内心的通达。他热衷于"高论参玄,飞觞举白"。他欣赏"达变通机","穷通"万物。

(三)风流茜茜,容貌堂堂

在《送徐录事诗序》中,杨炯用赞美的调子歌唱道:"徐学士风流茜茜,容貌堂堂。"这里,岂但是称颂徐学士?也包括徐学士一类的人。如此风度,如"颜子更生"、"神人重出",凡夫俗子,莫能望其项背。如此风度,岂仅止于相貌?亦包含其精神。非读万卷书、行万里路者,焉能及此?杨炯把徐学士比为郑玄、班固、庄周,足见其仰慕之深。"鹤鸣于野,龙升于天,《诗》成流火之文,《易》占清风之卦"。如此描绘,意在烘托吉祥的氛围,创造赠别的场景,渲染文人雅士清高的风神;同时,也寄寓着杨炯的审美情怀。"久敬之善交,平生之故友,临御沟而帐饮,就离亭而出宿。居成别易,坐觉悲来"。这种依依惜别的深情,是何其真挚!

在《送并州旻上人诗序》中,杨炯把名士的风流、离别的缱绻、情感的深切,描绘得更为缠绵、雅致、楚楚动人。其状人生飘忽,则"良时美景,始云蒸而电激;临水登山,忽风流而雨散";其美人之品格,为"道尊德贵,所以名称并闻;尽性穷神,所以身心不动"。此外,还以"远致"、"高风"、"宏才"、"上德"等词去赞美友人。诗序最后说:"两乡绵邈,何当惠远之游;千里相思,空有关山之望。"其眷念之情,溢于字里行间。

在杨炯心目中,举凡思想通达、志趣高雅、才气纵横、学识渊博的人方可誉之为"风流茜茜"。这种美,是杨炯所一直向往的,也是他努力追求的。

（四）以不贪为宝，以无事为贵

杨炯在《群官寻杨隐居诗序》中说："以不贪为宝，均珠玉以咳唾；以无事为贵，比旗常于粪土。"这里，谈到了一个"钱"字，一个"权"字。古代当官，既看重钱，又看重权；能看破的，极少极少。但杨炯却针对"钱"字提出了"不贪"、"咳唾"；而且，他的认识还更深一层，要把不贪的美德当成无价之宝，要把珠玉等同于咳唾。此外，杨炯还针对"权"字提出了"无事"、"粪土"之说，他认为对待有权的权贵、权贵的弄权，应不相与谋、不同流合污，即以"无事"的态度对待之；对于那些旗旗招展、显赫一时的豪门富户，则视之为粪土。这里所谓的"旗常"，指旗旗。《周礼》中有"日月为常，交龙为旗"说。杨炯是以旗常比喻权贵。这种不贪为宝、粪土权贵的思想，在唐代美学史上放射出灿烂的光辉。李白的"粪土当年万户侯"的气概就同杨炯的这种思想有关。

杨炯对于自命清高、攀附权贵的人提出了批评，揭露了那些"形在江海，心游魏阙，迹混朝市，名为大隐"的虚伪。对于安贫乐道、远离权贵的高士，则颂扬备至。"寒山四绝，烟雾苍苍；古树千年，藤萝漠漠。诛茅作室，挂席为门……极人生之胜践，得林野之奇趣"。这些高雅之士所得到的美的享受，是那些贪婪的权贵们所无法得到的。他们能用阮籍的哲学态度对待人生，不为名利所囿，所以才能"清论凝神，坐惊河汉"。这正是一种清静无为、淡泊自处的审美态度。

（五）朗如日月，清如水镜

杨炯的忘年交张说，在《赠别杨盈川箴》中提醒杨炯："才勿骄吝，政勿烦苛。明神是福，而小人无冤……勒铭其口，祸福之门。"意思是指：毋骄傲，戒苛政，秉公断，慎言语。因为处于武则天当政时代，小人当道，冤狱处处，稍不留意，即遭灾祸。何况杨炯的从祖弟神让曾参与徐敬业讨伐武则天的军事行动；因而杨炯也受到牵连，出为梓州司法参军，后来又迁为盈川令。所以，更要小心谨慎。但是，我们不能反过来说，张说之告诫杨炯，乃是针对其骄纵、苛政而发。张说是杨炯的挚友，故而才会直言。我认为，提醒杨炯勿骄、毋苛，并不等于说杨炯就是骄纵、烦苛的官吏，因而切不可轻率地给杨炯横加不实之词。

当然，我们也要看到《旧唐书》本传中有这样的说法："炯至官，为政残酷，人吏动不如意，辄榜挞之。”《新唐书》本传中也有这样的说法：“张说以箴赠行，戒其苛。至官，果以严称，吏稍忤意，榜挞之，不为人所多。”这些说法，或缺少根据，或出于附会，难以令人信服。

笔者认为，杨炯的诗文提供了他为官清廉的证据，如前所述的“以不贪为宝”就是他的座右铭。他的下级，如有贪官，即受严惩，这不仅不是他的过失，而且是他的功劳。此外，他的挚友宋之问《祭杨盈川文》赞美杨炯：“惟子坚刚，气凌秋霜。行不苟合，言不苟忘。”这表明杨炯性情刚毅、为人正直，与酷吏是风马牛不相及的。此外，与杨炯同时代的长安令裴行俭说：“杨子沉静，应至令长。”① 杨炯毕生爱静，善于深思熟虑，追求高远雅致；与“残酷”二字怎能挂上钩呢？此外，杨炯有《公狱辩》一文，对于“任意以为明”的主观独断行为进行了严厉的批评，对于“徇己以为公”的歪门邪道进行了彻底的揭露。他慨叹道：“呜呼！欲人之随意者，吾见乱其曲直矣；乐人之附己者，吾见汩其善恶矣。”这就是说，为官者随己之好恶断狱，必然不辨是非曲直；喜欢别人附和己见，必然不分好坏善恶。这就谈不上公。具有这种明辨曲直善恶思想的人去当官，焉能以酷吏目之？此外，我们再从杨炯写的《梓州官僚赞》中也可以看出他的为官态度。他说：“学以自新，政惟柔克。”② 这里突出了一个“柔”字。“其明察察，其政恂恂。”③ 这里突出了一个“明”字。“莅官行政，人无怨讟。贵而不骄，能保其禄”④。这里突出了“不骄”二字。“大辩若讷，历官有声”⑤。这里突出了寓辩于讷的美。“用刑勤恤，断狱平反。高门可待，东海无冤”⑥。这里突出了一个“恤”字，体现了一个“公”字。“窦兢为宰，其身自正……朗如日月，清如水镜”⑦。这里突出了清正之美。“直而能温，宽以济猛”⑧。这里突出了刚柔相济之美。以上所举，足以证明，杨炯所赞美的乃是清正廉洁、断狱公道的官吏，而绝非酷吏。“万顷汪汪，混之不浊”⑨，正是杨炯所涵泳的境界。

---

① 见《旧唐书·王勃传》、《新唐书·裴行俭传》。

② 《岳州刺史前长史宏农杨謜赞》，以下均出自唐代诗人杨炯之作《梓州宫僚赞》。

③ 《长史河南秦游艺赞》。

④ 《朝散大夫行司功参军事淄川县公陇西李承业字沟赞》。

⑤ 《司仓参军事高平独孤文字大辩赞》。

⑥ 《司法参军事河南宇文林裔赞》。

⑦ 《郪县令扶风窦兢字思谨赞》。

⑧ 《射洪县主簿上柱国斛律澄赞》。

⑨ 《博士尚文赞》。

"清谈振玉，妙迹临池"①，正是杨炯所欣羡的高雅情致。当然，我们并不否认其中难免有溢美之词，但就其总的倾向而言，杨炯笔下溢出来的还是清正之气。

总之，杨炯能以充沛的人文精神为基点去观照自然、人生，故看景则能清赏，为人则能清正，从而显示出清澈洞明之美。

三　卢照邻的幽忧说

（一）幽忧

卢照邻，字昇之，幽州范阳（今河北涿州市）人。他生于唐太宗贞观年间，年长于王勃、杨炯。二十岁时，供职于唐高祖子邓王元裕府，担任典签，相当于文书之类。高宗时，曾任新都（今属四川）尉，与王勃有诗唱和，后得风疾，定居洛阳附近。因不堪疾病长期折磨，自投颍水而死，卒年约五十多岁。

卢照邻生活年代，正是唐代的兴旺时期，但是，他却能以哲学的洞察力，透视出歌舞升平背后统治者的浮艳奢侈的生活，特别是通过自己的切身痛苦的体验的描述，表现了下层知识分子的不幸。

从美学方面说，卢照邻对于悲的理论贡献是不能低估的。他的悲剧性格可用"幽忧"二字来概括。忧，表明情绪上的悲；幽，显示境界上的美。唐代张鷟《朝野佥载》卷六记载卢照邻"著《幽忧子》以释愤焉"。这里的幽忧子，即指卢照邻。张鷟生活年代稍晚于卢照邻，他用"释愤"一词来揭示幽忧的价值，是很精到的。

卢照邻的《五悲》，是一篇研究悲的理论的学术论文。他针对以九为题目（如《九歌》、《九辩》、《九章》）和以七为题目（如《七发》、《七启》）的文体，独树一帜，另立门户，标之以"五"，认为五乃天地之数，所谓"乐有五声"，就是天地之数的显示。"今造五悲，以申万物之情，传之好事耳"。这里突现了悲的情感特性。所谓五悲，就是：悲才难，悲穷道，悲昔游，悲今日，悲人生。

中国古代知识分子的命运往往是悲剧性的。他们虽然满腹经纶、才高八斗、有鸿鹄之志，但却因穷愁潦倒、受人歧视，或蛰居乡里、默默无闻，或遭际多乖、坎坷不平；即使能幸入仕途，也往往依附权贵、仰人鼻息；稍有不慎，即受

---

① （唐）杨炯：《盐亭县令南阳邹思恭字克勤赞》。

冷落、排挤、迫害、打击。他们志不能伸，才不能用，心情压抑、苦闷、愤懑，发而为诗、为文，抨击时弊，倾吐心声，宣泄积郁，每多慷慨悲痛之音，常有愁苦悲愤之叹，其忧患意识、报国情思时时震荡于字里行间，或显或隐地、从不同层面集中地体现出美的毁灭这一悲剧主题。卢照邻《五悲》，便是如此。

（二）人才玉折之伤　才高位下之悲

卢照邻用大量事实，说明人才被毁的惨状。"嵇生玉折，颜子兰摧。人兮代兮俱尽，代兮人兮共哀。"[1] 嵇康三十九岁时被司马昭杀害，孔子的得意门生颜回英年早逝，都是悲剧。至于孙膑写了兵法专著却被断足，司马迁撰《史记》却下狱遭受酷刑，也是贤者的悲剧。如此情景，"稽之古人则如彼，考之今代又如此"。诗人以当时贤才为例，说他们才气纵横，"高谈则龙腾豹变，下笔则烟飞雾凝"。本应受到重用，然却只当上郡吏、邑丞之类的小官。这种大材小用的现象不仅是浪费人才，而且也是一种扼杀人才，以小刀割大才而用之，实际上乃是折才的手段。

卢照邻之兄卢呆之，其弟卢昂之，均有管仲、乐毅之才，治国安邦之能，丰盈卓荦之学，精辟独到之识。正是："呆也呆呆兮如三足之鸟，昂也昂昂焉如千里之驹。呆之为人也，风流儒雅，为一代之和玉；昂之为人也，文章卓荦，为四海之随珠。并兰馨兮桂馥，俱龙驹兮凤雏。生于战国，则管乐之器；长于阙里，则游夏之徒。以方圆异用，遭遇殊时，故才高而位下，咸默默以迟迟。"这是卢照邻对乃兄乃弟怀才不遇的情状的生动写照。如此高才，屈居下位，所受欺凌，莫此为甚，诚可谓"为小人之所笑，为通贤之所悲"。其实，卢照邻本人又何尝例外呢？才列四杰之中，位居七品以下，岂不悲哉？

（三）人才埋没之叹　人才遭劫之悲

远古之时，天下太平，没有纷争，百姓淳朴，安其性命。"故曰：至道之精，窈窈冥冥；至道之极，昏昏默默"。如此境界，是天人合一、万物圆融的混沌境界，也是诗人向往的美的境界。所谓"太平之代，万物肫肫，凡圣吻合，贤愚淆昏；公卿不接友，长吏不迎尊"，便是诗人所赞美的。这里，并非指凡与圣、

---

[1] （唐）卢照邻：《悲才难》。

贤与愚、高与低没有区别，而是说他们在人格上是一律平等的。位至公卿之尊，绝不徇私舞弊；官处长吏之卑，绝不谄媚逢迎。在此环境中，人才或优游于闾巷、或耕牧于田园，精神上是自由愉快的，心情是舒畅的。

但是，人才也要被人发现、擢用，才可人尽其才。人才仿佛高山密林中美丽的花儿一样，长年累月，无人欣赏，即使再美，也会凋谢成泥而被埋没的。千里马常有，而伯乐不常有。管仲如果不遇到齐桓公，说不定一生就默默无闻；姜子牙如果不被周文王发现，说不定毕生就是渔夫："若夫管仲不遇齐桓，则城阳之赘婿；太公不遭姬伯，亦棘津之渔夫。"被发现并被量才录用的人才，的确是幸运儿。但是，知人善任者能有几人？善于相马而识千里良驹的伯乐能有几人？许多饱学之士，栋梁之才，命运乖蹇，厮守寂寞，岂不可叹！然尤为可悲者则为：古代大批知识分子，由于种种原因，横遭杀身之祸。"笙簧六籍，则秦俗有坑儒之痛；黼藻百行，则汉家有党锢之诛。"秦始皇焚书坑儒，东汉桓、灵二帝时宦官连诛太学士，造成大批文人志士的悲剧，便是著名的例证。

卢照邻不仅具体描述了人才的厄运，而且论述了人生倏忽变易的哲学根源："变化与屈伸交逐，穷达与存亡并驱。因其所有而有之，则万物无不有；就其所无而无之，则万物无不无。"诗人以老子有无相生之道来说明人生海洋中命运之舟的或起或落、时出时没，从而预示人才所遭受的挫折。此外，还联系自己的不幸，抒发凄怆情怀："天之生我，胡宁不惠？何始吉兮初征，悲终凶于未济。"这里，引用了《易经》中的既济、未济二卦所象征的初吉终凶，来比喻自己的悲剧结局，极富于感人至深的哲理。

（四）历万古以抽恨　横八荒而选悲

前面已经讲过，悲剧的主题是美的毁灭。卢照邻实际上就是人生舞台上的一个悲剧主人公。他以亲身经历为线索，来串连自己的悲剧一生。在《五悲·悲穷道》中，他自扮自演，自叹自艾，倾吐着自己的心声。"泪流公子，伤心久之，历万古以抽恨，横八荒而选悲"。这里，从时间"万古"来表现恨的长久，并用一个"抽"字来形容恨的状态与力度；又从空间"八荒"来表现悲的广泛，并用一个"选"字来形容悲的品类之多。在诗人笔底，一纵一横，从时空高度结合上突现出悲恨的广漠深长，堪称绝唱。再看如下描写："悄悄兮忽怆，眇眇兮惆怅"；"天片片而云愁，山幽幽而谷哭。露垂泣于幽草，风含悲于拱木"。这里将怆、怅、愁、哭、泣、悲等字移植于云、露、山、谷、草、木中，来抒发内心的哀痛之情。从美学理论上看，乃是一种移情作用。

诗人为什么如此悲伤呢？一个字，是由于穷。诗人岂止营养不良？而是经常断炊。"其所居也不爨"，便是诗人的自诉。诗人衣食无着，瘦骨嶙峋，形容枯槁，心情恍惚。真是："皮襞积而千皱，衣联褰而百结"；"兀中林而坐思，形枯槁以碕礒"。在此困境中，诗人身心受到很大的摧残："神若存而若亡，心不生而不灭。"只有"古树为伴，朝霞作邻"而已。

然而，诗人毕竟属于君子固穷之士，而非穷斯滥矣之徒，所以，他的穷是与道相联系的。穷道是穷究天人之道。虽然他因志不能伸而悲，但却洞晓人事的艰辛挫折。他慨叹道："已焉哉，已焉哉，昆山玉石忽摧颓；事去矣，事去矣，古今圣贤悲何已。天道如何，自古相嗟。项羽帐中之饮，荆卿易水之歌，何壮夫之懦抑，伊儿女之情多。"这里表明，诗人的穷道之悲是带有普遍意义的，并非止于诗人，而是与古今圣贤之悲相联系的。此外，诗人穷道之志，也是与古代壮夫之心有着暗通之处的。

由此我们可以看出，诗人的心情是一直处于悲凉、怅惘、愁苦状态之中的；有时甚至萦绕着消沉、失望、无可奈何的思绪："一朝流卧，万事宁论。君徒见丘中之饶朽骨，岂知陌上之有游魂。"这是诗人真实心情的流露。然而，诗人并没有因穷而失去人生追求的勇气。

（五）时空无限之慨　人生有限之悲

卢照邻对于悲的看法，不仅是诗人的、情感的，而且是哲人的、理性的。他看到了时间的流动不止，他透视了空间的浩渺无垠，他体悟到宇宙的无穷无尽。《悲昔游》、《悲今日》着意于从时空的结合上去观照自然、感叹人生。在诗人笔下，大自然是美的，令人心醉的："奇峰合沓半隐天，绿萝蒙笼水潺湲。因嵌岩以为室，就芬芳以列筵。川谷萦回兮迷径路，山嶂重复兮无人烟。当谽谺之洞壑，临决咽之奔泉。"[1] 诗人朝而观山，暮而听泉，当然是以审美的态度去对待的；但是，诗人的审美心境常常愁云密布，因而就使他的审美对象染上了幽暗的色彩，寄托着忧伤的情怀。"中有幽忧之子，长寂寞以思禅"[2]，便是这种心情的流露。诗人回忆少年的旅游生活，足迹经历北燕、淮南、岷北、东鲁、西蜀等地，饱览美丽的景色，品玩有趣的人生，在阴霾的愁云中透出了若干亮色："旧

---

[1][2]　（唐）卢照邻：《悲昔游》。

乡旧国白云边，飞雪飞蓬暗远天……鸳鸯渚兮罗绮月，茱萸湾兮杨柳春。烟波森森带平沙，阁栈连延狭复斜。山头交让之木，浦口同心之花。"这些描绘，都表现了诗人欢娱的情绪。尤其是长安、洛阳之旅，大大拓展了诗人的审美天地。长安城的绮丽透迤，金凤凰铜制龙的华贵，豪富门阙的锦绣、芙蓉之美，激发了诗人的热情。"题字于扶风之柱，系马于骊山之松……平明共戏东陵柏，薄暮遥闻北阙钟"。此中情景，诗人是何等向往啊！然而，美好的时光毕竟是往昔的一瞬；现实却是那样的无情，逆境断送了诗人的前程。虽身居山水之中，却与忧愁相伴。"使我孤猿哀怨，独鹤惊鸣，萝月寡色，风泉罢声……长痛恨于此生"①。昔日的愉悦感与当时的悲痛感成为鲜明的对照，通过回忆中悲喜反差的强烈冲撞，更强化了悲的情感浓度。这种情感在广漠无际的时空中回旋着、荡漾着。

诗人由今忆昔，自往及今，推己及人，深感人生倏忽、宇宙无穷，不禁感慨系之、悲从中来："倾盖若旧，白头如新，尝谓谈过其实，辨而非真。"② 然而时不待我，渐入老境。身居僻境，终日与风烟为邻。"朝朝独坐，唯见群峰合沓；年年孤卧，常对古树轮困。相吊相哭，则有饥鼯啼夜；相庆相贺，则有好鸟歌春。林麌麌兮多鹿，山苍苍兮少人。时向南溪汲水，或就东岩负薪……一琴一书，校奇踪于既往；一歌一咏，垂妙制于将来。弦将调而雪舞，笔屡走而云回。"③ 这里，有悲欢，有歌咏，有劳作，有撰述，是诗人亲身体验的独白。诗人目击时空无限，人生短促，不禁怆然！然而，诗人并非百分之百的悲观主义者，他还能透过悠悠时空看到人生的永恒价值。这就是"死且不朽"！这就是"传与千秋万古"！而"向时之清谈尚在，今日之相知已没"④，就是历史的明证。

（六）超越人生之悲　呼唤济人之爱

在五悲中，《悲人生》可称全篇的最强音。从表层分析，诗人仍在悲痛不已；从深层分析，则可看到诗人对于命运的抗争。诗人以儒道思想为武器，去捍卫有限之人生，并用达观、济人的态度去对待万物，因而透过悲的氛围却震荡着乐的情绪，显示出诗人对于人生之美的追求，表现出诗人积极向上的生活态度。

首先，诗人认为：对立面的变易乃是符合天道的必然规律。因此，生与死，缺与全，外与内，出与没，苦与乐，悲与喜，有与无，始与终，等等，都是普遍

---

① （唐）卢照邻：《悲昔游》。
②③④ （唐）卢照邻：《悲今日》。

的、正常的、流动的。他说："一变一化，一亏一全，去其外物，归于内篇。儒与道兮，方计于前，其书万卷，其学千年……六合之内，慕其风兮如市；百代之后，随其流兮若川。"这里，不仅说明了事物的对立、变易；而且说明这种对立、变易与儒道学术有关，它随着历史的前进而流动，因之由此表明，天道的变易美、流动美是永恒的。短暂人生在这种变易、流动中，因昙花一现而悲，然而却转化为变易、流动中的一个分子，于是也就获得了有限中的无限，其形骸虽没而精神永存，便是一瞬之永恒。这是从儒道哲学中开掘出来的美论。"闻儒道之高论，乃撞钟而应之……以合两家之美"。这便是具有深切体会之言。

其次，从对立的变易、流动美出发，诗人论述了人生相济的美学思想。"孰与乎身肉手足，济生人之涂炭；国城府库，恤贫者之经营。舍其有爱以至于无爱，舍其有形以至于无形。"这里，济人的美学思想的核心是"有爱"。有了爱，就可以各种行为方式去济人。违反了爱，就会"使六义相乱，四海相争"。爱，是纯洁的、高尚的："若夫呼吸吐纳，全身养精，反于太素，飞腾上清，与乾坤合其寿，与日月齐其明。"由此可见，爱是人的精气、正气，可与宇宙并存，因而爱是永恒的美。这是诗人美学思想中最有社会价值的精粹，也是《五悲·悲人生》中的最强音。卢照邻悲剧美学最激动人心、最能获得不朽性的，便是在幽忧的时空中呼唤济人之爱。

再次，济人之爱的美学思想，不仅与儒道有关，而且与佛家有关，它是奠基于儒道释融通的哲学基础之上的。因此，在肯定儒道之后，又宣扬佛的威力："放毫光而普照，尽法界与虚空。苦者代其劳苦，蒙者导其愚蒙，施语行事，未尝称倦；根力觉道，不以为功。"这里鼓吹佛光普照、济渡众生，与《悲昔游》中"长寂寞以思禅"，是个有力的呼应。尤其要指出的是，在儒道佛中诗人更推崇佛家，并在《悲人生》中通过儒道二客之口尊称佛为"大圣"。"一翻一复兮如掌，一生一死兮若轮。不有大圣，谁起大悲？"正由于佛有无边的法力和慈悲为怀的爱心，所以才能把爱洒向人间。这与儒家的仁爱之心是相通的，与"唯有庄周解爱鸣"①的道家之心也是相通的。这种爱，虽然含着幽忧之心，但却是对人生之悲的超越。它超越了自我，迈入了他我，升腾到彼岸世界。

---

① （唐）卢照邻：《失群雁》。

四　骆宾王的丽景观

（一）沐少海之波澜　照重光之丽景

骆宾王的名字虽然居于四杰之末，但其志气、才情却是高尚的。在《自叙状》中，他以真实的调子，弹奏着他那内心深处发出的声音，倾吐着他那善良、诚挚的情怀，显示出他那高远的才志，表现了他对人生的美好执著的追求。他自报家门，说自己本"江东布衣"，因而出身并非显贵。但他幸逢唐太宗贞观盛世光辉的照耀，故胸怀大志，朝气蓬勃，亟欲报效国家、大展宏图，以实现自己的人生价值和美的追求。然而，年轻人对于未来的憧憬总是美丽的，且充满了幻想的色彩；而社会生活的洪流虽汹涌澎湃、滚滚向前，但急湍险滩却随处可见，暗礁隐患不时出现。这就给那些在急流中拼搏奋进的有志之士增添了阻力，使他们的希望之舟浮现出渺茫的前景乃至覆灭的危险。骆宾王就是如此。他驾着希望之舟，在茫茫宦海中颠簸摇荡，挣扎前进，幻想划到光明的彼岸；但狂风恶浪不断向他袭来；他进退两难，屡受挫折；空怀济世之志，苦无晋身之阶。他只有在《周易》的美学境界中去陶冶自己的人格、观照美丽的景色了。他慨叹自己"进不能谈社稷之务、立事寰中，退不能扫丞相之门、买名天下。徒以黄离元吉、白贲幽贞，沐少海之波澜，照重光之丽景"。这里的含义是很丰富的，既有怀才不遇的慨叹，又有空究《易》理的寂寞。所谓"黄离元吉"，原为《易经》离卦六二爻辞，指黄色的神离即螭出现，乃大吉之象；又把"离"字当做附丽，黄色附丽人身，亦大美之象。所谓"白贲幽贞"，是指绚烂之极归于平淡的洁白美、幽雅美。《易经》中有贲卦。贲，指绚烂美、文饰美。白，指净洁美、质朴美。白贲，指由文而质的美。所以，《易经》贲卦上九爻辞说："白贲，无咎。"对此，孔颖达在《周易正义》中解析道："处饰之终，终则反素，故任其质素，不劳文饰，故曰白贲无咎也。"这种饰终反素、由文而质的白贲美，同孔子"绘事后素"[1] 的观点是相符的。

无论是黄离也好、白贲也好，都深受骆宾王的垂青，并以探究黄离、白贲之美为己任。然而，由于时运不佳，他的美的追求得不到当权者的赏识，他的政治抱负也不能实现，他只是徒对《易》理、空守寂寥而已。

---

[1] 《论语·八佾》。

如果说，骆宾王的青少年时代承受着唐太宗贞观之治泽惠的话，那么，他的青壮年时代却是在唐高宗时代度过的。"沐少海之波澜，照重光之丽景"，这便是他所追求、沉醉、憧憬的美妙境界。古人把天子比为大海，把太子比为少海。骆宾王对于李世民、李治父子，显然没有忘情，而是欣赏他们所创构的大唐王朝的，是喜爱观照彼时彼地的人文风情和自然景物的。骆宾王所说的"重光"，是指日月之光；所谓"丽景"，是指日月重明之景。它是离卦卦象的演绎。《彖》曰："离，丽也。日月丽乎天。百谷草木丽乎土。重明以丽乎正，乃化成天下，柔丽乎中正。"《象》曰："明两作，离。大人以继明照于四方。"这里，不仅具有物理的自然的意义，而且具有人文的社会的意义。所谓"丽景"，既是指人文美，又是指自然美。一言以蔽之，它是指日月照耀下的人物、事物、景物的美。骆宾王之言，是《易》理的活用，富于哲学美学的意蕴，具有宏观的概括意义。

但是，在《自叙状》中，骆宾王所说的"丽景"，更着重人文的社会意义。他声称自己"披诚沥恳，以抒愚衷"；竭力提倡求实，反对弄虚。他说："舍真筌而择士，沿虚谈以取才，将恐有其语而无其人，得其宾而丧其实。故曰知人不易，人不易知。"而知人则必须通过考核、观察，庶可实现；尤其是对于那些具有高风亮节的贤能，更要在实处求得。他说："诚能简材，试剧考绩求功，观其所由，察其所以，临大节而不可夺，处至公而不可干。"这里，强调对人才的试、考、观、察，特别是要放在"大节"、"至公"的天平上衡其斤两，才可发现其人文价值的美。这种美，便属于骆宾王所欣赏的"丽景"。而骆宾王本人当然是寄植着这种美的；可惜的是，当权者却没有看到这种"丽景"，因而就无从进行审美观照了，骆宾王也就得不到重用，其内心深处的隐痛是溢于言表的。虽然他在迈入仕途时，当过道王府属下的幕僚，后来又做过武功县（今陕西郿县）的主簿，但他为官清正，实事求是，反对浮夸，因而得不到上司的欢心。由于他才气过人，名震遐迩，故一度被调入长安供职，终因生性耿介、秉公直言而开罪权贵，被武则天贬谪江南，连临安（今杭州）丞这样的小官也被革除。他怏怏失志而去，"丽景"也消失了。

（二）沿情而动兴　因物而多怀

在《萤火赋》中，骆宾王托物言情，感时伤怀，诉说自己的不幸。唐高宗仪凤三年（678），骆宾王被诬入狱，时年五十二岁。他以悲愤的调子倾吐内心的楚痛："余猥以明时，久遭幽絷，见一叶之已落，知四运之将终。凄然客之为心乎，悲哉秋之为气也。"但诗人并不悲痛欲绝，而是振作精神，托萤言志，表明自己的生活态度和美的追求。流萤自明："应节不愆，信也；与物不竞，仁也；逢昏不昧，智也；避日不明，义也；临危不惧，勇也。事有沿情而动兴，因物而多怀，感而赋之，聊以自广云尔。"这里所说的信、仁、智、义、勇，岂独指萤？乃自况耳。诗人于兴寄中抒发情感，既是艺术创造，又是审美观照。但都围绕着情，以情为中心，由情而动，因情而发，并通过兴寄、托物而表现。这是情与物、主体与客体、主观与客观相渗相融的产物。骆宾王的这一"沿情动兴"之说为后来陈子昂（比骆宾王小二十三岁）的兴寄说开拓了先河。

骆宾王的"沿情动兴、因物多怀"之说，不仅具有理论的借鉴意义，而且具有实践的真切性。举凡情与物、主体与客体、主观与客观，在相渗相融的过程中必须洗尽杂质，庶可臻于炉火纯青之境。所谓"同至人之无迹"，"化腐木而含彩"，"无使然而自然"，"物有感而情动"，"知战场之化磷，悟冤狱之为虫"，都是骆宾王在身陷图圄时见萤有感而倾吐出来的肺腑之言，骆氏与流萤达到了高度的默契。

骆宾王不仅情寄于物、以物寓情、由己及物，而且由己及人、由人及己；在赞颂他人的同时，实现对自己美的价值的肯定。在《灵泉颂》中，他称萧县尉柳晃为"耿介之士"，然而"徒怀美志"，"长怀宋玉之悲"。在《答员半千书》中，称赞道："足下雅得古人之致……其有道在则尊，德成而上。幽贞为虚白之室，静默为太元之门。"这里强调了道德的古雅美，指明了人生境界的幽邃、虚白、纯洁、静默美。并与浑浑噩噩的官场相比较，道出了"悟荣华非力致"的真谛，揭示出"图侥幸于权重之交，养声誉于众多之口"的做法是行不通的，从而进一步证实"杨朱徘徊于歧路，阮籍怵惕于穷途"的道理。

（三）哀声应木石　至性通神明

骆宾王是个孝子，他有一颗炽热的爱心，他时刻牢记着要孝顺自己的母亲。在他身上体现了中国古代文人亲子之爱的人情美和人性美。他在《上吏部裴侍郎书》中披肝沥胆，悲慨陈词，执意辞去书记，回乡供养老母。其言真，其情切，其理达。

第一，晓之以理。他引用《易》理，把自己的立论奠基在坚实可靠的哲学之上："《易》曰：书不尽言，言不尽意。然则理存乎象，非书无以达其微；词隐乎情，非言无以筌其旨。"诗人据此，引古代贤士孝心为例，抒发自己内心情感，达到了"废书辍卷，流涕沾襟"的地步。为什么会这样激动万分呢？诗人把它归结为一个"情"字。

第二，动之以情。诗人从理论上对于情感发生学的效应进行了辩证："情蓄于中，事符则感；形隐于内，迹应斯通。"这里，指出了情与感、形与迹之间的密切联系和相互关系，表明了自己的孝心与前贤的孝心是心心相印的，因而自己辞职返里、侍奉母亲的请求是符合情理的。

诗人对于情感的探究，绝不停留在表层的一般意义，而是深入到心灵的底层，揭示出人性的超越现象。他说："夫怨于心者，哀声可以应木石；感于情者，至性可以通神明。"哀怨心声，感动木石。这种把无情物喻为有情物的现象，乃是移情。情感升华达到极致境界，就是至性。它出神入化，与神明相通。这便是人性的超越美。而孝，则是人性美的表现。汉末徐庶和晋代李密，都是因奉养老母而辞官的贤者。在骆宾王心目中，他们都是具有"至性"的高士。

第三，言之以真。骆宾王要求辞官归里，并非出于其他原因，的的确确是出于终养老母的真心。他说："不汲汲于荣名，不戚戚于卑位，盖养亲之故也。"他认为一个效忠社稷的忠臣，必然是位孝儿。一个对自己母亲也不孝的人，怎能忠于别人、忠于国家呢？"夫忠臣出乎孝子，既不能推心以奉母，亦安能死节以事人？"不仅如此，他对桑梓之情也是深厚的，两封《与亲情书》充分地显示了这一点。《与博昌父老书》，则表现了"野老清谈，怡然自得，田家浊酒，乐以忘忧"的情怀。

（四）缠绵巧妙　发越清迥

骆宾王的爱情诗论可见于他写的《和学士闺情诗启》一文中。学士袁庆隆，赠骆氏以闺情诗并序；骆氏作文和答，对袁氏评价甚高，美其信曰"玉札"，誉其诗、序为："类西秦之镜，照彻心灵；同指南之车，导引迷误。"可见，骆氏并非一般地泛谈爱情诗，而是把袁氏闺情诗并序作为圭臬看待的。

骆氏很重视爱情诗在文学史上的地位。它不是可有可无、无足轻重的，而是可登大雅之堂的，因此，它可与远古时代的唐歌虞咏、商颂周雅排列在一起，也可与张衡写的以"言志缘情"为特点的《二京赋》相媲美，与魏晋时代"含毫沥思"的作品相并论。历史上的"缠绵巧妙"、"发越清迥"的爱情诗，也是能同其他著名文人诗词并驾齐驱的，如果誉为"文苑之羽仪，诗人之龟镜"，也是不过分的。这种爱情诗具有高雅的柔情，与一味艳情是不能同日而语的。提倡这种爱情诗，可以产生"宏兹雅奏，抑彼淫哇"的效应。创作这种爱情诗，必须匠心独运、技艺纯熟，它是"思入态巧，文随手变"的结果。

《荡子从军赋》是实现"缠绵巧妙"、"发越清迥"的佳作。骆宾王描绘了"荡子辛苦十年行，回首关山万里情"的边塞远征的景况，刻画了"个日新妆始复罢，只应含笑待君归"的少妇。"蘼芜旧曲终难赠，芍药新诗岂易题？池前怯对鸳鸯伴，庭际羞看桃李蹊"。少妇思念征夫（荡子）的情怀，写得惟妙惟肖。

（五）江湖思远　窊寐寄托

骆宾王对于山水风物、人文景观、世态人情、诗文唱和等，都是十分关注的。在《圣泉诗序》中，他提出了"江湖思远，窊寐寄托"的美学观。他认为古今代谢、岁月如流，鼓动"少长同游，且尽山阴之乐，盍题芳什，共写高情"。这种思想灌注在他的游乐诗文中。其《秋日与群公宴序》云："不有雅什，何以摅怀，共引文江，同开笔海。"比骆宾王小七十五岁的李白，在《春夜宴桃李园序》中说："不有佳作，何伸雅怀？"这和前者不是一脉相承吗？骆宾王《赠李八骑曹诗序》云："想山川之邈遥，送归将远；惜岁华之不待，行乐无时。"这种寄情山水、赠别友朋、潇洒人生的做法，在其序文中随处可见。《初夏邪岭送益府窦参军宴诗序》云："虽载言载笑，赏风月于离前；而一咏一吟，寄心期于别后。诗言志也，可不云乎！"《冒雨寻菊序》云："参差远岫，断云将野鹤俱飞；滴沥空庭，竹响共雨声相乱……坐闻流水，字中蝌蚪，竞落文河；笔下蛟龙，争投学海。"这些，都表现了风景之美、吟咏之乐、写作之趣。如此审美情趣，不断升华，便在不期然而然之中臻于坐忘境界。无怪乎骆氏在《秋日于益州李长史宅宴序》中要大谈"忘怀在真俗之中，得性出形骸之外"了；接着，诗人提出了"颂美于中和"的命题。在诗人心目中，情怀是不能脱离作为"真俗"的社会生活的，而人的得道、体道的悟性和情性却可超越物外。

五　陈子昂的悲剧观和风骨论

（一）天人相感，阴阳相和　美在太平，太平之美

陈子昂（661—702），字伯玉，梓州射洪（今四川省射洪县）人。他出生于豪富之家，年少时，乐善好施，不图回报；但疏于学业。至十八岁时，始奋发读

书，经史百家无不通览。二十二岁时，应进士考试落第，经长安回乡，郁郁不得志。二十四岁进士及第，接受武则天的召见。武则天爱其才，擢为麟台正字。自此，他始入仕途，决心报效国家，把自己的命运和唐王朝的兴衰紧紧地联系在一起。他怀着赤子之心，向武则天献计献策，希望她能澄清吏治，消除腐败，疏远奸佞，任用贤能；减轻人民负担，安抚少数民族，抵御外侮入侵，维护国家统一。就在他任职的当年，高宗病逝洛阳，灵驾将西归乾陵。他针锋相对，上奏《谏灵驾入京书》。又在《谏政理书》中，从正反两个方面规劝最高统治者。从正面说，他提出了"天人相感，阴阳相和"的观点。他阐释道："王政之贵，莫大乎安人，故人安则阴阳和，阴阳和则天地平，天地平则元气正矣……故人得安其俗，乐其业，甘其食，美其服。阴阳大和，元气以正。"这显然是从哲学思想理论上说明治国安民的根本大道的。"天地之道，莫大乎阴阳"。因而必须从元气论的观点来考察一切，才可抓住问题的关键。这种元气（阴阳）并非无足轻重，而是宇宙间一切事物发生的渊源。所以，陈子昂十分诚恳地说："臣闻之于师曰，元气者天地之始，万物之祖，王政之大端也。"由于他能从哲学根源上去把握治国之要，因而就在谏奏中切中膝理地揭示出问题的实质。这是从正面陈述自己的理论见解的，也无异于给武则天上了一堂生动的哲学课。如果从美学角度去分析，则"天人相感，阴阳相和"说乃是对人与天（自然）、人与人、自然与自然之间的和谐关系的高度概括，因而也表现出陈子昂对待人与自然、人与社会的总体的美学认知。他的谏书已大大地超过了政理的范围，而成为含有丰富、深刻哲理的论文了。

此外，再从相反一面去看，陈子昂列举了夏德衰亡、殷政微丧、桀纣昏暴、隋炀无道等典型的例子，以证明阴阳失和的道理。那些杀戮无辜、残害忠良、危害朝廷的奸佞小人，便是错乱阴阳的罪魁。他忠心耿耿，慷慨陈词，盼予采纳，但因忠言逆耳，往往被弃。尽管如此，他仍然刚直坚毅，一如既往，秉公进谏。就在他二十七岁时，武则天议讨生羌。这就是后来《新唐书·文苑传》所记载的"国家欲开蜀山，由雅州道入讨生羌，因以袭吐蕃"。对此不义之举，陈子昂坚决反对。他在《谏雅州讨生羌书》中说："雅州边羌，自国初已来，未尝一日为盗，今一旦无罪受戮，其怨必甚。"他还列举七事说明谏讨生羌的理由。对此，在哲学思想上是符合"阴阳相和"的要求的。相反，如果出不义之师去讨伐生羌，那就破坏了和平，破坏了"阴阳相和"，也破坏了美。

天下太平是阴阳相和在政治上的体现，因而陈子昂把天下太平看成是一种美。如果天下不平，便与美背逆。他在《谏刑书》中说："圣人理天下者美在太平，太平之美者在于刑措。臣伏见陛下务太平之理，而未美太平之功。"他对最高统治者滥施淫威、乱用政刑、残害无辜的现象提出了严正的批评，并规劝统治者"贵仁贱刑"，"以美太平之风"。这时，陈子昂才二十九岁，刚迁为右卫胄曹参军。这和他在任麟台正字时的贱刑观是完全一致的。在《谏用刑书》中，他对徐敬业起兵扬州、声讨武则天的举动虽不支持，但对当局疯狂捕杀、大兴冤狱的行径则更为愤慨。他说："中国无事，阴阳大顺。"这是对和谐美（人心思定）的赞颂。又说："今陛下不务玄默，以救疲人，而反任威刑，以失其望……顷年以来，伏见诸方告密，囚累百千辈，大抵所告皆以扬州为名。及其穷究，百无一实……一人被讼，百人满狱。使者推捕，冠盖如云。或谓陛下爱一人而害百人，天下喁喁，莫知宁所。"这里，实际上已把矛头指向武则天，指责她信任奸佞（如来俊臣等）、罗致罪名、广设冤狱、滥杀忠良。这种揭露黑暗、匡正时弊、直言死谏的勇气和精神，是十分难能可贵的。他认为不这样做，就会使阴阳失和。"感伤和气，和气悖乱，群生疠疫"。这就会破坏天下太平之美。所以，他引经据典，纵论历史，以"前事之不忘，后事之师"的古训，来规劝皇帝，盼其以史为鉴，勿逞淫刑而安民生，以"美在太平，太平之美"和"美太平之功"为重。

但是，陈子昂的治国、平天下的远见卓识和美学主张并不为最高统治者所赏识。他的好友卢藏用在《陈氏别传》中说："上数召问政事，言多切直。书奏，辄罢之。"这就表明，他虽秉公直谏，屡次上书，但因忠言逆耳，常被弃置不闻。尽管他在三十二岁时，被擢为右拾遗，但却志不得伸，不受重用，故"在职默然不乐"，终因得罪权贵而被诬陷入狱，时年三十四岁。这时，权贵们只是给这个书生尝尝一点厉害，警告他别管政事，而不是想立刻置他于死地，因而坐了一年牢狱后，就放了他，仍然当他的右拾遗。个中必有复杂的隐情与具体的原因，从史料（包括新旧《唐书》）中难以获得明确的回答；然而，从武则天对待陈子昂的态度方面分析，武则天对陈子昂虽无多大好感，但也无多大恶感。武氏仅仅是由于爱其才，所以才给他一顶小小的官帽子戴在头上，以作为朝廷官场上的点缀品，而并不指望他在执操政权权柄上起什么重要作用。卢藏用《陈氏别传》云：武则天召见陈子昂，陈子昂虽其貌不扬，"然言王霸大略"，"甚慷慨焉"。武则天夸他"地籍英灵，文称伟晔"。可见，武则天对他的言谈与文才是称许的。事实也是如此。"时洛中传写其书，市肆闾巷，吟讽相属，乃至转相货鬻，飞驰远迩"。可见，陈子昂的作品不仅广为传播、吟诵，具有美学价值，而且人们争相购置、收藏，风靡海内，具有经济价值。由于他文才高、名气大且受过武则天称赞，故虽被诬陷下狱，但不会被轻易处死。此外，再从陈子昂对待武则天的态度方面分析，陈子昂三十岁时，武则天称帝，改国号为周，改元曰天授。天授元年（690），陈子昂上《大周受命颂》四章并序，他在序中歌颂武则天称帝是"受天之符，为人圣母"；其改元"天授"，为"建大周之统历，革旧唐之遗号。在宥天下，咸与惟新"。其颂词共分"神凤"、"赤雀"、"庆云"、"皕颂"四章，对武则天登上皇帝宝座赞扬备至。《新唐书》本传云："后既称皇帝，改号周。子昂上《周受命颂》，以媚悦后。虽数召见问政事，论亦详切，故奏闻辄罢。"这里表明，陈子昂是拥戴武则天的，武则天之所以召见他并问及政事，其原因亦在此，不过对于他的言论并不那么以为然罢了。正由于他处于这样的特殊地位，即使在后来（三十岁时）被诬下狱，也未被处死，不能说与此无关。在《谢免罪表》中，他对"特从放免"之恩感激不已；对"误识凶人，坐缘逆党"之罪作了深刻反省；并表示"束身塞上，奋命贼庭，效一卒之力"，以捍卫边陲、戴罪立功的决心。对于陈子昂来说，他直言进谏，揭露腐败，慷慨陈词，贡献建国大计，却被诬陷而横遭不测，这本无罪可言；但他在极端无奈的情况下，竟称自己有罪，实属迫不得已。这正如他历次上奏，说自己诚惶诚恐、死罪死罪一样。既然是秉公直言，本身就功德无量，哪里称得上死罪呢？由此可见，追求"阴阳相和"、"太平之美"，化解君与臣、君与民、臣与臣、臣与民之间的矛盾，并非易事，而是要付出代价的，甚至是生命的代价。陈子昂就为实践这种社会美而做出了巨大的牺牲。

（二）怀宇宙之汤汤　登高台而写忧

陈子昂三十六岁时，请缨出征，随同州刺史、建安王武攸宜讨伐契丹。武攸宜被任命为右武威卫大将军，陈子昂任参谋。陈子昂满怀激情，决心抵御外侮，报效国家，并纵情挥毫，歌咏投笔从戎、为国捐躯的仁人志士。他在《送著作佐郎崔融等从梁王东征并序》中赞美崔融等人"歌易水之慷慨，奏关山以徘徊"。对于"拔剑起舞"、"志扫獯戎"的英雄气概备极称颂。在《登蓟城西北楼送崔著作融入都并序》中把崔融和自己的命运紧紧地联系在一起，歌咏出"以身许国，我则当仁"的悲壮心声。在《为建安王誓众词》中高呼："今日之伐，须如雷霆之震，虎豹之击，搴旗斩馘，扫孽除凶。"以上文词，都是他在当年（三十六岁）写成的。说明他在遭受牢狱之灾后，并未心灰意冷，而是一如既往，心系报国。

但压在他头上的武攸宜，并非盖世将才，而是一个平庸的官吏。他指挥不力，连吃败仗。神功元年丁酉（697）三月，兵次渔阳，前军大败，武攸宜惊慌失措。陈子昂屡屡献策，并建议亲自率师督战，但均遭拒绝。当时，陈子昂只有三十七岁。据《新唐书》本传："次渔阳，前军败，举军震恐。攸宜轻易无将略。子昂谏曰……王能听愚计，分麾下万人为前驱。契丹小丑，指日可擒。攸宜以其儒者，谢不纳。居数日，复进计。攸宜怒，徙署军曹。子昂知不合，不复言。"此中详细缘由，在卢藏用的《陈氏别传》中有更为翔实的描述。

武攸宜的拒绝，无异于晴天霹雳。这是对陈子昂的严重打击。陈子昂虽雄才大略，却志不得伸，报国无门，积愤如火，只有独自登上蓟北楼，泫然涕下，仰天长啸，慷慨悲歌。写下了千古传诵的绝唱《登幽州台歌》：

> 前不见古人，后不见来者。
> 念天地之悠悠，独怆然而涕下。

这是一首悲愤填膺、脱口而出的歌。它大斧运斤，不作具体描绘，而是高屋建瓴，鸟瞰时局，观照时空，透视宇宙。洞察过去、现在、未来，慨叹人事沧桑之变，抒发命运乖蹇之悲，倾吐五内俱焚之痛。这是时代的最强音！诗人用如椽大笔，以无穷无尽、无边无际的时空作纸，纵横驰骋，纵情挥洒，谱写出当时知识分子被弃、英雄无用武之地的时代悲歌；不仅在中国诗史上具有卓拔千秋的崇高地位，而且在中国悲剧美学史上也树立了一块纪念碑。

陈子昂蓟丘怀古，慷慨悲歌，同其悲剧美感大脑信息储存是息息相关的。他对时事的变易和亲身遭际印象深刻，对于外界刺激十分敏感，极易引起他对往事的回忆，并与大脑中原来储存的有关信息相叠合，尤其是与历史上悲剧人物思想情感发生互渗、共鸣。他在《蓟丘览古赠卢居士藏用七首并序》中写道："丁酉岁，吾北征。出自蓟门。历观燕之旧都，其城池霸迹已芜没矣，乃慨然仰叹。"如此发思古之幽情、浇胸中之块垒的心理状态，若江河急湍，不断回旋，使其悲愤情怀扩展到至广至深境界。他在《赠冀侍御崔司议并序》中说："进不忘匡救于国，退不惭无闷在林……夫达则以公济天下，穷则以大道理身。嗟乎！子昂岂敢负古人哉！"这里表明，陈子昂的悲愤不是为私，而是为公、为国；因此，其悲愤是与崇高美紧密相依的。"怀宇宙以汤汤，登高台而写忧。"[1] 这种忧，在

---

① （唐）陈子昂：《春台引》。

浩瀚的宇宙中得到了最高的升华。

正由于陈子昂的悲愤为公为国，因而便洋溢着沉雄、慷慨之气。且读《与韦五虚己书》："子昂其如命何？雄笔雄笔，弃尔归吾东山。"这是他屡遭打击后对自己徒有雄笔的慨叹。其《上薛令文章启》："怅尔咏怀，曾无阮籍之思。"此乃自怨自艾：既怀才不遇，何不像阮籍那样遁迹山林、咏怀终日！其《喜马参军相遇醉歌》："独幽默以三月兮。深林潜居，时岁忽兮。孤愤遐吟，谁知吾心。"可见，陈子昂的悲愤，不仅含有充沛的沉雄、慷慨之气，而且体现出孤独、沉默、寂寞。这不仅与当时的险恶处境有关，而且与其痛苦的心境有关；此外，还与其哲学上敏感的认知有关。且读《赠别冀侍御崔司议并序》："白云在天，清江极目，可以散孤愤，可以游太清。"《感遇》第九："去去桃李花，多言死如麻。"《感遇》二十："玄天幽且默，群议曷嗤嗤。"《同宋参军之问梦赵六赠卢陈二子之作》："宋侯逢圣君，骖驾游青云；而我独蹭蹬，语默道犹懵。"《喜遇冀侍御珪崔司议泰之二使并序》："余独坐一隅，孤愤五蠹。虽身在江海，而心驰魏阙……山林幽寂，钟鼎旧游。语默谭咏，今复一得。"《麈尾赋并序》："天盖默默，或以道恶强梁。"《月夜有怀》："寂寞夜何久！"这里所引，并非孤立的片言只句，而是与作者整体内心世界联系在一起的。

当然，作者悲愤之心，并非与乐无缘。乐，也是诗人情思的表现形态之一，但其所占的位置并不是主导的，而是稍纵即逝的。即使在喜形于色之时，其情思底部也不时回旋着悲慨。且读《薛大夫山亭宴序》："欢穷兴洽，乐往悲来。怅鸾鹤之不存，哀鹍鸠之久没。徘徊永叹，慷慨长怀。"这种悲喜交融、寓悲于乐的襟怀，在陈子昂诗文中，在在可见。如《送中岳二三真人序》中，一面写自己"高视终古，一笑昔人"；一面又写自己"临霞永慨，抚膺叹息"。在《饯陈少府从军序》中既有"君子以自强不息"的歌唱，又有"才高位下"的慨叹。此外，我们也可见到只写乐而不写悲的篇什，如《梁王池亭宴序》中所描绘的"相邀北里之欢"的"平生之乐"；但这类有乐无悲的心理刻画，并不占显著地位。

陈子昂《还至张掖古城闻东军告捷赠韦五虚己》云："纵横未得意，寂寞寡相迎。负剑空叹息，苍茫登古城。"这可以在总体上用于揭示他的悲愤情怀。但诗人的远见卓识、雄才大略、宏伟抱负却不为常人所理解，鲜能起到振臂高呼、应者群集的作用，这就表现为个人的历史要求和这个要求不能实现之间的矛盾，从而出现了悲剧。陈子昂一生的悲剧美，就是这种矛盾造成的。这是陈子昂的人格美的悲剧。这种悲剧美，在陈子昂的诗文中得到了充分的显现。其《送吉州杜司户审言序》云："杜司户炳灵翰林，研几策府。有重名于天下，而独秀于朝端……秉不羁之操，物莫同尘；合绝唱之音，人皆寡和……杜君乃挟琴起舞，抗首高歌。哀皓首而未遇，恐青春之蹉跎。"这里，虽写杜审言，实也写自己，因为杜审言与陈子昂均有被弃的境遇。杜审言为进士出身，才高傲世，被贬为吉州司户参军。陈子昂为杜审言的好友，对其不幸深表同情，故作送别序咏叹之。其中"秉不羁之操，物莫同尘；合绝唱之音，人皆寡和"句，为序的关键。它阐明了杜审言的超凡脱俗、耿介不群的人格美和卓越独拔的艺术才能。字里行间，也激荡着陈子昂内心深处的悲愤之音。所谓"杂文章之娱，将蠲我忧"[1]，就是陈子昂以文寄情、抒发孤愤之思的自况。

陈子昂于三十八岁时，辞官归里侍父。父死后，家居守孝。四十二岁时，被县令段简害死狱中。卢藏用《陈氏别传》认为，陈氏之死是因为"段简贪暴残忍"、"闻其家有财"而迫害使然。但是，段简不过是个七品芝麻官，为什么竟敢对曾任朝廷命官的陈子昂狠下毒手呢？其中必有隐情，作为陈子昂的好友，不便揭露，故略而不谈。然而，时过境迁，百年之后至中唐，沈亚之《上郑使君书》却道出了真相："国朝天后之时，使四裔达威德之令皆儒臣。自乔知之、陈子昂受命通西北两塞，封玉门关，戎虏遁避，而无酬劳之命，斯盖大有之时，体臣之常理也。然乔死于谗，陈死于枉，皆由武三思嫉怒于一时之情，致力克害……阴令桑梓之宰拉辱之，皆死于不命。"这里说明，陈子昂对保卫唐代边陲领土的完整是有功的，但却遭到武三思的嫉怒、暗算，并密令贪官段简将陈氏害死。陈子昂于长安二年（702）遇害。沈亚之于唐德宗李适建中二年（781）出生，殁于唐文宗李昂大和六年（832）。沈亚之在陈子昂死后百年之久，道出陈氏遇害的直接和间接原因，是可信的。

（三）标举风骨兴寄，反对逶迤颓靡：
骨气端翔，音情顿挫；光英朗练，有金石声

陈子昂在唐代诗歌美学史上树立了一块划时代的丰碑，这块丰碑上闪耀着"风骨"和"兴寄"的美学光辉。它照亮了唐代诗坛，驱散了笼罩在文苑上空齐、梁萎靡诗风的乌云，开创了有唐一代刚健清新的美学风格，具有划时代的意义。他写的《与东方左史虬修竹篇序》，就是继往开来、独树一帜、开一代诗风

---

[1] （唐）陈子昂：《偶遇巴西姜主簿序》。

的美学纲领，是声讨淫丽颓废风气的战斗檄文。文章虽短，意义重大，兹录如下：

> 东方公足下：文章道弊五百年矣。汉、魏风骨，晋、宋莫传，然而文献有可征者。仆尝暇时观齐、梁间诗，彩丽竞繁，而兴寄都绝，每以永叹。思古人常恐逶迤颓靡，风雅不作，以耿耿也。
>
> 一昨于解三处见明公《咏孤桐篇》，骨气端翔，音情顿挫，光英朗练，有金石声。遂用洗心饰视，发挥幽郁。不图正始之音，复睹于兹，可使建安作者相视而笑。解君云："张茂先、何敬祖，东方生与其比肩。"仆亦以为知言也。故感叹雅制，作《修竹诗》一篇，当有知音以传示之。

文中所说《咏孤桐篇》，今已不存；但陈子昂的《修竹诗》，尚传于世。从中可以透视正始之音的影响。正始之音的代表是嵇康、阮籍。刘勰《文心雕龙·明诗》："及正始明道，诗杂仙心，何晏之徒，率多浮浅。唯嵇志清峻，阮旨遥深，故能标焉。"如此诗风，接近建安，为陈子昂所称道。至于解三说东方生（东方虬）的诗，可与晋初著名诗人张茂先（张华）、何敬祖（何劭）的诗媲美，也深得陈子昂的赞许。

陈子昂从宏观上颂扬了"风骨"、"兴寄"说，从微观上赞美了《咏孤桐篇》；并以自己的创作去实践、印证风骨与兴寄传统，且发扬而光大之。

关于风骨说，当然并不是陈子昂的发明，而是古已有之的。梁代刘勰在《文心雕龙·风骨》中就进行过详细的论述："诗总六义，风冠其首，斯乃化感之本源，志气之符契也。是以怊怅述情，必始乎风；沉吟铺辞，莫先于骨。故辞之待骨，如体之树骸；情之含风，犹形之包气。"可见，风韵、气骨叫做风骨。风骨虽然不乏文采，但就其实质而言，着重是指精神（情思，骨力）。齐梁之际，崇尚绮靡艳丽，宫体盛行，脂粉味浓，刚健不闻，背离了《诗经》以来风雅兴寄的优秀传统；汉魏以降的慷慨、雄浑、悲壮风格，亦丧失殆尽。故陈子昂以伟人之慧眼，居高临下，透视五百年来文章道弊，穿越古今悠远深邃的时空，发思古之幽情，治文坛之沉疴。抚今追昔，慨然咏叹。如果没有忧民忧国的情怀，如果没有挽狂澜于既倒的志向，他是不可能站在时代的高峰之上振臂高呼、提倡汉魏风骨的。这就是陈子昂的伟大处，也是《修竹篇序》之所以成为一块里程碑的原因。

关于兴寄说，当然也是古已有之的。刘勰《文心雕龙·比兴》："比则畜愤以斥言，兴则环譬以托讽。"认为"比显而兴隐"，"故比者，附也；兴者，起也"。又说："观夫兴之托谕，婉而成章，称名也小，取类也大……且何谓比？盖写物以附意，飏言以切事者也。"比兴寄托是《诗经》以来的优秀传统，它虽牵涉思想内容，但着重是讲究艺术传达。

用比兴寄托的方法，去表现刚健清新的风骨，是思想内容与艺术形式统一的显示。可见，陈子昂所标举的风骨与兴寄是非常全面的、完整的。齐、梁诗文，虽不乏佳作，但就整体而言，内容空虚，无病呻吟，"逶迤颓靡"，昏昏丽词，既无风骨，又鲜兴寄，故为陈子昂所不齿。

陈子昂还从微观的角度，去分析具体作品，从实践上印证"风骨"与"兴寄"的生命力，并作为当时诗人创作的典范与美学标准。这就是他在评价《咏孤桐篇》时所说的"骨气端翔，音情顿挫，光英朗练，有金石声"。所谓"骨气端翔"，意即骨力坚挺，气势飞动，精神充沛。这着重就诗文思想风貌而言。所谓"音情顿挫"，意即声情并茂，音韵抑扬，节奏分明。这着重就诗文情致而言。所谓"光英朗练，有金石声"，意即光彩闪耀，英姿焕发，明朗练达，掷地有声。这着重是就诗文韵致而言。总之，从思想情感与艺术传达两方面肯定了《咏孤桐篇》所实践的美学标准。

不仅如此，陈子昂还身体力行，作《修竹诗》，用创作去实践自己的理论，并期待知音，以继承而发扬之。诗中写道：

> 龙种生南岳，孤翠郁亭亭。
> 峰岭上崇崒，烟雨下微冥。
> 夜闻鼯鼠叫，昼聆泉壑声。
> 春风正淡荡，白露已清泠。
> 哀响激金奏，密色滋玉英。
> 岁寒霜雪苦，含彩独青青。
> 岂不厌凝冽，羞比春木荣。
> 春木有荣歇，此节无凋零。
> 始愿与金石，终古保坚贞。
> 不意伶伦子，吹之学凤鸣。
> 遂偶云和瑟，张乐奏天庭。
> 妙曲方千变，箫韶亦九成。
> 信蒙雕斲美，常愿事仙灵。

这里描绘了修竹的挺拔、青翠、坚贞，并与春木作对比，暗喻气节的崇高美。此外，还描写了修竹制成乐器后的演奏妙曲之美。诗篇骨力遒劲，深含寄托。诗人的一身正气，显隐于字里行间。由此可见，《修竹诗》的意义已远远超过了一般诗歌，它是诗人实践"风骨"、"兴寄"理论的形象的证明。它和该诗的序言可以相互发明。它对继承和捍卫汉、魏以来诗文的优秀美学传统精神，具有重大的时代意义。卢藏用《陈子昂文集序》云："宋、齐之末，盖憔悴矣。逶迤颓陵，流靡忘返，至于徐庾，天之将丧斯文也。后进之士，若上官仪者，继踵而生，于是风雅之道，扫地尽矣。《易》曰：'物不可以终否，故受之以泰。'道丧五百岁而得陈君。君讳子昂，字伯玉，蜀人也。崛起江、汉，虎视函夏，卓立千古，横制颓波，天下翕然，质文一变。"这里，运用《易》学中否极泰来的发展观，论述陈子昂反对颓靡、开一代诗风的卓越贡献。卢氏还以"感激顿挫，微显阐幽"之词赞颂陈氏的《感遇》之篇，说他有"王霸之才，卓荦之行"。这些评价，一直影响着以后的文人学者。柳宗元《杨评事文集后序》中，对于陈子昂之兼擅辞令褒贬之文与讽喻比兴之诗，备极赞赏。韩愈在《荐士》诗中，也唱过"国朝盛文章，子昂始高蹈"的颂歌。

陈子昂的贡献，并不是凭空的，而是借鉴前人并进行新的创造的结果。隋代李谔在《上隋高帝革文华书》中，就标举"实录"，反对"华艳"。隋末王通在《中说》中，提倡谨、典、约、达，反对冶艳。初唐四杰，在批判齐、梁淫靡之风方面，也是不遗余力的，尤其是作为四杰之首的王勃，在提倡刚健骨气、反对绮碎文辞的斗争中，更有突出的先锋作用（见杨炯《王勃集序》）。但是，由于历史的局限，他们还不可能提出反对齐、梁颓靡之风的理论纲领，在创作上也未摆脱骈偶艳丽文辞。其未竟之业，只有靠陈子昂来完成。

（四）天视自我人视　天听自我人听

陈子昂《为朝官及岳牧贺慈竹再生表》云："天视自我人视，天听自我人听。"这是个重要的哲学命题，它牵涉到天与人的关系和人的视听觉感知心理。天人合一，是中国传统文化中所歌颂的天人之际的和谐美。其中的人，是起着主导作用的。人是万物之灵，人是主体；天属于自然，是客体。在主体与客体的交往中，主体必然发挥主观能动作用，去影响客体、支配客体。人在改造客体的同时，也必然在改造作为主体的自身。作为自然客体的天是无感觉的，它既不能视，也不能听。如果说天有视听，也不过是作为有意识的人赋予它的结果，也是一种"移情"作用。就其视听来源而言，人视、人听，移植到天上面去，才会产生天视、天听。没有人视、人听，也就不可能出现天视、天听。关于这一点，陈子昂做出了唯物主义的判断。但是，他又没有忽视天的作用。天，有其自身独特的运动规律；人，只能顺应这种规律，而不可违反，否则，就会受到惩罚。所以，陈子昂在论述"天人合符"的同时，又说："圣人法天，所以顺物。小人违道，则必乱常。"这就是说，人必须尊重客观规律（也就是人们习惯上所说的天意、天道），按客观规律办事，才能取得成功，否则就会失败。

陈子昂对于天人关系的分析，虽然是哲学的、政治的、思想的、自然的（慈竹再生），但其涵盖面异常广阔，内容十分丰赡，用于观照、体察人文景观、自然风光，也是可以的。陈子昂在《忠州江亭喜重遇吴参军牛司仓序》中说过这句话："林壑共烟霞对赏。"所谓对赏，当然是指彼此之间的互赏，用视听感官去感知、感受。但是，林壑与烟霞，本是无情物，它们焉能彼此对赏呢？原来作者把自己的情感注入林壑与烟霞中，仿佛无情物也变成有情物了。而无情物（天包含林壑、烟霞）的视听，却是源于有情人的视听呀！由此可见，"天视自我人视，天听自我人听"，是何其富于深邃的意蕴！所谓"烟霞可以交名士"①，也是把风景拟人化了。所谓"寄孤兴于霩月"②，便是通过视知觉感官的中介而实现物我之间的交流的。"细叶犹含绿，鲜花未吐红。忘忧谁见赏？空此北堂中。"③ 萱草之能忘忧，岂非移情作用使然？

天之视听来源于人之视听，人之视听移情于天之视听，显示出人与大自然的亲和关系，表现出人与环境的和谐美，也强化了审美主体观照审美客体时的美感认知。

人之视听，在审美观照中是起着主宰作用的，它以审美客体为对象，尽情欣赏之，妙悟之，从而发挥出巨大的美感愉悦作用。陈子昂《晦日宴高氏林亭并序》云："夫天下良辰美景，园林池观，古来游宴欢娱众矣……山河春而霁景华，城阙丽而年光满。淹留自乐，玩花鸟以忘归；欢赏不疲，对林泉而独得。"这里，显示出园林之美，更显示出审美主体强烈的持久的视知觉美感。

在审美观照中，必须充分发挥主客体两方面的作用，调动人与物两方面的积

---

① （唐）陈子昂：《秋日遇荆州府崔兵曹使宴并序》。

② （唐）陈子昂：《洪崖子鸾鸟诗序》。

③ （唐）陈子昂：《魏氏园林人赋一物得秋亭萱草》。

极性。陈子昂《为陈御史上奉和秋景观竞渡诗表》云："青龙桂楫，时摇瓯越之风；鸟逝虬惊，沸珠潭而竞逐；云飞电集，横玉浦而流光。信可娱乐性灵，发挥文物。"这里既强调人的审美的娱乐，又强调人文景观的发挥。

在审美观照中，视听知觉的通感具有互渗性。陈子昂《夏日晖上人房别李参军崇嗣并序》云："野亭相遇，逆旅承欢。谢鲲之山水暂开，乐广之云天自乐……讨论儒墨，探览真玄。觉周孔之犹述，知老庄之未悟。伏奏金仙，开不二之法门，观大千之世界。观娱恍晚，离别行催。红霞生而白日归，青气凝而碧山暮。骊歌断引，抗手将辞。"在这里，陈子昂所视、所听、所思，已融会贯通，并上升到儒道释墨圆融的哲学境界。正由于他能自由地在此境界中纵横驰骋，故可出神入化，妙悟大千。所谓"道心固微密，神用无留连。舒可弥宇宙，揽之不盈拳"①，不正是这种景况的描述吗？

---

① （唐）陈子昂：《赠赵六贞固二首》。

第五章　默语说　气应物美说　三境说

一　王维的默语说、气应物美说

（一）默语无际，不言言也

王维（701—761），字摩诘，太原祁（今山西省祁县）人，徙家于蒲（今山西省永济县），遂为河东人。《旧唐书·王维传》对他的身世与艺术成就均有详细的叙述。

关于王维的山水诗画，前人的论析甚多。诗中有画，画中有诗，已成为有口皆碑的定评。当你用美学的目光去凝神观照时，你就会发现：王维的美学智慧之门上，隐隐地显出"不言"二字。它静默无语，自然而然，保持着与万物契合的本真状态，其中的美就深寓在本真中。对此，我们可以从王维的《谒璇上人并序》中受到启发。他说：

> 上人外人内天，不定不乱，舍法而渊泊，无心而云动。色空无碍，不物物也。默语无际，不言言也。故吾徒得神交焉。玄关大启，德海群泳。时雨既降，春物俱美。序于诗者，人百其言。

这段序言蕴涵着丰富的哲理。所谓上人，是指内有智德、外有胜行的人。他区别于粗人、俗人、浊人，而具有高尚的品格。他超身凡夫俗子之外，入乎自然大化之内，不慌不忙，从容自处。他不拘常法而沉静默守，若无心之云，悠然出谷，随风飘动。诚可谓物色虚空，归之于无，不为物役。即：物物而不物于物。

不物于物者，必然超越有限而臻于无限，进入自由的境界。其在美学造型上所表现出来的状态便是"默语无际，不言言也"。默语，并非绝对的无言，而是寓有言于无言（默语）之中。在静默不语中，蕴涵着十分丰富的情思和动人的语言，因而这是一种寄有于无、无中寓有的静默美，与老子在《道德经》中所说的"有无相生"的原理是相通的，也就是王维《为干和尚进注仁王经表》中所说的"不言之言"。

正由于王维深谙个中奥秘，故在与人的精神交往（神交）中，能大启玄关秘键，并跃入道德海洋中，和人们共泳。加之天降时雨，春意盎然，万物欣欣向荣，组成一篇美的图画。以此不言之言序诸诗，让人玩味不尽，诚可谓人百其言、尽享其美也。在这里，王维用"人百其言"来反衬"默语无际，不言言也"的美；以"春物俱美"来歌咏天地有大美而不言的景象：既突现了人的静默美，又强调了物的静默美。

静默与寂寞往往是相渗相融、合二而一的。但静默喜欢与人做伴，寂寞则不仅显示地球人的心境，还显示宇宙大化的虚空。

静默，在王维美学思想中占有极其重要的地位。他在《山中与裴秀才迪书》中，就描写过"此时独坐，僮仆静默"的美；在《西方变画赞并序》中，就描写过"寂尔无闻，若离于言说"的美；在《请施庄为寺表》中，就描写过"乐往山林，志求寂静"的美；在《工部杨尚书夫人赠太原郡夫人京兆王氏墓志铭》中，描写了"山花喜静"的美。由此可见，静默是追求寂静、寂寥、寂寞的。在静思默想中潜入虚静、空寂的宇宙中，妙悟大自然的奥秘，领悟人生的真谛，是王维所孜孜以求的美。

在王维的诗歌中，寂静冥寞的景象触目皆是。且看《奉寄韦太守陆》："故人不可见，寂寞平林东。"《赠祖三咏》："闲门寂已闭，落日照秋草。"《饭覆釜山僧》："已悟寂为乐，此生闲有余。"《送宇文太守赴宣城》："寥落云外山，迢遥舟中赏。"《哭殷遥》："行人何寂寞，白日自凄清。"《山居即事》："寂寞掩柴扉，苍茫对落晖。"《过感化寺昙兴上人山院》："夜坐空林寂，松风直似秋。"《早秋山中作》："寂寞柴门人不到，空林独与白云期。"以上可见，寂寞已成为诗人讴歌的美的境界。寂寞，朝夕与诗人相伴，成为诗人生活的组成部分，成为诗人情趣、兴致中的核心，成为诗人人生观的重要内容。诗人咀嚼、品味着寂寞，不仅以"寂寞"之语入诗，而且以寂寞的情境、意趣入诗。寂寞，几乎变为诗人的灵魂处所，变为诗人安息的佳境。可见，在诗人的心目中，寂寞，乃是一种妙不可言的美。

诗人之所以以寂寞为美，当然有其复杂的原因。第一，大自然本身是浩渺无垠的，它在绵亘无穷的时空中存在着、运动着、发展着，既有动的变易，又有静的寂寞。寂寞，乃是大自然的静谧状态。寂寞之美，也是符合大自然亦动亦静、动中显静、静中寓动的客观规律的。唐代诗人韦应物《咏声》："万物自生听，太空恒寂寥。还从静中起，却向静中消。"这里所咏的寂寞境界，显然是指大自然；万物虽能发出流动之音，然而却生于寂静、逝于冥寞。可见，声音之有与寂寞之无是相互关联的；声音之动与寂寞之静也是彼此相依的。这个道理，也可用于说明王维之所以追求寂寞的一个原因，就在于他忠实地把握了大自然动静相生、以静示动的客观规律。他用形象的诗的画面，再现与表现了大自然处于静态的寂寞美。

一张一弛，文武之道也；一动一静，自然规律也。只动不静，事物就会处于永不休息的浮躁状态；只静不动，事物就会处于凝滞不化的枯萎状态；一动一静，事物就会处于一张一弛、相互促进、相互补充的发展状态。王维在表现寂寞时，也没有忘记动的功能。如《戏赠张五弟諲三首》："我家南山下，动息自遗身。"《秋夜独坐怀内弟崔兴宗》："夜静群动息，蟪蛄声悠悠。"《青溪》："声喧乱石中，色静深松里。"《寄崇梵僧》："落花啼鸟纷纷乱，涧户山窗寂寂闲。"《鸟鸣涧》："人闲桂花落，夜静春山空。月出惊山鸟，时鸣春涧中。"这些写静的诗句并非单纯地写静，而是参之以动。这样，就有了动静对照，在对照中，由于有动的衬托，反而使静的事物、景物显得更加寂静了。当然，在一动一静之中，王维还是把静放在首要地位的。他喜欢寂静，偏重于对大自然静态的寂寞境界的探求。在诗人笔下，即使以动示静，其动的力度也是舒缓的，而不是大开大阖、大起大落的。

第二，王维之所以以寂寞为美，同他的爱好、兴趣、情绪、心境、文化教养、生活遭遇有关。"吾生好清静，蔬食去情尘"①。"我心素已闲，清川澹如此"②。"时吟招隐诗，或制闲居赋"③。"空虚花聚散，烦恼树稀稠"④。"寂寥文雅空"⑤，"月夜竹林眠"⑥。"谷静惟松响，山深无鸟声"⑦。在王维笔下，经常出现"闲"、"静"、"淡"、"远"、"空"、"寂"等字，这些都是表现寂寞的媒介。王维不仅善于捕捉大自然的寂寞境界，而且善于表现自己内心的寂寞世界。他为官期间，不满官场的腐败，又无力同奸佞之徒进行坚决的斗争，因而便从寂寞的田园生活中去寻找寄托，遂购置辋川别墅，终日啸傲山林，以排遣自己的苦闷，并写下了大量的山水诗。这种半官半隐、亦官亦隐的生活，可进可退，进则为官，退则为隐，这是当时许多士人明哲保身的手段。王维在失意、惆怅之时，在宁静、寂寞的山居生活中，形成一片寂寞的心境，并与寂寥、空灵的大自然和睦相处，既可享受到个中快乐，又可免受官场倾轧的政治冲击波的伤害。

---

① （唐）王维：《戏赠张五弟諲三首》。
② （唐）王维：《青溪》。
③ （唐）王维：《丁寓田家有赠》。
④ （唐）王维：《与胡居士皆病寄此诗兼示学人二首》。
⑤ （唐）王维：《送熊九赴任安阳》。
⑥ （唐）王维：《哭祖六自虚》。
⑦ （唐）王维：《游感化寺》。

尽管如此，在国家民族存亡的关键时刻，在政治风暴来临的危急之秋，王维也不能置身物外，而是毫无例外地被卷入矛盾的激流中。唐玄宗天宝十四年（755），安禄山反。安禄山强迫王维接受伪职，任音乐供奉。王维心系唐室，痛苦难言，作《菩提寺禁裴迪来相看说逆贼等凝碧池上作音乐供奉人等举声便一时泪下私成口号诵示裴迪》诗："万户伤心生野烟，百官何日再朝天？秋槐叶落空宫里，凝碧池头奏管弦。"诗中表现出心灵深处的悲痛和对大唐天子的怀念之情。正由于此诗的作用和王维之弟王缙的说情效应，才使王维在安史之乱平定后得到皇帝的宽恕。此后，他便一心归隐，以寂寞之身优游于寂寞山林之中，排遣郁闷，品赏野趣，尽情领略大自然的清丽、澹然、冲和、淡泊之美。这时，大自然的寂寞物境已与王维的寂寞心境贴然无间地融会在一起，达到了主体与客体、心与物的互渗、圆融。王维笔下的寂寞的景物，与王维自己寂寞的心情，存在着对应的亲和关系。这种关系，在王维与其他隐者（如裴迪）的交往中更加扩大、加深了，在王维对先贤（如陶渊明）的承祧中，更加密切有序了。因而作为这种关系网上的结节点的寂寞，就不仅仅是表层意义上的寂寞，而且是深层意义上的寂寞，它辐射出自然界的寥廓、高远、广阔，又显示出人文界的冲淡、静谧、默契。就自然与人文之间的关系而言，寂寞乃是天人合一的常青树上所绽开的美的花朵。

　　寂寞，可以显示大自然的壮美景色。王维《华岳》诗："西岳出浮云，积翠在太清。连天凝黛色，百里遥青冥。"其溟漠、寂寥、壮阔的磅礴气势于字里行间。王维《使至塞上》："大漠孤烟直，长河落日圆。"其苍凉、荒漠、遥远、雄丽的景色跃然纸上。个中虽无"寂寞"二字，却显现出寂寞意境的美。李贺写的"大漠沙如雪"①，也是如此。至于王维的那些并非以体积之大和威力之大为特色、而又是表现寂寞意境的诗，则具有另一种风采、情调、韵味。如《辛夷坞》："木末芙蓉花，山中发红萼。涧户寂无人，纷纷开且落。"这里，以"寂"字入诗，画面上没有人物，只有景物；但在意境深处，却有诗人的影像，在美学上被誉为无我之境。再如《竹里馆》："独坐幽篁里，弹琴复长啸。深林人不知，明月来相照。"这里，无"寂"字入诗，画面上有人物，也有景物，在美学上被誉为有我之境，但其意境却是寂寞的。这两首诗，都显示出寂寥、孤寂、清寂、幽寂；其观察细微，刻画精妙，着笔轻柔，因而表现出优美。其他诗人的作品，如杜甫《涪城县香积寺官阁》："小院回廊春寂寂"，宋人陈与义《早行》："寂寞

————————————

　　① （唐）李贺：《马诗二十三首》。

小桥和梦过",也流露出寂寞的优美。

寂寞的境界需用冲淡的风格表现,而不用纤秾的彩笔涂抹。冲和、淡泊,叫做冲淡。它冲冲入之,淡淡出之,冲而不薄,淡而不腻。司空图《诗品·冲淡》云:"素处以默,妙机其微。"可见,澹然默守,寂寞自处,明察幽微,妙合天机,是冲淡的要求。司空图认为,王维诗"澄澹精致,格在其中"①,"趣味澄夐,若清流之贯达"②。王维喜爱在寂寞中品尝人生冲淡的滋味,涤除昔日的烦恼,忘却苦难年代所留下的心灵创伤,因而他便避开尘世的喧嚣,追求静谧、安宁、平和、虚空的寂寞境界。如果说他逃避现实,他所逃避的正是动乱的现实,而不是安定的社会。他所开拓的却是与大自然融为一体的新的世界。

王维之所以追求寂寞,同他的哲学思想信仰有关。他笃信佛学,对佛家的色空观念有精妙的研究,认为"寂"与"空"是同义词。其《绣如意轮像赞并序》云:"寂等于空";但是,空与色又是对应的,有所区分的:"色即是空非空有,是故以色像观音。"在王维心目中,自然界的色像并非皆空;但由于色即是空、空即是色,因而空是色的渊薮,最后,一切的一、一的一切,都要归结为空。所以对空的崇敬,在佛学中具有绝对的意义。王维把佛学的空引进文学艺术中,就形成了他的哲学思想元素,并衍化为美学观念中的寂寞、空灵、静默、冲淡。

但是,空的观念必须通过色的表现,才可更好地实现其价值,因而王维便以大自然的色象为依托,通过对景物的描写,以表现空灵、寂寞。这样,道家的道法自然的原理,在王维那里便受到欢迎,因为王维虽然皈依佛祖,但他是一天也不能离开自然的。他在《奉和圣制庆玄元皇帝玉像之作应制》诗中说:"愿奉无为化,斋心学自然。"唐高宗李治乾封元年(666),追封老君为太上玄元皇帝。唐玄宗李隆基天宝年间,立玄元庙供奉之。王维这首诗虽然迎合李氏皇帝的需要(尊崇李耳),但也流露出王维师从自然、信奉老子之道的心声。比较而言,王维对佛的推崇远远超过对道学的推崇,而对儒学则淡然处之。在《与胡居士皆病寄此诗兼示学人二首》中,他深信"浮幻即吾真",关心"寂寞与谁邻";但对儒家的鼻祖孔子却不很尊敬,"求仁笑孔丘",便表明了他的态度。儒家主张入世追求仁义,而一度入世为官的王维却吃过大亏,因而他对入世不会有浓厚的兴趣。道家主张遁世,远离世俗的纷争,回归到大自然中,去寻找虚静的时空、无为的世界。佛家主张出世、追求空寂的境界。佛家的空寂,与道家的虚静、寂

---

① (唐)司空图:《与李生论诗书》。

② (唐)司空图:《与王驾评诗书》。

寥有相通之处，所以都能为王维所接受，而成为他所追求的寂寞之美的哲学思想理论基础。

王维所厮守的寂寞，正是他所处的特殊环境和人文背景造成的。我们不必过于苛求，更不能用要求现代人的眼光去要求王维。甘于寂寞，不为名利，是很不易的。王维却潜心追求，以寂寞为美，并尽情歌咏之，这是应该肯定的。

在中国美学史上，寂寞乃是一个重要的美学命题。晋代文人陆机在《文赋》中说："课虚无以责有，叩寂寞而求音。"这是说从虚无中寻觅实有，从寂寞中探求音讯（消息）。实质上，这是无中生有、以静求动的美学命题。寂寞，拥有无尽的时间和无垠的空间，富于宇宙时空的静谧美、寥廓美，又有审美心理的感悟美、辽阔美。可见，寂寞不仅仅指客观的自然，而且还指主观的心灵。与寂寞相对的是声音。声音有广狭二义。广义的声音是泛指天籁、地籁、人籁；狭义的声音是指富于音乐性的声音（尤其是乐音）。声音不仅仅指自然之音，而且还指人的心声。

不可能设想，寂寞与声音是完全绝缘的。只有寂寞，而无声音，则世界就流于死寂；只有声音，而无寂寞，则人间就躁动不宁。在现实生活中，寂寞之静，是相对的；声音之动，则是绝对的。对于美的探索者来说，必须把握好相对与绝对、静与动之间辩证运动的契机，从寂寞的境界中去寻觅美的声音。老子说："致虚极，守静笃，万物并作，吾以观复。"① 这不是对于寂寞、虚静的宇宙大化中蓬勃生长着的万物流动美的观照吗？阮籍说："歌以言之，游心于玄默"②；嵇康说："游心于寂寞。"③ 这难道不是对于寂寞之音、静默之美的赞颂吗？

所谓"大音希声"④，"至音不叫"⑤，"默语心皆寂"⑥，"不着一字，尽得风流"⑦，"莫道无言语，其声如雷"⑧，等等，不是从各个角度体现出"叩寂寞而求音"的哲理吗？

至于诗词中的象外之象、味外之味，音乐中的韵外之致、弦外之音，绘画中的计白当黑、景外之景，小说中的虚写、烘托，戏剧中的静场、空场、潜台词，

---

① 《道德经》第十六章。
② 《重作四言》。
③ 《与山巨源绝交书》。
④ 《道德经》第四十一章。
⑤ （西汉）刘安：《淮南子·说林训》。
⑥ （唐）柳宗元：《赠江华长老》。
⑦ （唐）司空图：《诗品·含蓄》。
⑧ （宋）释道原：《景德传灯录八》。

书法中的意到笔不到，电影中的蒙太奇，难道不是从寂寞、虚空的境界中流溢出来的音响吗？

由上可见，叩寂寞而求音乃是一种高雅的美学探索。中国古典美学的哲学渊薮中的奠基专著《周易》，早就对静默、无言、寂寞的精义作了概括："默而成之，不言而信"①。正是基于这一点，魏晋时代的阮籍，在其《通易论》中才会高唱"寂寞者德之主"的赞歌。王维对于静默、无言、寂寞的理解，同他的《易》学认知也是有关的。他在《奉敕详帝皇龟镜图状皇龟镜图两卷令简择讫进状》中说：

> 《易》云："乾，元亨利贞。"即未有物者，乾之始也。乾者，元之体也；元者，乾之用也。上犹道家旨：道生一，一生二，二生三，三生万物。又近佛经八识，是清净无所有。第八识即含藏一切种子。

王维所说的"未有物者"，乃是指宇宙元气的寂寥、整一的无迹状态，然而它却包孕万物。这正如道家所说的一生万物、万物归一一样；又如佛经八识（即：眼识、耳识、鼻识、舌识、身识、意识、末那识、阿赖耶识）所说，是空无所有、清净寂寞，然而又含藏一切。可见，王维是从《易》、道、佛合一的观点去理解空无产生万有和万有归于空无的辩证关系的。这种空无滋生一切的观念，正是他所理解的寂寞、静默、无言的哲学根据。

寂寞的内涵与外延是深远广大、玄妙莫测的。它富于虚静美、空灵美、寂寥美、索漠美、浩渺美、简淡美、澄澹美、闲雅美、蕴藉美、超诣美。它飘忽不定，难以捕捉；但在静观、沉思、意会中，是可以窥及它的情影的。它总是会显隐在审美创造、审美观照、审美研究中，总是闪耀着美的光彩。王维《上张令公》云："学《易》思求我，言《诗》或起予。"他是善于运用《易》学去观照诗学、妙悟寂寞之美的。

（二）自有山泉入，非因彩画来

王维之弟王缙，位居高官，辅佐皇室。王维死后，王缙向代宗皇帝上《进王右丞集表》，说王维晚年"弥加进道，端坐虚室，念兹无生，秉兴为文，未尝

---

① 《易传·系辞上》。

废业"。《代宗皇帝批答手敕》回复王缙，称赞王维："调六气于终编，正五音于逸韵。泉飞藻思，云散襟情。诗家者流，时论归美。"这里，肯定了王维的诗文美、音乐美。《旧唐书·王维传》称："维尤长五言诗，书画特臻其妙。笔踪措思，参于造化。"《太平广记》曰："王维右丞，年未弱冠，文章得名，性闲音律，妙能琵琶。"以上表明，王维精于诗文、音乐、绘画、书法等多种艺术，是成就卓绝的大家。

王维以自己的理论和实践，证实了他的艺术作品的综合美。他在创造形象时，不仅调动了某一艺术样式的特殊手段，而且调动了他所掌握的所有艺术样式的各种手段，使其各尽所能，充分发挥各自优势，并让诸多优势集中、融会于某一具体艺术样式中，俾某一具体艺术样式既富于本身独自的风采、特殊的情韵，又兼有其他艺术的滋味。清人赵殿成《王右丞集笺注》附录二引《史鉴类编》云："王维之作，如上林春晓，芳树微烘，百啭流莺，宫商迭奏，黄山紫塞，汉馆秦宫，芊绵伟丽于氤氲杳渺之间，真所谓有声画也。非妙于丹青者，其孰能之？矧乃辞情闲畅，音调雅驯，至今人师之诵之，为楷式焉。"这里，用形象的笔墨，描述了王维诗中有画的美，并兼及诗中的音乐美。德国美学家莱辛在《拉奥孔》第二章标题中强调："美就是古代艺术家的法律"[1]；又说："诗人的语言还同时组成一幅音乐的图画……诗的图画的主要优点，还在于诗人让我们历览从头到尾的一系列画面，而画家根据诗人去作画，只能画出其中最后的一个画面。"[2] 王维的诗，就体现出这一特点。王维所着力追求的是个"美"字。美是王维心目中诗艺的最高原则。他之所以把音乐美、绘画美、书法美等等都融入诗歌美中，目的就在于多方位地、集中地衬托其诗美，使其美上加美、美不胜收；促其在时间的序列中逐渐展示现实画卷的美，让它一幅又一幅地浮现在人们眼前，令人在想象中显出直观感、直觉感，仿佛如历其境、如闻其声、如观其景、如见其人；仿佛现实生活的图画就在目下展开。正由于如此，唐代宗才在手敕中盛誉其诗美，并受到历代文人的歌颂。

但是，王维是个谦虚的诗人，他并没有自诩诗中有画；实际上却给人以诗中有画的美感。之所以如此，有多方面原因。第一，他的大脑信息仓库中，储藏着大量的自然美的影像，跳跃着活生生的人物、事物、景物，达到了呼之欲出的程度。当他把这些脑中的意象转化为诗中的形象、完成艺术创造时，仿佛有现实生

---

[1] ［德］莱辛：《拉奥孔》，人民文学出版社 1988 年版，第 11 页。
[2] 同[1]，第 76 页。

活那样的真切；尤其是那些山水诗，由于如实地再现和表现了自然风光的美，因而显示出画一般的逼真性、直观性、形象性。王维在《题友人云母障子》诗中说："自有山泉入，非因彩画来。"大意是说，屏障上面的山水画之所以会产生，是由于自然山水进入画中的缘故，而非彩画本身能造就自然山水。彩画不过是表现描绘对象的媒介与载体，而不是山泉的产生源头。因此，自然山水乃是绘画山水的母体，绘画山水乃是自然山水的艺术表现。这一诗句也可说明，山水诗中的画面，也是从大自然的山泉移植过来的，因而自然山水乃是山水诗产生的源泉。王维所说的"自有山泉入"，是其十分重要的美学思想，它显示出王维对大自然的尊重。诗中有画的原因，首先必须从大自然中去寻找。这就是常说的一句老话：以造化为师。否则，丢开自然山水，山水诗画就会被自然山水丢开，而不成其为山水诗画。

当然，以自然为师，只是造就诗中有画的一个客观方面的原因。但是，并非所有师法自然的诗人都能达到王维那样的诗中有画的境界的，这里就取决于诗人主观方面的原因。《新唐书·王维传》说王维"九岁知属辞"。王维勤学苦练，使他的天分得到充分发挥。其《偶然作六首》云："宿世谬词客，前身应画师。不能舍余习，偶被世人知。"可见，王维是有所师承并经过写诗作画训练的。用今天通俗的话来说，画画，王维是科班出身；因而他把绘画技艺带入诗作中，使诗显示画的空间性、直观性，是唾手可得、易如反掌的。关于这一点，我们还可以从德国19世纪大文学家歌德的话中得到启发。歌德说："我观察自然，从来不想到要用它来做诗。但是由于我早年练习过风景素描，后来又进行了一些自然科学的研究，我逐渐学会熟悉自然，就连一些最微小的细节也熟记在心里。所以等到我作为诗人要运用自然景物时，它们就随召随到，我不易犯违反事实真相的错误。"[①] 他在评论荷兰大画家吕邦斯的妙肖自然而非模仿自然的风景画时说："这样构图要归功于画家的诗的精神……他脑里装着整个自然，自然总是任他驱使。"[②] 这些话的基本精神，也可以用来说明王维的艺术创造。王维除了师从自然、师长外，还经常同精于技艺的多面手相互切磋，从中深受启迪，这就提高了自己的写作技巧。他笔下的张谞，就是一位工诗、能画、善书、精通《易》学的名家；张谞与王维、李颀交往甚密。王维曾作《故人张谞工诗善易卜能丹青草隶顷以诗见赠聊获酬之》一诗，赞美张谞。他与诗友孟浩然、裴迪、钱起、

① [德] 歌德：《歌德谈话录》，朱光潜译，人民文学出版社1985年版，第108页。
② 同①，第130页。

储光羲等人，常相互唱和，形成了艺术上相互竞赛的风习，每个人都愿把自己的绝招展示出来，每个人都在唱和中提高了自己的水平，王维则是其中的佼佼者。此外，他在《登楼歌》中说："老夫好隐兮墙东，亦幸有张伯英草圣兮龙腾虬跃。"他在《暮春太师左右丞相诸公于韦氏逍遥谷宴集序》中说："仰谢右军，忽序兰亭之事。"这说明王维对于大家书法的流美是十分热衷的；他本人又精于书法，这就必然要渗透到诗画中，为他的诗中有画、画中有诗增添了生动的笔墨。此外，王维在《贺古乐器表》中说："臣取以扣之，音律相和，与神人言不异，今将奉进者。臣闻阴阳不测之谓神，变化无方之谓圣，唯神与圣，感而遂通。"这里表明，王维是精通音律的理论家与实践家。他在实际操作中揭示了古乐的和谐美，显示出乐音的出神入化的美，并引用《易传·系辞》中的阴阳莫测的变易论来论述、辩证、分析古乐的"动谐律吕"、"天地同和"、"大道玄通"的美。王维正由于有精深的音乐艺术素养，所以才有可能把他的音乐美感灌输到诗画艺术的创作中。他的山水田园诗画之所以回荡着音乐的旋律，就和这一原因有关。总之，王维能把书画的视觉美、音乐的听觉美引入诗歌中，和诗歌语言的知觉美有机地结合在一起，去描绘艺术形象，这就使其诗艺凸显出综合美的特点，尤其是显示出诗中有画的美。其《送方尊师归嵩山》云："山压天中半天上，洞穿江底出江南。瀑布杉松常带雨，夕阳彩翠忽成岚。"这是诗呢，还是画呢？我眼睛模糊了！凝神观照，原来是诗中有画的绝妙境界。我不禁为大师的神来之笔完全折服、彻底倾倒。在审美时，我之所以以诗为画，是由于我的眼睛"受骗"了；我信以为真，那就是壮丽的彩画。我的直觉如此蓦然产生，说明大师的艺术笔触是多么富于综合性啊！（诗画一体，熔于一炉）是多么富于直观性、立体性、形象性啊！当然，这并非抹杀诗与画的区别。正如莱辛所说："一幅诗的图画并不一定就可以转化为一幅物质的图画；诗人在把他的对象写得生动如在眼前……在程度上接近于物质的图画特别能产生的那种逼真的幻觉。"[①] 王维的诗就有画的逼真感。法国启蒙运动代表、18 世纪美学家狄德罗说："仿佛我们把自然风景看成艺术的成就似的……我们就会把艺术的效果看成是自然的效果。"[②] 王维诗中的自然色彩就是源于自然、又超越自然的。

王维喜爱静默、寂寞、空灵，并从中显示生生不息的大千世界，因而他常常选用冲淡的色彩——白色。白为众色之和、颜色之母，故老子《道德经》中有

[①]［德］莱辛：《拉奥孔》，人民文学出版社 1988 年版，第 79、80 页。
[②]［法］狄德罗：《狄德罗美学论文选》，人民文学出版社 1984 年版，第 380 页。

"知白守黑、大白若辱"说，《易经》言"白贲"，李商隐言"大贲若白"，他们都强调白色的原本意义。在白色的基础上，为了揭示自然的绚丽多姿、欣欣向荣景象，王维也描写了青、绿、红、黄等色彩。如，《送邢桂州》："日落江湖白，潮来天地青。"《终南山》："白云回望合，青霭入看无。"《辋川闲居》："青菰临水映，白鸟向山翻。"《东溪玩月》："光连虚象白，气与风露寒。"《同崔傅答贤弟》："九江枫树几回青，一片扬州五湖白。"《送严秀才还蜀》："山临青塞断，江向白云平。"《积雨辋川庄作》："漠漠水田飞白鹭，阴阴夏木啭黄鹂。"《答裴迪》："君问终南山，心知白云外。"《赠韦穆十八》："与君青眼客，共有白云心。"《栾家濑》："跳波自相溅，白鹭惊复下。"《白石滩》："清浅白石滩，绿蒲向堪把。"《赋得秋日悬清光》："寥廓凉天静，晶明白日秋。"《山中》："荆溪白石出，天寒红叶稀。"《陇上行》："云黄知塞近，草白见边秋。"《戏赠张五弟諲三首》："云霞成伴侣，虚白侍衣巾。"《新晴晚望》："白水明田外，碧峰出山后。"《春中田园作》："屋上春鸠鸣，村边杏花白。"《寒食城东即事》："清溪一道穿桃李，演漾绿蒲涵白芷。"以上的白色描写，有些指具体的景物，如江湖白、白鸟、白云、白石、白水、白日、草白、白芷、白鹭、白日秋、杏花白等；有些则指抽象的境界，如虚象白、五湖白、白云外、白云心、虚白等。前者显示了个体景物鲜明流动的美，后者显示了整体境界的寥廓、高远、空明、虚无的美。

　　大自然虽然一片虚白、寂寥、静默，但也需要其他色彩的参与、配置、交融、衬托，才能更好地显示它的婆娑多姿的美。王维是深谙其中奥秘的，所以在着力描绘白色时，也写了其他色彩，除了写青色外，还着力写了绿色，有的还间之以红、黄等。如《春日与裴迪过新昌里访吕逸人不遇》："城外青山如屋里，东家流水入西林。"《送元二使安西》："渭城朝雨浥轻尘，客舍青青柳色新。"《寒食汜上作》："落花寂寂啼山鸟，杨柳青青渡水人。"《东溪玩月》："谷静秋泉响，岩深青霭残。"《赋得秋日悬清光》："迥与青冥合，遥同江甸浮。"《过香积寺》："泉声咽危石，日色冷青松。"《青溪》："言入黄花川，每逐青溪水。"这里写了青山、青柳、青霭、青冥、青松、青溪等景，显示出大自然的活力和诗人拥抱大自然的情怀。

　　此外，如《辋川别业》："雨中草色绿堪染，水上桃花红欲然。"《红牡丹》："绿艳闲且静，红衣浅复深。"《田园乐七首》："萋萋芳草春绿，落落长松夏寒。"《田家》："多雨红榴折，新秋绿芋肥。"《萍池》："靡靡绿萍合，垂杨扫复开。"《茱萸沜》："结实红且绿，复如花更开。"《高原》："桃红复含宿雨，柳绿更带春烟。"《与户员外象过崔处士兴宗林亭》："绿树重阴盖四邻，青苔日厚自无尘。"

这里写了绿草、绿芊、绿萍、绿树、春绿、柳绿等景色，多用红色衬托，并组成画面，显示出大自然活的生命力。法国 19 世纪诗人波德莱尔说："让我们想象大自然中一块美丽的地方，一切都自由自在地呈现出绿色和红色……绿色是大自然的基调，因为绿色容易和其他色调配合。"① 又说："绿色，自然的这种安静、愉快和笑眯眯的颜色。"② 这些话也适用于评价王维所写的绿色。王维喜爱宁静、寂寞、澄澹，因而他的诗中的画面底色除了白就是绿。总之，大自然绚丽多姿的色彩到了王维笔底，就化成了诗歌生命的色彩，和诗人的情感渗透在一起，并得到净化、升华。这种色彩是诗人人格精神的形象显示，是诗人与大自然和谐共处的美学境界。"入鸟不相乱，见兽皆相亲。云霞成伴侣，虚白侍衣巾。"③ 这便是王维对此中境界的一角取景。其《暮春太师左右丞相诸公于韦氏逍遥谷宴集序》云："相与察天地之和。"正由于王维能以和的态度观照宇宙，所以才可与云雾山川、草木鸟兽相亲相爱，并把大自然当成师友和知己。这是从主观方面去认知人与自然的和谐的；至于"天为之降和，地为之嘉植"④，则是从客观方面描述大自然之间的和谐了。正由于王维能把大自然看成自己生命的机体，因而他尽情地讴歌它的美，保护它的美。在《白鹦鹉赋》中，他赞美白鹦鹉"同朱喙之清音，变绿衣于素彩。惟兹鸟之可贵，谅其美之斯在"。他还赞美海燕、山鸡："皆羽毛之伟丽，奉日月之光辉"。大自然中的生物（如动植物）和无机物（如山川）的美，在诗人心中是永恒的。

就人与自然之间的和谐而言，人将大自然看成是自己生命的机体，讴歌大自然也就是讴歌人自身，因为人在对大自然的讴歌中突现了人的价值。就大自然之间的和谐而言，宇宙万物相互依存，相生相克，生生不已，其和谐美的突出而集中的表现便是生态平衡。维护生态平衡，则不仅可以保持自然之间的和谐，也可以保持人与自然之间的和谐。诗人王维，却以自己睿智的目光透视出个中奥秘，不但在理论上提倡一个"和"字，而且在山水诗中歌咏冲和、淡泊、宁静、寂寞，这就把他的诗论和创作都提升到崭新的美学高度。

---

① ［法］波德莱尔：《波德莱尔美学论文选》，郭宏安译，人民文学出版社 1987 年版，第 220 页。
② 同①，第 245 页。
③ （唐）王维：《戏赠张五弟諲三首》。
④ （唐）王维：《为相国王公紫芝木瓜赞并序》。

(三) 传神写照，审象求形

王维因精于山水花鸟画而有画中有诗的美誉。清人赵殿成引《画禅室随笔》云："山下孤烟远村，天边独树高原。非右丞工于画道，不能得此语。"[1] 又引《宣和画谱》云："维善画，尤精山水……故'落花寂寂啼山鸟，杨柳青青渡水人'，又与'行到水穷处，坐看云起时'，及'白云回望合，青霭入看无'之类，以其句法，皆所画也。"[2] 宋徽宗赵佶宣和年间御府中还珍藏着王维的一百二十六幅画，绘制的图景有：山庄、山居、栈阁、剑阁、雪冈、雪渡、村墟、唤渡、运粮、捕鱼、渔市、骡纲、异域、早行、度关、蜀道、山谷行旅、山居农作、雪江胜赏、雪江诗意、雪冈渡关、雪川羁旅、雪景饯别、雪景山居、雪景待渡、群峰雪霁、黄梅出山，此外，还有罗汉、菩提等佛像。绝大部分是自然风景画，或浮云杳霭，或孤鸿落照，或雪峰危立，或浅溪低回，堪谓气韵高清，宛如天成。

王维的画具有浓郁的诗意。这和他在美学理论上的深刻的认知是有关的。所谓"传神写照"、"审象求形"，乃是王维在《为画人谢赐表》中所提出来的绘画美学观点。这虽然是针对人物画而言的，但其基本精神也适用于山水画，因为山水画也要讲究用审美的眼光去观照对象的美，去追求形象的真，去表现其内在的神韵。为了了解全貌，兹将表中有关画论节录如下：

> 伏惟皇帝陛下，拨乱反正，受命中兴，俯协龟图，傍观鸟迹，卦因于画，画始生书。知微知彰，惟圣体圣。臣奉诏旨，令写功臣。运偶凤翔之初，无非鹰扬之士。燕颔猿臂，裂眦奋髯，发冲鹖冠，力举龙鼎，骨风猛毅，眸子分明，皆就笔端，别生身外。传神写照，虽非巧心；审象求形，或皆暗识。妍媸无枉，敢顾黄金；取舍为精，时凭白粉。

王维歌颂了唐肃宗李亨率部平定"安史之乱"、复兴唐王朝的功绩，赞扬了皇帝运用书画文字表彰历史功臣的做法，描述了在凤翔（今陕西省关中）时目睹英雄武士的情状。他们气度威严，气概勇猛，性情刚烈，威力无穷，为驱除逆贼、光复唐室的功臣。王维受命为他们画像，严肃认真，一丝不苟，声称"益用精诚

---

[1] （清）赵殿成：《王右丞集笺注》，上海古籍出版社 1984 年版，第 514 页。
[2] 同[1]，第 519 页。

自励，勤以补拙；虽未仙飞，感而遂通"①。强调了审美感通的绘画创作心理，提出了"传神写照"、"审象求形"的创作原则，明确了区分美丑（"妍媸无枉"）、追求精妙（"取舍为精"）的宗旨，介绍了黄金、白粉的色彩质料的运用。

其中的"传神写照"，至关重要。这是王维对晋大画家顾恺之美学观点的忠实继承和创造性的运用。顾恺之绘人物像，有时数年不点眼睛；他认为四肢不难描绘，传神之笔却表现在眼睛的刻画中。因而他把难点放在最后，再集中精力来攻破。王维深谙这一点，并贯彻到自己的创作实践中，且用"审象求形"来补充说明"传神写照"的精义。如果说"传神写照"是着重强调绘画的内在蕴涵的话，那么"审象求形"就是着重强调绘画外在的造型。"传神写照"要以"审象求形"为先导，"审象求形"要以"传神写照"为依归。二者相渗相融，不可或缺。舍此，则有丑（媸）无美（妍）；取此，则有美（妍）无丑（媸）。可见，王维是从美学的高度去论析人物画的创造的。在这里，他虽未把"象"与"形"连接为"形象"一词，但已明确地指出了造型的逼真性、生动性、直觉性。这种形似，不仅仅止于形象，而是超越形似，臻于神似。所谓"传神写照"、"审象求形"，便是形神兼备的美的境界。这是"尚兹绘事，涤彼染业"所追求的至美②。

除人物画论外，王维对于宗教画论（尤其是佛教画论），也发表过许多精辟的见解。如《西方变画赞并序》："资于绘素，图极乐国，象无上乐。"这里突现出一个"乐"字，显示了绘画审美心理的愉悦性。"湛然不动，疑过于往来；寂尔无闻，若离于言说。"这里突现出一个"寂"字，显示了以静观动的无言之美。"我今深达真实空"，"众善普会，诸相具美"。这里，突现出一个"空"字，显示了空幻境界中的真、善、美。在《绣如意轮像赞并序》中，也突现出"寂等于空"的思想；还表现了"能以一身遍一切"的观念。《给事中窦绍为亡弟故驸马都尉于孝义寺浮图画西方阿弥陀变赞并序》引"《易》曰：游魂为变"。强调精气的变易性，说明"凭化而迁，转身不息"。《为舜阇黎谢御题大通大照和尚塔额表》："不扰物以人和。"强调爱护环境，保持人与物的和谐。《为僧等请上佛殿梁表》："庶使大千世界，悉入盖中；六合人天，共归宇下。"强调以大入小、众归于一的概括性，描绘了"画云之观"。《请施庄为寺表》中表述了"乐住山林，志求寂静"的人生观。总之，王维在佛教画论中大都言及空无、静默、

---

① （唐）王维：《为画人谢赐表》。
② 参见（唐）王维：《给事中窦绍为亡弟故驸马都尉于孝义寺浮图画西方阿弥陀变赞并序》。

寂寞等，这种观点渗透到他的山水诗画中，就自然地成为其中哲学思想的有机组成因素。明人胡应麟《诗薮·内编》卷六云"右丞却入禅宗。如：'人闲桂花落，夜静春山空。月出惊山鸟，时鸣春涧中。'……读之身世两忘，万念俱寂。"其山水画亦如此。

关于王维的山水画论，世传有《山水诀》（亦名《画学秘诀》）、《山水论》，但真实的作者究竟是谁迄今仍无定论。王维之弟王缙，在王维死后，曾给唐代宗进王右丞集表，诗文共成十卷，并无《山水诀》与《山水论》。唐人张彦远《历代名画记》在论述王维绘画时也未提及。清人赵殿成《王右丞集笺注例略》认为："系后人伪造，驾名右丞者。"有人认为《山水诀》系唐之宗室李成（字咸熙）所作。唐寅《唐六如画谱》、詹景凤《画苑补益》，均把《山水论》题为《山水赋》，认为是荆浩所作。由于作者未定，故在论述王维对于山水画的美学见解时，不便加以引用。

（四）心善者气应，气应者物美

真、善、美，在王维的心目中，乃是个宽泛的概念。它超乎美学的特定阈限，然而又关系到美学上的真、善、美。在绘画上，王维所说的真容、写真，和真实是有密切关系的。《贺玄元皇帝见真容表》中提到了真容、真气，真容乃是指老子的肖像；真气乃是指老子的精神，它表现在《道德经》中。《为曹将军谢写真表》中所写的"画植戟之黄须，图石棱之紫色"，也是曹将军真实肖像的描绘。《皇甫岳写真赞》云："有道者古，其神则清。双眸朗畅，回气和平。长江月影，太华松声。周而不器，独也难名。"这里，描写了灵魂之窗——明亮的眼神美，并以形象的比喻，突现出人物肖像的清真美、峭俊美。《裴右丞写真赞》云："凝情取象，惟雅则同。粉绘不及，清明在躬。麟阁之上，其谁比崇？"这里，提出了"凝情取象"的绘画美学原则，指出了情感贯注的重要性、观物（人物）取象的真实性。此外，还颂扬了人物高雅清明、难尽粉绘之美的崇高性。总之，王维所说的真，主要是针对写真而言，它既有现实的客观性，又有作者的主观性。尽管王维尚未自觉地进行详细剖析，但在他的实际创作中却做到了这一点，在他的画论中却体悟到这一点。

关于善和美，王维也有自己独特的见解。他在《为相国王公紫芝木瓜赞并序》中说：

人心本于元气，元气被于造物。心善者气应，气应者物美。故呈祥于鱼鸟，或发挥于草木。示神明之阴骘，与天地之嘉会。

所谓人心，是指人的大脑（思维、观念、意识），其产生的母体是元气。所谓元气，是指宇宙间混沌之气，由阴阳二气合成。它是物质的。它普施于天工造物。心地善良的人，顺乎元气；与之应和，与之保持平衡、和谐，则必物美。凡鱼游鸟飞，草繁木茂，均合乎宇宙大化神奇朗丽的运行规律，均显示出天地间万物并作的美。在这里，"气应"是核心词。人与自然产生和谐，便是气应；人与人之间保持和谐，也是气应；自然界物与物之间保持和谐，仍然是气应。因此，气应的本质就是和谐。气应（和谐）不仅能产生善，而且能出现美。王维在《裴仆射济州遗爱碑》中所说的"派以俊德，世济其美"，就是从善与美相结合上赞誉裴氏的。《魏郡太守河北采访处置使上党苗公德政碑》中所说的"诗穷绮靡"、"虎视词林"，则是称赞魏氏的诗词美的。《青龙寺昙壁上人兄院集并序》所说的"不起而游览，不风而清凉。得世界于莲花，记文章于贝叶"，乃是赞颂高僧的静观美与文章美的。《送从弟惟祥宰海陵序》所说的"海潮喷于乾坤，江城入于泱漭。彼有美锦，尔尝操刀"，乃是歌咏海陵风景的壮美的。《山中与裴秀才迪书》中所说的"近腊月下，景气和畅……辋水沦涟，与月上下。寒山远火，明灭林外，深巷寒犬，吠声如豹"，这是赞赏月夜景色清妙美的，它静默而有深趣。以上所举，均从不同角度表述了善或美；均这样那样地为人与自然、人与人、人与艺术、物与物之间和谐（气应）关系的描述，添上了各自生动的一笔。

在王维心目中，美与善经常是水乳交融、亦此亦彼的，因而与善有着血缘关系的"好"，也往往目之为美，甚至认为是美的同义词。尤其是赞赏美好的大自然、大自然的美好时，美与好简直就是二而一的。如《座上走笔赠薛据慕容损》："草色有佳意，花枝稍含蕊。更待风景好，与君藉萋萋。"所谓风景好，亦即风景美。又如《林园即事寄舍弟统》："青簟日何长，闲门昼方静。颓思茅檐下，弥伤好风景。"这里指颓然忧思、无心欣赏美好风景。再读《蓝田山石门精舍》："落日山水好，漾舟信归风。玩奇不觉远，因以缘源穷。"所谓山水好，也就是山水美。从以上所举的例子中也可以看出：虽然"好"字与"善"字有紧密的联系，但在赞颂大自然时，这个"好"字便含有纯美的意义而远离"善"字。由此可见，对于王维所说的善和美的联系，必须进行辩证的分析，它们虽然经常相互交融，但也不时自立门户。"貌夺河阳之美"①，这是形容美貌超过了晋代河阳县令潘岳。这显然是指单纯的外貌美，其本身与善并无联系。"直而能婉，和而不竞"②，这里不仅有善，而且有美。"形之端者，影必随焉。声之善者，响必应焉"③，这里既突现出声响的善，又隐含着声响的美。

王维是毕生追求诗画艺术美的大师。他的美学智慧散见于他的诗文中。他的美学见解不一定都特别地、单独地进行专门的论述，而是和特定的描绘对象有机地结合在一起。这样，既深化了对于描绘对象的理性认知，又突现出其本身的美学意义。且读《和使君五郎西楼望远思归》："高楼望所思，目极情未毕。枕上见千里，窗中窥万室……故乡不可见，云外空如一。"这里描绘：登高远眺，极目无垠，枕上卧游，神驰故里。从中突现出审美想象的空灵感和小中见大的扩展性。这同"思出宇宙外，旷然在寥廓"④，有异曲同工之妙。此类描述，在王维作品中不时出现，这里就不一一论析了。

二 王昌龄的"三境"说

（一）意境论的土壤

唐代意境论的产生、发展，不是一蹴而就的，而是在儒道佛的哲学思想母体中，经过长期孕育，然后才呱呱坠地的。尤其是佛家，对意境论的影响最大；其次是道家影响；再次是儒家影响。在较多情况下，往往亦道亦佛，交互渗透，为意境论的形成提供了宝贵的资料。除了提出"境界"、"象外"等范畴以外，还提出了有无、恍惚、玄妙、无限、超越等方面的内涵。兹略举如下：

1. 有无

僧肇《肇论·涅槃无名论第四》："有无之境，理无不统。经云：有无二法，摄一切法。"又曰："果若有也，虽妙非无。虽妙非无，即入有境。果若无也，无即无差。无而无差，即入无境……非有非无，谓之涅槃。"这里所说的有无之境，虽与道家的有无论有关，但却归之为涅槃，染上了佛的色彩。然而"有无之境"的意义，是不能低估的。它为境界提供了有限和无限的时空，提供了有无

---

① （唐）王维：《为人祭李舍人文》。

② （唐）王维：《为人祭某官文》。

③ （唐）王维：《奉和圣制圣札赐宰臣连珠词五首应制》。

④ （唐）王维：《苦热行》。

的变易领域。

有与不空，无与空，是相似、相近、相同的。所以，杜顺在《华严五教止观·第三事理圆融观》中说"似有即空，空即不空，复还成有……空是不碍有之空，即空而常有；有是不碍空之有，即有而常空。故有即不有，离有便有；空即不空，离无便空。空有圆融，一无二故；空有不相碍，互形夺故。"王维《六祖能禅师碑铭》："无有可舍，是达有源；无空可住，是知空本。"慧能《六祖大师法宝坛经·般若品第二》："世界虚空，能含万物色像，日月星宿，山河大地，泉源溪涧，草木丛林，恶人善人，恶法善法，天堂地狱，一切大海，须弥诸山，总在空中。"这些都表明，有与无、空与不空，是相互过渡、彼此渗透的，这是由于它们之间互夺、圆融的结果。如此变动不居、相互转化、相生相克的思想，为境界说提供了绵绵不绝的时间概念和浩渺无垠的空间概念。

2. 恍惚

僧肇《肇论·涅槃无名论第四·位体第三》："恍焉而有，惚焉而亡，动而逾寂，隐而弥彰，出幽入冥，变化无常。"这种恍兮惚兮、若有若无的状态，"譬犹幽谷之响，明镜之像，对之弗知其所以来，随之罔识其所以往。"如此恍惚之境实与老子惚恍之理暗通。《道德经》二十一章："道之为物，惟恍惟惚。惚兮恍兮，其中有象；恍兮惚兮，其中有物；窈兮冥兮，其中有精。"恍惚之道存在于恍惚之象中，也存在于恍惚之物中，因而它不能脱离物象而存在，不能离开物象之有；然而有无相生、有生于无，故从极致的意义去考察，它终归于无。在从有到无、从无到有的过程中，物象若有若无、忽有忽无、亦有亦无，或有多无少，或有少无多，或有无相半，从而显示出恍惚的不确定的流动状态。这就织成了虚无缥缈的境界，为通向美学意境创造了条件，也就是为美学意境创造恍惚的氛围提供了理论借鉴。晋人孙绰在《喻道论》中说："于是游步三界之表，恣化无穷之境，回天偻地，飞山结流，存亡倏忽，神变绵邈，意之所指，无往不通。"这难道不是惚恍之境的描述吗？

惚恍之境显示出知白守黑、明暗掩映的美，表现出亦此亦彼的模糊美、朦胧美。僧肇《肇论·不真空论第二》："故《中观》云：物无彼此。而人以此为此，以彼为彼，彼亦以此为彼，以彼为此。此彼莫定乎一名，而惑者怀必然之志。"这就是说，事物在流动中是彼此过渡的，它亦此亦彼，而不是非此即彼。法藏在

《华严经旨归》中说："此彼各有即显即隐"①，"相持相依，故有相入"②；又在《修华严奥旨妄尽还源观》中说："即彼即此"；又在《华严经义海百门·差别显现门第六》中说："主之与伴，互相资相摄。若相摄，彼此互无，不可别说一切；若相资，则彼此互有，不可同说一切。皆由即主即伴，是故亦同亦异。当知主中亦主亦伴，伴中亦伴亦主也。"这里所说的话，是符合亦此亦彼的辩证法的。它比德国美学家黑格尔在《小逻辑》中所强调的中介过渡、亦此亦彼的理论，要早一千多年。

3. 玄妙

老子《道德经》一章，把道之有无归于玄妙，称"玄之又玄，众妙之门"。什么叫做玄呢？王弼《老子道德经注》："玄者，冥默无有也。"王弼《老子指略》："玄也者，取乎幽冥之所出也。"道的深、广、远、大、微，均可称之为玄。正如《老子指略》所说："深也者，取乎探赜而不可究也；大也者，取乎弥纶而不可极也；远也者，取乎绵邈而不可及也；微也者，取乎幽微而不可睹也。"由于众妙皆从玄而出，故称玄之又玄。此论对佛家也有影响。灌顶在《大般涅槃经玄义·卷上》中说："夫正道幽寂，无始无终；妙理虚玄，非新非故。"但佛家所说的玄妙与道家所说的玄妙，虽都强调深、广、远、大、微的美妙神秘，虽都重视虚空，然而道体有无，佛悟色空。支道林在《大小品对比要钞序》中说："览通群妙，凝神玄冥，灵虚响应，感通无方。"又说："陶冶玄妙，推寻源流，关虚考实。"在《妙观章》中说："夫色之性也，不自有色。色不自有，虽色而空，故曰色即为空，色复异空。"这种色空互渗的玄妙境界，显示出佛的特色。道佛二家对于玄妙的描述，表现出境界的深邃性、广袤性、遥远性、阔大性、细微性，从哲学思想上为人们走入艺术境界提供了参照系。

4. 无限

没有极限，谓之无限。法藏《华严经探玄记·卷一》："夫以法性虚，空廓无涯而超视听；智慧大海深，无极而抗思议。眇眇玄猷，名言罕寻其际；茫茫素范，相见靡究其源。但以机感万差，奋形言而充法界；心境一味，泯能所而归寂寥。体用无方，圆融叵测，于是无像现像，犹阳谷之升太阳；无言示言，若沧波之倾巨壑。是故创于莲华藏界，演无尽之玄纲；牢笼上达之流，控引令阶佛境。"这里，首先从生理学角度，提出了"超视听"的学说，所谓"无涯"、"无极"

———————————
① 《显经义第七》。
② 《释经义第八》。

及无际，就是指无限而言的。人的视听感官所能触及的范围是有限的，而运用一个"超"字，却会不受视听感官的限制，而环视宇宙，目极八荒，神游太虚，这就由"超视听"而进入心理领域。在此，法藏便紧接着提出了心境说。其次，为什么"超视听"可以突破视听的局限呢？为什么人能够从视听的感知阈跨入"超视听"世界呢？从法藏的心境说中，我们可以体悟出个中答案。人的视知觉是受心理支配的，视知觉之所以能超出其所感知的限阈，完全是由心灵统摄的结果。心灵的羽翼，翱翔在视听所不能达到的领域，弥补了视听的不足，此即所谓"超视听"。第三，法藏毕竟是佛家，因此，他所拈出的心境，最终要提升为佛境。它虚空寂寥，倏忽万变，无穷无尽。这便显示出由心境到佛境的升华，也表现出这种不断升华、净化的无限哲理。总之，法藏所说的超视听—心境—佛境，显现了哲学的无限。它为美学意境的无限提供了理论资料。

5. 超越

超出有限，越过无限，迈入自由，谓之超越。这是从宏观角度阐释超越的。实际上，超越是个复杂的不确定的概念。第一，人的感觉器官有目、耳、鼻、舌、肤、心，它们可以超出自己本身功能的范围，而渗入其他感官所辖领域。这就是感官之间的共通、互通。这种超越现象，是就生理学方面而言的。此外，由于诸感官是在心的统率下去调整各自的方位、发挥自己的作用的，因而就不可能限于生理机能的施展，而是以各自生理机制为阶梯，跨入心理领域，并接受心理制约，在神思、想象的天国中自由翱翔。如此超越现象，也是就心理学角度而言的。第二，就哲学方面而言，超越现象乃是物我冥合的显示。僧肇《肇论·涅槃无名论第四·妙存第七》："天地与我同根，万物与我一体……怀六合于胸中而灵鉴有余，镜万有于方寸而其神常虚。"这便是"恬淡渊默，妙契自然……彼此寂灭，物我冥一"的涅槃境界。显然，如此超越现象闪耀着佛的光轮。僧肇认为，这种现象虽与有无相生之道有关，但已远远超越了有无。所以，他在《肇论·涅槃无名论第四·超境第五》中说："然则有无虽殊，俱未免于有也……良以有无之数，止乎六境之内，六境之内，非涅槃之宅，故借出以祛之。庶悕道之流，仿佛幽途，托情绝域，得意忘言，体其非有非无。"僧肇认为必须超越有无存在的六境，才可达到涅槃境界，这便是他所强调的"超境"。显然，这种超境论，既吸取了有无之道，又是对有无之道的超越。至于儒家，则对超越有着与道、佛不同的独特理解。儒家注重入世，提倡发挥人的主观能动性。

（二）　“三境”说

唐代美学继往开来，推陈出新，创见迭出。美如群峰竞秀，铺绿叠翠；丽若奇葩斗艳，万紫千红。其新理论、新观点，如：兴寄论、风骨论、兴象论、清真论、沉郁论、险怪论、意境论、风格论，等等。它们仿佛累累贯珠，前后相续，流转滚动，璀璨夺目。它们最富于中国传统特色。尤其是意境论，影响古典诗坛一千多年，至今犹具有强大的生命力。唐代著名诗人王昌龄（698—757）是美学意境论的奠基者。

王昌龄在《诗格》中提出了“三境”说：

> 诗有三境：一曰物境，欲为山水诗，则张泉石云峰之境，极丽绝秀者，神之于心，处身于境，视境于心，莹然掌中，然后用思，了然境象，故得形似。二曰情境，娱乐愁怨，皆张于意，而处于身，然后驰思，深得其情。三曰意境，亦张之于意，而思之于心，则得其真矣。

这里所谓的“物境”，着重是就审美客体而言；所谓“情境”，着重是就审美主体而言。前者突出一个“景”字，后者突出一个“情”字。至于“意境”，则着重是就主客体的融通而言，强调主观的心境与客观的真实的统一，但却突出一个“心”字。

就物境、情境、意境三者之间的关系而言，物境是客观事物、景物、人物所处之境，它为情境提供了寄托的对象与驰骋的天地。情境是表现喜怒哀乐的情绪、情感的场所。在这里，情为境之主体，境为情之载体；情为境之核心，境为情之容器；情为境之灵魂，境为情之依托。至于意境，则体现为情景交融、心物交感、主客合一。它是意与境的互渗、思与真的结合，所谓“思之于心，则得其真”是也。意境是不能脱离物境和情境的。没有物境和情境，意境就成为无本之木，也就谈不上意境。换句话说，没有景，没有情，怎能产生情景交融的意境呢？没有客观的物，没有主观的心，又焉可出现心物交感的融通现象呢？可见，物境、情境既是意境的基础，又是意境的阶梯；意境则是物境、情境的发展与升华。因此，从物境到情境再到意境，乃是逐层深化、逐步拓展、不断提升的过程。且读王昌龄的五言古诗《同从弟南斋玩月忆山阴崔少府》：

高卧南斋时，开帷月初吐。
清辉淡水木，演漾在窗户。
苒苒几盈虚？澄澄变今古。
美人清江畔，是夜越吟苦。
千里其如何？微风吹兰杜。

这里，诗人描绘了皎洁的明月、闪动的光辉、萧疏的水木、清虚的窗户。如此淡泊、宁静的氛围，笼罩着南斋，恍如一幅高远、幽深、雅致的风景画。它表现了形象、具体的物境。它是符合诗人所说"欲为山水诗，则张泉石云峰之境"的美学原则的。然而，诗人并非为物境而写物境，而是"处身于境，视境于心，然后用思，了然境象"，如此心与境的互渗、思与象的交融，始终不脱离"境象"，而是以生动鲜活的境象为造型，因而才能达到如诗人所说的"故得形似"的程度。这种"形似"的"境象"，虽然通过"用思"取得，但只是构成意境的基础；在此基础上，必须展开神思的羽翼，点燃情感的火焰，使物境升华到情境，才可进一步迈入意境。于此可联系到诗人的诗。诗人南斋玩月，触景生情，发出了"苒苒几盈虚？澄澄变今古"的慨叹，流露出对宇宙大化流动变易的怅惘情思，并由此念及身处越地的挚友；随着回忆的加深，思友之情益浓。这种情感流，纵越古今，横跨千里，在浩渺无垠的时空激荡着，在清江之畔回旋着。它又像微风拂过兰花、杜若，飘来阵阵清香，丝丝袅袅，沁人心脾。在诗人笔下，"玩月"之景，"忆"友之情，相互交融，是符合诗人理论上所宣扬的"娱乐愁怨……深得其情"要义的。全诗情景交融，超越时空，南斋山阴，连接为一。南斋的月光，摇漾的虚窗，清江的夜吟，吐香的兰杜，已不是孤立的存在，而是由诗人思念之情所凝聚、黏合在一起的形象整体。诗人神驰于水月之间，思骋于今古之外，并与诗题相呼应：着一"玩"字，则静中寓动；用一"忆"字，则动中寓静。全诗笼罩在清幽、静谧的氛围中，意境深邃，滋味隽永。以上，以王昌龄的一首诗印证了王昌龄的意境论，企图通过一斑而窥及全豹。当然，王昌龄所说的物境、情境、意境，是从分析的角度而言，三境虽各有侧重，但却是互有交叉的；在具体作品中，则是浑然一体的，因而不能机械地把三者割裂开来，应该看到三者是层层递进的。

（三）“三思”说

王昌龄不仅提出了意境论，而且从艺术创造的角度论述了获得意境的途径与方法，这就是他在《诗格》中所张扬的“三思”说：

> 诗有三格：一曰生思，久用精思，未契意象，力疲智竭；放安神思，心偶照境，率然而生。二曰感思，寻味前言，吟诵古制，感而生思。三曰取思，搜求于象，心入于境，神会于物，因心而得。

这里所谓“生思”，主要是指创作思维的滋生活动。若苦思力索、刻意求精，则显得呆板，而与意象不合，且感智力俱损；如用想象、神思，则意象自然涌现，而心与境通矣。所谓“感思”，主要是指感物吟志，触景生情，感受、体味。所谓“取思”，主要是指心神与物象互渗（心与物游，神用象通），心神主宰物象。就生思、感思、取思三者之间的关系而言，生思是感思的催化剂，感思是生思的丰富、深化与发展。取思则是对于感思的提炼与运用，是把物象融会于心神、再用心神显示为物象的创造过程。可见，生思、感思、取思，乃是相互勾连、逐层递进的。它是意念的升华，其凝聚点还是个“思”字，也就是“心”字。但它却不是赤裸裸的东西，而是渗透在物境、情境之中的，所谓“心入于境”是也。可见，心之于境、思之于境、意之于境，具有密切的联系。晚唐诗人司空图在《与王驾评诗书》中所提倡的“思与境偕”，即滥觞于此。

日僧空海曾入唐求学，并把崔融、李峤、元兢、王昌龄、皎然等人著作带回日本广为传布。其《文镜秘府论》中的南卷《论文意》篇关于意境的论述，就是从王昌龄《诗格》中摘录而来：

> 夫作文章，但多立意。令左穿右穴，苦心竭智，必须忘身，不可拘束。思若不来，即须放情却宽之，令境生。然后以境照之，思则便来，来即作文。如其境思不来，不可作也。

> 夫置意作诗，即须凝心，目击其物，便以心击之，深穿其境。如登高山绝顶，下临万象，如在掌中。以此见象，心中了见，当此即用。如无有不似，仍以律调之定，然后书之于纸，会其题目。山林、日月、风景为真，以

歌咏之。犹如水中见日月，文章是景，物色是本，照之须了见其象也。

夫文章兴作，先动气，气生乎心，心发乎言，闻于耳，见于目，录于纸。意须出万人之境，望古人于格下，攒天海于方寸。诗人用心，当于此也。

诗有天然物色，以五彩比之而不及。由是言之，假物不如真象，假色不如天然。

诗有意好言真，光今绝古，即须书之于纸。

诗有意阔心远，以小纳大之体。如"振衣千仞冈，濯足万里流"，古诗直言其事，不相映带，此实高也。

诗贵销题目中意尽，然看当所见景物与意惬者相兼道。若一向言意，诗中不妙及无味；景语若多，与意相兼不紧，虽理道亦无味……春夏秋冬气色，随时生意。取用之意，用之时，必须安神净虑。目睹其物，即入于心；心通其物，物通即言。言其状，须似其景。语须天海之内，皆入纳于方寸。①

以上所说的立意、置意、凝心、放情、见象、境生、境照、境思、穿境、出境、真象、言真、言意、景语等等，均与意境论有关。它对意与境、思与境、心与象、情与景的交叉、重叠、互渗的关系，作了辩证的说明。

（四）意须出万人之境

总的看来，王昌龄对于意境论的贡献，可概括为如下几点：

第一，创立了美学上的意境论。王昌龄以前，佛家虽有境界说，但却归于涅槃，而非美学上的。王昌龄不仅在诗学上把意与境结合起来，首创了"意境"

---

① 王利器：《文镜秘府论校注》，中国社会科学出版社 1983 年版，第 285—286、295—297、305 页。

一词，而且首创了意境的美学体系，揭示了意境的实质。如前所说，它是主观与客观的统一，思与境的统一，心与物的统一；也就是王昌龄所描述的立意—放情—境生—境照—境思的前后相续、彼此融通的过程。

第二，奠定了意境论的美学理论基础。王昌龄既强调物境，又强调情境；既强调景、景物、景语，又强调情、放情、心意。所谓"目击其物，便以心击之，深穿其境"，不是心与物、心与境的交叉吗？所谓"意须出万人之境"，不是意与境的渗透吗？所谓"景物与意惬者相兼通"，不是指情（意惬）与景的交融吗？所谓"目睹其物，即入于心，心通其物，物通即言。言其状，须似其景"，不是指心物感通、情景互衬吗？在这里，诗人虽未直接道出"情景交融"一词，但情景交融之意已深寓其中。而情景交融正是意境论的美学理论核心。舍弃情景交融，就根本谈不上意境；割裂情与景的联系，也不能造成意境。因此，"若一向言意"，而无景语、妙语，固然"无味"；"景语若多，与意相兼不紧"，亦必"无味"。只有情景交融，才富于诗味，而出现意境。在这里，情景不能交融的无味，反衬出情景交融的有味，正是从王昌龄的诗论中所得出来的结论，也是对于意境的审美的必然。

情景交融并非一半对一半，而是景中寄情、情中寓景；纳天地自然之景于方寸之内，驰喜怒哀乐之情于寰宇之外；收景入情，放情出景；情景互渗，情至景随；亦情亦景。景的采撷、点染，必不可少；情的纠缠、宣泄，尤为重要。因此，在情景的互动中，情对景的投射是起着决定作用的。杜甫《春望》："感时花溅泪，恨别鸟惊心。"无情物（花鸟）变为有情（溅泪、惊心），这不是诗人忧民忧国的感、恨之情对于花鸟春景投射的结果吗？杜甫《绝句》："两个黄鹂鸣翠柳，一行白鹭上青天。"在这风景画的深处，不是隐藏着诗人欢快的情绪吗？由此可见，诗人情感对于景物的渲染方式，或显或隐，亦显亦隐，或流泻于景物之前，或潜伏于景物之后。再读王昌龄《芙蓉楼送辛渐》："寒雨连江夜入吴，平明送客楚山孤。洛阳亲友如相问，一片冰心在玉壶。"此为送别诗，故着重写情。但前两句情入于景，后两句出景放情。不仅深寄对于辛渐的依依惜别之情，而且由辛渐而推及洛阳亲友，由单个的客人到群体的人，由惜别到忆别，情感之火越烧越旺，愈热愈浓，以至于达到白热化的程度。但就在这节骨眼儿，诗人并不把炽热的情感一股脑儿地直接向外倾泻出来，而是潜情暗转、热情内聚，运用自问自答的方法，反求诸己，以表明自己的心迹，显示自己晶莹剔透、洁白无瑕的品格，表现自己对亲友的始终不渝的纯真的爱情。

情，是主观的；景，是客观的。但在艺术作品中，自然景物已非原初的自在之物，而是经过艺术家思想熔炉冶炼过的第二自然，染上了艺术家的感情色彩，因而它就不是纯之又纯的客观的东西了，而是艺术家对于客观自然景物的主观再现与表现。

在情景交融的主客观统一中，艺术家的主观（心、思、意），是起着主导作用的。王昌龄《诗格》在谈到物境时特别强调心、思，在谈到情境时特别强调意、思，在谈到意境时特别强调意、心、思，这些都表明他是非常注重发挥诗人艺术创造的主观能动性的。他在《诗中密旨》中以古诗"耕田而食，凿井而饮"为例，说明"诗意高谓之格高"。他在《诗格》中强调"精练意魄"、"言物及意"、"意好言真"、"意阔心远"。这里所强调的意，当然是属于主观的。但是，主观的情思若无自然景物作为依托，便不可能形成情景交融的意境，因而景的作用也是不能低估的。

第三，揭示了意境的深邃性。情景交融只是意境的基本要求；意境的最高要求是在情景交融的基础上不断升华，不断超越，臻于象外之象的妙境。王昌龄虽然没有提出象外说，但却为后人迈入象外打通了一条深邃的意境论的通道，为后人去完备意境论提供了条件。具体地说，王昌龄为通向诗学的美妙境界搭起了真—隐—象的天梯。

所谓真，就是真实、自然，不假物色。王昌龄《诗格》："诗有天然物色，以五彩比之而不及。由是言之，假物不如真象，假色不如天然。"诗人对于"池塘生春草，园柳变鸣禽"① 十分赞赏，因为它真实、自然；对于"余霞散成绮，澄江净如练"② 则有非议，认为它假物比象、力弱不堪。在这里，诗人强调真实、自然是对的，但把真实与物色、真象与比象对立起来，说二者不能相容，则是片面的。其实，只要处理得好，二者是可相渗相融，既有自然之真又有物色之美的；而谢朓诗句虽属假物比象但并非力弱不堪，实乃真与美的统一，与谢灵运诗句同为上品。当然，就真本身而言，却是不可或缺的美学标准。举凡意境深邃的艺术品，都必须守真。王昌龄所说的"真是吾兄法"③，"筑室在人境，遂得真隐情"④，"斋心问易太阳宫，八卦真形一气中"⑤，"暂因问俗到真境，便欲投诚

---

① （东晋）谢灵运：《登池上楼》。
② （南朝）谢朓：《晚登三山还望京邑》。
③ （唐）王昌龄：《同王维集青龙寺昙壁上人兄院五韵》。
④ （唐）王昌龄：《静法师东斋》。
⑤ （唐）王昌龄：《武陵龙兴观黄道士房问易因题》。

依道源"①，都是对于真的讴歌。

但是，真并非直而露、浅而浮，而是曲而隐、深而幽。因此，真与隐是相亲相爱的紧邻。

所谓隐，就是含隐蓄秀，藏而不露，旨趣遥深，意在言外。刘勰《文心雕龙·隐秀》："隐也者，文外之重旨者也；秀也者，篇中之独拔者也。隐以复意为工，秀以卓绝为巧。"又曰："夫隐之为体，义主文外，秘响傍通，伏采潜发"，且赞之为"深文隐蔚，余味曲包"。王昌龄在《诗格》中所说的"婉而成章"、"纵横变转"、"任意纵横"、"幽深"等，均与隐秀、含蓄有关。他赞美王粲诗"逍遥河堤上，左右望我军"的特点是"婉而成章"；赞美自己写的《岳阳别李十七越宾》诗"相逢楚水寒……"的特点是"纵横变转"；赞美谢灵运诗"出谷日尚早，入舟阳已微"的特点是"任意纵横"；赞美谢灵运诗"昏旦变气候，山水含清辉"的特点是"幽深"。以上特点，可用一个"隐"字来概括。王昌龄的诗就是从艺术实践上反映出这一特色。且读他的《琴》诗：

孤桐秘虚鸣，朴素传幽真。
仿佛弦指外，遂见初古人。
意远风雪苦，时来江上春。
高宴未终曲，谁能辨经纶？

诗中用的是曲笔，不仅表现了琴声的玄秘清虚，传达出朴素幽真的哲理（道）；而且通过想象，突破时空的限制，上溯到几千年前的古代，仿佛见到古人的容颜，听到了玄妙的道音。再从远古之思中回到现实中来，唯见春冬交替、寒暑更迭，或雨雪纷飞，或江春荣发，时光流逝，令人感喟，然琴声悠扬，飘然不群，弦外之响，孰能辨识？琴诗至此，戛然作结，令人回味无穷；若无隐秀之句、委曲之思，焉能臻此妙境？由此可见，不仅山水风景诗可以体现情景交融的意境，而且美妙的哲理诗也能显示出意境。当然，前者的数量甚多，后者的数量甚少。这是由于前者更能突出情景交融的特色的缘故，也是由于前者更富于隐藏的空间的缘故。这种隐藏之所，既在象内，又在象外。

所谓象，就是形象。它的内涵与外延是非常丰富的。王昌龄在《诗格》中所说的"境象"、"万象"、"见象"、"意象"、"真象"等，都是象的底蕴。王昌

---

① （唐）王昌龄：《武陵开元观黄炼师院三首》。

龄所赞赏的诗，都是显示出生动的形象的。如《诗经·周南·关雎》："关关雎鸠，在河之洲"；《古诗十九首》："青青陵上柏，磊磊涧中石。人生天地间，忽如远行客"；刘桢《赠从弟》："青青陵上松，瑟瑟谷中风。风弦一何盛，松枝一何劲。"① 其实，王昌龄的诗，是非常重视形象刻画的。且读《古意》："桃花四面发，桃叶一枝开。欲暮黄鹂啭，伤心玉镜台。清筝向明月，半夜春风来。"这里写的桃花、黄鹂、清筝、明月、春风等景物，织成了一幅优美的形象画面，境界清朗、明丽、幽雅；然而，夕阳西坠，暮色迫近，归鹂哀啭，悲从中来，暗出"伤心"一词，凄凉之情油然而生，只有清筝慢捻，向明月倾吐衷肠、和春风做伴了。字里行里，流露出孤独、沉默、高洁；清筝弦外显示出无言之美。又如《山中别庞十》："幽娟松筱径，月出寒蝉鸣。散发卧其下，谁知孤隐情。吟时白云合，钓处玄潭清。琼树方杳霭，风兮保其贞。"诗中表现了隐者孤寂、冲淡的心情。虽有别意，但别意寄于隐情，隐情又依托、深寄于形象图画之中，做到了情寓于景、景中显情。如此情景交融，是以生动的形象为其造型的。

在艺术作品中，真—隐—象，是密切相关的；在艺术哲学中，守真、藏隐、出象，是必须坚持的。王昌龄强调的"自然"之道、"淳朴之教"，就是立足于真的。他说："自古文章，起于无作，兴于自然，感激而成，都无饰练，发言以当，应物便是。"② 这就强调了自然之真。当然，这种真虽然"无饰"，但并非裸露无余，而是荫蔽于言辞之中、含蓄于文义之内的，它具有隐的特点，也就是王昌龄所讲的"幽深"。然而，这种隐，又非晦暗滞涩、蛰居不动，而是曲径通幽、境界深远、形象生动的，因而它又强调一个"象"字。真、隐、象三者的融合，体现了意境的深邃性。这就为美学上的"象外之象"说作了资料和理论上的准备。

---

① 见［日］空海大师：《文镜秘府论·论文意》。《文选》二十三《赠从弟》作："亭亭山上松，瑟瑟谷中风。风声一何盛，松枝一何劲！"
② 见［日］空海大师：《文镜秘府论·论文意》。

第六章　美的创造

一　李白的清雄之美

（一）清

李白（701—762），字太白。他天资聪慧，勤奋好学，才华横溢，下笔成文。他在《赠张相镐二首》中自陈："十五观奇书，作赋凌相如。"《与韩荆州书》也自述："十五好剑术，遍干诸侯。三十成文章，历抵卿相。"可见他是文武双全的天才。杜甫《寄李十二白二十韵》："昔年有狂客，号尔谪仙人。笔落惊风雨，诗成泣鬼神。"如此赞誉，并不过分。李白在《对酒忆贺监二首并序》中也描述过贺知章对他的颂扬："长安一相见，呼我谪仙人。"如此文豪诗仙，在中国文学史上建立了一座不可逾越的高峰，这是有口皆碑的。那么，他对中国美学究竟有没有贡献呢？这是一直未能引起学人注意的问题。

我认为李白无论在美学理论上或艺术实践上，对于美学的主要对象——美，均作了深入的开掘。在李白心目中，这种美的特质集中地表现为"清"。

清的含义极其丰赡。既有自然之清，又有人物、事物之清。大自然不假修饰、雕琢，以天生状态取胜，必含自然之清。所谓山高月小、水落石出，即是一例。至于风清骨峻，则是指人物风神、品格之清；而清词丽句，又是指诗文之清了。清，既含内容，又含形式。澄清，净洁，虚空，均可曰清。

清美，在李白心目中，是婆娑多姿的。如：清真，清芬，清虚，清赏，清辉，清深，清耳，清发，清源，清樽，清镜，清兴，清幽，清雄，清谈，清湍，清流，清风，清筋，清谧，清宴，清景，清沚，清旷，清唱，清心，清澈，清秋，清晓，清猿，清歌，清都，清朗，清香，清昼，清迥，清水，清圆，凄清，清闲，清潭，清夜，清川，清朝，清扬，清霜，清声，清光，清壮，清空，清高，清角，清白，清狂，清斋，清秀，均突现出一个"清"字。

《古风五十九首·其一》："大雅久不作，吾衰竟谁陈？……自从建安来，绮丽不足珍。圣代复元古，垂衣贵清真。"这里抒发了诗人对于大雅不作、诗道式微的慨叹；揭露了建安以后，降及梁、陈，推崇靡艳，诗风巨变的过程，并用"不足珍"句坚决否定之。所谓"绮丽"是特指六朝体所染的风习，而不是泛指诗风的美丽。因为作为文学艺术风格的绮丽，与淫艳无涉，则是应该予以肯定的。六朝的淫靡诗风影响很大,下逮隋唐,仍未绝迹。故李白抚今追昔,以古论今,提倡恢复元古朴实、清真的诗风,以振兴圣代(唐朝)的文学。因而李白所强调的"清真",具有继往开来的时代意义。不仅发扬了王勃、陈子昂反对六朝风习的战斗精神,而且也给中唐韩愈的古文运动以积极的影响。

李白对于"清真"的理解,不仅跨越了古今悠远溟漠的时空而显示出超越性,同时,还表现出人物风神的清虚、灵动、潇洒、自由,艺术作品的清朗、淳真、精妙、传神。且看他所描绘的王羲之及其书法艺术:"右军本清真,潇洒在风尘。山阴遇羽客,要此好鹅宾。扫素写道经,笔精妙入神。书罢笼鹅去,何曾别主人!"王羲之爱鹅。山阴一道士说:你为我写《道德经》,当以群鹅相赠。王欣然命笔,写讫欣然携鹅而归。这个小故事原载《晋书》。李白为了突现"清真"的自由、自然,特以《王右军》为题,作诗以颂之。

为了追求清真,李白决心付出毕生精力。他在《古风五十九首·其一》中,高呼以清真取代绮丽,赞美群才"文质相炳焕,众星罗秋旻"。紧接着,表示自己的态度:"我志在删述,垂辉映千春。希圣如有立,绝笔于获麟。"他一生写下了大量诗文,并以作品实证了自己的诺言。

大自然本身就是清真的,自然美客观地存在着,它不假雕饰地呈现在人的眼前。诗文的美也以清真为贵。尤其是山水诗文更应如此。关于这一点,我们可从李白以下诗句中得到启迪:"清水出芙蓉,天然去雕饰。逸兴横素襟,无时不招寻……剪凿竹石开,萦流涨清深。登楼坐水阁,吐论多英音。"① 这里强调出水芙蓉的自然美。诗情雅兴,油然而生。吟咏之间,不觉清光大来,清气拂襟,清音暗生,不禁飘然而有清举、清扬之感。只有遵循大自然的规律,去进行清照,才可见出它那本真的状态,才不会将大自然不需要的矫饰强加给大自然。

清真提倡清新、自然、淳真。李白《古风五十九首·其三十五》:"丑女来效颦"句,就是对矫揉造作、故作媚态的讽刺;为文故弄玄虚、醉心雕饰,则必戕害自然。所以,他便做出了"雕虫丧天真"的判断,并以《诗经》中的《大雅》作为"天真"之作的典范。

清真的生发性很强。凡与"清"字有关的能揭示自然美、风神美、风格美的,均或多或少与清真有关。其写"清发"者,如《宣州谢朓楼饯别校书叔云》:"蓬莱文章建安骨,中间小谢又清发。俱怀逸兴壮思飞,欲上青天揽明月。"其写清风、清芬者,如《赠瑕丘王少府》:"清风佐鸣琴,寂寞道为贵……

---

① (唐)李白:《经乱离后天恩流夜郎忆旧游书怀赠江夏韦太守良宰》。

无由接高论，空此仰清芬。"其写清心者，如《庐山遥寄卢侍御虚舟》："闲窥石镜清我心，谢公行处苍苔没。"其写清虚者，如《游南阳白水登石激作》："江天涵清虚。"又如《地藏菩萨赞》："本心若虚空，清净无一物。"其写清高者，如《任城县厅壁记》："土谷古远，风流清高，贤良间生，掩映天下。"其写清壮者，如《题上阳台》："山高水长，物象千万，非有老笔，清壮何穷？"其写清扬、清空者，如《寄弄月溪吴山人》："清扬杳莫睹，白云空望美。"其写心清者，如《秋夜宿龙门香山寺奉寄王方城十七丈奉国莹上人从弟幼成令问》："目皓沙上月，心清松下风。"其写清白者，如《金银泥画西方净土变相赞并序》："月光清白，若四海水。"又《送友人寻越中山水》："湖清霜镜晓，涛白雪山来。"其写清芳者，如《还山留别金门知己》："天书美片善，清芳播无穷。"其写清明者，如《冬日于龙门送从弟京兆参军令问之淮南觐省序》："风生玉林，清明潇洒。"其写清兴者，如《与诸公送陈郎将归衡阳并序》："动清兴于中流，泛素波而径去。"又《游秋浦白笴陂二首》："人来有清兴，及此有相思。"其写清光者，如《赠郭季鹰》："清光独映君。"又《泛沔州城南郎官湖并序》："方夜水月如练，清光如掇。"其写清声者，如《邺中赠王大劝入高凤石门山幽居》："抱子弄白云，琴歌发清声。"其写清辉者，如《赠秋浦柳少府》："时来引山月，纵酒酣清辉。"其写清湍者，如《游水西简郑明府》："清湍鸣回溪，绿竹绕飞阁。"其写清幽者，如《过崔八丈水亭》："高阁横秀气，清幽并在君。檐飞宛溪水，窗落敬亭云。"其写清唱者，如《苏台览古》："旧苑荒台杨柳新，菱歌清唱不胜春。"其写清景者，如《陪宋中丞武昌夜饮怀古》："清景南楼夜，风流在武昌。"此外，表现清美的婆娑多姿与综合性者，亦屡见不鲜。如《与元丹丘方城寺谈玄作》："澄滤观此身，因得通寂照……清风生虚空，明月见谈笑。"这里，清澄、清寂的潜默情思，与清风、清虚的境界，结合得天衣无缝。又如《庐山东林寺夜怀》："霜清东林钟，水白虎溪月。天香生虚空，天乐鸣不歇。宴坐寂不动，大千入毫发。湛然冥真心，旷劫断出没。"这里，霜清与水白形成了对称美，虚空之寂与乐鸣之动形成了映衬美，大千世界与细小毫发形成了对比美，其整体氛围均笼罩着清气。尤其是以大入小，归于真心，一出一没，变幻不已，则与禅理相表里，这就把清美提升到哲学境界。但是，李白所说的清美，主要是与道家学说相表里的。其《暮春江夏送张祖监丞之东都序》云："谈玄赋诗，连兴数月，醉尽花柳，赏穷江山……至于清谈浩歌，雄笔丽藻，笑饮醾酒，醉挥素琴，余实不愧于古人也。"这里的所谓"谈玄"、"清谈"，显然是源于老庄的；且与"赋诗"、"浩歌"亲密无间地融会在一起，这就表明李白所热衷的清美，其道学思想基础是何等坚实了。他在《奉饯十七翁二十四翁寻桃花源序》中说:"二翁耽老氏之言,继少卿之作。文以述大雅,道以通至精,卷舒天地之心,脱落神仙之境。"这里所说的文道,显然是本乎老氏的。所以,他称颂林公上人"叹其峻节,扬其清波"①,对于著名诗人贺知章(道家)的清狂言行,亦赞扬备至。

李白对于清的审美,具有独特的体验,所谓"清心魄"、"清心耳"、"清虚心"等,就是审美感知觉心理的表现。如《同族弟金城尉叔卿烛照山水壁画歌》:"了然不觉清心魂,祇将叠嶂鸣秋猿。"这是李白观照山水壁画后,对于艺术美中所显现出来的真山水的逼真性的感受。又如《白毫子歌》:"南窗萧飒松声起,凭厓一听清心耳。"这是李白对松声的听觉美感。《月夜听卢子顺弹琴》:"《绿水》清虚心。"《绿水》,琴曲名。这是描写对音乐的审美感受。但李白不是为审美而审美,究其终极意义而言,他决没有忘记继承风雅的清真美。"将欲继风雅,岂徒清心魂?"② 这便是他的真切领悟。

在审美观照中李白特别注重清赏。以清虚、清静、清空、清幽的态度,去观照美的世界,叫做清赏。李白不仅提出了"清赏",而且在审美中去实践清赏,体悟清赏的美妙。且看《下寻阳城泛彭蠡寄黄判官》:"名山发佳兴,清赏亦何穷?"《春夜宴从弟桃花园序》:"幽赏未已,高谈转清。"这是李白直接赞美清赏。《早春于江夏送蔡十还家云梦序》:"一见夫子,冥心道存,穷朝晚以作宴,驱烟霞以辅赏。朗笑明月,时眠落花……且青山绿枫,累道相接,遇胜因赏,利君前行。"这是李白鼓励他人清赏。至于"抗目远览,凭轩高吟。屏俗事于烦襟,结浮欢于落景"③,虽无"清赏"一词,却有清赏内涵。

李白赋予"清"字以多方面含蕴。除了具体的描绘以外,还有抽象的概括。且读《宴郑参卿山池》:"歌声送落日,舞影回清池。"《秋夜板桥浦泛月独酌怀谢朓》:"汉水旧如炼,霜江夜清澄。"《代美人愁镜二首》:"拂拭皎冰月,光辉何清圆?"《夕雾杜陵登楼寄韦繇》:"清晖映竹日,翠色明云松。"这里所写的清池、清澄、清圆、清晖,均有不同的视觉形象美。至于"剖竹十日间,一朝风化清"④,"独坐清天下,专征出海隅"⑤,"沦老卧江海,再欢天地清"⑥,其中所写

① (唐)李白:《江夏送林公上人游衡岳序》。
② (唐)李白:《入彭蠡经松门观石镜缅怀谢康乐题诗书游览之志》。
③ (唐)李白:《秋日于太原南栅饯阳曲王赞公贾少公艾尹少公应举赴上都序》。
④ (唐)李白:《赠闾丘宿松》。
⑤ (唐)李白:《中丞宋公以吴兵三千赴河南军次寻阳脱余之囚参谋幕府因赠之》。
⑥ (唐)李白:《游谢氏山亭》。

之清，就富于抽象的意义了。总之，李白笔下之清，有的是特指，有的是泛指，有的是微观的，有的是宏观的；有的是美的，有的是美感的；有的是客观的，有的是主观的。它富于变化，易于和大千世界丰富多彩的美相融合，易于和人的虚静的心境相融合。

（二）清雄（诗文）

李白《游太山六首》云："天门一长啸，万昊清风来。"这里的清风，当然属于审美对象，但它却在李白的"旷然小宇宙"中飘拂，这表明李白是极善于拓展自己的美感心理世界的。其《惜余春赋》云："吟清风而咏沧浪，怀洞庭兮悲潇湘。何余心之缥缈兮，与春风而飘扬。"这里，清风的美和诗人对清风的审美愉悦感，贴然无间地结合在一起。

由于清美具有变易性和圆融性，因而很容易和其他的美亲和相处。清，赋予其他的美以风清骨峻的特点；其他的美，则赋予清以丰富的情调和多样的色彩。在相互渗透中，他们不断配置、组合，形成了许许多多新的品类，从而为美的世界增添了异彩。

李白的豪放诗文中注入了清的汁液，而变易为清豪、清放。关于这一点，李白在理论上有一段概括。他在《上安州裴长史书》中通过别人之口说："李白之文，清雄奔放，名章俊语，络绎间起，光明洞澈，句句动人。"这实际上也是李白对自己作品艺术风格的美学概括。对此，他不止一次地谈到，所谓"清谈浩歌，雄笔丽藻"[1]，便是一例。

清雄奔放是李白诗文美学风格总的特色，它还吸收了清秀、清奇、清峻、清俊、清逸、清新、飘逸、清壮等等特色。《代寿山答孟少府移文书》中所说的"馨宇宙之美，殚造化之奇"，"天为容，道为貌"，"倚剑天外，挂弓扶桑"，"清风扫门，明月侍坐"，"借之以物色，发之以文章"，等等，便带有上述特色。又如《扶风豪士歌》："扶风豪士天下奇，意气相倾山可移"，突出了一个"奇"字；《西岳云台歌送丹丘子》："西岳峥嵘何壮哉！黄河如丝天际来"，突出了一个"壮"字；《与诸公送陈郎将归衡阳》："气清岳秀有如此"，突出了"清"、"秀"二字；《醉后答丁十八以诗讥予捶碎黄鹤楼》："作诗调我惊逸兴，白云绕笔窗前飞"，突出了一个"逸"字；《春夜宴从弟桃花园序》："群季俊秀，皆为

---

① （唐）李白：《暮春江夏送张祖监丞之东都序》。

惠连"，突出了"俊秀"一词；《避地司空原言怀》："年貌可长新"，"终然保清真"，突出了"新"、"清"。这些特色，都向"清雄奔放"中渗透，形成了李白诗文风格多样的和谐美。这种和谐美，在《酬殷明佐见赠五云裘歌》中得到了形象的表现。"我吟谢朓诗上语，朔风飒飒吹飞雨。谢朓已没青山空，后来继之有殷公。粉图珍裘五云色，晔如晴天散彩虹。文章彪炳光陆离……轻如松花落金粉，浓似锦苔含碧滋。远山积翠横海岛，残霞飞丹映江草。凝毫彩掇花露容，几年功成夺天造。故人赠我我不违，着令山水含清晖。顿惊谢康乐，诗兴生我衣……"全诗情思流溢，格调昂扬，气势飘飘，文采飞动。诗中拈出了"轻"、"浓"、"清"等字，与"彪炳"、"陆离"、"金粉"、"碧滋"等色泽相表里，织成了一幅清雄、清丽、清放、清逸相圆融的完整图画，具有永恒的和谐美。

清雄奔放，必然骨气端翔、健笔凌云，其骨必清峻、清挺；其气必飘逸、清举。对此，李白在理论上颇多阐发。他在和从弟的对话中说他自己："观夫笔走群象，思通神明，龙章炳然，可得而见。"怪不得从弟夸他说："兄心肝五藏皆锦绣耶？不然，何开口成文，挥翰雾散？"① 这里，表明李白才气横溢，走笔为文，文采璀璨。《与韩荆州书》中，则表现了自己"扬眉吐气，激昂青云"的豪气与"日试万言，倚马可待"的才气。《上安州裴长史书》中表现了诗人"倚剑慷慨，气干虹霓"的傲气。《代寿山答孟少府移文书》中则表现出李白"弄之以绿绮，卧之以碧云……出宇宙之寥廓，登云天之渺茫"的仙气、飘逸之气。《送黄钟之鄱阳谒红使君序》中既赞扬了"东南之美者"，又描写了自己："白窃饮风流，尝接谈笑。亦有抗节玉立，光辉炯然，辨析天口。道可济物，志栖无垠。"以上均从各自侧面表现出清雄奔放的情状。

清雄奔放风格的形成，并非一蹴而就的。就艺术构思而言，必须具有独创的想象力。李白在《大鹏赋并序》中提出了"固可想象其势，仿佛其形"。这里，点出了"想象"、"仿佛"、"势"、"形"等命题。"想象"是人的心理机能，它可利用思维运动的自由性，把对象进行夸大或缩小，任意地予以加工、改造、创建，而构成崭新的形象。"仿佛"是人对对象的模拟。它近似对象，又不同于对象；它撷取某种本真状态，采用特殊的媒介，而仿制之，使之在一定程度上与原物相似。"势"、"形"指势态、形状。

李白最善于驰骋想象，故能充分展现大鹏的"雄姿壮观"："喷气则六合生云，洒毛则千里飞雪"；"缤纷乎八荒之间，掩映乎四海之半"；"伟哉鹏乎，此

---

① （唐）李白：《冬日于龙门送从弟京兆参军令问之淮南觐省序》。

之乐也";"以恍惚为巢,以虚无为场"。如此想象,仿佛笔底生风,使清雄之势、奔放之形,自由飘摇,跃然纸上。

在李白心目中,想象是丰富多彩的,不仅可以指物,而且可以指人。且读《登金陵冶城西北谢安墩》:"冶城访古迹,犹有谢安墩。凭览周地险,高标绝人喧。想象东山姿,缅怀右军言。梧桐识嘉树,蕙草留芳根。"太白自注:"此墩即晋太傅谢安与右军王羲之同登,超然有高士之志。"这里所说的"想象",即指此意。可见,这种想象发挥了追忆形象、复现形象的作用。在凭吊古迹中,地势之险峻,梧桐之清拔,蕙草之芳姿,人物之雅逸,仿佛历历在目,栩栩如生。此情此景,有清峻,有雄丽,有优美,有壮美(高标),而均为清雄奔放增添了动人的笔墨。

但是,在美丽的大自然面前,尽管施展想象的翅膀凌空翱翔,也难以描述天工造化的美。且读《莹禅师房观山海图》:"征帆飘空中,瀑水洒天半。峥嵘若可陟,想象徒盈叹。"自然美是无限的,人的想象力是有限的。以有限去驾驭无限,岂人力所能尽为?尽管如此,想象正由于具有自由性,所以才能展翅高飞,飞出有限,进入无限,去寻觅未知世界的精灵。李白当然不可能对"想象"一词的概念做出详细的逻辑概括,我们也不应要求古人用今人的观念去考量理性问题。但是,我们却应看到,李白在诗文中形象地揭示出想象的美学特质,这是难能可贵的。正因为他深谙想象的奥秘,所以才给清雄奔放的风格增添了振翮远飞的羽翼。

清雄奔放的形成,和诗人的气质、个性、教养、遭际、思想等方面均有密切的联系。《上安州李长史书》:"白,嵚崎历落可笑人也。"可见,他具有倜傥不羁的气质。《秋夜于安府送孟赞府兄还都序》:"虽长不过七尺,而心雄万夫。至于酒情中酣,天机俊发,则谈笑满席,风云动天。"此虽称赞他人,实亦自况之词。诗人独特的个性,显隐其间。《秋于敬亭送从侄耑游庐山序》:"余小时大人令诵《子虚赋》,私心慕之。及长,南游云梦,览七泽之壮观。"表明他有长足的豪气的熏染,以至观照庐山香炉峰时,感到"瀑布天落,半与银河争流,腾虹奔电,深射万壑,此宇宙之奇诡也"。如果他没有观瀑的体验,是不能获得如此雄放、清奇的美感的。《送戴十五归衡岳序》:"白上探玄古,中观人世,下察交道,海内豪俊,相识如浮云。"出入于如此豪俊的士林中,其诗文特色,焉能不致清雄奔放?《代寿山答孟少府移文书》:"无名为天地之始,有名为万物之母……且达人庄生常有余论,以为尺鷃不羡于鹏鸟,秋毫可并于太山。由斯而谈,何小大之殊也。"这里显示了老庄的有无相生、大小齐物的变易性与虚幻性思想对于李白雄风豪气的影响。《早夏于将军叔宅与诸昆季送傅八之江南序》："《易》曰：观乎人文，以化成天下。"正由于李白深谙《易》理人文的化育效应，故在评价他方"田园之能"、"山水之美"、"篇章惊新"、"妙绝当时"、"佳句藉藉，人为美谈"时，也能化入自己的审美体验中，并能"清酌连晓，玄谈入微"。显然，这是有助于他那清雄奔放之风的传达的。总之，清雄奔放之所以形成，具有多方面的原因。它是李白的个性特征、人格精神之集中而突出的艺术表现。

（三）清雄（书画）

李白之清雄奔放，不仅表现在他对诗文创作的美学认识中，而且表现在他对绘画、书法艺术创作的美学认知中。当然，由于艺术样式不同和题材上的差别，其清雄奔放所体现的程度也是有区分的。就人物画、宗教画而言，每每显示为清虚；就勇猛禽兽画和威武将军画而言，辄表现为清雄；就山水画而言，常显示为清豪；就书法艺术而言，则在清放中流动着飘逸、跳跃。然而，其总的特点却是一个"清"字。李白在对上述艺术品进行审美观照后，用诗文体裁作赞、作歌，字里行间游荡着清气，流露着李白对书画艺术的美学体悟。在人物画赞方面，如《当涂李宰君画赞》："眉秀华盖，目朗明星。""若揭日月，昭然运行。"这里，抓住李阳冰"眉秀"、"目朗"的风神，写出了清明、清俊。《金陵名僧颜公粉图慈亲赞》："粉为造化，笔写天真。貌古松雪，心空世尘。"这里，歌咏"天真"，写出了颜公的高古、清高。《李居士赞》"至人之心，如镜中影。挥斥万变，动不离静……默然不灭，长存此身"。这里，赞颂了李居士心境的澄净、清静。此外，还用"写真"一词，表述画家"貌图粉绘"的匠心。《安吉崔少府翰画赞》："克生奇才，骨秀神聪。炳若秋月，骞然云鸿。爱图伊人，夺妙真宰，卓立欲语，谓行而在。清晨一观，爽气十倍，张之座隅，仰止光彩。"这里，把崔翰的外貌举止刻画得惟妙惟肖，并揭示了人物内在的气质，从中可领悟出清秀、清爽、清灵的美学特色。《宣城吴录事画赞》："风霜秀骨，图真像贤……岩岩兮谓四方之削成，澹澹兮申五湖之澄明……大辩若讷，大音希声。默然不语，终为国桢。"这里，描写了吴镇衣冠楚楚、方正岳立、为政清廉的形象，并引用老子语，点出了清澹、清默的精髓。《志公画赞》："水中之月，了不可取。虚空其心，寥廓无主。"这里，描写了宝志禅师内心世界的清虚、空灵。《鲁郡叶和尚赞》："如云开天，廓然万里。寂灭为乐，江海而闲。"这里，描写了叶和尚的清寂的兴味。

以上画赞，或状人物外貌，或表人物内心，或形神兼备，但均离不开一个"清"字。不过，受老子影响所显之清，偏重清静；受佛家影响之清，偏重于清空。实际上，在清的总汇中，佛老每每是合流的。《金银泥画西方净土变相赞并序》："目光清白，若四海水。端坐说法，湛然常存"；"清风所拂，如生五音"；"目净四海水……图画了在眼"。这里，突现了清白、清湛、清风、清净。《地藏菩萨赞并序》："湛本心于虚空"，"本心若虚空，清净无一物"，"五彩图圣像，悟真非妄传"。这里，也突现了清湛、清空、清净、清真。深受道家思想影响的李白，对于佛家的清空、清灭等等观念，不仅不排斥，而且还热情地赞颂，以至在清的总汇中更显得清流激激，碧波粼粼。

如果说，李白的以上画赞偏重于清的话，那么，其对勇将猛士画的称颂就偏重于雄了。且读《羽林范将军画赞》："瞻天蹈舞，踊跃精魂。逐逐鹗视，昂昂鸿骞。心豪祖逖，气爽刘琨。"这里，范将军豪迈、俊爽的英雄气概，跃然纸上。再读《观佽飞斩蛟龙图赞》："佽飞斩长蛟，遗图画中见。登舟既虎啸，激水方龙战。惊波动连山，拔剑曳雷电。"这里，古代猛士佽飞勇斩长蛟、为民除害的雄姿毕现眼前。对于英雄豪杰和骁勇武士的称赞，当然应该用雄壮嘹亮的调子。

对于勇禽猛兽的刻画，也应突出一个"雄"字。如《方城张少公厅画师猛赞》："师猛在图，雄姿奋发。森谏眉目，飒洒毛骨……永观厥容，神骏不歇。"这里，突现了猛狮的雄姿，并令人产生惊恐的美感。又如《壁画苍鹰赞》："凝金天之杀气，凛粉壁之雄姿。"这里，突现了雄鹰的勇猛美。

当然，如果刻画其他珍禽奇兽，就不一定都突现"雄"字，而主要是目之以清了。如《金乡薛少府厅画鹤赞》："图蓬山之奇禽，想瀛海之缥缈……谓长鸣于风霄，终寂立于露晓。"这里，鹤的飘逸、飞动姿态宛然在目，显示出清飏、清寂的特点。

对于山水画和书法艺术的赞颂，李白也热衷清雄。如《当涂赵炎少府粉图山水歌》："满堂空翠如可扫，赤城霞气苍梧烟。洞庭潇湘意渺绵，三江七泽情洄沿。"其中，突出了"空翠"、"霞气"、"渺绵"等情景。此外，还掬出了"冥昧"、"寂听"、"杳然"等清虚之词，从而在整个画境上营造出清雄的氛围。再如《草书歌行》："墨池飞出北溟鱼，笔锋杀尽中山兔……飘风骤雨惊飒飒，落花飞雪何茫茫！起来向壁不停手，一行数字大如斗。恍恍如闻神鬼惊，时时只见龙蛇走。"这里描绘了大书法家怀素草书的飞动美、跳跃美、气势美，并用了许多象声词去形容，其风格可用豪放、清挺来概括。

清、雄，组成清雄。或清中有雄；或雄中有清；或清雄圆融，难分轩轾。

李白诗文,尤重以清驭雄,故其雄常呈飘逸、飞动、清举、清扬状态,显得豪气逼人,气吞宇宙,直冲霄汉。它与沉雄是有区别的。李白的诗友杜甫在《赠李白》中称"飞扬跋扈为谁雄?"乃是指清雄。否则,又焉能飞扬跋扈、傲视权贵?如果再对杜甫《春日忆李白》诗进行推敲,就更可看出李白"飘然"、"清新"、"俊逸",因而其"无敌"诗风,堪称为雄。这当然是清雄无疑了。可见杜甫的这种评价,是符合李白对自己诗文特色的理性概括的本义的。明人胡震亨《唐音癸签》卷六引王世贞的话说:"太白以气为主,以自然为宗,以俊逸高畅为贵;子美以意为主,以独造为宗,以奇拔沈雄为贵。"可见杜甫之沉雄与李白之清雄是有区别的。

李白之所以在理性上重视"清",是有其美学的哲学渊源的。他所笃信的老子,就十分推崇"清"的价值。所谓"天得一以清","清静为天下正",便是老子在《道德经》中的论断。老子所说的"清",乃是就天而言,富于哲学的整体性与涵盖面。至于魏文帝曹丕,则在《典论·论文》中提出了"文以气为主,气之清浊有体,不可力强而致"。这里所说的"清浊",虽仍然笼统,但已是针对文学的了。到了梁代,刘勰把"清"字与文学风格紧密相连,认为作家的个性影响并决定着作品风格,故提出了"吐纳英华,莫非情性"。他举了一个例子:"是以贾生俊发,故文洁而体清。"① 自此,清,作为风格,便正式走进了文学、美学殿堂。梁代诗论家钟嵘在《诗品序》中提出了"清浊通流",在《诗品》中,则对清的品类作了具体的分析,并用来论述不同诗作的风格特色。如"清音独远"(古诗),"颇为清切"(左思诗),"清便宛转"(范云诗),"长于清怨"(沈约诗),"清虚在俗"(王济诗),"有清工之句"(戴逵诗),"奇句清拔"(虞羲诗),等等,都大大丰富和充实了清美论的宝库。

中国古典美学中的清美论,熏陶着无数文人。李白则起了承先启后、继往开来的作用。他不仅赞扬前人的清美,用理性的语言概括之;而且他的清美说还影响着同代和后代文人。任华《杂言寄李白》:"古来文章有奔逸气,耸高格,清人心神,惊人魂魄,我闻当今有李白。"这里,突出了清心、清惊、清逸。韩愈《调张籍》:"想当施手时,巨刃磨天扬。"这里,突出了清扬。钱起"笔端降太白,才大语终奇。"这里,突出了清奇。皮日休《李翰林》:"负逸气者必有真放,以李翰林为真放焉。"李纲《书四家诗选后》:"太白诗豪迈清逸,飘然有凌云之志。"以上,强调了李白的清真、清放、清豪、清逸。总之,清是李白诗作

---

① (南朝)刘勰:《文心雕龙·体性》。

及其诗论的灵魂。

二　杜甫的惨淡经营

（一）为人性僻耽佳句，语不惊人死不休
陶冶性灵存底物，新诗改罢自长吟

杜甫（712—770），字子美，原籍湖北襄阳，后徙河南巩县。他一生坎坷，经历了唐代由盛而衰的历史转折的关键时期，写下了伟大的现实主义诗篇，全面而深刻地反映了当时社会错综复杂的矛盾，描绘了广大人民凄惨的生活。《新唐书》本传誉为"浑涵汪茫，千汇万状……甫又善陈时事，律切精深，至千言不少衰，世号诗史"。杜甫则被尊为"诗圣"。

笔者不拟泛谈杜甫诗文，只想从美学的角度切入，透视其美的世界，掬出其美的智慧，尤其是诗美的创造。

诗必须美，不美则不成其为诗。杜甫对于诗美的创造倾出了全副精力。他用诗的语言，对其所创造的诗美作了理论上的概括；且将这种理论融入形象画面中，显示出理性与感性的统一，抽象与具象的统一，议论与描绘的统一。我们既可当做诗美看待，又可当做诗论看待。且读《江上值水如海势聊短述》：

> 为人性僻耽佳句，语不惊人死不休。
> 老去诗篇浑漫与，春来花鸟莫深愁。
> 新添水槛供垂钓，故著浮槎替入舟。
> 焉得思如陶谢手，令渠述作与同游。

此诗作于上元二年（761）。时年杜甫五十岁，居成都草堂。考其生平，则知诗人与江河湖泊接触较多，但对大海却缺乏实地观照。然诗人直觉中的江水常呈浩浩荡荡、汹涌澎湃之势，具有大海磅礴的气势与宽阔的情怀。诗题中一个"如"字，就仿佛突现了江水的海势，提高了江景的壮美层次，强化了江水的宽度、厚度和动态，足见诗人具有出人意料的想象力。江水如海势，已属奇观，已能激起读者的兴味，使读者产生期待的心情，希望作者能详加描述。诗题却偏偏曰"聊短述"，这就更使读者产生好奇感：如此奇妙的江上美景，短述焉尽其妙？从而被吸引去细读全诗。

既然聊为短述，出语岂能平平？诗人自谓"为人性僻耽佳句，语不惊人死

不休"。这里表明了"聊短述"的良苦用心、炉火纯青的艺术技巧、认真的写作态度、动人心弦的审美效果。诗人是从审美接受的角度去考虑诗美创造的。诗美创造的目的在于"惊人",在于读者乐于接受,在接受中不知不觉地领略到诗美的滋味,从而产生心灵的愉悦、精神的陶醉。为此,就要求诗人努力创造"佳句",绘出最美的人生图画。诗人不仅从正面论及个中哲理,而且从反面强化了作诗之道:诗人在"惊人"之前,加个否定副词"不"字,就从否定的角度切入,若"语不惊人",就不是好诗,而不能为读者接受;因而就必须磨炼加工、反复砥砺,提取精粹,精益求精,以至达到"惊人"程度,而为读者所赞许、感叹、惊服。这种从"不惊人"到"惊人",乃是艺术创造的艰苦过程。诗人宁可折腾自己、苦作至死,亦在所不惜,必至寻出佳构为止。这种精神何其令人折服!

正由于杜甫艺术上的一丝不苟、勇于创新,故到老年臻于出神入化、着手成春的极境。所谓"老去诗篇浑漫与,春来花鸟莫深愁"是也。清人仇兆鳌评杜甫"少年刻意求工,老则诗境渐熟,但随意付与,不须对花鸟而苦吟愁思矣"①。此说甚是,且与其转引之钱谦益笺可相互发明:"春来花明鸟语,酌景成诗,莫须苦索,愁句不工也。若指花鸟莫须愁,岂知花鸟得佳咏,则光彩生色,正须深喜,何反深愁耶?"这里点明:春光明媚,花香鸟语,快乐异常,故不存在花鸟深愁的问题。"莫深愁"乃系杜甫自况。如此解析颇近情理。至于"浑漫与"中的"与"字,旧本曾作"兴",亦聊备一说。清末郭曾忻云:"所谓漫兴,只是逐景随情,不更起炉作灶,正是真诗。"② 此处强调任笔所之、自然而然,和"漫与"说可参照。总之,首颔二联总体着眼,大处落墨,虽系短述,语实惊人;虽未直接描写江上海势,但胸中之海早已形成。它浑厚深涵,辽阔无垠,大气磅礴。心中之海,化为笔底之海,必须造成海的氛围才行,故杜甫采取了虚写的手法。正如金圣叹所说,此"不必于江上有涉,而实从江上悟出也"③。然诗人虽写海势,毕竟不是海,而是江,故江上之景亦应摄取,若完全避开江水,则海势亦无所依附,而不成其为江如海势矣。

为此,诗人紧接首颔二联虚写海势以后,便立即转入实写江水。故颈联云:"新添水槛供垂钓,故著浮槎替入舟。"此处虽写江水,但只是轻轻带过,不过

---

① (清)仇兆鳌:《杜诗详注》卷十,中华书局 1985 年版。
② 《读杜札记》。
③ (清)金圣叹:《杜诗解》卷二。

是聊供垂钓的新添水槛和有意设置的代替舟船的浮槎而已。如此触及江水、悟及海势的写法，令人举一反三，玩味不尽。诚如明人王嗣奭所说："水势不易描写，故止咏水槛浮舟。此避实击虚之法。"① 亦如金圣叹所说："不必于江上无涉，而实非着意江上也。"② 故写江，只淡淡一笔，便从颈联转入尾联。诗人用一"焉"字，即巧作转折，输入新意。诗人之语已经惊人；若得陶渊明、谢灵运那样的高手，使其述作，并同游于江海之上，岂不美哉！尾联思路新奇，饶有兴味，且与首联相呼应，显示出诗人对艺术最高境界的执著追求。金圣叹说："今日使陶、谢二公而在，必将此一副胸襟、一副眼光，共相述作。以佳思出佳句，岂惟短述而已。我既不获与之同游，所以只寥寥短述，亦不能更为惊人之语也。"③ 此说肯定了杜甫对陶、谢的仰慕与赞颂之情；但并非指陶、谢不在，只能短述。就全诗而言，金氏的评价确有过人之处，特别是对诗与诗题之间的关系的理解，极其精辟。他写道："每叹先生作诗，妙于制题。此题有此诗，则奇而尤奇者也。诗八句中从不欲一字顾题，乃一口读去，若非此题必不能弁此诗者。题是'江上值水如海势'七字而止，下又缀以'聊短述'三字。读诗者不看他所缀之三字，而谓全篇八句，乃是述江水也，值江水之势如海也。则八句现在曾有一字及江海乎？"④ 从金氏评价中可以得知：此诗诗题与诗中八句，构成了一个浑厚海涵、博大精深的整体。虽未写海，而如海势；盖涉江及海，妙悟可得也。此诗以虚带实，无中生有，出奇制胜，意在言外，令人叹为观止。全诗既有情的抒发，又有景的刻画；既有诗学的论述，又有形象的描述，而首尾两联则是绝妙的诗学的呼应。

由于杜甫注重诗美创造，故其诗歌均为炉火纯青的艺术珍品。只要是好诗，无论是自己的，还是别人的，他均赞不绝口。"新诗句句好，应任老夫传"⑤；"笔落惊风雨，诗成泣鬼神"⑥；"复忆襄阳孟浩然，清诗句句尽堪传"；"最传秀句寰区满，未绝风流相国能"；⑦ "病减诗仍拙，吟多意有余"⑧。这些都表明了杜甫对诗美的钟爱。

诗美的获得，并非一朝一夕、一蹴而就的，而必须反复修改、努力学习。对

---

① （明）王嗣奭：《杜臆》卷四。
②③④ （清）金圣叹：《杜诗解》卷二。
⑤ （唐）杜甫：《奉赠严八阁老》。
⑥ （唐）杜甫：《寄李十二白二十韵》。
⑦ （唐）杜甫：《解闷十二首》。
⑧ （唐）杜甫：《复愁十二首》。

此，杜甫以自己的切身体验和美感认知深刻地表明了这一点。他在《解闷十二首》中说："陶冶性灵存底物，新诗改罢自长吟。熟知二谢将能事，颇学阴何苦用心。"这里，提出了陶冶性灵，吟改新诗，苦学二谢（谢灵运、谢朓）阴何（阴铿、何逊）。这些都是诗学理论问题。仇兆鳌《杜诗详注》云："此自叙诗学。诗篇可养性灵，故既改复吟，且取法诸家，则句求尽善，而日费推敲矣。"这里，突出了杜甫的诗学贡献，是具有独到的理论见地的。尤其是"陶冶性灵"一语乃是中国古典美学富于民族文化传统特色的审美心理说。梁人钟嵘《诗品》评论阮籍《咏怀》之作"可以陶性灵，发幽思"。颜之推《颜氏家训》中也有"陶冶性情"的表述。可见，杜甫的"陶冶性灵"，乃是对传统诗论的继承与拓展。

在努力学习方面，杜甫是不遗余力的。他还说："李陵苏武是吾师，孟子论文更不疑。一饭未曾留俗客，数篇今见古人诗。"字里行间洋溢着诗人热衷于汉代苍劲诗风的情思。诗人不仅仅是学习古诗，而且注重学习古人的品格、风度。在《咏怀古迹五首》中，他深情地说："庾信平生最萧瑟，暮年诗赋动江关"；"摇落深知宋玉悲，风流儒雅亦吾师"；"诸葛大名垂宇宙，宗臣遗像肃清高"。这些诗句内涵极其丰赡。庾信（513—581），字子山，曾任梁代昭明太子萧统的东宫讲读，文辞甚美。其《哀江南赋》中有"燕歌远别，悲不自胜"，"壮士不还，寒风萧瑟"句；其《伤心赋》中有"对玉关而羁旅，坐长河而暮年"句。这些诗赋给杜甫以深刻的感染。至于宋玉《九辩》中亦有"萧瑟"之思："悲哉秋之为气也，萧瑟兮草木摇落而变衰。"宋玉的悲秋情怀和风流儒雅的气度，深受杜甫的称颂，并被杜甫尊称为师。而诸葛亮的志凌云霄、神机独断、肃穆清峻，亦为杜甫仰慕不已。

（二）别裁伪体亲风雅，转益多师是汝师

杜甫诗论长篇代表作为《戏为六绝句》，作于上元二年，诗人时年五十。此诗集中地概括了杜甫对于优秀美学传统的师承与创造的观点。

诗题以"戏"字开头，正如仇兆鳌所说："此为后生讥诮前贤而作，语多跌宕讽刺，故云戏也。"①

原诗其一云：

---

① （清）仇兆鳌：《杜诗详注》卷十一。

庾信文章老更成，凌云健笔意纵横。

今人嗤点流传赋，不觉前贤畏后生。

庾信天资聪颖，十五岁时，就为昭明太子的东宫讲读；十九岁时，就被选为学士，与徐陵齐名，其诗被称为"徐庾体"。由于庾信长期出入宫廷，其诗虽也略透清新，但终未摆脱绮靡、浮艳。如《春赋》："新年鸟声千种啭，二月杨花满路飞。河阳一县并是花，金谷从来满园树。一丛香草足碍人，数尺游丝即横路。"可谓通脱流丽，琅琅上口。至于"钗朵多而讶重，髻鬟高而畏风。眉将柳而争绿，面共桃而竞红"，则成为庾体的绝唱。然而，《镜赋》中所描写的"宿鬟尚卷，残妆已薄。无复唇珠，才余眉萼"，却带有宫廷的脂粉气。

但是，随着生活阅历的加深，随着命运的变化，随着国家民族灾难的降临，庾信的诗风也在发展。诗人既保持着清新流丽，又驰骋着凌云健笔。其悼念梁亡之痛的《哀江南赋》就是如此。所谓"不无危苦之辞，惟以悲哀为主"，就奠定了悲剧情调。"呜呼！山岳崩颓，既履危亡之运；春秋迭代，必有去故之悲。天意人事，可以凄怆伤心者矣！"这种情感是真挚的、朴素的，没有任何矫饰，见不到任何浮艳。沈德潜在《古诗源》中说："庾子山才华富有，悲感之篇，常见风骨"；杨慎在《升庵诗话》中美之为"启唐之先鞭"；刘熙载在《艺概》中美其"《燕歌行》开唐初七言，《乌夜啼》开唐七律……"这都表明，庾信作品，既含风骨，又露文采，"华实相扶，情文兼至"①。

正因为庾信之作文质相彰、健笔凌云，所以才得到杜甫的高度赞扬。明人王嗣奭《杜臆》卷四云："'庾信文章'不曰老始成而曰'更成'，其意可思。"这里启迪我们，杜甫对庾信诗文一直是持肯定态度的；尤其是对其暮年之作肯定更多；故作一"更"字，尤见其仰慕之心，益显出庾信诗文之美。仇兆鳌说得好："开府文章老愈成格，其笔势则凌云超俗，其才思则纵横出奇。后人取其流传之赋嗤笑而指点之，岂知前贤自有品格，未见其当畏后生也。"②从中可以看出，杜甫称颂了庾信诗文老练精纯的劲健美，并批评了那些专找缺点、攻击一点、不及其余的轻薄之徒。

杜甫并没有指出庾信之浮艳的缺点，而是从整体上用肯定庾信诗风的办法去

---

① 《四库全书总目提要》。

② （清）仇兆鳌：《杜诗详注》卷十一。

否定当时的嗤点者对庾信的片面的指责，尤其是用变化发展的观点去肯定庾信。如果说，嗤点者对庾信的指责是不正确的否定的话，那么，杜甫对嗤点者的批评就是正确的否定，是对批评的批评，否定的否定；通过如此辩证的驳论，实现对庾信的肯定。这是"六绝句"的逻辑起点。它贯穿在全篇中，成为启动全篇的隐形逻辑链条。

杜甫未言庾信缺点，并非有意祖护，而是高屋建瓴，大处着眼，充分估量前人优长，以启迪来者。从"老更成"中亦可窥及杜甫对庾信前后期诗文的评价，也是有所轩轾的。

杨慎曰："庾信之诗为梁之冠冕，启唐之先鞭。史评其诗曰绮艳，杜子美称之曰清新，又曰老成。绮艳、清新，人皆知之，而其老成，独子美能发其妙。予尝合而衍之曰：绮多伤质，艳多无骨，清易近薄，新易近尖。子山之诗绮而有质，艳而有骨，清而不薄，新而不尖，所以为老成也。"[1] 斯论高度赞扬庾信诗文风格的多样性与互渗性，也大体符合老杜原意，唯对庾信偶尔绮艳伤骨处，认识不足。

再读《戏为六绝句》其二：

> 王杨卢骆当时体，轻薄为文哂未休。
> 尔曹身与名俱灭，不废江河万古流。

此处歌咏初唐四杰（王勃、杨炯、卢照邻、骆宾王），批评轻薄之徒。仇兆鳌引唐人《玉泉子》云："王、杨、卢、骆有文名，人议其疵，曰：杨好用古人姓名，谓之点鬼簿。骆好用数目作对，谓之算博士。"[2] 其实，轻薄之徒之所以轻薄，远不止于此。他们是在讥笑四杰的文体。四杰在反对绮艳风习方面是有贡献的，但他们是从齐梁余风的包围中冲杀出来的豪杰，其诗文风骨刚健峻切、雄放清丽，但尚未摆脱骈俪体式的影响。轻薄之徒以点代面，有意夸大四杰的缺点，在根本上却抹杀了四杰的优点，从而也就否定了四杰以刚健见长的基本精神。杨炯在《王勃集序》中曾严厉批评了"龙朔初载，文场变体，争构纤微，竞为雕刻"的绮艳风习，充分肯定了四杰之首的王勃的刚健文风："以兹伟鉴，取其雄伯，壮而不虚，刚而能润"，并强调了王勃的巨大贡献："积年绮碎，一

---

① 语见杨慎：《丹铅总录》。
② （清）仇兆鳌：《杜诗详注》卷十一。

朝清廓，翰苑豁如，词林增峻。"这里虽然着重说明王勃的贡献，实际上也涵盖着杨炯等人的贡献。如果把这一点都否定掉，那是多么的不公平？仇兆鳌说："四公之文，当时杰出，今乃轻薄其为文而哂笑之。岂如尔辈不久销亡，前人则万古长垂，如江河不废乎。"① 这里又通俗地解释了杜甫所歌咏的诗意。

杜甫运用了对比法，去抒发自己对前贤的热爱之情。四杰与轻薄徒是个对比，"身名灭"与"万古流"是个对比。在两极的对立、比较中，更加突现出前贤的伟大与轻薄之徒的渺小。这首绝句所咏的四杰的"当时体"，"亦一时之健笔焉"②；它与第一首绝句所咏的庾信的"凌云健笔"，乃是一个绝妙的呼应，说明这两首绝句不是孤立的，而是具有紧密联系的。即使"哂"与"嗤点"、"尔曹"与"今人"等等动词和代词的运用，也是前后呼应、两两对比的。而"不废"与"不觉"，虽未足成对比，但却因"不"字这个否定副词的妙用，遂使全诗大为增色。

再读《戏为六绝句》其三：

> 纵使卢王操翰墨，劣于汉魏近风骚。
> 龙文虎脊皆君驭，历块过都见尔曹。

"纵使"为假定语气；"卢王"系指四杰，因七绝字数有严格限制，故用此简括手法。纵使四杰之笔墨不及（"劣于"）汉魏之文近乎风骚，但却色泽斑斓，美如龙文，骨力刚健，壮似虎脊。此皆四杰（"君"）所能自由驾驭者。若骏马之飞越大地（"历块"）、穿越城市（"过都"），岂尔曹之辈所能望其项背哉？

"纵使"句是假设，退一步说，其背面隐形的含义是：何况四杰诗文不见得就劣于汉魏！这就暗含着对轻薄之徒的批评。

对于"君"字的解释，是有分歧的。仇兆鳌认为是指君王，所谓"龙文虎脊，皆足供王者之用"③。如此解释，望文生义，不足为训。杨伦认为"句谓超逸绝尘，只在人之自臻。君字泛指"④。此说较仇说为强，但稍嫌笼统。我认为"君"字系指四杰，这不仅符合原诗的本义，而且与"尔曹"是对应的。

对于"历块过都"句的解释，也不尽相同。王褒《圣主得贤臣颂》云："过

---

① ③ （清）仇兆鳌：《杜诗详注》卷十一。

② （唐）杨炯：《王勃集序》。

④ （清）杨伦：《杜诗镜铨》卷九。

都越国，蹴如历块。"吕延济注："言过都国疾如行一小块之间。"这是就其本义而言。结合杜诗，则见仁见智，各有千秋。朱鹤龄《杜工部诗注》云："龙文虎脊，虽堪充驭，然必试之历块过都，尔曹方可自见耳。极言前贤之未易贬也。"此说近乎杜诗原意。仇兆鳌《杜诗详注》云："若尔薄劣之材，试之长途，当自蹴耳，奈何轻议古人耶？"又云："龙文虎脊，比四子才具过人。历块过都，人未谙此道。"是说亦可备参。

难解的是"历块过都"句。历，指经历；过，指经过，均显示出时间的动态。块，指大块（田地）；都，指城市，均显示出空间的静态。由于"历"、"过"分别在"块"、"都"之前，组成了"历块"、"过都"短语，从而形成了时与空、动与静之间的互渗，但更为重要的是：突现了时间过程的动态美。在时间驱动的空间场上，骏马飞驰而过，驽马则一蹴不振。同样是历块过都，四杰诗文，经久不衰；轻薄之徒，则身名俱灭。这是在时空场上的考验中自然筛选的结果。江田《杜园说杜》云："然譬之骐骥，其有骏骨者，必龙文虎脊发见于外，而后逐日追风，驭堪千里；若尔曹本无文彩，谬称复古，试使历块过都，有蹴而已。"这里的"蹴"，是马失前蹄、一蹴不振之意。用来形容尔曹，显然为贬义。陈沆《读杜随笔》："按王褒《颂》（按，指《圣主得贤臣颂》）：'过都越国，蹴若历块。'形容马之神骏。蹴乃腾骧之状，所过都国，只如超越土块……亦跳跃之义。"这里的"蹴"，用来形容四杰，显然是褒义。施鸿保《读杜诗说》："今按王褒《圣主得贤臣颂》：'过都越国，蹴若历块。'《文选》注：'蹴，疾也；历块，若过一小块也。'是言良马行疾……此诗亦言龙文虎脊之才，过都如历块，岂见尔曹驽劣者之膛乎在后也。"这里的"蹴"，也是褒义。用之形容四杰，是妥帖的。总之，对于诗中字句的解释，虽各有见地，不尽相同，但均可备参，应取其精当、圆通之处，去对照原诗，察其是否符合原诗的真谛，从而决定取舍。

再读《戏为六绝句》其四：

> 才力应难跨数公，凡今谁是出群雄？
> 或看翡翠兰苕上，未掣鲸鱼碧海中。

此首紧接前面三首，并转而为正面评说。先言诗人才力难以跨过庾信、四杰，当今出类拔萃、超越群英者究竟是谁呢？杜甫用反诘的口吻提出这个悬念让人检索，既活现出诗句的变化起伏，又引发了接受者的好奇心。他们纷纷猜测，寻找答案。郭知达《九家集注杜诗》："赵（次公）云：'群'字亦指数公，而'出群雄'，则盖自负矣。"钱谦益《读杜二笺》："'凡今谁是出群雄'，公所以自命也。"张戒《岁寒堂诗话》也持这种见解，均认为是杜甫自诩之言。

但仔细体悟原诗，则知所谓杜甫自负云云，纯属主观臆测。既然"数公"难以跨越，又有谁敢自负在"数公"之上？至于轻薄之徒，则更没有资格嗤点"数公"了。这里，也隐隐地回旋着对于"尔曹"的批评的余响。

接着，杜甫用"或看"、"未掣"两个转折词，将诗人才力的运转，分别引入"翡翠兰苕"与"鲸鱼碧海"的对比描述中。范梈云《岁寒堂读杜》："兰苕，香草；翡翠，小鸟；言小如珍禽在芳草之上，不能创大观也。"杨伦《杜诗镜铨》："郭璞诗：'翡翠戏兰苕，容色更相鲜。'注：兰苕，兰秀也。言珍禽芳草辉映可悦也。"刘濬《杜诗集评》引李因笃云："翡翠兰苕，秀丽之至，所谓清新俊逸也。"可见，这是一种优美，它是以柔性为其根本特征的。它与"鲸鱼碧海"的壮美景象是迥然有别的，因为后者是以刚性为其根本特征的。但二者均属于美的范畴。由于诗人才力不同，有的擅长翡翠戏兰苕，有的擅长掣鲸碧海中，有的则二者兼擅。评论者必须具体分析，不可片面指责。钱谦益《读杜二笺》云杜诗："兰苕翡翠，指当时研揣声病、寻摘章句之徒；鲸鱼碧海，则所谓'浑涵汪洋，千汇万状'，兼古人而有之者也。"这种论析，正误参半。前者指责兰苕翡翠，显然为错；后者咏颂鲸鱼碧海，显然为对。因为二者均为美，而不能用后者去否定前者。初唐四杰，尤其是王勃，既有兰苕翡翠，又有鲸鱼碧海，故兼有绮丽与雄放之美。就原诗基本精神而言，江田《杜园说杜》云："此首提出'才力'二字为全诗主脑……凡今才力，谁能跨越数公而堪自命为出群者？尔曹徒见其风华绮艳，若集翡翠于兰苕，讵知其俊拔沉雄、独掣鲸鱼于碧海也。"宗廷辅《古今论诗绝句》云："'翡翠兰苕'，喻文采鲜妍，乃今人所擅之一能；'鲸鱼碧海'，喻体魄伟丽，数公之才力却是如此。"这些说法比较合乎杜诗原意，也显得公允。

再读《戏为六绝句》其五：

> 不薄今人爱古人，清词丽句必为邻。
> 窃攀屈宋宜方驾，恐与齐梁作后尘。

对这首诗的理解歧义甚多。有的认为"薄今人"应连读，有的认为"今人爱古人"应连读。有的认为"今人"指四杰，"古人"指庾信；有的认为"今人"指当时人，"古人"指屈原、宋玉。至于"恐与"句，则歧解更多，且大相径庭。钱谦益《读杜二笺》："今人目长足短，自谓窃攀屈、宋，而转作齐、梁之后尘，不亦伤乎！"史炳《杜诗琐证》："我所以窃攀屈、宋，谓宜与之并驾者，恐但学庾信、四子，未免步齐、梁之后尘耳。"卢元昌《杜诗阐》："然则屈、宋未易拟，齐、梁未可嗤也。"汪师韩《诗学纂闻》："齐、梁且不能及，又安知所谓屈、宋哉！"仇兆鳌《杜诗详注》："但恐志大才庸，揣其意，窃思仰攀屈、宋，论其文，终作齐、梁后尘耳。"这些见解，虽偶有可取，但不免穿凿。

我认为应从整体上把握全诗的精神，不可执著、拘泥、附会。此诗亦善用对比、对衬手法。如"不薄"与"爱"，"今人"与"古人"，"不薄今人"与"窃攀屈宋"，"清词丽句"与"齐梁"之音，"宜方驾"与"必为邻"等，均或多或少地存在着两两相较的应和关系。在这种关系网上，凝结着"清词丽句"，这是诗眼，杜甫是十分推崇的。他赞美孟浩然"清诗句句尽堪传"①，王维"最传秀句寰区满"②；并将李白比为"清新庾开府，俊逸鲍参军"③。他对谢灵运、谢朓、阴铿、何逊等诗人的清词丽句，都是十分欣赏的。如"赋诗何必多，往往凌鲍谢"④，"谢朓每篇堪讽诵"⑤。"熟知二谢将能事，颇学阴何苦用心"⑥。这些都表述了杜甫的审美追求和对于优秀传统的热衷。

仇兆鳌在注中引《谢灵运传》"清词丽句，时发乎篇"来状其诗文；刘勰《文心雕龙·明诗》有"五言流调，则清丽居宗"句，在《丽辞》中有"丽句与深采并流，偶意共逸韵俱发"句，《物色》中有"诗人丽则而约言"句，《诠赋》有"丽词雅义"句，《颂赞》中有"辞必清铄"句，《声律》中有"诗人综韵，率多清切"句，《定势》中有"赋颂歌诗，则羽仪乎清丽"句。可见清词丽句，是早有肯定性的美的评价的。当然，如此清丽，与雅正是相联系的，与淫丽是南辕北辙的。

杜甫所说的清词丽句，继承与发扬了风、骚的现实主义传统，是以屈原、宋玉为范式的，是深恐步齐梁淫丽诗风后尘的。宗廷辅《古今论诗绝句》："曰'恐与作后尘'，有深惧沾染之意。"由此可见，屈宋雅丽，齐梁淫丽，乃是杜诗显出两种态度的原因。对于齐梁诗风，杜甫并未做出严厉批评的姿态，而是从正面赞美清词丽句，来消解淫丽风习，并以亲近风雅作为创作的最高原则。当然，这并不意味着说杜甫对待齐梁诗文都是采取消解态度，而是说杜甫只是拒绝那些

①②⑥ （唐）杜甫：《解闷》。
③ （唐）杜甫：《春日忆李白》。
④ （唐）杜甫：《遣兴五首》其五。
⑤ （唐）杜甫：《寄岑嘉州》。

应该拒绝的东西（淫丽），对于不应拒绝的东西（清丽、雅丽），则是接纳的。关于这一点，杜甫与陈子昂、李白的做法是有不同的，后者则旗帜鲜明地反对齐梁风习。陈子昂《与东方左史虬修竹篇序》："仆尝暇观齐、梁间诗，彩丽竞繁，而兴寄都绝，每以永叹，思古人常恐逶迤颓靡，风雅不作，以耿耿也。"李白则在《古风》其一中说："大雅久不作，吾衰竟谁陈……自从建安来，绮丽不足珍。"这种否定齐梁风习的言辞，是激烈的、昂扬的、坚定的。尤其是陈子昂，正由于他提出了反对齐梁浮艳风习的纲领，便奠定了他那开一代诗风的历史地位。这是杜甫所不及的。但在提倡兴寄、推崇风雅、恢复古道这一总的目标方面，他们却是一致的。所以，杜甫在《陈拾遗故宅》中称颂陈子昂："有才继骚雅，哲匠不比肩。公生扬马后，名与日月悬。"杜甫所赞扬的清词丽句，与李白所提倡的清水出芙蓉的美，也具有异曲同工之妙。当然，我们也应看到，这种清词丽句，与前面所说的凌云健笔，并非不相及的，而是相渗相融的、老成的。再读《戏为六绝句》其六：

> 未及前贤更勿疑，递相祖述复先谁？
> 别裁伪体亲风雅，转益多师是汝师。

这里所说的"前贤"，与第一首所说的"前贤"，是个绝妙的呼应，意指包括庾信、四杰在内的杰出的文坛前辈及其作品，故这里的"前贤"的含义，较为宽泛，举凡风、骚、汉魏等健笔，均属前贤佳作。他们世代相传，递相祖述，难分轩轾。然在学习、继承过程中，必须去伪存真，别裁伪体，以风雅为宗；并广采博取，转益多师，吸收众贤之长，滋养自己身体，这才是你师从的真谛，才是你真正的老师啊！这首诗也是从正面阐述道理的。齐梁淫艳宫体，当然是伪体，当然在别裁、剔除之列。此诗虽未明说，但已不言自明。至于凌云健笔、清词丽句，则与风雅一脉相承，也是亲近风雅的结果。

对于诗中"递相祖述"的解释是有不同的。有人赋予褒义，认为指世代相承的优秀传统；有人赋予贬义，认为指因袭模仿的浮艳风习。朱弁《风月堂诗话》："魏曹植诗出于国风，晋阮籍诗出于小雅，其余递相祖袭，虽各有师承，而去风雅犹未远也。"钱谦益《读杜二笺》："以其'递相祖述'，沿流失源，而不知谁为之先也。"这两种解释迥然不同。我认为前者的解释，较合情理，也正如浦起龙《读杜新解》所说："'递相祖述'，前贤各有师承，如宗支之代嬗也。"钱氏的解释纯属附会，与汪师韩《诗学纂闻》中"言后生所祖述者伪体也"的意思，倒是有某种近似之处的。

这首诗的诗眼是"转益多师"。它是杜甫所着意渲染的浓彩重笔。它与六绝句是息息相关的。翁方纲《石洲诗话》："六首俱以师古为主。卢、王较之近代，则卢、王为今人之师矣（公有'近代惜卢王'之句）。汉、魏则又卢、王之师也，风、骚则又汉、魏之师也，此所谓'转益多师'。言其层累而上，师又有师，直到极顶，必须风、雅是亲矣。"这里，概括了六绝句"转益多师"的共同命题，具有理论深度，但却囿于师古，范围欠广。若在师古之时参之以今，则其所师，亦必活泛，其所师之师，亦必众多。宗廷辅《古今论诗绝句》："诗人即缘时代递生，古人有佳处，即今人亦非无佳处……为学之道，当斥伪体而亲风、雅，别以定识，裁以定力。识力既精，趋向不惑，自然能择善而从，不善而改。则古今虽千源万派，汝之师，何必暖暖姝姝，颛守一家哉！"这种说法比较周圆，符合杜甫"不薄今人爱古人"的诗义。

必须指出，"转益多师"既是诗人的手段，又含诗人的目的。通过广采博取、兼收众长，获得凌云健笔、清词丽句，才是转益多师的精义，而师的最高范式则是风、雅。这种基本精神贯穿在六绝句中，使六绝句成为完整的具有中心思想的诗论精品。

杜甫"转益多师"的思想，在其他作品中也不时可见。《偶题》云："文章千古事，得失寸心知。作者皆殊列，名声岂浪垂？骚人嗟不见，汉道盛于斯。前辈飞腾入，余波绮丽为。后贤兼旧利，历代各清规。"这里，深切地揭示了诗人对于千古文章的审美接受心理，对前辈的景仰之情，对后贤的爱心，对历代文章法规和佳作的推崇之心。仇兆鳌《杜诗详注》卷十八引王嗣奭《杜臆》云："此篇乃一部杜诗总序"，足见其重要的理论价值。唐人元稹《唐故工部员外郎杜君墓系铭并序》云："至于子美，盖所谓上薄风、骚，下该沈、宋，古傍苏、李，气夺曹、刘，掩颜、谢之孤高，杂徐、庾之流丽，尽得古今之体势，而兼人人之所独专矣。"如此能兼备众体，独创一体，同他的转益多师、广采博取是分不开的。当然，对此必须进行辩证，才可得到全面的、正确的答案。即在转益多师时，必须别裁伪体，亲近风、雅，庶能掬出诗美之泉。若不识伪体，则无从别裁，即是多师，也不能转益。可见，转益多师是离不开别裁伪体的。

正由于杜甫能做到"别裁伪体"、"转益多师"，故其诗浑涵汪茫、千汇万状，臻于炉火纯青的最高境界。他说："赋诗新句稳，不觉自长吟"[1]；"思飘云

---

① （唐）杜甫：《长吟》。

物外，律中鬼神惊。毫发无遗憾，波澜独老成"①。如此稳健、老成，乃是对包括庾信在内的前贤的老成健笔勤奋学习的结果。杜甫以自己艰辛的艺术实践确证了自己的诗论，突出地显示了自己美学智慧的光辉，为后人提供了诗学规范，也表现了中国古典诗歌美学的重大特点：理性精神与艺术渲染的圆融。杜甫《宗武生日》云："诗是吾家事，人传世上情。熟精《文选》理，休觅彩衣轻。"这里既重视情，又强调理，可以加深对六绝句的理解。

（三）意匠惨淡经营中

杜甫不仅精通文学，而且长于艺术，在绘画、园林、书法、雕刻、舞蹈等方面均有独到的见解。他结识的王维、曹霸、王宰、韦偃、郑虔等画家，均名震遐迩。他的题画诗、咏物诗、山水诗，不时流露出对他们的赞颂，并表现出极其深刻的美学见解。如"意匠惨淡经营中"②、"功刮造化窟"③、"咫尺应须论万里"④、"爱画入骨髓"⑤、"豪荡感激"⑥、"书贵瘦硬方通神"⑦，等等。

由于杜甫以艺术入诗，这就增加了诗的形象性、生动性和点石成金的艺术理论见解，从而大大拓宽了诗美、诗论的领域。同时，由于杜甫以诗评艺、以诗写艺，因而便提高了人的审美境界，扩展了人的审美视野，使人们从多种体裁相渗相融的角度去观照诗与其他艺术的互渗美、过渡美，尤其是诗画同一的和谐美。当然，这样说并不意味着抹杀诗与画的区别，而是着力探究诗与画的中介领域的美。

杜甫不仅歌咏他人的艺术匠心，也欣赏自己的惨淡经营。这是苦乐相渗、苦尽甘来的美。且读《丹青引赠曹将军霸》："丹青不知老将至，富贵于我如浮云。"这是对曹霸老年漠视富贵、倾心绘事的描述。曹霸乃魏武帝曹操的后裔，其"文采风流"载誉当时。尤其是他的人物画，辄以帝王将相为题材，形象生动，风貌独具。"凌烟功臣少颜色，将军下笔开生面。良相头上进贤冠，猛将腰间大羽箭。褒公鄂公毛发动，英姿飒爽犹酣战。"这里，用"开生面"、"毛发

---

① （唐）杜甫：《敬赠郑谏议十韵》。

② （唐）杜甫：《丹青引赠曹将军霸》。

③ （唐）杜甫：《画鹘行》。

④ （唐）杜甫：《戏题王宰画山水图歌》。

⑤ （唐）杜甫：《奉先刘少府新画山水障歌》。

⑥ （唐）杜甫：《观公孙大娘舞剑器行并序》。

⑦ （唐）杜甫：《李潮八分小篆歌》。

动"、"英姿飒爽"等词语，来形容人物状态，可谓毕肖。仇兆鳌曰："此记其善于写真。"① 如此写真不仅用于人物画，而且用于动物画，尤其是画马。在曹霸笔下，最着意突现马的神韵、个性。"画工如山貌不同"，每匹马都有每匹马的特点。要绘出马的特点，并非易如反掌，而是要在画家大脑熔炉中经过千锤百炼，然后才能达到呼之欲出的程度。所谓"意匠惨淡经营中"，便表明了创造的艰辛。晋人陆机《文赋》曰："意司契而为匠。"所谓窥意匠而运斤，就表现出思维过程中深思熟虑、剪裁布局、取舍概括的运作情景。曹霸画马，正由于能匠心独运，故终于"须臾九重真龙出，一洗万古凡马空"。这种马，是真龙良骏，而非平庸凡马。由于画得惟妙惟肖，恍如真马，因而连养马的官人也感到自愧弗如、惆怅不已。至此，为了表现曹霸马画之美，便进一步以韩干的马画与之作对比。韩干是曹霸弟子，也是画马高手，但与老师曹霸相比，却有所不同。"弟子韩干早入室，亦能画马穷殊相。干惟画肉不画骨，忍使骅骝气凋丧。"韩干曾任宫廷画师，唐玄宗好大马，命韩干绘制，故显得肥大。但亦可传神，故也得到王维的称赞。杜甫认为，与曹霸相较，却显得缺乏骨力。对此，唐代绘画理论家张彦远却持有不同见解。他在《历代名画记》卷九中援引了杜甫写的曹霸画马歌后，紧接着就反诘道："彦远以杜甫岂知画者？以干马肥大，遂有画肉之诮。"显然，这是对杜甫的一个批评。又说："玄宗好大马，御厩至四十万……天下一统，西域大宛，岁有来献。诏于北地置群牧，筋骨行步，久而方全。调习之能，逸异并至。骨力追风，毛彩照地，不可名状，号木槽马……时主好艺，韩君间生，遂命悉图其骏。则有玉花骢、照夜白等。时岐、薛、宁、申王厩中，皆有善马。干并图之，遂为古今独步。"这表明，韩干画马，并非有肉无骨，而是有骨有肉，否则，就不可能"骨力追风，毛彩照地"，并得到"古今独步"的美誉，但其骨力却是包孕在肥硕的血肉之中的。故韩干画肉，并非失真，而是写真。他朝夕与大马厮磨，故笔下之马必然肥硕。真实地再现与表现生活的本来面貌及其本质，是现实主义的灵魂。曹霸、韩干之画，均能从真出发，立足于真，坚持写真，故形态毕肖，栩栩如生。韩干画马，并未只从帝王喜好出发，而抛弃写真，故难以说明其所画之马没有骨力。

　　谈到这里，让我们再回到杜甫的诗歌上来。如果说写真偏重于造形的话，那么，另一个问题便是传神。"将军画善盖有神，偶逢佳士亦写真。"传神妙品在造型上要真，在内涵上要有骨力。就画马而言，就是要求形神兼备，以形写神，

---

① （清）仇兆鳌：《杜诗详注》卷十三。

也就是风清骨峻，所谓"迥立阊阖生长风"是也。王嗣奭《杜臆》卷六："至韩之画肉，非失于肥，盖取姿媚以悦人者，于马非不婉肖，而骨非千里，则'骅骝丧气'矣。"这表明，画马不仅要画肉，更要画骨，庶可传达其精神风貌。但是，对韩干的指责却是站不住脚的。画肉画骨，以形传神，又谈何容易？但杜甫却独有妙招，这就是前面已提到过的："意匠惨淡经营中。"金圣叹《杜诗解》卷三说："将军手展绢素，凝眸打算，断断不轻用笔，有似苦难而形色惨淡者。然惨淡实不在外，乃是其意匠耳。经营者，将马从头至尾一直看去曰经，复从马四面看转来曰营。将军经营良久，俨然见天马立于绢素间，然后纵笔一拂，须臾而天马出矣。"这种解析，颇具真切性与想象力。如果我们把此诗与杜甫其他赞咏曹霸画马图歌相联系，则更可见出画家"惨淡经营"的良苦用心。且读《韦讽录事宅观曹将军画马图歌》："今之新图有二马，复令识者久叹嗟。此皆战骑一敌万，缟素漠漠开风沙。其余七匹料殊绝，迥若寒空杂霞雪。霜蹄蹴踏长楸间，马官厮养森成列。"此为九马图，其雄奇，其骧跃，其飞纵，其疾迅，可谓神态毕现，跃然目前。能画如此神骏，绝非一日之功，而是画师善于惨淡经营、精于艺术概括的结果。所谓"腾骧磊落三万匹，皆与此图筋骨同"，就蕴藏着个中奥秘。三万匹，言其多，是真马。经过画师的去粗取精、由表及里、寓万于一、典型创造，成为九马图。这种从多到一、由诸多具象到艺术提炼与概括的过程，也是画师匠心独运、呕心沥血、惨淡经营的过程。只有经过这一过程，才能产生"顾视清高气深稳"、"龙池十日飞霹雳"般的画马图。对于画马如此，对于艺术创造，又何尝不如此呢？杜甫对于画马、真马均特别注目，除歌咏曹霸马画外，还歌咏韦偃马画。《题壁上韦偃画马歌》，用"画无敌"来颂扬韦偃，用"戏拈秃笔扫骅骝"来赞美韦偃技艺，并用"真"字来揭示其马画的真谛，堪称入骨三分。唐人朱景玄《唐朝名画录》誉韦偃之画为"妙品"："鞍马人物，山水云烟，千变万态，或腾或倚，或龁或饮，或惊或止，或走或起，或翘或跂……曲尽其妙，宛然如真。"并认为可与韩干技艺相匹敌。宋人洪迈《容斋随笔》亦称赞杜诗咏马"以逼真目之。如老杜'人间又见真乘黄'，'时危安得真致此'"等。这些，都有助于理解杜诗中的"真"字。"竹批双耳峻，风入四蹄轻。所向无空阔，真堪托死生"①。这不是老杜笔下骏马飞驰景象的真实写照吗？

除了咏马诗、画马歌以外，对于其他描绘对象，均应以真为基本。杜甫《画鹘行》："乃知画师妙，功刮造化窟。写作神骏姿，充君眼中物。"这里所说

---

① （唐）杜甫：《房兵曹胡马》。

的"造化",乃是指大自然。唐人张璪云:"外师造化,中得心源。"① 杜甫所赞咏的画师,也是以自然造化为蓝本的,这是符合"真"的要求的。当然,这种真并非对客观事物的机械翻版,而是含着作者主观情愫的。杜甫所说的"写",就蕴蓄着主观情愫。仇兆鳌引李贺"笔补造化天无功"②,也是在强调"写"的主观作用。前面所说的"意匠惨淡经营中",也是在"写"的过程中表现出来的。此外,在《天育骠图歌》中,既有张公画马、惨淡经营、"写真传世人"的描述,又洋溢着诗人主观上无限感喟之情。

(四)爱画入骨髓

如果说,"意匠惨淡经营中"是描述创作过程艰辛的话,那么,"爱画入骨髓"就是抒发观照艺术品时的审美感受了。且看《奉先刘少府新画山水障歌》:"堂上不合生枫树,怪底江山起烟雾。"这是起句,首言屏障山水之奇,着一"怪"字,即将读者审美注意力紧紧攫住,使其凝结于诗画中。在稍作描绘后,就势陡转,插入诗人的主观议论,以强化对画的剖析:"画师亦无数,好手不可遇。对此融心神,知君重毫素。"这里,突出"融心神",意在强调对此画的爱不释手的美感。因为此画的艺术水平已超过祁岳、郑虔、杨契丹等著名画师。在概括地剖析以后,紧接着又转为描绘。诗人用"元气淋漓障犹湿"、"沧浪水深青溟阔"等句来刻画山水屏障之美。然后,又陡折笔势,转为理性概括,极言刘少府及其子艺术感悟能力之强,并用"刘侯天机精,爱画入骨髓"句赞美之。如此赞词颇具普遍性,它也概括了杜甫和其他艺术行家的审美感的深切性。"爱画入骨髓"是此诗审美感知的核心,它和"对此融心神"句是相呼应的。王嗣奭《杜臆》卷一:"画有六法:'气韵生动'第一,'骨法用笔'次之。杜以画法为诗法,通篇字字跳跃,天机盎然,见其气韵。乃'堂上不合生枫树',突然而起,从天而下……而篇中最得画家三昧,尤在'元气淋漓障犹湿'一语,试一想象,此画至今在目,真是下笔有神;而诗中之画,令顾、陆奔走笔端。"如此审美体悟,可谓入骨三分。

大凡"爱画入骨髓"的人,必然具有高度的艺术鉴赏水平,杜甫则是其中的圣杰。《戏题王宰画山水图歌》就形象而深刻地显示出这一点。王宰为四川

---

① 见(唐)张彦远:《历代名画记》卷十。
② (清)仇兆鳌:《杜诗详注》卷六。

人，喜画蜀中山水，其山势玲珑嵌空，险峭峻拔；水势浩瀚，风涛激荡。杜甫见画，深谙其妙，便从审美的角度去进行观照："尤工远势古莫比，咫尺应须论万里。焉得并州快剪刀，剪取吴松半江水。"这里，由近及远，从小见大，以短截长，并用夸饰的手法（包括夸大与缩小），透视出王宰画中山水的参差美，显示出诗人心海深处激荡着的美感。如果说，王宰的画是折叠的山水，那么，杜甫的这首歌就含诗化的山水论。

杜甫对于名人名画是一往情深的。在《戏为韦偃双松图歌》中，以"绝笔长风起纤末，满堂动色嗟神妙"来赞美韦偃画松，以"白摧朽骨龙虎死，黑入太阴雷雨垂"来描绘古松美。"绝笔"指绝顶之笔，无法超越之笔，无与伦比之笔。"神妙"指双松图的独特的品格，最高的美学境界。"白摧，言画之枯淡处。黑入，言画之浓润处。"[1]"白摧"句，指树干剥蚀，白似龙虎朽骨，用的是枯淡之笔；"黑入"句，指树叶阴森，黑如雷雨下垂，涂的是浓润之墨。黑白之间形成对比，显示出知白守黑、亦白亦黑之美。杜甫之所以臻于如此高的审美境界，正是由于他"爱画入骨髓"使然。在长期的鉴赏中，他的大脑信息仓库中积淀着丰富的审美经验；因而在接触艺术品时，便能及时地召唤它们，带领他们潜入艺术品中，去不停地玩味、体悟、开掘。杜甫说："老夫平生好奇古，对此兴与精灵聚"[2]；又说："绘事功殊绝，幽襟兴激昂。"[3] 这里所说的"兴"，乃是指审美兴味、兴趣、兴致；它是激活杜甫情感向心力的诱发剂，是通向"爱画入骨髓"的心理阶梯。

杜甫不仅热爱绘画艺术，而且还热爱书法、园林、舞蹈等艺术。《殿中杨监见示张旭草书图》："俊拔为之主"、"逸气感清识"，这是对草圣艺术风格的赞颂。《李潮八分小篆歌》："书贵瘦硬方通神"，这是对乃甥李潮小篆的赞美。《观公孙大娘弟子舞剑器行并序》："浏漓顿挫"，"豪荡感激"，这是颂扬公孙氏舞剑雄姿和内心情感的。至于"累土为山"、"兴之所至"[4]，乃是称颂园林假山美的。他还生动地描绘了园林的美，并痛快淋漓地挥发了自己的兴致、感情，如《乐游园歌晦日贺兰杨长史筵醉中作》，既描绘了"乐游古园崒森爽，烟绵碧草萋萋长"的景色，又抒发了"却忆年年人醉时，只今未醉已先悲"的情怀。这就把

---

① （清）仇兆鳌引张綖注，见《杜诗详注》卷九。

② （唐）杜甫：《题李尊师松树障子歌》。

③ （唐）杜甫：《奉观严郑公厅事岷山沱江画图十韵得忘字》。

④ （唐）杜甫：《天宝初南曹小司寇舅于我太夫人堂下累土为山一匮盈尺以代彼朽木承诸焚香瓷瓯瓯甚安矣旁植慈竹盖兹数峰嵚岑婵娟宛有尘外数致乃不知兴之所至而作是诗》。

诗人之"兴"提升到"悲"的境界。

（五）悲见生涯百忧集

杜甫一生写下了大量的现实主义诗篇，全面深刻地揭露了当时的社会矛盾，反映了广大人民悲惨的生活命运，抒发了内心的楚痛，尤其是长篇《自京赴奉先县咏怀五百字》、《哀王孙》、《哀江头》、《悲陈陶》、《悲青坂》、"三吏"、"三别"等现实主义杰作，在中国诗史上闪耀着夺目的光辉，为人们传诵不绝，被誉为诗史。这些作品从各个侧面，向着同一目标，投射出悲剧的光环。

从美学理论上看，杜诗现实主义精神集中突出地体现为一个"悲"字，因而抒发悲剧情怀便成为杜诗美学思想的根本特征。笔者不拟将上述人们非常熟悉的作品一一加以分析，而只想以《百忧集行》为例，解剖一个"麻雀"，以小见大，从下而上，掬出一个"悲"字。且读原诗：

> 忆年十五心尚孩，健如黄犊走复来。
> 庭前八月梨枣熟，一日上树能千回。
> 即今倏忽已五十，坐卧只多少行立。
> 强将笑语供主人，悲见生涯百忧集。
> 入门依旧四壁空，老妻睹我颜色同。
> 痴儿不知父子礼，叫怒索饭啼门东。

此为七古诗，作于上元二年（761）。当时，杜甫虽居成都草堂，但不过是躲避战乱，暂且栖身。其生活仍极贫困，只有充当幕府，仰人鼻息，依附他人，靠施展自己的诗才，换取菲薄的报酬，勉强度日。他虽深受儒学的影响，笃信君君臣臣父父子子那套封建教条，但却有自己独立的人格、节操。特别是，他连年深受战乱之苦，家破人亡，饥寒交迫，差点儿丢掉性命，故接触到下层黎民百姓，深知他们的痛苦，同情他们的命运。这就使杜甫和那些养尊处优的官吏们产生了很大的思想距离，甚至于格格不入，因而也往往遭受冷遇。加之年迈多病，经济拮据，无力支撑家庭重荷，故心情惆怅，百忧咸集。

此诗使人惊异者，是出手高妙，用语新奇。首句不谈忧，而是谈喜；不言老，而言少。诗人回忆年少之时，童心炽热，无忧无虑，体魄健全，壮如牛犊，精力充沛，来去迅疾。真是朝气蓬勃，大有可为。其《壮游》诗云："往昔十四五，出游翰墨场。斯文崔魏徒，以我似班扬。"连当时知名人士崔尚、魏启心，都夸少年杜甫的才气，并比之为班固、扬雄。可见，少年杜甫，不仅文采飞扬，而且天真活泼，身体健康，动作敏捷。所谓"健如黄犊走复来"，就是生动的写照。清人杨伦云此句"形容绝倒，正为衬出下文"①，甚是。盖诗人行文至此，语意未尽，必然要引出下两句来。即当梨枣成熟之时，频频上树摘取，一日千回，毫不疲倦，精力旺盛之至！所谓"千回"，只是夸张的语气，喻其多也。此外，无论是从生理学还是从心理学的角度而言，童心是属于儿童的。少年杜甫"心尚孩"，这个"尚"字用得非常贴切，说明了一颗天真无邪的童心，在十五岁时，仍在持续跳跃着。可见，用了一个"尚"字，就描述了杜甫由童年而少年的天真烂漫、活泼可爱。然而，少年杜甫毕竟是在向青年过渡，因而他此时的体魄，就不像儿时那样弱小，而是生长发育、健如牛犊了。这正是少年的特征啊！足见诗人遣词造句是极有分寸、十分恰当的。抓住、瞄准了少年的气质、性格特征，以跳动的笔触把它活灵活现地勾勒出来，而不是把一个孩子写得老气横秋、没有生气。这里不是没有目的地表现少年自我，也不是用喜悦的心情颂扬少年自我，而是以忧伤的心情去回忆少年自我的无忧无虑的生活，因而就深深地含着悲痛、愤懑的感情。杨伦对此诗开头的眉批是："聊以泄愤，不嫌径直"②，也是不无道理的。

从"忆年"转入"即今"虽有个较长（三十五年）的时间跨度，但毫无脱臼、断裂的痕迹。你所感到的只是气势上的起伏、语意上的沉郁顿挫。因为从一个翩翩少年变成一个持重老者，是有个过程的。这个过程，虽然"倏忽"，但却是不平静的，在情感上、心理上、性格上、生活道路上的变化是巨大的。由于年老力衰，行动不便，难以支撑，故坐卧多而行立少。本应享享清福，颐养天年，但因生活无着，还须出入于官僚之门，察言观色，投其所好，以换取廉价的赏赐，养活一家老小。尽管诗人不愿低身俯首、屈膝侍人，但仍勉作笑语，迎奉主人。强做自己所不愿做的事，内心是多么矛盾、痛苦！不禁悲从中来，忧伤满怀，而发出"悲见生涯百忧集"的慨叹。此为全诗之眼。它把诗人的情绪凝聚到"悲"字上。它不仅因老而悲，也因贫而悲，更因依附别人、缺乏自身独立存在的价值而悲。尤可悲者，诗人不是悲一时一事，而是悲其一生，悲其一生为人民而悲。"悲见生涯百忧集"实具有高度的概括性。就其在全诗中的地位而言，它起着承上启下的作用。它与诗题相呼应，又因往昔境遇凄惨而悲，联想到

①② （清）杨伦：《杜诗镜铨》卷八。

当时老窘之境而悲，在结构上可谓承上；由此出发，为以下具体描写家贫先写一笔，可谓启下。这就自然引出下文。

诗人本已忧心忡忡，愁丝萦绕，一入家门，依旧四壁空空，家无余粮，一贫如洗。老夫老妻，相对无言，满脸愁容，面有菜色。惟痴儿幼稚无知，饥肠辘辘，对着东边的厨门，啼叫发怒要饭吃。如此情景，焉能不令人悲上加悲、愁上加愁？经过诗人的具体描写，其忧伤痛苦之状，更历历在目。

为了表现百忧咸集的情状，诗人别出心裁，以数字入诗，并运用衬托法，强化悲的情怀。例如，诗中以"十五"比"五十"，就划分了自我的两个时代。以"八月"果熟、"一日"上树"千回"，来形容"十五"岁少年的灵敏活跃、天真烂漫。用"四壁空"写"百忧集"，就充实了忧的内容。用"健如黄犊"对比"坐卧只多"，用"走复来"对比"少行立"，用"强作笑语"对比"悲见生涯"，更显出悲的氛围之浓。尤其令人心酸的是，诗人还把自己的童心少年和自己的痴儿作了对比。自己年少时，无忧无虑，不愁吃穿，非常愉快；却想不到已人老境之际，自己的儿子却饥饿难忍，啼叫索饭。这和自己的儿时相比，则有霄壤之别。在诗人笔下，不仅如实地表现了自己的凄凉处境，而且逼真地写出了老妻和痴儿的表情、姿态，非常富于人情味。

杜甫在《进鵰赋表》中，说自己的作品善于"沉郁顿挫"。这也表现在《百忧集行》中。它"悲愤慷慨，郁结于中"、"沉郁苍凉，跳跃动荡"①。诗人不幸的遭遇、亲身的体验、内心的楚痛、丰富的阅历，在诗中化为一股股情感流。它回旋激荡，飞湍暗转，悲愤呼号，久久不息。

当然，我们也要看到，诗人并非都是终日愁眉苦脸、哀怨呼号、悲痛欲绝的。有些诗篇字面上并无明显的悲的色彩，但意境深部却萦绕着悲的情结，且时与喜的情绪交织在一起。如《江畔独步寻花七绝句》其五：

> 黄师塔前江水东，春光懒困倚微风。
> 桃花一簇开无主，可爱深红爱浅红？

此诗作于上元二年（761），当时，杜甫定居成都草堂，生活稍稍安定，然年逾半百，垂垂老矣。感慨之情溢于言表。每每独步寻幽，消遣世虑。目击烂漫春花争艳斗奇，快何如之？然好景不常，凋谢有期，生命有限，时不我待，须臾垂暮，

---

① （清）陈廷焯：《白雨斋词话》卷一。

形同落英。复忆往昔，每每颠沛流离，饥寒交迫，出入于战乱之中，挣扎在死亡线上。劫后余生，自怜命薄！独步沉吟，愁肠郁结，情何以堪？然在群芳竞妍之际，尚可舒展愁眉。此诗虽云寻花，实乃遣愁散闷，故隐藏着悲的情调。它所侧重表现的乃是桃花之美和诗人爱花、赏花的审美心理。

首先，杜甫为我们勾勒出一幅美妙的风景画，高耸的黄师塔，呈垂直线，巍然屹立着；流动的江水，呈水平线，横卧在大地上，构成了有纵有横的几何图。塔，是静止的；江，是流动的。画面有动有静，与巨大的几何形相映衬，给人以壮美的感受。塔前、水东，标明了方位，这就为下句的风景描绘提供了广阔的空间。其中，"黄师塔前"句，在制造气氛方面尤为重要。陆游《老学庵笔记》云"蜀人呼僧为师，葬所为塔，乃悟少陵'黄师塔前'句"。呼僧为师，含尊重之意；葬僧塔底，足见尊之又尊。至此塔前，则崇敬之情油然而生。这就是美学上的所谓崇高感吧。但僧亡塔存，却在崇敬之余，夹杂着几分悲怆之情。这样，就使塔前风光顿生寂寞了。

然而诗人毕竟在寻春，故必须把着重点转移到写春上来。风和日丽，春光醉人，不觉困倦，且倚微风，用寄雅怀。诗人着一"倚"字，就把自己与大好春光融合为一，达到寓情于景、以景寄情的完美境界。

如果说，诗人寻春是从总体上泛写春光的话，那么，在泛写之后，就必须转入集中描写。泛写的是面，集中写的是点。因而下两句就着力写桃花。在诗人笔下，桃花一簇，深浅显红，然主人已殁，唯有寂寞相随耳。若诗人不寻花至此，又有何人赏识？字里行间流露出淡淡的哀愁。这与七绝句的总调子是合拍的。但此诗的重点毕竟是写爱花，故也萦绕着喜的气氛。"可爱深红爱浅红"句，用了两个"爱"字、两个"红"字，既强调了审美主体（杜甫）的愉悦感，又强调了审美客体（桃花）的美及其美的品类（深红、浅红），并以反问的语气作结，不仅饶有兴味，而且由己及人，这就扩大了审美的范围，强化了美感的效应。杨伦评论道："绮语令人欲死，叠用'爱'字有致"①，可谓得其三昧。明人王嗣奭云："其五：'春光懒困倚微风'，似不可解，而于恼怕之外，别有领略，妙甚。桃花无主，可爱者深红耶？浅红耶？任人自择而已。"② 如果说七绝句前四首是在分别描写恼花、怕春、报春、怜花而流露出悲愁的情怀的话，那么，此首（其五）却显示出爱花、赏花时的喜悦之情。如此由悲入喜的描写，出现了节奏的

---

① （清）杨伦：《杜诗镜铨》卷八。
② （明）王嗣奭：《杜臆》卷四。

起伏变化，给人以新奇的美感。这种喜悦之情，并未戛然作结，而是自然而然地向后延伸；以至在下一首（其六）达到了最高潮。这就是：

> 黄四娘家花满蹊，千朵万朵压枝低。
> 留连戏蝶时时舞，自在娇莺恰恰啼。

诗中一片花团锦簇、蝶舞莺啼的繁荣景象。然而，高潮之后，必有下降，而显得抑扬有致。这就是岁月催逼，花落人老。故末首（其七）云：

> 不是爱花即欲死，只恐花尽老相催。
> 繁枝容易纷纷落，嫩蕊商量细细开。

字里行间暗藏惜花之意。诗人用拟人化手法，将"商量"赋予"嫩蕊"，以状其语态；用"细细开"形容其缓慢绽开的情姿。如此描绘，花儿活的灵性栩栩如生，闪现眼帘。然而，花尽老催，周而复始；悲喜相生，人之常情，亦自然规律耳。诗人笔底渗出的悲喜感，颇含哲学意味，也可视为七绝句的总结。

必须说明的是，诗人以喜为特点的篇什也是有的，如《闻官军收河南河北》、《绝句》（两个黄鹂鸣翠柳）等；但就总的倾向而言，诗人之作是以悲为主调的。悲是美的形态之一，也是美学研究的具体对象之一。杜诗的悲，虽一般表现为美的形态，但有些也可提炼、升华为美学范畴。作为悲剧美，是偏重于感性的、形象的；作为悲剧美学，则是偏重于理性的、概括的。在进行美学把握时，必须针对具体实际，辩证地、灵活地予以定位、阐释，而不可拘泥、执著。

当然，这样说并非要求人们把杜诗都当成杜甫诗学看待；但我们却不可忘记，中国古典美学与西方古代美学相比，有很大不同，前者往往以体悟、领悟、妙悟为特点，后者往往以逻辑推理为特点。我们既不能用前者去要求后者，也不能用后者去要求前者。对于杜甫美学智慧，也应如此看待。

三　岑参的感而遂通

（一）物极则变　感而遂通

岑参（715？—770）、高适（702？—765），经历了唐玄宗李隆基开元盛世。

他们在北国边塞任职，写下了大量的边塞诗，充满了异域风味和爱国豪情，风格悲壮、苍凉，被誉为边塞诗派，又叫岑、高诗派。他们在美学理论上并无系统论述，但在其为数不多的文章里却留下了一些美学精粹。

岑参在《感旧赋并序》中，真切而动情地描述了他先辈的兴衰际遇，揭示出生活命运上下起伏、流动不息、变易更迭的哲理。他引"《易》曰：物不可以终泰，故受之以否"。继而叙述岑氏家族二千余载、六十余代"美而有光"的昌隆景象；然而，泰极否来，武则天主宰朝政后，其先辈身陷囹圄、被贬、被杀，灾祸不断。真的如岑参所叹述："昔一何荣矣，今一何悴矣！"

他在今昔对比之后，得出了一个结论："夫物极则变，感而遂通，于是日光回照于覆盆之下，阳气复暖于寒谷之中。"这里是指否极泰来、家道复兴的意思。《易传·系辞上》云："易，无思也，无为也，寂然不动，感而遂通天下之故。"对此，孔颖达在《周易正义》中解释道："既无思无为，故寂然不动。有感必应，万事皆通，是感而遂通天下之故也。"岑氏家族在经历长期沉寂之后，时运顺转，感通上下，复见天日。岑参的伯父岑羲当上宰相，成为岑氏家族复兴的转捩点。

但是，岑参只是看到家运兴衰更迭的现象，认为是天意，而不知道个中复杂的社会根源和官场倾轧的残酷现实；因此，他慨然叹曰："呜呼！天不可问，莫知其由，何先荣而后悴，曷曩乐而今忧？"他抚剑歌曰："东海之水化为田，北溟之鱼飞上天，城有时而复，陵有时而迁，理固常矣，人亦其然。"

尽管岑参未谙荣悴交替、泰否相生的社会根源，但是他却熟知"物极则变，感而遂通"的哲理。虽然这个哲理是从《周易》而来，然而，他却能与岑氏家族兴衰实际相结合，并给予透辟的解析，赋予它切实的感性的意义，荡漾着感通的情韵，闪耀着变易的光泽。

（二）何不为人之所赏兮

岑参在《优钵罗花歌并序》中说："参尝读佛经，闻有优钵罗花，目所未见。"但在天宝年间，他有幸见到此花。此花"得之于天山之南，其状异于众草。势茏苁如冠弁，嶷然上耸，生不傍引，攒花中折，骈叶外包，异香腾风，秀色媚景。因赏而叹曰：尔不生于中土，僻在遐裔，使牡丹价重，芙蓉誉高，惜哉。夫天地无私，阴阳无偏，各遂其生，自物厥性，岂以偏地而不生乎？岂以无人而不芳乎？"从这里可以看出，优钵罗花是美的，其美的价值在于她的自然特征，她并不因生于人迹罕至之境而不美。这就是岑参所说的"天地无私，阴阳无偏，各遂其生，自物厥性"。这里，"自物厥性"是核心词语，它表明了优钵罗花自身所蕴涵着的美的特性的稳定性和恒久性。用现代的美学话语来说，优钵罗花的美是自在的、客观的。她并不因为生于僻境无人欣赏而失掉美的光泽。这就是岑参所说的："岂以偏地而不生乎？岂以无人而不芳乎？"当然，岑参不可能大谈优钵罗花的美的客观性；但是，他的"自物厥性"说，却为导致自然美的客观性学说提供了可贵的资料。

岑参描绘道："白山南，赤山北，其间有花人不识。绿茎碧叶好颜色。"众人不谙此花之美，不等于此花不美。只不过她的美还未全被人们认知罢了。"耻与众草之为伍，何亭亭而独芳？何不为人之所赏兮，深山穷谷委严霜。"作为审美主体的岑参，具有高度的鉴赏水平，因而才能对作为审美客体的优钵罗花的美进行切中肯綮的剖析，然对此花漠然视之或不屑一顾的人，只不过表明他们的审美触觉不灵敏罢了。

在现实世界中，未被认知的美是大量存在的，美的探索中必须不断地加以开掘，才有可能发现个中的美，并从中获得美感愉悦。从对优钵罗花的美的评价中，我们可以受到这样的启发。

岑参不仅充分考量出优钵罗花的美的价值，而且还和有才学的人士联系起来，那些怀才不遇的人，不是也同深山僻境中的优钵罗花一样在默默地凋谢吗？所以岑参才感慨万端地发问道："终委诸山谷，亦何异怀才之士未会明主、摈于林薮邪！"这就把自然界中花儿的美和社会中人才的美连接在一起，去进行更为深广的美的开拓了。

四 高适的相好之美

（一）运夫心眼之灵 尽如相好之美

高适《绣阿育王像赞并序》一文，论述了窦氏女窦奉的善和美。她以灵巧的双手，为阿育王绣像。阿育王乃印度王。阿育义译为无忧。他是个放下屠刀、立地成佛的典型。当他初登王位、未归佛门之时，凶残自私，暴虐无度，戕杀兄弟；但是，由于佛的感化，他终于弃恶从善，苦修成功，并为推广佛教而殚精竭虑。为了纪念阿育王，窦氏女亲手为之绣像；同时，以此为寄托自己对亡母的思念之情。前者，堪称为善；后者，堪称为孝。而善与孝，都是通过绣像的美而实现的。高适说："彩翠鲜秀，光华可掬。运夫心眼之灵，尽如相好之美。"这里，描绘了绣像的色彩美、翠绿美、新鲜美、秀丽美、光华美，并对此作了美的评价：既赞窦氏女心灵聪慧、手法高超、技巧卓越，又称赞她完全随心所欲地表现出她所喜爱的美。

这种美，是浸润着孝和善的，因为它寄植着报答母亲之心与崇敬佛教之意："夫莫大者孝也，不泯者善也，惟孝与善可以导达幽冥。"孝、善对于窦氏女来说，是通过绣像美而显示出来，因而高适所强调的美，与孝、善是融为一体的。

当然，高适在评价佛教艺术美时，也不一定都与孝、善相联系，如《同群公登濮阳圣佛寺阁》中所说的"落日登临处，悠然意不穷"，《同吕判官从歌舒大夫破洪济城回登积石军多福七级浮图》中所说的"七级凌太清，千崖列苍翠。飘飘方寓目，想象见深意"，都是审美的。

（二）与道齐运，比天同休　章句粲然，没而不朽

高适在《为东平薛太守进王氏瑞诗表》中评价王氏"性合希夷，体于静默，精微道本，驰骛元关"。"希夷"二字源于老子《道德经》十四章："视之不见名曰夷，听之不闻名曰希。"如此耳目清净、不为外界所染的内心世界，是体悟静默的表现，是对于道之本体的精微认知，是对于道之精髓的切实把握。正由于这样，才可"旁通天地之心，预纪休徵之盛"。道通天地，美徵万物。这便是大道之美。这里的"休"字，就是指美。

高适深知，唐玄宗是笃信老子之道的，所以，他写道："今陛下务于道，道可尽乎？法于天，天实长久。是知与道齐运，比天同休，无疆之休，乃在兹矣。则王氏之美，其可替乎？章句粲然，所谓没而不朽者也。"这里说明了道是不可穷尽的，道法自然（天），天道运行不息。所谓"比天同休"，是指天与道同美；所谓"无疆之休"，是指美的无限性。两个"休"字，都是指美，与前面所说的"休徵"之"休"同义。本文共出现三个"休"字，都是逐层强调美。这种美，是与道关联的。王氏之美，首先美在一个"道"字。她是对道本大彻大悟的人，所以美。其次，她的《天宝回文诗》凡八百一十二字，可谓"循环有数，若寒暑之递迁；应变无穷，谓阴阳之莫测"，是道的精神的体现，且文采斐然，具有永恒性。

高适之文，似在代人立言；其实，却在表述自己的见解和美学观点。

第七章　美育观　审美观　怪异说

一　韩愈的美育观、奇怪说

（一）骋骛书林　翱翔艺苑

韩愈（768—824），字退之。他三岁时就成为孤儿而寄人篱下；但他志向高远，勤于儒学，终成大儒，名扬天下。他虽中进士而步入仕途，然性情耿介，不平则鸣，屡屡顶撞上司，故往往被贬谪发配，不能实现自己的政治抱负。但是，他在诗文领域中，却能纵情挥毫，抒发自己胸中的郁闷，提出独创的理论见解，故一直受到学人的推崇与拥戴。《旧唐书·韩愈传》谓："愈所为文，务反近体，抒意立言，自成一家新语。后学之士，取为师法。"此乃精要概括。

韩愈在《复志赋并序》中，以忧愤的笔调描述了自己怀才不遇、志不得伸、备受冷落的景况。他虽于唐德宗李适贞元八年（792）擢进士第，但久不得仕，直至贞元十二年，才在汴州刺史董晋门下担任一个小小的观察推官，只干了一年，就因病辞职，退休在家。他心情抑郁，但未忘报国，只在读书中消遣世虑，"朝骋骛乎书林兮，夕翱翔乎艺苑"，便是他的自勉；"进既不能获其志愿兮，退将遁而穷居"，便是他的逆境；"情怊怅以自失兮，心无归之茫茫"，便是他的忧愁；"往者不可复兮，冀来今之可望"，便是他的希求。可见，他的骋骛书林、翱翔艺苑是有丰富内涵的，体现了作者对于未来美好境遇的向往。同时，也表明作者的读书是和致用紧密联系的。他不是一个书呆子，不是为读书而读书，而是为了实现自己的志愿，抒发自己的情思，从书中摄取营养，以不断完善自己，从而为实践自己的济人之志创造条件。可见，从读书中寻找乐趣，和书籍结成亲密的精神伴侣，乃是和韩愈对人生美的追求联系在一起的。

通过仕途实现自己美的追求是困难重重的。他虽奋力拼搏，但因屡屡触犯权贵和德宗皇帝而被贬谪。据《新唐书》本传载，韩愈"操行坚正，鲠言无所忌。……既才高数黜，官又下迁，乃作《进学解》以自谕"。此文以师生对话的方式，运用反诘的方法，辨析了学业、事业、德行、品行的进步和成长的美，抒发了韩愈内心郁结的愤懑，表现了韩愈的情操、品格、理想。《新唐书》中曾全录此文，足见其重要地位。

"业精于勤荒于嬉，行成于思毁于随。"这是韩愈教诲弟子的名言，是全文的中心。所谓业，是指学业、事业；所谓行，是指德行、品行。这组名言颇富于对立统一的哲学美学意味。业与行，是各有侧重的，业偏重于经国，行偏重于修身。业与行又是统一于人的。精与荒，勤与嬉，成与毁，思与随，都是一对矛盾。它们都因人而异。人所应该孜孜以求的是"业精"、"行成"的美的目的，而其达到的途径、手段则是"勤"与"思"。换言之，实现"业精"、"行成"，必须通过"勤"与"思"的中介桥梁；舍去"勤"与"思"，就无法实现"业精"、"行成"的目的。

然而，"业精于勤"、"行成于思"的贤者，不见得都能被社会所理解，不见得都能受到重用，韩愈就是如此。他托弟子之口，用反诘的语气说："先生口不绝吟于六艺之文，手不停披于百家之编；记事者必提其要，纂言者必钩其玄……先生之业可谓勤矣。觝排异端，攘斥佛老，补苴罅漏，张皇幽眇……先生之于儒，可谓有劳矣。沉浸醲郁，含英咀华，作为文章，其书满家……先生之于文，可谓闳其中而肆其外矣。少始知学，勇于敢为；长通于方，左右具宜：先生之于为人，可谓成矣。"然而，却不见信于人，动辄得咎，屡遭贬谪，弄得"冬暖而儿号寒，年丰而妻啼饥；头童齿豁，竟死何裨。不知虑此，而反教人为？"这里，韩愈借弟子之口，以自嘲的方式，抨击了社会的不公，描述了自己不为世用的乖蹇命运。但是，透过字里行间，我们却看见了韩愈精益求精的儒学追求，所谓"补苴罅漏，张皇幽眇"，所谓"沉浸醲郁，含英咀华"，所谓"闳其中而肆其外"，便是在这种追求中所获得的审美体验与美学风格。对于儒学的精义，进行补充、阐发、探索、咀嚼、玩味、品鉴，并以闳大豪肆的风格表现之。这就越过了理性的阈限，而迈入审美范围。可见，韩愈的上述名言，不仅有理论的创造意义，而且有情感的抒发状态。它是在勤奋学习的基础上，经过思想熔炉的陶铸而形成的审美结晶。它是"爬罗剔抉，刮垢磨光"的产物。它为后代莘莘学子欣赏学习过程中的美，提供了借鉴。

（二）曲极其妙　莫有同者

韩愈《画记》，是一篇精粹的绘画美学论文。作者以简练、生动的笔触，描述了人、事、物的多样性和独特性，表现了人、事、物各各不同的个性美，而这种个性美又是通过人、事、物各各不同的表情、姿态、动作显示出来的。

作者首先记述了情状各异的人物，他们又不是各自孤立的，而是通过他们所做的不同的事而跃然于画面之中的。他们有：骑而立者，骑而被甲载兵立者，骑且负者，骑执器者，骑拥田犬者，骑而牵者，骑而驱者，执羁勒立者，骑而驱涉者，徒而驱牧者，坐而指使者，偃寝休者，甲胄坐睡者，方涉者，坐而脱足者，寒附火者，杂执器物役者，舍而具食者，挹且注者，牛牵者，驴驱者，孺子戏者，等等。"凡人之事三十有二，为人大小百二十有三，而莫有同者焉"。

其次，作者描述了姿态各异的马事。有：行者，牵者，涉者，陆者，翘者，顾者，鸣者，寝者，立者，龁者，饮者，溲者，陟者，降者，痒磨树者，嘘者，嗅者，喜相戏者，怒相踶啮者，等等。"凡马之事二十有七，为马大小八十有三，而莫有同者焉"。

再次，作者记述了其他动物（牛，橐驼，驴，隼，犬，羊，狐，兔，麋鹿）、兵器、饮食服用之器，等等。凡"二百五十有一，皆曲极其妙"。

最后，作者记述了此画的艺术价值，表明了自己不夺人所爱的艺术良心，介绍了自己的审美诠释方法。此画乃艺术珍品，非金钱所易购得。"以为非一工人之所能运思，盖蓄集众工人之所长耳，虽百金不愿易也"。这是群体艺术创作的结晶，有不可估量的价值。但当赵侍御对此画"见之戚然，若有感然"，并道出是他丢失的藏画的原委时，韩愈便赠送给他，从而见出了韩愈高尚的人品和艺术良心。但韩愈毕竟是酷爱艺术珍品的人，为了弥补审美的不足，为了在想象中能复现这幅画的形状，便用文字的媒介，"而记其人物之形状与数，而时观之，以自释焉"。这里所说的"形状"，是指作为审美对象的人物造型的逼真性。作为画，是诉诸视觉的，因而具有直观性、直接性；作为画记，则是诉诸知觉的，因而具有意象性、间接性。这里所说的"观"，是指作为鉴赏者的审美观照，它富于主体的情感性、体悟性和理解性。至于"自释"，乃是韩愈自己对于画的诠释性。它是一种美的阐释。它是审美观照的逻辑发展的必然结果，也是对审美观照的超越，因此，它更富于理论色彩。所谓"莫有同者"、"曲极其妙"，就是由审美观照而得出来的美的评价，也是"自释"的理论结晶。

从《画记》中可以看出，韩愈的审美富于包孕性的品格。他鉴赏原画，大饱眼福，"意甚惜之"，"既甚爱之"，从情感的直接投射中获得了真切的享受。但是，当他将画赠给赵侍御后，他只能从《画记》中通过回忆和想象去再现原作的美了，这就要求他所使用的语言文字符号必须真实形象地传达原画的风貌与神韵，韩愈基本上做到了这一点。这就是《画记》含画、文中有画，因而体现出美的包孕性。它和诗中有画有异曲同工之妙。

当然，这种美的包孕性也是有局限性的，由于语言文字的间接性，它不能像造型艺术那样给观众以直接的感受，人们只能从语言文字的间接描述中，通过思维想象、联想再造，去对绘画艺术进行复原处理，从而近似地大体传达原作的精神风貌，而不可能纤毫不差、准确无误地复制原物。就审美主体和审美客体之间的关系而言，欣赏绘画原作和欣赏《画记》之画是有区别的，前者距离近而不隔，后者距离远而且隔，这是由于不同体裁的各自特点所造成的。但我们不能要求《画记》毕肖原画，因为它归根结底是闪耀着理论色彩的绘画美学。

（三）无侈前人　无废后观

韩愈未游滕王阁，却写出了《新修滕王阁记》，并提出了"无侈前人，无废后观"的美学原则，这是耐人寻味、值得探索的。

韩愈捉笔，并非故弄玄虚、无病呻吟，而是奉命写作。元和十五年十月，他任袁州刺史，属御史中丞、江西观察使王仲舒统辖。王仲舒在滕王阁大宴宾客，并答应众宾重修此阁的要求，且驰书韩愈："子其为我记之！"作为下级官吏，焉敢说个"不"字？韩愈虽"以未得造观为叹"，但也不能推辞，便写了这篇千古传诵、风格峻朗的遵命文学。

韩愈向往滕王阁久矣，因公务繁忙，未能亲临；但其智慧的脑海中，却储藏着大量的有关滕王阁的美的信息。他年少时即知"江南多临观之美，而滕王阁独为第一，有瑰伟绝特之称"；后来又读过王勃的《滕王阁序》、王绪的《滕王阁赋》和王仲舒的《滕王阁记》，因而在记忆的仓库中，不时浮现滕王阁的形象。此外，韩愈内心深处，对滕王阁情有独钟，"傥得一至其处，窃寄目偿所愿焉"。虽未能至，而心向往之，亟愿实现"其江山之好，登望之乐"，故久有登临的情感冲动，这就为撰写修阁记作了心理情绪上的准备。

但是，韩愈毕竟没有亲临滕王阁观照江山之美，因而他就不可能像王勃那样纵横驰骋、极目寰宇、竭力铺陈山水风景的壮丽；他只能在"修"字上狠下工夫，从"修"字上见出美："于是栋楹梁桷板槛之腐黑挠折者，盖瓦级砖之破缺者，赤白之漫漶不鲜者，治之则已；无侈前人，无废后观。"修破补缺，涂饰漫漶，恢复原貌，整旧如旧，这是古建筑修缮时所应牢牢记取的。所以，韩愈着眼于"新修"二字，提出了"无侈前人，无废后观"的美学原则。意思是说，新修的滕王阁，不可比原物奢侈、豪华，不可败坏后人的审美观照兴味。这八个字，是全文的核心、精华。

新修古建，本身就蕴涵着矛盾。新与旧、修与建，存在着明显的对立状态。关键是不能整旧如新。如果以新代旧、以建代修，那就是重新建设而非恢复旧观了；显然，这与古建筑修缮原则是大相径庭的。新修如果化入古建之中，成为古建新造的血肉机体，使古建焕发昔日的风采，这才符合韩愈的要求。

（四）育人之乐　育才之美

韩愈非常重视美育。他在《上宰相书》中，引用了《诗经·小雅·菁菁者莪》的诗序："菁菁者莪，乐育才也。君子能长育人才，则天下喜乐之矣。"又引用了原诗中的重要章句，并加以美的阐释。如诠解"菁菁者莪，在彼中阿；既见君子，乐且有仪"时说："菁菁者，盛也；莪，微草也；阿，大陵也。言君子之长育人才，若大陵之长育微草，能使之菁菁然盛也。'既见君子，乐且有仪'云者，天下美之之辞也。"在诠解"汎汎杨舟，载沉载浮；既见君子，我心则休"时说："载，载也；沉浮者，物也。言君子之于人才，无所不取，若舟之于物，浮沉皆载之云尔。'既见君子，我心则休'者，言若此则天下之心美之也。"为了加强其论述，他还引用了孟子的话"乐得天下之英才而教育之"，作为法则。

韩愈从诗序的理论高度出发，透视出以"喜乐"为特征的、以"育才"为内涵的审美愉悦性；并从序到诗、由理论到作品，描述了育才之美。这是饶有兴味的美育理论，也是形象生动的诗歌美学。其中的"乐育才"、"长育人才"、"天下美之"、"天下之心美之"、"教育之"等，都是论述育才之美的关键词。

但是，韩愈是将育才的重任寄托在王侯将相身上的，所以，他说："孰能长育天下之人才，将非吾君与吾相乎？孰能教育天下之英才，将非吾君与吾相乎？"正由于如此，他颇愿君相能发现和起用他，"长育之使成才"，"教育之使成才"，其目的是"推己之所余以济其不足"。

他希望能做到上下一致，齐心协力，唯才是举，长育人才，不拘一格："然则上之于求人，下之于求位，交相求而一其致焉耳。"要做到"可举而举"、"可进而进"。

在《后廿九日复上书》中，韩愈迫切陈词，诘询宰相："天下之贤才岂尽举用？奸邪谗佞欺负之徒岂尽除去？四海岂尽无虞？……"以此来反证举才、育才的重要性。并运用周公为相时"方一食三吐其哺，方一沐三捉其发"的典故，来说明礼贤下士、求贤若渴的育才之道。韩愈声明，他之所以如此强调育才之道，是由于怀着一颗"忧天下之心"。

（五）实之美恶　发不可掩

韩愈在《答窦秀才书》中，说自己"发愤笃专于文学"。为什么他喜爱文学呢？其《上兵部李侍郎书》云："薄命不幸，动遭谗谤，进寸退尺，卒无所成。性本好文学，因困厄悲愁无所告语，遂得究穷于经传史记百家之说，沉潜乎训义，反复乎句读，砻磨乎事业，而奋发乎文章。凡自唐虞以来，编简所存，大之为河海，高之为山岳，明之为日月，幽之为鬼神，纤之为珠玑华实，变之为雷霆风雨，奇辞奥旨，靡不通达。"这段话的内涵，极其丰赡。他之笃专文学，一是生性酷嗜，二是寄托忧愁，三是为了济世，四是为了写作。特别是，他能发现其中丰富多彩、光芒四射的美，并以美文概括之、描述之，使之昭昭然、栩栩然而毕现于字里行间。

《毛诗序》曰："情动于中而形于言。"韩愈为文，是十分重视内在真情实感和外在形式传达的。他主张谨慎地面对真实；对于现实中的美与丑，必须表现得淋漓尽致，不可隐瞒掩盖。这样才可表里相符、辞能达意、实现文学美的价值。他在《答尉迟生书》中说："夫所谓文者，必有诸其中，是故君子慎其实；实之美恶，其发也不可掩。本深而末茂，形大而声宏；行峻而言厉，心醇而气和；昭晰者无疑，优游者有余；体不备不可以为成人，辞不足不可以为成文。"这里，强调一个"真"字，便是"慎其实"；而真，不可能尽美，也不可能尽恶（指丑），它有美有丑，这便是"实之美恶"；不论是美也好、丑也好，都应忠实而充分地予以揭示，这便要"发也不可掩"。如此充乎其内、发乎其外，则其本与末、形与声、行与言、心与气，等等，必能彼此呼应、相得益彰、完全一致；其文学的情姿、风韵、气势、品格的美，也必然能得到清晰、充分的显示。

韩愈特别重视挖掘现实中的美，如《上襄阳于相公书》中所提到的山水美："夫涧谷之水，深不过咫尺，丘垤之山，高不能逾寻丈，人则狎而玩之；及至临泰山之悬崖，窥巨海之惊澜，莫不战掉悼栗，眩惑而自失。"此外，还有文学美："文章言语与事相侔，惮赫若雷霆，浩汗若河汉，正声谐《韶》、《濩》，劲气沮金石，丰而不余一言，约而不失一辞，其事信，其理切。"至于对人的美，则以"君子之美"美之。

（六）取于心而注于手，务去陈言
气盛而言声皆宜，醇肆兼备

韩愈笃专文学，对文学创造工程关注尤深、尤切、尤勤。在文学创造准备、过程、特色、法则等方面，提出了一系列独到见解。

1. 文学创造准备

一要读书，二要立志，三要领悟。《答李翊书》云："始者非三代两汉之书不敢观，非圣人之志不敢存，处若忘，行若遗，俨乎其若思，茫乎其若迷。"这是对读书、立志、领悟的概括。他认为读书要有选择。对于老子的书、佛门的书及其他杂家的书，是不能顶礼膜拜的。对于儒家所推崇的经典，则必须精读。为什么呢？因为上面有仁义道德，可作为立身处世的准则和立志的坐标。他在《进学解》中开了一张书单："上规姚姒，浑浑无涯；《周诰》、《殷盘》，佶屈聱牙；《春秋》谨严，《左氏》浮夸，《易》奇而法，《诗》正而葩；下逮《庄》、《骚》，太史所录，子云、相如，同工异曲。"所谓姚、姒，是指舜、禹之姓。所谓佶屈聱牙，是指文字艰涩。所谓浮夸，是指夸张。上述之书，是韩愈所首肯的，也是大体能传达儒学精义的。其中的《庄子》，居然被列入，看来是与《老子》区别对待的。在读书过程中，还要善于领悟、体会。所谓"处若忘"，近乎坐忘，意即静默独处，忘却尘世喧嚣。所谓"行若遗"，指读书、践行之时，专一不二，排除干扰，忘掉其他。所谓"俨乎其若思，茫乎其若迷"，指俨然、悠然，走进沉思，自然而然，不觉着迷。总之，读书、立志、领悟，都是文学创造前的不可或缺的准备，如果没有这些准备，就不可能进入文学创造过程。

2. 文学创造过程

韩愈认为，文学创造必须"取于心而注于手"，"惟陈言之务去"①。心，指思想情感，也是指文学思维，它是文学家的灵魂、主宰。手，指文学创造的传达方法、途径、技能、技巧。文学创造，必须心手并用，但要先启动心之门，张开神思的翅膀，做到如刘勰在《文心雕龙·神思》中所说的"思接千载"、"视通万里"、"陶钧文思"、"澡雪精神"，并努力做到"研阅以穷照，驯致以绎辞。然后使玄解之宰，寻声律而定墨；独照之匠，窥意象而运斤"。韩愈的做法与刘勰的说法，正是一脉相承的。不过前者更为简括而已。但有一点是不能忽视的，就

---

① （唐）释愈：《答李翊书》。

是在心手并用的过程中必须务去陈言，不能蹈袭别人的窠臼，换句通俗的话说就是：不能吃他人嚼过的馍；也就是不能亦步亦趋、推陈出陈，而应超越前人、推陈出新。此外，在创作时，不要说那些平庸的多余的人云亦云的话，也是务去陈言。清人黄宗羲《论文管见》云："所谓'陈言'者，每一题，必有庸人思路共集之处，缠绕笔端，剥去一层，方有至理可言。犹如玉在璞中，凿开顽璞，方始见玉，不可认璞为玉也。"这一看法是很新鲜别致的。清人刘熙载《艺概·文概》云："昌黎尚陈言务去，所谓陈言者，非必剿袭古人之说以为己有也；只识见议论落于凡近，未能高出一头，深入一境，自结撰至思者观之皆陈言也。"这一看法与黄宗羲的看法是相通的。可见，所谓陈言，一是指蹈袭前人窠臼，二是指自己说的废话。二者均在务去之列。陈言的逆反是新鲜话、是创意。它追求独创的个性，它要盖上作者气质的印章，它要弹奏作者的曲调，它要传达作者的心声，可见，文学创造过程所追求的，是生产令人耳目一新的作品。

当然，独创之品的获得，绝非一蹴而就，而是"戛戛乎其难哉!"① 就是韩愈自己，也经历过艰辛的探究。他开始创作、观察人的时候，并不能辨明笑与非笑（指讥笑、奸笑）的区别，不知当面笑着脚底下使绊子的人的本质。经过若干年磨炼之后，犹未改掉以前观察人的老习惯，写起文章来，感到仍是老样子。然而，在长期的读书、实践中，他逐渐找到了门径，能够识别古书真伪、分辨人的情感表现状态了。在此基础上，他匠心独运、文思泉涌，终于创造出面目独具的妙文。他感到了"昭昭然白黑分矣，而务去之，乃徐有得也。当其取于心而注于手也，汩汩然来矣。……然后浩乎其沛然矣"②。这就在不断超越中走完了文学创造过程。

韩愈的不断超越，乃是不断克服困难。他学古而不泥古，这便是陈言务去乃有所得。他说："蕲胜于人而取于人，则固胜于人而可取于人矣。"③ 这个过程是艰苦的，"无望其速成"。必须在学习、实践中，"养其根而俟其实，加其膏而希其光。根之茂者其实遂，膏之沃者其光晔。仁义之人，其言蔼如也"④。这不仅追求到源，而且开辟出流；不仅抓住了本，而且透视出末。

3. 文学创造特色

韩愈所谈的文学创造特色，主要是就自己作品而言。当然，他想推己及人，传播个人的艺术风格特色，然后再影响社会，因而他的个人创造便具有典型性和普适性。《答李翊书》在描述了"昭昭然"、"汩汩然"、"浩乎其沛然"后，便

————————

①②③④ （唐）韩愈：《答李诩书》。

对自己的文学创造特色作了概括："其皆醇也，然后肆焉。"所谓醇，是指醇厚、敦朴、浓郁、深沉；所谓肆，是指豪纵、奔放、汪洋恣肆。二者清浊并举、有刚有柔，是涵盖面广阔、驰驱力强大的艺术风格，也是韩文文学创造的特色。《新唐书·韩愈传》曾以"奥衍闳深"誉之。

韩愈的门人李汉，在《昌黎先生集序》中评论韩文"汗澜卓踔，奫泫澄深。诡然而蛟龙翔，蔚然而虎凤跃，铿然而韶钧鸣。日光玉洁，周情孔思，千态万貌，卒泽于道德仁义，炳如也"。这里所说，实际上是对韩文的醇、肆总特色的演绎。皇甫持正《谕业》云："韩吏部之文如长江秋注，千里一道"；苏洵《上欧阳内翰第一书》云："韩子之文如长江大河，浑浩流转。"这也是对韩文特色的描述，但都重在肆的一面；而韩愈自己，则更重于醇。他在《读荀》中称颂孟子"醇乎醇者也"，这是极高的评价；但认为荀子与扬雄"大醇而小疵"。这都表明了他对醇的特色的热衷，而醇正是符合儒家温柔敦厚诗教的，这是他推崇醇的思想根源。清人刘熙载《艺概》云："昌黎谓'仁义之人其言蔼如'，苏老泉以孟、韩为温醇，意盖隐合。"这也是对韩文醇的特色的中肯评价。

韩愈为文，醇肆兼备，气魄宏大，气势磅礴。正如李汉《昌黎先生集序》所说："先生于文，摧陷廓清之功，比于武事，可谓雄伟不常者矣！"

韩愈文章的特色，深受李、杜影响。其醇，受杜甫沉郁之风熏染；其肆，受李白豪放之风熏染。他在《调张籍》中，形容李、杜文笔："想当施手时，巨刃磨天扬。垠崖划崩豁，乾坤摆雷硠。"这里，用夸张的笔法，不仅表现了李、杜诗文以体积之大为特点的数学的崇高，而且表现了李、杜诗文以力量之大为特点的力学的崇高。可见，李白的豪放飘逸，杜甫的沉郁顿挫，惊天地，泣鬼神，在艺术上滋润、哺育着韩愈，怪不得他激动得高呼："李杜文章在，光焰万丈长！"[①]

4. 文学创造法则

韩愈认为，文学作品之所以能达到醇和肆的境界，同作者的道德修养、艺术修养有关，因而他提出了养气说；此外，同作者的语言表达也有关系，所以他又提出了宜言说。在养气与宜言的关系上，气居于主导地位，言居于服从地位。他在《答李翊书》中说：气，"不可以不养也"。又说："气，水也；言，浮物也。水大而物之浮者大小毕浮，气之与言犹是也，气盛则言之短长与声之高下者皆宜……垂诸文而为后世法"。所谓气，是指精气、灵气、气势、气概、气韵；是

---

① （唐）韩愈：《调张籍》。

人的修养的产物；是文学作品活泼泼的生命力。没有气，文学作品就不成其为文学作品，就会变成僵死的语言垃圾。所谓言，是指语言传达。它不仅是语言文字本身，而且指语言传达的方式、方法、格局。它是构成作品形式的元素；而气则是构成作品内容的元素。在气与言的关系上，气为言之帅，言为气之辅；气为言之灵魂，言为气之造型。气盛则言宜，气衰则言馁。韩文文气充沛，故行文如大海波涛，汹涌澎湃；又如长江黄河，一泻千里。其语言有长有短，其声音有高有低，然皆宜于气的宣泄。气对言的支配作用，正如前面所述："气盛则言之短长与声之高下者皆宜。"这可简括为"气盛言宜"四个字。韩愈此说，是从反对骈文形式主义的古文运动中得出来的经验、体会，因为骈体追求骈四俪六的语言排列方式，形式呆板、僵化，阻碍了气的畅通、流注，妨碍了内容的表达，故为大不宜，而成为古文运动的对立面和韩愈口诛笔伐的对象。与此同时，养气宜言（气盛言宜）便成为韩愈所提倡的文学创造法则。

韩愈的"养气宜言"之论，深受孟子的"养气知言"的影响。孟子曰："我知言，我善养吾浩然之气……其为气也，至大至刚，以直养而无害，则塞于天地之间。其为气也，配义与道；无是，馁也。"① 对此，宋代理学家朱熹释之为："至大初无限量，至刚不可屈挠……配者，合而有助之意。义者，人心之裁制。道者，天理之自然。馁，饥乏而气不充体也。言人能养成此气，则其气合乎道义而为之助，使其行之勇决，无所疑惮；若无此气，则其一时所为虽未必不出于道义，然其体有所不充，则亦不免于疑惧，而不足以有为矣。"② 这种解释，是很透辟的。那么，什么叫做知言呢？孟子又说："诐辞知其所蔽，淫辞知其所陷，邪辞知其所离，遁辞知其所穷。"③对此，朱熹解析道："诐，偏陂也。淫，放荡也。邪，邪僻也。遁，逃避也。四者相因，言之病也。蔽，遮隔也。陷，沉溺也。离，叛去也。穷，困屈也。四者亦相因，则心之失也。人之有言，皆本于心。其心明乎正理而无蔽，然后其言平正通达而无病；苟为不然，则必有是四者之病矣。"④这种剖析，也是精当的。

孟子的"养气知言"说，侧重于儒家的道德修贞与知人论世，韩愈则具体运用到文学创造中，而形成"养气宜言"的法则，前面所说的醇而能肆，便是这一法则运用的结果。

当然，作为文学美学的养气，并非肇自韩愈；从王充《论衡·自纪篇》中，

---

①③ 《孟子·公孙丑上》。
②④ （宋）朱熹：《孟子集注》卷三。

可知其"养气自守"的描述。刘勰《文心雕龙·养气》中也道明"昔王充著述，制养气之篇"。但真正作为文学美学命题而专门探究者，则以刘氏养气说最为系统。"是以吐纳文艺，务在节宣，清和其心，调畅其气，烦而即舍，勿使壅滞，意得则舒怀以命笔，理伏则投笔以卷怀"，并称赞道："纷哉万象，劳矣千想。玄神以宝，素气资养。"这些，都是涵养文气之论，范围亦甚宽广，情姿亦颇从容，具有总体上的启迪意义。而韩愈的养气说，虽与刘勰之言有关，但更与孟子养气说有直接联系，不仅牵涉儒家道德修养与艺术修养，而且与古文运动、文学创作具有血肉联系，因而富于针对性、现实性。

（七）同其休，宣其和 感其心，成其文

韩愈《上巳日燕太学听弹琴诗序》云："与众乐之之谓乐，乐而不失其正，又乐之尤也。"这句开头话只有十八个字，却用了四个"乐"字。这里强调的是大家乐，即"众乐"，也就是同乐。它绝不是胡乱的笑谑，而是乐归于正。这种正，含有严肃、雅正的意思。

韩愈是位尊孔、崇君、务实的人。他所说的乐当然是有针对性的。贞元四年，唐德宗下诏，令群官饮酒以乐，祝福天下太平，并"作歌诗以美之"。这便是韩愈说的"所以同其休、宣其和、感其心、成其文者也"。所谓休，是指美，又指休闲，又指休养生息，其内涵极为丰赡。所谓和，是指和顺、安和、中和。所谓心，主要是指情感心理因素中的快乐。所谓文，乃是指文学，包含文章、诗歌等。

韩愈时为四门博士，奉顶头上司武公之命作序，其颂扬之词，当然限于官场的圈子内。但他所提出来的审美心理快乐说，却是不容忽视的。他所说的"同其休"，用现代美学语言翻译，就是指共同美，即不同审美个体（也是主体）对于同一审美对象的认同、共感。他描述了"有儒一生，魁然其形，抱琴而来，历阶以升"，弹奏古琴的动人情景，听众有太学儒官三十六人。韩愈在总结审美效应时说："优游夷愉，广厚高明，追三代之遗音，想舞雩之咏叹，及暮而退，皆充然若有得也。"这里，既表现了儒生高雅、古朴的琴声美，又表现了众儒对于同一琴声的共同美感。

关于审美的共同性和相异性问题，韩愈在《与崔群书》中说："凤皇芝草，贤愚皆以为美瑞；青天白日，奴隶亦知其清明。譬之食物，至于遐方异味，则有嗜者有不嗜者；至于稻也、粱也、脍也、炙也，岂闻有不嗜者哉？"这里首先指

出了共感"美瑞"的审美现象；其次以食物为例，去证明人的嗜好有同有异，从而进一步反衬审美的相同相异。

韩愈的关于共同美的观点，与孟子是一脉相承的。《孟子·告子上》："口之于味也，有同耆焉；耳之于声也，有同听焉；目之于色也，有同美焉。至于心，独无所同然乎？心之所同然者何也？谓理也，义也。圣人先得我心之所同然耳。故理义之悦我心，犹刍豢之悦我口。"这里提出了"同耆"、"同听"、"同美"、"同心"的"四同"，是颇有见地的。其同美说与韩愈的同休说有相通之处；其同心说特别强调儒家的理、义，道德观念极浓，而韩愈虽念念不忘儒教，但他所说的"感其心"主要还是审美意义的，是"同其休"的共感发展的必然。至于孟子和韩愈所说的"同耆"，则是指人的共同的生理快感；而不是人的心理上的美感。韩愈用共同快感来证明共同美感，是不对的。

快感是人的生理享受，美感是人的心理享受；快感是生物性的，美感是社会性的：二者不可混淆。古希腊美学家柏拉图（前427—前347）通过苏格拉底之口说："我们如果说味和香不仅愉快，而且美，人人都会拿我们做笑柄。"① 法国美学家狄德罗（1713—1784）在《美之根源及性质的哲学的研究》一文中也说："味觉和嗅觉的性质……虽然也能唤醒我们心中关系的观念，人们却并不将这些性质所依存的对象本身称为美的对象，因为人们只能把它们和那些性质联系起来考虑。人们说一碟精致的菜肴、一种芬馨的气味，却不说一碟美的菜肴、一种美的气味。所以当人们说这一条比目鱼美，这一朵玫瑰花美时，是考虑玫瑰花和比目鱼的其他性质，而不是有关味觉、嗅觉感官的性质。"② 可见，由食物刺激人的生理感官所引发的食欲而导致的乃是快感。韩愈所说的人们对于稻、粱、脍、炙的共同嗜好，也是一种快感，以此作为共同美的佐证，显然是不科学的。

（八）搜奇抉怪，雕镂文字　刿目钵心，掐擢胃肾

韩愈为文，主张语惊四座，独树一帜，彪炳千秋，垂范后世。他反对泛泛而谈、平淡无奇，提倡危言耸听、怪怪奇奇。他在《荆潭唱和诗序》中，宣扬"搜奇抉怪，雕镂文字"，赞赏"铿锵发金石，幽眇感鬼神"。他在《贞曜先生墓

---

① 朱光潜译：《柏拉图文艺对话集》，人民文学出版社1957年版，第186页。
② 文艺理论丛书编辑委员会编：《文艺理论译丛》，1958年第1期，人民文学出版社1958年版，第19页。

志铭》中，赞美孟郊为诗"刬目钵心，刃迎缕解，钩章棘句，掐擢胃肾，神施鬼设，间见层出"。

所谓"搜奇抉怪"，即选择新奇怪异的事物而表现之。如此，才能超凡脱俗、标新立异、出奇制胜、令人叹服。当然，这种奇怪之文，也是讲究传达技巧的，在形式上要求雕镂、铸炼，在语言上必须音韵铿锵、掷地有金石声，在造境上追求幽邃绵邈、精微玄妙，在审美效果上要惊天地而泣鬼神。

所谓"刬目钵心"，所谓"掐擢胃肾"等，均为惊心动魄、耸人听闻的言辞，意思是说，要用令人耳目一新、出乎意料的甚至恐怖的传达媒介，去表现所要表现的东西。如利刃割缕，干净爽快。其章句仿佛钩子勾连、荆棘密布一样，可谓硬语盘空、佶屈聱牙。其结构层次，忽显忽隐，变幻莫测，神出鬼没。

韩愈在《荐士》诗中推崇孟郊诗作"横空盘硬语"。韩愈的诗友皇甫湜称誉韩诗"凌纸怪发，鲸铿春丽，惊耀天下"[1]。高棅说："昌黎博大而文，其诗横骛别驱，崭绝崛强，汪洋大肆而莫能止。"[2] 司空图说："韩吏部歌诗数百首，其驱驾气势，若掀雷挟电，撑抉于天地之间，物状奇怪，不得不鼓舞而徇其呼吸也。"[3] 这些评价，均准确地道出了韩愈崇奇尚怪的特性。韩愈往往以文入诗，在诗中掺杂一些文句，成为诗文结合的产儿，就是追求险怪诗风的表现。其《南山诗》，共用了五十一个"或"字，来形容南山的雄奇险怪；在同一首诗中，常有长短不同的句子存在，这就使诗散文化了。清代文艺理论家刘熙载在《艺概·诗概》中，摘韩诗"若使乘酣骋雄怪"[4] 句，并以"雄怪"目之；且认为"昌黎诗往往以丑为美"。这都是中的之言。

怪怪奇奇在造型上是夸饰的、超常的、骇目的；因而在作用于审美主体的心理时，往往令人产生惊异感、惊心动魄感。这便是由作为审美客体的丑对审美主体心理的刺激、诱导所造成的。但这种丑，是丑而美，丑而不丑，因之是以丑为美。韩愈诗文，经常如此。

为什么要采取怪怪奇奇、以丑为美的传达方式呢？

就孟郊来说，韩愈认为是"大玩于词而与世抹杀"[5]，亦即醉心于玩味文学，以排遣世虑、摒弃名利的意思。

至于韩愈，则另有考虑。他虽赞美孟郊诗文，但并未"与世抹杀"，而且具

---

[1][2] 转引自（明）胡震亨：《唐音癸签》卷七。
[3] （唐）司空图：《题柳柳州集后》。
[4] （唐）韩愈：《酬卢云夫望秋作》。
[5] （唐）韩愈：《贞曜先生墓志铭》。

有浓厚的入世思想。他想轰轰烈烈地干一番经国大业，以实现儒家的道德理想。因此，他所提倡的怪怪奇奇，是为了另辟蹊径，独立门庭，以引起世人注视，以利于广结天下文林俊杰，来共传济世之道。此外，他也是为了创造一个崭新的艺术美的境界。在《答刘正夫书》中，他所提出的"能自树立"，就是追求独创之品的表现。他认为汉代能文的人很多，但写得好的人却很少，而司马相如、司马迁、刘向、扬雄却是当时文苑中最负盛名的巨擘。如果他们平平常常，"与世沉浮，不自树立"，那么就不可能撰写出垂范后世的杰作。可见，韩愈之所以追逐险怪，正是他自我树立的表现。

从当时文坛争鸣的形势看，贞元、元和年间，形成了以白居易、元稹、刘禹锡、张籍、王建为代表的通俗派诗人同以韩愈、孟郊、李贺、卢仝为代表的险怪派诗人的对峙。白居易在《寄唐生》中所呼的"不务文字奇"的口号，同韩愈热衷于怪怪奇奇的诗风，正形成鲜明的对照。韩愈的学生张籍居然也称颂通俗、附和元稹、白居易等人，这也使韩愈心中不悦。元稹扬杜抑李，更令韩愈愤怒。对于元、白所倡导的反映现实生活的新乐府运动，韩愈也是漠然视之的。这样，他所标举的怪怪奇奇与白居易的通俗、元稹的轻艳（元轻白俗），就成为迥然不同的两大潮流。韩愈《调张籍》云："李杜文章在，光焰万丈长。不知群儿愚，那用故谤伤？蚍蜉撼大树，可笑不自量。"这里，虽未指名道姓，却批评了元白诗派中扬杜抑李倾向，故其针对性很强，白居易《与元九书》说杜诗"尽工尽善，又过于李"，元稹《唐故工部员外郎杜君墓系铭并序》说李诗"差肩于子美"。这显然是扬杜抑李的片面之词，韩愈对他们的批评是正确的。李杜并美说，实始于韩愈。韩愈在为恢复李白地位而作努力的同时，也积极地颂扬李白的浪漫主义，并就势推销自己所创造的险怪风格："我愿生两翅，捕逐出八荒。精诚忽交通，百怪入我肠。刺手拔鲸牙，举瓢酌天浆。腾身跨汗漫，不著织女襄。顾语地上友，经营无太忙。乞君飞霞佩，与我高颉颃。"① 这里，在标举险怪的同时，也含蓄地批评张籍，劝他不要跟从他人，而应跟着自己高飞。可见，韩愈标举险怪也是为了与对立的元轻白俗相抗衡，并在继承李、杜时超越李、杜，即创造出自己独特的风格美，以实现他卓尔不群的志向与范垂后代的艺术追求，也就是推销他那与他人区别开来的艺术个性，创造出文学史上赫赫然的出类拔萃的"这一个"！

---

① （唐）韩愈：《调张籍》。

（九）不平则鸣　自然感应

路见不平，拔刀相助。这是中国武侠小说中形容侠义之士的习用语。不平则鸣，则是指生活中的人对于不公平的待遇和不顺的遭际所发出的内心的呼喊，而韩愈却站在哲学的高度，赋予不平则鸣以深邃的含义。我们可以从中透视出丰赡多样的美。

"大凡物不得其平则鸣"，这是韩愈《送孟东野序》中开头第一句话，也是全文的总纲。它统领下文，衍生出一系列新观点，并闪烁着美学的光彩。

就自然界而言，"草木之无声，风挠之鸣；水之无声，风荡之鸣……金石之无声，或击之鸣"。草木、水、金石等，处于静态，就是无声；处于动态，就是有声，也就是鸣。从静态无声到动态有声（鸣），其间必有过渡的中介，起催化作用者则分别为：风挠、风荡、击之。如此，便实现了由静到动（鸣）、由无到有（声）的过渡，完成了动与静、有与无之间的矛盾运动的转化。从中，我们也可以看出：仅仅有平，单单是静，是不够的；还必须有不平，必须有动。即必须实现平与不平、静与动的矛盾，在对立中促其转化，其转化的结果则是一个"鸣"字。所谓鸣，就是感应。所谓"以鸟鸣春，以雷鸣夏，以虫鸣秋，以风鸣冬"，就是指四季的自然感应。

就人而言，人的语言、思想、情感的变化和影响，也属于不平则鸣，这是一种人文感应。"人之于言也亦然：有不得已者而后言，其歌也有思，其哭也有怀，凡出乎口而为声者，其皆有弗平者乎！"这里，揭示了歌思情怀、发而为声的景况，掘出了不平则鸣的底蕴。

就音乐而言，更富于人文感应的情绪美。韩愈说："乐也者，郁于中而泄于外者也。择其善鸣者而假之鸣。金石丝竹匏土革木八者，物之善鸣者也。"这里，突出地表现了音乐的宣泄作用，强调了音乐的沉郁美，指出了音乐的传达（善鸣）媒介，从而丰富了音乐美学的宝库。

就文学而言，韩愈从史的角度论述了历代善鸣者。唐、虞、夏、商、周、春秋、战国、秦、汉、魏、晋、唐代，凡著名文学家、哲学家，莫不标举其能，赞其善鸣。或以其文辞鸣，或以其歌鸣，或以其道鸣，或以其术鸣，或以其诗鸣。周公、孔子、庄周、屈原、孟轲、荀卿、老聃、韩非、孙武、李斯、司马迁、司马相如、扬雄、陈子昂、元结、李白、杜甫、孟郊等等，均为善鸣之佼佼者。韩愈用极其精练的笔墨概述了中国文学史上不平则鸣的美，尤其是对诗书六艺、孔门儒学之鸣，则予以特别强调。他生动地引述道："天将以夫子为木铎"，这是宣扬"其声大而远"的儒家之道的形象化的比喻。韩愈在论述的同时，对于鸣的媒介、工具极为重视，就其极致的意义而言，必须符合美的标准。"人声之精者为言，文辞之于言，又其精也，尤择其善鸣者而假之鸣"。言为心声。文辞为言之美的表现。善于以美文美辞传达者，属于善鸣者。可见，韩愈不仅强调文学的精神美，同时又强调文学的言辞传达美。

韩愈在赞美不平则鸣时，当然是将儒家之道置于首位的；对于老子，也给予一定地位，称其以术鸣。至于庄子，则曰："庄周以其荒唐之辞鸣。"这里所说的荒唐，并非贬义，而是指荒诞、唐突、夸饰、浪漫、出格等异常之辞。韩愈《送区册序》云："庄周云：'逃虚空者，闻人足音跫然而喜矣。'"这里所引，也是肯定庄子的，似可作为赞美庄子文辞的一个佐证。

但是，韩愈对文学史上不平则鸣的评价，也有不足之处。这就是对魏晋文人评价偏低："其下魏晋氏，鸣者不及于古，然亦未尝绝也；就其善者，其声清以浮，其节数以急，其辞淫以哀，其志弛以肆，其为言也，乱杂而无章。"这里，韩愈也承认魏晋之音富于清美，但又目之为浮（轻浮，飘浮），为急躁，为淫靡，为松弛，为乱杂，这就大大削减了清美的价值。

之所以如此，与韩愈尊崇儒家名教思想有关。以阮籍、嵇康为代表的魏晋文人，对于儒家的名教是轻视的，对于以老子为代表的道家思想是推崇的。这当然与韩愈的观点是迥然有别的。这便是韩愈贬低魏晋文人不平则鸣的根本原因。

其实，魏晋文人风度和作品的清美，是清峻切至、神爽气清、皎洁独拔、傲然自得，一言以蔽之，可用"风清骨峻"四个字来概括。它充分地显示出与统治者不合作的态度和追求自由的人格精神。他们的遁世（包括陶潜的隐居）与韩愈的入世相比，当然是格格不入的。无怪乎韩愈在不得不承认魏晋文人清美的同时也颇有微词了。

韩愈还以孟郊与魏晋作对比，"其高出魏晋，不懈而及于古"。孟郊与魏晋文辞，各有其不平之鸣，亦各具其美，而不可抑此扬彼；至于说孟郊勤奋治学、师古及古，那却是另一回事。

孟郊与韩愈是至交、诗友，屈居江南溧阳尉时，胸中积郁，闷闷不乐；韩愈作序送别，情真意切；对其不平之鸣，评价甚高："唐之有天下，陈子昂、苏源明、元结、李白、杜甫、李观皆以其所能鸣。其存而在下者，孟郊东野始以其诗鸣。"有的学者认为，韩愈此说是错误的，因为孟郊以前的唐代诗人以诗鸣者比比也，怎能无视这一事实而把"始以其诗鸣"的开创之功归之于孟郊呢？笔者认为，像韩愈那样的文学大师，目光深邃，学识渊博，见解透辟，绝不会因赞美孟郊而抹杀事实说出违背历史的话来。我们切不可忘记"其存而在下者"这句话，它是指除了孟郊以前各尽其所鸣的文人以外，生存于当世、地位低下者、最为善鸣不平的诗人。这当然是孟郊了。孟郊一生坎坷，穷困潦倒，忧愤满怀，发之于诗，显示出一个"寒"字，与贾岛诗风之瘦相并列，被称为"郊寒岛瘦"①。有人称其为寒号鸟、寒吟虫，就是针对其寒塞困涩、哀痛呼号而言的。可见孟郊不平之鸣，有其内在的原因；在当时，堪称士林寒士寒吟之最，故韩愈称孟郊"始以其诗鸣"乃是有其特殊的背景的。当然，韩愈并没有说明其原委，而其原委却是不言自明的。

（十）机应于心，神完守固；有动于心，发于草书

韩愈的《送高闲上人序》，是一篇见地独到的书法美学论文，其核心思想是心神论。

序文认为："苟可以寓其巧智，使机应于心，不挫于气，则神完而守固，虽外物至，不胶于心。"所谓机，概念极其复杂，有天机、神机、时机、契机、机运、机缘、机遇等。它是天地人文之道运作的外化状态，富于玄妙性、奥秘性、感悟性。机妙应照于心，顺其清浊、阴阳、刚柔之气，而运行之、周流之、畅达之，则全神凝注、潜心固守、专一致志、不受外物所扰矣。即使外物纷至沓来，则胸中自有丘壑，情有独钟，而弗为外物所困惑也。近代古文名家桐城马其昶（1855—1930）谓："姚鼐曰：'机应于心，故物不胶于心，不挫于气，故神完守固。'韩公此言，本自所得于文事者，然以之论道，亦然。牢笼万物之态，而物皆为我用者，技之精也；曲应万事之情，而事循其天者，道之至也；必离去事物，而后静其心，是公所斥'解外胶'、'泊然'、'澹然'者也。"② 如庖丁解牛、师旷治音等，就是机应于心、神完守固的表现。它是静乎心、体乎道、神乎技的范式。

所谓心神，并不是虚幻空洞的，而是基于特定的生理机制、心理机制的。人为万物之灵，心神只属于人。人，不仅具有第一信号系统（生理的），而且具有第二信号系统（人文的、心理的，通过语言、思维而表现），故人区别于没有第

---

① （宋）苏轼：《祭柳子玉文》。

② （清）马其昶：《韩昌黎文集校注》，上海古籍出版社1986年版，第270页。

二信号系统的动物。由于人能思维，并用语言作为交际工具，故人富于情感，且有理智。情感与理智，乃是心神的突出表现。韩愈不仅从理智上论述了机应于心、神完守固的美，而且从情感上描述了有动于心、发于草书的美。这就把心神论提到一个新的高度。他说：

> 往时张旭善草书，不治他伎，喜怒窘穷，忧悲愉佚，怨恨思慕，酣醉无聊不平，有动于心，必于草书焉发之。观于物，见山水崖谷，鸟兽虫鱼，草木之花实，日月列星，风雨水火，雷霆霹雳，歌舞战斗，天地事物之变，可喜可愕，一寓于书：故旭之书，变动犹鬼神，不可端倪。以此终其身，而名后世。

这段话的含义非常丰富，次第递进、逐层深入。第一，说明了张旭从艺的专一性。第二，描述了张旭情感的丰富性。第三，说出了张旭的醉态及不平则鸣的状态。第四，集中地概括了张旭有动于心、发于草书的美学观点。第五，从观物取象的艺术实践过程中，刻画了张旭善于观照自然、社会的变易并撷取之而转化为草书美的生动情景。第六，道出了张旭草书艺术出神入化的美妙境界。以上都是渊乎心神并以心神为主宰的。

杜甫在《观公孙大娘弟子舞剑器行并序》中说："昔者吴人张旭善草书。书帖数，尝于邺县见公孙大娘舞西河剑器，自此草书长进，豪荡感激。即公孙可知矣。"这是张旭用心神观察歌舞、一寓于书的结果。若未用心神，就不可能臻此妙境。

韩愈以张旭之有动于心为例，与高闲上人之无动于心作了鲜明的对比："今闲之于草书，有旭之心哉？不得其心，而逐其迹，未见其能旭也。"由于高闲上人草书之时未用心神，故只是达到形似其迹的水平，而未臻于张旭那样的神似境界。这是什么道理呢？韩愈指出："今闲师浮屠氏，一死生，解外胶，是其为心，必泊然无所起；其于世，必淡然无所嗜：泊与淡相遭，颓堕委靡，溃败不可收拾，则其于书得无象之然乎？"对此，马其昶解释道："若浮屠之法，内黜聪明，既无可寓其巧知；外绝事物，又莫触发其机趣；盖彼惧外忧之足为累也，乃一切绝之，而何有于书乎？"[1] 高闲是佛家，他把生与死看成是一个东西，要解脱外界一切事物的纠缠，心中只存一片虚空，所谓一心只信佛，万事不关心是也。韩

---

① （清）马其昶：《韩昌黎文集校注》，上海古籍出版社1986年版，第271页。

愈用"淡泊"二字来形容佛家的心态。在韩愈心目中，淡泊是"颓堕委靡"的同义语。心如古井，心如死灰，怎能写出具有活泼泼的生命力的字儿来呢？可见，韩愈对高闲上人的草书是否定的。苏东坡《送参寥诗》云："退之论草书，万事未尝屏。忧愁不平气，一寓笔所骋。颇怪浮屠人，视身如丘井。颓然寄淡泊，谁与发豪猛。"这是以诗来阐释韩愈上述文义的。

韩愈对高闲上人的草书艺术评价是否公允呢？是否切中肯綮呢？

韩愈以张旭草书为例，说明其重视心神、重视观察，这是对的；并将张旭与高闲作对比，指出高闲"不得其心，而逐其迹"，故不及张旭，这也是对的。但是，韩愈把这一个别例子扩展、运用，泛指佛家，并归结为淡泊，这是缺乏分析的。佛家主张空无、出世，追求宁静、淡泊，但并未弃世、绝世，而是普渡众生，到达善的彼岸、佛的境界，这便是出世。而出世是不弃世、不绝世的；如果弃世、绝世，那怎么能够普渡众生呢？普渡众生是为了出世而升华到涅槃境界，也就是佛的境界。淡泊并非对于善和普渡众生而言，而是对于妨碍善和普渡众生而言；凡是不利于善的事，凡是不利于普渡众生的事，都不能做，都要忘记，这就是淡泊。不为名，不为利，这也是淡泊，但与心如古井、心如死灰却是两码事。不为形役，毋为物役，也是一种淡泊；但和两耳不闻窗外事却也是两码事。作为美学意义上的淡泊，是指心灵的纯洁、虚静、空灵。它已超越了佛教信仰的限阈，而成为一种审美范畴了。老子《道德经》二十章："我独泊兮其未兆"，"澹兮其若海"，就描绘了淡泊之境。可见，淡泊乃是一种人格精神、美学精神，也为道家所拥有。不过，道家所追求的淡泊，与无为相通，与致虚极、守静笃相通，与自然之道相通罢了。

高闲上人未在心神上下功夫，书法不及张旭，并非淡泊的过错，而是淡泊得不够，没有吃透淡泊的精神，没有足够的淡泊的韵味。如果臻于淡泊的极境，恐怕高闲就会风格标举、自成一家，而不会被韩愈怀疑为只是懂得幻术之类的人物了。

淡泊并非无动于心，而是有动于心的。不过它追求的乃是平淡安详、深邃悠远的和谐美。中国传统文化中的淡泊明志、宁静致远说，难道不是"有动于心"的体现吗？

唐代大诗人王维，晚年信佛，其山水诗以冲淡、空灵、静寂、幽深著称于世，是淡泊的极致，然而也是他观照辋川山水风景、体察人物心情的艺术结晶。

唐代大书法家怀素，系长沙僧人，自称得草圣书法艺术真谛；其草书艺术高标独举，炳耀千秋。这岂非"有动于心"使然？

可见，韩愈将高闲草书之"不得其心，而逐其迹"与佛门的淡泊相联系，并毁之曰"颓堕委靡，溃败不可收拾"，这在逻辑上是说不通的。这不能说与韩愈的反佛情绪无关。

其实，韩愈对于淡泊之士、淡泊之心并非都是排斥的。他在《送李愿归盘谷序》中对于他的好友李愿归隐山林、与世无争、啸傲终日的淡泊情愫，就是颂扬备至的。李愿乐于"穷居而野处，升高而望远，坐茂树以终日，濯清泉以自洁。采于山，美可茹；钓于水，鲜可食；起居无时，惟适之安"。韩愈赞之为"盘之土，可以稼。盘之泉，可濯可沿。盘之阻，谁争子所。窈而深，廓其有容。缭而曲，如往而复。嗟盘之乐兮，乐且无殃……从子于盘兮，终吾生以徜徉"。这里，虽然未提"淡泊"一词，却含有淡泊的品位。当然，韩愈在此并未与书法艺术相联系，也未与佛家淡泊相联系，但我们却可窥及韩愈精神世界中还保留着淡泊的一席之地，这不能不说与韩愈的反佛的观点有关。

（十一）鼓吹儒家仁爱　非议佛老淡泊

韩愈的美学智慧，是植根于深厚的哲学思想基础之上的。就美的本体论而言，他追本穷源，从人说起，而作《原人》："形于上者谓之天，形于下者谓之地，命于其两间者谓之人。"日月星辰属于天，草木山川属于地，夷狄禽兽与人，介于天地之间："人者，夷狄禽兽之主也。"人，是宇宙的精华，万物的灵长。人有人道，天有天道，地有地道。道，是万事万物遵循的法则、规律。三乱：天道乱，地道乱，人道乱，万事万物便失去正常运转的状态。例如，天体失衡，彼此撞击，便是天道乱；地震灾害，洪水泛滥，便是地道乱；种族杀戮，灭绝禽兽，便是人道乱。韩愈说："天道乱，而日月星辰不得其行；地道乱，而草木山川不得其平；人道乱，而夷狄禽兽不得其情。"对于天道、地道、人道，必须"一视而同仁，笃近而举远"。由于韩愈是在广阔的背景下审视人道的，因而对于人的原本意义的剖析十分精到，其核心是一个"仁"字。人，应讲究天道、地道、人道。人道要在仁的轨道上旋转。可见，人道在特定的意义上就是指仁道。所以，《原人》的社会本质就是以"仁"为标志的人道。这也是《原人》一文的精义。韩愈正是从社会性的角度去把握人的本原意义的。马其昶《韩昌黎文集校注》曰："一视同仁，理一也；笃近举远，分殊也。推其道，欲使夷狄禽兽皆得其情。其言仁体，广大之至，直与覆载同量。"这就从综合和分析两个方面赞颂了仁的博大、深厚。

在《原道》中，韩愈对于原人人道之仁，作了详细论析，并从教育的角度探究了道的原本意义。与《原人》一文可相互发明。此外，还进一步对仁的含义加以拓展、开掘，推出了与仁相关的义，衍化出与仁义相对应的道德，从而揭示出原道的核心内容是仁义道德。他说："博爱之谓仁，行而宜之之谓义；由是而之焉之谓道，足乎己，无待于外之谓德。仁与义，为定名；道与德，为虚位。"仁具有博大的爱心，所以韩愈就将"仁"字与"博爱"一词画上了等号。从实践（行）上不失时机地推销博爱（仁）的主张，便是义。可见，韩愈为仁义所做的定名规范，是有其实在内涵的；而其作为虚位的道德，并非子虚乌有，而是有其实在的服务对象的，这种服务对象便是仁义，因而仁义与道德是结合为一体的。

作为虚位的道德，既然能与实在的仁义合在一起，这种虚位，就非虚无，而是与仁义的实有相对应。正因为这一点，就同老子所谈的道德从根本上区别开来；同佛家所谈的虚空的善哉善哉也区别开来。对此，韩愈谈得头头是道、娓娓动听，也是非常自信、十分自豪的。他认为老子所见者小，几若"坐井而观天"。批评老子："其所谓道，道其所道，非吾所谓道也；其所谓德，德其所德，非吾所谓德也。凡吾所谓道德云者，合仁与义言之也，天下之公言也；老子之所谓道德云者，去仁与义言之也，一人之私言也。"他认为儒家之道德与仁义合，故为公言；老子之道德与仁义反，故为私言。所以，老子之道德，实际上是不道德的。此外，对于晋、魏、梁、陈之间，其言道德而入于佛者，亦有微词。对于佛家之弃君臣父子而倡"清净寂灭"，大加挞伐。

韩愈对于老子道德观的否定是否公允呢？笔者认为，韩愈是儒家思想的忠诚捍卫者，他热衷于君君臣臣父父子子的封建等级制度，鼓吹维护这种等级制度的仁义道德；凡是与此相抵牾的道德观，他是坚决不能容忍的。因此，对于佛老的思想，他一直视为异端而嗤之以鼻。我们很难用公允与否的标准去透视韩愈对佛老的批评。

老子《道德经》十八章："大道废，有仁义。"又十九章："绝仁弃义，民复孝慈。"可见，老子之道与儒家仁义是不能并存的。老子是否定儒家仁义道德的。怪不得韩愈要矮化老子了。"斯吾所谓道也，非向所谓老与佛之道也。"[①] 韩愈非议佛老之道，态度何其鲜明！至于儒道，"孔子传之孟轲，轲之死，不得其传焉。

---

① （唐）韩愈：《原道》。

荀与扬也，择焉而不精，语焉而不详。"① 又在《读荀》中说："孟氏醇乎醇者也；荀与扬，大醇而小疵。"这里，竭尽全力赞美孟轲儒道之醇，对于荀卿、扬雄所信奉的儒道，则大体上是肯定的，但由于荀、扬也吸取了他人的学说，故被韩愈视为小疵。可见，韩愈是百分之百的孔门儒学卫士。从中也可看出，对于孟轲与荀卿、扬雄的儒学修养的差别，辨析得如此分明，实在难能可贵。诚如苏轼所言："若非有见识，岂千余年后便断得如此分明？"②

就人的生理机制与心理机制而言，也是有其特殊的本性的。韩愈《原性》："性也者，与生俱生也。"他认为人性是天生的，并对不同的人性论作了介绍："孟子之言性曰人之性善；荀子之言性曰人之性恶；扬子之言性曰人之性善恶混。夫始善而进恶，与始恶而进善，与始也混而今也善恶；皆举其中而遗其上下者也，得其一而失其二者也。"韩愈虽然崇拜孔孟之道，但他绝不亦步亦趋、机械模仿，而是有自己独特见解的。他并不执著地理解三子的人性论，而是灵活辩证地予以总体的把握。他认为人性不可能尽善、尽恶、尽善恶混，但这并不意味着说三子所言都是错的，而是说三子所言都各有侧重、都是就人性的主导方面而言，这就是所谓"举其中"、"得其一"。在论析时，韩愈把性分为上中下三品，并断言品性是不可改变的；同时，还批评了杂佛老而言的人性论。

为什么韩愈相信孔子所谓品性不可移的说法呢？这是由于，他压根儿深信人性是天生的。用现代的语言说，人性是纯生理的，是有其特殊的生理机制的。但他在阐释时，又把仁、礼、信、义、智等儒家学说观点概括为性的内容，这就必然地突现了人性的社会性、后天性，这也就必然地和他所谓的人性"与生俱生"说发生了矛盾。

同性相关的是情。《原性》："情也者，接于物而生也。"这就是说，情的产生是后天的，是感动于物而出现的。举凡喜、怒、哀、惧、爱、恶、欲七情，都是如此。这种论析，是与人的心理机制密切相关的。

至于性与情之间的关系，韩愈并未多予论述，只是淡淡地写道："性之于情视其品"，"情之于性视其品"。对此，何焯曰："性善则情善，情善则性善。"马其昶注："老佛皆欲灭情以见性；公首论性情，即交互发明，见二者之不可离。"③ 这种分析，强调了性情的血肉联系，是颇有见地的。

---

① （唐）韩愈：《原道》。
② 转引自（清）马其昶：《韩昌黎文集校注》，上海古籍出版社1986年版，第13页。
③ （清）马其昶：《韩昌黎文集校注》，上海古籍出版社1986年版，第21页。

韩愈所论之性，强调天生、不移，虽非陈言，但不可取，也无进步之可言。王充《论衡·本性篇》云："性各有阴阳善恶，在所养焉。"说明人性并非完全取决于先天，而是与后天所养有关的。可见韩愈的这一说法与王充相比，不是进步，而是退步。

从以上分析中，可以看出，《原人》、《原道》、《原性》，集中地体现了韩愈的哲学思想。

韩愈从本体论的高度，解析了本原意义上的人，以天道、地道、人道一视同仁的理论为基础，树立了以人为主体的丰碑。这便是《原人》的精义。

韩愈认为，原本意义上的人道，只以儒家的仁义道德为标志的。道德是以仁义为内核的，而佛老是摒弃仁义的，因而儒家道德观念与佛老之间存在着根本分歧。这便是《原道》的精义。

如果说，《原道》是从社会伦理方面去探究儒家仁义道德的，那么，《原性》就是从人的生理机制、心理机制上去探究性情学说的。人性是天生的，且有善恶之分，其性善的最高表现是仁义礼智信，而人性是制约着人情的。这便是《原性》的精义。

总之，在《原人》、《原道》、《原性》中，都贯串着儒家的仁义道德精神。它是韩愈哲学思想的灵魂。

儒家思想对于韩愈的美学见解当然是有影响的。韩愈论著充满了儒家入世思想的泛爱仁的精神，这就使他的美学智慧打上了儒家的烙印。特别是，他的美学智慧在其所有论著中只占一席之地，在总体上受到庞大的儒学体系所覆盖，因而只能在浩瀚的儒学之海中翻动着美学的身影。如育人、育才、养气、醇和之美论，均与儒学修养有着密切联系。韩愈之所以非议佛老的淡泊之美，也与韩愈排斥佛老、独尊儒术有关。

当然，由于美学距离政治经济基础较远，处于上层建筑之最高层，因而不见得时时处处都能直接反映政治经济基础的运动状态。同时，美学在哲学王国中也具有独立的品格和自由的特性，因而它不见得在一切方面毫无遗漏地反射出作者本人哲学思想的深层运动状态，所以，我们就不必对美学智慧的哲学根源进行泛化的肢解式的零星的探究。对于韩愈的美学智慧的哲学探讨，也应该是整体的、立体的、高屋建瓴的。

《新唐书》本传云："愈深探本元，卓然树立，成一家言。其《原道》、《原性》、《师说》等数十篇，皆奥衍闳深，与孟轲、扬雄相表里，而佐佑六经云。"这种概括，极其精辟。

二　柳宗元的审美观、怪异说

（一）合而为美

柳宗元（773—819），字子厚，河东（今山西永济）人，故称柳河东。在其短暂的一生中，经历了代宗、德宗、顺宗、宪宗四个朝代的风云变幻。他天资聪颖，勤奋好学，德宗贞元九年，年仅二十一岁，即进士及第；贞元十四年，年二十六岁，第博学宏词科。授校书郎，又任蓝田尉。贞元十九年，三十一岁时任监察御史。顺宗李诵永贞元年（805），柳宗元三十三岁，因参加王叔文革新派而遭受保守派的打击，被贬为邵州刺史，未半道，贬为永州（今湖南零陵县）司马，长达十年之久。"居闲，益自刻苦，务记览，为词章，泛滥停蓄，为深博无涯涘，而自肆于山水间"①。元和十年间，改贬为柳州（今属广西）刺史，时年四十三岁。元和十四年卒，年四十七。韩愈叹曰："既退，又无相知有气力得位者推挽，故卒死于穷裔，材不为世用，道不行于时也。"②

韩愈比柳宗元年长五岁，又晚死五年，生活年代大致相同，且为文坛好友，故其评价是可信的。又据刘禹锡《唐故柳州刺史柳君集》转述韩愈评论之言曰："吾尝评其文，雄深雅健，似司马子长。"司空图《题柳柳州集后》评柳诗："味其探搜之致，亦深远矣。"连非议过柳氏天人不相知观点的苏轼，在评价柳诗时，也称赞道："柳宗元发纤秾于简古，寄至味于澹泊。"③又云柳诗枯澹："所贵乎枯澹者，谓其外枯而中膏，似澹而实美。"④以上均对柳子诗文之美做出了肯定性评价，但都富于体验性、妙悟性，而鲜有理性的逻辑的论证。

笔者认为，柳子诗文，不仅蕴藏着丰富多彩的美，而且在理论上（主要指文）还能给人以深刻的启迪，在美学上闪耀着智慧的光辉。由于柳子遭际坎坷，备受打击，故悲愤填膺，感慨万端；但犹矢志不渝，正气凛然。为了应对险恶的形势，在坚持原则的同时，也采用灵活机动的策略方法。所以，在探讨人生哲学、歌咏人格美时，坚守方内圆外论。这是在方圆的辩证关系问题上所作出的贡献。

---

① ② （唐）韩愈：《柳子厚墓志铭》。
③ （宋）苏轼：《书黄子思诗集后》。
④ （宋）苏轼：《评韩柳诗》。

此外，由于作者被贬荒外，山阻路遥，踽踽独行，形单影只，故心境悲凉；目击之景，也抹上了一层淡淡的哀愁，因而在游观山水时，虽然也感到快乐，但却受到悲愁的牵绕，遂情不自禁、悲从中来。这种悲剧情怀，构成了作者审美观照时的心理特征。且读《与浩初上人同看山寄京华亲故》诗："海畔尖山似剑铓，秋来处处割愁肠。若为化得身千亿，散上峰头望故乡。"这种由看山而引发的乡愁，挥发得淋漓尽致！至于："城上高楼接大荒，海天愁思正茫茫。惊风乱飐芙蓉水，密雨斜侵薜荔墙。岭树重遮千里目，江流曲似九回肠。共来百越文身地，犹自音书滞一乡。"① 这也是一首脍炙人口的抒发悲剧情怀的绝唱。当然，这种悲剧情怀的抒发乃是和景物描绘交融在一起的。而在作者的山水游记中，除了绘景、抒情、叙事外，又往往和议论、说明相结合，成为显示理性光芒的审美心理理论，因而具有美学的色彩。

此外，由于柳宗元长年在游观山水中排遣世虑、消解苦闷、融化愁思，致使他的悲剧情怀的宣泄过程与方式，体现出守中、淡泊、沉郁、恍惝，凝结为淡泊明志、宁静致远的特点。有时，甚至运用"抉异探怪，起幽作匿"② 的方法，来揭露黑暗、赞美光明、宣泄苦闷。

当然，柳宗元绝非一个悲痛欲绝、毫无作为的庸人，而是一位身处逆境、奋力抗争的思想家、文学家。他毕生在追求美，他不断地歌颂美。从美的召唤中去获得生活的勇气，并驱散笼罩胸际的阴霾。同时，在美学理论上提炼出许多熠熠闪光的观点。所谓"合而为美"③，不是对美的复合形态的赞扬吗？所谓"陶阴阳之粹美，孕造化之精英"④，不是对美的纯粹形态的讴歌吗？尤其是对于诗文美学，所发表的精辟见解，在柳子美学智慧中更具有不可磨灭的价值。这集中地表现为：在诗文的美学功能方面，提出了"辞令褒贬，导扬讽喻"⑤；在诗文的美学标准方面，提出了"丽则清越，言畅而意美"⑥。

为什么他对文学提出如此高的美学要求呢？归根结底，是和他的"文以明道"原则血肉相连的。为民之道，张而明之，此谓之明道。为民之道，可以"道美"目之⑦。他把道与美联系在一起，提出"道美"一词，乃是他的创造，

---

① （唐）柳宗元：《登柳州城楼寄漳汀封连四州》。

② （唐）柳宗元：《答问》。

③ （唐）柳宗元：《霹雳琴赞引》。

④ （唐）柳宗元：《为王京兆贺嘉莲表》。

⑤⑥ （唐）柳宗元：《杨评事文集后序》。

⑦ （唐）柳宗元：《与吕恭论墓中石书书》。

也是以善（道德伦理）为美的特殊表述。但实现道美，并非易事，而是充满了艰辛，甚至要付出很高代价，因而他的内心深处是很悲痛忧愤的，致使他的美学智慧浸润着浓郁的悲剧色彩，并富于他本人所独有的个性、情感特征。

（二）方其中，圆其外

方与圆，是不同的美学范畴。方，指方正、正直、刚直；圆，指周圆、圆润、柔曲。柳宗元着重从人格美的角度论析了方圆。这突出地表现在他与杨诲之的论辩中。杨诲之是杨凭之子。杨凭是柳宗元的岳父。杨凭自京兆尹被贬为岭南临贺尉。柳宗元被贬在永州。杨诲之取道永州到临贺去看望乃父。柳宗元送行时，见有车过，便作《说车赠杨诲之》一文，时值元和五年庚寅，是年柳宗元三十八岁。文中说车"中不方则不能以载，外不圆则窒拒而滞。方之所谓者箱也，圆之所谓者轮也"。这里说明车厢是载物的，所以方；车轮是行走的，所以圆。方与圆的配置应遵循"圆其外而方其中也"的原则。由车出发，联系到人，便得出这样的结果："凡人之质不良，莫能方且恒。质良矣，用不周，莫能以圆遂。"可见，体方用圆，才是为人之本，要做到"恢其量若箱，周而通之若轮，守大中以动乎外而不变乎内若轴"。柳宗元的论析，层层深入，终于点破了文章的题旨："诲之，吾戚也，长而益良，方其中矣。吾固欲其任重而行于世，惧圆其外者未至，故说车以赠。"原来柳宗元恐杨诲之处世不够周圆，所以才用心良苦地规劝他。当然，这并非说柳宗元重圆轻方，而是显示他重视方圆并用、能方能圆、亦方亦圆、内方外圆。所谓"以动乎外"，便是能圆；所谓"不变乎内"，便是能方。这才符合"守大中"的要求，也就是符合中庸之道。作者声称，这是孔子的谆谆教诲。

作者不仅从儒学的宏观角度去论析方中圆外之理，而且从亲戚的私交方面去诉说方中圆外之情。做到以理寄情，以情寓理，合情合理，情理并茂，企图从情理的结合上去感动杨诲之。这在同年写的《与杨诲之书》（一作《与杨诲之再说车敦勉用和书》）中表现得非常清楚：

> 中之正不惑于外，君子之道也。然而显然翘然，秉其正以抗于世，世必为敌仇，何也？善人少，不善人多，故爱足下者少，而害足下者多。吾固欲其方其中，圆其外，今为足下作《说车》，可详观之。

这里说的是真话，也是肺腑之言。如果杨诲之不是柳宗元的至亲，柳宗元就可能采取另一种说法。这种情理并重的做法在《与杨诲之第二书》（一作《与杨诲之疏解车义第二书》）中得到了进一步发展。

第二书作于元和六年辛卯，柳宗元时年三十九岁。他声称是"言《说车》之说及亲戚相知之道"的。但忠言逆耳，杨诲之对于柳宗元所说的话，并不尽信，且有不恭，这便引起了柳宗元的深切的忧虑和悲怜之情，并对杨诲之的言辞作了深入的辨析与剀切的驳议，从而进一步揭示出方圆的社会本质。

第二书洋洋洒洒，凡二千言，是针对杨诲之致柳宗元的数千言长信而发的。柳宗元声称"弥见吾子之方其中也，其乏者独外之圆耳"。"今吾又以圆告子，则圆之为号，固子之所宜甚恶。方于恭也，又将千百焉。然吾所谓圆者，不如世之突梯苟冒，以矜利乎己者也。……乾健而远，离丽而行，夫岂不以圆克乎？而恶之也？"这里内涵甚丰：其一，直截了当地指出杨诲之的有方少圆。其二，说出杨诲之对于圆的厌恶。其三，表明自己所说之圆并非没有棱角（突梯）的苟且干进（苟冒）、随俗浮沉、自私自利，因而与杨诲之所恶之圆不同。其四，柳宗元以《周易》的《乾卦》为例，说明"天行健，君子以自强不息"[①] 的《易》理；又以《离卦》为例，描绘"离，丽也。日月丽乎天"[②]的交互运作之美，并用反诘的语气肯定圆的价值。"乾健"、"离丽"的运行，就象征着圆，也是《易》理的概括。

杨诲之致柳宗元书，未能传世；但从柳书中，对于杨书的方圆观，尚可基本窥及。杨诲之只看到方圆对立的一面，而没有看到方圆统一的一面，认为方与圆是不可调和的，方则狂肆执著，圆则随风转舵。方圆同体，则必"翦翦拘拘"。翦翦，是指善于辩；拘拘，是指不自然。花言巧语，矫饰伪装，外表彬彬有礼，内里暗藏心计，就是"翦翦拘拘"的表现。杨诲之声称"我不能翦翦拘拘，以同世取荣"。对此，柳宗元大不以为然，连续地反问杨诲之："吾岂教子为翦翦拘拘者哉！……而子不谓圣道，抑以吾为与世同波，工为剪剪拘拘者？……吾虽少时与世同波，然未尝翦翦拘拘也。"但柳宗元并非强词夺理、易于冲动的文人，而是善于辩证、以理服人的哲学家。他认为内方外圆是"内可以守，外可以行其道"。方并非"纵目仰鼻"、飞扬跋扈；圆并非"为佞为伪"、随波逐流，而是"其旨在于恭宽退让，以售圣人之道"。举凡尧、舜、禹、汤、高宗、文王、武王、周公、孔子之道，均应遵循；即使老子之道，也在认真学习之列。

---

①② 《象传》。

柳宗元的方圆并用的观点，在《乞巧文》中也有流露，所谓"凿臣方心，规以大圆"是也。

但柳宗元的方圆观同元结相比，还是有区别的。元结（719—772）比柳宗元年长五十四岁，他是笃爱方而厌恶圆的。在《沬泉铭》中，歌颂了"方以全道"、"学方恶圆"的思想；在《自箴》中，对于"君欲求权，须曲须圆"的世俗邪念，嗤之以鼻，并针锋相对，确定了"处世清介"、"必方必正"的座右铭，又写下了《恶圆》、《恶曲》等文。这是从负面意义方面去否定圆的，自有其特殊的底蕴。但我们却不能得出黄庭坚所说的那样"柳子之学（按，指方圆论），或见笑于次山之家"的结论①。柳宗元并非没有认识到曲圆的负面意义，在《斩曲几文》中，他一方面赞扬"后皇植物，所贵乎直"；一方面揭露"欹形诡状，曲程诈力"，"且人道甚恶，惟曲为先"。最后严肃指出："诇谀宜惕，正直宜宣。道焉是达，法焉是专。"宋代韩醇指出："观其文，盖指当时以诇曲获用者。又谓上之人不明，弃直而用曲，则不才者进。"② 这里表明，柳宗元对于圆滑、诇曲是否定的，因而这与元结（次山）所否定之圆曲的含义是一致的。当然，我们也要看到，就多数情况而言，柳宗元所讴歌的，乃是圆的肯定意义。尤其是他被贬谪以后，他更深谙圆的正面价值。

在《与杨诲之第二书》中，作者现身说法，以自己的实际遭遇为例，道出了为官时未臻于圆而受陷害、被贬谪的过程。他十七岁求进士，二十一岁登进士。二十四岁中博学宏词科。春风得意，一心进取，但却"时遭讪骂诟辱"，"得号为轻薄人"。在任监察御史、礼部员外郎时，虽受改革派王叔文、王伾等人的器重，为清除贪官污吏、宦官、藩镇和刷新朝政而不懈努力，但由于宦官擅权、藩镇坐大、永贞革新失败，"卒不免为连累废逐"。被谪为永州（今湖南省零陵县）司马的七年中，"讲尧、舜、孔子之道亦熟，益知出于世者之难自任也"。字里行间，显隐出作者的内心楚痛，及对从政之初未能周圆（指方式方法未臻灵活）的认知。作者耐心地细述自己的切身经历，希望从亲情上感染杨诲之，能够从中吸取教训。当然，这也不能完全看成是私情，其间也应符合道的原则："凡吾与子往复，皆为言道。道固公物，非可私而有。"这里说明作者的私情与公道是合为一体的，私情也是要符合公道的。

坚持公道，就必须方；坚持公道时要变通、灵活，就必须圆。对此，柳宗元

---

① 《柳宗元集》第二册，中华书局 1979 年版，第 463 页尾注。
② 同①，第 494 页尾注。

是深知的。

柳宗元心目中的方圆与刚柔是有密切联系的。就性质而言，方性为刚，圆性为柔。方圆互渗，亦刚亦柔。"夫刚柔无恒位，皆宜存乎中……吾以为刚柔同体，应变若化，然后能志乎道也"。章士钊《柳文指要·说车》中，在谈到方圆时指出："自有柳文一千余年，吾迄未见有人解得作者善用二律背反之矛盾现象，督责其至亲密友之杨诲之，使之攀跻人类至高之大成就，而迈进一步。"这一评价虽然过高，但对柳文方圆论中二律背反现象的揭示，还是极有见地的。

方刚圆柔，相反相成，不仅表现在柳宗元与杨诲之的谈论中，而且表现在柳宗元与其他文人的谈论中。《送杨凝郎中使还汴宋诗后序》云："参刚柔而两用，化逆顺而同道。"《送崔子符罢举诗序》云："刚以知柔。"《答周君巢饵药久寿书》云："尝以君子之道，处焉则外愚而内益智，外讷而内益辩，外柔而内益刚；出焉则外内若一。"《佩韦赋》云："宽与猛其相济兮"，"纯柔纯弱兮，必削必薄；纯刚纯强兮，必丧必亡。韬义于中，服和于躬；和以义宣，刚以柔通。"这些，都从不同角度说出了刚柔兼济、不可偏废的道理。

（三）游观

游观佳丽，乐人乐身
心舒目行，欢而生悲
美丑异位，去恶取美
心凝神释，与万化冥合

柳宗元《陪永州崔使君游宴南池序》云："零陵城南，环以群山，延以林麓。其崖谷之委会，则泓然为池，湾然为溪。其上多枫楠竹箭、哀鸣之禽，其下多芰芰蒲蕖、腾波之鱼，韬涵太虚，澹滟里闾，诚游观之佳丽者已。"这里只有短短的六十五个字，却描绘了山、林、崖、谷、池、溪、枫、楠、竹、禽、鱼、芰、菱、芙蓉等十多种自然物，它们有机地组合为一体，形成了一幅美丽的图画。作者不仅欣赏它，而且自然而然地道出了一种审美观照的美——游观美（游观之佳丽）。

如果说开头主要是描绘自然风物的静态，偏重于客观的总体的再现，那么，接着便是将景物映入情思之中，畅叙欢愉之乐。在作者笔下："既乐其人，又乐其身。""连山倒垂，万象在下，浮空泛景，荡若无外。横碧落以中贯，陵太虚而径度。羽觞飞翔，匏竹激越，熙然而歌，婆然而舞，持颐而笑，瞪目而倨，不知日之将暮，则于向之物者可谓无负矣。"这里描绘了迤逦山势的倒影，水津泛舟的空灵，神驰太虚的悠远，竹笙奏响的清越，纵酒飞歌的豪放，形象地表现了审美者欢乐的襟怀，并直接掬出了"乐"、"笑"等美感心理特征。

尤其难能可贵的是，作者还深刻地揭示了隐藏在欢乐背后的更深层次的情感状态——悲。作者在游观审美中，化景物为情思，并升华到人生哲理的高度。这便是文末的精华所在："昔之人知乐之不可常，会之不可必也，当欢而悲者有之。……余既委废于世，恒得与是山水为伍，而悼兹会不可再也，故为文志之。"作者认为，欢乐的聚会是不会常有的，因而欢中有悲。更重要的是由于自己被贬谪异乡，不能再被起用，故因惆怅、抑郁而悲。可见山水之美，固然可以令人赏心悦目，并激发人的快感、美感；但也可从相反方向勾起人的忧伤情思，这便是乐极生悲。亲友相聚，共赏美景，同抒雅怀，融融乐乐。但没有不散的筵席，亲友一旦惜别，各奔东西，悲怆之感，油然而生。这种有乐有悲的心理，是人生旅途中经常出现的，也是审美中经常产生的。柳宗元概括出"欢而悲"的美感的辩证性，是植根于自己深切的亲身体验的基础之上的，显示出情与理的相渗相融、巧妙结合。

柳宗元所说的"游观之佳丽"①，揭示了游观的美的价值；而其所谓"游观"，与"观游"一词实为同义。它不仅具有美的观赏价值，而且还有社会的政治价值。对此，《零陵三亭记》云：

> 邑之有观游，或者以为非政，是大不然，夫气烦则虑乱，视壅则志滞。君子必有游息之物，高明之具，使之清宁平夷，恒若有余，然后理达而事成。

文章开始就提出了"观游"与政事的密切关系。游览山水园林，可以荡涤忧愁，消烦解闷，调节身心，怡养情性。从生理学的观点看来，善于工作的人，也善于休息。工作是无限的，人的生理器官的承受力毕竟是有限的。在紧张的工作之余，抽暇去游观，便是一种积极的休息，使人的神经系统得到应有的调节，就会将原来处于亢奋状态的神经、肌肉、筋骨转变为松弛、和缓状态。这叫做有张有弛。从心理学的观点看来，游观可以使人在自然大化和艺术境界中与万物交

---

① （唐）柳宗元：《陪永州崔使君游宴南池序》。

融，而心旷神怡，甚至臻于忘我、无我之境，使人的心情、灵魂得到提升、陶冶，使快乐之人更快乐，使忧虑之思（心）在视线（目）的转移中逐渐淡化乃至消失。总之，人的身体可以通过游观得到调节，人的心情通过游观可以得到愉悦，故游观所起的乃是审美中介作用。其程序如下：

生理——→游观——→休整
心理——→游观——→快乐

在柳宗元笔下，他的好友薛存义，不仅是一位清官，而且深谙游观之道。薛氏任零陵县令时，注重休养生息，保护环境，美化自然，净化心灵，深为百姓称道。

山水鸟鱼之乐，滰然自若也。乃发墙藩，驱群畜，决疏沮洳，搜剔山麓，万石如林，积坳为池。爰有嘉木美卉，垂水蓁峰，珑玲萧条，清风自生，翠烟自留，不植而遂。鱼乐广闲，鸟慕静深，别孕巢穴，沉浮啸萃，不畜而富。伐木坠江，流于邑门。陶土以埴，亦在署侧。人无劳力，工得以利。乃作三亭（按，指读书亭、湘秀亭、俯清亭），陟降晦明，高者冠山巅，下者俯清池。更衣膳饔，列置备具，宾以燕好，旅以馆舍。高明游息之道，具在是邑，由薛为旨。

这里歌颂薛存义：疏浚河塘，清除淤塞，荡涤污染，改造山林，制作园亭，净化环境，保护生态，为民谋利。这既是"游息之道"，又是为政之道。文章的精义在此得到了形象的显示和美的描述。其核心词"高明游息之道"，与文章开头的"君子必有游息之物"，是个很好的呼应。

再看最后一段中的概括：

则夫观游者，果为政之具软？薛之志，其果出于是软？及其弊也，则以玩替政，以荒去理。使继是者咸有薛之志，则邑民之福，其可既乎？

这里，用反诘的语气，揭示了"观游"与"为政"的关系。观游虽有利于为政，但也是有分寸的，它与为政并无直接的联系，它并不属于为政，因而对于二者的关系不可执著地理解。观游是有其独立的审美价值的，因为它有特殊的美学品位。

对于为政者而言，观游也应合度。若一味观游，荒废政事，那就是"以玩替政，以荒去理"，而成弊端。但是，只要遵循薛氏游息之道，则百姓就可享福不尽。对此，章士钊在《柳文指要·零陵三亭记》中指出："倘离政事而为观游，则谥曰玩，去事理而骛游息，则号为荒。"又云："既，尽也……本文之既，则指政与观游之连谊，不可绝亦不可断。"这种理解，是符合原意的。

但是，柳宗元绝不是一个狭隘的功利主义者，在审美观照问题上，他首先看重的是对象的美和心理的美感，然后再把这种美和美感提升到道的哲学高度。他于永贞元年被贬永州司马，路过潭州杨中丞（作者岳父杨凭）宅时，写下了《潭州杨中丞作东池戴氏堂记》一文，文中描绘了东池的倒影美与风景美："就之颠倒之物，辽廓眇忽。树之松柏杉槠，被之菱芡芙蕖，郁然而阴，粲然而荣。凡观望浮游之美，专于戴氏矣。"这里所谓"观望浮游之美"，是对审美游观的赞颂。接着，在推崇戴氏好孔子、庄子、文子之书的同时，极力标举贤者（包括戴氏、杨凭）之道德文章：

> 地虽胜，得人焉而居之，则山若增而高，水若辟而广，堂不待饰而已奂矣。戴氏以泉池为宅居，以云物为朋徒，掳幽发粹，日与之娱，则行宜益高，文宜益峻，道宜益懋，交相赞者也。

作者把游观之美升华为贤者之道，并实现二者的结合，发出"其乐道欤"的赞叹！在人与物、情与景的交融中，特别强调人的作用，强调情的感染性，且运用拟人化的手段，"以云物为朋徒"，赋予景物以人的灵性，从而在审美心理的无限领域拓展出一个物我交感、情景交融的新境界。

作者不仅写出了观游的普适性，而且还写出了观游的独特性：动态美、知觉美感、视觉美感。且看《桂州裴中丞作訾家洲亭记》：

> 大凡以观游名于代者，不过视于一方，其或傍达左右，则以为特异。至若不骛远，不陵危，环山洄江，四出如一，夸奇竞秀，咸不相让，遍行天下者，唯是得之。

这里，首先介绍常人对于观游之必具一方特异性的认知；然后从整体美方面揭示出桂州山水风物的面貌，撷取其"四出如一，夸奇竞秀"的特点。接着便对此种特点加以描述："桂州多灵山，发地峭竖，林立四野。……凡峤南之山川，达于海上，于是毕出，而古今莫能知。"这是对桂州山川的整体气势的概括。至于审美者，则"前指后画，心舒目行。忽然若飘浮上腾，以临云气，万山面内，重江束隘，联岚含辉，旋视具宜，常所未睹，倏然互见，以为飞舞奔走，与游者偕来。"这里形象地表现了审美主客体之间的亲和关系与运动状态。所谓"心舒目行"，就是指视知觉美感，它们是相渗相融、富于动感的。这种视知觉美感不是单一的，而是多姿多彩的，除了"心目"的"旋视"以外，作者这样说："盖非桂山之灵，不足以环观；非是州之旷，不足以极视；非公之鉴，不能以独得。"所谓"环观"、"极视"、品鉴，均从不同角度分析了视知觉审美的特色。尤其重要的是，作者还从美学高度点出了"昔之所大，蓄在亭内"的特点。中国园林艺术可以纳千顷之汪洋、收四射之烂漫，能够因小观大，而柳宗元却在理论和实践上作了生动的概括。

在柳宗元心目中，观游是具有选择性的。凡玷污观游之物，必须芟除之，俾美的景色能够充分展现。在《永州韦使君新堂记》中，对于"茂树恶木，嘉葩毒卉，乱杂而争植，号为秽墟"者，必须"清浊辨质，美恶异位"。必须"择恶而取美"，才可使美昭昭然而毕现于眸内："视其植，则清秀敷舒；视其蓄，则溶漾纡余。怪石森然，周于四隅，或列或跪，或立或仆，窍穴逶邃，堆阜突怒。乃作栋宇，以为观游。""择恶"，就是弃恶。"择恶而取美"，也就是弃恶取美或除恶取美。这是一条重要的美学原则。因为美与恶是对立的，也就是"美恶异位"。但美恶并非时时刻刻都可分辨得一清二楚的，恶僭列在美的肩侧，经常是以丑充美、恶善杂处的，这就要下一番鉴别的功夫，才能实现"择恶而取美"。这里的所谓恶，也就是丑的意思。老子《道德经》："美之与恶，相去几何？"就是讲美与丑的联系和差别的。在对待自然物时，可以采取化丑为美的方法，从而为观游创造美的环境。除了去丑取美以外，还可以丑为美。怪石之美，就是如此。但在对待社会物时，则应坚持去丑取美的原则。对此，柳宗元在赞贺韦使君所建之新堂时说："公之择恶而取美，岂不欲除残而佑仁？公之蠲浊而流清，岂不欲废贪而立廉？"这里，择恶（去丑）与铲除残暴相联系，取美与护佑仁爱相联系，蠲浊与废除贪污相联系，流清与标举廉洁相联系，显然已把观游自然拓展到社会政治领域；也就是文末所说的"将使继公之理者，视其细，知其大也"。

柳宗元还用形象的笔触勾勒出观游的婆娑情姿与诱人的风采，突现出观游的品类：旷、奥。其《永州龙兴寺东丘记》云：

游之适，大率有二：旷如也，奥如也，如斯而已。其地之凌阻峭，出幽郁，寥廓悠长，则于旷宜；抵丘垤，伏灌莽，迫遽回合，则于奥宜。因其旷，虽增以崇台延阁，回环日星，临瞰风雨，不可病其敞也；因其奥，虽增以茂树蓁石，穹若洞谷，蓊若林麓，不可病其邃也。

这里，不仅揭示了观游的品类在于旷如、奥如，而且还指出其所以旷如、奥如的原委。同时，又用不可病其敞也、邃也来强化旷与奥的优势。明代王世贞曾批评"其敞其邃未妥"，章士钊则指责王氏狂妄。林纾云："用旷奥二义，形容寺中物状，合目揣之，情景跃然，体物之妙，可谓穷形尽相。"① 林纾的剖析，是公允的，也是可以和敞、邃结合起来理解的。换言之，敞、邃并非贬义，旷与敞、奥与邃是相通的，关键是因地制宜，充分显示观游之美。正如作者在《永州龙兴寺东丘记》末段所说："则吾所谓游有二者，无乃阙焉而丧其地之宜乎？丘之幽幽，可以处休。丘之宭宭，可以观妙。"幽幽之于奥邃，宭宭之于旷敞，均有联系，均提供了观游的妙境。

隐僻幽邃，奥秘深远，探之无尽，可谓妙观；所谓"俛入绿缛，幽荫荟蔚。步武错迕，不知所出。温风不烁，清气自至。水亭陿室，曲有奥趣"是也。游目骋怀，浩渺无极，神思物外，可谓大观。所谓"登高殿可以望南极，辟大门可以瞰湘流，若是其旷也"是也。

大观是指宏观的整体把握。它和旷的特点是密切联系的。且看《永州法华寺新作西亭记》："旷焉茫焉，天为之益高，地为之加辟，斤陵山谷之峻，江湖池泽之大，咸若有而增广之者。"这里所写的高峻广大的自然美，均是大观中的审美对象。再读《永州龙兴寺西轩记》："西序之西，属当大江之流；江之外，山谷林麓甚众。于是凿西墉以为户，户之外为轩，以临群木之杪，无不瞩焉。不徒席，不运几，而得大观。"这里，山川的壮丽，悉收眸内，为大观之绝唱！《易传·象》有"大观在上"语，"大"有普遍之意，"上"有居高临下之意；故大观是全方位的、多侧面的、鸟瞰的。

从柳宗元的游记中，还可得知，观游应以我为主宰，做到心物交感、物我同一。他在《始得西山宴游记》中，谈到贬居永州、乘隙"施施而行，漫漫而游"时说：

---

① 以上均见章士钊：《柳文指要·永州龙兴寺东丘记》。

> 日与其徒上高山，入深林，穷回溪，幽泉怪石，无远不到。到则披草而坐，倾壶而醉。醉则更相枕以卧，卧而梦。意有所极，梦亦同趣。觉而起，起而归。以为凡是州之山水有异态者，皆我有也，而未始知西山之怪特。

这些话的核心是"皆我有也"，突出一个"我"字。作为审美主体的我，在心物交感中是起着主导作用的。我的喜怒哀乐之情，投射到物上，仿佛物也有所感，物也产生了与我相契合的状态，物也能听从我的调度。这种现象叫做物的人化（拟人化）。人感到物仿佛就是自己，物有自己的情感、思想、声音，物成为自己的象征、代表。这种现象叫做人的物化。实际上这是我的心理感知的转移状况，在美学理论上叫做移情，也就是心理感觉的转移或外射。柳宗元当然不知道"移情"这个词，但个中道理他是熟知的。否则，他就不会"以为凡是州之山水有异态者，皆我有也"。永州山水之所以"怪特"、"有异态"，固然与山水本身有关，但从根本上说，是与"我"有关。由于"我"的审美心理的奇妙，才会感觉西山风物的奇怪、独特。可见，在主客体交融中，"我"是起着决定作用的。作者在以我观物的过程中，强调游的动作性，连续用"入"、"穷"、"到"、"披"、"倾"、"卧"、"起"、"归"等富于动态的字，塑造"我"的观游状态和美的形象，并突出了审美心理的特殊品种——梦的描绘。这种梦，是有"意"有"趣"的，这便是审美意象与审美情趣。如此表现，就把"我"字提升到一个新的美学境界。这不是平庸的我，而是超凡脱俗的我，是美的智慧熔炉中陶铸出来的我。唯有这种我，才可妙悟万物，俾万物之美为我而设、咸备于我。

> 悠悠乎与颢气俱，而莫得其涯；洋洋乎与造物者游，而不知其所穷。引觞满酌，颓然就醉，不知日之入。苍然暮色，自远而至，至无所见，而犹不欲归。心凝形释，与万化冥合。

这是神与物游、情与景会、物我同一的无迹境界，也是天人合一的哲学境界的形象显示。

在观游过程中，"心凝形释，与万化冥合"，并非一蹴而就，必须以虚静的心去拥抱万物，并发挥通感的作用，使感觉器官一道参与、迎接自然大化。在《钴鉧潭西小丘记》中，有如下描绘：

嘉木立，美竹露，奇石显。由其中以望，则山之高，云之浮，溪之流，鸟兽之遨游，举熙熙然回巧献技，以效兹丘之下。枕席而卧，则清泠之状与目谋，瀯瀯之声与耳谋，悠然而虚者与神谋，渊然而静者与心谋。

可见，在审美观照中，视觉、听觉、感觉、知觉等，都是相互协作并一统于心（脑）的。

在心神的支配下，可以充分发挥想象的作用，从而使审美者获得最大的愉悦；但由于观游兼目观与身游二者的特点，故特别富于直觉体验性。且看《至小丘西小石潭记》："闻水声，如鸣珮环，心乐之"，这是听觉与知觉的共享。"下见小潭，水尤清冽"，"潭中鱼可百许头，皆若空游无所依。日光下澈，影布石上，怡然不动，俶尔远逝，往来翕忽，似与游者相乐"，这是视知觉的圆融，并将游者之乐想象为鱼儿之乐，从而出现相乐的共享境界。郦道元《水经注》："绿水平潭，清洁澄深，俯视游鱼，类若乘空。"沈佺期诗："鱼似镜中悬。"林纾："写静中物态，皆跃跃欲动，其叙潭鱼翕忽，及水日映发，余在花坞中确见此状，特写不出耳。"① 柳宗元笔下，潭水之清，空游之态，光影之透，树蔓之青，环境之绿，织成了一幅美丽的图画。他不仅实践着身游，而且实践着目游、心游；不仅自己"心乐"，而且见游鱼"相乐"。这些，都是文中的独到之处，都是他本身仅有的真切的审美直觉体验和内在心理的特殊之处，这是任何人都不能替代的，是不可重复的，无怪乎林纾发出"写不出"的慨叹了。尤其是，作者是以孤寂、忧郁的情绪去审视自然美的，因而其观游氛围也会受到感染："坐潭上，四面竹树环合，寂寥无人，凄神寒骨，悄怆幽邃。"如此过清之境，有谁才会体悟至深呢？

（四）守中，淡泊，沉郁，恍惘

在文艺心理学方面，柳宗元的贡献也是不可低估的。由于他为政清廉，备受打击，故深知官场弊端，尝尽人生滋味；加之永贞革新失败，负辱被逐荒外，心情抑郁苦闷，故为文时忧思满怀，愤懑不平，被目为骚体。屈原有《离骚》，取离忧之意；汉扬雄有《反离骚》，用正言若反的方法肯定《离骚》。柳氏继承了屈原、扬雄的现实主义精神，在自己心灵深处滚动着忧愤的情感波澜。它溢于笔

---

① 见章士钊：《柳文指要·至小丘西小石潭记》。

端，凝为诗文，尤其是在赋中，表现得最为明显。其心理情感的宣泄过程，似可用"守中"、"淡泊"、"沉郁"、"恍惘"等词来概括。

1. 守中

柳宗元的忧愤情思，并非与生俱来的，而是逐渐生成的。当他春风得意马蹄疾、驰骋政坛时，则心境旷放，为文卓伟精致。但在官场屡遭攻讦、备尝酸甜苦辣时，便采取静观默察、以守待攻、宽猛兼济的态度。他在《佩韦赋》的序中说："柳子读古书，睹直道守节者即壮之，盖有激也。恒惧过而失中庸之义"，所以才作此赋。这是不寻常的，而是他在政治斗争中屡屡碰壁而得出来的经验之谈。他在赋中说：

> 横万里而极海兮，颓风浩其四起。
> 恫惊怛而踯躅兮，恶浮诈之相诡。

于此可知，宦海浮沉，风波险恶，必须谨慎从事，努力做到守中：

> 执中而俟命兮，固仁圣之善谋。

如果舍弃守中而秉直死谏，就会遭杀身之祸：

> 冶讦谏于昏朝兮，名崩弛而陷诛。
> 苟纵直而不羁兮，乃变罹而祸仍。

但是，一个人也不能曲意谄媚、讨好上司、失去原则，因而必须采取刚柔相济的中和之道：

> 韬义于中，服和于躬；
> 和以义宣，刚以柔通。

如此守中之道，既有柔的灵活性，又有刚的原则性，从根本上说，是有正气作为底蕴的，其宣泄方式是舒徐的，即："本正生和，探厥中兮"①；"谨守而中兮，

---

① （唐）柳宗元：《佩韦赋》。

与时偕行"①。

2. 淡泊

柳宗元虽然守中自处，却不为奸佞所容；在《瓶赋》中，他揭露了小人"视白成黑，颠倒妍媸"的现象。他以盛水之瓶自况，提倡"钩深挹洁，淡泊是师"，"清白可鉴，终不媚私"。若被打破，也无怨恨，"功成事遂，复于土泥"。这种追求淡泊、清白的圣洁之心，显示出柳氏坚贞的气节、高尚的情怀。他批评那些圆滑、谄媚的见风使舵的人："何必巧曲，徼觊一时。"

在《解祟赋》中，则把这种淡泊的心境提升到哲学高度：

> 吾惧夫灼烂灰灭之为祸，往搜乎太玄之奥，讼众正，诉群邪。曰：去尔中躁与外挠，姑务清为室而静为家。

> 冠太清之玄冕，佩至道之瑶华。铺冲虚以为席，驾恬泊以为车。

这里，显然深受道家清静、冲虚、恬泊的思想情绪的影响。如果说，守中心理仍恪守中庸而为儒家入世之道的话，那么，淡泊心理便是归于虚静而为道家遁世之道了。这种由守中而淡泊、由入世而遁世、由孔孟之道而老庄之道的心理转换，反映了柳宗元人生道路的坎坷和艰险。苏轼《书黄子思诗集后》云："柳宗元发纤秾于简古，寄至味于澹泊。"如此风格，实由淡泊之心长期孕育的结果。

3. 沉郁

杜甫在《进雕赋表》中，曾用"沉郁顿挫"四个字来概括他的作品风格。所谓沉，是指情感的深沉、深厚；所谓郁，是指情感的浓郁、忧愤。清人陈廷焯《白雨斋词话》："沉郁则极深厚"；"沉郁苍凉，跳跃动荡"；"悲愤慷慨，郁结于中"。柳宗元笔下的诗文，不仅含有风格的沉郁，而且显示心理的沉郁。它突出地表现在《闵生赋》中：

> 闵吾生之险厄兮，纷丧志以逢尤。
> 气沉郁以杳眇兮，涕浪浪而常流。

这种沉郁之气深受《离骚》感染。《离骚》有"揽茹蕙以掩涕兮，沾余襟之浪

----

① （唐）柳宗元：《惩咎赋》。

浪"等悲怆语,柳氏之心与屈子通,故亦有"气沉郁"、"涕浪浪"等忧伤词。屈子被谗,行吟泽畔;柳子被逐,饮恨永州。"心沉抑以不舒兮,形低摧而自愍",这便是柳氏的自叹。但他绝非逆来顺受、自怨自艾的弱者,而是矢志不渝、坚贞不屈的强者,他直接以屈原为楷模,在困境中艰难地抗争着、呼喊着:

> 屈子之悁微兮,抗危辞以赴渊。
> 古固有此极愤兮,矧吾生之菲艰。

他与屈原有类似的遭遇,都爱国爱民,志不得伸,悲愤满怀,备受打击,因而吟诵着时代的悲歌。欧阳修《永州万石亭寄知永州王顾》云:"天于生子厚,禀予独艰哉。超凌骤拔擢,过盛辄伤摧。苦其危虑心,常使鸣声哀。"这里,真切地揭示了柳氏内心的孤独,生活的艰险,情感的忧伤,命运的坎坷。对我们理解柳氏沉郁的心理状态是有启迪意义的。

4. 恍惘

恍惚、怅惘,谓之恍惘。老子在《道德经》二十一章中,就提到过恍惚:"道之为物,惟恍惟惚。惚兮恍兮,其中有象。恍兮惚兮,其中有物。窈兮冥兮,其中有精。"王弼释之曰:"恍惚无形不系之叹","以无形始物,不系成物,万物以始以成,而不知其所以然,故曰恍兮惚兮,惚兮恍兮,其中有象也。"又曰:"窈冥深远之叹,深远不可得而见,然而万物由之,其可得见,以定其真,故曰窈兮冥兮,其中有精也。"可见恍惚是有无相生、若有若无的状态。它飘忽,迷离,虚空,悠远,神妙,深邃难测。老子、王弼都是站在哲学高度去透视恍惚之境的。柳宗元却把恍惚的哲学意蕴移植到心理世界中来,并和自己怅惘、忧愤的情绪相融合,从而形成了独特的恍惘心情。因而他的恍惘就不是一般意义上的,而是蕴涵着深刻的理性的。它是情与理的圆合。这种恍惘,集中地表现在《梦归赋》中。他长年流放永州,思乡情绪浓郁。日有所思,夜有所梦。无从排遣忧愤,唯有萦绕梦中:

> 罹摈斥以窘束兮,余惟梦之为归。
> 精气注以凝汩兮,循旧乡而顾怀。

诗人认为思乡情怀化为梦境是由自己的精气凝成。恍惘则是精气的结晶:

山嵬嵬以岩立兮，水汨汨以漂激。

魂恍惘若有亡兮，涕汪浪以陨轼。

魂系故里，恍惘若失，悲从中来，怆然涕下。但诗人并未绝望，而是沿着先哲的足迹游荡：

伟仲尼之圣德兮，谓九夷之可居。

惟道大而无所入兮，犹流游乎旷野。

老聘遁而适戎兮，指淳茫以纵步。

蒙庄之恢怪兮，寓大鹏之远去。

无论是孔子陋居、老庄之道，均应师从之、学习之。这既显示出诗人的远大志趣，也表现出诗人儒道兼收的宽阔襟怀。

唐人杜颛《梦赋》："夫人者何？乾坤之至精。夫梦者何？精爽之所成。"这里所说的精爽之气，与柳宗元所说的精气凝注，均可用以释梦。宋人欧阳修《述梦赋》："可见惟梦兮，奈寐少而寤多；或十寐而一见兮，又若有而若无；乍若去而若来，忽相亲而若疏……觉之所得者为实，梦之所得者为想。苟一慰于余心，又何较乎真妄……虽音容之远矣，于怳惚以求之。"这里，形象地概括了梦的恍惚心理的特点，有助于我们去进一步领悟柳宗元对梦的恍惘性的描述。

必须指出的是，柳氏对于梦的恍惘心理的剖析虽然充满了悲怆之情，但并无向别人求怜之意。对此，近人章士钊在《柳文指要·梦归赋》中，曾批评过宋代文人晁补之"当世怜之"的歪曲柳文原意的见解，并提出了自己的看法："盖子厚行文，从来不著'怜'字。夫自怨自艾，以至愤世嫉俗，诚往往无处不说到，惟君子不受人怜，亦绝不自怜，设或想到'怜'字，则是子厚怜他人……而绝不许人怜己，更说不上自怜。"这里表明，柳宗元是铁骨铮铮的硬汉子，而不是招人怜悯的可怜虫。

以上概括了柳宗元诗文中所显示出来的心理特点：守中，淡泊，沉郁，恍惘。这些特点从时间过程上看，是彼此联系、逐渐酿成的，最终归结为一个"悲"字。这是柳氏文学心理的主要特点，也是总的特点。

（五）美

德美，懿美，清美，晋之美，内行著、外美彰

陶阴阳之粹美，孕造化之精英

有美不自蔽，安能守孤根

辞令褒贬，导扬讽喻

丽则清越，言畅意美

    柳宗元对于美是很钟情的。这种美，不一定以完整的纯粹的形态存在于他的作品中，而往往是以分散的复合的形态存在于他的作品中。换言之，作者笔下的美，经常与真、善相互渗透，融合为一。如《唐故特进赠开府仪同三司扬州大都督南府君睢阳庙碑》云："惧祠宇久远，德音不形，愿斲坚石，假辞纪美。"这里所说的美，就是指美德。它与《曹溪第六祖赐谥大鉴禅师碑》中所说的"嘉公德美"，意义相近。《故御史周君碣》中所说的"忠为美"，也是指一种美德。至于《安南都护张公志》中所云"咸有懿美，积为余庆"，也是对于德的赞美。《虞鸣鹤诔》云："汉阳元子，实绍其美。传袭儒风，彪炳文史。"这是对唐代已故进士虞鸣鹤的人格美和文品美的颂扬，其美的含义已跨越了道德，而进入文学的领域。在《愚溪对》中，运用对话手法，通过愚溪之口，自美其美："今予甚清与美，为子所喜。"溪以清美之质，取悦于柳宗元；柳氏将己之愚赋予溪，名曰愚溪，而抒发自己愤懑的情怀。所谓愚，不过是智慧的潜在状态。大智若愚，便是如此。章士钊在《柳文指要·愚溪对》中转述林纾之言曰："愚溪之对，愤词也"，"清美有功，力能济人，表溪之能，亦即所以自表其能……则溪与柳合一，亦不能不成为愚，此文字之枢纽。"可见，溪以清美自况，亦即柳氏以清美自况。此中美学智慧，柳文喜用"愚"字形容。唐代文人皇甫枚云："柳子厚溪、丘、泉、沟、池、亭、堂、岛，皆以愚名之，号八愚。"[①]在《愚溪对》中，柳宗元称自己的愚达到这种地步："吾茫洋乎无知，冰雪之交，众裘我绤；溽暑之铄，众从之风，而我从之火……吾足蹈坎井，头抵木石，冲冒榛棘，僵仆虺蝎，而不知怵惕。何丧何得，进不为盈，退不为抑，荒凉昏默，卒不自克。"这种卓绝独拔、不同凡响的举动，这种与统治者格格不入的精神，正是他清美的人

---

① （唐）皇甫枚：《三水小牍》逸文补。

格魅力的形象显现。而那些"聪明皎厉握天子有司之柄以生育天下者",仿佛恶溪、弱水、浊泾、黑水,与愚者的清美是迥然不同的。

柳宗元不仅善于拾取具体的个别的美,而且善于采撷抽象的整体的美。这二者往往是交织在一起的。在《晋问》中,作者高屋建瓴,从宏观方面概括了山西地大物博、兵强马壮的美。举凡晋之山河、金铁、名马、北山、河鱼、盐宝、霸业,均名震遐迩,令人瞠目。作者通过发问的吴子之口,用"晋之美"囊括之。这个"美"字,是具有多么大的覆盖面啊! 其内涵与外延是何其丰赡啊!

> 晋之故封,太行掎之,首阳起之,黄河迤之,大陆靡之。或巍而高,或呀而渊。景霍、汾、浍,以经其壖。若化若迁,钩婴蝉联,然后融为平川,而侯之都居,大夫之邑建焉。其高壮,则腾突撑拒,聱岈郁怒,若熊黑之咆、虎豹之噑,终古而不去;攫秦搏齐,当者失据,燕、狄惴怯,若卵就压,振振业业,觑关蹀户,惕若仆妾。其按衍,则平盈旋缘,纡徐夷延,若飞鸢之翔舞,泂水之容与;以稼则硕,以植则茂,以牧则蕃,以畜则庶,而人用是富,而邦以之阜。

以上,描述了晋地之广袤,山川之雄奇,宫殿之壮丽,气势之磅礴,景象之险怪;又描绘了博大宏伟的山河中所点缀着的曲线的柔美,此外,还以概括的笔墨点出了农业上的硕、茂、蕃、庶的丰收年景和人民生活的富足。

此外,其写兵器则有:"博者狭者,曲者直者,歧者劲者,长者短者,攒之如星,奋之如霆,运之如紫。浩浩弈弈,淋淋涤涤,荧荧的的,若雪山冰谷之积。观者胆掉,目出寒液。当空发耀,英精互绕,晃荡洞射,天气尽白,日规为小,铄云破霄,跕坠飞鸟。"这里描绘了兵器形状的多样美,操作的形象美,直觉的真切美。它是"晋之美"的具象化。

至于写马,则有:"师师烑烑,溶溶纭纭,辐辐鳞鳞,或赤或黄,或玄或苍,或醇或駹,黯然而阴,炳然而阳,若旌旐旗帜之煌煌。乍进乍止,乍伏乍起,乍奔乍踬,若江、汉之水,疾风驱涛,击山荡壑,云沸而不止。"这里描绘了马的形状美、动态美、色泽美、质地美、奔腾美。它也是"晋之美"的具象化。非胸有全马,焉有笔下马之美?

总之,完整的、宏观的"晋之美",是通过许许多多部分的微观的美组合而成的。这充分地显示出柳宗元对于美的高超而精辟的透视力。宋代文人宋祁说:

"柳子厚《正符》、《晋说》虽模写前人体裁，然自出新意，可谓文矣。"① 宋人黄庭坚说："柳子厚《晋问》拟枚乘《七发》，皆文章之美也。"② 宋人叶梦得也说《晋问》"高出魏晋，无后世因缘卑陋之气"③。这些，都从审美者的角度印证了柳宗元笔下的"晋之美"。

在柳宗元心目中，美不仅在于内容，而且还在于形式。在《故银青光禄大夫右散骑常侍轻车都尉宜城县开国伯柳公行状》一文中，他赞美柳惟深：

> 惟公质貌魁杰，度量宏大，弘和博达而遇节必立，恢旷放弛而应机能断。其居室，奉养抚字之诚，仪于宗戚，而内行著焉；其莅政，柔仁端直之德，洽于府寺，而外美彰焉。凡为学，略章句之烦乱，采摭奥旨，以知道为宗；凡为文，去藻饰之华靡，汪洋恣肆，以适己为用。

这里，由外而内，由内而外，对于柳公的气质、品行、风度、仪表等，进行了描述，并用"内行著"与"外美彰"六个字概括之，且大力张扬柳公文学的朴素、简净之美。类此根诸于内、形诸于外的美，在《亡姊崔氏夫人墓志盖石文》中，也有所表现："善隶书，为雅琴，以自娱乐，隐而不耀。工足以致美于服而不为异，言足以发扬于礼而不为辨。"这里所写的"隐而不耀"的审美情趣，显然是指内在的含蓄美；所谓"致美于服"，乃是指穿着的外在美。至于在《亡妻弘农杨氏志》中所说的"敦睦夫党，致肃雍之美"，乃是指亡妻杨氏生前对自己朋党的友善而表现出来的端庄、娴淑、文静、平和之美。这是充之于内、形之于外的。

在柳宗元笔下，美不仅在人，而且在物。在自然界，在社会界，美是广泛地存在着的。举凡美竹、美石、美箭、美山、美茶、美琴等等，在作者心目中，都是活泼泼的有生命力的。

且看《钴姆潭西小丘记》："嘉木立，美竹露，奇石显。"《袁家渴记》："舟行若穷，忽又无际。有小山出水中，皆美石，上生青丛，冬夏常蔚然。"《石渠记》："其侧皆诡石怪木，奇卉美箭，可列坐而休焉。风摇其巅，韵动崖谷。视之既静，其听始远。"《柳州山水近治可游者记》："其间多美山，无名而深。"

---

① （宋）宋祁：《笔记》卷中。
② （宋）黄庭坚：《山谷题跋》卷四。
③ （宋）叶梦得：《避暑录话》卷上。

《为武中丞谢赐新茶表》："煦妪而芬芳可袭，调六气而成美。"以上的美，主要是自然的。至于自然美与人工美结合而更美上加美的，则见《霹雳琴赞引》："琴莫良于桐，桐之良莫良于生石上，石上之枯又加良焉，火之余又加良焉，震之于火为异。是琴也，既良且异，合而为美，天下将不可载焉。"作者赞曰："惟湘之涯，惟石之危。龙伏之灵，震焚之奇。既良而异，爰合其美。"辞中主要赞颂了霹雳琴质地的自然美：琴之良于桐、枯桐生石上之加良、震余枯桐之又加良，这种良中加良又加良的复合形态，便是"合而为美"。如果再加上制作者的巧夺天工，便使这种复合美增添了更丰富的含义。在赞辞中，作者突出了灵、奇、异的特点，从而把琴之良提升到至美的最高品级。在这里，作者已经把美的考察置于纯粹的领域中。这就是说，美也有自己独立存在的价值，这是指纯粹的美。它与善固然可以相渗相融、结合为一，但也可以与善分离。尤其是自然造化的美，更有独立存在的纯粹性。不仅霹雳琴的质地之美如此，其他山水花鸟鱼虫之美亦如此。所谓"陶阴阳之粹美，孕造化之精英"①，就是讴歌莲花的纯粹美的。德国古典美学大师康德，就是把美看成是纯之又纯、没有任何杂质的。他认为，美就是美，而与善无涉。换言之，美与善是不能混同的，两者是分离的，如果以善为美，美就失去了独立性，也不成其为美。所以，他把美视为无利害性的只能激起审美者愉悦之情的对象。这种纯粹的美，他称之为自由美。花儿就是自由的自然美。稍逊于自由美的便是附庸美，因为它带有某种人工的痕迹。柳宗元所歌咏的莲花，便是纯粹的自由的自然美。但是，纯粹的美的存在，并不等于美的全部存在；固然存在与善无涉的美，但也存在与善有涉的美。康德在理论上没有清楚地认识这一点，柳宗元在实践上却没有回避这一点。

柳宗元在寻美过程中，既重视美的独立自在的价值，又重视人对美的发掘和再造。在《湘岸移木芙蓉植龙兴精舍》诗中，诗人歌咏了木芙蓉"丽影别寒水"的美，并发出了"有美不自蔽，安能守孤根"的慨言，显示出作者对于美的推许、热衷。

"有美不自蔽"，是问题的一个方面；"夫美不自美"②，又是问题的另一方面。前者强调美的独立自在的价值，后者显隐着美的光辉的待发状态。

对于《邕州柳中丞作马退山茅亭记》一文的作者，历来存在争议。《文苑英华》八百二十四卷列此篇为独孤及所作，且无"邕州柳中丞作"六字。但这篇

---

① （唐）柳宗元：《为王京兆贺嘉莲表》。
② （唐）柳宗元：《邕州柳中丞作马退山茅亭记》。

游记的确提出了一个著名的美学命题：

> 夫美不自美，因人而彰。兰亭也，不遭右军，则清湍修竹，芜没于空
> 山矣。是亭也，僻介闽岭，佳境罕到，不书所作，使盛迹郁堙，是贻林涧之
> 愧。故志之。

由此可见，美虽有独立的价值，但它必须有待于人的发现。人在实践中，不断地去探索美、挖掘美，才能使藏在深山人未识的美昭昭然显示于人的眼前，才能使自在状态的美转变为自为状态的美。所以，作为审美主体的人，在审美过程中所生发出来的主观能动性、积极性、创造性，对于美的发现是至关重要的。王羲之如果不漫游会稽山阴兰亭，就不可能在《兰亭序》中描绘出"此地有崇山峻岭，茂林修竹，又有清流激湍，映带左右，引以为流觞曲水"。换言之，也就不会使兰亭之美得以发扬光大。可见兰亭之美固然在于它本身有美，但如果不经王羲之的发现、宣扬，恐怕也不会完全为人认知而被发挥得淋漓尽致的。对此，《马退山茅亭记》做出了类似的反映。且看马退山的美：

> 是山岿然起于莽苍之中，驰奔云矗，亘数十百里，尾蟠荒陬，首注大
> 溪，诸山来朝，势若星拱，苍翠诡状，绮绾绣错。盖天钟秀于是，不限于退
> 裔也。

至于建亭，则不加铺饰，一笔带过：

> 不斲椽，不剪茨，不列墙，以白云为藩篱，碧山为屏风，昭其俭也。

对于登上山亭者，则这样刻画他们的审美情姿：

> 于是手挥丝桐，目送还云，西山爽气，在我襟袖，八极万类，揽不
> 盈掌。

这是游人对于山亭的审美观照。如果没有游人，山亭就兀然孑然、凄清寂寞了。这里就牵涉到美学上的一个重要问题，即审美客体和审美主体的关系问题。作为客体的美固然是独立的存在，但必须受到作为主体的审美欣赏者的青睐，才能充

分发挥其美的效应，而"美不自美，因人而彰"，却深深地把握住了审美主客体之间联系的关节点。这不能不说是作者重要的美学贡献。

柳宗元对于美是一往情深的，其《石渠记》云："逾石得石泓小潭。渠之美于是始穷也。"这是他对渠的至美的赞颂。其《披沙拣金赋》云："动融融，焕美质兮其中"，"傥俯拾而不弃，谅致美于无穷"。这是他对金子的质地美的讴歌。至于他在《为京兆府请复尊号表三首·第三表》中所说的"谦让之至美"，在《贺践祚表》中所说的"孝恭之美"，在《奏荐从事表》中所说的"词艺双美"，则是对于人之美的赞颂。而在《杨评事文集后序》中所说的"言畅而意美"，在《送幸南容归使联句诗序》中所说的"咏叹其美，比词联韵，奇藻递发，烂若编贝，粲如贯珠，琅琅清响，交动左右"，却是对于文学美的赞赏。总之，柳宗元对于物之美，对于人之美，对于文之美，都是一见倾心的。

尤其是对于文之美，柳氏尤为关注。他写下了大量的诗文序，就充分地表现了这一点。其《杨评事文集后序》云：

> 文之用，辞令褒贬，导扬讽喻而已。……文有二道：辞令褒贬，本乎著述者也；导扬讽喻，本乎比兴者也。著述者流，盖出于《书》之谟、训，《易》之象、系，《春秋》之笔削，其要在于高壮广厚，词正而理备，谓宜藏于简册也。比兴者流，盖出于虞、夏之咏歌，殷、周之风雅，其要在于丽则清越，言畅而意美，谓宜流于谣诵也。

这里告诉人们，文学具有辞令褒贬、导扬讽喻的功能；其实现的手段有二：一是通过论著，它讲究高壮广厚，突出一个"理"字；一是通过比兴，它讲究丽则清越，突出一个"美"字。这里的文，是指广义的文学，它包括文论、诗文等文学作品。它既讲究以理服人，又讲究以美动人、以情感人。但要做到二者的统一，是很不易的。作者认为，为文情理并茂、能感动人的"专美"者，陈子昂足以当之；其后则有擅长著述兼能比兴的张说和擅长比兴兼能著述的张九龄。其他则各执一端、鲜有兼者。但柳宗元是提倡二者兼能的。

如果从美学角度考察，就可知悉，《杨评事文集后序》是不可低估的。

首先，在文论的美学功能问题上，柳氏提出了"辞令褒贬"。惩恶扬善，是非分明，有褒有贬，这是文论家的职责，也是著述的目的。斯说为文论的社会道德内涵注入了精义。

其次，在诗歌的美学功能问题上，柳氏提出了"导扬讽喻"。启迪心智，循循善诱，宣扬正气，讽刺邪恶，这是诗人的职责，也是比兴的目的。斯说为诗歌的社会道德内涵注入了精义，它继承和发扬了风雅的优秀传统，与白居易的美刺、讽喻说可相互发明。

再次，在文化的美学标准问题上，柳氏提出了"高壮广厚，词正而理备"。在风格方面，要求崇高、雄壮、广大、深厚，气魄宏伟，气势磅礴；在传达方面，要求词句雅正，理由充足。这里含有特定的理性和逻辑的力量。《书》、《易》、《春秋》，便是如此。

最后，在诗歌的美学标准问题上，柳氏提出了"丽则清越，言畅而意美"。这九个字以丽开始，以美作结，是饶有兴味的。《易经》中的《离卦》，就蕴涵着丽的意思。《象传》中有"离，丽也，日月丽乎天"的解释。可见，古老的"丽"，有明丽的意思。曹丕《典论·论文》："诗赋欲丽。"刘勰《文心雕龙·明诗》："五言流调，则清丽居宗。"释皎然《诗式》："至丽而自然。"丽的品类有壮丽、秀丽、瑰丽、绮丽、奇丽、整丽、流丽、典丽、婉丽、幽丽、清丽、明丽、浓丽、雅丽、艳丽、平丽等等。概括言之，统属于美丽之列。但美丽是遵循着特定的法则的，这叫丽而有则。扬雄早就提出过"诗人之赋丽以则"的主张。丽而有则，则美；若违犯法则，就会流于邪道，轻则如刘勰所说："碌碌丽辞，则昏睡耳目"①；重则如李白所说："自从建安来，绮丽不足珍。"② 而柳氏所言之丽，却与六朝以降侈靡淫丽之风绝缘，与清真古朴之风有缘，又与他所倡导的古文运动的简古、纯洁、敦朴之风也是相辅相成的。他所说的"丽则清越"的诗美，就必须风韵独具了。如此清丽、明丽、秀丽、浏亮、超越之美，是畅之于言、美之于意的，故曰"言畅而意美"。言畅是偏重于语言表达形式的，意美是偏重于思想情感内容的，二者相互渗透、不可偏废。但是，意美的最高标准是什么呢？柳氏在文中没有正面回答，但在《与杨京兆凭书》中，我们却可以找到答案。他说："凡为文，以神志为主。"可见，神志是意美的灵魂。缺少神志，就不能臻于意美的至境。当然，意美、神志的传达，也不能离开畅言、言畅。"不能出言，又安能尽意于笔砚？"可见，言不畅，就不能穷尽意之美，也不能表现出神志。所以，言畅与意美之间的关系是辩证的。

柳宗元还十分推崇诗文的音乐美。他在《王氏伯仲唱和诗序》中说：

---

① （南朝）刘勰：《文心雕龙·丽辞》。
② （唐）李白：《古风》。

由是正声迭奏，雅引更和，播埙箎之音韵，调律吕之气候，穆然清风，
发在简素。非文章之胄，曷能及兹？

如此清和之音、柔穆之韵，荡漾在诗文简素字里行间，则其美必跃然若见。

在柳宗元心目中，美是一个十分宽泛的概念。他除了赋予美以形象感人的诱
惑性和难以言传的魅力以外，还赋予美以最大的自由性、任意性，使美不仅漫游
在自然、艺术、社会领域中，而且驱动美涉足官场政治、饮食生活。在《非国语
上·无射》中，他通过对话描写，说出了音乐与移风易俗的关系："移风易俗之
象可见，非乐能移风易俗也。"音乐虽可表现移风易俗之象，但其本身对移风易
俗却不起决定作用。至于音乐和政令的关系也是间接的："乐之来，由人情出者
也，其始非圣人作也。圣人以为人情之所不能免，因而象政令之美，使之存乎其
中，是圣人饰乎乐也。所以明乎物无非道，而政之不可忘耳。"这里表明，音乐
与人情的关系是直接的；以音乐为媒介，象征政令之美，则音乐只是起某种桥梁
作用，而不能起推动、决定作用。为政者之所以利用乐为自己所实施的政令服
务，只不过是出于需要，这便是他们的为政之道。作者承认音乐的作用，但毫不
夸大音乐的作用，是有分寸感的。

此外，作者还提出了"美仕"。《送宁国范明府诗序》中，写范氏调任宣州
宁国令，人们都说是"美仕"。范氏认为："夫仕之为美，利乎人之谓也。"当官
有利于人，才可称为美仕。这种美，是把利人放在首位的。

此外，柳宗元在《晋问》中还写了"鲙炙之美"在《送严公贶下第归兴元
勤省诗序》中，写了"粱肉之美"。这种美，已不属于心灵的愉悦，而属于官能
的享受了。

在柳宗元笔下，时时闪耀着美的光辉，显隐着美的情影，荡漾着美的涟漪，
流动着美的韵律。它飘来忽去，捉摸不定。它虚空灵动，变幻如云。它浮沉在情
感的海洋中，凝结在理论的构架内。它具有自由性、灵活性、多样性、骈生性、
分散性、游动性。它仿佛是许许多多的珍珠，无序而又有序地镶嵌在诗文的织锦
中。对于这些美的珍珠，必须细心琢磨，耐心观照，并用美的丝线把它们连贯起
来，使之成为美的系统。

（六）抉异探怪，起幽作匿

在柳宗元笔下，不仅出现了美，而且出现了丑怪。怪，是异常的、令人骇目

惊心的。《天对》中所说的"王子怪骇"、"气怪以神，爰有奇躯"，便是如此。正因为如此，凡人世间难以名状的事物，均可经过想象的熔炉，予以铸造，使之成怪，从而表现人的奇特情思与夸饰心态。《天对》："轮行九野，惟怪之谋。"写穆王驾车远游，驰骋万里；西王母设宴于瑶池之上，招待穆王。在《答问》中，柳氏直言自己能作怪异之文："抉异探怪，起幽作匿"，便是他所熟练的技能技巧。无论是"天旋地缩，鬼神交错"，不管是"汗漫辉煌，呼嘘阴阳"，柳氏之笔，均能纵情挥洒。

丑怪既可以有肯定的含义，又可以有否定的含义。丑小鸭之丑，是肯定的；怪石嶙峋之怪，是肯定的。《天对》中出现了"丑厚"一词，是肯定还是否定？答曰：是肯定。它揭示的是"梅伯受醢，箕子佯狂"的典故内容。梅伯是殷纣王统治下的诸侯，他屡次忠谏封王，纣王大怒，把他杀害，剁成肉酱；箕子见状，极端惊恐，为免遭厄运，遂披发佯狂。对此现象，柳氏用"忠咸丧以丑厚"描述之。其中"丑厚"是形容梅伯、箕子的，当然不是贬义。

丑，也有贬义。这种丑，是令人厌恶的，是人们所鞭挞的对象。柳氏笔下的丑，与美逆反者甚多。《捕蛇者说》所写的毒蛇、悍吏、苛政，《褐说》所写的旱、涝、蝗、疫，均属于丑。柳氏因长期被谪，心中忧愤不平，与当权的贪官污吏存在不可调和的矛盾，故在写自然丑时，往往与社会丑相联系，通过揭露自然丑来鞭挞社会丑，以抒发胸中的郁闷。且看《骂尸虫文》：尸虫"以曲为形，以邪为质，以仁为凶，以儌为吉，以淫谀诡诬为族类，以中正和平为罪疾……妒人之能，幸人之失"。这显然是指虫骂官的。当然，单纯揭露自然丑而与社会丑无涉者，也是有的，如《永某氏之鼠》中所写"昼累累与人兼行，夜则窃啮斗暴"的"阴类恶物"——鼠，便是。林纾《韩柳文研究法》中引晁补之曰："《离骚》以虬龙鸾凤托君子，以恶禽臭物指谗。王孙、尸虫、蝮蛇，小人谗佞之类也。"章士钊也曾引述过这些话，说明柳氏之文深受屈原影响。故柳氏所骂之丑，以揭露社会丑者为多，或骂，或斩，或憎，或逐，皆针对奸佞小人而发。

柳氏笔底丑怪，并非猎奇故作惊人语，并非为写丑怪而写丑怪的无病呻吟，而是在丑怪之外回旋着感人的情韵，丑怪之中寄寓着深邃的哲理。他之所以推崇庄子之文，其中的一个原因，就是自己描绘的丑怪与庄子有暗合之处。清代文论家刘熙载在《艺概·文概》中说："意出尘外，怪生笔端，庄子之文，可以是评之。"柳宗元在《梦归赋》中赞美："蒙庄之恢怪兮，寓大鹏之远去。"可见，庄子的恢怪是具有美的价值的。柳氏描写丑怪，与道家影响有关，而与儒家不尚怪异的思想相左；但同韩愈的硬语盘空、怪怪异异，却是相通的。

但是，柳宗元毕竟不是危言耸听、哗众取宠的人，而是讲究实事求是、以理服人的人，因而他所写的丑怪也是符合事实和文以明道原则的。如果违背这种原则，虽然描写了丑怪，也是不足取的。他在《答吴武陵论非国语书》中说自己为文"不以是取名誉，意欲施之事实，以辅时及物为道"。这既是他的为人之道，又是他的为文之道。若遵循之，则笔下丑怪就符合真善美；否则，就违反真善美。他说：

> 夫为一书，务富文采，不顾事实，而益之以诬怪，张之以阔诞，以炳然诱后生，而终之以僻，是犹用文锦覆陷阱也。不明而出之，则颠者众矣。

如此诬怪阔诞，虽炳然有文，但却饰伪，诱人落阱，故宜彻底揭露，俾张而明之。

（七）文以明道，其道美矣

柳宗元的美学思想，具有深厚的文化底蕴。他以中华民族优秀传统精神为人文背景，以儒道释的圆融为哲学基础，以文以明道为思想理论指导，从致用出发，赋予美以宽广深厚的多方面的含义，使美充满活泼泼的生命力。且看《与吕恭论墓中石书书》：

> 化堕窳之俗，绝偷浮之源，而条桑、浴种、深耕、易耨之力用，宽徭、啬货、均赋之政起，其道美矣！

这是从清除腐败、奖掖农耕、厉行节约、减轻徭赋等方面去歌咏道美的。"道美"的提出，乃是柳宗元的美学创造。

诗文是为道服务的，是表现道美的。唯有圣人之道，才可誉之为美；人之所以为文，"此在明圣人之道"[①]。

什么是明？什么是道？柳宗元在《天爵论》中说：

> 刚健之气，钟于人也为志，得之者，运行而可大，悠久而不息，拳拳

---

① （唐）柳宗元：《答吴武陵论非国语书》。

于得善，孜孜于嗜学，则志者其一端耳。纯粹之气，注于人也为明，得之者，爽达而先觉，鉴照而无隐，盹盹于独见，渊渊于默识，则明者又其一端耳。明离为天之用，恒久为天之道，举斯二者，人伦之要尽是焉。

又说：

举明离之用，运恒久之道，所以成四时而行阴阳也。宣无隐之明，著不息之志，所以备四美而富道德也。故人有好学不倦而迷其道挠其志者，明之不至耳；有照物无遗而荡其性脱其守者，志之不至耳。

从以上引述中，可见如下几点：第一，刚健之气成志，纯粹之气致明。第二，明为明鉴、洞察、观照，为致道手段；道为恒久之意。明鉴恒久之道，谓之明道。这就是文中强调的"举明离之用，运恒久之道"。第三，明与道的关系是相互依存的，明之不至，志之不至，都不能称为明道。必须做到"克明而有恒"，才可叫明道。

"克明而有恒，受于天者也。"因而明道乃是符合天爵的。所谓天，并不是神，而是自然之气。这便是文中所说的"合乎气"。作者最后说："庄周言天曰自然，吾取之。"这就看出了明道论的自然观的客观性和道家思想的影响。

在《答韦中立论师道书》中，对于文与道的关系，作了更深入、更透辟的论述：

始吾幼且少，为文章，以辞为工。及长，乃知文者以明道，是固不苟为炳炳烺烺，务采色、夸声音而以为能也。凡吾所陈，皆自谓近道，而不知道之果近乎？远乎？……故吾每为文章，未尝敢以轻心掉之，惧其剽而不留也；未尝敢以怠心易之，惧其弛而不严也；未尝敢以昏气出之，惧其昧没而杂也；未尝敢以矜气作之，惧其偃蹇而骄也。抑之欲其奥，扬之欲其明，疏之欲其通，廉之欲其节，激而发之欲其清，固而存之欲其重，此吾所以羽翼夫道也。本之《书》以求其质，本之《诗》以求其恒，本之《礼》以求其宜，本之《春秋》以求其断，本之《易》以求其动，此吾所以取道之原也。参之穀梁氏以厉其气，参之孟、荀以畅其支，参之庄、老以肆其端，参之《国语》以博其趣，参之《离骚》以致其幽，参之太史公以著其洁，此吾所以旁推交通而以为之文也。

以上所引，文采飞动，含义丰赡。第一，柳氏高屋建瓴，从宏观上突现出文以明道的中心命题，并逐层深入剖析之。年少时，注重文采的炳烺美，音调的夸饰美，把文辞之工放在首位，是由于尚未明道。年长时，才端正了文与道的位置，遂把文放在"羽翼"的辅佐地位，而突出了道的中心地位。第二，表现了作者为文时的严肃、认真的态度，踏实、谨慎的作风，未敢掉以"轻心"、"怠心"，未敢出以"昏气"、"矜气"。第三，说明了自己为文之法（技能技巧）在于抑、扬、疏、廉、激、固，自己为文追求的质量标准在于奥、明、通、节、清、重，这些都是从明道出发并服务于明道的。第四，指明了取道之原，本之于儒家经典五经《易》、《诗》、《书》、《礼》、《春秋》；参之于道家经典《庄子》、《老子》；对于被自己批评过的《国语》，也从中吸取机趣，而不是一棍子打死；对于同自己心心相印的屈原之《离骚》、司马迁之《史记》，当然更是重要的参照系。总之，对于儒道等家的优长，均在吸取之列。

柳宗元对于儒道佛等诸家的哲学理论思想，都能采取兼收并蓄、择优而从的态度，故其所言之道具有深邃的内涵和圆融的特性，同时显示出壮阔浩大的气势。他在《送元十八山人南游序》中说：

> 太史公尝言：世之学孔氏者，则黜老子；学老子者，则黜孔氏，道不同不相为谋。余观老子，亦孔氏之异流也，不得以相抗，又况杨、墨、申、商刑名纵横之说，其迭相訾毁、抵捂而不合者，可胜言耶？然皆有以佐世。太史公没，其后有释氏，固学者之所怪骇舛逆其尤者也。

这里表明了他那儒道合一的观点，对于其他流派思想包容的观点。对于佛家思想虽语焉不详，但其肯定意味已含蕴于句中。

对于佛学做出肯定评价并与韩愈反佛思想迥然有异者，见《送僧浩初序》："儒者韩退之与余善，尝病余嗜浮图，訾余与浮图游。"韩愈责怪柳宗元宽容佛教，柳宗元批评韩愈"是知石而不知韫玉"。第一，佛教"不与孔子异道"。"吾之所取者与《易》、《论语》合"。第二，"且凡为其道者，不爱官，不争能，乐山水而嗜闲安者为多"。这一点，与儒家入世思想是格格不入的，却受到柳氏的赞赏，说明柳氏对儒家思想也是有异议的，正因如此，佛家思想才能在柳氏思想中占有一席地位，并受到柳氏的垂青。第三，柳氏用反诘的语气批评韩愈的偏颇："退之好儒未能过扬子，扬子之书于庄、墨、申、韩皆有取焉。浮图者，反不及庄、墨、申、韩之怪僻险贼耶？"意思是说，韩愈好儒未能超过扬雄，扬雄尚能从庄子、墨子、申不害、韩非那里吸取有用的东西，佛家难道还不如以怪僻险贼著称的庄、墨、申、韩吗？为什么独独排斥佛家呢？总之，柳宗元是从佛家有道的立场出发去批评韩愈狭隘的观点的。

柳、韩虽系好友，但对于佛的态度截然相反，柳氏在原则问题上绝不让步，但柳氏在为人为文方面，却是很谦虚的。他在《答严厚舆秀才论为师道书》中说："仆才能勇敢不如韩退之。"在《答韦珩示韩愈相推以文墨事书》中说："若退之之才，过仆数等"，并将韩愈与扬雄作对比，说韩愈虽推崇扬雄，但其"文过扬雄远甚。雄之遣言措意，颇短局滞涩，不若退之猖狂恣睢，肆意有所作"。这说明柳子对韩子的文章是有足够的美的估量的。

在道与官的关系问题上，柳宗元认为，道是居于首位的，官必须服从于道、为道服务，而绝不是道从于官。那些违道而居官的人，是不能长久的。在《守道论》中，作者首先批评了"守道不如守官"的论调，并指出："官也者，道之器也"。这就把官置于道之下，而端正了道与官的位置。其次，作者揭示了"道存"与"失道"的对立现象。当官的，必须按照圣人的话去做，就可存道；反之，就是失道。再次，作者揭示了守官必须守道的原本意义。道是根本，是为官从政所应遵循的原则，舍之，则不可为官。他说："且夫官所以行道也，而曰守道不如守官，盖亦丧其本矣。"所谓行道、守道，用我们今天的话来说，就是为民服务之道，当官不与民做主，不如回家卖红薯。那些贪官、赃官，都是搜刮民脂民膏的"失其道"、"丧其本"的禄蠹，是圣人所不齿的，也是百姓所痛恨的。从柳氏文以明道的整个思想体系看来，对于守官守道者，必须褒扬之；对于守官失道者，必须贬斥之。这就发挥了文的社会功能。

文以明道，不仅来自深厚的哲学渊源，而且贯穿在人的涵养、行为中。其《先侍御史府君神道表》云："先君之道，得《诗》之群，《书》之政，《易》之直方大，《春秋》之惩劝，以植于内而文于外，垂声当时。"这里表明，文学所明之道与儒家经典关系至深。在《乘桴说》中，把圣人至道之本比喻为大海，把《易》曰"复其见天地之心乎"中的天地之心比喻为"圣人之海"，这就把道的认知形象化了。在《送易师杨君序》中，赞颂杨君"不违古师以入道妙"，精于《周易》，"言若诞而不乖于圣，理若肆而不失于正"。但是，杨君之道并未受到朝廷的重视，他只是"隐其声，含其美"，独自穷究而已。这里，柳氏不仅将道与《易》学渊源相联系，而且与美相联系，表明柳氏乃是十分重视《易》道之美的。然而，身体力行、穷追《易》道的人，并非个个一帆风顺，而往往是要付出代价的。即以柳氏而论，他深谙《周易》之道在于变，但永贞革新失败的现实，使他的变革思想遭受严重挫折。然而，在残酷的打击面前，他对《周易》变革之道却没有丝毫动摇。在《与萧翰林俛书》中，他引用《周易·困卦》"有言不信，尚口乃穷"句以自嘲，并用"更乐瘖默"的态度对待之。的确如此，他凭着一颗报国的忠心，奔走呼号，揭露朝政弊端，大力提倡改革，但忠言逆耳，屡受排遣，备遭迫害，他只有用无声的语言——缄默不语来表达自己内心的愤懑和抗议了。尤其是《与刘禹锡论周易九六书》，通篇强调一个"变"字，指出孔颖达《周易正义》和郑玄注《易》，均"以变者占"，并说为学"必先究穷其书，究穷而不得焉，乃可以立而正也"。可见，发前人之所未发的创新，乃是在"究穷"的基础上出现的。柳氏称赞刘禹锡："今之世罕有如足下求《易》之悉者也。然务先穷昔人书，有不可者而后革之，则大善。"这种变革、创新的《易》学观，支配着柳宗元的文与道，致使他的文以明道的主张，充满了活跃的生命力。

文以明道，固然不排斥功利性，但并非任何时候均以功利为目的。在《辩列子》中，认为列子对庄子影响较大，"庄周为放依其辞"，"虽不概于孔子道，然其虚泊寥阔，居乱世，远于利，祸不得逮乎身，而其心不穷。《易》之'遯世无闷'者，其近是欤？余故取焉"。如此淡泊、寂寥、虚静、绝尘，是"远于利"的表现，也是道所不弃的。它虽与儒家入世、热衷名利的思想不符，但并不构成对儒道的损害，且与《易》道相合，加之"其文辞类庄子，而尤质厚"，故为好文者所喜爱。可见，文以明道具有广大的包容性。

文以明道不仅针对人、社会，而且针对天、自然。韩愈和柳宗元都主张文以明道，但韩愈所说的道是指儒家之道，柳宗元所说的道则有很大的宽容性，举凡儒道佛之道，悉蓄其中。此外，在对待天地自然的看法上，韩愈认为天是有意志的，能主宰人的祸福的，人的命运是由上苍决定的。柳宗元则作《天说》驳斥之："彼上而玄者，世谓之天；下而黄者，世谓之地；浑然而中处者，世谓之元气；寒而暑者，世谓之阴阳。"这些都是物，是没有意志的，因而天不能赏功罚祸；功、祸是人为的，与天无关。在这里，柳子用天人相分的观点驳斥了韩子天人感应的谬说。

刘禹锡也参加了韩、柳的论争。刘作《天论》上、中、下三篇，提出了"天与人交相胜"的观点。柳宗元详读刘禹锡《天论》后，写了《答刘禹锡天论书》，把刘氏的观点概括为："非天预乎人也"。这就是说，天有天的运动规律，人有人的生活秩序。天意、天命，是不存在的，是不能干预人的思想、行为的。

故柳子认为刘氏之言与己说并无根本上的不同，可以看成是《天说》的传疏。但是，柳子对刘氏的"交相胜"提法并不欣赏，他认为天与人各行其道，"其事各行不相预"，因而不能称之为交相胜。他认为刘氏《天论》文辞"枝叶甚美"，却没有直取根本，没有说到要害问题上。

在《天对》中，柳宗元对于屈原的《天问》，逐条作答，认为天乃"往来屯屯"的"元气"构成。所谓"无极之极，涾涹非垠"，所谓"无中无旁"、"无限无隅"，就是对于天的状态的描述。柳子用生动的语言、形象的笔墨，铺陈了天的崇高美，掬出了天的物化形态，突现了对于天的唯物主义理解，从而把他的美学自然观植根于深厚的哲学基础之上，为他的美学智慧拓展出广阔的人文背景。

第八章　美刺说　美丑观　文气论

一　白居易的美刺说、美丑观

（一）补察得失之端，操于诗人美刺之间

白居易（772—846），字乐天，祖籍太原，后徙下邦（今陕西渭南）。他天资聪慧，十八岁时，作《赋得古原草送别》诗，中有"野火烧不尽，春风吹又生"句，深得当时大诗人顾况的称颂。二十八岁时，在宣州（今安徽宣城）受到宣歙观察使、宣州刺史崔衍的赏识，而被送往京师参加进士考试。二十九岁时，进士及第。三十四岁时，为校书郎。是年，永贞革新失败，发生二王八司马事件。三十五岁时，写下了千古传诵的《长恨歌》。三十七岁时，任左拾遗，仍兼翰林学士；当时，牛（僧孺）、李（德裕）党争剧烈，白氏同情牛党，受到李德裕的排斥。三十八岁时，写下了《新乐府》五十首，成为新乐府运动的代表作。三十九岁时，写下了《秦中吟》十首、《寄唐生》等诗。四十四岁时，被贬为江州司马，写下了光耀千秋的诗论《与元九书》。四十五岁时，写下了情真意切、凄楚悲怆的《琵琶引》（含《琵琶行》）。至四十七岁，任江州司马达四年之久。此后，他的官职有所迁升，任过忠州（今四川忠县）刺史、杭州刺史、苏州刺史，也任过京官。他的诗风，也由青壮年时代的美刺，逐渐走向中老年时代的淡泊。

美刺是白居易诗歌的灵魂，也是白居易诗论的精粹。白居易诗歌美学最光辉的部分，就是美刺说。

所谓美刺，就是指赞美、讽刺，以讽刺为美，既讲究一个"美"字，又强调一个"刺"字，注重美与刺的结合。其目的则在于：歌咏民生，针砭时弊；其手段则要求：语言犀利，剖析深刻，入木三分，击中要害；其方式则要求：或正言若反，或讽喻比兴，或声东击西，或以此喻彼。

中国古典文学，向来就有美刺的优秀传统。白居易不仅继承了这一传统，而且进一步把它发扬光大，切实地运用到现实生活中去，运用到诗歌创作中去，并从理论上加以系统地总结，完成了美刺说的美学创造，成为中国古典美学史上美刺说的丰碑，因而具有时代意义，同时也具有经典意义。

白居易三十五岁时，二王八司马事件刚过去一年，唐宪宗李纯刚刚上台，时值元和元年。当时，皇帝昏聩，宦官擅权，藩镇猖獗，生灵涂炭；正直的知识阶

层屡遭迫害，敢怒而不敢言。但白氏却不顾个人安危，仗义执言，顶风而上。他写下了七十五篇《策林》，在《策林四·纳谏》中，把矛头直指宪宗说："天子之耳，不能自聪，合天下之耳听之，而后聪也。天子之目，不能自明，合天下之目视之，而后明也。天子之心，不能自圣，合天下之心思之，而后圣也。若天子唯以两耳听之，两目视之，一心思之，则十步之内，不能闻也，百步之外，不能见也，殿庭之外，不能知也，而况四海之大、万枢之繁者乎？"为此，他要求皇帝应"从谏如流"。这是在政治上为宪宗献策，也是言辞直切的诤言。

基于政治上的用心，白氏对于文学创作提出了讽喻、美刺的要求。且读《策林四·议文章》中的一段话：

> 且古之为文者，上以纫王教，系国风，下以存炯戒，通讽喻：故惩劝善恶之柄，执于文士褒贬之际焉；补察得失之端，操于诗人美刺之间焉。今褒贬之文无核实，则惩劝之道缺矣；美刺之诗不稽政，则补察之义废矣。

这里所说的"稽"，就是稽查、监督。"稽政"就是指政治监督。监督的武器是什么呢？就是美刺。

监督的机制是什么呢？就是《策林四·采诗》中所说的"立采诗之官，开讽刺之道"。具体地说，就是：

> 将在乎选观风之使，建采诗之官，俾乎歌咏之声，讽刺之兴，日采于下，岁献于上者也。所谓言之者无罪，闻之者足以自戒。大凡人之感于事，则必动于情；然后兴于嗟叹，发于吟咏，而形于歌诗矣。故闻《蓼萧》之篇，则知泽及四海也。闻《禾黍》之咏，则知时和岁丰也。闻《北风》之诗，则知威虐及人也。闻《硕鼠》之刺，则知重敛于下也。闻"广袖"、"高髻"之谣，则知风俗之奢荡也。闻"谁其获者妇与姑"之言，则知征役之废业也。故国风之盛衰，由斯而见也；王政之得失，由斯而闻也；人情之哀乐，由斯而知也。然后君臣亲览而斟酌焉：政之废者修之，阙者补之，人之忧者乐之，劳者逸之。

以上表明，白居易的美刺说，是植根于深厚的思想观念与人文精神传统土壤之中的。它包蕴着美与刺。美者美之，丑者刺之；既美，而又参以丑的杂质者，则美刺之。白氏所说"泽及四海"的《蓼萧》（属《诗经·小雅·南有嘉鱼之什》），

"时和岁丰"的《禾黍》(疑为《小雅》中的《华黍》篇。《华黍》已佚，其义犹存。《毛诗正义》："华黍，时和岁丰。")，均为赞美之辞，而无讽刺之意。当然，就白氏所宣扬的基本倾向而言，还是以讽刺为主的。这种思想对于白氏的诗论和诗作产生了巨大影响。他三十五岁时写的《长恨歌》，虽然被他后来归为"感伤诗"类，但其美刺的意味是不言自明的。他四十四岁时写的《与元九书》，乃是《策林》中有关美刺、讽喻理论的发展。

《与元九书》是白居易的诗学纲领，它全方位、多角度地论述了美刺的本质特征，表现了诗人强烈的社会责任感和独特的创作个性，显示出他对弊政的切齿痛恨、对人民的深厚同情。兹条析如下：

1. 美刺之兴

诗人以为，《诗经》为六经之首。为什么这样说呢？因为"感人心者，莫先乎情，莫始乎言，莫切乎声，莫深乎义。诗者：根情，苗言，华声，实义"。这些，都渗透在"六义"(风、雅、颂、赋、比、兴)、"五音"(宫、商、角、徵、羽)中；"六义"的基本精神是风雅比兴，风雅比兴的核心乃是美刺。

他用"六义"中风雅比兴的美刺为标准去考察诗歌，符合美刺标准者则赞扬之，不尽符合者则批评之。由于他对美刺的要求非常严格，故完全符合美刺标准者，并不多见。即使屈原的"泽畔之吟"，也不过是"归于怨思"，"然去《诗》未远，梗概尚存"。至于后来的谢灵运，虽然雅奥广博，也只是"多溺于山水"，陶渊明虽然高古脱俗，也不过是"偏放于田园"而已。降至梁、陈间，"率不过嘲风雪、弄花草而已"。在这里，白氏声称他并非一味地排斥描写风雪花草，而是着眼于为什么要描写风雪花草。只要符合美刺的原则，是可以歌咏风雪花草的。否则，就违背了"六义"。他举例说：

设如"北风其凉"，假风以刺威虐也；"雨雪霏霏"，因雪以悯征役也；"棠棣之华"，感华以讽兄弟也；"采采苤苢"，美草以乐有子也。皆兴发于此而义归于彼。反是者，可乎哉！然则"余霞散成绮，澄江净如练"、"离花先委露，别叶乍辞风"之什，丽则丽矣，吾不知其所讽焉。故仆所谓嘲风雪、弄花草而已。于时"六义"尽去矣。

作者以《诗经》为例，揭示出刺、悯、讽、乐四个特点。其中固然含有美刺，但不一定都含美刺，也不一定每首均以美刺为特征。作者所举的《周南·苤苢》，就没有讽刺的意味，但却是受到作者赞颂的。也许，它虽不含讽刺，但却运用了比兴，所以才受到作者的推崇。这虽也符合诗之"六义"中的比兴原则，但却不能证明作者所宣扬的美刺；因而以之为例，不仅不够典型，而且从另一角度反证歌咏不含讽刺的花草篇什也可合乎"六义"，这就得出了与作者原意相左的结论。这不能说是作者剖析美刺命题时的一个疏漏。

美刺是风雅比兴的最富于现实性和战斗性的内容，却不是风雅比兴的全部内容；因而除美刺以外，对于风雅比兴的其他内容（包含风雪花草），也是不能采取一味地排斥的态度的。至于对待吟风弄月的其他优秀作品，也不应依据是否符合美刺的原则而予以取舍，不能因为"余霞"、"离花"句不含一个"讽"字就加以拒绝，也不能说这类作品"六义尽去"，而应该看到它"丽"的一面。这种丽，是属于美的。只要"讽"，不要"丽"，是不全面的。

由于作者把美刺当做风雅比兴的最高标准，故对唐兴二百年以来的诗作要求极严。对于陈子昂的《感遇诗》二十首，鲍防（天宝年间诗人）的《感兴诗》十五首（已佚），是肯定的，因为它们都符合美刺的原则。对于作为诗豪的李白、杜甫，美刺之诗也是不多的。李白虽为奇才，但"索其风雅比兴，十无一焉"。杜甫风雅比兴之诗可传者有千余首，"然撮其《新安吏》、《石壕吏》、《潼关吏》、《塞芦子》、《留花门》之章，'朱门酒肉臭，路有冻死骨'之句，亦不过三四十首。杜尚如此，况不逮杜者乎！"这就表明，唐代诗人如云，但符合美刺之品，却似凤毛麟角。

有鉴于此，作者感慨万千。认为自古至唐，美刺不兴，绝非小事，而是诗道崩坏的表现。而挽救诗道颓丧的局面，则是摆在作者面前不可推卸的责任。作者怀着历史的责任感，真切地诉说道："仆常痛诗道崩坏，忽忽愤发，或食辍哺、夜辍寝，不量才力，欲扶起之。"这就表明，作者强调美刺，其意义不止于某些具体的诗篇，而更重要的在于整个的时代风气。诗文美刺，蔚然成风，则可"救济人病，裨补时阙"，而起到治国兴邦的效果。因此，作者观察问题，不仅从文学的角度出发，而且更从政治的角度出发；不仅从具体的微观方面着眼，而且更从整体的宏观方面着眼。这样，尽管对于那些吟咏风雪花草的诗作的评价有过苛之处，然而对于重视美刺的社会功能、继承并发扬美刺的现实主义传统，乃是具有不可低估的积极意义的。这种积极意义，可以说是划时代的。因为它并不止于历史上的美刺传播，而是形成了系统的美刺理论，并展开了以美刺实践为中心的规模宏大、波澜壮阔的新乐府运动。

2. 先向诗歌求讽刺

白居易在诗论上大力提倡美刺说，在艺术创作上身体力行，写下了大量的以美刺为特点的诗篇，尤其是题为《新乐府》的讽喻诗，并大力推广，与其诗友元稹、张籍等人相互唱和，掀起了轰轰烈烈的新乐府运动，把批评的矛头直接指向封建皇帝、贪官污吏和腐败现象，对于贫苦人民的悲惨生活与不幸命运则寄予无限同情。《与元九书》中，他把自己诗歌分为讽喻、闲适、感伤、杂律四类，其中特别强调美刺。他说："自拾遗来，凡所适所感，关于美刺兴比者，又自武德迄元和因事立题，题为《新乐府》者，共一百五十首，谓之讽喻诗。"可见，作为讽喻诗的新乐府，其根本特征就是美刺兴比。

元和四年（809），白居易为左拾遗时，写下了以美刺为根本特征的新乐府。其中，以美为特征者，如：《七德舞》，美拨动陈王业也。《法曲》，美列圣正华声也。《道州民》，美贤臣遇明主也。《骊宫高》，美天子重惜人之财力也。《城盐州》，美圣漠而消边将也。《牡丹芳》，美天子忧农也。此外，以刺为特征者，如：《立部伎》，刺雅乐之替也。《华原馨》，刺乐工非其人也。《西凉伎》，刺封疆之臣也。《母别子》，刺新间旧也。《捕蝗》，刺长吏也。《蛮子朝》，刺将骄而相备位也。《两朱阁》，刺佛寺浸多也。《杏为梁》，刺居处奢也。此外，诗题之下未标明"美"、"刺"字样，实含美、刺之意者，也有不少。其含美者，如：《二王后》，明祖宗之意也。《昆明春水满》，思王泽之广被也。《缭绫》，念女工之劳也。其含刺者，如：《海漫漫》，戒求仙也。《新丰折臂翁》，戒边功也。《红线毯》，忧蚕桑之费也。《杜陵叟》，伤农夫之困也。《卖炭翁》，苦宫市也。《宫牛》，讽执政也。《古冢狐》，戒艳色也。《天可度》，恶诈人也。《紫毫笔》，讥失职也。《草茫茫》，惩厚葬也。《黑潭龙》，疾贪吏也。《采诗官》，鉴前王乱亡之由也。以上所点明的戒、忧、伤、苦、讽、恶、讥、惩、疾、鉴，充满了对黎民的同情和对权贵的讽刺。尤其是《采诗官》，可以说是对于新乐府的理论总结。它说明了"采诗听歌导人言，言者无罪闻者戒，下流上通上下泰"的调节作用，指出了"周灭秦兴至隋氏，十代采诗官不置"的弊端，批评了"郊庙登歌赞君美，乐府艳词悦君意"的谄媚之风，揭露了"若求兴谕规刺言，万句千章无一字。不是章句无规刺，渐及朝廷绝讽议"的黑暗，指出了"贪吏害民无所忌，奸臣蔽君无所畏"的危险，颂扬了"欲开壅蔽达人情，先向歌诗求讽刺"的现实主义精神。

3. 美刺之道

美刺是手段，其目的在于"以诗补察时政"，"以歌泄导人情"（《与元九书》，下同）。可见，美刺本身具有中介性。它是沟通朝廷和民间关系的桥梁。黎民百姓、知识阶层，通过诗歌反映人民的疾苦，以美刺的武器揭露现实生活中的腐朽现象，促使统治者体察民意、匡正时弊，力求"上下通而一气泰，忧乐合而有志熙"。下尽美刺之道，上能从谏如流，则上下交通，合成一气，群策群力，国运乃昌。

对待美刺的态度，牵涉到言者和闻者两个方面。言者，指美刺的传播者；闻者，指美刺的接受者。正确的态度是："言者无罪，闻者足戒，言者闻者莫不两尽其心焉。"只有如此，才能保证美刺之道的畅通。相反，若以错误的态度对待之，则会形成言者有罪、闻者不戒的局面，这就必然堵塞美刺之道。在这里，白居易所说的言者与闻者，除了明确地表述了上下之间的政治关系外，也隐含着传播者与接受者之间的美学关系。美刺之音刺激接受者的大脑，必然激起接受者大脑的活动：若以美刺为真善美，则必采纳，若诬美刺为假恶丑，则必拒绝。可见，传播者与接受者之间的关系是复杂的，当二者在碰撞中互相排斥时，就会产生矛盾冲突；当二者在交流中彼此协调时，就会取得一致。换言之，美刺之风广为传播之时，也每每是统治阶级愿意纳谏之日，因而纳谏与进谏就能保持某种一致。反之，统治阶级反对谏诤之日，也往往是进谏者遭受排斥、打击之时，也是美刺受挫之时。所以，运作美刺的传播者是要付出代价的，严重的时候甚至要付出惨重的乃至美的毁灭的代价。尤其是在封建社会里，软弱的监督机制极不健全，大权独揽的封建皇帝只要怒形于色，进谏之人就会遭受迫害，轻则贬谪，重则丧命。美刺的传播者与美刺的接受者之间的关系就会破裂，而不成其为美学关系，也不成其为正常的政治关系。白居易本人的遭际，就能说明这一问题。他说：

> 自登朝来，年齿渐长，阅事渐多，每与人言，多询时务，每读书史，多求理道，始知文章合为时而著，歌诗合为事而作。是时皇帝初即位，宰府有正人，屡降玺书，访人急病。仆当此日，擢在翰林，身是谏官，手请谏纸，启奏之外，有可以救济人病、裨补时阙而难于指言者，辄咏歌之，欲稍稍递进闻于上。上以广宸聪，副优勤；次以酬恩奖，塞言责；下以复吾平生之志。岂图志未就而悔已生，言未闻而谤已成矣。
>
> 又请为左右终言之。凡闻仆《贺雨诗》，而众口藉藉，已谓非宜矣。闻仆《哭孔戡诗》，众面脉脉，尽不悦矣。闻《秦中吟》，则权豪贵近者相目而变色矣。闻《乐游园》寄足下诗，则执政柄者扼腕矣。闻《宿紫阁村》诗，则握军要者切齿矣。

以上所引，内容十分丰富。第一，提出了"文章合为时而著，歌诗合为事而作"的现实主义创作原则。一个"时"字，突现出时代性；一个"事"字，突现出现实性。诗文写作，必须反映时事，而不可无病呻吟。这种时事最主要的是什么呢？作者进一步进行了深层次的解析，这就是"救济人病、裨补时阙"。这同作者的其他篇什，可以相互发明。且读《读张籍古乐府》："风雅比兴外，未尝著空文……上可裨教化，舒之济万民。"再读《寄唐生》："篇篇无空文，句句必尽规……非求宫律高，不务文字奇。惟歌生民病，愿得天子知。"这里，反对一个"空"字，提倡一个"实"字。这种实，就是歌咏人民疾苦，讽刺、揭露时弊。这难道不是现实主义精神所在吗？如果与《新乐府序》相联系，就更可窥及作者所提倡的现实的真切性。作者声称自己的新乐府，"其辞质而径，欲见之者易谕也；其言直而切，欲闻之者深诫也；其事核而实，使采之者传信也；其体顺而肆，可以播于乐章歌曲也。总而言之，为君、为臣、为民、为物、为事而作，不为文而作也"。这里所说的质而径、直而切、核而实、顺而肆，都是符合现实主义真实性的。所谓为君、为臣，固然显示出作者的历史局限和阶级局限，但为民、为物、为事而作，却表现了作者的本意与求真、向善、爱美的目的。

第二，推行现实主义运动，并非都是一帆风顺的，有时要付出巨大的代价，白居易就是如此。他当然没有提出过"现实主义"这个词，也不可能对现实主义的历史与现状做出理论的判断。但他却以自己独特的表述方式和直觉体验从理论上概括了现实主义质的规定性（真实性），并揭示出解析此一规定性的原则与方法（美刺），这是白居易对于古典现实主义的伟大贡献。为了捍卫现实主义，他顶恶风、战恶浪，与戕害现实主义的邪恶势力进行了坚决的斗争。他在《贺雨诗》中，讽劝皇帝"慈和与俭恭"，并提出"君以明为圣"的要求。在《哭孔戡诗》中，赞美孔戡"有事戡必言"、"有邪戡必弹"、"平生刚肠内，直气归其间"的谏诤精神。在《秦中吟》中，"闻见之间，有足悲者"则"直歌其事"。如《伤宅》："厨有臭败肉，库有贯朽钱"；《轻肥》："是岁江南旱，衢州人食人"；《买花》："一丛深色花，十户中人赋"，等等，均是现实主义的诗歌绝唱。此外，如《登乐游园望》："车马徒满眼，不见心所亲"；《宿紫阁山北村》："举杯未及饮，暴卒来入门。紫衣挟刀斧，草草十余人。夺我席上酒，掣我盘中餐。"这些均是对于军政权贵的揭露。白居易为了追求真实性，发扬了无私无畏的战斗精神，勇往直前："未得天子知，甘受时人嗤。药良气味苦，琴淡音声稀。不惧权豪怒，亦任亲朋讥。人竟无奈何，呼作狂男儿"①。这是何等的胆识！何等的气概！

但是，忠言逆耳，耿介遭忌："忆昨元和初，忝备谏官位。是时兵革后，生民正憔悴。但伤民病痛，不识时忌讳；遂作《秦中吟》，一吟悲一事。贵人皆怪怒，闲人亦非訾。天高未及闻，荆棘生满地。"② 可见，作者的处境是非常艰险的。他绝不退缩，绝不妥协，绝不浑浑噩噩、随波逐流，而是为履行自己的崇高使命尽心尽力。有些谏诤虽被采纳，但牵怒皇帝、权贵者却屡见不鲜。据《旧唐书·白居易传》记载，唐宪宗曾命宦官承璀为招讨使，去讨伐抗拒朝命的王承宗（成德节度使，恒、冀、深、赵等州观察使），白居易上书谏止，"上（宪宗）颇不悦，谓李绛曰：'白居易小子，是朕拔擢致名位，而无礼于朕，朕实难奈！'绛对曰：'居易所以不避死亡之诛，事无巨细必言者，盖酬陛下特力拔擢耳，非轻言也。陛下欲开谏诤之路，不宜阻居易言。'上曰：'卿言是也。'由是多见听纳。"但宪宗并未听从白居易的进谏，仍命承璀讨伐王承宗，结果吃了败仗。元和五年，白居易辞官返里省亲。元和六年，丁母陈夫人之丧。"九年冬，入朝，授太子左赞善大夫。十年七月，盗杀宰相武元衡，居易首上疏论其冤，急请捕贼，以雪国耻。宰相（按，指张弘清、韦贯之）以宫官（指白居易任太子左赞善大夫）非谏职，不当先谏官言事。会有素恶居易者，掎摭居易言浮华无行，其母因看花堕井而死，而居易作《赏花》及《新井》诗，甚伤名教，不宜置彼周行。执政方恶其言事，奏贬为江表刺史。诏出，中书舍人王涯上疏论之，言居易所犯状迹，不宜治郡。追诏授江州司马。"以上所引，可作参证，证明《与元九书》、《秦中吟》、《新乐府》中的美刺、讽喻，与白居易为国为民的高尚的人格精神是一致的；也表明了白居易是以牺牲个人利益为代价去坚持美刺、讽喻、谏诤的。他虽以官场个人被贬而遭失败，却赢得了真理，获得了现实主义的胜利。

必须说明：《赏花》、《新井》二诗，未见收入白居易集中，今已查无实据。新、旧《唐书》所言，只能证实这件事不过是引发非议白氏的一根导火线。它是诬陷白氏的一个借口。白氏是一位十分重视名教的人，也是一位孝子，其辞官归里奉亲便是证明。朝廷权贵以诗构陷，不过是罗织罪名而已。白居易无情地讽刺权贵，终于得罪权贵，才是他被贬、受害的真正原因。

他仗义执言，揭露腐败，屡遭排挤，已属不顺；但尤其令人愤慨的是王涯对

---

① （唐）白居易：《寄唐生》。
② （唐）白居易：《伤唐衢二首》。

他的落井下石。王涯身处逆境时，白居易替王涯说过好话。白居易将被贬为江表刺史时，身居高位的王涯却把他从刺史的位置上拉下来，一贬再贬，贬为江州司马。

（二）澹然无他念，虚静是吾师

白居易被贬前，讽喻之作甚多，闲适之品较少。他在慷慨激昂、迫切陈词之余，也有心境悠闲、感悟良深之时，故在青壮年期也可独享闲适。他三十四岁任校书郎时，居然在《感时》篇中大呼："惟当饮美酒，终日陶陶醉。"在任翰林学士时，居然在《松斋自题》中自遣："形骸委顺动，方寸付空虚……昏昏复默默，非智亦非愚。"在闲居渭村时，既写出了《采地黄者》（四十一岁作）、《村居苦寒》（四十二岁作）等现实主义诗篇，又写出了《效陶潜体诗十六首》（四十二岁作）等表现"懒放之心，弥觉自得"之作。这里表明，作者前期除以美刺著称外，也间有淡泊之品。当然，在被贬为江州司马以后（后期），由于接受了深刻的教训，不复天天谔谔直言，讽喻之作减少，美刺方式也趋向含蓄，闲适之作大大增加。

有人把闲适与消极画等号，这是不对的。闲适显示出作者的悠闲的情绪与恬淡的心境，但与消极却是两码事。当然，消极也会乘闲适之虚而入，并冒充为闲适，弱化闲适的积极作用。白居易追求闲适，其积极意义虽逊于讽喻，但其本身毕竟不是消极的。如果把白氏闲适说成是消极的，那么既取消了闲适的积极意义，又可能犯一棍子棒杀的错误。当然，白氏的闲适诗中也显示出某种消极情绪，但这种消极情绪并不是闲适造成的。闲适不是导致消极的原因，消极也不是闲适催化的结果。消极乃是潜入闲适境地中的思想灰尘。闲适不失为美，消极则与美无缘。正如《序洛诗》所云："闲居之诗泰以适。"

闲适追求虚静、澄澹。《夏日独直寄萧侍御》："澹然无他念，虚静是吾师。形委有事牵，心与无事期。中肠一以旷，外累都若遗。地贵身不觉，意闲境来随。但对松与竹，如在山中时。情性聊自适，吟咏偶成诗。"这里，提倡澹然无虑、虚静旷达、意闲境随、情性自适，可以看成是对闲适美的诗学概括。再读《秋居书怀》："尽日方寸中，澹然无所欲。"《酬杨九弘贞长安病中见寄》："隐机自恬淡，闭门无送迎。"《清夜琴兴》："清泠由木性，恬淡随人心。"《题道宗上人十韵》："精洁沾戒体，闲澹藏禅味。"这里的澹然，与无欲相联系，与恬然自安相联系，与清泠、精洁的境界相联系。澹的底蕴是丰富多样的。在《玩止水》

中，写湾洞澹然之水："净分鹤翘足，澄见鱼掉尾。"其明澈可鉴，诚可"清能律贪夫，淡可交君子"。此外，如《好听琴》："清畅堪销疾，恬和好养蒙。"《船夜援琴》："心静即声淡，其间无古今。"《秋寄微之十二韵》："淡白秋来日，疏凉雨后风。"《自吟拙什因有所怀》："诗成淡无味，多被众人嗤。"可见，澹与净、澄、清、淡、恬、静、白等因子，均有紧密的关系。

正由于虚静、澹泊，所以喜爱虚白、自然、质朴、通脱，而不追求艳耀。"留景夜不瞑，迎光曙先明。对之心亦静，虚白相向生"①，这是对白色牡丹的赞美。"郑君得自然，虚白生心胸。吸彼沆瀣精，凝为冰雪容"②，这是对高士郑生虚白襟怀的歌咏。"恬然不动处，虚白在胸中"③，这是诗人对自己虚白心境的赞美。"净渌水上，虚白光中，一睹其相，万缘皆空"④，这是对佛家虚空世界的歌颂。"纯白者不若虚白之旨"⑤，这是对玄珠的虚白美的赞颂。"空室闲生白，高情澹入玄"⑥，这是对雅室幽居空白、玄澹境界的赞美。"烟渚云帆处处通，飘然舟似入虚空"⑦，这是对湖天相接、广阔无际境界的赞美。"但觉虚空无障碍，不知高下几由旬"⑧，这是对山亭虚空境界的赞美。

表现虚白、虚空的境界，只能用清淡、朴素的笔墨，而不可用浓墨重彩。这是白居易所一贯重视的。他在《白羽扇》中称赞"素是自然色"，便表现了他的审美情趣。但这并不等于说他排斥纤秾、艳耀，也不是说他厌恶绮丽，更不是说他的作品压根儿没有美丽。他只是反对过分艳丽。他在《赋赋》中说："华而不艳，美而有度。"这是对赋的要求。如果雕缋满眼、堆砌盈目，那就过度艳丽而不可取了。白居易所说的华美，是以质朴为底蕴的，因而其诗作本色偏重于素。且读《策林一·忠敬质文损益》："文质协和……稍益质而损文。"这表明他在文质相彰之间还是偏重于质的，因而他强调作为质的朴素、自然，就是合乎逻辑的了。他在《策林四·议文章》中说："碑诔有虚美愧辞者，虽华虽丽，禁而绝之。若然，则为文者，必当尚质抑淫。"这里虽针对碑诔，但其他虚美浮艳之文亦在禁绝之列。若质文相副、质中显文，则在首肯之中。

---

① （唐）白居易：《白牡丹》。

② （唐）白居易：《题赠郑秘书征君石沟溪隐居》。

③ （唐）白居易：《初病风》。

④ （唐）白居易：《画水月菩萨赞》。

⑤ （唐）白居易：《求玄珠赋》。

⑥ （唐）白居易：《忘筌亭》。

⑦ （唐）白居易：《泛太湖书事寄微之》。

⑧ （唐）白居易：《春日题乾元寺上方最高峰亭》。

《故京兆元少尹文集序》云："天地间有粹灵气焉，万类皆得之，而人居多，就人中文人得之又居多。盖是气凝为性，发为志，散为文。粹胜灵者，其文冲以恬。灵胜粹者，其文宣以秀。粹灵均者，其文蔚温雅渊，疏朗丽则……"如此承天地造化之气而撰写之文，或冲和恬淡、质木姒文；或明朗秀丽、文采斐然；或有文有质，二者兼美。但总体观照，白居易在理论上总是大处着眼、把求质尚朴放在首位，并归之于时代之风使然，所谓"浇朴之风，系于时代"、"不反质朴，至今应为鬼魅"是也①。

闲适、澹然、虚静、淡泊，喜欢与寂寞朝夕相处。白居易对于寂寞也是情有独钟的，特别是在遭受权贵排挤、打击以后，他总能甘于寂寞，从寂寞中寻找慰藉、探索人生的真谛。且读《县西郊秋寄赠马造》："风荷老叶萧条绿，水蓼残花寂寞红。我厌宦游君失意，可怜秋思两心同。"这里，借景抒情，流露出诗人的失意、怅惘的心绪。《初授赞善大夫早朝寄李二十助教》："寂寞曹司非熟地，萧条风雪是寒天。"字里行间，显露出官场的凄冷。《病中得樊大书》："荒村破屋经年卧，寂绝无人问病身。唯有东都樊著作，至今书信尚殷勤。"这里，以"寂绝"对"殷勤"，其人情冷暖状态，毕现纸上。《惜牡丹花二首》："寂寞萎红低向雨，离披破艳散随风。晴明落地犹惆怅，何况飘零泥土中。"作者孤寂情怀，悄悄渗入零落的花瓣中。《醉赠刘二十八使君》："举眼风光长寂寞，满朝官职独蹉跎。"诗人流露出深深的孤独感。此外，诗人还通过寂寞来消磨岁月、排遣世虑。且看《偶作》："阑珊花落后，寂寞酒醒时。"又："寂然无他念，但对一炉香。"《三月三十日作》："今朝三月尽，寂寞春事毕。"《自题》："傍看应寂寞，自觉甚逍遥。"此外，诗人还描绘了寂寞的自然风光，为逼真的生活世界添上生动的一笔。且看《张常侍相访》："西亭晚寂寞，莺散柳阴繁。"《沃洲山禅院记》："兹山浸荒，灵境寂寥……安居游观之外，日与寂然讨论心要。"《秋晚》："单幕疏帘贫寂寞，凉风冷露秋萧索。"《衰荷》："无人解爱萧条境，更绕衰丛一匝看。"这里，一片虚空心境，一片寂寥风景，一片虚白画面，均能显示寂寞时空。

晋代文人陆机在《文赋》中说："课虚无以责有，叩寂寞而求音。"意即：从虚无中寻觅实有，从寂寞中探索音讯，也就是无中寻有、静中求动。唐人韦应物《咏声》："万物自生听，太空恒寂寥。还从静中起，却向静中消。"这里所咏的寂寞境界，显然是指大自然；万物虽能发出流动之音，却生于寂静，逝于冥

---

① 见（唐）白居易：《策林一·风化浇朴》。

寞。可见，声音之动与寂寞之静，是相互依存的。当然，寂寞除了指客观的自然之外，还指主观的心灵。嵇康所说的"游心于寂寞，以无为为贵"①，就是侧重于人的主观世界的寂寞之美的。柳宗元所说的"默语心皆寂"②，白居易所写的"此时无声胜有声"③，不是都显示出"叩寂寞而求音"的美吗？

寂寞的境界是深广远大、玄妙难测的。她显隐着虚静、澄然、空灵、淡泊、闲雅、索漠、寥廓、超诣等美的特质。审美者只要细心揣摩，便可窥及她那飘忽的倩影。

寂寞是闲适的至境。白居易把心静迹幽的隐居生活视为自由的表现。其《赠吴丹》云："宦途似风水，君心如虚舟；泛然而不有，进退得自由。"《何处堪避暑》云："眼明见青山，耳醒闻碧流。……从心至百骸，无一不自由。"《勉闲游》云："富贵身忙不自由。"只有含着自由的心情去体悟寂寞，才可感知个中的快乐。

寂寞是诗人简淡心态的表现，是山水诗画所追求的美学境界。白居易所推崇的谢灵运，便是如此。谢氏《游岭门山》："海岸常寂寥，空馆盈清思。"又《斋中读书》："矧乃归山川，心迹双寂寞。"又《郡东山望溟海》："寂寞终可求。"深知谢氏心理奥秘的白氏，在《读谢灵运诗》中说："谢公才廓落，与世不相遇；壮志郁不用，须有所泄处。泄为山水诗，逸韵谐奇趣。大必笼天海，细不遗草树。岂唯玩景物？亦欲捻心素。"可见，谢氏之所以甘于寂寞，也是和他的心境寄托有关的。白居易也是如此，他在《宿简寂观》中所描绘的"秋光引闲步，不知身远近。夕投灵洞宿，卧觉尘机泯"的境界，就流露出官场失意、归隐山林的孤寂与失落心情。

（三）尊儒，崇道，敬佛，尚易

白居易的美学思想，深受儒、道、释的影响。如果以白居易四十四岁（元和十年，815）被贬为江州司马时为分界线划分他的美学思想的前后期，那么，前期（尤其是青年时代）主要受儒家入世思想影响。后期（尤其是中老年时代）主要受道、释二家思想影响。他在初入仕途时，怀着对国家人民无比热爱的赤子

---

① （魏）嵇康：《与山巨源绝交书》。
② （唐）柳宗元：《赠江华长老》。
③ （唐）白居易：《琵琶行》。

之心，为朝廷献计献策，他三十五岁时写的《策林四·议释教》中说：

> 臣伏观其教，大抵以禅定为根，以慈忍为本，以报应为枝，以斋戒为
> 叶……然则根本枝叶，王教备焉，何必使人去此取彼？若欲以禅定复人性，
> 则先王有恭默无为之道在。若欲以慈忍厚人德，则先王有忠恕恻隐之训在。
> 若欲以报应禁人僻，则先王有惩恶劝善之刑在。若欲以斋戒抑人淫，则先王
> 有防欲闲邪之礼在。虽臻其极则同归，或能助于王化；然于异名则殊俗，足
> 以贰乎人心：故臣以为不可者以此也。

在这里，白氏认为释教教义未能超过儒道，且是外国传来的，故违反"大道惟
一"精义，不必提倡。其僧徒不劳而获，"皆待农而食，待蚕而衣"。其佛寺铺
张浪费，"劳人力于土木之功，耗人利于金宝之饰"。这是晋、宋、齐、梁以来
天下凋敝的重要原因。可见，白氏之非议、否定佛教，认为佛教不适合唐朝国
情，是溢于言表的。但这只是在政治、哲学思想上拒绝释教，并不能概括白氏释
教观的全部。

随着岁月的流逝，随着生活的演变，白居易的情感世界也在悄悄地发生变
化。他对释教的态度，由政治上的排斥逐渐地转化为情趣、兴味上的接纳。尤其
在他失意、孤独、遭遇挫折之时，为了消解苦闷，便从释门中寻找途径。例如，
他在不惑之年时，母亲去世，爱女夭折，哀痛欲绝。《自觉二首》云："我闻浮
屠教，中有解脱门：置心为止水，视身如浮云；斗薮垢秽衣，度脱生死轮。胡为
恋此苦，不去犹逡巡？"诗人从佛国中探索寄托苦难的场所，以求精神的解脱，
这就表现出对于释教的亲和感了。

一般说来，白居易对于儒、道、释三家，均能兼收并蓄。尤其是后期，对于
佛老，颇多赞美之辞。《读禅经》："摄动是禅禅是动，不禅不动即如如。"《正月
十五日夜东林寺学禅偶怀蓝田杨主簿因呈智禅师》："花界当君行乐夜，松房是
我坐禅时。"《苏州南禅院〈白氏文集记〉》："乐天，佛弟子也。"《苏州重玄寺
法华院石壁经碑文》："佛涅槃后，世界空虚；惟是经典，与众生俱。"《苏州南
禅院千佛堂转轮经藏石记》："经声洋洋，充满虚空。"这里所说与其早年对于释
的拒绝态度相比，不啻有天壤之别。

对于老庄，白氏也是关注的。其《读老子》："言者不知知者默，此语吾闻
于老君。"《读庄子》："庄生齐物同归一，我道同中有不同。"《村居寄张殷衡》：
"唯看老子五千字，不踏长安十二衢。"《渭村退居寄礼部崔侍郎翰林钱舍人诗一

百韵》："外身宗老氏，齐物学蒙庄。"《读〈庄子〉》："去国辞家谪异方，中心自怪少忧伤。为寻庄子知归处，认得无何是本乡。"这些，都表现出白氏对于老庄的热衷。

白居易晚年，闲适之境涉足更为深远广大，更善于寻觅儒、道、释的契合点，并进行深入的开拓。《遇物感兴因示子弟》："于何保终吉？强弱刚柔间。上遵周孔训，旁鉴老庄言。"此外，诗人在六十八岁时作《病中诗十五首》的序中说："余早栖心释梵，浪迹老庄……澹然安闲，吟讽兴来。"这里充分表现了白氏从容的心态、宽广的襟怀、旷达的情姿；也可看出，儒、道、释均在闲适之境找到了汇合之处。儒家的中和是喜欢与淡泊为邻的，淡泊与道家的虚静接轨，虚静与佛家的空寂相通。因此，中和—淡泊—虚静—空寂，在走向方面是一致的。不过，儒着重中和，道着重虚静，佛着重空寂。淡泊则是沟通儒与道之间的中介。

儒、道、释在白居易的诗文中，均不同程度地打上了思想烙印。由于儒家强调入世，故白氏前期诗文，多美刺、兴比、讽喻，其词激、切、质、实；由于道家强调遁世、佛家强调出世，故白氏后期诗文，多闲适、感伤、寂寞，其词缓、轻、遣、虚。这只是一个大体的划分，并非说前期无闲适感伤之作，也不是说后期无美刺讽喻之品，而是说二者数量较少罢了。

白居易也从古老的《周易》中吸取了丰富的思想营养。《周易》有经、传之分，《易经》产生于周文王时，《易传》则产生于战国中晚期，比《易经》迟数百年。《易传》是对《易经》的阐释，既有儒家思想，又有道家观念，是儒道圆融的哲学。白居易对于《易》之经、传，均有精深研究。其《永崇里观居》云："真隐岂长远？至道在冥搜。身虽世界住，心与虚无游……寡欲虽少病，乐天心不忧。何以明吾志？《周易》在床头。"这里表明，白氏的理想、志向，是以《周易》为圭臬的。

那么，白氏立志于《易》的观念究竟表现在何处呢？这就是指政治教化作用。他在《策林一·政必成化必至》中说："《易》曰：'圣人久于其道，而天下化成。'《诗》曰：'靡不有初，鲜克有终。'此言王者之教，待久而成也；王者之化，待终而至也。"这里，引《易》入政，强调教化，显然是在为当朝皇帝献策。据此，再引《易》入文，也显然是大力宣扬教化作用。他在《策林四·议文章》中说："《易》曰：'观乎人文，以化成天下。'《记》曰：'文王以文理。'则文之用大矣哉！……国家以文德应天，以文教牧人，以文行选贤，以文学取士：二百余载，焕乎文章。"他在总体上讴歌的同时，又指出了轻薄之徒率尔而言、追求"虚美"之弊，这叫做"大美不能无小疵"。欲保持"大美"（焕乎文章）、克服"小疵"（虚美愧辞），则必须提倡质朴，荡涤淫丽。他说："淫辞丽藻生于文，反伤文者也……王者删淫辞，削丽藻，所以养文也。"这便是白氏追求"大美"、祛除"小疵"的养文之道。它是符合《周易》的人文精神的。它是《易》之化成论在文学中的具体运用。

《周易》之道在于变易、简易、不易，其核心在于变易。白居易除了精于变易、善于化成"大美"之文以外，还深谙简易之道。其《礼部试策五道·第三道》云："《易》简之在《乾》、《坤》者，其象可得而徵也。岂不以乾以柔克，而运四时，不言而善应；坤以阴骘，而生万物，不争而善胜。柔克不言之谓易，阴骘不争之谓简。简易之道，不其然乎？"这里表明，《周易》书简中的《乾》、《坤》二卦，其意象是明显的。《乾卦》属阳，性刚，爱柔，故可以柔克之。《坤卦》属阴，性柔，爱刚，故可以阴骘之。乾（天）运四时而不言，坤（地）生万物而不争，均能胜操左券、大获丰收，故符合简易之道。简易之道的精髓，可用"言微旨远"来概括。老子《道德经》，只有五千言，却广大深远，包孕万物。庄子《知北游》"天地有大美而不言"，乃简易的极致。白居易为文，力求质朴，力排淫丽，就是从简易之道出发的。

白居易对于《周易》中的卜筮说，并非一股脑儿地接受下来，而是采取分析的态度。其《偶然二首》云："六十四卦七十钻，毕竟不能知所以。"他对一切均凭预测的做法，是不以为然的。其《答卜者》云："知君善《易》者，问我决疑不？不卜非他故，人间无所求。"可见他对卜筮决疑之举，并不热衷，也不相信。其《对酒》云："《未济卦》中休卜命，《参同契》里莫劳心。"这就更直截了当地劝人勿信占卜了。总的说来，白氏对卜筮是拒绝的，对《易》之哲学思想是热衷的。除上述外，如《祭乌江十五兄文》所引"《易》云：'积善之家，必有余庆。'"《进士策问五道·第一道》所引"《易》曰：'乐天知命，故不忧。'"这些，都是从善的方面去引用《易》理的。一言以蔽之，白居易能以变易为本，去宣扬诗文教化的美刺、讽喻，以简易为本，去提倡诗文传达的质朴、通脱，从宏观上去把握诗文的大美。此外，他还深知《易》之不易。其《礼部试策五道·第四道》云："天地有常道，日月有常度，水火草木有常性，皆不易之理也。"又《第三道》云："而学者苟能研精钩深，优柔而求之，则壶奥旨趣，将焉瘦哉？"这便是他知难而上探究《易》理的态度。

（四）感悟至深，感而常通

白居易十分重视人的情感对于诗文创作的作用。《与元九书》云："感人心者，莫先乎情。"《序洛诗》："情发于中，文形于外。"白氏把情感视为诗文内在的灵魂，它制约着诗文的表现。讽喻、闲适、感伤之情本充之于内，形之于外则各有不同的表现。白居易的挚友元稹，在《白氏长庆集序》中说："夫以讽喻之诗长于激，闲适之诗长于遣，感伤之诗长于切……"这就表明，白氏的情感，对于其诗歌创作，是起着支配作用的。情感不同，则其诗歌气势、格调也就有差异。白氏《编集拙诗成一十五卷因题卷末戏赠元九李十二》云："一篇《长恨》有风情，十首《秦吟》近正声。"白氏把《长恨歌》放在感伤类，把《秦中吟》放在讽喻类。前者缠绵悱恻，回旋纡折；后者刚劲直切，一吐为快；但都激荡着充沛炽热的情感波澜。陈鸿《长恨歌传》中记载，白居易的好友王质夫曾举酒对着白氏说："乐天深于诗，多于情者也，试为歌之，如何？"于是，白氏便写了《长恨歌》。陈鸿是白居易、王质夫的朋友，故此话是可信的。如果说《长恨歌》以柔婉著称，那么《秦中吟》就是以劲直取胜。白氏在《秦中吟》的序中说："闻见之间，有足悲者。因直歌其事，命为《秦中吟》。"这就表明，其歌虽因直切而与《长恨歌》委曲格调有别，但其足悲情怀却与《长恨歌》感伤之情一致。他的悲剧心理，也是在他那乐天主义帷幕之后时显时隐的。其《曲江感秋二首》的序中有言："昔壮今衰，慨然感怀，复有此作。"在其悲怆情感的支配下，才写下了"穷通与荣悴，委运随外物"、"当春不欢乐，临老徒惊误"的诗句。

白氏不仅谈了情感的决定作用、表现方式，还进一步解析了情感的深度，并把感提升到悟的程度。他在《和梦游春诗一百韵》的序中说："夫感不甚则悔不熟，感不至则悟不深……所以至感者，欲使曲尽其妄，周知其非，然后返乎真，归乎实。"可见，白氏所说的感悟，是本乎真实的，而不是虚妄的；也说明他所说的情感，是真情实感，毫无矫饰浮夸的成分。

白氏还提出了感通说，并触及物我交感的原理。他在《礼部试策五道·第四道》中说："惟天地日月暨水火草木，度数情性，各有其常。其随事应物而迁变者，斯人之所感也。何哉？惟天地万物父母，惟人万物之灵。盖天地无常心，以人心为心。苟能以最灵之心，感善应之天地；至诚之诚，感无私之日月，则必如影随形、响随声矣，而况于水火草木乎？……盖品汇之生，则守其常性也。精诚之至，则感而常通也。"这里首先指出了物的情性的独特性与人的应物斯感的特点。其次指出了天地万物以人心去感应世界的特点。再次，强调了物与人的交感关系中，人的主观情感的能动性，尤其是提出了"感而常通"。感通说既可用之于沟通人与物之间的关系，又可用之于沟通人与人之间的关系。美学上的移情（移感）说、通感说，经常强调物我交感、情景交融，人与人之间的协和、互渗，往往注重感通。而感通与移情、通感又是息息相通的。它们都分别给诗文创作以不可磨灭的影响。《进士策问五道·第三道》："大凡人之感于事，则必动于情，发于叹，兴于咏，而后形于歌诗焉。故闻《蓼萧》之咏，则知德泽被物也；闻《北风》之刺，则知威虐及人也；闻'广袖'、'高髻'之谣，则知风俗之奢荡也。古之君人者采之，以补察其政，经纬其人焉。夫然，则人情通而王泽流矣。"这里所谓"人情通"，就是指人与人之间情感上的交融、感通，诗歌就是沟通上下之间关系的中介，这也就是白氏经常所说的上以诗补察时政、下以歌泄导人情。

白氏还认为，人的情感好恶不同，对于美的接受也会有不同的态度。有的美，备受喜爱；有的美，却遭冷落。真正的审美者应撷取美的价值，而不应受其他因素的干扰，不应受利益的驱动。对于美，切不可抑此扬彼，而应一视同仁。从白氏和钱学士作的一首《白牡丹》诗中，就可知其大概。白牡丹的素洁芳姿，不为观花客所欣赏，而入时的"紫艳与红英"，却备受宠爱。但是，钱学士、白居易却能看见白牡丹的美的价值："惟有钱学士，尽日绕丛行。怜此皓然质，无人自芳馨。众嫌我独赏，移植在中庭留景夜不暝，迎光曙先明。对之心亦静，虚白相向生。"如此观花，就是一种正确的审美态度，也显示出审美者高度的欣赏水平。观照花之美，要排除一切非审美因素的干扰。白氏慨然曰："彼因稀见贵，此以多为轻。始知无正色，爱恶随人情。岂惟花独尔？理与人事并。"不应因花之多少不同而或爱或恶，而应一律视之为美，而投之以爱。这种爱情，才是一种纯粹的审美情感。

（五）心存目想，境心相遇

白居易是一位十分喜爱旅游的人。他对山水园林建筑的美，一往情深。他在《修香山寺记》中，说他"性好闲游，灵迹胜概，靡不周览。"他盛赞洛阳龙门十寺"观游之胜"，香山为首。"游者得息肩，观者得寓目。关塞之气色，龙潭之景象，香山之泉石，石楼之风月，与往来者耳目一时而新。"在《沃洲山禅院记》中，对于晋、宋以来高僧支道林、高士王羲之等人的"安居游观"生活欣羡不已。《开成二年三月三日河南尹李待价以人和岁稔将禊于洛滨居易举酒抽毫奉十二韵以献》："尽风光之赏，极游泛之娱。美景良辰，赏心乐事，尽得于今日矣。"以上表现了白氏的游观之乐、观游之美。

但白氏最突出的贡献是在理论上提出了"心存目想"、"境心相遇"的观点。他在《白蘋洲五亭记》中，描绘了白蘋亭、集芳亭、山光亭、朝霞亭、碧波亭的共享空间美：

> 五亭间开，万象迭入，响背俯仰，胜无遁形。每至汀风春，溪月秋，花繁鸟啼之旦，莲开水香之夕，宾友集，歌吹作，舟棹徐动，觞咏半酣，飘然悦然，游者相顾，咸曰：此不知方外也、人间也，又不知蓬瀛昆阆，复何如哉？

这里，表现了众人观照同一审美对象时的共同美感，也显示了它的直观性、直觉性。但是，要把此情此境用文字记录下来，却非一蹴而就。作者说：

> 予按图握笔，心存目想，凫缕梗概，十不得其二三。大凡地有胜境，得人而后发；人有心匠，得物而后开：境心相遇，固有时耶？盖是境也，实柳守滥觞之，颜公椎轮之，杨君缋素之：三贤始终，能事毕矣。

这里所说的"心存目想"，就是指发挥视知觉的作用，主要是指发挥知觉的作用。就目而言，只能视；而"目想"却是指目可以思。在此，目与想（心）相互沟通，彼此融合，结成一体，但重点是落在想（心）上。即用知觉去统率视觉。萧统在《文选序》中说："心游目想"，南朝宋人宗炳在《画山水序》中说："应目会心。"这都是白居易"心存目想"说的滥觞。但白氏用一个"存"字，却突现出自我感知积累、贮存的特点，而目之为"心存"，这就与强调动态的"心游"相区别，也与强调反映的"会心"相区别。相区别之处，就是白氏有独特的领悟之处。视觉中的园林图景，富于真实性、直观性、形象性。游观之后，把这些图景信息存于心中，就会逐渐淡化、模糊而不及先前直观时那样真切。如果用文字把它表现出来，就会因文字的折光与传达手段的局限而受损。因为山水园林风景是真实的存在，它映入审美主体大脑中以后，就被当成信息储藏起来。这种信息不是原物，而是原物的影像。影像只能逼真，而非原真。再逼真的东西，总要失去原真的某些细节与真切性，因而逼真远不及原真丰富多彩。此其一。此外，当作家表现园林风景时，必然要斟酌浓淡，经过取舍加工，这就必然要略去许多东西，而不可能纯粹地复制自然。此其二。此外，语言文字传达手段是极其有限的，它无法完全传达自然山水和园林建筑的一切风貌与韵致。这是媒介、工具的有限性与美的存在的无限性之间的不可克服的矛盾所决定的。正因为如此，白居易在撰写这篇游记时，也遇到了困难，尽管他详细描绘原有图景的概貌，但现于笔底者，"十不得其二三"。可见个中幽邃境界深远广大，虽努力运转文笔，亦鲜能刻画无遗。但是，困难难不倒美的探索者，艺术是克服困难。作家用赤子之心去体验胜境的美，以心匠之斧开辟万物的美，则胜境之美就会聚于笔端、跃然纸上，而昭昭然显示在人们眼前。在这里，白氏提出了一个著名的美学观点，这就是"境心相遇"。

在白氏眼中，境是指物境，心是指心神。诗文创作，必须挖掘境的奥秘，发挥心的功能，使境与心贴然无间地结合在一起。当物境不能得到充分表现时，必须充分运作心匠之斤而尽力开发之。白氏的艺术实践证实了这一点。当他撰写《白苹洲五亭记》时，因不能毕现其境而踌躇，但他却匠心独运，上溯到梁代柳恽，曾于湖州城东南白苹洲赋诗，有"汀洲采白苹"句。又联想到大历十一年，颜真卿为刺史时，曾设八角亭。至开成三年，杨君为刺史时，大力扩建，构筑五亭。由于历史的钩沉加上现实的铺陈，白氏的思路豁然开朗；生动的情思，如画的物境，纷至沓来。正由于如此"境心相遇"，才写出了这篇千古传诵的游记。

宋代文人晁迥，曾在《法藏碎金录》卷一中对于白居易的"游观"思想作了不准确的评述：

> 白乐天酷好游观，形于吟咏，有诗句云："留春不住登城望，惜夜相将秉烛游。"又有诗云："眼看筋力减，游得且须游。"如此之类，不可具举矣。予谓乐天所好者常游耳，予所好者，游可游，非常游，予好列子之游。《列子》曰："人之游也，观其所见；我之游也，观其所变。"谓凡人唯睹荣瘁殊观，以为休戚，未觉与化俱往，势不暂停。予又好壶丘子之游。壶丘子曰："务外游不如务内观，外游者求备于物；内观者取足于身，游之至也。求备于物，游之不至也。"谓人身取象二仪，无有不备，大约贵乎反躬观理，心游于大道，足矣。故予好之。予于游观，又好《庄子》云："假道于仁，托宿于仁，以游逍遥之墟。"又好《老子》云："常无欲以观其妙。"予以立意为宗，触类而长，唯变所适，下笔不休。

这里，以己之"非常游"来非议白氏之"常游"，显示了晁迥自负的心理。按照晁迥的逻辑，常游只能观其所见，它求备于物，属于外游，因而是不至之游。相反，非常游却可观其所变，它取足于身，属于内游，因而是至游。换句话说，白居易以视觉为中介的游观，只是外在的观物，是浅表性的；晁迥以知觉为中介的游观，则是内在的观理，是深层次的。前者只是一般的涉猎，后者才是体道悟妙；前者浅尝辄止，后者探幽入微。

晁迥旁征博引，来强化自己的观点，固然无可厚非；但用抬高自己的方法去贬低白居易，却是不可取的，也是不公平的。其实，白氏的游观思想，并不浅薄，更非止于观物的外游，而是富于深刻的意蕴。前面所说的"心存目想"、"境心相遇"，不仅指外在的观物，而且更指内在的观道；不仅凝聚着目游的审美感受，而且凝聚着心游的审美感受，极富于哲学的深邃性。可见，晁迥矮化白氏的游观说，是站不住脚的。当然，我们也不能由此把晁迥的观点说得一无是处，而是应该充分肯定他那重视"心游于大道"的长处。

（六）怪石丑美

白居易对于石头有特殊的爱好，主要表现在《太湖石记》一文中。此文对于太湖石的审美嗜好、奇形怪状、美学特征、美的品类等，刻画得生动形象、呼之欲出，且富于哲学深度。

1. 与石为伍，唯石是好

白氏认为，"古之达人，皆有所嗜"。有嗜书者，有嗜琴者，有嗜酒者，有嗜石者。"石无文无声，无臭无味。"为什么令人嗜爱呢？这是人的审美情趣使然，所谓情有独钟，"适意而已"。"游息之时，与石为伍"。"知公之心，唯石是好"。此石非等闲之物，而是石族之甲，即太湖石，因而才具有美的最佳品质。厥状非一，争奇骋怪。

白氏云：

> 富哉石乎！厥状非一，有盘拗秀出，如灵丘鲜云者，有端俨挺立，如真官神人者，有缤润削成如珪瓒者，有廉棱锐刿如剑戟者。又有如虬如凤，若跧若动，将翔将踊，如鬼如兽，若行若骤，若攫将斗者。风烈雨晦之夕，洞穴开呀，若欲云歕雷，嶷嶷然有可望而畏之者。烟霁景丽之旦，岩嵝霪

霄，若拂岚扑黛，霭霭然有可狎而玩之者。

这里，描绘了石的挺秀美、端庄美、细柔美、锋锷美、动态美。白氏通过想象、比拟，把静态的石化为动态的美，将无生命的东西喻为有生命的精灵，使人感到可亲、可近、可玩。这是由于白氏把自己的审美情感外射、释放到石中的缘故。从中可以看出，石之美虽属大自然客观存在的美，但经过审美者的主观改造，它的美就被映入情感的熔炉中，而折射、转化为美感。白氏对石的丰富想象，就是对"争奇骋怪"的太湖石的美感。

2. 百仞一拳，千里一瞬

白氏云：

> 撮要而言，则三山五岳，百洞千壑，霭缕簇缩，尽在其中。百仞一拳，千里一瞬，坐而得之。

这里，采取了以小观大、以大入小的方法，把对山岳洞壑的美感浓缩在小小的石中，这是想象中的缩小。所谓百仞之高，仅一拳之大，千里之山，转一瞬即见，就是如此。如此观照，是无须大动的，只要静坐就可得到；也是无须身游的，只要心游就可以了。当然，如果从相反的角度去理解，也可得出放小为大、以小扩大的诠释。即将一拳之大夸张为百仞之高、转瞬之间阅遍千里山河。这叫一拳百仞、一瞬千里。可见，在想象的天地中，既可以缩小，又可以夸大，两者均可以夸张目之。刘勰《文心雕龙·夸饰》，就含夸张。白氏对于太湖石的夸张描写，也是对于太湖石的变形处理，其中渗透了白氏浓郁的爱。所谓"待之如宾友，视之如圣哲，重之如宝玉，爱之如儿孙"，正显示了这种爱。

美，是具有超越性的。白居易并不因为爱好太湖石的美而排斥他山之石的美。只要富于独特的风韵，无论何处之石，白氏都是欣赏的。且读《双石》诗：

> 苍然两片石，厥状怪且丑。
> 俗用无所堪，时人嫌不取。
> 结从胚浑始，得自洞庭口。
> 万古遗水滨，一朝入吾手。
> 担舁来郡内，洗刷去泥垢。
> 孔黑烟痕深，罅青苔色厚。

老蛟蟠作足，古剑插为首。

　　忽疑天上落，不似人间有。

　　一可支吾琴，一可贮吾酒。

　　峭绝高数尺，坳泓容一斗。

　　五弦倚其左，一杯置其右。

　　洼樽酌未空，玉山颓已久。

　　人皆有所好，物各求其偶。

　　渐恐少年场，不容垂白叟。

　　回头问双石：能伴老夫否？

　　石虽不能言，许我为三友。

此为洞庭石，其状怪怪奇奇，丑态百出，然而却属于美，因为怪石以丑为美。石，愈怪愈美，愈丑愈美，愈奇愈美。石，居然有头、有足，已属奇怪；而剑插为首、蛟蟠作足，便更加怪怪奇奇了。仅仅数尺之高，却说高不可攀，而目之为"峭绝"；仅仅一斗容量，却云低洼宏深，而目之为"坳泓"。如此以高为低、以大为小、能高能低、大小由之的伸缩变易，岂非怪石以丑为美乎？

　　所谓怪石以丑为美，乃是特指。这并不是说，除了怪石以外，其他石头就不能称之为美石，也谈不上有美。怪石，是美石中最主要的品类。凡石，只要含有美的品质而为人所欣赏者，均可视为美石。可见，美而不怪之石，也是存在的。白氏《池上篇》序中所说的"方长平滑，可以坐卧"的青石，就非怪石，但却含有某种美。当然，这类石的美的韵味远不及怪石深长，因为它偏重于实用。它的实用价值超过了美的价值。怪石则主要为了玩赏，故主要显示为美的价值。白氏既写了不怪之石，又写了丑怪之石，但均属美石。当作为纯粹观觉的对象时，白氏尤重怪石，并重视怪石与园林之中其他景物的组合配置。"灵鹤怪石，紫菱白莲：皆吾所好，尽在我前"[1]，便是生动的一例。此中怪石与其他景物组合成美的图画，这就不是单一的美，而是多样统一的美："十亩之宅，五亩之园；有水一池，有竹千竿……有堂有亭，有桥有船；有书有酒，有歌有弦。有叟在中，白须飘然。"这里所写的水、池、竹、亭、桥等景，各有其美。它们与池上怪石相映成趣，形成了相互竞美、彼此协调的关系。这便是和谐统一的美的关系。如果缺少了怪石，这种美的关系就会被削弱，池上园林的美就会受到影响。18 世

---

　　① 《池上篇》。

纪法国美学家狄德罗认为：美是关系。这种判断，在他所写的《美之根源及性质的哲学的研究》一文中，是非常有助于我们从理论上剖析白居易笔下园林所显示的和谐统一的美的。

怪石之美，属于自然美。但它闯入审美者大脑荧屏上时，往往会被加工改造，而露出人工的痕迹。在审美者美感活动的参与下，怪石之美的系数，会不断膨胀。白氏《太湖石》："远望老嵯峨，近观怪嶔崟；才高八九尺，势若千万寻。嵌空华阳洞，重叠匡山岑。邈矣仙掌迥，呀然剑门深。形质冠今古，气色通晴阴。未秋已瑟瑟，欲雨先沉沉。"这里，写出了太湖石的峻拔、怪异、变幻，不仅含着它本身质地的美，而且蕴蓄着白氏的主观体悟、情思。又《太湖石》："烟翠三秋色，波涛万古痕。削成青玉片，截断碧云根。风气通岩穴，苔文护洞门。三峰具体小，应是华山孙。"这里，掬出了太湖石的古老的韵味、高雅的风致、巧俊的体貌，渗透着作者的美感。

怪石虽是大自然的产儿，但经过人工改造以后，就带有社会的印记，特别是经过园林艺术的点化以后，就富于艺术美的风采，成为自然美、社会美、艺术美的巧妙结合。如白氏《西街渠中种莲叠石颇有幽致偶题小楼》："朱槛低墙上，清流小阁前。雇人栽菡萏，买石造潺湲。影落江心月，声移谷口泉。闲看卷帘坐，醉听掩窗眠。"这里所写的叠石山水，显然是园林艺术中的要素之一。它的美，当然是融自然、人工于一炉的。不过，就其质地而言，它还是以自然美为基础的。再如白氏《草堂记》："覆篑土为台，聚拳石为山，环斗水为池，其喜山水，病癖如此。"这里所写的美，乃是属于自然的艺术化，艺术化的自然。大凡园林艺术，均是如此。白氏《寻春题诸家园林》："天供闲日月，人借好园林。"如此天供与人借的默契，不正显示出天人合一吗？不正体现出自然与人工结合的园林艺术的美吗？

但是，天然山石，呈奇显怪，令人惊异，赞不绝口者，在白氏文中，也不少见。如《三游洞序》："初见石如叠如削，其怪者如引臂，如垂幢。次见泉，如泻如洒。其奇者如悬练，如不绝线……但水石相薄，磷磷凿凿，跳珠溅玉，惊动耳目。"其写石，用"如"字，妙绝！盖"如"字，形容自然之石如人工叠成、如人工劈削……其实并无人工痕迹，而是反衬大自然的鬼斧神工，隐含着对于自然美的赞颂。此外，白氏并未单单写石，而是同时写水。怪石为静态，流泉为动态。动静相生，生机益然，别有情趣。

有的石头既非平凡之物，又非丑怪之品，它奇而不怪，妙而超常，却蕴藏着美。此外，还具有实用价值。且读白氏《磐石铭》：

客从山来，遗我磐石。

圆平腻滑，广袤六尺。

质凝云白，文拆烟碧。

莓苔有斑，麋鹿其迹。

置之竹下，风扫露滴。

坐待禅僧，眠留醉客。

清冷可爱，支体甚适。

便是白家，夏天床席。

这里，描写了磐石的形体、品质、色彩、斑迹之美，又说明了夏日坐卧之用。其辅之以写竹，更添雅趣。至于《北窗竹石》中的"一片瑟瑟石，数竿青青竹"，则是竹石并写。

当然，在白氏笔下，并非所有的山石均被视为美而成歌颂的对象的。某些山石，只是作为载体而存在，并非作为美而存在；只是符合适用的目的，并非符合审美的目的。如《华严经社石记》、《吴郡诗石记》、《钱塘湖石记》等，其中的石，均为记载的工具，而非审美对象。

（七）竹不能自异，唯人异之

白居易善写竹，对竹的美学体验尤为深刻，并视竹为园林中之珍品。其《池上竹下作》云：

穿篱绕舍碧逶迤，十亩闲居半是池。

食饱窗间新睡后，脚轻林下独行时。

水能性淡为吾友，竹解心虚即我师。

何必悠悠人世上，劳心费目觅亲知？

这里写了竹的色彩、动态、品性，并赋予"师"的尊位，不仅描绘出竹之美，而且把竹拟人化，使其美上加美。

尤其是《养竹记》，对于竹之美进行了全面、深刻的剖析，并与善联系。"竹似贤，何哉？竹本固，固以树德；君子见其本，则思善建不拔者"。这里，立足于善，从善出发，论述了竹之根本，其逻辑思想走向为：固—树德—善建不拔。

竹，可谓审美客体；君子，属于审美主体。客体之美激起主体审美活动，主体向客体外射善的情感，并把这种善附着在客体身上。这样客体的美便镀上了善的光环。白氏说："竹性直，直以立身；君子见其性，则思中立不倚者。竹心空，空以体道；君子见其心，则思应用虚受者。竹节贞，贞以立志；君子见其节，则思砥砺名行，夷险一致者。"这里，由竹之美的特质（性直、心空、节贞）的观照，激活了君子的向善之思，从而实现了美善交融、善中见美、主客同一。

但是，作为审美客体的竹，其本身乃是植物，它是没有思想情感的，它的节操、道德乃是人加上去的。"日出有清阴，风来有清声，依依然，欣欣然，若有情于感遇也。"这种情，实际上是人情感悟所致。"俗人之目"是看不见竹的高风亮节之美的。竹，不能随意砍伐、破坏，而必须"爱惜之，封植之"，采取"养"护的态度。竹不能自美其美、自善其善，贤人也是如此。对于竹、贤，必须提供良好环境，培养、爱护、扶植，庶能促其茁壮生长，成为美善兼备之才。正如白氏所说："竹不能自异，惟人异之；贤小能自异，惟用贤者异之。"这是《养竹记》的用心所在。换言之，对于竹、贤，都应通过"养"的途径与方法，才能充分表现其"异"（特殊的与众不同的品格）。用我们今天的话来说，就是尽情实现其美与善的价值。

白氏本人嗜竹、爱竹，故能养竹。在长期的审美观照中，对于竹的风貌、品质的美与善，都能体察无遗。因而他笔下的竹，都富于优美的韵致，都点缀着山水园林建筑的美。《吾庐》："履道幽居竹绕池。"《窗下列远帕诗》："不隔竹朦胧。"《草堂记》："环池多山竹野卉。"这里的竹，是何等富于生气！

（八）形真而圆，神和而全

白居易诗文中涉及绘画者不多。其《记画》篇，是最著名的了。这是他有感于张敦简画而作。张只有二十多岁，却精于绘事，其山水、松石、云霓、鸟兽等画，"皆曲尽其能，莫不向背无遗势，洪纤无遁形。迫而视之，有似乎水中了然分其影者。然后知学在骨髓者，自心术得；工侔造化者，由天和来。"张由于能外师造化、中得心源，故所绘之作，均能传神。白氏以"形真而圆，神和而全，炳然俨然"之词誉之。即：其形真实、圆润，其神和谐、周全（充沛）；其画，色泽炳然，气概俨然。简言之，可用"形神兼备"一词来概括。

形神兼备是绘画艺术的最高境界。怎样才能达到如此境界呢？白居易并未进行全面的论述，但我们却可从他的绘画艺术见解中得到不少启示。他说：

> 画无常工，以似为工；学无常师，以真为师。故其措一意，状一物，往往运思，中与神会：仿佛焉若驱和役灵于其间者。①

这里，提出了真、似、措意、状物、运思、神会等一系列要点。真，就是真实、真实性。现实主义必须立足于真，以真为基础，才能揭示生活的本来面貌。白氏既是"真"的理论提倡者，又是"真"的实践力行者。他任翰林学士时，写了《自题写真》一首，其中有"我貌不自识，李放写我真：静观神与骨，合是山中人"句。所谓写真，就是指如实地画出人物、景物的本来面貌，因而这就要求似。如果不似，就不符合真的要求，也就是不真，可见，真与似是有紧密关系的。似，必须以真为依据。但这种似，又不是像照镜子般的似，它不是现实生活的机械翻版，而是要略去那些与题旨无关的细节，只是保留那些与题旨有关的细节，因而这种似乃是近似。它与原物相像处，谓之似；其与原物相异处，谓之不似。这就是不似之似。妙在似与不似之间，则达到神似的境界，所以，白氏特别重视精神、骨力。他在《记画》中所强调的"中与神会"，就是如此。他所关注的神，乃是真与似的最高升华。

真，并不是凝固不化的，而是随着时空的变易而变易的。白氏《题旧写真图》云："我昔三十六，写貌在丹青。我今四十六，衰悴卧江城。岂止十年老，曾与众苦并。一照旧图画，无复昔仪形。形影默相顾，如弟对老兄。"随着岁月的流逝，人事的变迁，真的面貌或迟或速地发生变化，因而对于真的描绘，必须注意到它的历史时代性与空间性。这是从白氏话中得到的启迪。

在现实主义画家笔下，不仅求真，而且求似。但这种真，不是原真，而是对于真的表现与再现，因而乃是指逼真。逼真，就是指似。白居易在《画竹歌》中，对于竹画艺术大师肖悦的技艺，备极赞赏：

> 植物之中竹难写，古今虽画无似者。
>
> 肖郎下笔独逼真，丹青以来唯一人。
>
> 人画竹身肥拥肿，肖画茎瘦节节竦。

---

① （唐）白居易：《记画》。

人画竹梢死赢垂，萧画枝活叶叶动。

不根而生从意生，不笋而成由笔成。

野塘水边碕岸侧，森森两丛十五茎。

婵娟不失筠粉态，萧飒尽得风烟情。

举头忽看不似画，低耳静听疑有声。

这里首写画竹之难，为艺术是克服困难先写一笔。且用"无似者"与"独逼真"对照，从而突现出肖悦画竹的独领风骚、千古一人。接着仍用对照的方法，具体描绘肖悦与他人对于同一竹节、竹梢、竹枝、竹叶的不同表现，以证明自己论断的正确。为什么肖悦的画竹"举时无伦"呢？因为他具有胸中之竹，故能意到笔随，不根不笋，从心而生。这和鲁迅所说的静观默察、烂熟于心、凝神结想、一挥而就，有异曲同工之妙。正由于肖悦的竹画形神兼备，故能激起白居易强烈的美感活动。他把自己的视觉与听觉联成一气，并以知觉为中心，形成通感区，共同接受肖悦竹画所释放出来的美的信息。"举头忽看不似画"，因为肖悦笔下之竹，太逼真了，以至于使白氏以为就是真竹，并能听见竹的枝叶发出的声音："低耳静听疑有声"。但是，肖悦的竹画，乃是属于艺术美的，它与作为植物、属于自然美的竹是不同的。白氏疑画竹为竹，只不过是审美通感在其大脑荧光屏上的联网效应而已。

正由于白氏具有至高的文化教养与艺术鉴赏水平，故深为肖悦所赏识。肖悦以竹画相赠，白氏则以歌相报。作者与观者、审美对象与美的接受者，相互协作，相互交融，形成情感流。作者喜获知音，观者产生共鸣。

白氏关于画的见解，有时重视真，有时重视真与美或善的统一，但都或隐或显地浮动着一个"心"字，潜藏着一个"神"字。《荔枝图序》中对于荔枝的真实面貌作了这样的描述："荔枝生巴峡间，树形团团如帷盖。叶如桂，冬青。华如橘，春荣。实如丹，夏熟。朵如葡萄，核如枇杷，壳如红缯，膜如紫绡。瓤肉莹白如冰雪，浆液甘酸如醴酪。"这虽云图序，却不啻为科学小品，是真中含美之作。

白氏不仅谈论了植物画，而且描述了动物画；不仅牵涉到真与美，而且牵涉到善与怪。如《八骏图》："穆王八骏天马驹，后人爱之写为图。背如龙兮颈如象，骨竦筋高脂肉壮。日行万里速如飞，穆王独乘何所之？四荒八极踏欲遍，三十二蹄无歇时。"这里，写出了八骏图的壮美气势。但白氏认为穆王玩物丧志，滥乘八骏，荒于朝政，故周室衰败。这种分析是对的，然而他又加罪于八骏，以

"怪"、"害"目之。这就不妥了。因为王朝的兴衰，是由人造成的，不应以是否乘骑八骏作为检验国家兴亡的标尺。

白氏论画，对于动物的形神美，非常重视。在《画鹘赞》中，强调"想人心匠，写从笔精"。赞扬"轩然将飞，戛然欲鸣；毛动骨活，神来著形"的鹘画之美。在《貘屏赞》中，则颂扬"非铁不食"的貘兽之善。

对于佛教画，白氏也投以青睐。其《画水月菩萨赞》，描绘了水月菩萨："净渌水上，虚白光中。一睹其相，万缘皆空。"这是一例。

对于人物画，白氏非常重视形神兼备。其《九老图诗并序》云：

> 会昌五年三月，胡、吉、刘、郑、卢、张六贤，于东都散居履道坊合尚齿之会。其年夏，又有二老，年貌绝伦，同归故乡，亦来斯会。续命书姓名年齿，写其形貌，附于图右。与前七老，题为九老图。仍以一绝赠之。（二老，谓洛中遗老李元爽，年一百三十六，归洛；僧如满，年九十五岁）
> 雪作须眉云作衣，辽东华表鹤双归。
> 当时一鹤犹希有，何况今逢两令威？

据元代辛文房《唐才子传·白居易传》中所说，九老指胡杲、吉皎、刘真、郑据、卢贞、张浑、如满、李元爽、白居易。他们经常宴会，"皆高年不仕，日相招致，时人慕之，绘《九老图》"。虽然我们不能目睹原图的风采，但从白氏诗序中，却可间接地领悟到画中的神韵。尤其是其中的二老，年齿最长，老而不衰，行动自如，神采奕奕。由于此图能立足于真、绘出人物的风神，故才能为白氏的题画诗提供了坚实的基础，从而在此前提下用逼真传神的笔墨表现了人物画的美。诗中把九老形象的美写成"雪作须眉云作衣"，并将二老矫健的身影誉为"辽东华表鹤双归"，真可谓栩栩如生、跃然纸上。白氏以诗的语言的间接性去表现人物图的直接性（直观性），具有不可避免的描写手段的局限性，但他却知难而进，显示出艺术上克服困难的可贵勇气。

诗画本一体。正因为如此相融，所以才有诗中有画、画中有诗的美誉。不仅山水诗画如此，人物诗画亦如此。我们已无从知道《九老图》的画中有诗，却可窥及《九老图诗》的诗中有画。当然，我们不可能要求诗也具有画一样的直观性，但却可在想象的熔炉中去浇铸、复制它。此外，白氏其他咏图诗，也显隐着这一特点。宋代文人李颀作了这样的分析："诗词多比图画。如重屏图，自唐迄今传焉；乃乐天《醉眠》诗也……诗家以画为无声诗，诚哉是言。"① 当然，画家也以诗为有声画。白氏的咏画诗，就深谙诗画互渗的通道中所隐藏的奥秘。

（九）乐至与至乐

1. 悦之以中和之乐

白居易《策林一·兴五福销六极》云：

> 然则和者，生于中也；中者，生于不偏也，不邪也，不过也，不及也。若人君内非中勿思，外非中勿动；动静进退，皆得其中。故君得其中，则人得其所；人得其所，则和乐生焉。

这里的和，指和谐；中，指不偏不倚。音乐达到中和水平，才可以给人以美感。所以，白氏紧接着说："悦之以中和之乐"，"鼓之以安乐之音，则人易和悦"。这种观点滥觞于《乐记》中的"大乐与天地同和"的思想。"乐者，天地之和也"②。白氏在青年时代，由于深受儒家入世思想影响，报效朝廷之思甚笃，向皇帝献计献策总是围绕着致中和这个根本，目的是安邦定国，以求永固，所以，他的音乐美学思想，总是与乐和论息息相关的。他在进士及第以前写的《中和节颂》，就曾从哲学上、政治上、伦理上赞美中和，并作了抽象的概括："和维大和，中维大中。以畅中气，以播和风。"这对形成他的乐和论，显然是有影响的。作者认为，现实生活中的弊端，都是不中不和造成的，欲补时政，需要中和。音乐也是如此。这和他的讽喻、美刺并不抵牾，因为讽喻、美刺正是针对不中不和的，其目的是纠偏、矫枉，实现中和。

2. 礼以济乐，乐以济礼

白居易《策林四·议礼乐》云：

> 序人伦，安国家，莫先于礼；和人神，移风俗，莫尚于乐。二者所以并天地，参阴阳，废一不可也。何则？礼者，纳人于别而不能和也；乐者，致人于和而不能别也。必待礼以济乐，乐以济礼，然后和而无怨，别而不争。

---

① （宋）阮阅编选：《诗话总龟》卷二十。
② 《礼记·乐记》。

从这里可以看出，礼是讲究等级分别的，乐是讲究中正和谐的。前者（礼）别而不和，后者（乐）和而不别。礼乐兼济，则天下可安。为此，白氏特别强调"宗周"，也就是孔子所说的"吾从周"，因为周之所以有天下，是由于能"修礼达乐"的缘故。这样才可做到"礼备而不偏，乐和而不流"。若反其道，就会礼崩乐坏，蹈齐、梁、陈、隋的覆辙。

白氏的礼乐兼济论，是对《乐记》的继承。《乐记·乐论篇》："乐者为同，礼者为异。同则相亲，异则相敬。乐胜则流，礼胜则离。"又曰："大乐必易，大礼必简。乐至则无怨，礼至则不争。"又曰："礼者，殊事合敬者也。乐者，异文合爱者也。"这里指出了礼与乐的异同、效应，揭示了礼与乐的含义、特征，说明了礼与乐的消长关系。《乐记·乐礼篇》云："天高地下，万物散殊，而礼制行矣；流而不息，合而同化，而乐兴焉。"这里论析了礼与乐产生的原因。白氏认为："礼减则销，销则崩；乐盈则放，放则坏。故先王减则进之，盈则反之；济其不及，而泄其过。"① 这种礼乐兼济论，与《乐记》显然是一脉相承的。

3. 审至乐之情

白居易《策林四·沿革礼乐》云："思欲究盛礼之旨，审至乐之情；不和者改而更张，可继者守而勿失。"这里，突出了一个"情"字，并以"和"字作为圭臬去衡量至乐之情。那么，这种以和为根本特征的至乐之情具体表现在什么地方呢？白氏进一步作了分析："夫礼乐者，非天降，非地出也；盖先王酌于人情，张为通礼者也。苟可以正人伦、宁家国，是得作乐之本情矣。"这里，否定礼乐为天地所生，与《乐记·乐礼篇》中肯定礼乐为天地所生，显然是悖反的。其最大的贡献在于：强调了礼乐和人之间的紧密联系。就乐与人之间而言，则强调"作乐之本情"，这便是人情之和。

至此，白氏把人情之和（情和）的思想加以提升，提出了"乐本于声"、"乐至则无声"的观点。这里的本于声，当然是指有声。乐是有声与无声的辩证统一。乐，是不能抛弃器度节奏的，它必须发而为声。但众声合而为乐，则众声便转化为乐，此为乐至。

乐至指乐之形成，如臻于中和之最高境界，则可称为至乐。故乐至为至乐之起点，至乐为乐至之升华，其升华表现为中和中之情和，故情和为至乐的灵魂。

至乐是看不到、摸不着、听不见的，故至乐可目之为大音。《道德经》四十

---

① （唐）白居易：《策林四·议礼乐》。

一章："大音希声"，又十四章："听之不闻，名曰希。"《淮南子·说林训》："至音不叫。"这些至论，对理解白氏的乐论的深邃含义是有益的。

白居易《策林四·复乐古器古曲》云："乐者本于声，声者发于情，情者系于政。盖政和则情和，情和则声和；而安乐之音，由是作焉。政失则情失，情失则声失；而哀淫之音，由是作焉。斯所谓音声之道，与政通矣。"这里，把政治放在中心的决定性地位。在政与情的关系问题上，认为政决定情，情服从政。这种说法，失之于执著，过分强调了艺术的功利性，忽略了情感的相对独立性和音乐的特殊性。但是，我们也应看到白氏良苦的用心。白氏旨在美刺，寄厚望于仁政，希"君政善而美"，所以才竭力呼喊"政和"。只有政和，才有情和；只有情和，才有乐和。所以，政和—情和—乐和，乃是"政善而美"的流动历程。这种观点，虽有偏颇，也非一无是处。尤其是，白氏提出了"乐者不可以伪"的主张，非常可贵。音乐，必须求真、向善、爱美。只有以真为基础，才能揭示现实生活的本质规律。如果以伪掩真、以伪代真，则歪曲了现实生活的本质规律。举凡亡国淫乱之音，必然是对真的亵渎、对伪的谄媚。《乐记·乐情篇》："著诚去伪。"这话对白氏是有影响的。

白氏对于乐的诠释，并未就乐谈乐，而是与整个文学联系为一体的。《策林四·救学者之失》，就是纵论礼、乐、诗、书之间的关系的。他主张"四术并举而行，万人相从而化"。"俾讲《诗》者以六义风赋为宗"，"读《书》者以五代典谟为旨"，"习礼者以上下长幼为节"，"学乐者以中和友孝为德"。如此狠抓根本，就可实现"温柔敦厚之教"。白居易的美学智慧是非常丰富的，除了系统的论述以外，还有一些零星的思想火花散见在诗文中。例如，就文与心的关系而言，他赞扬"心为论文合"[1]，"缄题章句写心胸"[2]。这里，强调文心的协调、契合，但它是通过特定的字句作为载体而表现出来的，因而必须对载体提出很高的要求，使其能胜利地完成传达任务。"旧句时时改，无妨悦性情"[3]。这是不断推敲、精益求精的表现。目的是推陈出新，使诗美上加美。他赞美李白："文场供秀句，乐府待新辞。天意君须会，人间要好诗。"[4]

白氏诗文尚质，但并非不要文。只要有助于内容显示的文采，还是应该重视的。如《雪中即事寄微之》："连夜江云黄惨淡，平明山雪白模糊。"《忆江南

---

① （唐）白居易：《酬卢秘书二十韵》。

② （唐）白居易：《与微之唱和来去常以竹筒贮诗陈协律美而成篇因以此答》。

③ （唐）白居易：《诗解》。

④ （唐）白居易：《读李杜诗集因题卷后》。

词》：“日出江花红胜火，春来江水绿如蓝。”《题喷玉泉》：“泉喷声如玉，潭澄色似空。练垂青障上，珠写绿盆中。”这些，都给质朴的大自然分别披上了黄、白、红、绿、蓝、青等美的色彩。在《策林四·议文章》中，他是盛赞“以文学取士，二百余载，焕乎文章”的，这表现他并不一律拒绝任何文采。当然，这种文采必须服从于“尚质抑淫，著诚去伪”。

白氏非常重视事物运动中的辩证美。就刚柔、方圆、动静、巧拙、黑白诸方面而言，均有论述。这里就不一一细言了。

就总体而论，白氏极善于从宏观高度把握诗文的美，十分重视文学为政治服务，十分关注诗文的中和之道与讽喻、美刺作用，善于从哲学思想渊源上探究问题的本质，对于儒、道、释兼收并蓄，对于中国最古老的《周易》体悟尤深。这些，都为他的美学智慧提供了哲学营养。正因为如此，白居易才能以其深邃的目光去透视诗文中的美学境界。

二 刘禹锡的美丑观

（一）意、气、情的圆融：清豪，清峻

刘禹锡（772—842），字梦得，洛阳人。他的经历，涉及代宗、德宗、顺宗、宪宗、穆宗、敬宗、文宗、武宗八个朝代。他二十一岁中进士，不久登博学鸿词科，任过淮南节度书记、监察御史、屯田员外郎等官，参加过王叔文集团发动的政治改革，反对宦官，反对藩镇擅权，主张减轻人民负担。后因改革失败而被谪，贬为朗州司马达十年之久，后为连州刺史、夔州刺史、和州刺史、苏州刺史等官。他与白居易友善，世称刘、白，又与柳宗元友善，世称刘、柳。他们明文理，擅诗韵，风格独创，称雄中唐。明人胡震亨《唐音癸签》卷四引胡应麟曰：“元和而后，诗道浸晚，而人才故自横绝一时，若昌黎之鸿伟，柳州之精工，梦得之雄奇，乐天之浩博，皆大家才具也。”又卷七引刘克庄曰：“梦得诗雄浑老苍，尤多感慨之句。”

为什么刘禹锡能获得如此美誉呢？这是因为，他既重视一个“意”字，又重视一个“气”字。胡震亨说：“禹锡有诗豪之目。其诗气该今古，词总华实，运用似无甚过人，却都惬人意，语语可歌，真才情之最豪者。”① 又卷七引《吟

---

① （明）胡震亨：《唐音癸签》卷七。

谱》曰："刘禹锡诗以意为主，有气骨。"正由于追求意，所以富于思想、灵魂；正由于注重气，所以气势豪迈，骨气端翔。不论他的诗，不论他的文，均是如此。对此，他在理论上多次作过明确的表述。在《献权舍人书》中，提倡"思有所寓"，"所蓄者志"；在《唐故衡州刺史吕君集序》中，主张"先立言，而后体物"；在《唐故中书侍郎平章事韦公集序》中，宣扬"以识度为宗"。这些，都突出了一个"意"字。在《答柳子厚书》中，则着重鼓吹一个"气"字："气为干，文为支，跨跞古今，鼓行乘空。"这种气，不是浊气，而是"癯然以清"的豪气。作者在理论上是这样说的，在创作上也是这样做的。白居易在《刘白唱和集解》中说得好："彭城刘梦得，诗豪者也，其锋森然，少敢当者。"又引"沉舟侧畔千帆过，病树前头万木春"等诗句予以证明。的确，刘禹锡以大量的创作实践了他的理论，且看《秋词》："山明水净夜来霜，数树深红出浅黄。试上高楼清入骨，岂知春色嗾人狂。"此为清峻豪迈之绝唱，若无深刻之意与充沛之气，焉能道出只字？《苕溪渔隐丛话·前集》卷二十引黄庭坚云："刘梦得得竹枝九章，词意高妙"；又引《吕氏童蒙训》云："苏子由晚年，多令人学刘禹锡诗，以为用意深远，有曲折处。"这些都是中的之言。此外，刘禹锡的文，也是意气双注的。他是韩愈、柳宗元所倡导的古文运动的积极参与者。他在《唐故中书侍郎平章事韦公集序》中，援引了李翱的话："翱昔与韩吏部退之为文章盟主，同时伦辈，柳仪曹宗元、刘宾客梦得耳。"《四库全书总目》谓"其古文则恣肆博辩，于昌黎、柳州之外，自为轨辙"。刘禹锡本人，就是盛赞韩、柳之文又自称具有独创性的。在《祭韩吏部文》中说："昔遇夫子，聪明勇奋。常操利刃，开我混沌。子长在笔，予长在论。持矛举盾，卒不能困。"这里，既突出了韩愈的古文（笔），又突出了自己的论文。此外，还描述了柳宗元文章的"磅礴上下"的气势。当然，在刘禹锡笔下，诗文意气与诗人独特的情怀乃是交融为一的。在《彭阳唱和集引》中，他描述自己"胸中之气伊郁蜿蜒，泄为章句，以遣愁沮"的景况，并盛赞"抒情"、"寄兴"的功能。可见，意、气、情的圆融，乃是刘禹锡诗文所追求的无迹境界。其圆融方式为：意凝于气，气发于情，情动于心。具体到刘禹锡本人独创的艺术个性、文学风格来说，则其意、气、情化合为清豪、清峻，所谓"发于胸怀，播为声诗"①，就是此中表现。其《秋词》云："自古逢秋悲寂寥，我言秋日胜春朝。晴空一鹤排云上，便引诗情到碧霄。"这里，含有奋力向上之意，豪迈奔放之气，激越充沛之情，三者相渗

① （唐）刘禹锡：《高陵令刘君遗爱碑》。

为一，凝聚为清峻、清豪的风格。

尤其是清，是最为豁目清心、受人喜爱的。刘禹锡称赞洗心亭"圜视无不适，始适乎目而方寸为清"①，歌颂"清净不染花中莲，捧持世界百亿千"②，描述"水，至清，尽美"。并由此及彼，生而发之，涉及性情："道性净皆然，交情淡如此"。③ 这里，把清说成是美，就表明刘禹锡是以美的尺度衡量清的。

（二）在此为美兮，在彼为蚩

刘禹锡认为，美与丑是相对的，在此处被看成为美，在彼处却被看做丑；因而美与丑的存在不是固定不变的，而是发展的、变化的；美与丑永远处于流动状态中，并随特殊时空的变化而变化。在《何卜赋》中，就充分地表现了这种思想。所谓"在此为美兮，在彼为蚩"，便是刘禹锡通过卜者之口所表明的美丑变易论。所谓蚩，就是丑。蚩与妍（美）是相反的。在相互撞击中，可以相互渗透、相互过渡，或美中有丑，或丑中有美，或由美而丑，或由丑而美。这种美丑变易的相对性，从赋中可以得到深刻的启迪。赋中告诉人们，"人莫不塞，有时而通"，"人莫不病，有时而间"，"人禀五行，动止有则。四时转续，变于所极"。可见，命运的闭与通，人的病与不病，人的运动与静止，春夏秋冬的运转承续，都由于变易的结果。由旱致水，由热而冷，也是物极必反现象。"极必反焉，其犹合符。予首圆而足方，予腹阴而背阳，胡形象之有肖，而变化之殊常？"在这里，作者肯定了物极必反、正反相合的变易性是产生美丑互变的相对性的原因。当然，也指出了人的头圆足方、腹阴背阳，乃是形象的肖同，是符合人体生成的规律的；但事物的变化则是永远不停的。作者还进一步从《易》经中探讨出物极必反、美丑变易的原因："经曰剥极则贲，居贲而未尝剥者其谁？否极受泰，居否而未尝泰者又其谁？"这话是什么意思呢？其要义何在呢？且看如下剖析：

《易经》之《贲卦》卦象是 ䷕（离下艮上），离 ☲ 喻火，艮 ☶ 喻山。山下有火，火光熊熊，灿烂夺目，光彩照人，故富于文采彪炳的装饰美。火上有山，草木繁茂，与火光相映，也显得色泽温润，艳耀华美。但是，山毕竟是由土石构

---

① （唐）刘禹锡：《洗心亭记》。
② （唐）刘禹锡：《毗庐遮那佛华藏世界图赞》。
③ （唐）刘禹锡：《叹水别白二十二》。

成，故有其质朴无华的一面。就整个《贲卦》而言，则有文（离，火）有质（艮，山），既有文饰美，又有质朴美，而二者的联系至为密切，故富于文质相彰之美。尤其是上九爻辞有"白贲，无咎"四个字，更突出了由文返质归于无色的质朴美、素洁美。所谓绚烂之极复归于平淡，正是由此哲理衍生而来，也就是从贲饰到白贲转化的结果。这种由文而质、由浓而淡、由饰而白、由繁而简，正是洗尽铅华、不断剥落所致。《序卦》云："贲者，饰也。致饰然后亨则尽矣，故受之以剥。"

《剥卦》卦象为䷖（坤下艮上），艮为山，坤为地，山居大地之上，常年经受风雨剥蚀，故日渐消磨，而呈剥落之象。清人陈梦雷《周易浅说》云："文饰之极，反而剥落，剥所以次贲也。"这种分析，是符合刘禹锡"极必反焉"的判断的。不过，陈氏讲的是贲极必剥，而刘氏所讲的是剥极则贲而已，但都切中变易的精髓。

至于刘氏所引述的否极泰来的《易》理，也是对于物极必反的概括。《泰卦》卦象为䷊（乾下坤上），乾为天，阳气上浮；坤为地，阴气下沉。阴阳之气相交，万物欣欣向荣，故为安泰之象。但是，从质地上看，坤地在上，乾天在下，这本身就暗含颠覆的危险，因而有泰中藏否的因子，随着矛盾的发展、激化，就会产生泰极否来的局面。《否卦》卦象是《泰卦》卦象的颠倒，表现为䷋（坤下乾上）。从乾坤所处的位置上看，乾天的阳气，袅袅上升；坤地的阴气，缓缓下降，阴阳二气，不能交会，因而产生了闭塞、阻滞的现象。在此情况下，万物的生存、发展受到很大影响，而出现萎缩、疲软、衰败的局面，这就是否。但正如《否卦》上九爻辞所说："倾否，先否后喜。"这也就是刘禹锡所说的"否极受泰"的意思。

刘禹锡正是基于《易经》中这种相反相成、变动不居的原理去观照是非、美丑现象的，所以才得出了美的相对性的结论。他通过卜者之口说："有天下之是非，有人人之是非。在此为美兮，在彼为蚩。或昔而成，或今而亏。君问葛由，主张其时。时乎时乎！去不可邀，来不可逃。"这里，既强调美丑存在的彼此不同的空间，又强调了流动着的可贵的时间。美丑都是随着特定时空的变易而变易的。作者通过卜者说，对于美丑的鉴别与把握，必须捉住时机、努力实践，无用占卜。这就是："姑蹈常而俟夫，夫何卜为？"作者也在最后直接做出了这样的归纳："于是蹈道之心一，而俟时之志坚。"从变动的时空中，去捕捉飘忽不定的美，必须专心致志，勇往直前，这也是一种实践道的行为。从刘禹锡的以上论析中，我们可以得到不少启示。此外，从《辩易九六论》中，对于通而不塞的阴阳爻变景况，亦可窥及。这有助于我们理解刘禹锡美丑互变、亦此亦彼的思想。

（三）天下山水，非无美好；由我而美者，生于颐指

唐宪宗李纯元和十年（801），刘禹锡被贬连州时，作吏隐亭。"历级东望，怳非人寰。前有四榭，隔水相鲜。凝霭苍苍，淙流布悬……澄霞漾月，若在天汉。"这是作者在《吏隐亭述》中的描绘，并赞之曰："翠丽于是，与世殊贯。"此亭紧靠海阳湖，著名诗人元结，曾为海阳湖写下了千古传诵的铭文。与刘氏迁谪连州已时隔五十余年。刘氏不禁感慨万千，盛赞此亭山水之美，并由此及彼，盛赞天下山水之美。即使偏僻幽境，亦独具特色，他说："天下山水，非无美好。地偏人远，空乐鱼鸟。"只要是山水风景，都是美的。由此可见，山晖水媚，是大自然的本色。

"天下山水，非无美好。"这是刘禹锡关于山水美学的重要命题。此一命题贯穿在他的系列论文中。在探讨此一命题时，他既注重作为大自然的天的作用，又注重作为审美者的人的作用。换言之，在观照自然美时，他很注重天人合一。他在《天论》中所强调的天与人交相胜的思想，便为观照自然山水美时审美主客体的相互作用的理论提供了哲学根据。

在自然界，许许多多的美，仿佛妙龄女郎，藏在深闺人未识。这就如刘禹锡所讲的"韬美未发"[①]；而"去凡木以显珍茂，汰污池以通沧涟"，则是人在实践活动中对于自然的美化。大自然是美不胜收的，但它往往受到非美的丑的因子的干扰，因而必须时时注意祛除那些不利于自然美生存的东西，才能使大自然的"翠丽"毕现于人的眼前。

"自天而胜者列于骋望，由我而美者生于颐指"。这是刘禹锡在《武陵北亭记》中，从天人合一的宏观视野所搜寻到的美学命题。作为天的自然是审美客体，作为我则是审美主体。在审美观照中，自然山水风景，陈列在宇宙间，映入游目（骋望）内，显示出它那客观自在的本性。但作为审美主体的我，在观照美时并不是消极的、被动的，而是积极的、主动的。我口不言而动颐示意，就可领悟美的所在，而把握美的真谛与方位。在此，作者特别强调审美主体的能动作用（"由我而美者"）和自然而然的特殊风姿（"生于颐指"），是难得而又饶有

---

① （唐）刘禹锡：《武陵北亭记》。

兴味的。

在主客体交融中，心、耳、目等审美器官起着十分重要的作用。这在《含辉洞述》中，有生动形象的描绘。作者称颂薛公能将"天下山水之籍，存乎胸中，第其高下，铢两不失"。这叫游观山水，胸中自有丘壑。但是，要把山水之美用口头语言表达出来或用文笔描绘出来，却非易事；刘禹锡却有这种再现与表现山水美的本领，尤其能调动审美感官的积极性，令耳、目、心共同协作，从而一起去完成审美观照的职能。所谓"匠生于心，随指如化"，"耳目尽适，形神不羁"，不正是对于含辉洞自然风物美的再造与观照时的赞美吗？其实际意义已远远超过了对于含辉洞的美学透视，而具有广泛的普遍性、共同性。

刘禹锡在进行审美观照时，始终把握主体与客体、天与人两个方面。他在《楚望赋》的序中说："系乎天者，阴伏阳骄是已；系乎人者，风巫气窳是已。"这里，总体上是从"望"字出发，并考量天与人与"望"的联系。至于赋中所说的"目与天尽，神将化并"，不正是审美观照时天与人、主体与客体的圆融、合一吗？这正是天与人交相胜的观点在审美观照中的具体表现。它特别强调了天与人、物与我的亲密无间的关系，特别重视主客体双方的积极性。赋中最后说："我处层轩，日星回还。阅天数而视民风，百态变见乎其间。非耳剽以臆说兮，固幽求而纵观。观物之余，遂观我生。"这里，作者用亲身的体验，在哲学的更深层次上揭示了"观"的内涵与特性，并与"望"字前后呼应，是令人回味无穷的。

如果我们再与《望赋》相联系，就可进一步看到刘禹锡穷究天人之际在审美观照中的作用、意义，就绝非一时的偶感，而是贯穿在他那系统的美学思想之中的。作者认为，"望"牵涉到天与人两个方面。"邈不语兮临风，境自外兮感从中"。这里，接触到境外说，显然是指客体，而心中之感显然是指主体。再看："发孤照于寸眸，骛遐情乎太空。物乘化兮多象，人遇时而不同"。这里，强调寸眸的审美观照，并与远驰太空的情相联系，歌咏物象的多样美，慨叹其随时间流逝而生变的倏忽性。这也是从天人合一的角度去观照自然的。至于"有目者必骋望以尽意，当望者必缘情而感时"，则更是从尽意与缘情的主观感悟方面去强调对客体的观照了。总之，作者在赋的开头部分，就把境与外、物与象相联系，从而隐含着境外物象说；又把意与情相联系，从而隐含着情意说。境外物象说与天有关，情意说与人有关。作者就是如此地将天与人的圆融视为不可分割的整体的。

审美观照的情感类型不是单一的，而是复杂的。对于同一对象，由于情感上的差异，会做出不同的反应。所谓"有待者瞿瞿，忘情者熙熙。虑深者瞠然若丧，乐极者冲然无违"，便是"骋望"时不同的心理状态。作者情思涌动，喷然而发，以"望"字开头，连珠似的问答纷至沓来："望如何其望最乐"，"望如何其望且欢"，"望如何其望攸好"，"望如何其望有形"，"望如何其望且慕"，"望如何其望最伤"。这里，除了"攸好"、"有形"以外，其他如"乐"、"欢"、"慕"、"伤"等，都是指审美情感的类型。尤其是对伤情的描绘，最为真切动人："春之气兮悦万族，独含噎兮千里目。秋之景兮悬清光，偏结愤兮九回肠……恨已极兮平原空，起何时兮东山在。永望如何？伤怀孔多。"这里，把悦、愤、恨渗入悲中，更显示出伤情的复杂性。

（四）境生于象外

境生于象外，是刘禹锡著名的美学观点。此一观点贯穿在他的系列论文中。在《望赋》中，曾提出"境自外兮感从中"，又提出"物乘化兮多象"，强调了境与外、物与象之间的紧密联系。在《绝编生墓表》中，又通过《易》学对话，肯定了"得枢于寰中，迎数于象外"的观点，并宣扬了"设象以致意，梯有以取无。取当其粗，用当其精"说。可见，作者对于境外、物象、象外、意象、有无、粗精等美学含义是极为关注的。

但是，作为完整的美学命题之一的境生于象外说，却从《董氏武陵集纪》一文中才可得到。可见，它的出现不是偶然的，而是在广阔的文化背景下、特殊的诗道论坛中诞生的。

文中写的董生，名侹，字庶中，当过荆州廷尉这样的小官，后因病辞归武陵。他有五十篇诗词，合为《武陵集》，请刘禹锡作纪。刘氏慨然允诺，并从史论结合的角度，运用古今对比的方法，由纵横两个方面，剖析了"境生于象外"这个至关重要的美学命题。

作者的剖析是从诗入手的："诗者，其文章之蕴邪！义得而言丧，故微而难能。境生于象外，故精而寡和。"诗文是传达思想情感、表现社会生活的工具，但诗比文更凝练、含蓄、蕴藉。其含义极为丰赡，其语言十分简净，其体式至妙至微，然其包孕却宏大深远，故难能为之。既努力为之，必求至美：模景状物，毕穷其态，俾形象生动，呼之欲出。然其至美之境（造境、意境），却在物象之外生成。它精妙绝伦，出神入化，只可领悟，难以言传。其要义可用一个"蕴"字或"精"字来表达。蕴，即蕴藉；精，即精炼。在理论上可用"片言可以明百意，坐驰可以役万景"来概括，也就是以一驭万、以少总多、言简意赅。从古至今，无论诗词，均是如此，方为上乘，所谓"风、雅体变而兴同，古今调殊而理冥"是也。

作者还进一步从史的角度论析了"境生于象外"的上乘之作："自建安距永明已还，词人比肩，唱和相发。有以'朔风'、'零雨'高视天下，'蝉噪'、'鸟鸣'蔚在史策。国朝因之，粲然复兴。"这短短的四十二个字，却含有六百多年的时间跨度。自汉献帝刘协建安元年（196）算起，至南朝齐武帝萧颐永明末年，就相距二百九十七年；如延至唐宪宗李纯元和末年，就相距六百二十四年。刘禹锡肯定了建安至永明的诗词创作，并列举名篇名句为例，如王瓒（字正长）《杂诗》首句为"朔风动秋草，边马有归心"；孙楚（字子荆）《征西官属送于陟阳侯作诗》首句为"晨风飘歧路，零雨被秋草"；南朝梁人王籍《入若耶溪诗》有"蝉噪林愈静，鸟鸣山更幽"句。这些佳作，对唐诗的影响很大。唐诗之所以昌盛，与吸取前人优秀的传统作为营养是分不开的；从"国朝因之，粲然复兴"的论析中，就透出了唐诗之所以繁荣的消息，而"境生于象外"，就是唐诗所继承和创造的最高美学原则。

"境生于象外"之说，除了十分重视意蕴的含蓄精妙以外，也注重音韵的和谐。梁代文学家沈约创造了以平上去人为标志的《四声谱》，提倡音律，不仅促进了唐诗格律的形成，而且美化了象外之象。沈约在《宋书·谢灵运传论》中说：

> 夫五色相宣，八音协畅，由乎玄黄律吕，各适物宜，欲使宫羽相变，低昂互节，若前有浮声，则后须切响。一简之内，音韵尽殊；两句之中，轻重悉异。妙达此旨，始可言文。至于先士茂制，讽高历赏，子建函京之作，仲宣霸岸之篇，子荆零雨之章，正长朔风之句，并直举胸情，非傍诗史，正以音律调韵，取高前式。自骚人以来，此妙未睹。

如此重视建安至永明的优秀诗篇，如此重视音韵，实在大大启发和影响了唐代诗人。刘禹锡也不例外。其《董氏武陵集纪》在论析境生于象外时，就赞美过建安至永明间的诗人，称颂过"零雨"、"朔风"。此外，对于董生之重视音韵，也颇为赞赏，誉之为"因故沿浊，协为新声"，"寓其性怀，播为吟咏"。并说董生曾与著名诗人卢象、杜甫、包佶、李纾交游，他们"迭以章句扬于当时"。可见，就诗而言，境生于象外，是既指意蕴精妙，又指音韵高妙。只有如此，才富于滋味，使人玩味不尽。柳宗元就是如此赞美刘禹锡的。刘氏在《犹子蔚适越戒》中说："昔吾友柳仪曹尝谓吾文隽而膏，味无穷而炙愈出也。"如此隽永、膏腴、味浓之品，如无象外之境涵泳，焉能自然显现？

境生于象外，并非一蹴而就，而是在艰苦的艺术实践中潜心学习、反复琢磨的结果。刘禹锡为什么不在其他篇章中完整地全面地提出这一命题，而独独在《董氏武陵集纪》中予以详述？这是有缘由的。董生的诗词虽然达到了高妙境界，但贫病交加，志不得伸，不为世用，唯有幽卧武陵，寂寥度日。然而人世间毕竟有伯乐，刘禹锡读了以后，大为赞叹："一旦得董生词，杳如搏翠屏，浮层澜，视听所遇，非风尘间物。亦犹明金绰羽得于遐裔，虽欲勿宝，可乎？"如此看重董生作品，非属偏爱，而是刘禹锡对众多作家进行比较、筛选的结果："诚悬乎心，默揣群才，钧铢寻尺，随限而尽。"可见，刘氏的这把尺子，还是公正、准确的。当然，董生作品之所以受到刘氏青睐，乃是由于董生刻苦造境并超越象外所致。董生的创造过程正如刘氏所说："心源为炉，笔端为炭。锻炼元本，雕镕群形。纠纷舛错，逐意奔走。因故沿浊，协为新声。"大意是指：心主笔从，意到笔随；以文待质，形质相彰；驰骋文辞，凝神结响。强调意蕴深长，刻画生动，造型优美，音调协和，描绘自然。这些，都是臻于象外之境的前提条件，而董生却完全具备了。

《集纪》中说董生"尝所与游，皆青云之士"的名单中，有"高韵如包、李"五个字，高韵指诗文之高妙风韵（包括熟谙声韵），包是包佶，李是李纾。在刘禹锡《澈上人文集纪》中说："是时以文章风韵主盟于世者，曰包、李。"而包、李又是当时著名诗论家释皎然的诗友，皎然经常推荐好学之士给包、李，故董生与包、李交游，深受教益。刘禹锡也受过皎然的指点："时予方以两髦执笔砚，陪其吟咏，皆曰孺子可教。"以上表明，刘氏对于董生所处的文化背景是熟知的。优秀传统的润泽，著名师友的熏陶，乃是促进董生诗词臻于象外之境的外部原因。

然而，董生的生活道路却充满艰辛。刘禹锡《故荆南节度推官董府君墓志》，除介绍董生身世外，这样慨叹其不幸："呜呼！道愈富而室愈贫，志甚修而知甚寡。"又在惜其"学待问而文藻身，艺不试兮名孰闻"之后，以"吁嗟董生兮于焉终古"作结。

董生虽已永殁，但却以刘禹锡的"境生于象外"的评价而永载史册。他在九泉之下，也可得到安慰了。

当然，刘氏"境生于象外"之论的提出，并不仅仅限于针对董生诗词。董生诗词请刘氏作纪，只不过为刘氏提出这一理论提供了契机。刘氏这一理论的提出，是具有历史的必然性和诗坛的现实性的。早于刘禹锡的王昌龄，在《诗格》中就提出了"物境"、"情境"、"意境"（"诗有三境"）说；皎然在《诗议·评论》中提出了采奇于象外说，在《诗式》中提出了"取境之时须至难至险，始见奇句"。这些都为刘禹锡的境生于象外说提供了直接的借鉴。可见，境生于象外说的产生是自然而然的。它对晚唐司空图在《与极浦书》中所提出的象外之象说，也有积极的推动与影响作用。

（五）言天之高远卓诡　奇峰一见惊魂魄

刘禹锡在《天论》上篇中，对于天人之际有段评论，其中牵涉到美学上的崇高问题，兹摘录如下：

> 天，有形之大者也；人，动物之尤者也。天之能，人固不能也；人之能，天亦有所不能也。故余曰：天与人交相胜耳。其说曰：天之道在生植，其用在强弱；人之道在法制，其用在是非。

就天而言，它"壮而武健"、"气雄相君"、"力雄相长"，既有体积之大（数学的崇高），又有力量之大（力学的崇高）。这种大，是客观的，而非人的主观意志所能改变的。"今夫苍苍然者，一受其形于高大，而不能自还于卑小；一乘其气于动用，而不能自休于俄顷。又恶能逃乎数而越乎势邪？"[①] 这就表明，天的崇高，不能超出自然之数与自然之势，它是自然的必然规律的显现。

当然，天之大是与物之小相比较而言的。再大，也是由小积聚而成。《天论》下篇说："大凡入乎数者，由小而推大必合，由人而推天亦合。以理揆之，万物一贯也。"作者举例说，人的五官、容颜，为"百骸之粹美"，然其本则在于五脏；天之光为万象神明，然其本在于山川五行。这都表明，许许多多的个别，均归属为完全的整体。个别，为小数；整体，为大数，而大数则是由许多小数构成。由此上推，天之大，乃是由无量数的小积聚而成的。"言天之高远卓诡"，就含蓄着对天之崇高的赞美。

在刘禹锡笔下，天的崇高美是栩栩如生的，又是富于哲理的。在《客有为

---

① 《荀子·天论》中篇。

余话登天坛遇雨之状因以赋之》中，诗人"俯观群动静，始觉天宇大"。如此居高临下，鸟瞰万物，则万物莫不小；仰视太空，极目万里，浩渺无垠，苍穹冥冥。"疾行穿雨过，却立视云背。白日照其上，风雷走于内……遥光泛物色，余韵吟天籁"。这些，都是诗中的传神之笔。其《有僧言罗浮事因为诗以写之》云："君言罗浮上，容易见九垠。渐高元气壮，汹涌来翼身。夜宿最高峰，瞻空浩无邻。海黑天宇旷，星辰来逼人……世人信耳目，方寸度大钧。安知视听外，怪愕不可陈！悠然想大方，此乃杯水滨。知小天地大，安能识其真！"这里描绘了天宇壮阔、空旷浩瀚的景象，并叙述了审美感官（耳目心）的有限性（知小）、天地大的无限性、崇高美的难测性。

《问大钧赋》对于天之大作了界定："圆方相函兮，浩其无垠。窅冥翕辟兮，走三辰以腾振。孰主张是兮，有工其神。迎随不见兮，强名之曰大钧。"可见，天（大钧）的形态是方圆互渗的，其周延是广阔无际的，其状貌是深远杳渺、开合有致的，其动势是超乎日月星辰的，其主宰乃神也。天就是这样迎之不见其首、随之不见其尾的。"猗以临下兮，巍乎雄尊。天为独阳，高不可问"。这里，突出地表现了天的高耸、伟岸、磅礴、尊严，显示出天的壮美英姿。那么，天究竟有多高、有多大呢？究竟像什么样子呢？作者告诉人们："循名想象，斯可以讯。"作者身体力行，展开想象羽翼，翱翔天际，托"梦游乎无何有之乡"，构思"异人间之景光"的上天，创造"道存壶奥，无示四隅"的妙境，显示"剔去刚健，纳之柔濡"的宽容，歌咏"赋大运兮无有淑恶，彼多方兮自生丑好"的赞词。这都是作者"驰神清玄"的想象使然。此外，在《楚望赋》中，作者游目天际，"目与天尽，神将化并。圆方相涵，游气杳冥"。这里，描绘了视觉审美中天的壮美。尤其是在《绝编生墓表》中，把精通《易》理的学者顾象比为天之日月星："犹夫三辰，同丽太极。"这里已把天之壮丽的赞美转化为对人的美的歌咏了。

刘禹锡不仅歌咏了自然大化的崇高美，而且也抒发了人对自然大化崇高美的赞叹之情，表示了审美主体情感世界对审美客体崇高美的热衷，用今天的美学语言来说，就是崇高感。刘氏在《九华山歌》的引中，对池州青阳县西南之九华山赞曰"九峰竞秀，神采奇异"。在歌中则描绘为"奇峰一见惊魂魄，意想洪炉始开辟"。这里，用一个"惊"字，就形象地表现出作者观照九华奇峰的恐惧感，因为它太雄伟神奇了。在作者想象中，"疑是九龙夭矫欲攀天，忽逢霹雳一声化为石"。这里，既写了高度（数学的崇高），又写了力度（力学的崇高）；同时，隐含着主体的感受。它使主体感到出乎意料，在心理接受上与外界巨大的态势不能保持平衡，故而惊异、惊叹！此外，作者不仅描写了九华山的奇、高（崇高、壮美），而且描写了九华山的秀丽（优美）："云含幽兮月添冷，日凝辉兮江漾影。结根不得要路津，迥秀长在无人境。"这里，显示出九华云幽、月冷、日凝辉、江漾影，正是轻倩、柔婉、风姿绰约的表现。在总体上可用一个"秀"字来概括，而秀丽却是属于优美范畴的。但是，从宏观上考察，在九华山，秀丽还是包孕在神奇之中的，优美还是附丽于壮美、崇高的。由于九华山居于僻远之境，鲜为人知，故作者不胜感慨系之："惜其地偏且远，不为世所称，故歌以大之。"这是在歌的引言中所说的话。宣州境内的敬亭山，不是也很平常吗？但谢朓作诗颂扬之，这样它的名声就与五岳相埒了。作者在歌中谈了这一点。这里表明，审美主体对于审美客体的观照，是积极的、主动的、创造性的。主体接受时所产生的美感，具有播散性、辐射性、感染性。九华山的美，无疑是由于它那本身所独自存在的"神采奇异"所凝成的；但是，刘禹锡作歌张扬，在人间长年回荡着美感的情韵，从而更加突现出九华的美的风姿，其审美价值是不可低估的。刘氏《祭韩吏部文》云："高山无穷，太华削成。人文无穷，夫子挺生。"这种人文精神，不仅在韩愈身上得到充分体现，在刘禹锡笔底也同样放射出耀眼的光芒。

三　杜牧的文气论

（一）美大其事，诱以美语

杜牧（803—852），字牧之，京兆万年（今陕西西安）人。

杜牧是名相杜佑之孙，以进士擢第，曾任黄州、池州、睦州、湖州刺史，官至中书舍人。《旧唐书·杜牧传》："牧好读书，工诗为文，尝自负经纬才略。"《新唐书·杜牧传》："牧刚直有奇节，不为龊龊小谨，敢论列大事，指陈病利尤切至。"清人洪亮吉《北江诗话》："杜牧之与韩、柳、元、白同时，而文不同韩、柳，诗不同元、白，复能于四家外，诗文皆别成一家，可云特立独行之士矣。"这些都表明：杜牧是一位具有独创性的文人。

在美学方面，杜牧也是有贡献的。他虽然没有专题美学论文，但对作为美学主要研究对象的美，却有自己的认知和理解。不过，这些认知和理解还是直觉的、体验的、感性的。他在《唐故江西观察使武阳公韦公遗爱碑》中，曾奉命为韦丹作铭，目的在于："以美大其事。"这种美，美大在何处呢？杜牧引经据典，铺陈其辞，说"仲尼采《甘棠》、《江汉》之诗，弦而歌之，列于风、雅"，就是一例；而歌咏韦丹的原因，则是"彰中兴得人之盛，悬于无穷，用古道也"。这些，杜牧均目之为美大，可见，"美大"一词的内涵是非常丰富而广泛的，真善美，几乎都可在"美大"的天地中自由出入，因而杜牧心中的美，是广义的。

如果说"美大其事"是强调美的内涵的话，那么，"诱以美语"就是强调美的传达了。在杜牧笔下，好官、清官武阳公不仅能救民于水火之中，而且以自己的薪俸资助那些无家可归的人建筑居宇，并修堤造田，经营农业。这些，不是靠强迫命令去实现的，而是靠循循善诱、自觉自愿去完成的。所谓"诱以美语"，就透出了此中消息。一个"诱"字，强调了美的感染性；"美语"一词，指出了表达的艺术魅力。

"诱以美语"的效应已远远超出了文章本身；举凡文学艺术，之所以能臻于美的境界，均或隐或显、或多或少地与"诱以美语"有关。杜牧诗文中就不乏其例。其《唐故进士龚轺墓志》说龚轺善鼓琴，操《流波弄》，"清越可听"；其诗"有山水闲淡之思"。其《注孙子序》说自己诠释孙武之书"犹盘中走丸。丸之走盘，横斜圆直，不可尽知，其必可知者，是知丸不能出于盘也"。又《上周相公书》："夫文王何人也，周公诗之，夫子删而取之，列于《大雅》，以美武王之功德，手弦而口歌之。"以上表明，对于美的事物、人物的表现，必须通过恰当、合适的手段与方式，也就是要考虑到传达之美，就诗文来说，应注意到"诱以美语"。

当然，"诱以美语"并不是廉价的、随意的，而必须名实相符。若名不副实，就不能"诱以美语"。《上宣州高大夫书》："若以子弟生于膏粱，不知理道，不可与美名，不令得美仕。"这就表明，对于缺德寡美之徒，是不可以"美大其事"、"诱以美语"的。只有对于美人美事、对象之美，庶可以美美之。杜牧指出："天下为公，选贤与能也，况乎拔出流辈……若非贤彦，岂膺选耀。……《礼》曰：'君子称人之美，则必爵之。'"① 又称赞裴德融"服膺群书，美价广誉，旁溢远畅"②。这些，都是对于人之美的肯定。

所谓"诱以美语"，是否包括那些纤艳之作呢？其涵盖面究竟有多大呢？杜牧并无明确的回答。但是，从他对李戡的评论中，却透出一些消息。我们可以窥

---

① （唐）杜牧：《庚道蔚守起居舍人李汶儒守礼部员外郎充翰林学士等制》。
② （唐）杜牧：《韦退之除户部员外郎裴德融除殿中侍御史卢颖除监察御史等制》。

及，并非所有著名诗人作品均能尽如人意而目之为美的。李戡为饱学之士，他通晓六经，对于郑玄至孔颖达辈所作的疏注，均能道其短长得失；对于元稹、白居易的作品，则采取否定的态度。在《唐故平卢军节度巡官陇西李府君墓志铭》中，转述了李戡的一段话：

> 诗者可以歌，可以流于竹，鼓于丝，妇人小儿，皆欲讽诵，国俗薄厚，扇之于诗，如风之疾速。尝痛自元和已来有元、白诗者，纤艳不逞，非庄士雅人，多为其所破坏。流于民间，疏于屏壁，子父女母，交口教授，淫言媟语，冬寒夏热，入人肌骨，不可除去。吾无位，不得用法以治之。

杜牧在转述时，并未加以评论，只是采取了客观的态度。换言之，杜牧本人并未对元、白加以褒贬。但不少论者却任意引申，硬说杜牧在这里是托李戡之口以讽刺元、白的。这种说法，有失公允。杜牧据实直书，采用史家笔法，是无可指责的。问题在于，人们在读了这段文后，对于李戡非议元、白之言，应如何理解。

李戡肯定了诗歌的讽诵、教化作用，这是对的；但认为元、白之诗"纤艳不逞"，这就错了。元、白之诗，讽喻、通脱，易为广大人群接受，尤以白氏影响最为深远。白氏之诗，直切、通俗，关心民瘼。元稹虽有艳词，但非淫艳，而属轻艳。苏轼说："元轻白俗"[1]，这是对元、白诗风异点的准确概括。元、白所倡导的新乐府运动，旨在匡正时弊、拯救生民，故符合杜牧所说的"美大其事"的标准。白居易的诗文，富于激、遣、切、赡、情、当、实、直、尽等特点[2]，故符合杜牧所说的"诱以美语"的要求。

"诱以美语"，亦刚亦柔。杜牧虽未将二者直接挂钩，但个中却有内在的联系。杜牧说："刚亦不吐，柔亦不茹，此乃诗人之所称也。"[3] 刚性硬，却不吐出；柔性软，却不食人：此寓刚而能柔、柔而能刚、刚柔兼济之意。这是"诱以美语"的最高境界，也是诗人所追求的目标。我们不可能也不应该要求杜牧对此做出明确的阐释，但我们却可在领悟中去拓展其广袤的美的天地。

---

① 见（明）胡震亨：《唐音癸签》。
② 见（唐）元稹：《白氏长庆集序》。
③ （唐）杜牧：《皇甫铚除右司员外郎郑淡除侍御史内供奉等制》。

（二）据实控有，皆可图画；苦心劝学，成人之美

杜牧十分好学，在学习中获得真知，在学习中认识昔日，在学习中享受快乐。他在《上池州李使君书》中，劝人苦学，并批评了那些不学之徒。那些不学之徒把圣人微旨不传的原因推在郑玄的身上，说什么郑玄对圣人之言作了解释，所以后代人就无从知晓圣人的微言大意了。对此，杜牧指出："若使玄辈解释不足为师，要得圣人复生，如周公、夫子亲授微旨，然后为学，是则圣人不生，终不为学；假使圣人复生，即亦随而猎之矣。此则不学之徒，好出大言，欺乱常人耳。"在揭露的同时，杜牧还用自己的亲身体会，验证学习郑玄解释后的心得，并以"明白完具"四个字来概括。

当然，这里所说的学习郑玄不过是一个典型的例子：杜牧所指的学习的对象是非常广泛的，不仅指书本知识，而且包括历史和现实。他说："自汉已降，其有国者成败废兴，事业踪迹，一二亿万，青黄白黑，据实控有，皆可图画，考其来由，裁其短长。"短短数语，道尽了社会生活的纷纭复杂、五光十色、倏忽多变。作家艺术家完全可以在学习生活、熟悉历史的过程中，通过形象的描绘，把它再现和表现出来，供人们鉴赏、评判。杜牧所说的"据实控有，皆可图画"，极富于现实主义精神。它强调一个"实"字，注重一个"画"字，倾心于真实地、形象地刻画生活。虽然杜牧没有有意识地在这里提出一条现实主义的创作原则，但却启动了人们思考的运转枢纽。

在学习过程中，杜牧强调能者为师、转益多师。他引用了孔子"三人行，必有我师焉"作为座右铭，又"以童子为师"作佐证，广采博取，择善而从，"参之于上古，复酌于见闻"，才可能为圣人。此外，在学习过程中，还要善于变易，不可执著、僵持；否则，"滞于所见，不知适变，名为腐儒"。

杜牧之所以循循善诱、若心劝学，目的在于成人之美。他认为池州李使君"俊达贤明，心正而气和，饰以温慎"，"足以为学，自强自勉于未闻未见之间"。所以，便写信勉励，并坦诚相告："恳恳欲成足下之美。"这不仅指李使君一人，更是指广大的好学之士。劝人为学，学有所成，造福人民，此非成人之美而何？

就学者本人而言，其美的品质的获得，必然与学习有关。"自古未有不学而能垂名于后代者，足下勉之。"可见，杜牧对于李使君是寄以厚望的。

杜牧以"多能有艺"的圣人为范式，对己甚严，自谦"仆自知顽滞，不能苦心为学"。其实，他是最能苦心为学的人。

他在《上安州崔相公启》中说："某比于流辈，一不及人。至于读书为文，日夜不倦，凡诸所为，亦未有以过人。"所谓不及人、未过人，乃是谦词；而勤学苦练，才是实情。其《献诗启》云："某苦心为诗，本求高绝，不务奇丽，不涉习俗，不今不古，处于中间。既无其才，徒有其奇，篇成在纸，多自焚之。"他的诗，如达不到"高绝"的标准，如果不流露出才气，只是拥有一个"奇"字，也是要焚毁的，可见他的要求是多么严格。

举凡"高绝"之诗文，均是苦学之树上结出的硕果。它是至美的，因为它不随时间的流逝而消灭。它青春常驻，万古流芳，具有永恒的魅力。《上宣州崔大夫书》告诉人们：古代天子（皇帝），是靠诗歌（如《鹿鸣》、《吉日》）才能留名于后世的，这就是"树功立业流于歌诗"。又引"夫子曰：'君子疾没世而名不称。'司马迁曰：'自古富贵，其名磨灭，不可胜纪。'静言思之，令人感动激发，当寐而寤，在饥而饱。"可见，书之竹帛，传诸后世，才具有不朽性。与杜牧整个诗文联系起来看，这是他潜心治学、追求至美诗文的一个重要原因与内在动力，也就是他所说的"振发雄文，流传后代"①。

杜牧出身高门，好学不倦，诚可谓"万卷书满堂"、"读书日日忙"②。他读书范围很广，喜欢的风格多种多样，但却有所侧重："经书括根本，史书阅兴亡。高摘屈宋艳，浓熏班马香。李杜泛浩浩，韩柳摩苍苍。"③ 在读书过程中，他不是读死书、死读书，而是活读书、读活书，即广采博取，转益多师，熔为一炉，为己所用，自成一格。这种学以致用的方法，不仅使他自己深受教益，而且还感动了别人。所谓"杜诗韩集愁来读"④，就是借他人作品排遣自己苦闷的方法。所谓"下学而上达"⑤，所谓"作为歌诗，次之于后"⑥，乃是感染他人的方法。

杜牧的学风、文风也感染了他的外甥裴延翰。他在《樊川文集后序》中说："延翰自撮发读书学文，率承导诱……凡有制撰，大手短章，涂稿醉墨，硕愍纤屑，虽适僻阻，不远数千里，必获写示。"可见，他是深受杜牧教益的。他对杜牧之文的风格特色，作了高度的概括："窃观仲舅之文，高骈复厉，絜简浑圆，劲出横贯，涤濯湋窳，支立敧倚。呵磨靫瘃，如火照焉；爬梳痛痒，如水洗焉。"大意是说，杜牧之文，高蹈奋激，辽阔峻切；净洁简要，浑厚圆润；纵横驰骋，

---

① （唐）杜牧：《进撰故江西韦大夫遗爱碑文表》。
②③ （唐）杜牧：《冬至日寄小侄阿宜诗》。
④ （唐）杜牧：《读韩杜集》。
⑤ （唐）杜牧：《投知己书》。
⑥ （唐）杜牧：《杭州新造南亭子记》。

健劲有力；荡涤渣滓，濯洗污秽；奇正相生，立倚有序，结构严整。呵磨爬梳，如弄水火，感触直接。这些，都突出地体现了杜牧之文的阳刚、壮美的特点。这就是裴延翰所形容的"若大吕劲鸣，洪钟横撞"。

这种阳刚、壮美，在杜牧诗歌中，也有共鸣之声。其揭露贪官者，如"太守政如水，长官贪似狼"①；其忧民忧国者，如"夷狄日开张，黎元愈憔悴"②；其他讽刺朝政、咏史怀古、抒发愤恨之诗，亦不少见。但其诗与文相比，文偏重于阳刚、壮美，诗虽含有阳刚、壮美，但与阴柔、优美相渗的篇什也经常出现。此即《升庵诗话》卷五所云："其诗豪而艳，宕而丽，于律诗中特寓拗峭，以矫时弊。"如此刚柔兼济、阴阳互渗的作风，成为后代作家学习的范式。

（三）为诗见志，作歌极情；事必直书，辞无华饰
凡为文以意为主，气为辅，以辞采章句为之兵卫

杜牧是位爱国主义诗人。他志向崇高，抱负远大，时刻关心着边陲的安定、国家的振兴。他在《贺平党项表》中引述道：

> 《诗》曰："不吊昊天，乱靡有定。"此言中国不振，蛮夷入伐，下人号天，以告乱也。

对此，他结合当时实际，提出了"统华夏为一家"的主张。在向皇帝献表时，他未忘诗歌歌咏祖国统一的志向与热情，提出了"为诗见志，作歌极情"的观点。他写的《感怀》、《史将军》、《河湟》等诗，均从实际上证实了这一点。表明他突出一个"志"字，强调一个"情"字。

在寓志于情、以情显志的前提下，他还注重一个"辞"字。没有相应的文辞，就没有传达志与情的手段与媒介，所以，辞是万万不可缺的。但是，这种辞，不是浮艳之辞，而是质朴之辞。因为质朴之辞，可以明白、切至地表达人的志向和真实的情感；浮艳之辞则会使人的志向和情感上面涂上虚幻的色彩。他在《进撰故江西韦大夫遗爱碑文表》中说：

---

① （唐）杜牧：《郡斋独酌》。
② （唐）杜牧：《感怀诗》。

臣不敢深引古文，广征朴学，但首叙元和中兴得人之盛，次述韦丹在任为治之功。事必直书，辞无华饰。所冀通衢一建，百姓皆观，事事彰明，人人晓会。

这里所提倡的朴素无华，与白居易的通俗却是暗通的。

如果说诗言志的话，那么，文就是言意。如果说诗含情的话，那么，文就是含气。当然，志与意的关系是交叉的、密切的，往往是意志并提的。不过，意比较宽泛，志比较集中、突出、指向性较强而已。至于情与气，也是相渗相融而又各有特色的。情有喜怒哀乐，气有阴阳清浊；未见情能离开气，也未见气完全抛弃情。当然，就大自然而言，离不开阴阳清浊之气；却尠言喜怒哀乐之情。至于文学作品中所写的天地自然之情，不过是人情的移入（移情）而已。

杜牧在论诗时，多言志、言情；在论文时，则言意、言气。但无论是谈诗还是论文，都同样未忘辞的表达。其《答庄充书》，就是一篇剖析"意"、"气"、"辞"三者之间关系的精妙论文。他说：

> 凡为文以意为主，气为辅，以辞彩章句为之兵卫，未有主强盛而辅不飘逸者，兵卫不华赫而庄整者。四者高下圆折，步骤随主所指，如鸟随凤，鱼随龙，师众随汤、武，腾天潜泉，横裂天下，无不如意。苟意不先立，止以文彩辞句绕前捧后，是言愈多而理愈乱，如入阛阓，纷纷然莫知其谁，暮散而已。是以意全胜者，辞愈朴而文愈高；意不胜者，辞愈华而文愈鄙。是意能遣辞，辞不能成意，大抵为文之旨如此。

这里的论析，主次分明，重点突出，层层深入。所谓意、气，是思想内容方面的，而以意的指向性最为明显。气，是指气骨、气势、氛围，是围绕着意的。由于意与气的关系至为密切，故意气合称者并不鲜见。至于曹丕在《典论·论文》中所说的"文以气为主"，与杜牧所说的"文以意为主"并无本质的不同；前者的气与意是联袂而行的，后者的意与气是分别表明的。不过曹丕没有提及"意"字，而杜牧则把曹丕所说的"气"发展为"意"与"气"。

辞彩、章句，是形式方面的，是表现内容的，是传达意、气的手段，是作为意、气的载体而存在于文中的。因此，它从属于意、气，而意、气则是起着主导作用的。而杜牧在意、气之中尤重于意，故提倡"文以意为主"。这样，在内容方面就出现了两个品级：意，气。意与气之间又有轩轾：意为主，气为辅。就内容与形式之间的关系而言，内容决定形式，形式从属内容，并有相对独立性。杜牧当然不可能在那个时代就明确地提出这些观点，但是，却为今天的文学内容与形式之间的关系研究提供了历史资料。

杜牧在突出以意为主的同时，又十分重视气、辞彩、章句的作用。只有飘逸之气、华赫之辞彩、庄整之章句，才能烘托出强盛之意。

意、气、辞彩、章句四者，相渗相融，各司其职，时起时伏，时圆时方，"高下圆折"，随意而动，尽得风流。

杜牧不仅突出了以意为主的四者之间的协同现象，而且从相反角度反证出"意不先立"的危害，并进一步提出了"意能遣辞"的观点。这与今天所说的内容决定形式是一脉贯通的。

把意、气、辞彩、章句四者予以合并，则可用"意气"与"辞句"来表述。杜牧对庄充说："观足下所为文百余篇，实先意气而后辞句。"所谓"意气"，显然是指思想内容方面的，"辞句"显然是指艺术形式方面的。杜牧显然是把前者放在第一位，把后者放在第二位的。

杜牧不仅在理论上对"文以意为主"的观点作了辩证的剖析，而且以自己的文章为例证，去强化自己的理论。此外，我们也可以从他的一些文章中看出，他的的确确是把意放在首位的。他在《上知己文章启》中说："某少小好为文章。"接着，便说明自己文章的题意：

> 伏以元和功德，凡人尽当歌咏纪叙之，故作《燕将录》。往年吊伐之道未甚得所，故作《罪言》。自艰难已来始，卒伍佣役辈，多据兵为天子诸侯，故作《原十六卫》。诸侯或恃功不识古道，以至于反侧叛乱，故作《与刘司徒书》。处士之名，即古之巢、由、伊、吕辈，近者往往自名之，故作《送薛处士序》。宝历大起官室，广声色，故作《阿房宫赋》。有庐终南山下，尝有耕田著书志，故作《望故园赋》。

以上说明，杜牧为文，皆有感而发，感于时事，触及社会，关注人生，并提出了国家政治生活中的重大问题，且设计出解决问题的方案，故其思想意图，至为明确。正因为如此，他强调真实直切地传达文意，而厌恶虚浮矫饰之辞，故提倡质朴美。这种文风，也影响了他的诗，使其不期然而然地含有俊俏、爽利、朴素、洁净。

（四）云烟绵联，虚荒诞幻

杜牧在《李贺集序》中，对于李贺歌诗的风格特色、社会艺术价值，作了形象的描绘与深刻的剖析。他说：

> 皇诸孙贺，字长吉，元和中，韩吏部亦颇道其歌诗。云烟绵联，不足为其态也；水之迢迢，不足为其情也；春之盎盎，不足为其和也；秋之明洁，不足为其格也；风樯阵马，不足为其勇也；瓦棺篆鼎，不足为其古也；时花美女，不足为其色也；荒国陊殿，梗莽丘垄，不足为其恨怨悲愁也；鲸呿鳌掷，牛鬼蛇神，不足为其虚荒诞幻也。盖《骚》之苗裔，理虽不及，辞或过之。《骚》有感怨刺怼，言及君臣理乱，时有以激发人意。乃贺所为，得无有是？贺能探寻前事，所以深叹恨古今未尝经道者，如《金铜仙人辞汉歌》、《补梁庾肩吾宫体谣》，求取情状，离绝远去笔墨畦径间，亦殊不能知之。

以上所述，内容非常丰富，从中可以得到许多认知与体悟：

第一，在杜牧笔下，李贺是一个杰出神奇、才华横溢的诗人。连韩愈这样的大家，对李贺的才学也惊赞不已。李贺（790—816）比韩愈小二十二岁，但却比韩愈早死八年，二十七岁时，就与世长辞。他曾写《高轩过》一诗，而备受韩愈推重。"华裾织翠青如葱，金环压辔摇玲珑。马蹄隐隐声隆隆，入门下马气如虹。"就是《高轩过》中的名句。《旧唐书·李贺传》谓"其文思体势，如崇岩峭壁，万仞崛起，当时文士从而效之，无能仿佛者"。《新唐书·李贺传》谓其"七岁能辞章，韩愈、皇甫湜始闻未信，过其家，使贺赋诗，援笔辄就如素构，自目曰《高轩过》，二人大惊，自是有名"。这些论述，更有助于人们理解杜牧为李贺歌诗作序的原委，的确如杜牧所引："世谓贺才绝出于前。"他受人重托，遂担起作序的重任。

第二，杜牧描述了李贺歌诗风格的多样性，并发表了自己独特的见解。所谓风格，是指作品思想内容和艺术形式的有机统一中所集中显示出来的总特色，也就是作品总的面貌和精神（风采、情调、韵味）；它是作家的创作个性的艺术体现。法国作家布封在《论风格》中说："一个大画家决不能只有一颗印章。"因此，一个大诗人也不能只有一种风格。李贺的歌诗，就显示出多种多样的风采、情调、韵味。杜牧以生动形象的语言准确地概括出李贺歌诗的特色。大意是说：云烟浩渺，倏忽万变，难穷其态；流水深遥，波涛滚滚，难尽其情；春意盎然，生机勃勃，难道其和；劲秋高洁，明媚清峻，难状其格；风帆高悬，阵马飞驰，难述其勇；瓦棺粗简，篆鼎朴质，难言其古；应时花卉，妙龄美女，难状其色；荒国毁殿，败草破丘，难以形容其怨恨悲愁，鲸鱼张口，巨鳌抛掷，牛鬼蛇神兴风作浪，不足以表现其荒诞、虚幻。这里，多角度、全方位地揭示了李贺歌诗的风格美，特别是突现出李贺的创作个性。

第三，杜牧揭示了李贺诗美的历史继承性，说明了李贺诗美的价值。杜牧认为李贺歌诗继承了《离骚》的优秀传统，并从理、辞和情三个方面进行对比分析。指出李贺歌诗在义理方面逊于《离骚》，在辞采方面却时有超过《离骚》之处。对此，见仁见智，各不相同。王琦引刘须溪曰："樊川反复称道，形容非不极致，独惜理不及骚，不知贺所长正在理外。"① 这种理外之理，深藏在辞采之中，正是李贺歌诗美的价值表现。尤其重要的是，"理"、"辞"二字都不能离开一个"情"字。歌诗是诗人情感的白热化。理，必须化入情中；辞，必须表现情感。要以情为核心，做到情、理、辞的圆融。"《骚》有感怨刺怼"、"激发人意"之情，李贺深受感染，既叹且恨那些"未尝经道者"。可见，他不仅富于情，而且谙于理，并用奇妙之辞表现之。

明代王思任《李贺诗解序》云："贺既孤愤不遇，而所为呕心之语，日益高渺，寓今托古，比物征事……故以其哀激之思，变为晦涩之调，喜用'鬼'字、'泣'字、'死'字、'血'字，如此之类，幽冷谿刻……顾其冥心千古，涉目万书，噀空绣阁，掷地绝尘，时而蛰吟，时而鹦鹉语，时而作霜鹤唳，时而花肉媚骨，时而冰车铁马，时而宝鼎烤云，时而碧磷划电，阿闪片时，不容方物。其可解者，抱独知之契；其不可解者，甘遁世之闷，即杜牧之踵接最密，犹以为殊不能知也。"这些话可以作为杜牧评价李贺歌诗的注脚。

---

① （唐）李贺著，（清）王琦等评注：《三家评注李长吉歌诗》，中华书局1959年版，第13页。

第九章　美感说　诗味论

一　皎然的快乐、意会、至静、至丽、至苦说

（一）强留诗道，以乐性情

皎然，姓谢，吴兴（今浙江湖州境内）人，为谢灵运十世孙。其生卒年不详，是中唐大历、贞元年间（766—804）的名僧。他爱好诗学，同韦应物、颜真卿、顾况、权德舆等著名文人交往甚密。其代表性诗学专著为《诗式》，还有《诗议》、《诗评》。

他在《答权从事德舆书》中说他自己"万虑都尽，强留诗道，以乐性情"。这里突出了诗学的审美作用，在于愉悦人的个性和情感，其核心词是"乐"字。这就抓住了审美的关键。

为了印证这一审美命题，对自己写的许多诗句，颇为欣赏，如："中宵发耳目，形静神不役。色天夜清迥，花漏明滴沥。东风吹杉梧，幽月到石壁。此中一悟心，可与千载敌。"此中清幽、静谧之境，形象地显示出皎然的愉悦心情和澹泊的趣味。

为了佐证这一审美命题，他还以灵澈上人为例，述"其文章挺拔瑰奇"，其风神"飘飘然，有凌云之气"，"亦尝与论物理，极天人之际，言至简正，意不虚诞"。其文、其人、其论，与其诗道，都是有密切联系的，都这样那样地显隐着"以乐性情"的要旨。

此外，皎然还在《赠李舍人使君书》中说："昼于文章理心之外，或有所作，意在适情性，乐云泉"，"尝戏为一章自咏曰：乐禅心似荡，吾道不相妨。独悟歌还笑，谁言老更狂"。这些，都表明他不仅乐于禅道，也乐于诗道。一个"歌"字，加上一个"笑"字，更充分地表现了他那快乐的审美情怀。他也盼望别人能够喜爱他的诗，因而便呼喊出"终期匠者赏鉴"的心声。

在《赠包中丞书》中，他特别标举灵澈上人的诗。灵澈有《归湖南诗》："山边水边待月明，暂向人间借路行。如今还向山边去，惟有湖水无行路。"皎然极其赞赏，认为此诗之妙，难以企及，使他"欲弃笔砚"。他之所以向包中丞竭力推荐灵澈上人诗文，目的是帮助包中丞开阔审美眼界："以助君子高兴也。"所谓"高兴"，也是与"以乐性情"有关的心理状态。

（二）可以意会，难以言状

在《诗式总序》中，皎然说："天真挺拔之句，与造化争衡。可以意会，难以言状，非作者不能知也。"从这里可以得知，诗美是有魅力的。它像无形的磁场，释放出无可名状的能量，吸引着、震动着人的心灵。人们只觉得它美，并产生巨大的美感，但却难以传达、难尽其美，只是反复玩味，味之无尽，爱不释手。其中的原因，是非常复杂的。第一，诗是情感的白热化的显示，它把情感加以提炼，压缩在精纯、凝练的语言中，并通过特定的体式表现出来，企图产生以一当十、以有限寓无限的效应。鉴赏者则通过对形式的透视，去挖掘其中所蕴藏着的丰富的情感，企图从一见十、从有限见无限。但是，由于诗的形式的局限性，由于诗人情感的含蓄、蕴藉性，其深邃、复杂、隐蔽的内涵，却被层层封裹着。鉴赏者即使水平很高，也难以完全知其究竟，只能在体悟、领悟、妙悟、神悟中去领略诗的韵味。第二，诗是生活的升华。生活之水，源源不绝。诗人引用生活之水灌溉诗作时，只能从特定的一些方面、一些角度去把握其流程，而不能全部洞悉其所有方面。换言之，就是难以传达生活的整体美和无限性。生活之树常青。语言传达手段总是有局限性的。如人饮水，冷暖自如。作者是深晓个中甘苦的。鉴赏者只能从诗的意象中去捕捉生活，去分享作者的愉悦。而这一点，也是只能意会、难以言传的。皎然以自己切身的写诗经验和读诗感受，做出了"可以意会，难以言状"的判断。他当然没有对这个判断的产生原因进行合乎逻辑的剖析，然而却给我们提供了剖析的命题和资料。

"可以意会，难以言状"的诗美，究竟是哪些东西呢？皎然并没有直接做出回答，但从《诗式总序》中，我们却可以提取出来。"夫诗者，众妙之华实，六经之菁英"。这里，突显出诗之美妙的形象、风貌，并以"华实"、"菁英"比之。接着，便把诗美之妙提升到玄秘的极境："彼天地日月，元化之渊奥，鬼神之微冥。精思一搜，万象不能藏其巧。"这里，大处落墨，高处运笔，细部探求，深部搜寻，极言诗之美妙神奇，令人有视之若得、扣之若失之感。这真是"可以意会，难以言状"了。

具体地说，诗之难以言说的美，表现在"险"与"难"上，所谓"放意须险，定局须难"是也。这显然受过韩愈的影响。因为韩愈之前，有李白、杜甫两座高峰挡住去路，不可企及；必须另辟蹊径，独创一格，以发展自我，于是便在奇险至难之处寻找诗境，其《调张籍》诗，就表明了如此志向。故皎然的

"险"、"难"说,与韩愈所倡导的诗学,乃是一脉相承的。欧阳修在《六一诗话》中,就称赞韩愈《病中赠张十八》诗有"因难见巧,愈险愈奇"的特色。但韩愈之"难"、"险",喜欢硬语盘空、拗中取奇;而皎然之"险"、"难",却追求"与造化争衡",喜欢"天真挺拔"的清词"丽句",这是与韩愈的相异处。而这一点,也是同其追求澹泊澄静的山林之乐的审美情趣息息相关的。

(三) 无言而道合,至静而性同

贞元初年,皎然和两三个诗友,在东溪草堂经常发表议论。他们厌恶尘世的喧嚣,寻觅"真性"的所在。这就是皎然在《诗式中序》中所说的:"岂若孤松片云,禅坐相对。无言而道合,至静而性同哉!吾将深入杼峰,与松云为侣。所著《诗式》及诸文字,并寝而不纪。"这里,虽然带着佛家空寂的观念,但在美学上却体现了与大化冥合为一的思想。用现代的美学理论来表达,就是指:审美主体与审美客体的互渗、圆融。皎然的诗文,叫做《杼山集》,就是指他静居杼山,朝而观峰、暮而听泉、沉醉自然、发而为诗文的结果,是作为审美主体的皎然和作为审美客体的山水相互交融的结果。

皎然不仅能做到与物"无言而道合",而且由物及人,与他人也能做到"无言而道合"。他同湖州长史李洪初次相见时,就感到"未交一言,恍若神合"。这是由于主客体之间具有某种相似、相近、相同点的缘故。皎然深知,李洪"精于佛理",喜读《诗式》,在思想情感、审美趣味方面与自己有许多共同之处,因而一经谋面,便若"神合"。可见,审美主体与审美客体之间的交流、互渗、圆融,必须具有某种契合点;否则,是不可能做到"神合"的。

在皎然笔底,主客体往往贴然无间地结合在一起。如:《七言山居示灵澈上人》:"外物寂中谁似我? 松声草色共无机";《五言白云上精舍寻杼山禅师兼示崔子向何山道上人》:"世事花上尘,慧心空中境";《五言夏日集李司直纵豁斋》:"山近知性静,月来寄情深";《离言往丹阳寻陆处十不遇》:"归船不见见寒烟,离心远水共悠然。"如此情景交融的景象,也属于主客体互渗的表现。当然,主客体之间,虽有共同的中介,使其能够通过,而出现交流的场景,但它们毕竟是两个不同的方面。

在主客体的交融中,主体是起着决定作用的。皎然《答韦山人隐起龙文药瓢歌》:"彪炳文章智使然,生成在我不在天。若言有物不由物,何意中虚道性全?"这里表明,文章虽系主客体熔炉中的结晶,但作为主体的"我"是起决定作用的。"吾知真象本非色，此中妙用君心得。苟能下笔合神造，误点一点亦为道"①。这里，强调"心"的主宰功能，又说明画笔必须符合"神造"原则，这正是在主体支配下，主客体结合的生动写照。

（四）至丽而自然，至苦而无迹

皎然《诗式·诗有六至》云："至险而不僻，至奇而不差，至丽而自然，至苦而无迹，至近而意远，至放而不迂。"这是对诗美的要求，也是诗美的标志。关于"至险"、"至奇"，在前面论及韩愈险奇诗风和皎然对险奇诗风的推举时，已有表述，兹不多赘。关于"至近"、"至放"，也不难理解。从美学角度而言，"至丽而自然"，则是诗美的最高范式。因为诗要求美，不美则称不上是诗。所谓"至丽"，就是指至美；因而这种"丽"，比一般意义上"丽"的内涵要广阔得多、丰富得多，它包括清丽、雅丽、幽丽、明丽、典丽、浓丽、纤丽、秾丽、艳丽、秀丽、娟丽、姣丽等等，它是整体意义上的丽。而至丽，则是一切丽中之绝者。故皎然以之作为诗美之准的，并非同其他要求平均看待，在骨子里面是有所轩轾的。

至丽，有人工者，有自然者；但在诗中，都要符合自然的风韵、气度。李白诗句："清水出芙蓉，天然去雕饰"②，堪称"至丽"之绝唱。

皎然评谢灵运诗云："曩者尝与诸公论康乐为文，真于情性，尚于作用，不顾词彩，而风流自然……惠休所评谢诗，如芙蓉出水，斯言颇近矣。"③ 这里，强调诗的质朴美、自然美，与李白诗句可以相互发明。

但是，皎然并非一味地、片面地强调自然，也非一概拒绝人工的塑造，而是主张把人工与天工巧妙地结合在一起去创造诗美。他写道："或云：诗不假修饰，任其丑朴，但风韵正，天真全，即名上等。予曰：不然。"④ 这里表明，诗美是不排斥必要的修饰的，当然必须符合自然的准则。这就是他所要求的"至丽而自然"。

他所说的"至苦而无迹"，就是一种典型的"修饰"。呕心沥血，历尽艰辛，苦苦追求，力求诗美，就是个中的表现。以贾岛为代表的苦吟诗派，以苦为乐，

---

① （唐）皎然：《周长史昉画毗沙天王歌》。
② （唐）李白：《经乱离后天恩流夜郎忆旧游书怀赠江夏韦太守良宰》。
③ （唐）李白：《文章宗旨》条。
④ （唐）皎然：《取境》条。

吟出了许多优秀诗句，在中国诗史上留下了不可磨灭的一页。苏轼《祭柳子玉文》有云："郊寒岛瘦。"这是对孟郊、贾岛诗风的高度概括。贾岛《怀博陵故人》："路遥千万里，人别十三秋。吟苦相思处，天寒水急流。"杜荀鹤《苦吟》："生应无辍日，死是不吟时。"又《秋夜苦吟》："吟尽三更未著题，竹风松雨共凄凄。"这些都表明了诗人认真的写作态度或反复推敲的良苦用心。

当然，苦吟诗人虽然不乏佳作，但不见得首首都是上品。它必须达到"至苦而无迹"的境界，才无斧凿痕，才符合自然而然的要求。只是一味苦吟，却有拼凑、堆砌痕迹，绝称不上佳构。

"至苦而无迹"不只是对苦吟诗派的理论归纳，而且是对其他诗人创作的要求。正如杜牧在《献诗启》中所说："苦心为诗，惟求高绝。"杜甫在《解闷十二首》中所说的"新诗改罢自长吟"、"颇学阴何苦用心"，成为诗人惨淡经营、苦心作诗的范例。

从上可见，苦吟虽要求达到至苦，但至苦并不等于苦吟。苦吟是实现"至苦而无迹"的手段，"至苦而无迹"是苦吟追求的目的，也是其他诗人追求的目的。

当然，"至苦而无迹"只是诗人追求的一个方面（一至），具有不同个性、气质的诗人，各有不同方面的追求目标，因而并不是所有诗人都追求"至苦而无迹"的境界的。李白就是如此。李白"至放而不迁"，故豪迈飘逸；杜甫"至苦而无迹"，故沉郁顿挫：二者迥然有别。

在中唐诗坛上，韩、柳、元、白是注重诗文的社会功利性的；皎然则较为注重诗文的艺术价值和审美功能，这同李贺有某种近似，同晚唐的李商隐、司空图也有相似之处。因而在揭示诗美特质方面，具有某种开拓性、启示性和引导作用。

皎然对诗美的奉献是多方面的。在诗的风格、意境等方面，也提出了不少有价值的见解。这在本书有关章节中已有论述，就不重复了。

二 李商隐的能感动人、陶冶肺肝说

（一）书辞委曲，恻恻无已

李商隐（813—858），字义山。他出生于怀州河内（今河南沁阳），年少时天资聪颖，十六岁即著《才论》、《圣论》，并以擅长古文而出入士林，且得到令狐楚的赏识。唐文宗李昂大和七年，令狐楚任河东节度使治理太原时，李商隐正二十一岁，他写下了《上令狐相公状》一文，对于令狐楚知遇之恩深表感激；对于进京应试、不幸落第、力图续考的心情，作了细腻的描绘。特别是在文学风格方面，强调“篇什率征于继和，杯觞曲赐其尽欢，委曲款言，绸缪顾遇”。其核心词在于“委曲”二字。明明是才华横溢，却谦称“某才乏出群，类非拔俗……献赋近加冠之年，号非才子”。明明是落第而归，却豪言将重整旗鼓，“逶迤波涛，冲唳霄汉”。这些都是不直接言明的隐晦曲折之笔。作者既然才高八斗、学富五车，为什么连个进士都考不取呢？其原因是很复杂的。唐时虽以明经取士，但关系学仍起很大作用。若无人荐举，虽有幸中者，但饱学之士亦有落榜者。大和七年，贾悚（集贤殿大学士）为进士主考官，未录取李商隐。大和九年，崔郸（宣歙观察使）为进士主考官，也未录取李商隐。开成二年（837），高锴（鄂岳观察使）为进士主考官，由于令狐楚之子令狐绹（左补阙）的授意、推重，高锴才录取了李商隐。可见，李商隐三次考进士，最后一次才考中，是历尽艰辛的。关于这一点，《与陶进士书》中有一段描述：

> 时独令狐补阙最相厚，岁岁为写出旧文纳贡院。既得引试，会故人夏口（按，指高锴）主举人，时素重令狐贤明，一日见之于朝，揖曰：“八郎（按，令狐绹排行第八）之友谁最善？”绹直进曰“李商隐”者三道而退，亦不为荐托之辞，故夏口与及第。

这里，形象地表现了人际关系在考试中所起的作用。李商隐并不满意这种现象，但又无可奈何，其心境是颇为忧郁、苦闷的。在此之前，他对社会生活中人际关系的弊端，早就产生了愤懑之情，但其表露却是委婉曲折的。他在《别令狐拾遗书》中说：

> 足下去后，怃然不怡。今早垂致葛衣，书辞委曲，恻恻无已。自昔非有故旧援拔，卒然于稠人中相望，见其表，得所以类君子者，一日相从，百年见肺肝。

这里，表现了李商隐与令狐绹的友情之笃，又显示出李商隐内心的隐痛。此外，对于那些恶言中伤、“蛆吾之白，摈置讥诽，袭出不意”者，则着力谴责之。作者深刻地揭露道：

今日赤肝脑相怜，明日众相唾辱，皆自其时之与势耳，时之不在，势之移去，虽百仁义我、百忠信我，我尚不顾失，岂不顾已，而又唾之，足下果谓市道何如哉！

对于无视市道、忽亲忽疏、出尔反尔的行径作者是非常痛恨的。但鉴于人际关系的复杂，官场倾轧的激烈，自己处境的艰难，因而在表述内在的情感时，就不那么直接、率真，而是采取迂回、曲折、隐晦的方法。

尤其是牛（僧孺）李（德裕）党争，对于中晚唐政坛、文坛，产生了巨大影响，不少人卷入斗争的漩涡中而不能自拔，不少人受到这种冲击波的冲击，不少人或显或隐地受到牛李党争的牵连。李商隐虽未直接公开参与牛李党争，却是牛李党争的受害者。李商隐后来娶了王茂元（属于李党）之女为妻，这就得罪了原来的好友令狐绹（属于牛党），令狐绹认为商隐背恩，于是反目成仇，在李商隐仕途上设置障碍。李商隐虽委曲陈词、努力解释，但终未消除令狐绹的疑云。其实，李商隐并未背恩，他虽娶王茂元之女为妻，但并未忘令狐氏的知遇之恩与擢拔之情；他虽歌咏过李德裕，但并未从党派利益出发，而是从维护江山社稷利益着眼的。由于他在牛李党争的夹缝中生活，左右为难，心情抑郁，欲言又止，三缄其口，然而又不得不怊怅述情，故沉郁顿挫，旨遥意深，奥秘幽邃，深情绵邈。某些无题诗便是其中的代表。他在《谢河东公和诗启》中说："为芳草以怨王孙，借美人以喻君子。"这就表明，他的作品是有寄托的。所谓"楚雨含情皆有托"[1]，"楚天云雨尽堪疑"[2]，就是如此。正因为如此，明代诗评家高棅在《唐诗品汇·总序》中才用"隐僻"一词去概括李商隐的作品特点。其《锦瑟》一诗，千百年来，为诗家所难解，就是这个缘故。

李商隐的诗，之所以隐晦奥僻、缠绵悱恻，还与他爱情生活受挫有关。他在《献相国京兆公启》中说：

若某者幼常刻苦，长实流离。乡举三年，才沾下第，宦游十载，未过上农。顾筐箧以生尘，念机关而将蠹。其或绮霞牵思，珪月当情，乌鹊绕枝，芙蓉出水，平子四愁之日，休文八泳之辰，纵时有斐然，终乖作者。

<hr />

① （唐）李商隐：《梓州罢吟寄同舍》。
② （唐）李商隐：《有感》。

这里表明了李商隐内心的痛楚。他仕途不顺，官位很低，长期漂泊在外，未超上等农民；爱妻死后，家室空闲，筐箱生尘，户枢无人转动，虽有美丽的文思，也难遂作者（自己）的心意了。他还用了前人几个典故来强化自己的情思。谢朓在《晚登三山还望京邑》中有"余霞散成绮"句，江淹在《别赋》中有"秋月如珪"句，曹操在《短歌行》中说："月明星稀，乌鹊南飞。绕树三匝，何枝可依。"钟嵘在《诗品》中引"汤惠休曰：'谢诗如芙蓉出水。'"张衡《四愁诗序》云："郁郁不得志，为《四愁诗》。"沈约《八咏诗》，"题于玄畅楼"①。李商隐在引述这些诗赋典故时，融入了自己个人的情怀，并向杜悰推荐自己。但典故毕竟是彼时彼地的历史故实，用以印证此时此地的存在，必然具有局限性和陌生性；如果不洞悉典故的来龙去脉，就无法了解作者的原意。因而典故与作者原意之间就存在着一道障壁，读者在通过对典故的诠释去领悟作者的原意时，就会产生距离感和朦胧感，就会感到绰绰约约、扑朔迷离而显示出特有的模糊美。

（二）济其魂魄，养其气志　百经万书，异品殊流

李商隐推崇委曲、隐僻，并非胸无大志、畏缩不前，而是由他个人独特的气质、性格、境遇、教养和艺术追求等综合因素所决定的。他在追求委曲、隐僻风格的同时，仍潜藏着刚健的骨气，这就是他在《上崔华州书》中所说的"愚之道可谓强矣，可谓穷矣，宁济其魂魄，安养其气志，成其强，拂其穷"。显然，他是把道作为灵魂和追求的目标的。这种道具有作者自己独有的气志和创造特色，而不是人云亦云的东西，更非传统的儒道。他在致中书舍人崔龟从的信中说：

> 中丞阁下：愚生二十五年矣。五年诵经书，七年弄笔砚。始闻长老言，学道必求古，为文必有师法。常悒悒不快。退自思曰：夫所谓道，岂古所谓周公、孔子者独能耶？盖愚与周、孔俱身之耳，以是有行道不系今古，直挥笔为文，不爱攘取经史、讳忌时世，百经万书，异品殊流，又岂能意分出其下哉！

---

① 见《金华志》。

这里表明，李商隐绝不独尊孔子之道，而是采取与儒道平起平坐的态度。他认为古有古道、今有今道，自己有自己的独特之道。因此，他不囿于固定的模式，而胸中自有丘壑，富于自己独特的创造精神。正是基于这一点，在文与道的关系问题上，他自行其道，独立为文，自由挥洒，无拘无束。他以"百经万书，异品殊流"的平等观念，同高人一等的儒术相对抗，不能说不是个进步。

他在《容州经略使元结文集后序》中，否定了"次山不师孔氏为非"的论调，并反诘道："呜呼！孔氏于道德仁义外有何物？……孔氏固圣矣，次山安在其必师之耶！"元结不师孔氏的思想，得到了李商隐的赞同，说明他们对于道的理解和文学趣味具有某种相似之处。

据李商隐"济其魂魄，养其气志"的刚健骨力，充实在文学中，则必具有其特殊的精神面貌，而显示出鲜明的创作个性。他在《献侍郎巨鹿公启》中说："非首义于论思，实终篇于润色，光传乐录，道焕诗家。况属词之工，言志为最。"这里，对礼部侍郎魏扶的诗，评价甚高，不仅言志、传道，而且文采斐然，富于音乐性。从其赞颂之词中，也可窥及李商隐的审美情趣，并从另一方面印证了"异品殊流"的存在。

（三）好对切事，声势物景　哀上浮壮，能感动人

李商隐十六岁时就擅长古文写作，在令狐楚门下时学写今体文（四六文）。他在《樊南甲集序》中说：

> 有请作文，或时得好对切事，声势物景，哀上浮壮，能感动人。十年京师寒且饿，人或目曰：韩文杜诗，彭阳章檄，樊南穷冻人或知之。

从这里可以看出，韩愈的古文，杜甫的诗歌，令狐楚的章表檄文，李商隐庶能察其奥妙并为时人所称道。尤其是李氏今体，工于对仗，谙于事理（好对切事）；精于声韵，善于营造气势、氛围，善于描绘事物风景（声势物景）；情感哀切激越，浮动起伏，强健有力（哀上浮壮）；凡此种种，在审美效果上可起到"能感动人"的作用。

李商隐的诗，就曾给同时考中进士的谢防以强烈的感动，谢防经常通过对李商隐诗的咏诵来表达自己的愤懑情怀。李商隐《谢先辈防记念拙诗甚多异日偶有此寄》云："良辰多自感，作者岂皆然？"又云："星势寒垂地，河声晓上天。

夫君自有恨，聊借此中传。"对此，冯浩《玉谿生诗集笺注》云："'星势'二句，言声光在此而感发在彼，方吸起谢自有恨，借我诗传之，故纪念甚多也。"指寒星在天，光照大地；河声经地，响震云天。喻李商隐诗感动谢防，谢防咏诵李商隐诗以抒发自己情感。作者与读者在审美情感上如此互渗圆融，充分显示出作品巨大的艺术魅力。

从李商隐"能感动人"的审美接受方面观照，他的作品艺术魅力叩动着接受者的心弦，使接受者产生了打破砂锅问到底的欲望——期待视野。接受者通过文本的欣赏、理解，在脑海中浮现出形象的画面和哲理的闪光，并被其中所包孕的典故、悬念、隐喻、意蕴所吸引，产生与作者相契合的情绪，出现解读、阐释文本的渴念。

李商隐对于审美感动说，在《献相国京兆公启》中，发挥得淋漓尽致：

> 人察五行之气，秀备七情之动，必有咏叹，以通性灵。故阴阳惨舒，其途不一，安乐哀思，厥源数千……嘈囋而鼓钟在悬，焕烂而锦绣入玩。刺时见志，各有取焉。

这里，所谓"七情之动"、"性灵""咏叹"、"安乐哀思"等等，都是审美主体在观照审美客体时所产生的情绪状态、情绪类型、情感波澜。作者用"通性灵"三个字，就十分透辟地触及了美感的深部，并深刻地阐明了审美感动的多样性与复杂性。此外，用一"玩"字，表现出审美感动的欣赏性、体悟性、玩味性，说明了审美时美的魅力的不可言传性；用一"刺"字表明了审美感的针对性、社会性、参与性，也表明了审美主体的政治敏感和人生志向，所谓"刺时见志，各有取焉"，就阐释了审美的社会选择性和目的性。李商隐的作品，虽然含隐蓄秀，却不乏"刺时见志"，如《贾生》、《隋师东》、《隋宫》、《瑶池》等。沈德潜《唐诗别裁》云："义山长于讽喻，工于征引，唐人中另开一境。"这种评价，切中肯綮。当然，他的讽喻，偏重奥僻幽邃，与白居易长于直切通脱的讽喻是迥然有别的。这正是他的"另开一境"处。此外，他的作品还清丽自然，富于色彩美和音乐美，正是："论风雨则秋梓芳华，语霜霰则春条零落……宫商资正始之音，寒暑协中和之序。"① 这又是他的"另开一境"处。在另一篇《献相国京兆公启》中说："昔师旷荐音，玄鹤下舞，后夔作乐，丹凤来仪。是则师旷之丝

---

① （唐）李商隐：《献相国京兆公启》。

桐，以玄鹤知妙；后夔之金石，以丹凤彰能。"这些话没有什么讽喻的成分，但却隐含着音乐、美术、舞蹈等艺术的综合美和审美感。文中的师旷，为春秋时晋国乐师；后夔，为舜时掌管音乐之官。据《韩非子·十过》所载，师旷荐举之音，援琴（丝桐）而奏，感动了飞来的玄鹤："延颈而鸣，舒翼而舞，音中宫商之声，声闻于天。"又据《书·益稷》所载，后夔鸣奏钟磬（金石），感动了丹凤，飞来朝拜。这些，都是运用比喻、象征、夸饰的手法来形容审美感动的。人（师旷、后夔）与飞禽（鹤、凤）之间，居然能通过音乐交流美感，并达到共鸣境界，这难道不是物我交感时的移情吗？

（四）自然为主，元气为根

李商隐对元结的古文十分推崇。元结早于韩、柳，其古文影响虽不及韩、柳，但其立论、文风却独树一帜，尤其是不以孔子为至尊，故有悖于世俗，未受权贵赏识。但李商隐却能看出元结古文的长处，并予以高度评价，说明他是独具慧眼的；同时，也表明他拥护、宣扬元结古文的热忱，并以元结的观点作为自己的见解。他在《容州经略使元结文集后序》中说元结"其文危苦激切，悲忧酸伤于性命之际"。这就一语道出了元结之文的艺术风格。那么，元结古文的气势究竟如何呢？李商隐高屋建瓴地作了这样的概括：

> 次山之作，其绵远长大，以自然为祖，元气为根，变化移易之。太虚无状，大贲无色，寒暑攸出，鬼神有职。南斗北斗，东龙西虎。方响物色，欻何从生，哑钟复鸣，黄雌变雄。山相朝捧，水信潮汐。若大压然，不觉其兴，若大醉然，不觉其醒。

这里从宏观上论述了元结之作的总体特征。它绵润、高远、悠长、广大，宗于自然，本乎元气，变化莫测。然而宇宙是混沌的、没有固定形状的，至色是无色的、多样统一的：元结之作，就是如此。李商隐在剖析这一特征时，深受中国传统哲学启迪。老子《道德经·十四章》有"无状之状，无物之象，是谓惚恍"之论；所谓"太虚无状"，即是如此。至于"大贲无色"，则源于《周易》的《贲卦》。《易传·序卦》："贲者，饰也。"《易传·杂卦》曰："贲，无色也。"可见，贲是有色（饰）与无色的统一；有色的极致就归于无色。所以，《易经·贲》上九爻说："白贲，无咎。"对此，高亨先生解释道："白贲，白色之素质加以诸色之花纹。比喻人有洁白之德，加以文章之美，故无咎。"① 李商隐所说的"大贲无色"，就是颂扬元结的洁白品德和文章的朴素美的。至于对寒暑、鬼神、星辰、龙虎、方响（乐器名）、哑钟、黄雉、山水的变化多端与千姿百态的描绘，则是为了形容元结文章的变易美、流动美、多样美。"若大压然"，是形容元结文章的万钧之力与磅礴之气。"若大醉然"，是形容元结文章的醇厚美感与无穷魅力。

（五）代有遗音，时无绝响　古今异制，律吕同归

在文学艺术的历史长廊中，各个时代都有自己的珍品，它们都闪耀着夺目的光芒，而各具独特的情调、韵味、风采，但也具有共同的美。李商隐在《献侍郎巨鹿公启》中说：

> 代有遗音，时无绝响。虽古今异制，而律吕同归。我朝以来，此道尤盛，皆陷于偏巧，罕或兼材。枕石漱流，则尚于枯槁寂寞之句；攀鳞附翼，则先于骄奢艳侠之篇。推李杜则怨刺居多，效沈宋则绮靡为甚。至于秉无私之刀尺，立莫测之门墙，自非托于降神，安可定夫众制。

这里，李商隐从文学继承性方面肯定了"代有遗音"，又从文学发展性方面说明了"时无绝响"。这就隐含着创造革新的哲理。如果抛弃"遗音"，就忘掉了根本；如果僵持"绝响"，就忘掉了创新。所谓绝响、绝唱，从绝对意义上理解，乃是指那些不可企及的作品，它包含着相对真理长河中某种绝对真理的颗粒，它是前代所无、当代仅有、后代也无的独创之品。正是体现了这一点，才被誉为绝唱、绝响。但从相对意义上理解，绝唱、绝响均打上了时代烙印。它只是特定时代的绝唱、绝响，各个时代有各个时代的绝唱、绝响。上个时代的绝唱、绝响出现了，并不能阻止下个时代的绝唱、绝响的产生、发展。人类文学艺术发展史正是在不同历史长河中共同奏出的无数绝唱、绝响声中谱写而成的。没有停滞不前的时代，也没有停滞不前的文学；苟日新，又日新，日日新，不断前进，不断发展，不断创新。这便是"时无绝响"的精义。李商隐正是从变易、流动、创造的观点出发去阐述"代有遗音，时无绝响"的。

---

① 高亨：《周易大传今注》，齐鲁书社 1983 年版，第 231 页。

但是，不同时代的作品，虽然面貌、风格、个性各异，却从不同方位放射出美的光辉，显示出美的韵律的共振。这正如李商隐所说："虽古今异制，而律吕同归。"

接着，李商隐指出了唐代诗文兴盛景况与不足之处，认为专攻者多、兼济者少，即："皆隐于偏巧，罕或兼材。"徜徉于山水之间，傲啸于泉石之上，濯足清流，吟咏风物，"则尚于枯槁寂寞之句"；攀龙鳞，附凤翼，追逐繁富豪纵，推崇绮靡浮华，"则先于骄奢艳佚之篇"。此外，推崇李白、杜甫，则喜爱怨刺；仿效沈佺期、宋之问，则追逐绮靡。以上专攻，虽无可厚非，但稍失于偏，为美中不足。若不为过，而能相济，则可博采众长，转益多师，兼收并蓄，独创新品。这是"秉无私之刀尺，立莫测之门墙"的至高艺术标准。合此标准，则其作品必臻于出神入化的境界。

必须说明的是，李商隐并没有批评李、杜、沈、宋等人，而只是批评那些机械地、过分地模仿他们的"东施效颦"者。对于李白的凌云健笔，杜甫的沉郁顿挫，沈佺期、宋之问的绮丽柔靡，是应该肯定的；对于枯槁寂寞、艳耀华彩，也是应该肯定的。关键在于，要恰如其分，不能过头。如能"兼材"，而避免"偏巧"，则庶可融合为一，并结出共同美的硕果。

（六）李贺呕心，创造诗美；商隐赞叹，为之总结

李商隐在《李贺小传》中说："京兆杜牧为《李长吉集叙》，状长吉之奇甚尽，世传之。"这种奇，表现在什么地方呢？就其主要方面而言，是奇在李贺歌诗风格上，杜牧在《李长吉集叙》中，以"云烟绵联"、"水之迢迢"、"春之盎盎"、"秋之明洁"、"风樯阵马"、"瓦棺篆鼎"、"时花美女"、"荒国陊殿"、"鲸呿鳌掷"等词形容其风格的多样性，从各个侧面突出其"虚荒诞幻"、险怪冷艳，堪称奇妙之至。

李商隐则另辟蹊径。他着重从创作方面描述了李贺艺术构思的艰辛，从而突现出歌诗创造的美。李贺对于艺术创造的态度是严肃认真、一丝不苟的。他从来不做无米之炊，不愿无病呻吟，总是到日常实际生活中去寻找写作的材料，并从生活的源泉中汲取营养、提炼主题。他"每旦日出与诸公游，未尝得题然后为诗，如他人思量牵合，以及程限为意"。这就是说，他不愿先确定题目、先搞主题先行一类的把戏，不愿和他人即兴拼凑、限定在特定里程内赋诗酬应；而是扎扎实实地熟悉题材、深入生活。

李贺是怎样进行实际操作的呢？李商隐描绘：

> 恒从小奚奴，骑距驴，背一古破锦囊，遇有所得，即书投囊中。及暮归，太夫人使婢受囊出之，见所书多，辄曰："是儿要当呕出心乃已尔。"上灯与食。长吉从婢取书，研墨叠纸足成之，投他囊中。非大醉及吊丧日率如此，过亦不复省。王、杨辈时复来探取写去。

这里，形象地概括了李贺的创造过程的美。所谓"遇有所得，即书投囊中"，即把生动的直观，用文字凝固下来，并贮存在记忆的仓库中；然后，"研墨叠纸足成之，投他囊中"。这就是经过形象思维的分析、综合，形成活生生的艺术形象，从而完成对歌诗的创造。这个完整的创造过程，也就是郑燮所说的把"眼中之竹"变为"手中之竹"再转化为"胸中之竹"的过程。这个过程是艰辛的、复杂的，也是美的。当创造过程完结、新的艺术形象诞生时，作家会以无比愉悦的心情去领悟、观照自己作品的美，并滋生不可言喻的美感。李贺呕心沥血的目的，即在于创造最美的歌诗，而杜牧、李商隐之所以赞赏李贺，也就是由于李贺创造了使他们无比感动的歌诗美。李贺的好友王参元（王茂元之弟，柳宗元之友）、杨敬之等人，之所以常来寻觅、抄写李贺作品，也是由于受其美的魅力的吸引的缘故。

李商隐深情地描绘了李贺"苦吟疾书"的歌诗创作美，并详细地叙述了李贺歌诗感动上苍、帝招李贺归天的景况（通过想象、幻想、渲染），且引发出李商隐对于李贺夭折不幸命运的一番感慨：

> 呜呼！天苍苍而高也，上果有帝耶？帝果有苑圃、宫室、观阁之玩耶？苟信然，则天之高邈，帝之尊严，亦宜有人物文采愈此世者，何独眷眷于长吉而使其不寿耶？噫！又岂世所谓才而奇者不独地上少，即天上亦不多耶？长吉生时二十七年，位不过奉礼太常，时人亦多排摈毁斥之。又岂才而奇者，帝独重之，而人反不重耶？又岂人见会胜帝耶？

这里，用了六个"耶"字，反问上苍，表现出对于上帝的怀疑、责难，对于李贺奇才不幸命运（遭谤、不寿）的慨叹，并寄托了自己的愤懑与怀才不遇之情。六个"耶"字句，仿佛江海怒涛，滚叠而起，把内心深处的情感逐层推向高潮。不仅表现出李商隐对于李贺的尊敬，而且显示了李贺作品对于李商隐的巨大的美的感染力。晚唐诗人陆龟蒙，在《书李贺小传后》中，曾引述过李商隐所书李贺骑驴出游、搜集素材、回家创作的故事，并说孟郊也有骑驴野游、寻觅诗歌题材的苦吟之举，且对他们三人不幸遭际深表同情，从而显示了美感之间的互渗性。

从以上论析中，可以看出，李商隐的美学智慧，表现在诸多方面。在美的韵致方面，提倡书辞委曲，养其志气；在审美接受方面，提倡哀上浮壮，能感动人；在美的创造方面，提倡自然为祖，元气为根；在继承革新方面，深信代有遗音，时无绝响。总之，他注重作品的艺术美，注重给艺术美以应有的地位，从而一扫千百年来偏重政治性而轻视艺术性、偏重功利性而轻视美感性的风气，因而具有不可磨灭的划时代意义。

（七）砚横河汉，纸落烟波；卓尔风标，朗然流品

李商隐在《祭处士房叔父文》中说：

> 梧高仞凤，莲馥停龟。
> 有美令人，载称清劲。
> 训在《诗》《礼》，乐惟名教。
> 王谢标格，曹刘才调。
> 清如濯热之风，明若观朝之燎。
> 灵台委鉴，虚室融和。
> 秋水望阔，春台上多。
> 乡塾掉鞅，文林励戈。
> 砚横河汉，纸落烟波。

这里，通过祭文，歌颂了美人、美德、美行、美文。其人如驻梧之凤，其德雅正清劲，其行合乎名教；其文标格超诣，有王、谢名门望族之风度，曹植、刘桢之才调。其气清蒸如热风，其光明照如朝燎，其心虚静和畅，天地可鉴。诚如观景：春台远眺，秋水泛波，一望无际，心旷神怡。那些乡塾书生，见此美景，情不自禁地扶正马颈革，在文林中奋马扬戈，努力向前。这真是一幅"砚横河汉，纸落烟波"的图画啊！这里，以河汉比砚池，指文势壮阔，气势恢弘，文采飞动，形态浩渺。潘岳《杨荆州诔》中，有"翰动若飞，纸落如云"句，可以

为证。

此外，李商隐《祭长安杨郎中文》中说："卓尔风标，朗然流品。妍若春辉，烈如冬凛。"这里，描述了风标秀举、卓越超群的美，质地明朗精纯，俊爽流利，丽如春光，峻如冬冽，独具风韵。

如果说，以上标举的风格，内涵还较为广泛的话，那么，以下所论，就是特指文艺本身。李商隐《太尉卫公会昌一品集序》：

> 丽则孔门之赋，清新邺下之诗。重以多能，推于小学。王子敬之隶法道媚，皇休明之草势沉著。异时相逼，当代罕俦。

这里宣扬了明丽、清新、遒劲、柔媚、沉著的风格美，并指出了时代的独创性、不可替代性。其"丽则"句，是有所本的。扬雄《法言》云："诗人之赋丽以则，词人之赋丽以淫，如孔氏之门用赋也，则贾谊登堂，相如入室矣。"把"丽以淫"加在词人头上，诚冤哉枉也；其余说法则无可厚非。至于"清新"句，亦有来源。任昉《荐士表》："辞赋清新。"钟嵘《诗品序》："降及建安，曹公父子，笃好斯文；平原兄弟，郁为文栋，刘桢、王粲，为其羽翼。次有攀龙托凤，自致于属车者，盖将百计。彬彬之盛，大备于时矣。"他们的诗，在清新中或沉雄、或悲壮、或凄婉，成为时代的最强音，故深受李商隐推崇。在书法方面，王献之隶书之遒劲中有柔媚，皇象草书之沉著痛快，均为时代所称道，而为李商隐所景仰者。

在音乐方面，李商隐十分欣赏"动草琴休"的美。其《唐梓州慧义精舍南禅院四证堂碑铭》曰："梦里题诗，醉中裁简，临池笔落，动草琴休。"其诗、书、琴的韵外之致，毕现于耳目之前。沈括《梦溪笔谈》云："高邮人桑景舒，性知音，尤善乐律。旧传有虞美人草，闻人作《虞美人》曲，则枝叶皆动，他曲不然。景舒试之，诚如所传，乃详其曲声，曰皆吴音也。他日取琴，试用吴音制一曲，对草鼓之，枝叶亦动，乃谓之《虞美人操》。"这个故事，虽未免夸张，但似可作为"动草琴休"的诠释。它表现出音乐艺术的高度的美的魅力。

李商隐《唐梓州慧义精舍南禅院四证堂碑铭》又曰："动之则瑶瑟琼钟，锵洋清庙；静之则明河亮月，浩荡华池。远应同声，函缄遗貌。"这里不仅写出了"瑶瑟琼钟"铿然有声的动态美，而且还写出了它那音调悠扬、飘入天际、悄然消逝的静态美（由动入静）。

关于音乐艺术美，李商隐是以乐音和谐为标准的。其《为荥阳公贺韦相公加礼部尚书启》云："乐和而穴凤来仪，气正而路牛无喘。归美既彰于天载，懋官旋践于春卿。"这里，提到了"乐和"，并与"归美"相联系。

李商隐对于艺文之美，极其推崇。其《献舍人河东公启》曰："每念大汉之兴，好文为最。悦《洞箫》之制，则讽在后庭；美《子虚》之文，则恨不同世。"这里，用了一些典故。如《汉书·淮南王安传》："时武帝方好艺文"；《汉书·王褒传》："太子喜褒所为《甘泉》及《洞箫颂》，令后宫贵人左右皆诵读之。"《史记·司马相如传》："客游梁，著《子虚》之赋，上读而善之，曰：'朕独不得与此人同时哉！'"这些，对我们加深对李商隐美学智慧的理解，无疑是有益的。

（八）遐想风姿，无不畅惬
尽精灵之至极，穷山岳之壮丽

李商隐的审美情感，极其丰富、深厚。不仅富于以柔婉为特征的优美感，而且富于以刚健为特征的壮美感、崇高感。他在《为荥阳公与浙东杨大夫启》中写道：

> 不审近日诸趣何如？越水稽峰，乃天下之胜概；桂林孔穴，成梦中之旧游。遐想风姿，无不畅惬。一分襟袖，三变寒暄，虽思逸少之兰亭，敢厌桓公之竹马。况去思遗爱，遐布歌瑶；酒兴诗情，深留景物。

这里，通过回忆，复现出吴越山水、桂林岩洞、会稽兰亭的自然美；并产生了"遐想风姿，无不畅惬"的美感。这种美感，充满了缱绻柔情。它袅袅不绝，萦绕于心，且深深地印在景物的意象中。这便是离后之思、遗留之爱吧。诗人用"去思遗爱"四个字，充分地表露出自己对于美丽景物的割不断的爱。

如果说，诗人是用充满柔情的爱去审视优美、秀美的山川的话；那么，对于巍巍高山、浩浩大川，就是用刚劲、豪迈的歌喉去歌咏它的壮美了。且读他写的《修华岳庙记》：

> 其壮也，则削成万仞，秀出云汉，芝草植于其庭，醴泉流于其下，连带冈阜，跨抱原野。谷云所润，则土为神区；膏雨所降，则泽沾万里。斯乃风云之所官府，物类之所归藏，尽精灵之至极，穷山岳之壮丽。是以神明居

其宅，游仙萃其宇，往世以来，莫不崇之。

文中通过对华岳庙的歌颂，更赞咏了华山的壮美，所谓"穷山岳之壮丽"是也，无怪乎世人都产生"莫不崇之"的崇高感了。

诗人还在《修华岳庙记》中写道：

奕奕西岳，实曰华山。
基洞水府，峻极于天。
跨原抱阜，包谷怀川。
幽壑澄润，虚岫扬烟。
峭崿空笼，茂林重邃。
吐纳风云，殖生万类。
体静兼仁，惠有攸利。
神明是居，游仙是庇。
岩以崇宗，谷以虚受。
则天之高，拟地之厚。
润泽无穷，体实长久。
功配两仪，德均徽猷。

这里写出了华山山川巨大的体积（数学的崇高），高峻极天的雄姿，气势磅礴的景象。字里行间，荡漾着刚健豪迈之气和浓郁的激情。

李商隐的审美感，每每潜气内转，回旋激荡，深入肺腑，情意绵绵。他在《为崔从事福寄尚书彭城公启》中说："每欲陶冶肺肝，耕耘笔砚，粗调宫徵，以谢阳秋。而义有多途，情非一概，辞烦转野，意密弥赊。"这里，充分显示了诗人美感的充沛性，审美意趣的渗透性，为追求心灵的陶醉而笔耕不辍的神态。

李商隐在晚唐诗人中，是最崇尚美的。其《祭处士房叔父文》中说："鸿儒著美"；其《为某先辈献集贤相公启》中说："巍乎焕乎，盛矣美矣！"这些赞美之词，除了指具体的人物、景物、事物以外，也涵盖着整个的美。

三　司空图的醇美、全美论

（一）醇美辨于味

司空图（837—908），字表圣，河中虞乡（今属山西）人。唐懿宗李漼咸通十年（869），司空图进士及第，时年三十三岁。其后，任过幕僚、户部侍郎等职，朝廷也加封他谏议大夫、兵部侍郎等职，但他却称疾不赴。更多的是退居王官谷中，过着隐逸的生活。他七十二岁时，听说唐代最后一位皇帝李柷被朱温所杀，遂不食而卒。

司空图是晚唐著名的诗歌评论家。他对诗歌美学，具有特殊的贡献，除了在《二十四诗品》中提倡风格美以外，在其文论中也着力宣扬诗的纯净美。《与李生论诗书》就是集中突现诗之"醇美"、"全美"的力作。他说：

> 文之难而诗尤难，古今之喻多矣。愚以为辨于味，而后可以言诗也。江岭之南，凡足资于适口者，若醯，非不酸也，止于酸而已；若鹾，非不咸也，止于咸而已。中华之人所以充饥而遽辍者，知其酸咸之外，醇美者有所乏耳。彼江岭之人，习之而不辨也。宜哉！诗贯六义，则讽谕、抑扬、渟蓄、渊雅，皆在其中矣。然直致所得，以格自奇，前辈诸集，亦不专工于此。矧其下者耶？王右丞、韦苏州澄澹精致，格在其中，岂妨于道学哉？贾阆仙诚有警句，然视其全篇，意思殊馁；大抵附于蹇涩，方可致才，亦为体之不备也，矧其下者哉？噫！近而不浮，远而不尽，然后可以言韵外之致耳……盖绝句之作，本于诣极。此外，千变万状，不知所以神而自神也。岂容易哉！足下之诗，时辈固有难色，傥复以全美为上，即知味外之旨矣。

以上引述，内涵甚丰：

首先，司空图从饮食口味入手，比喻诗歌创作和诗歌鉴赏，提出了诗味说。要"辨于味"。这种味，当然不是生理感觉上的醋的酸味和盐的咸味，而是味在酸咸之外的"醇美"诗味。因而从鉴赏角度看，它已远远超越了官能上的快感，而是完完全全成为心灵上的美感陶醉了。从创造角度看，的确如司空图所说的"文之难而诗尤难"。但不管如何难，也不能挡住诗人前进的脚步。诗的艺术，就是克服困难的艺术。连司空图都发出了"岂容易哉"的慨叹了，何况李生这样的人？然而，经过勤学苦练，争取冶炼到炉火纯青的程度，就可臻于"醇美"之境了。可见，"醇美"一词，实际上就是司空图所提倡的诗美标准。富于"醇美"者，便可目之为精品；乏于"醇美"者，则只能称之为粗制了。

第二，"醇美"并非漫漶之词，而是有其实际的、具体的含义的。它包括：提倡继承《诗经》的现实主义传统和宣扬唐代冲淡的诗风两个主要方面。针对乏于"醇美"的不良现象，司空图直接提出："宜哉！诗贯六义"，特别是掏出了其中"讽谕"的精华。这就表明，"醇美"不仅不拒绝"讽谕"，而且是涵盖着"讽谕"的；也表明司空图并不是拒绝思想内容的形式主义者、唯美主义者。此外，对于王维、韦应物的诗，司空图评价甚高，用"澄澹精致"来概括，可视为"醇美"的重要内涵。对于达不到"醇美"要求的诗，则用反衬的方法，加以对比。其中，对贾岛的批评，便是一例。但他并没有采取一棍子打死的粗暴的态度，而是有分析、有分寸地指出贾岛的不足（"意思殊馁"），同时也肯定了他的长处（"诚有警句"）。

那么，"醇美"的至高理论境界又是什么呢？这就是："近而不浮，远而不尽，然后可以言韵外之致耳。"此乃从感觉距离方面去透视诗的画境深处的"醇美"的。它的情感、风度、姿态、言辞，是那样富于感染力、亲和性，紧紧地贴近着你；然而，绝不浮泛、浮躁、轻浮、肤浅，而是含蓄、蕴藉、有深致。它源远流长、悠远遥深，绵绵不绝，浩渺无垠，意在言外，难以传达。如此情景，可臻韵外之致。司空图所说的"韵外之致"，可视为"醇美"诗论的最高概括。

司空图与李生论诗，不讳言自己是个很"自负"的人，因而不惜笔墨，列举自己的诗篇，来充实其所论述的内容，并认为："皆不拘于一概也。"看来，他对自己的诗作，是颇为欣赏的，所以，紧接着说："盖绝句之作，本于诣极。此外，千变万状，不知所以神而自神也。"所谓"诣极"，当然是指诗艺"醇美"的至境，也是变化莫测、神而明之之境，它和"全美"的"味外之旨"，是一个意思。司空图所举的自己的诗作，是否达到了这种境界呢？他没有明说，但使人感觉到，他是去努力追求"全美"的"味外之旨"的。剖析至此，似可将以上主要论点，列表如下：

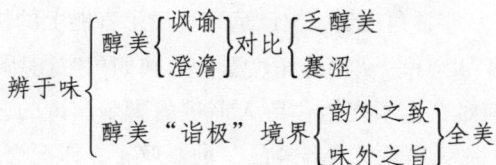

$$
辨于味 \begin{cases} 醇美 \begin{cases} 讽谕 \\ 澄澹 \end{cases} 对比 \begin{cases} 乏醇美 \\ 寒涩 \end{cases} \\ 醇美"诣极"境界 \begin{cases} 韵外之致 \\ 味外之旨 \end{cases} 全美 \end{cases}
$$

列表标示，意在梳理。必须结合全文，始能知其究竟。

此外，还要和司空图的《与极浦书》结合起来阅读，才可更完整地把握他的诗味说。

如果说，《与李生论诗书》着重是从诗的内涵上谈论"醇美"的话；那么，《与极浦书》就着重是从诗的形象上谈论"醇美"了：

> 戴容州云："诗家之景，如蓝田日暖，良玉生烟，可望而不可置于眉睫之前也。"象外之象，景外之景，岂容易可谈哉？

这里，借用戴叔伦的话，说陕西蓝田骊山蕴藏美玉，在温暖的日光照射下，地气上腾，如生云烟，可望而不可即。如此扑朔迷离的景观，是戴氏驰骋想象、神与物游所致。司空图目之为"象外之象，景外之景"。它同前面所谈的"韵外之致"、"味外之旨"可相互发明。不过，一是指偏于内在的韵味，一是指偏于外在的景象罢了。二者都隐含着"醇美"之味。从审美角度研究，一个强调观照（景象），一个强调心照（韵味），但都要烛照出诗情画意。如果用现代美学方法去剖析司空图的诗味论，似乎可这样说：司空图从审美视知觉结合的高度，掬出了诗的"醇美"之味。如果从接受美学的角度，去考量景、象、韵、味之外的景、象、韵、味，就可发现：司空图为审美主体创造了广漠无际的审美时空。审美主体不仅要从文本方面对于景、象、韵、味进行体悟和阐释，而且要主动积极地参加到对于文本意义的再造中；并调动自己大脑中所储存的信息，去创造与文本意义相衔接的新的世界，从而在景外、象外、韵外、味外发现无限多样的美，获得取之不尽、用之不竭的美的信息。当然，作为审美主体的接受者，必须在符合文本精神的前提下去延伸自己的思维活动，并拓展创造的时空，才能探索到文本美的真谛，从而得到最大的审美愉悦。

（二）思与境偕　才格可见

司空图《与台丞书》云："又有王驾者，勋休之后，于诗颇工，于道颇固。但其所知，方在显清之地，不敢越境以输其珍耳。"这里表明，王驾虽擅诗，但未诣美妙之境。司空图和他有文笔之交，写下了《与王驾评诗书》这篇千古传诵的美文，兹摘录于下：

国初，主上好文雅，风流特盛。沈、宋始兴之后，杰出于江宁，宏肆于李、杜，极矣！左丞苏州，趣味澄夐，若清风之出岫。大历十数公，抑又其次焉。力勍而气屚，乃都市豪估耳。刘公梦得、杨公巨源，亦各有胜会。阆仙、东野、刘得仁辈，时得佳致，亦足涤烦。厥后所闻，逾褊浅矣。……长于思与境偕，乃诗家之所尚者。

以上仅一百多字，和《与李生论诗书》、《题柳柳州集后序》联系起来看，可目之为对唐代诗学流程的简明概括。对于沈佺期、宋之问的风流，王昌龄的俊杰，李白、杜甫的恢弘雄肆，韦应物的澄夐淡泊，赞赏不已。尤其是突出地颂扬了李、杜的诗风。对于大历十才子卢纶、韩翃、刘长卿、钱起、郎士元、皇甫冉、李嘉祐、李益、李端、司空曙等人的诗歌等第，则放在次要地位，但大体上还是肯定他们的。对于白居易、元稹之诗，则认为力强气弱、徒有豪情。显然，如此轻视元、白通脱诗风的评论，是不公允的。其他，对于刘禹锡、杨巨源、贾岛、孟郊、刘得仁等人的诗作，均采取肯定的态度。司空图的评价标准是"思与境偕"，即思想意义与描绘的境界相偕而行。这里，思与意通、境与界连，因而实际上是指意境而言。它是诗人追求的目标。大凡司空图所肯定的诗人作品，他都认为不同程度地达到了这个标准，即或多或少地显示出意境。他心目中，李、杜之"宏肆"，显示了极其深邃壮阔、雄放的意境；韦应物之"澄夐"，则表现了淡泊清幽的意境。这是他们独特的才情、风格的突现。关于这一点，如果同《题柳柳州集后序》联系起来分析，就可看得更为清楚。《题柳柳州集后序》云：

金之精粗，考其声，皆可辨也。岂清于磬而浑于钟哉？然则作者为文为诗，才格亦可见……愚尝览韩吏部歌诗累百首，其驱驾气势，若掀雷抶电，奔腾于天地之间，物状奇变，不得不鼓舞而徇其呼吸也。其次，皇甫祠部文集所作，亦为遒逸；非无意于深密，盖或未遑耳。

今于华下方得柳诗，味其深搜之致，亦深远矣。俾其穷而克寿，抗精极思，则固非琐琐者轻可拟议其优劣。又尝睹杜子美《祭太尉房公文》，李太白佛寺碑赞，宏拔清厉，乃其歌诗也。张曲江五言沉郁，亦其文笔也，岂相伤哉！

这里，强调了诗文的风格美和作者个性的紧密联系。作者才气不同，故风格亦各有别。有的善于彼，有的善于此。"亦犹力巨而斗者，所持之器各异，而皆能济胜以为勍敌也。"如张九龄之"沉郁"；李、杜之"宏拔清厉"；韩愈之"驱驾气势，若掀雷抉电"；柳宗元之"深搜"、"深远"、"抗精极思"；皇甫湜之"遒逸"等等，均各有特色，"故能炫其工于不朽"。评论者必须全面地、充分地估量他们的"才格"，而不可"褊浅"，切忌抓住"片词只句"就对其做出总体的判断。司空图表明自己撰写后序的目的说："因题柳集之末，庶俾后之诠评者罔惑偏说，以盖其全工。"这就是说，要对作者的才能、气质、个性和作品的风格、情调、韵味以整体的观照和把握，而不能以点代面、以偏概全、乱加评说。

由上可见，司空图正由于抓住了"思与境偕"和"才格可见"两个方面去论评诗文，因而就能从意境和风格的契合点切入去透视作品的灵魂所在。尽管对元、白的评价有欠妥之处，但总体上对唐代诗史主要诗家的品鉴，还是非常精审的、独到的。

此外，我们还可以看到，司空图虽然批评元、白"力勍而气孱，乃都市豪估耳"，但在《与李生论诗书》中却非常赞赏讽谕说，尽管这是指"诗贯六义"中的"讽谕"，但在客观上却帮了元、白的忙，因为元、白是推崇讽谕的。尤其是白居易，把自己的诗分为讽谕、闲适、感伤、杂律四大类，并将"讽谕诗"放在首位。司空图在评论元、白时，却回避了这个事实，因而对元、白的批评就显得没有力量，也缺乏说服力了。

此外，我们也可以看到，司空图虽然喜爱王维、韦应物的冲淡、澄澹，但并不排斥其他风格，对于李、杜之宏肆，韩愈之险奇，都予以高度评价。这就是说，他既欣赏壮美的风格，又赞扬优美的风格。

此外，我们不能忽视的是，《题柳柳州集后序》中，在谈到张九龄五言诗时，还提出了"沉郁"一词。在《送草书僧归楚越》中，在谈到訾光僧诗歌时，认为能够起到"以导江湖沉郁之气"的作用。虽然只是提到"沉郁"，而未加以论析，但我们在研究时，应该同《二十四诗品》中的"沉著"联系起来，并加以比较。《二十四诗品》未提"沉郁"，但在"雄浑"、"沉著"等品中却显隐着"沉郁"的风味。

（三）知道非诗，诗未为奇

司空图在《题柳柳州集后序》中，就讴歌韩愈"物状奇变"的险怪诗风，从中透露出他倾慕险奇变幻诗风的消息。在其《诗赋赞》中，则形象地描述了险奇的情状，生动地概括了险奇的特征。兹据清代许印芳《诗法萃编》本，全录于下：

> 知道非诗，诗未为奇。
> 研昏炼爽，戛魄凄肌。
> 神而不知，知而难状。
> 挥之八垠，卷之万象。
> 河浑沆清，放恣纵横。
> 涛怒霆蹴，掀鳌倒鲸。
> 镵空攫壁，琤冰掷戟。
> 鼓煦呵春，霞溶露滴。
> 邻女有嬉，补袖而舞。
> 色丝屡空，续以麻绚。
> 鼠革丁丁，燉之则穴。
> 蚁聚汲汲，积而成垤。
> 上有日星，下有风雅。
> 历诋自是，非吾心也。

上赞内涵复杂，出语怪诞，兹逐句试解如下。

"知道非诗，诗未为奇"。只了解道的作用，却忽视诗的艺术，则其诗就未必形成奇特的风格。许印芳《诗赋赞跋》云："后之学之不至者，由于见道浅而笔力弱，又作用不熟，有恢张，无变化，遇好题目，亦不能尽题之能事。若夫理学名儒，见道宜有深者，而诗亦不逮古人，因其高谈性命，薄视艺文，偶然拈笔，直以理语为诗，且以语录为诗。自三百篇以至三唐，无此体格，陈腐鄙俗，堕入恶道。表圣云：'知道非诗，诗未为奇'，此类是矣。"这就表明，光讲空洞的大道理，不讲究诗的艺术性、表现力，是写不出奇妙的好诗的。

"研昏炼爽，戛魄凄肌。"研磨洗练，分辨清浊；击魄牵心，凉肌爽体。其中的昏，指浊；爽，指清；戛，指击；凄，指凉。这里，着重赞美诗赋的洗练之功，清新隽永之美。

"神而不知，知而难状。"不知之知，恍恍惚惚；神奇玄妙，形难为状。这里，着重赞美诗赋的出神入化之奇。

"挥之八垠，卷之万象。"挥斥八方之界，舒卷万物景象。此喻挥洒自如之态，气势磅礴之状。

"河浑沆清，放恣纵横。"河流浑涵，沆水清澈；奔放恣肆，纵横驰骋。此喻豪俊、雄放之美。

"涛怒霆蹴，掀鳌倒鲸。"怒涛汹涌，雷霆滚动；鳌龟翻江，鲸鱼倒海。此喻气概的狂纵，形状的狰狞。

"镵空擢壁，琤冰掷戟。"凿虚空之天，拔高耸之壁；冰玉琤琮鸣，掷击戟有声。此喻诗的奇崛美。

"鼓煦呵春，霞溶露滴。"鼓足和煦阳气，呵嘘春日暖流；云霞溶秀色，露珠滴清响。此喻诗的柔润、和畅、清秀之美。

"邻女有嬉，补袖而舞。"邻居少女嬉戏，举起饰以彩绘图案的衣袖，翩翩起舞。此喻诗的流动、活泼、诙谐之美。

"色丝屡空，续以麻约。"有色之丝，飘来忽去，每每空灵；系之麻约，若断若续，若有若无。此喻诗的飘忽美、摇漾美。

"鼠革丁丁，焮之则穴。"鼠的皮革丁丁作响，火烧便有孔洞。此喻诗之寒塞。

"蚁聚汲汲，积而成垤。"群蚁匆匆忙忙，积聚细土成堆。此喻诗之细腻。

"上有日星，下有风雅。"上有日星照耀，下有风雅之声。此喻诗的壮丽、清幽、雅致。

"历诋自是，非吾心也"。经历如此诋戏，并非我的真心。意即，上述诋言，不过是正言若反，耸人听闻。目的是通过夸饰、比喻、想象，揭示奇特、险怪的现象。

总之，司空图的《诗赋赞》，是一篇诗化的美学作品。它包蕴着丰富、奇特的美学体验。许印芳《诗赋赞跋》云："此篇全为后世诗家发挥诗笔之奇，入手作翻案语，撇开'知道'，点出'奇'字，以下逐层摹写。始之以陈言务去，刻意苦吟。终之以手握造化，元气与侔。中间下笔有神，醇而后肆，赫赫乎金石千声，云霞万色。'邻女'八句，以寒俭细碎诸家衬托，其奇益见，遂乃扬扢风雅，比诸日星。结言'历诋自是，非吾心也'，殆以入手翻案，语似诋谌，特解释之耳。"这种评价，颇有见地。

所谓奇，主要表现为奇异、奇险、奇崛、奇怪。"色丝屡空，续以麻约。"岂非奇异乎？"涛怒霆蹴，掀鳌倒鲸"，岂非奇险乎？"镵空擢壁，琤冰掷戟"，岂非奇崛乎？"鼠革丁丁，焮之则穴"，岂非奇怪乎？这些奇特的类型，并非彼此绝缘，而是相互交叉的。

奇特之状，千姿百态；风格、题材，多种多样。有的恍惚，如"神而不知，知而难状";有的磅礴,如"挥之八垠,卷之万象";有的豪肆,如"河浑沆清,放恣纵横";有的清奇,如"鼓煦呵春,霞溶露滴"。其描绘对象,大而至于鳌、鲸,小而至于鼠、蚁,细而至于色丝,广而至于宇宙。

司空图以形象的笔触,勾勒了诗赋的奇特之美。特别是,他通过象征、暗示、比喻的方法,表现宇宙万物变化多端的状态,并运用反证、反语、夸饰和耸人听闻的词汇,大起大落地突出奇特的风貌。诚如许印芳所说:"后学祖述,加以活变,往往出奇制胜。"[1] 这种奇,也显示出求新求变的创造性。

司空图强调诗赋重奇,但并未以奇非道。许印芳在肯定《诗赋赞》之后,又指责其"舍道求奇"、"流弊无穷"。其实,这是误解。司空图只是反对以空洞的道的说教来取代诗赋形象的奇特美,而未反对文以载道。他在《二十四诗品》中念念不忘道的存在,就是有力的佐证。

(四)视其笔迹,足见其人

司空图在《书屏记》中说:"人之格状或峻,其心必劲,心之劲则视其笔迹,亦足见其人矣。"意思是说,人的品性、风神有些是峻峭的,它显示出人的内心必然是刚劲的。这也表现在笔迹上,从而充分地揭示出文如其人、字如其人的道理。

为了印证如上命题,司空图举了个典型的例子:唐代书法家"徐公浩真迹一屏","所题多《文选》五言诗,其'朔风动秋草,边马有归心'十数字,或草或隶,尤为精绝。或缀小简于其下,记云:怒猊抉石,渴骥奔泉。可以视碧落矣。"司空图接着写道:屏中之诗、书,"二者皆美,神物所窥,必当夺璧于中流,飞铓于烈火也"。人们可以得知,书屏中的文笔、墨迹,无不流动着艺术家的血脉,显隐着诗人、书法家的个性。

此外,司空图在《李翰林写真赞》中说:

> 水浑而冰,其中莫莹。
> 气澄而幽,万象一镜。
> 跃然烱然,傲睨浮云。
> 仰公之格,称公之文。

---

[1] (唐)司空图:《诗赋赞跋》。

这里，用兴象的言词，歌咏了李白风清骨峻的美，颂扬了李白诗文激昂热烈、豪迈奔放的品格。所谓"仰公之格，称公之文"，正是对李白文如其人的赞美、景仰。

此外，司空图在《兵部恩门王贞公赞》中写道：

> 发粹而文，蕴和而秀。
> 德无不尊，名无不寿。
> 内专外济，气厚神全。
> 贞公在此，千载耸然。

这里，歌咏了王贞的秀美之文、崇高之德、淳厚之气，是与文如其人的精神相符的。

（五）周旋尽美，尲益随时

司空图《成均讽》中有一段文字，兹录如下，并略作诠释，置于括号中。

> 臣闻元胎凝象（最初胚胎凝聚着物象），标器府以飞芒（标志着器物之府飞动的锋芒）；曜魄谐神，阅环天而肆会。瑶山激响，流妙靡于跄鸾；蠮谷搜奇，写玲珑于嬉凤。叶六气则生植必茂，文八音（金石丝竹匏土革木，谓之八音。另一种解释，系指佛家语：极好音，柔软音，和适音，慧尊音，不女音，不误音，深远音，不竭音。二说可备参）则锦绣相宣。既象物而省风，乃昭功而示德。周旋尽美，尲益随时。

司空图以形象的笔触，流动的气势，含蓄的语言，描绘了器物、星辰、太空、飞鸾、幽谷、天气、艺术的美；同时指出了美的效应的普遍性、广泛性，这就是"周旋尽美，尲益随时"。

以上从五个方面分析了司空图的美学智慧。其《二十四诗品》因在论述风格的文字中已作介绍，就不赘言了。司空图是以审美的态度来观照现实的，因而较多地强调美的纯粹性，强调艺术本身的个性，而对功利性则不甚热衷。这不仅同他倾心于追求王维、韦应物的冲和淡泊的诗意有关，也与他隐居中条山的闲适心境有关。他在《休休亭记》中说："休休也，美也。既休而且美在焉。"休休，含美善、从容之意。在亭中，仰而观山，俯而听泉，纵览景物，拥抱自然，是何等愉快！这就使他自然而然地产生了明澈澄静的心情和探究醇美的兴致。

第十章　心目妙悟说

一　裴孝源的心目相授、随物成形说

（一）心目相授　图画美恶

唐太宗时，任过中书舍人这一要职的绘画理论家裴孝源，在贞观十三年（639）写了一部《贞观公私画史》。在该书的序中，简要地概括了他那重视心目并用、熔裁万物的思想。在画史部分，均为当时秘府、佛寺、官库、私家所珍藏的绘画作品实录，它表明了贞观画廊作品的丰富多彩，可惜未作评介与论析。我们只可从所列绘画名称中窥见其绰约美丽的风采，并寻找与裴序中某些理论形态有联系的痕迹。裴序在回溯中国古代美术史的基础上写道：

> 及吴、魏、晋、宋，世多奇人。皆心目相授，斯道始兴。其于忠臣孝子贤愚美恶，莫不图之屋壁，以训将来。或想功烈于千年，聆英威于百代。乃心存懿迹，默匠仪形。其余风化幽微，感而遂至。飞游腾窜，验之目前。皆可图画。

这段论述，内涵非常丰富：

第一，强调了绘画的视知觉特点在于"心目相授"。既生发乎心，又接受于目。目为视觉之窗，心为知觉之室。目为心露，心为目藏。在心目交往中，相渗相融。但由于绘画是具有二度空间的艺术，特别强调视觉的直观性，故尤为重视感觉器官的灵敏性、直接性，描绘对象的形象性、生动性：所谓"风化幽微，感而遂至。飞游腾窜，验之目前"，便是此中情景的写照。如南朝宋明帝时大画家陆探微所绘的宋明帝像、江夏王像、勋臣像、孝武功臣像，魏晋时大画家卫协所绘的毛诗北风图、毛诗黍离图、卞庄刺二虎图、吴王舟师图，晋明帝司马绍所绘的史记烈士图、洛神赋图、畋游图、杂人风土图，南朝宋孝武帝时大画家顾景秀所绘的蝉雀图、杂竹样、陆士衡诗会图、王谢诸贤像、刺虎图、小儿戏鹅图，南朝齐代大画家毛惠远所绘的醉客图、刀戟戏图、骑马图，晋代大画家顾恺之所绘的水府图、庐山图、行龙图、虎啸图、虎豹杂鸷图、凫雁水洋图，等等，都是画家手脑并用、"心目相授"的结果。

第二，强调了绘画的教化作用在于一个"训"字，尤其是突出了"忠孝"二字。把忠臣、孝子等人物图之屋壁，目的是表彰他们的"功烈"、"英威"。作者裴孝源是唐室权臣，其着力鼓吹忠孝，是不足怪的。

第三，揭示了绘画美的塑造方式。作者爱美憎恶（丑），态度分明。他在宣扬忠孝的同时，也主张把"贤愚美恶""图之屋壁"，这样可以起到对比作用，在贤与愚、美与恶（丑）的对比中，更可突出地衬托出贤、美。这种效果并不是轻易获得的，而必须经过"心目相授"的创造，具体地说，就是必须做到"心存懿迹，默匠仪形"。即：一心追逐美的踪迹，在静默中精心雕琢美的仪态、塑造美的形象。

关于心与目的作用，刘勰《文心雕龙·知音》云："故心之照理，譬目之照形，目瞭则形无不分，心敏则理无不达。"此说甚妙。但"目瞭"不可脱离"心敏"，"心敏"必须通过"目瞭"。关于这一点，《文心雕龙·物色》云："山沓水匝，树杂云合。目既往还，心亦吐纳。"这就说明了心与目之间的紧密联系。裴孝源的"心目相授"之论，却从绘画理论的高度概括了心目之间的辩证关系，这不能不说也是个创造。

（二）随物成形　万类无失

裴孝源在论述绘画时，一方面强调心的作用，一方面强调物的作用。在心与物的交融中，心为物的灵魂，物为心的寄托。心必须通过物而显示，物必须寄托心才有意义，故历史上的画家所创造的优秀作品都是心物交融的结果。用裴孝源的话来说，就是："心专物表，含运覃思"；"随物成形，万类无失"。在绘画艺术创造中，如果没有画家匠心独运、潜心思考，则其所绘之物绝不可能获得活泼泼的生命精神，也不会富于深邃的思想性和浓郁的情感。另一方面，如果画家忽视物的存在形态，不讲究物的表现，不注重再现物的描绘手段的运作，那么，这就不可能揭示出作者绘画对象的物的本质特征，也不能很好地寄寓画家的思想情感。这样，心与物就处于分离、游离状态。裴孝源再三强调心的作用，重视"心专物表"；此外，又追求心寄于物、物为心形，即心必须通过物的形象的形式而显现，所谓"随物成形"是也。如：蔡邕所绘之讲学图，杨修所绘之两京图，戴逵所绘之嵇阮像、渔父图、十九首诗图、吴中溪山邑居图、黑狮子图等，都是画家心到笔至、赋物成形的产品。

裴孝源的"心目相授"、"随物成形"之论，对于当时和后代画家具有潜移默化的影响。中唐时著名画家和理论家张璪，由于王维之弟王缙的荐举，任检校祠部员外郎。他曾提出著名的"外师造化，中得心源"说①。作为物的造化，是画家学习、师从、描绘的对象；它必须通过画家心灵源头活水的浇灌，才可成为艺术品。这种观点，同裴氏学说相比，不是有一脉相承之处吗？

裴孝源是初唐时人，在其画史中所搜集的绘画作品名称，大都为唐以前画家所作。但在当时，却是保存完好的。裴氏能饱览这种稀世珍奇，乃是绝妙的艺术享受。他用凝练的语言，对其中的美进行高度概括，从而准确地揭示出绘画艺术的美学特征，这无疑是一大理论创造。

二 朱景玄的妍丑有别、移神定质说

（一）西子不能掩其妍 嫫母不能易其丑

唐代朱景玄在《唐朝名画录·序》中，对于唐代李嗣真的《续画品录》提出了批评，说《续画名录》"空录人名，而不论其善恶，无品格高下"。的确，李文实在过简，对于画家只列上、中、下三品，而未逐一予以评说；但作者似乎有意于此，即作者不想多言，而让观众发表观感。李云："夫丹青之妙，未可尽言，皆法古而变今也。立万象于胸怀，传千祀于毫墨……其中优劣，可以意求诸尔。"这是《续画品录》开端讲的话，可以看出李氏是在以己意而品评绘画的。如此品评，虽云过略，却在"未可尽言"之中了。李氏当过御史大夫，生年未详，但卒于武则天称帝时的万岁登封元年（696），可见他的生活年代还处在唐代国力兴盛时期。

至于批评《续画品录》的朱景玄（生卒年未详），则在《唐朝名画录》中补充了李氏的不足。"景玄窃好斯艺，寻其踪迹，不见者不录，见者必书。推之至心，不愧拙目。"可见朱景玄的写作态度是极其认真严肃的，其掌握的资料是真实可信的。唐人张怀瓘曾将画分为神、妙、能三品，朱景玄则将画分为神、妙、能、逸四品。尤其重要的是，朱氏在序中表述了如下的绘画美学观点：

> 伏闻古人云，画者，圣也。盖以穷天地之不至，显日月之不照。挥纤毫之笔则万类由心，展方寸之能而千里在掌。至于移神定质，轻墨落素，有

---

① 见（唐）张彦远：《历代名画记》卷十"唐朝下"。

象因之以立，无形因之以生。其丽也西子不能掩其妍，其正也嫫母不能易其丑。

这段序言，是对《唐朝名画录》的基本精神的高度概括。朱景玄从对古人歌颂"画者，圣也"入手，从宏观上洞察绘画超越大自然的神奇功能："盖以穷天地之不至，显日月之不照。"进而从画家创作主体的美学把握上论述心手并用的重要性："万类由心"和"千里在掌"句，就深刻地表明，得心应手，则万种风情、千里山河，均可不招自来，跃入心海，流于笔端。至于"移神定质"、"有象""无形"句，则强调了形象塑造有无相生的辩证性。最后，则从美丑对照的角度来区分绘画的优劣，所谓"西子不能掩其妍"、"嫫母不能易其丑"是也。总之，朱景玄从描绘对象、创造过程、形象生成、美丑鉴别等几个方面概括了唐代名画的美学价值，可谓言简意赅，切中肯綮。

（二）凝神定照　移神定质

尤其重要的是，朱景玄并非只是从表层分析唐代名画的，而是从南朝宋明帝时绘画大师陆探微人物画入手，下至唐代吴道子、周昉，进行鞭辟入里的解剖，从主客体两个视角分别论述了动静转换时"神"的主宰作用。

朱景玄认为，陆探微的人物画是"极其妙绝"的，其禽兽画也堪称佳品。但人物禽兽作为绘画对象的客体，却是处于流动状态之中的，把它捕捉到静态的画面上是很难的。艺术是克服困难。作为主体的画家，就必然要千方百计地去克服客体所带来的困难。"前朝陆探微，屋木居第一。皆以人物禽兽，移生动质，变态不穷。凝神定照，固为难也"。这里既写了客体的变态，又写了主体的稳态，并从主客体的关系上说明了以静观动、以定制变，特别是强调主体的"凝神定照"，这就突出了主体对客体的审美把握的功能性、积极性，从而为进入艺术美创造先写一笔。

如果说，"凝神定照"是对于"移生动质"的困难的克服的话，那么，"移神定质，轻墨落素"，便是画家在克服一个又一个困难之时，把客体描绘对象移入艺术作品，转化为活生生的艺术形象了。这是把眼中之竹转换为胸中之竹、再把胸中之竹变成手中之竹的过程。从"凝神"到"移神"，从"动质"到"定质"，就是化动为静、以静制动、凝结为艺术美的过程。其至美之品，必臻出神入化的境界，所谓"妙将入神，灵则通圣"是也。这种神妙之品，堪称炉火纯青。朱景玄用"挂壁则飞去"来进行夸饰性的形容，极言其神、其灵，从而证明"画者，圣也"的理性判断。如此"入神"之境，正是"凝神"、"移神"使然。所以，"凝神"、"移神"、"入神"的绘画艺术创造，都在突出显示"神"的威力。这种"神"，绝不是上苍、上帝，而是画家的精气、灵魂。举凡笔醮墨饱、尽情挥洒、痛快淋漓、出神入化、臻于炉火纯青、天衣无缝之境，似可以神目之。吴道玄（道子）、周昉、阎立本、阎立德、李思训、韩干、张璪等著名画家杰作，被朱景玄赞美为神品，就是由于他们的作品回旋着精灵之气、富于无穷的艺术魅力的缘故。

尤其是吴道子的画，被誉为神品中之至美者。他受到唐明皇的赏识，被召入宫廷为专业画师。吴道子的画、裴旻的剑舞、张旭的草书，为开元盛世艺林三绝。他们相遇切磋技艺时，均能各自施展绝招，吸取彼此的优长。更为难能可贵的是，吴道子追求艺术至境，绝不为利益驱动。《唐朝名画录·吴道玄》："吴生与裴旻将军、张旭长史相遇，各陈其能。时将军裴旻厚以金帛，召致道子于东都天宫寺，为其所亲将施绘事。道子封还金帛，一无所受，谓旻曰：闻裴将军旧矣，为舞剑一曲足以当惠。观其壮气，可助挥毫。旻因墨缞为道子舞剑。舞毕，奋笔俄顷而成，有若神助，尤为冠绝。道子亦亲为设色，其画在寺之西庑。又张旭长史亦书一壁。都邑士庶皆云一日之中获睹三绝。"三位大师，技艺超群，给人以极大的美感享受。他们在相互竞赛、相互观摩中，相互启发，共同促进。吴道子对于剑舞的观照，吸取了"壮气"，为其绘画注入了流动美。这种流动美不是舒缓的，而是风驰电掣、一气呵成。天宝年间，唐明皇令吴道子画蜀中山水，吴道子凭着记忆，"嘉陵江三百余里山水一日而毕"。朱景玄还亲自观赏过吴道子的画："景玄每观吴生画不以装背为妙，但施笔绝踪皆磊落逸势。又数处图壁只以墨踪为之，近代莫能加其彩绘。凡图圆光皆不用尺度规画一笔而成。"又通过目击者之口说："其圆光立笔挥扫，势若风旋。人皆谓之神助。"

神，是人物、事物的精神风貌的活脱脱的表现。由于画家所达到的艺术境界各不相同，其神亦各有所寄。周昉、韩干，均被列为神品。但周昉擅长人物，韩干擅长画马。赵纵侍郎曾请二人为自己"写真"，众皆称善不已，难以分别高低。然而，赵夫人却是慧眼独具，认为韩干"空得赵郎状貌"，周昉则"兼移其神气，得赵郎情性笑言之姿"。由此可见，同是写真人物画，一则形态毕肖，一则形神兼备。但是，我们却不可因此就贬低韩干的其他写真画。韩干画马，形态各异，颇受唐明皇赏识。他在奏表中说："臣自有师。陛下内厩之马，皆臣之师也。"凡厩中中外良马，莫不尽写笔下："奇毛异状，筋骨既圆，蹄甲皆厚，驾驭历险若舆辇之安也。驰骤旋转，皆应韶濩之节……写渥洼之状若在水中，移腰褭之形出于图上。故韩幹居神品宜矣。"

由于描绘对象不同，描绘手段不同，画家艺术经验不同，其作品所揭示的神妙境界也各不相同。如果说，周昉以画像传神，韩幹以画马传神，那么，阎立德、阎立本兄弟就以画人物诡怪传神，李思训、张璪以画山水传神。唐太宗曾令阎立本作射杀猛兽写真画，形态毕肖，"观者莫不惊叹其神妙"。天宝年间，唐明皇令李思训画大同殿壁及掩障，后来当面赞美道："卿所画掩障，夜闻水声。"这既表明了李隆基有灵敏的艺术感觉和高度的鉴赏水平，又证实了李思训的确是"通神之佳手"。至于张璪则为画松石山水之高手。他"尝以手握双管一时齐下，一为生枝，一为枯枝。气傲烟霞，势凌风雨。槎枿之形，鳞皴之状，随意纵横，应手间出。生枝则润含春泽，枯枝则惨同秋色。其山水之状则高低秀丽，咫尺重深，石尖欲落，泉喷如吼。其近也若逼人而寒，其远也若极天之尽……精巧之迹可居神品也。"

即使描绘同样的山水题材，由于画家艺术个性不同，其神韵亦各具特色。朱景玄把朱审、王维、韦偃、王宰、韩滉等作者之画列为妙上品或能品。其实，就其评价而言，却是很高的，所以列为神妙之品也不为过。朱审壁画山水图："其峻极之状，重深之妙，潭色若澄，石文似裂，岳耸笔下，云起锋端。咫尺之地，溪谷幽邃。松篁交加，云雨暗淡。"王维辋川图："山谷郁郁盘盘，云水飞动，意出尘外，怪生笔端。"韦偃笔下，"山水云烟，千变万态"。王宰笔下，"画山水树石出于象外"。至于韩滉，则"能图田家风俗人物，水牛曲尽其妙"。这些评价，并非随意为之，而是极其精审的。尤其是提出了象外说、尘外说，更揭示出山水画的风神美，而这风神美又是因人而异的。

从以上论析中，可以看出，神并不是高不可攀的。《周易·系辞上》："民咸用之谓之神"，"神而明之存乎其人"。可见，神与人是有紧密关系的，是有很强的亲和性的。画家的神来之笔也是常常可见的。但是，神也并非招之即来、唾手可得的。"精义入神"、"穷神知化"[1]，并非一蹴而就，而是艰苦磨炼、功到垂成的结果。杜甫《奉赠韦左丞丈二十二韵》："读书破万卷，下笔如有神。"元人赵孟頫《苍林叠岫图》题诗："久知图画非儿戏，到处云山是我师。"可见神妙的精灵是在艺术实践的熔炉中千锤百炼形成的。

----

① 《周易·系辞下》。

三 张彦远的妙悟自然、离形去智说

（一）比雅颂之述作，美大业之馨香
宣物莫大于言，存形莫善于画

唐代绘画美学论著，极为丰赡。惜亡佚甚多，今存者寥寥无几。如彦悰《后画录》、李嗣真《后画品》、张怀瓘《画断》、张璪《绘境》、窦蒙《画拾遗录》等，均失传；流传下来的只有裴孝源的《贞观公私画录》、朱景玄的《唐朝名画录》、张彦远的《历代名画记》等少量著作。尤其是张彦远的《历代名画记》，影响最大。

张彦远（815—875），字爱宾，河东猗氏（今山西临猗县）人。

《历代名画记》成书于唐宣宗李忱大中元年（847），共十卷。在卷一中，他除了论述绘画的社会教育作用外，还提出了"书画同体"的学术观点。特别是从"意"与"形"的区别出发，把原本同体的书画分离开来："无以传其意，故有书；无以见其形，故有画。"这里，说明了书意与画形的各自特色，并由此把论述的重点转移到绘画造形上来。他特别重视绘画的形式美。这就是"图形"、"比象"。他引述道：

> 《广雅》云："画，类也。"《尔雅》云："画，形也。"《说文》云："画，畛也。象田畛畔，所以画也。"《释名》云："画，挂也。以彩色挂物象也。"

这里，既强调画形，又强调画象。如果把形与象联系在一起，就是形象。绘画造型的形象美，尤其是个中的形式美，是张彦远所十分热衷追求的。

形象是具体的、感性的、概括的、富于美学意义的图景，它既蕴涵着内容，又外化为形式。绘画的内容则是通过绘画的形式表现出来的。这种绘画的形式，便是绘画形象的形式，舍此，那就不成其为绘画，故历代画家在创作实践中都一心追求形式美。张彦远则进一步从理论上进行概括、提升，特别注重绘画的存形说。

当然这种存形说，并非与内容无涉，而是和内容有关的。不过，它的特色却在于"存形"罢了。他说：

记传所以叙其事，不能载其容；赞颂有以咏其美，不能备其象。图画之制，所以兼之也。故陆士衡云：丹青之兴，比雅颂之述作，美大业之馨香。宣物莫大于言，存形莫善于画。此之谓也。

从这段论析中，可以看出：记、传、赞、颂，是以文字为传达媒介的语言艺术，其形象是活跃于思维荧光屏之上的，缺乏视觉的直观性，因而不能"载其容"、"备其象"；与之相异的是绘画。绘画是以色彩明暗、光线强弱为传达媒介的造型艺术，其形象具有视觉的直观性，因而可以"载其容"、"备其象"。这不仅突现出绘画形象的形式美，而且也表明此种形式是显示"叙其事"、"咏其美"的内容的。

正由于张彦远看到了绘画形式所显示的内容，因而他在强调绘画形式美时，也非常重视绘画内容的教化功能和社会作用。他说："夫画者，成教化，助人伦，穷神变，测幽微，与六籍同功，四时并运，发于天然。"这是从宏观的理论高度强调绘画效应的。显然，这是从崇儒的思想出发去提高绘画的地位的。儒家强调人的社会作用，强调经世致用，故"成教化，助人伦"，也成为绘画的社会教育功能的重中之重。他甚至说："图画者有国之鸿宝，理乱之纲纪。"这就把绘画强调到无以复加的地位，甚至有点过分了。此外，他还举了不少事例，从微观上证明绘画的教化功能。他引述道：

曹植有言曰：观画者见三皇五帝，莫不仰戴。见三季异主，莫不悲惋。见篡臣贼嗣，莫不切齿。见高节妙士，莫不忘食。见忠臣死难，莫不抗节。见放臣逐子，莫不叹息。见淫夫妒妇，莫不侧目。见令妃顺后，莫不嘉贵。是知存乎鉴戒者，图画也。

这里，指出了绘画的"鉴戒"作用，是具体的、切至的。

就绘画的艺术地位而言，它绝不在雅、颂之下，而可与之相埒；在艺术价值上亦可与之比美：所谓"比雅颂之述作，美大业之馨香"是也。就绘画之特殊性而言，则以形式美为其根本，所谓"存形莫善于画"是也。这便是张彦远所揭示的绘画美学的原本意义。

（二）夫象物必在于形似，形似须全其骨气

张彦远在《历代名画记》卷一中，曾援引南齐谢赫的《古画品录·序》中的画有六法说，加以论析，并提出了自己独特的见解，在中国绘画美学史上放射出耀眼的光彩。

谢赫的《古画品录》，成书年代约在南朝梁武帝中大通四年（532）至梁武帝太清三年（549），是我国现存的最古的画论著作，其画有六法论，一千四百五十年来，一直成为我国绘画创作遵循的美学原则，尤其是其中的气韵生动论，乃是"六法"中的根本原则。

张彦远以《论画六法》为题，引述了谢赫的话，并加以论析：

> 昔谢赫云：画有六法。一曰气韵生动，二曰骨法用笔，三曰应物象形，四曰随类赋彩，五曰经营位置，六曰传模移写。自古画人，罕能兼之。彦远试论之曰：古之画或能移其形似，而尚其骨气。以形似之外求其画，此难可与俗人道也。今之画，纵得形似，而气韵不生。以气韵求其画，则形似在其间矣……夫象物必在于形似，形似须全其骨气。骨气形似，皆本于立意而归乎用笔，故工画者多善书。

这里，对于气韵的概念，并未加以诠释，但却可从领悟中探取。作者首先从"形似"一词入手，谓古人之画能以运动的观点对待形似，追求形似，不拘于形似，这就是"移其形似"；更重要的是在形似之外"尚其骨气"。此中奥妙，难与俗人言。可见，作者所说的"气韵"的"气"字，就是指"骨气"。它是艺术的精神、灵魂。曹丕《典论·论文》："文以气为主。"刘勰在《文心雕龙·风骨》中，对曹丕文气说，极为推崇，并加以引用，论孔融"体气高妙"，徐干"时有齐气"，刘桢"有逸气"，且与风骨紧密相连。陈子昂《与东方左史虬修竹篇序》中所赞赏的"骨气端翔"，乃是指《咏孤桐篇》的精神状态。这些，同张彦远所强调的"气"、"骨气"，均有异曲同工之妙。张彦远对于"气"、"骨气"的理解，是符合谢赫的原意的。谢赫在《古画品录》中，在评价张墨、荀勖绘画时说："风范气候，极妙参神。但取精灵，遗其骨法。若拘以体物，则未见精粹；若取之象外，方厌膏腴，可谓微妙也。"所谓"风范"、"气候"、"参神"，就是指精神、灵魂。这是决定作品艺术价值的根本因素。它当然要通过特定的形式而

表现；但在表现时却不可为物所役、拘于形似，否则，就不能掬出其精粹。若取象外之象、形外之神，方见大千世界充满丰盛厚沃之境。这里，固然不忘形，但更重视神。张彦远正由于接受了谢赫的"但取精灵"论，所以才提出了"尚其骨气"。

至于"韵"字，应如何理解呢？韵，是指风韵、情韵、韵致、韵味。就作品而言，韵，乃是指艺术性及其艺术魅力所构成的美的价值。谢赫《古画品录》评价顾骏之画"神韵气力，不逮前贤"；评价陆绥画"体韵遒举，风彩飘然"；评价毛惠远画"力遒韵雅，超迈绝伦"；评价戴逵画"情韵连绵，风趣巧拔"。这些，均强调一个"韵"字。

如果说，气偏重于思想、精神、本质，那么，韵就偏重于艺术、情调、风采。实际上，气与韵，是互渗、圆融的，故谢赫特连接为"气韵"。张彦远亦沿用，并发扬而光大之。他认为形似与气韵相比，气韵是起决定作用的。只有形似，而无气韵，那就算不上是好画，故不能只顾形似而忘记了气韵。他强调指出："以气韵求其画，则形似在其间矣。"如果望文生义，可能认为张彦远只重气韵而忽视形似，甚至以气韵代替形似，似乎有了气韵，形似也会跟踪而至。但是，如果结合上下文全面地去观照，就会发现，张彦远的见解，是很辩证的，他在强调气韵的主导作用后，又特别提到了形似。"夫象物必在于形似，形似须全其骨气"。这里，把形似与象物相联系，认为形似是象物的必然，从而肯定了形似的原本意义。但是，形似必须充满骨气，才具有生命力。否则，徒有形似，而无骨气，那就是僵化的活不起来的东西。所谓骨气，也就是指气韵中的精神，姑称之为神。所谓形似，也就是指气韵中的风貌，姑称之为形。所谓"骨气形似"，就是指神形。举凡神形兼备的作品，都是气韵生动的。所谓"上古之画，迹简意澹而雅正"；"中古之画细密精致而臻丽"；"近代之画，焕烂而求备"。这些都是气韵生动的。

所谓生动，就是指生机蓬勃，欣欣向荣，活泼流动，形象感人。它既指内在的质，又指外在的文。它文质相符，风度翩翩，自自然然，富于魅力。《易传·系辞上》："生生之谓易。"又曰："言天下之至动，而不可乱也。"《易传·系辞下》："天地之大德曰生"，又曰："动而不括。"如此哲理，表现在作品中，就使形象显得生动感人，诚如梁代文艺理论批评家钟嵘《诗品序》中所说："气之动物，物之感人，故摇荡性情，形诸舞咏。"举凡动物感人之作，必然是形象逼真、栩栩如生、鲜活跳动的。无论是诗还是画，均如此。谢赫《古画品录》评陆绥绘画"一点一拂，动笔皆奇"；评张则绘画"意思横逸，动笔新奇"；评陆杲绘画"点画之间，动流灰珀"。这些，都表明了绘画的生动韵致。

张彦远对于"生动"一词，具有自己独特的见地。他认为生动最宜表现人的情状，但又最难表现人的情状。他引述"顾恺之曰：画人最难"。但必须富于气韵，才可出现生动；如无气韵，即使形似，亦无生动之可言；故有无气韵，是衡量是否生动的标志。他在言及画鬼神时说："至于鬼神人物，有生动之可状，须神韵而后全；若气韵不周，空陈形似，笔力未遒，空善赋彩，谓非妙也。故韩子曰：狗马难，鬼神易。狗马乃凡俗所见，鬼神乃谲怪之状，斯言得之。"鬼神是虚幻的、怪异的，画家可以凭借丰富的想象，去表现其生动的状态，关键是必须富于气韵。若气韵周全，则必形象生动；若气韵不周，则难致生动。即使做到了形似，也不能获得美妙。只有骨气形似兼具即形神兼备，方可成为上乘之作。作者称颂吴道玄的画，就臻于出神入化的极境："唯观吴道玄之迹，可谓六法俱全，万象必尽，神人假手，穷极造化也。所以气韵雄状，几不容于缣素；笔迹磊落，遂恣意于壁墙。"这里所谓的神人，不必理解为虚幻世界的神仙，而是借来形容吴道玄的高超画艺的。吴道玄的传达媒介（缣素），已难以荷载其雄壮的气韵；其磊落之笔饱和着气韵，可恣意在墙壁上涂抹。如此神妙之品，为实践六法之典范，是后人学习之典范。那些"粗善写貌，得其形似，则无其气韵"的绘画，是无法望其项背的。

（三）凝神遐想，妙悟自然；物我两忘，离形去智

张彦远在《历代名画记·论画体工用榻写》中，提出了一个重要的美学命题，这就是："凝神遐想，妙悟自然。物我两忘，离形去智。"在理解这一命题时，必须整体观照，将上下文结合起来，顾及全篇，始能知其究竟。

关于凝神遐想，实际上是指"守其神，专其一"①。若神不守舍，意马心猿，则绝对画不出活的东西。他说："意旨乱矣，外物役焉，岂能左手划圆、右手划方乎？"他认为受制于外物，就不专心致志，就是画"死画"，而不是画"真画"。要想画出"真画"，就必须用心去画，而不能借助外物，图走捷径。为此，他不主张用界笔直尺去绘制图形，他认为吴道玄的画之所以能臻于"古今独步"的至美境界，就是由于"不假界笔直尺"，而是"守其神，专其一"，用心去画的结果。

---

① （唐）张彦远：《历代名画记·论顾陆张吴用笔》。

作为"守其神，专其一"的"凝神"，与刻意追求是风马牛不相及的，与刻舟求剑更是不能同日而语的。它虽凝心作画，却不着意为之，而是不勉强、不做作，达到了"凝神"与"不凝于心"的辩证的统一。他说："夫运思挥毫，自以为画，则愈失于画矣；运思挥毫，意不在于画，故得于画矣。不滞于手，不凝于心，不知然而然。"这里所谓"不凝于心"，就是指不刻意，不"自以为画"，"意不在于画"，达到自自然然、妙手天成的无迹境界。这便是"真画"。如吴道玄的人物画，"虬须云鬓，数尺飞动。毛根出肉，力健有余。当有口诀，人莫得知。数仞之画，或自臂起，或从足先，巨壮诡怪，肤脉连结，过于僧繇矣"。只要吴道玄落笔，纵使一划，也富于活力，所谓"真画一划，见其生气"是也；纵使笔不到处，也富于意蕴，所谓"离披点画，时见缺落，此虽笔不周而意周也"。达到如此高超的"凝神遐想"与"不凝于心"的艺术境界，绝非一蹴而就，而是和吴道玄"妙悟自然"息息相关的。

关于妙悟自然，就是指对客观描绘对象（包括自然大化）的艺术把握已臻于出神入化、炉火纯青的境界；主体对客体的洞察秋毫与透彻理解，主体的艺术操作，仿佛"庖丁发硎，郢匠运斤"，熟练精巧，神乎其技。它不仅运转着艺术思维的车轮，而且启动着塑造形象的手段。它尊重客观事物发展的规律，师法自然；又充分发挥艺术想象的创造功能，顺应自然，改造自然，超越自然，使主观符合客观，俾自然显得更美。张彦远在评论吴道玄绘画时，强调吴氏能"守其神，专其一"，紧接着就赞美吴氏之笔"合造化之功"，这便是"意存笔先，画尽意在"。显然，这是他能妙悟自然的结果。如果不能妙悟自然，如果主观的妙悟和客观的自然呈现分离状态，那么吴氏之笔就无从与造化（自然）连接，吴氏之意也就无从融入自然中并通过画面表现出来。可见"意存笔先，画尽意在"，乃是妙悟自然的结果。意，是主观的；自然，是客观的。意，在绘画创作中，只可妙悟，而不可刻意为之；自然，在绘画创作中，乃是艺术化的自然，而不是自然的翻版。故作为"物"的未加工的自然，必须经过艺术容器的过滤、漾涤、净化；作为"我"的原本的意，则须深深地隐藏在画面的背后，而不可裸露着。这就要求做到"物我两忘"。

关于物我两忘，乃是指艺术创造、艺术鉴赏过程中，客观与主观、客体与主体的过渡、互渗、圆融的美学境界。物我双方，在相互撞击中，相互交叉，相互作用，各自改变着原初的存在状态，忘却了各自的本来面貌；在彼此过渡中，你中有我，我中有你，亦此亦彼；在物我交感中，物中有我，我中有物，亦物亦我。这是由物我—物我两忘—物我同一的变化过程。作为物我同一的艺术形象的诞生，便是艺术创造的结果。张彦远云："顾恺之之迹，紧劲联绵，循环超忽，调格逸易，风趋电疾，意存笔先，画尽意在，所以全神气也。"如此妙品，出神入化，岂非物我两忘使然？张彦远又举例说："吴道玄者，天付劲毫，幼抱神奥。往往于佛寺画壁，纵以怪石崩滩，若可扪酌。又于蜀道写貌山水，由是山水之变，始于吴。"① 如此壁上山水，怪石可扪，崩滩可酌，形态逼真，然而均非真山真水（忘其原物）；个中凝注着画家的心血，又看不出画家心意的裸露（忘其原我）：但都是山水自然与画家自我的互通、圆融（物我同一）。

在艺术创造中，物我同一的关键是"我"。所谓"搜尽奇峰打草稿"（石涛语），所谓"胸中之竹"（郑板桥语），所谓"胸中有全马"（罗大经语），都在强调画家的主观能动性和心意的主导作用。张彦远在论述同时画家徐表仁（宗偃）时，说他"耳剽心晤，成若宿构，使其凝意，且启幽襟，迨乎构成，亦窃奇状，向之两壁，盖得意深奇之作。观其潜蓄岚濑，遮藏洞泉，蛟根束鳞，危干凌碧，重质委地，青飚满堂，吴兴茶山，水石奔异，境与性会"②。这里所说的"心晤"、"宿构"、"凝意"、"得意"等，都是强调画家自我对于物的统摄作用的。所谓"境与性会"，则是对这种统摄作用（物境与心性的融会，心性对物境的把握）的美学概括。

关于离形去智，与物我两忘的含义是有交叉的。大意是指：离开僵化的形式，除去板滞的内容；不执著于形貌，不拘泥于心智；离形存形，去智存智。故离形去智，充满了艺术辩证法。它绝非完全抛弃形、智，而是追求自然而然、无斧凿痕的圆美的艺术境界，是追求思想内容与艺术形式的和谐统一。

张彦远说："夫阴阳陶蒸，万象错布，玄化亡言，神工独运。草木敷荣，不待丹碌之采；云雪飘飏，不待铅粉而白。山不待空青而翠，凤不待五色而绛。是故运墨而五色具，谓之得意。意在五色，则物象乖矣。夫画物特忌形貌采章历历具足、甚谨甚细而外露巧密，所以不患不了，而患于了。既知其了，亦何必了？此非不了也。若不识其了，是真不了也。"③ 这段话的含义，十分丰富。它强调自然万物形态纷呈，复杂多样。但在创作过程中，却必须胸纳万物，又不拘于万物；要遵循自然法则，又不可被万物纷繁的形态所困扰；意在五色，又不可陷于五色的迷魂阵中。要做到离形去智，切勿将自己所偏爱的东西（形、智）不分青红皂白一股脑儿地都向画面上泼。如果背悖离形去智，而是杂乱无章的形式和

---

① ② （唐）张彦远：《历代名画记·论画山水树石》。
③ （唐）张彦远：《历代名画记·论画体工用榻写》。

无关题旨的内容都向画上堆砌，那就必然成为失败之作。所以，张彦远一连用了七个"了"字，来形象生动地阐明这一问题。绘画切忌过满、过密、一览无余，而要空虚灵动，意在象外，富于韵味。

（四）各有师资，递相仿效；指事绘形，可验时代

张彦远十分重视绘画的师承性与时代性。由于师承不同、时代有别，故画家创作个性与绘画特点亦各相异。《历代名画记·叙师资传授南北时代》专门论述了这一问题。他说："若不知师资传授，则未可议乎画。"他列举了许多画家先后师承的实况，并作了这样的判断："各有师资，递相仿效。或自开户牖，或未及门墙；或青出于蓝，或冰寒于水。似类之间，精粗有别。"在师承的过程中，由于各自艺术个性之间的碰撞、渗透、圆融，不可避免地在自己的艺术中流着他人的血液，汲取着他人的营养。但他人的血液只能滋补自己的身体，只能融化在自己的血液中，并转化为自己的血液。在艺术上，这便是创造。如果只靠输血、换血，自己不能造血，在艺术上，这便是模仿。活的生命力，鲜明的个性，只属于创造；模仿得再好，也仿佛是纸花，是没有香味的。

张彦远提到了许许多多的著名画家，他们虽然都师承顾恺之、陆探微、张僧繇等大师，但他们的作品却打上了自己的气质、个性的印章，具有各自的风采。或"郊野柴荆"，或"鞍马人物"，或"朝廷簪组"，或"游宴豪华"，或"台阁"、"车马"，或"美人"、"魑魅"，各有所长。

他们绘画的各自特点，固然取决于他们各自的情性，但也同他们所师承的各自不同的大师的艺术品位、情调有着或显或隐的联系。张彦远在《历代名画记》卷六中引述唐代著名书画理论家张怀瓘的话评述道："陆公参灵酌妙，动与神会。笔迹劲利，如锥刀焉。秀骨清像，似觉生动。令人懔懔，若对神明，虽妙极象中，而思不融乎墨外。夫象人风骨，张亚于顾、陆也。张得其肉，陆得其骨，顾得其神。神妙亡方，以顾为最。"这里，对顾恺之人物画评价最高，以"神"目之，言其达到出神入化的玄妙极境。次为陆探微，以"骨"目之，言其风清骨峻，神采奕奕。至于张僧繇，则以"肉"目之，言其形态丰腴，内涵充实。这里，把他们的作品特色，分别用"神"、"骨"、"肉"三个字来概括，是极其精审的。这些奥秘，引起当时及后代许许多多画家的浓厚的兴趣，为探究其真谛付出了毕生的精力，成为师承的艺术范式和创作的理论法则。

拿吴道玄来说，他在绘画上学张僧繇，在书法上学张旭、贺知章，在剑法上

学将军裴旻，转益多师，自创一格，终成大家。《历代名画记》卷九说他"因写蜀道山水，始创山水之体，自为一家……开元中，将军裴旻善舞剑，道玄观旻舞剑，见出没神怪。既毕，挥毫益进。时又有公孙大娘，亦善舞剑器，张旭见之，因为草书，杜甫歌行述其事。是知书画之艺，皆须意气而成，亦非懦夫所能作也"。这里表明，各种艺术虽有不同，但均重"意气"（精神、气骨），故有相似、相近、相同之处；彼此之间，相渗相融，互相借鉴，参照其他艺术优长，丰富本身艺术底蕴，从而进行新的创造。吴道玄就是极善于师承多种艺术并化为自己血肉而不断创新的大师，故才被张氏誉为"下笔有神"。

张彦远论画，不仅重视历史继承性，而且重视地域性和时代性。《历代名画记·叙师资传授南北时代》云："若论衣服、车舆、土风、人物，年代各异，南北有殊。"又云："详辩古今之物，商较土风之宜。指事绘形，可验时代。其或生长南朝，不见北朝人物。习熟塞北，不识江南山川。游处江东，不知京洛之盛。此则非绘画之病也。"因此，他很赞同李嗣真所说的"此是其所未习，非其所不至"的论断。他列举许多事例，说明这一问题。如：就地域而言，"芒屦非塞北所宜，牛车非岭南所有"；就时代而言，"幅巾传于汉魏"，"幞头始于周朝"。他提醒道："精通者所宜详辩南北之妙迹，古今之名踪，然后可以议乎画。"这是注目画艺时空的至理名言。

（五）澄怀观道，卧以游之；放情林壑，怡悦情性

张彦远在《历代名画记》卷六中，全文录载了南朝宋时绘画理论家宗炳写的《画山水序》，并记述了宗炳的高雅情怀和绘画美学思想；对于谢赫贬低宗炳之处，也提出了批评。

张彦远对于纵情山水、不愿做官的宗炳，非常推崇，说他是"飘然物外"的"高士"。他酷爱山水，晚年"以疾还江陵，叹曰：噫！老病俱至，名山恐难遍游，唯当澄怀观道，卧以游之。凡所游历，皆图于壁，坐卧向之，其高情如此"。这里表明，宗炳不仅善于绘画，而且善于欣赏——卧游，而卧游则是建立在旅游的基础之上的。

旅游包含身游、目游、心游，着重在运动状态中观赏景物；卧游则无身游的参与，着重是在静态（卧）中观赏景物，必须凭借回忆和想象，再现已经经历过的情景，使之与卧游时直观的书画中所显示的状貌相叠合，从而获得审美愉悦。其中有两种情况：一种是卧游时直观的情景与本人所曾经历情景相合（部

分相合或整体相合）；一种是卧游时直观的情景本人并未经历，但却可将他处所亲历情景移植过来，通过想象，以丰富此时卧游之内容。而宗炳之卧游，却属于前者。宗炳之卧游水平，更超过常人。因为他亲身经历之山川，亲自绘之壁上，卧游之时，更有一种亲切感和不可言传的美感。尤其是，他能站在哲学的高度，去审视艺术的真谛，观照自己的卧游，因而便可洞察幽微，获得深层美感。

如果说旅游更偏重于审美的实践性、直接性的话，那么，卧游则富于审美的艺术性、间接性。因为旅游的对象是自然美、社会美，卧游的对象是艺术美。旅游诉诸视、听等感觉器官，对审美对象直接做出评价。卧游诉诸视知觉，通过艺术的折光，对现实世界的自然美、社会美做出评价，这种评价是间接的。当然，我们也要看到，卧游时对于艺术美（如书画）的评价，则是直接的；这有别于对于艺术美所表现的现实对象的间接性的评价。宗炳不仅"西陟荆巫，南登衡岳"，对旅游做出了贡献，而且对卧游作了理性的探究。对此，深深地感动了张彦远。张氏予以发扬而光大之，且实录于书，俾传后世，实在功不可没。

宗炳在《画山水序》中提出了许多著名的美学命题，如："圣人含道映物，贤者澄怀味像"；"山水以形媚道而仁者乐"；"旨微于言象之外者，可心取于书策之内"；"身所盘桓，目所绸缪。以形写形，以色貌色"；"竖划三寸，当千仞之高；横墨数尺，体百里之迥"；"应目会心"；"畅神而已"。这些理论，包孕丰厚，言近旨远，韵味隽永。旅游、卧游之道，亦含其中。所谓"澄怀观道，卧以游之"，乃是《画山水序》对于旅游与卧游之道的重要提示。不仅为宗炳所践行，而且为张彦远所瞩目。当今流行的古人画论全录本，在刊载宗炳《画山水序》时，对于宗炳提倡旅游、卧游之道的背景提示，每每略而不谈，实属一大疏漏。

宗炳在绘画理论上有很高造诣，在绘画创作上也是可登大雅之堂的，但谢赫却把宗炳放在第六品。"炳于六法，亡所遗善。然含毫命素，必有损益。迹非准的，意可师效"。大意是说，宗炳对于六法精义有所遗漏而未掌握，故提笔作画，损益互见，未能尽美。因此，其画不可作为典范；然其画意尚可师从、仿效。对此，张彦远反诘道："既云必有损益，又云非准的；既云六法亡所遗善，又云可师效：谢赫之评，固不足采也。"如此揭示谢赫批评的矛盾之处，复现宗炳绘画的应有地位，是有利的。宗炳画艺正因为有精妙之处，故才能入品而成为后人学习的典范。张彦远说，宗炳之孙宗测，性善书画，传其祖业，画阮籍像，画佛寺，皆称臻绝。这便是典型的例子。

在肯定宗炳艺术成就之后，紧接着就介绍南朝宋时画家王微的贡献。王微的画论《叙画》中有"以一管之笔，拟太虚之体"语，又有"望秋云，神飞扬，临春风，思浩荡，虽有金石之乐，珪璋之琛，岂能仿佛之哉"的感喟。在赞美之余，张彦远联系宗炳、王微，对于绘画的社会作用和审美功能，做出如下归纳："图画者，所以鉴戒贤愚，怡悦情性。若非穷玄妙于意表，安能合神变乎天机。宗炳、王微，皆拟迹巢由，放情林壑。与琴酒而俱适，纵烟霞而独往。各有画序，意远迹高。"这里，主要强调了绘画的美感效应，这就是：放情林壑，怡悦情性。

（六）创造性、阐释性、史料性的结合

张彦远的画论，具有创造性、阐释性、史料性等特点。他提倡绘画的形式美，提出存形说，并与雅、颂相比，目之为大业之美，且妥善地解决了"形似"与"骨气"的关系问题，做出了"形似须全其骨气"的判断。在艺术创作上，则提出"凝神遐想，妙悟自然。物我两忘，离形去智"的原则。这些，均富于创造性，而令人耳目一新。

张彦远对于优秀的绘画美学理论，十分重视。对于谢赫论画六法，尤其是气韵生动说，详细地予以阐释，这就填补了谢赫对于六法并未细说的空白。对于宗炳、王微的山水论，录载之，评述之，并提炼出美的精粹。所谓"澄怀观道"，便是针对宗炳山水论而言；所谓"怡悦情性"，便是针对王微山水论而言。其精辟的阐释性与创造性是相互圆融的。

在张彦远画论中，保存了大量珍贵的绘画资料，对于画之源流、画之兴废、画之时代、画之装裱、画之品第、画之收藏、画之鉴赏、历代画家等等，均作了记述。这种记述，或详或略，由古及唐，真实、形象，可以说是当时不可多得的一部中国绘画美学史。其卷五写顾恺之："画人尝数年不点目睛，人问其故，答曰：四体妍媸本亡关于妙处，传神写照，正在阿堵中。"其卷七写张僧繇："张画所有灵感，不可具记。"其卷七写谢赫，则引姚最《续画品录》云："至于气韵精灵，未穷生动之致；笔路纤弱，不副雅壮之怀。"谢赫在绘画理论上提出了"气韵生动"的著名学说，但其绘画作品却未臻气韵生动。张彦远均予以实录，可见他是一位治学谨严、实事求是的理论家。他曾亲眼见到许多大师的名画，故对绘画的评述，尤具史料的真实性与亲切感。卷十中他说王维山水，"体涉今古"，"清源寺壁上画辋川，笔力雄壮"，"余曾见泼墨山水，笔迹劲爽"。他说张璪，"尤工树石山水，自撰《绘境》一篇，言画之要诀"，"璪曰：外师造化，中

得心源"，"彦远每聆长者说，璪以宗党，常在予家，故予家多璪画，曾令画八幅山水障"。如此史料，弥足珍贵。今人所引"外师造化，中得心源"语，即本于此。张彦远在实录这些史料时，既尊重它的真，又赋予它以美学品位，并同记述的创造性、阐释性有机地结合在一起。

第十一章　凝神论

一　李世民的思与神会论

（一）神彩为上，形质次之；得其骨气，形势自生

李世民（597—650），为唐高祖李渊次子。卒谥文皇帝，庙号太宗。其书论流传至今者，有《笔法论》、《指法论》、《笔意论》、《禁经序》等。

李世民对于王羲之、王献之的书法艺术，极为推崇，并带头提倡，遂形成了有唐一代尊王的风习。其《笔意论》云：“夫学书者，先须知有王右军绝妙得意处，真书《乐毅论》，行书《兰亭》，草书《十七帖》……学书之难，神彩为上，形质次之；兼之者，便到古人。”从这里可以得知，王羲之书法之所以“绝妙”，就在于“神彩”、“形质”俱美。换句话说，就是指形神兼备、文质相彰。既富于神采飞扬的造型美，又有质地精良的内蕴美。王氏的书法，正由于“神彩”、“形质”俱美，故才被奉为典范。

这种师从典范的思想，和王羲之也是一脉相承的。王羲之曾写《笔阵图十二章》传给他的儿了王献之，并再三叮嘱：“家宝家珍，学之秘之”，勿传他人。其第十二章云：“乐毅一本，书之祖宗；学此得成，自外皆能，勿以难学而慢之也。”如此向书法大师认真学习的观念，深深地影响了唐太宗李世民；但李世民比王羲之高明的是，他并不把书学看成只有自己的儿子才能传授的私秘，而是把书学视为共享的文化遗产。

李世民所说的“神彩为上，形质次之”，并不意味着不重视形式，而是强调内容的主导作用，说明形式要服从内容的表达。当然，在书法艺术中，这种内容与形式是浑然一体、密不可分的。正因为如此，李世民所说的“神彩”，就不仅仅是指内容，而且也含着形式，不过着重强调的是内容罢了；同时，他所说的“形质”，就不仅仅是指形式，而且也含着内容，不过着重强调的是形式罢了。这是我们从内容与形式的辩证关系上去理解“神彩”与“形质”的。这是一种分析的方法。李世民沿用的是古老的整合的观念，把形与神、文与质分别地综合为“神彩”、“形质”，从而更加突现出内容与形式的圆融性。

其实，这种理论乃是李世民从王僧虔（426—485）那里借过来的。王僧虔是南朝齐代著名书法理论家，其《笔意赞》云：“书之妙道，神彩为上，形质次

之。兼之者方可绍于古人。”所谓神彩，是指精神风采；形质，是指造型质地。二者均牵涉到内容与形式问题。李世民采取拿来主义，为己所用，表明他对书学传统的尊重，也显示出他对自己所论问题的热衷。

那么，“神彩”与“形质”究竟应该如何把握呢？李世民在《笔意论》中说：“必使心忘于笔，手忘于书，心手遗情，书不妄想，要在求之不见，考之即彰。”① 这些话也是从王僧虔的《笔意赞》中移植过来的。这实际上是对书法艺术创作过程的理论概括。这一过程的运作是由心、手、笔、书完成的。从时空拓展进程来看，心—手—笔—书，次第展开，有序进行；然而都是在心意的统率下，手笔运作的结果。我们似可这样去体味：心令手从，落笔为书，中介（心、手、笔）无迹，产品（书）有形。即在书法作品中，虽然见不到心、手、笔的影像，但究考起来，就可明白昭彰。这种有形无迹的境界，是书艺的“神彩”与“形质”所赖以寄植的空间。没有心、手、笔、书的巧夺天工的创造，就不可能形成“神彩”与“形质”的美。

当然，李世民并不满足于汲取先贤的书学理论来充实自己，而是在前人的基础上进行新的创造。同“神彩”与“形质”相呼应的是，他在论书时还提出了“骨力”与“形势”。

唐人韦续编纂的《墨薮·贞观论第十八》中，记载了唐太宗和朝臣论书的一段话：

> 凡诸艺业，未有学而不得者也。病在心力懈怠、不能专精耳。朕少年为公子，频遭阵敌。义旗之始，乃平寇乱。执金鼓必自指挥，观其阵即知其强弱。每取吾弱以对其强，吾强以对其弱。② 追奔不逾百数十步，吾击其弱，突过其阵，自背而反击之，无不大溃。多用此制胜，思得其理深也。今吾临古人书，殊不学其形势，唯求其骨力，及得其骨力而形势自生耳。然吾之所为，皆先作意，是以果能成也。

这段话的要义是：“皆先作意”，“得其骨力而形势自生”。因此，“意”、“骨力”、“形势”，便成为这段话的关键词。李世民首先强调学习艺业在于专精；接着以自己的实战经验为例，举一反三，深悟书理；最后说明：在意的统率下，求

---

① 据《全唐文》卷十。
② 按，宋人朱长文《墨池编·唐太宗论书》中有“敌犯吾弱”四字，置于此句之后。

其骨力，得其形势。核心是"骨力"一词。坚挺的骨力，必然蕴藏着烛照事物的心意，也自然而然地派生出流动活跃的形势。心意落实于骨力，形势依赖于骨力，骨力体现心意、形势，故骨力便成为书法创作运转的核心。李世民紧紧抓住了这个核心，足见其深得书理三昧。

李世民在书法理论方面，提倡骨力，把骨力遒劲视为书法美的准则。据唐人韦续编纂的《墨薮·贞观论第十八》记载：贞观十年，"太宗尝谓魏徵曰：'虞世南死后，无人可与论书。'徵曰：'褚遂良下笔遒劲，甚得王逸少体。'太宗即日诏令侍读……十四年四月二十二日，太宗自为草书屏风以示群臣，笔力遒劲为一时之绝。所购逸少书凡真行三百九十纸，装为十卷；草二千纸，为八卷。每听览之暇，得临玩之也。"由于李世民在审美理论、审美创造、审美鉴赏等方面都大力提倡以王羲之书法艺术为典范的骨力，并在朝廷内外、举国上下蔚为风气，故大大促进了唐代书法艺术和书法理论的发展、繁荣。当时，全国向朝廷出售王羲之墨迹者，蜂拥而至，褚遂良均能亲自鉴定，辨其真伪，无一差错。

王羲之书，力多而少妍；王献之书，多妍而少力：虽然都得到李世民的赞美，但比较起来，王羲之却被誉为"尽善尽美"。"观其点曳之工，裁成之妙，烟霏露结，状若断而复连；凤翥龙蟠，势若斜而还直。玩之不觉为倦，览之莫识其端。心摹手追，此人而已。"① 这是李世民对王羲之书艺的崇高评价。

（二）以神为精魄，以心毫为筋骨；思与神会，同乎自然

李世民的书法美学思想的灵魂，是一个"神"字。这个"神"字，游荡在他所有现存的书论中。在《禁经序》中，强调"神彩之至机于元微"；在《笔法论》中，强调"收视反听，绝虑怡神，心正气和"。虽然虞世南在《笔髓论·契妙》中也说过"绝虑凝神"之类的话，但经一向推崇虞氏书道的唐太宗的反复强调，就更显得分量之重了。尤其是在《指法论》中，李世民对于"神"的要义，作了精辟的阐述：

> 夫字以神为精魄，神若不和，则字无态度也；以心毫为筋骨，心若不坚，则字无劲健也；以副毛为皮肤，副若不圆，则字无温润也。所资心副相参用，神气冲和为妙……夫心合于气，气合于心。神，心之用也，心必静而

---

① （唐）韦续：《墨薮·唐朝书法第二十一》。

已矣……及其悟也，心动而手均，圆者中规，方者中矩，粗而能锐，细而能壮，长者不为有余，短者不为不足，思与神会，同乎自然，不知所以然而然矣。

以上五次提到了"神"字，对于神的实质、特性、作用等均作了精要的论析。就神的概念而言，"神为精魄"，是字的灵魂。就神与和的关系而言，表现在两个方面：一为不和，一为和。神若不和，则字失常态，不成艺术；神气冲和，则其书法方可臻于妙境。就神与心的关系而言，也表现在两个方面：一是指神为心之用，一是指思悟而神会。这里既强调心中之神的主导作用和核心地位，又说明心中产生了悟性，才可通往妙境而与神会。可见，神与心是有区别的，又是圆融的。艺术家往往合称之为"心神"。所谓心悟、神悟，每每被誉为艺术创造、美学鉴赏的最高表现。在方圆互渗、粗锐相较、细壮对比、长短过渡的辩证运动中，妙悟人生，明照乾坤，达到人与自然的一致、主体与客体的一致、主观与客观的一致，这便是"思与神会，同乎自然，不知所以然而然矣"。这不仅是对书法艺术至美理论的概括，而且具有普遍性，适用于论析所有艺术。

神，是中国古典美学的重要范畴之一。《周易·系辞上》："神无方而《易》无体"，"阴阳不测之谓神"，"蓍之德圆而神"，"神以知来，知以藏往"，"利用出入，民咸用之谓之神"，"天生神物，圣人则之"，"神而明之存乎其人"。这些都是从哲学的宏观高度去透视神的。神，被赋予崇高的地位。

随着文学艺术的发展，神也跟踪而至。梁人刘勰《文心雕龙·神思》："文之思也，其神远矣……故思理为妙，神与物游。"这里，强调神在文中的主导作用。唐人张彦远《历代名画记·论顾陆张吴用笔》："顾恺之之迹，紧劲联绵，循环超忽，调格逸易，风趋电疾，意存笔先，画尽意在，所以全神气也。"这里，突现出顾恺之画尽意在的神韵美。王羲之《笔势论·启心章第二》"凝神静虑"之论，一直成为后代书家遵循的理论法则。

李世民在书论中强调心神与自然的圆融，是符合中国传统文化中天人合一的观点的。他所推崇的书法大师王羲之，就达到了天人合一的最高境界。天人合一是指人与自然的和谐，在具体作品中，是指自然的人化、人化的自然，二者都要通过艺术家的描绘（具象化、抽象化、象征化），塑造生动的形象，实现美的叠合。王羲之《笔阵图·启心章第二》中，谈到钟繇的弟子宋翼用心写字时，这样描绘："每作一波，常三过折笔；每作一竖，常隐锋而为之；每作一横画，如列阵之排云；每作一点，如高峰坠石；每作一勾，屈折如钢钩；每作一牵，如万岁之枯藤；每作一放纵，如足行之趋骤。状如惊蛇之透水，激楚浪以成文。妙似蛇龙之宛转，勇如鸾凤之徘徊，摆拨似惊雷之掣电。此乃飞空妙密，顷刻浮沉，统摄铿锵，启发其意。"这是王羲之对前人书法创作经验的高度概括。他用大量比喻，把自然现象和人的书写联系起来，赋予自然界以人的情感，并移植到书法创造中，凝结在字形上，使大自然的生机与人的生命精神有机地融合在一起。当人们对这种作品进行审美观照时，通过视知觉感官的直觉和联想、想象，就可从字里行间谛听到自然万物的美妙声音，就能感受到人的情绪脉搏的跳动。

　　《兰亭序》是王羲之之的代表作，也是李世民最为推崇的王氏极品。序中描绘了东晋穆帝司马聃永和九年（354）暮春之初，群贤聚会于会稽山阴（今属浙江绍兴）兰亭的景况。其中有这样一段文字："此地有崇山峻岭，茂林修竹；又有清流激湍，映带左右，引以为流觞曲水。列坐其次，虽无丝竹管弦之盛；一觞一咏，亦足以畅叙幽情。是日也，天朗气清，惠风和畅；仰观宇宙之大，俯察品类之盛，所以游目骋怀，足以极视听之娱，信可乐也。"作者与友朋，置身于兰亭中，与大自然相拥抱，欣赏着美丽的景色，真不知自己是大自然，还是大自然是自己了，如此痴醉于自然、实现自我与自然叠合的状态，难道不是天人合一的表现吗？作者用"仰观宇宙"、"游目骋怀"、"极视听之娱"句，极大地拓展了自己的思维空间，尽情地宣泄了内心的审美感受，使审美主体和审美客体的契合达到了天衣无缝的境界。无论是从文学上看，还是从书学上看，都符合李世民所说的"思与神会，同乎自然"的标准。

　　据唐人何延之《兰亭记》记载，兰亭诗序，凡三百二十四字。王羲之甚宝重，由子孙承传，传至七代孙智永。智永传给佛门弟子辨才。辨才住山阴县内永欣寺。唐太宗说："右军之书朕所偏宝，就中逸少之迹莫如《兰亭》，求见此书劳于寤寐。"尚书左仆射房玄龄设计，令监察御史萧翼谋之。翼微服拜访辨才，取得辨才信任。辨才出示《兰亭》真迹。后值辨才外出时，萧翼入寺，偷偷地将《兰亭》及二王书帖拿走，上呈唐太宗。贞观二十三年，太宗临终前，对其子李治说："吾欲从汝求一物。汝诚孝也，岂能违吾心耶？汝意如何？"高宗哽咽流涕，引耳而听受制命。太宗曰："吾所欲得《兰亭》，可与我将去，及弓剑不遗。"于是，《兰亭》便作为殉葬品随唐太宗一起进入昭陵（在陕西礼泉县境）。辨才圆寂后，其弟子玄素，犹居永欣寺。何延之造访时，九十二岁的玄素亲自向何延之讲述了这个故事，该是可信的。又据唐人韦续纂《墨薮·唐朝书法》："《兰亭》一本相传云将入昭陵；又一本长安神龙之际，太平安乐公主奏借出外拓写，因此遂失所在。"此说亦可备参。

二 虞世南的绝虑凝神论

(一) 综其遗美，别署新意；俯于众美，会滋简易

虞世南（558—638），字伯施，越州余姚（今浙江省余姚县）人。曾在陈隋二代为官，入唐为秦府参军，官至秘书监，深受李世民器重。堪称三朝元老。

虞世南师宗二王（王羲之、王献之），精通书法艺术，在理论上造诣极深，唐太宗经常向他请教。唐人张彦远《法书要录》卷三中，收入了他的《书旨述》；唐人韦续《墨薮》中，收入了他的《笔髓论》。这些均为虞氏流传至今的书论杰作。

韦续《墨薮》云："虞世南书，体段遒媚，举止不凡，能中更能，妙中更妙。"这是对虞氏书艺的极高评价。那么，虞氏的理论贡献又如何呢？这就要让虞氏自己来回答。

虞世南的《书旨述》，是一篇言简意赅的书史论文。它以"通玄先生，好求古迹"为由，请教虞氏；于是，便采取问答的方式，由答疑为主，去论述中国古代书法发展史。"古者画卦立象，造字设教，爰置形象，肇乎苍史。仰观俯察，鸟迹垂文。至于唐虞，焕乎文章，畅于夏殷，备乎秦汉。"短短四十二个字，就概括了上古至汉代的数千年文化史、书学史，并突现出"形象"在文学上的重要地位，强调了"焕乎文章"的美。这些，都是美学研究对象的不可或缺的因素。

接着，虞氏论述了不同历史时期书法艺术美的特征。周宣王时代的书家史籀，在科斗文的基础上，吸取了仓颉发明的古文，加以创造，这便是籀文，又叫大篆。其特征是"综其遗美，别署新意"。这一特征，不仅为籀文所独具，而且也是其他书体所共有。因为其他书体的创立，也必须汲取前人之长，结合当时实际而推陈出新，如秦朝的丞相李斯，把大篆加以简化，创立了小篆，既有继承，又有创造，并集中突出了"适时简要"的特色。秦人程邈的隶书，则更体现出朴素简略的特色。至于张芝（伯英）的草书，则驭繁以简，"饰之铦利，加之奋逸"，独树一帜，被誉为草圣。魏人钟繇则另辟蹊径，其"真楷独得精妍"。他们所精的书体，各不相同，各领风骚，这便是虞氏所谓"前辈数贤，递相矛盾"。由于矛盾的各各特殊，不同书法大师便形成不同的个性，其作品便也风貌各具而显示出婆娑多姿的异彩。可见，"递相矛盾"之论，一方面揭示了时代相

因的继承性，另一方面又揭示了彼此相异的差别性。为人们从哲学上理解古代书学流派提供了参照系；而在一千三百六十多年前，居然能用"递相矛盾"一语去概括书法艺术的各各特殊性，实在是难能可贵的。

但是，最令虞世南激动不已的，是二王的书法美。王羲之、王献之父子，继承了前辈书法所有的优长，开辟了崭新的天地。正如虞氏所说："俯于众美，会滋简易，制成今体，乃穷奥旨。"正由于如此，二王之书，才能成为历代书家学习的榜样。这就是虞氏所歌颂的"父子联镳，轨范后昆"。

二王之所以能达到"俯于众美，会滋简易"的境界，同前面所说的"综其遗美，别署新意"是血肉相关的。前者是指俯拾众美，共融于简易炉中，而铸成美的结晶。这种美的结晶，当然和创立籀文一样，既要努力继承，"综其遗美"，又要富于独创，"别署新意"。所以，"俯于众美，会滋简易"，也可以说是"综其遗美，别署新意"的结果。"简易"一词，是合乎《易》理的。《周易》之易，是指简易、不易、变易。虽云简易，却可以一驭万、容纳万物。故二王书法艺术的"简易"造型，并不简单，而是化入"众美"、"别署新意"的结果。在探讨虞氏书旨时，必须从总体上进行美学的把握。

（二）收视反听，绝虑凝神　心正气和，则契于妙

虞世南在《笔髓论·契妙》中，对于书道的玄妙境界，作了精辟的论述：

> 欲书之时，当收视反听，绝虑凝神，心正气和，则契于妙。心神不正，书则敧斜。志气不和，字即颠仆。同鲁庙之器，虚则敧，满则覆，中则正。正者，冲和之谓也。然字虽有质，迹本无为，禀阴阳而动静，体万物以成形。达性通变，其常不主。故知书道玄妙，必资神遇，不可以力求也。必须心悟，不可以目取也……字有态度，心之畅也。心悟非心，合于妙也……必在澄心运思，至微至妙之间，神应思彻。

以上论述，内容丰富，有好几层意思：

第一，书法创造，要心神专一。要排除干扰，摒弃杂念。感觉器官，统归于心；不可离心旁骛、意马心猿。这里所说的"收视反听"，并非拒绝视觉、听觉等感官的参与，而是指这些感官必须为书法创造服务，要受"欲书之时"之心支配，而不可见异思迁、心神不定，所谓"绝虑凝神，心正气和"是也。只有

如此，才可使书法艺术臻于契妙之境。

第二，虞氏从正反两个方面，进行对比，既从反面论述了心神不专对于书法的危害（攲斜、颠仆），又从正面论述了正心神问题，并对正的概念加以诠释，认为正即"冲和"之气，其着力强调的根本点仍在于一个"心"字。

第三，从虞氏的字缝中，我们可以悟出言外之意。即：心神专一，是否都能臻于书法艺术的契妙之境呢？这就要具体分析，而不能笼统回答。心神专一，是达到契妙境界的先决条件，它贯彻于整个书法创作中；但是，这种心神专一，同对书道的深刻体悟是水乳交融在一起的；如果昧于书道，仅仅能做到聚精会神，那么，也是不能臻于书法的契妙之境的。因此，契妙的形成，除了心神专一以外，还有其他条件，这就是"必须心悟"。心悟指心灵的感悟。不仅要有心这个物质基础，而且要有悟这种精神感悟。因此，对于书法创作来说，心悟比心更具有重要意义。"心悟非心，合于妙也"。只有心悟，才可契妙。否则，有心无悟，是不能契妙的。那么，究竟什么才算心悟呢？虞氏并没有下一个明确的定义，这只能在其概括中悟出。所谓"澄心运思"、"神应思彻"便是。这种表述，有点玄乎；但从其理性的剖析中，却可大体能把握住精神实质。具体地说，虞氏理解心悟，是从书学之道出发的。"字虽有质，迹本无为，禀阴阳而动静，体万物以成形"。这便是对于书道的深刻论述。没有对书道的心悟，又怎能谈得上契妙呢？所以，契妙的获得，是书道的哲学渊源之水灌溉的结果。心悟则是"心正气和"的核心。正由于"心正气和"中含有"心悟"，所以才能达到契妙之境。至于虞氏所谓"书道玄妙，必资神遇，不可以力求"，则必须从出神入化、顺乎自然的角度去理解，而不可说得神乎其神、神秘莫测。

心悟，既有其哲学的根源，又有其运作的手段。如果没有前者，则契妙云云，便成为无本之木；如果没有后者，则契妙便无法表现。故虞氏除了十分重视开掘契妙的哲学思想根源外，还非常关注传达契妙的运作手段。他在《笔髓论·辩应》中说：

> 心为君，妙用无穷，故为君也。手为辅，承命竭股肱之用故也。力为任，使纤毫不挠，尺丈有余故也。管为将帅，处运用之道，执生杀之权，虚心纳物，守节藏锋故也。毫为士卒，随管任使，迹不凝滞故也。字为城池，大不虚，小不孤故也。

这里，描述了心、手、力、管、毫、字之间的关系和各自所处的位置，真可谓：

心手并用，管毫齐施，力透纸背，凝成美字。既强调了人（心、手）的作用，又发挥了物（管、毫）的功能，人与物运作的结果是书艺形象（字）的生成。

在具体运作中，无论是指意的挥斥，还是书品的划分，都必须遵循"辩应"的原则，灵活掌握。《笔髓论·指意》："粗而不锐，细而能壮；长者不为有余，短者不为不足。"又《笔髓论·释真》："右军云：书弱纸强笔，强纸弱笔。强者弱之，弱者强之。迟速虚实，若轮扁斫轮，不疾不徐，得之于心，应之于手。"《笔髓论·释行》："至于顿挫盘礴，若猛兽之搏噬；进退敛距，若秋鹰之迅击。"《笔髓论·释草》："草即纵心奔放，覆腕转蹙，悬管聚锋，柔毫外拓，左为外，右为内，起伏连卷，收揽吐纳。"这些手段，在对比、对称中，充满了辩证法的因素，都是促使书法臻于契妙之境的载体。

无论是神来之笔，还是契妙之境，并非凭空而降，而是勤奋学习、反复砥砺所致。虞世南在《劝学篇》中说：

> 自古贤哲，勤乎学而立其名；若不学，即没世而无闻矣。且会稽之竹箭，湛卢之断割，不括而羽之，不淬而砺之，终不见利用之材耳。羲之云：耽玩之功，积如丘山。张芝学书，池水尽墨……此贵乎志意专精，必有诚应也。

由于他潜心学书，故梦中吞笔，如在胸臆；假寐时，"见张芝指一道字用笔体法"；"夫道者，学以致之。饱食终日，而无所用心，则去之逾远矣。不得其门而入，虽勤苦而难成矣。"可见，为书之道，不仅要勤于学，而且要善于学。

三　欧阳询的凝神静虑论

（一）圆正、折中，凝神静虑，以眼准绳

欧阳询（557—641），字信本，潭州临湘（湖南省长沙县）人。隋时曾任太常博士。唐高祖李渊武德年间，累擢给事中。其书法艺术，名扬海外，高丽国常遣使搜求欧阳询作品。武德七年，欧阳询与裴矩、陈叔达等人撰《艺文类聚》一百卷。欧阳询写了《艺文类聚序》，叙述了"九流百氏，为说不同"和"摘其菁华，采其旨要"的目的。贞观初年，任太子率更令，又任宏文馆学士，以精通书法而博得太宗信任。其《大唐宗圣观记》云："夫至理虚寂，道非常道，妙门

凝邈，无名爱名。"这里表明，他受过道家思想的熏陶。其《西林寺碑》云："盖闻不生不灭，圆照遍知。无去无来，冥机虚寂。言语既穷，心行迹断。"这里显示，他也受到佛家思想的感染。这种佛、道交融的哲理，对其书法美学产生过潜移默化作用，为其体物观念增加了妙悟、虚空、辩证的因子。

欧阳询的书论，流传至今者甚少，可考者有《传授诀》、《用笔论》。

贞观六年七月十二日，欧阳询书《传授诀》，强调指出："每秉笔，必在圆正。重气力，纵横重轻，凝神静虑。审字势，四面停匀，八边具备。长短合度，粗细折中，以眼准绳。疏密敧正，最不可忙，忙则失势。绝不可缓，缓则骨痴。又不可瘦，瘦当形枯。复不可肥，肥则质浊。"这里，提出了秉笔圆正的规范以及达到圆正的途径和方法（重气力、审字势）；在审美观照方面，强调"凝神静虑"、"以眼准绳"；在中和论方面，提出四面、八边、长短、粗细等折中调和的观点；此外，又提出了四个"不可"（不可忙、不可缓、不可瘦、不可肥），揭露了忙与缓、瘦与肥之间的矛盾与克服矛盾的方法（中和）。总之，《传授诀》的中心思想，可用"圆正"、"折中"、"凝神静虑"、"以眼准绳"来概括。

（二）徘徊俯仰，容与风流

与《传授诀》有内在联系的是《用笔论》。这篇妙趣横生的文章，通过对翰林善书大夫与寮故无名公子之间的对话描写，生动地表现了大夫临帖的再造美和公子用笔的创造美，而创造美的层次，却是高于再造美的。

大夫对于王羲之书法是佩服得五体投地的，夸他"尽妙穷神，作范垂代，腾芳飞誉，冠绝古今"。这是由于他具有"天挺之性"、"用笔运神"所造成的。对于王氏的评价，公子表示赞同。

在用笔方面，大夫以妙笔自诩："夫用笔之法，急捉短搦，迅牵疾掣，悬针垂露，蠖屈蛇伸，洒落潇条，点缀闲雅，行行眩目，字字惊心，若上苑之春花，无处不发，抑亦可观，是余用笔之妙也。"这里所说的用笔，颇富于操作的动态美、字迹的形象美，但却是一般书法家都能做到的；只要遵循用笔的一般规律，均能产生眩目乃至惊心之作。可以说，如此用笔，仍偏重于书法美的再造性。美则美矣，而未尽美，因为它缺少独特的个性，也就是缺乏美的创造性。那位无名公子却看出了善书大夫用笔论中存在的问题，居然说出了"然仆见闻异于是"的话来，公开表示有不同看法。公子认为，用笔要"徘徊俯仰，容与风流。刚则铁画，媚若银钩。壮则呕吻而崎嵬，丽则绮靡而清遒。若枯松之卧高岭，类巨石以偃鸿沟。同鸾凤之鼓舞，等鸳鹭之沉浮。仿佛兮若神仙来往，宛转兮似兽伏龙游。其墨或浓或淡，或浸或燥。随其形势，逐其变巧……"这里表明，用笔既要符合法度，更要强调创造，所谓"容与风流"，便是自由的创造精神的显现。要能刚能柔，或壮或丽，有浓有淡，符合变易的法则。无名公子的一席话，居然感动了善书大夫，称赞公子"通幽洞微，过钟、张之门，入羲、献之室。重光前哲，垂裕后昆"。显然，这实际上是歌颂用笔的创造精神和活跃的生命力。虽然欧阳询是托言于公子，骨子里却沸腾着自己书法创造美的血液。

张怀瓘《书断中》把欧阳询书列为妙品，说他"八体尽能，笔力劲险，篆体尤精。高丽爱其书，遣使请焉……飞白冠绝，峻于古人。有龙蛇战斗之象，云雾轻浓之势。风旋电激，掀举若神……其草书迭荡流通，视之二王可为动色。然惊奇跳骏不避危险，伤于清雅之致"。又说："然欧之与虞，可谓智均力敌……虞则内含刚柔，欧则外露筋骨。"这些概括，突现了欧阳询的书法成就。这些成就为其理论提供了坚实的根据，故其书法美学智慧的提升，同其创作实践是血肉相关的。

第十二章 和谐论

一 孙过庭的妙法自然、和而不同论

(一) 同自然之妙有，非力运之能成
规矩谙于胸襟，自然容与徘徊

孙过庭（约 649—688），名虔礼，是唐高宗时著名书法家、书法理论家。唐代开一代诗风的著名诗人陈子昂，与孙过庭交情深厚。他在《率府录事孙君墓志铭》中写道："呜呼！君讳虔礼，字过庭，有唐之不遇人也……志尽不遂，遇暴疾卒于洛阳植业里之客舍，时年若干。"张怀瓘《书断下》云："孙虔礼，字过庭，陈留人，官至率府录事参军，博雅有文章，草书宪章二王，工于用笔，俊拔刚断，尚异好奇……尝作《运笔论》（按，指《书谱》），亦得书之指趣也。"这种评价，是公允的。但中晚唐时著名书法理论家窦臮，在《述书赋下》中却贬低孙过庭草书"千纸一类，一字万同"，实与张怀瓘对孙氏的评价相悖且失公允，为后世书家所非议。

孙过庭《书谱》成于武则天当朝时的垂拱三年（687），约三千七百余言，是唐代书论长篇，其美学意蕴，极为丰赡。清初孙承泽《庚子销夏记》云："唐初诸人，无一不摹右军，然皆有蹊径可寻。孙虔礼之《书谱》，天真潇洒，掉臂独行，无意求合，而无不宛合，此有唐第一妙腕。"这虽针对孙氏书法艺术而言，但也可显现出孙氏书法美学豪俊、洒脱的品格。

据载："《书谱》卷，纸本草书……现藏台北故宫博物院，其书草法周详，笔势坚劲流畅，墨法清润，颇有右军法度。"[1] 就其美学见解而言，在书法本体、渊源、风格、鉴赏等方面，均充满了辩证法的观点。

就书法艺术本体而言，它是大自然的杰作。《书谱》曰：

> 观夫悬针垂露之异，奔雷坠石之奇，鸿飞兽骇之姿，鸾舞蛇惊之态，绝岸颓峰之势，临危据槁之形；或垂若崩云，或轻如蝉翼；导之则泉注，顿之则山安；纤纤乎似初月之出天崖，落落乎犹众星之列河汉；同自然之妙

---

① 王伯敏：《中国美术通史》第三卷，山东教育出版社 1987 年版，第 167 页。

有，非力运之能成；信可谓智巧兼优，心手双畅；翰不虚动，下必有由：一画之间，变起伏于峰杪；一点之内，殊衄挫于豪芒。

这里，以钟繇、张芝、王羲之、王献之等书法大师为典范，盛誉其书法艺术之美，其奥秘在于师法自然。自然本身充满了辩证运动，其书法作品创造也充满了辩证运动。如重与轻、导与顿、注与安、纤纤乎与落落乎，等等。它们或对比，或对衬，相反相成，各尽其妙，但都表现了艺术本体所蕴涵的自然恒资的美；并通过比喻、象征、夸饰，表现了书法艺术美辩证流动的自然状态。

就书法艺术本体而言，除了本于客观的自然以外，还基于主观的心灵。除上文所说"心手双畅"外，他还提到了"心不厌精，手不忘熟"。这都是强调心灵的作用的。心灵手巧，契合自然，驾驭自然，则心灵与自然、主观与客观就必然产生双向的辩证运动。诚如《书谱》所说：

> 若运用尽于精熟，规矩谙于胸襟，自然容与徘徊，意先笔后，潇洒流落，翰逸神飞。

如此操作，"无不心悟手从，言忘意得"。这是自然与胸襟相渗相融、归之于心的结果。元人盛熙明《法书考》云："夫书者，心之迹也。故有诸中而形诸外，得于心而应于手。"这里，突出了一个"心"字；对于理解孙过庭关于书法艺术本体论，可以起到诠释作用。

但是，对于书法艺术本体来说，所谓心，究竟是指什么呢？从心理学的观点看来，心就是指人的思想、情感、想象、联想等心理活动的载体。在这个载体上所进行的活动，就是心理活动。因此，心，实际上包含着自身的载体和运动两个方面，而其最为主要的是指心理活动。

在书法艺术中，特别重视心的情感状态，甚至认为书法是心情的艺术。《书谱》中所说的"情多怫忧"、"意涉瑰奇"、"怡怿虚无"、"思逸神超"、"情拘志惨"、"涉乐方笑，言哀已叹"、"情动形言"等，均牵涉到一个"情"字。由此可见，在论及书法艺术本体特征时，谈到"心"字，就必然离不开"情"字；而心情，便构成书法艺术本体的主观方面，它和前面所说的作为书法艺术本体的客观方面的自然，是辩证地统一在一起的。

（二）消息多方，性情不一
　　达其情性，形其哀乐
　　众妙攸归，务存骨气

由于艺术家的个性、性情各不相同，故作品风格亦各各有别。《书谱》曰：

> 然消息多方，性情不一，乍刚柔以合体，忽劳逸而分驱；或恬淡雍容，内涵筋骨；或折挫槎枿，外曜峰芒。察之者尚精，拟之者贵似。

纵观客观世界，纷纭复杂，摇曳多姿，音讯飘忽，强弱有致，扣人心弦。主体审美心理亦深受感染，情性、兴趣、爱好必有相异之处，而各具风采；在创作过程中，其刚与柔、动与静、浓与淡、繁与简、艳与朴，必相反相成，辩证统一，尽得风流。此察之者精之又精、拟之者形神兼似之故也。这是很高的要求，但孙过庭却说得谨慎、贴切，富于弹性。他要求习书者"尚精"，临摹者"贵似"，从复杂多变的风格衍化中探究创新之路。清人包世臣《艺舟双楫》答三子问："书道妙在性情，能在形质。形质当于目而有据，故拟与察，皆形质中事也。"这里所说的"性情"、"形质"、"拟与察"，实际上是孙过庭以上说法的注脚。

孙过庭不仅注重书法艺术不同品类的风格美，而且还推崇它们风格之间的共同美。且读《书谱》：

> 虽篆隶草章，工用多变；济成厥美，各有攸宜：篆尚婉而通，隶欲精而密，草贵流而畅，章务检而便。
>
> 然后凛之以风神，温之以妍润，鼓之以枯劲，和之以闲雅。故可达其情性，形其哀乐。

这里，强调了一个"美"字，并落实到不同书法品类上，而显示为不同风神骨力，然又殊途同归、共登堂奥。这种思想，对后代书家影响至深。宋人姜夔《续书谱》云："作书全以风神超迈为主。"明人项穆《书法雅言》谓书有三要：清整，温润，闲雅。这些特点，又与人的情性有关。所以，明代祝枝山说："情之喜怒哀乐，各有分数：喜则气和而字舒，怒则气粗而字险，哀则气郁而字敛，乐则气平而字丽。情有轻重，则字之敛舒险丽，亦有浅深，变化无穷；气之清和肃壮，奇丽古淡，互有出入。"① 这些论述，和孙过庭所说的"达其情性，形其哀乐"，是一脉相承的。但孙氏说得概括，祝氏说得具体。喜怒哀乐情性虽然和书法艺术风貌、韵致等具有密切的联系，但这种联系却是极其复杂的：有的联系直接、明显，故通过字的造型，能看见性情的表现状态；尤其是通过字与字之间的勾连而成的词句、文章，去考察其性情表现状态，并揣摩其艺术风致。然而，并非所有的喜怒哀乐之情都能从字上看出来的。这种情性，深深地荫蔽着，曲折地暗藏着，它并不热衷于从某些单个的字上表现出来，而是显隐在书法艺术特殊的氛围、气势中。有时，喜怒哀乐之情相渗相融、错综复杂；有时，则冲和淡泊，显示为无迹状态。因此，在观照书法艺术美时，不一定每一幅作品的风貌都和喜怒哀乐之情呈直接对应关系。

必须指出的是，无论是情性的挥发，还是风韵的流露，都不能离开骨气。骨气有刚有柔，故情性之喜怒哀乐也有刚有柔，其外在之风韵也有劲健与婉约之别，故骨气、情性、风韵实为组成书法艺术精神风貌之要素。在《书谱》中，除了论析了情性、风韵外，对于骨气，也极为重视。

> 假令众妙攸归，务存骨气；骨既存矣，而遒润加之。亦犹枝干扶疏，凌霜雪而弥劲；花叶鲜茂，与云日而相晖。如其骨力偏多，遒丽盖少，则若枯槎架险，巨石当路，虽妍媚云缺，而体质存焉。若遒丽居优，骨气特劣，譬夫芳林落蕊，空照灼而无依，兰沼漂萍，徒青翠而奚托。是知偏工易就，尽善难求。

这里所说的骨气，是指刚健之力；这里所说的遒润，是指柔媚之姿。在书法家笔底，要有刚有柔，刚柔兼济，既有骨力，又有遒丽，庶可尽善。否则，刚多柔少，或柔多刚少，就会出现偏颇。此说颇富辩证性，唯对骨气、骨力的理解与某些著名书家有所不同。孙氏认为骨气、骨力有多少之分，这是可为书家所认同的；但又说有"骨气特劣"者，这就难为所有书家所接受。

因为骨气、骨力，通常为褒义而非贬义，在书法艺术中属于美的范畴。唐太宗李世民《论书》云："今吾临古人之书，殊不学其形势，惟在求其骨力，而形势自生耳。"又《指意》云："夫字以神为精魂，神若不和，则字无态度也；以心为筋骨，心若不坚，则字无劲健也。"显然，这里所说的骨力、筋骨，乃是值

---

① （明）祝枝山：《离钩书诀》。

得肯定的褒义。

（三）违而不犯，和而不同

孙过庭在论析书法艺术体式、特征、运作情状时，特别强调相反相成的辩证性。《书谱》云：

> 至若数画并施，其形各异；众点齐列，为体互乖。一点成一字之规，一字乃终篇之准。违而不犯，和而不同；留不常迟，遣不恒疾；带燥方润，将浓遂枯；泯规矩于方圆，遁钩绳之曲直；乍显乍晦，若行若藏；穷变态于毫端，合情调于纸上；无间心手，忘怀楷则。自可背羲、献而无失，违钟、张而尚工。

这段话的核心是："违而不犯，和而不同。"它体现了相反相成、对立统一的法则。具体运用到书法艺术的点画结构中，则见：并施与各异，齐列与互乖，留与遣，迟与疾，燥与润，浓与枯，方与圆，曲与直，显与晦，行与藏，均各各相违，又互不侵犯；既彼此和谐，又面目各具。但它们却随着书法家笔锋的运转，千姿百态，含情万种，跳跃于纸上。如此有法无法、有迹无迹、有我无我的书艺境界，充分地显示出作者的独创性。虽学王羲之、王献之、钟繇、张芝，却风神独具，自成一格。

与"违而不犯，和而不同"相异的是"有乖有合"：前者为饱含辩证法的一项美学原则，后者则是"合则流媚，乖则凋疏"的书学优劣论。《书谱》认为，乖合各有其五："神怡务闲，一合也；感惠徇知，二合也；时和气润，三合也；纸墨相发，四合也；偶然欲书，五合也。心遽体留，一乖也；意违势屈，二乖也；风燥日炎，三乖也；纸墨不称，四乖也；情怠手阑，五乖也。"显然，这里所说的合，是指合适；这里所说的乖，是指不合适。它们都是针对主客观条件对书法艺术创作的利弊而言的，主客观条件有利于书法艺术创作，则为合；主客观条件有碍于书法艺术创作，则为乖。由此可见，有乖有合论，并不牵涉到相反相成、对立统一的辩证法，因而与"违而不犯，和而不同"是迥然有别的。我们在学习《书谱》时，要分别对待，而不可混为一谈。

孙过庭之所以能洞察书法艺术创作辩证法的奥秘，之所以熟知迎合避乖的要义，和他勤学苦练、烛照万象、精于鉴赏、深谙《易》理是分不开的。《书谱》

云："余志学之年，留心翰墨，味钟、张之余烈，挹羲、献之前规。极虑专精，时逾二纪。"又说："好异尚奇之士，玩体势之多方；穷微测妙之夫，得推移之奥赜……存精寓赏，岂徒然与？"说明他在学书、鉴赏方面下过一番功夫。他还举了《搜神记》中的一个例子：吴人有把桐树作柴火烧的，蔡邕听到爆裂声后说：这是精良的桐树，于是便削以为琴。他又举了《战国策》中的一个例子：一老马上太行，大汗淋漓，不堪重荷，负辕不能行。时遇孙阳（伯乐），遂得到妥善照顾。老马仰天而鸣，感动不已。对此，《书谱》写道："夫蔡邕不谬赏、孙阳不妄顾者，以其玄鉴精通，故不滞于耳目也。"将此二例运用到书法艺术的鉴赏和创造中，就可深知知音的价值是绝对不能低估的。孙过庭无论在宏观上还是在微观上，都能透视出书艺的辩证美，都能掌握书艺运作得失的关键所在，这和他的"玄鉴精通"难道没有关系吗？

孙过庭精于《易》理，熟悉变易的辩证法，故能在更高的哲学层次上去剖析书法艺术的美。《书谱》引述道："《易》曰：'观乎天文，以察时变；观乎人文，以化成大下。'况书之为妙，近取诸身……必能旁通点画之情，博究始终之理。"这里强调一个"化"字，它由"变"而来，遍于一切事物中，作为人文的书法艺术，也必然在变化中不断升华到更高境界。

德国古典美学大师康德认为，美是不可言传的。这种感觉，在早于康德一千多年的孙过庭那里，就颇为深切了。而孙氏的感受，是针对书法艺术而发的。《书谱》云："夫心之所达，不易尽于名言；言之所通，尚难形于纸墨。粗可仿佛其状，纲纪其辞。冀酌希夷，取会佳境。阙而未逮，请俟将来。"我们可以从中得知，虽然言为心声，但语言的外壳不一定能全部容纳心声，心声精妙意蕴的韵味，每每回荡在语言的外壳之外而久久不息；而语言本身所表征的含义与形象性，也难以完全形诸竹帛纸墨。我们所能见的，只是心声的粗疏状态、语言的概略情态的传达而已。为了捕捉视而未见之景、听之不闻之音，必须创造象外之象、弦外之音，必须具有高超的鉴赏水平，在绝唱和绝赏的碰撞、契合、圆融中，展示一幅绝佳的美的境界。

二　张怀瓘的囊括万殊、裁成一相论

（一）玄妙之意，出于物表

唐代书法美学理论家张怀瓘，于唐玄宗李隆基天宝十三年（740）正月十八日完成了《书估》一文的写作。他在《书估》中认为，对于古代著名的书法作品，应"定其差等"，这才可说"知书"。这是为什么呢？他回答道："夫丹素异好，爱恶罕同，若鉴不圆通，则各守封轨，是以世议纷糅。何不制其品格，豁彼疑心哉！"从这里可以看出，对于书法艺术的评估，必须有一个人人认同的美的圭臬。否则，公说公有理，婆说婆有理，那就众说纷纭，没有定规，好坏不分。那么，究竟以什么作为标准的呢？究竟从何处入手呢？他认为必须顾及艺术的普遍性，"取世人易解"之品，"遂以王羲之为标准"。即将王羲之放在第一等，其他则分别置于二、三、四、五等。如此书估，自然牵涉到不同书家的艺术风格。但不同的艺术风格之间是难分轩轾的，而不同的书法家所达到的风格境界却是有深浅、远近、高低、上下之别的。这就为不同书法家区分艺术品级提供了可能性与现实性。张彦远《历代名画记·论名价品第》曰："昔张怀瓘作《书估》，论其等级甚详。"又曰："画之臻妙，亦犹于书。"可见，《书估》之于画估是有启迪性的。对于诗估、文估，同样具有借鉴意义。

但张怀瓘在《书估》中对于书法与诗文之间共同美的论述，却不及《书议》。

张怀瓘《书议》一文，成于唐肃宗李亨乾元元年（757）四月。《书议》开端，就突现了文章的价值及其与书道的关系："尧舜王天下，焕乎有文章。文章发挥，书道尚矣。"我们可以看出，文章的兴盛，促进了书道的昌隆。我们也可以反过来说，书道的发展，也美化了文章的造型。

但并非所有书法、一切文章均可入流而成为艺术佳作的，因而对于书法、文章就提出了美的要求，大凡符合美的标准的书法、文章，才具有审美价值，而其审美价值的最高境界则是一个"妙"字。《书议》云："夫翰墨及文章，至妙者皆有深意……玄妙之意出于物类之表，幽深之理伏于杳冥之间。"可见，至妙、玄妙，并非空洞无物，而是蕴藏着深邃的思想的；不过，这种思想并不是赤裸裸地表现出来的，而是荫蔽在生动的形象之中的。《书议》以王羲之为例，谓其"笔迹遒润，独擅一家之美。天质自然，风神盖世。且其道妙而味薄，固常人莫之能学；其理隐而意深，固天下寡于知音"。这里所说的"道妙"，系指艺术之道归于玄妙；所谓"味薄"，并非淡而无味，而是淡而有味，味在冲和淡泊之中，蕴涵幽深之意、切至之理。可见，玄妙、美妙，是和意、理形影相随的。离开了意、理，就失去了玄妙、美妙中的灵魂，就谈不上玄妙、美妙。所以，张怀瓘是十分重视思想内容的主导作用的。当然，这种思想内容，是深藏在优美的艺术形式之中的。

（二）囊括万殊，裁成一相

美妙的艺术作品，并非一蹴而就，而是在艺术创造过程中反复砥砺、进行典型化的结果。《书议》中有一段话，虽系针对草书而言，但也可举一反三，用于说明其他艺术。现摘录于下：

> 然草与真有异。真则字终意亦终，草则行尽势未尽。或烟收雾合，或电激星流，以风骨为体，以变化为用。有类云霞聚散，触遇成形；龙虎威神，飞动增势。岩谷相倾于峻险，山水各务于高深。囊括万殊，裁成一相。或寄以骋纵横之志，或托以散郁结之怀。虽至贵不能抑其高，虽妙算不能量其力。是以无为而用同自然之功，物类其形得造化之理，皆不知其然也。可以心契，不可以言宣。

这段话的内涵，十分丰富，既表现了山水云雾等自然现象，又表现了人的情感意志等社会现象。自然现象和社会现象是纷纭复杂的，艺术家必须经过观察、体验、分析、综合，选择有意味的东西，凝于笔端，塑造出动人的形象，而"囊括万殊，裁成一相"，便是对于艺术创造过程中典型化原则的一种理论概括。

客观世界，光怪陆离，仪态万方，风韵各殊，但均可囊括到文人的艺术熔炉中，经过冶炼，铸造出完整崭新的形象。这是由"万殊"到"一相"的过程，也是从概括化（囊括）到个别化（裁成）的过程。这个过程是从抽象到具体。乍看起来，由抽象到具体，似乎不合艺术规律；实际上，它不是凭空产生的，而是建立在"万殊"的具体的基础之上的。在此基础之上进行"囊括"，就有了现实根据，这便是"万殊"的具体上升到"囊括"的抽象，它可表述为从具体到抽象。由此可见，从抽象到具体的前一半，是从具体到抽象，其全过程则可表述为：具体—抽象—具体。当然，第一个具体，是指原初状态的具体，它是朴素的、未加工的；而第二个具体，则是经过思想熔炉冶炼而成的具体，也就是抽象的具体。前者指"万殊"，后者指"一相"；把"万殊"变为"一相"，则须经过"囊括"、"裁成"的艺术创造。从"万殊"到"一相"过程，充分表现了艺术思维中的辩证运动。

"万殊"之"万"，与"一相"之"一"，具有不可分割的血肉联系。一为万之母，万为一之子；一为万之源，万为一之流；一为万之总汇，万为一之支派。一辐射为万，万浓缩为一。晋人陆机《文赋》云："体有万殊，物无一量，纷纭挥霍，形难为状。"这是就文体风格而引发出来的感慨，指万物繁富多样、难尽其貌。《文赋》又说："观古今于须臾，抚四海于一瞬"；"笼天地于形内，挫万物于笔端"。这是指囊括天地万物，集中凝蓄笔端，也是针对文学创作层面对于万与一的关系的透视。

万物虽各各特殊，但在艺术家笔下，囊括之，化裁之，洗尽铅华，掬出精粹，则至妙之品，自然流出。这是"囊括万殊，裁成一相"的要义。张怀瓘除了在《书议》中提出这一命题外，在《书断上》中也有所涉及：所谓"考冲漠以立形，齐万殊而一贯……流芳液于笔端，忽飞腾而光赫"，便是对于艺术创造中寄万于一、以一寓万的描述。

需要说明的是，艺术家笔下的一与自然状态中的一，是既有联系又有区别的。自然状态的一，是万物的基质、根本及其原初、整体风貌，也就是老子所说"万物得一以生"① 的"一"。它是万物的渊薮，是艺术家观照、探究、认识、把握的对象。艺术家既要从整体上研究它，又要从各个部分上分析它。但是，艺术家在对它进行分析、研究时，绝不是空洞的、泛化的，而是哲学的、美学的。艺术家不仅要熟知它的本原状态，而且要烛照它所派生出来的万物的缤纷状态，并从万物的缤纷状态中去体察它的本原状态。这就是从一见万、万物归一。这当然是从整体意义上就所有艺术家而言的。就单个的艺术家而言，由于他是有限的个体，由于他的认识水平、表现能力的局限性，他当然不可能穷尽"一"的一切、一切的"一"，他只能在某些层面、某一角度去理解"一"及其所孳生的万物。

我们还要看到，艺术家对于"一"与"万"的哲学把握，仅仅是完成了艺术创作前的某种重要的准备；当他进入创作过程时，他还必须点燃艺术思维之火，把处于自然状态的"一"与"万"，加以熔炼，使之变为艺术状态的"一"与"万"；前者是后者的基础、前提，没有前者，也就没有后者；后者是前者的升华，而不是复归、复制，没有后者，前者就不能转化为艺术品。而"囊括万殊，裁成一相"，则是艺术家通过艺术创造过程所凝成的寄万于一的形象结晶。如此"一相"，显示了形形色色的"万殊"；在整一的形象图画中，表现了大千世界某些本质和风貌，并流露出艺术家的浓厚的主观色彩。由此可见，"囊括万殊，裁成一相"，除了蕴涵着自然性以外，还突出地显现出艺术性和情感性两大特点。它阐明了艺术创造的开端到终结的过程，并标志着艺术产品的诞生。兹分

---

① 《道德经·三十九章》。

别略述之。

1. 自然性

"囊括万殊，裁成一相"，是以师法自然为前提的。张怀瓘《书断中》在评论后汉草圣张芝时说："其草书《急就章》，字皆一笔而成，合乎自然，可谓变化至极。"张怀瓘《书断中·章草》对于张芝草书的自然之势，进一步作了描述："张芝变为今草，如水流速。拔茅连茹，上下牵连，或借上字之下而为下字之上。奇形离合，数意兼包。若悬猿饮涧之象，钩锁连环之状。神化自若，变态不穷。"此外，张怀瓘《书断下》在描述南朝齐代谢朓的草书时说："草殊流美：薄暮川上，余霞照人。春晚林中，飞花满目。《诗》：'有美一人，清扬婉兮。邂逅相遇，适我愿兮。'是之谓矣。"由此可见，草书的流美，虽具抽象性，但均从自然衍化而来；尽管千变万化，总应"合乎自然"。谢朓的草书特色是"风华艳藻"，生动地表现了黄昏落霞、春林飞花的自然性。当然，这绝非自然的简单的翻版，而是自然在意象中的升华。书法家既师法自然，又超越自然、改造自然，故能囊括而化裁之，终于铸成整一的形象。艺术若抛弃自然，自然也就会抛弃艺术。

2. 艺术性

"囊括万殊，裁成一相"，是艺术创造的原则，它集中表现在典型化的辩证运动中，并凝结为艺术形象，且富于直观性、生动性和难以言传的韵味与魅力。它阴阳相抱，刚柔相济，虚实相生，动静相制，方圆相参，疏密相间，上下相随，浑然一体。它内涵丰富，意蕴深厚，很难用几句话把它的精义明明白白地揭示无遗。诚如张怀瓘《书断上》所云："盖因象以瞳眬，眇不知其变化，范围无体，应会无方。"这是难以概括的原因。但是，由于它所谈的对象是形象的，这就为它的理论概括提供了材料和依据。张怀瓘《书断上》云："矩折规转，却密就疏"；"耀质含章，或柔或刚"；"发迹多端，触变成态。或分锋各让，或合势交侵……虽相克而相生，亦相反而相成。"如此等等，虽不是对"囊括万殊，裁成一相"的直接论述，但其艺术操作论却是符合个中所阐明的精义的。

熟练地掌握"囊括万殊，裁成一相"的艺术原则，在创作上臻于炉火纯青的境界，也是各显神通、各尽其妙的。诚如张怀瓘《书断下》中所评："盖一以贯之，求其合天下之达道也。虽则齐圣跻神，妙各有最。"有的以古雅神明见长，有的以粉黛无施为美，有的以闲逸高深致幽，有的以变化无方取胜。他们各有独擅之长："同为终古独绝，百世之模楷"；其间兼擅众美者，只有王羲之，达到了尽善尽美的境界。

3. 情感性

"囊括万殊，裁成一相"，要求艺术家在进行创作时必须饱含着充沛的情感，因为从"囊括"到"裁成"都强调作者主观的思想情感活动，作者的喜怒哀乐均渗透其中。张怀瓘《书断上》云："文章之为用必假乎书，书之为征期合乎道。故能发挥文者，莫近乎书……及夫身处一方，含情万里，标拔志气，黼藻精灵，披封睹迹，欣如会面，又可乐也。"这是指文以书为载体，传达人的情感，张扬人的志气；可用情感的纽带，将相隔万里之遥的亲朋之心联系在一起，具有美感愉悦作用。

在论述情感时，张怀瓘特别强调"我"的作用。其《书断下》云："然书之为用，施于竹帛，千载不朽，亦犹愈没没而无闻哉？万事无情，胜寄在我。苟视迹而合趣，或染翰而得人。虽身沉而名飞，冀托之以神契。"这里表述了艺术家的自我对于翰墨竹帛的渗透性，并用客体之无情来反衬自我之有情。所谓"耳想心识"①，所谓"心存目想"②，均通过心把耳目连接在一起而产生通感，并与情感相圆融。无论创造美，还是观照美，概莫能外。

"囊括万殊，裁成一相"，是对艺术创造原则的美学概括。张怀瓘对它的认知，之所以极有深度，是和他对于《周易》的美学领悟密切相关的。他对《周易》卦爻运行之道理解至深，对于一爻与万变的衍化之理把握至准，故施之于指导书法艺术创作，能做到总览全局、洞察幽微、切中肯綮、鞭辟入里，并得出美学的判断。在《书断上》中，张怀瓘援引了《周易·系辞》的基本观点，认为天地万物之元及万物之间的复杂变化，从卦爻运转中，就可昭然若揭。卦的基元——爻，分阴--分阳—，阴阳爻的相互重叠所产生的变易，象征万物的运动，从而证明了万与一之间的必然联系。这种观点，对于阐释"囊括万殊，裁成一相"的原则，无疑是提供了中国传统文化的哲学根据。他说："夫卦象所以阴骘其理，文字所以宣载其能。卦则浑天地之窈冥，秘鬼神之变化。文能以发挥其道，幽赞其功。是知卦象者，文字之祖，万物之根。众学分镳，驰骛不息，或安其所习，毁所不见，终以自蔽也。固须原心反本，无漫学焉。"他提醒人们要抓住万物之根去观照万物，即从卦象的基元中去体悟万物的变化，才可把握问题的关键。

就拿对于美的阐释来说，张怀瓘也是从对《易》理的总体把握中而获得真

---

① （唐）张怀瓘：《书断下》。
② （唐）张怀瓘：《书断上》。

谛的。他援引《周易·象传》并略申己意曰："离者，丽也。日月丽乎天，百谷草木丽乎地，重明以丽乎正，乃化成天下。离也者，明也。万物皆相见，南方之卦也。"这里，谈了《离卦》的美；也是从卦爻所象征的三才（天、地、人）这一总体中去透视万物的。因而无论是从"一"中还是从"万"中，均可获得美的认知。他在《书断上》的结论中说："是知天之妙道施于万类一也，但所感有浅深耳……缕而分之则如彼，总而言之其若此也。"这些道理难道不有助于我们去认识"万"与"一"的辩证关系吗？难道不有助于我们去剖析"囊括万殊，裁成一相"的原则吗？难道不有助于我们从宏观与微观上分别把握"一"和"万"的辩证运动中的美吗？

当然，我们也要看到，张怀瓘在《书议》中只是提出了"囊括万殊，裁成一相"的命题，而并未对这一命题从《易》学上加以详细的剖析和直接的阐释。但是，我们应该同时看到，张怀瓘在《书断》中，却用大量文字从《易》理上论析了卦爻变易中"一"与"万"的辩证美，从而为我们探究"囊括万殊，裁成一相"的美学原则提供了广阔的文化背景；也充分表明，这一美学原则的提出，并不是孤立的，而是深深地植根于《周易》哲学的思想理论基础之上的。因此，我们在提取这一美学原则精义时，不能仅仅限于探究张氏某一论述，而应搜寻其所有有关论述。

"囊括万殊，裁成一相"，虽系针对书法艺术创作而言，但对其他艺术创作也有启迪意义，因为它的理论原则是具有普遍性的，和其他艺术理论原则有相似、相近、相通、相同之处。唐代司空图《二十四诗品·含蓄》中所说的"浅深聚散，万取一收"，不是和"囊括万殊，裁成一相"有异曲同工之妙吗？清代画家石涛《苦瓜和尚画语录》中所阐明的一画与万物的辩证关系，也是如此。"一画者，众有之本，万象之根"①，"夫一画含万物于中"②，"自一以分万，自万以治一"③，"以一治万，以万治一"④，等等，都表述了石涛关于"一"与"万"的画学辩证法，显然，与张怀瓘的"囊括万殊，裁成一相"说，是相契合的。

---

① （清）石涛：《一画章》。
② （清）石涛：《尊受章》。
③ （清）石涛：《氤氲章》。
④ （清）石涛：《资任章》。

（三）创意物象，近于自然

在《文字论》中，张怀瓘首先为文字正名，并指出了字与书的区别。他说：

> 文字者总而为言，若分而为义，则文者祖父，字者子孙。察其物形，得其文理，故谓之曰文。母子相生，孳乳浸多，因名之为字。题于竹帛，则目之曰书。文也者，其道焕焉。日月星辰，天之文也。五岳、四渎，地之文也。城阙朝仪，人之文也。

可见文字之道，在于察明物形、焕发文理。换言之，举凡能够体认客观事物形态、洞悉天地人文之道者，则可以文字目之。这是从哲学文化的高度去揭示文字的底蕴，其核心则归结为一个"道"字。因而"文字"一词，体现了极其丰富的物质（天地）内涵和深厚的人文精神。

书法艺术正是根于文字之道并从文字之道出发的，其特别之处不过是书写下来而已。张氏指出："字之与书，理亦归一。因文为用，相须而成……阐坟典之大猷，成国家之盛业者，莫近乎书。"这里，十分鲜明地突现出书的文化价值和社会价值。

那么，书的美学价值表现在何处呢？书的精义是什么呢？张氏进一步写道："深识书者，唯观神彩，不见字形。若精意元览，则物无遗照，何有不通？"这里，突出了神彩的决定作用。为什么要强调"神彩"呢？张氏便从分析文与书的差别入手，写道："文则数言乃成其意，书则一字已见其心，可谓得简易之道。欲知其妙，初观莫测，久视弥珍。虽书已缄藏，而心追目极，情犹青春者，足为妙矣。然须考其发意所由，从心者为上，从眼者为下。先其草创立体，后其因循著名，虽功用多而有声，终天性少而无象。同乎糟粕，其味可知。不由灵台，必乏神气。其形悴者，其心不长。状貌显而易明，风神隐而难辨。"这里的核心词是一个"心"字。书法艺术的神彩是书法家心情的表现。如果不表现书法艺术家的心灵、情感，只是着眼于字体的形式安排，则其书法便因缺乏神韵而不能活脱脱地跃然纸上。

张氏既然强调书法艺术的心神美，那么，这种心神又表现在什么地方呢？总的说来，就是"创意物象，近于自然，又精熟绝伦"。这里所强调的"创意"，是书法美学的精华。对此，张氏作了具体而又概括的描述：

仆今所制，不师古法。探文墨之妙有，索万物之元精。以筋骨立形，以神情润色。虽迹在尘壤，而志出云霄。灵变无常，务于飞动。或若擒虎豹，有强梁挐攫之形；若执蛟螭，见蚴蟉盘旋之势。探彼意象，入此规模，忽若电飞，忽若星坠。气势生乎流便，精魄出乎锋芒。如观之欲其骇目惊心，肃然如可畏也。

此段含义极其丰赡。它论述了书法艺术的"创意"在于"不师古法"的"妙有"与"元精"的探索；其风貌寄于"筋骨"，显于"神情"；其心志染于尘土，凌于云霄；其情状具有"灵变"万化的"飞动"美，并富于一种特殊的"意象"、"气势"，显示出一种"骇目惊心"的壮美。

（四）学乎造化，创开规矩

如果说，张怀瓘在《文字论》中特别重视书法艺术的"创意"，那么，在《六体书论》中就特别重视"法象"。他说：

臣闻形见曰象。书者，法象也。心不能妙探于物，墨不能曲尽于心。虑以图之，势以生之，气以和之，神以肃之。合而裁成，随变所适。法本无体，贵乎会通。观彼遗踪，悉其微旨，虽寂寥千载，若面奉徽音。其趣之幽深，情之比兴，可以默识，不可言宣。

这里提出了"形见曰象"的美学命题，其实乃"形象"的同义语。它用一个"见"字，揭示出形象的直观性和具体性。张氏在提出"形见曰象"的命题后，紧接着和书法艺术相联系，以"书者，法象也"的判断，道明了书法的本质。用我们今天的话来说，就是指：书法艺术是形象的表现。那么，所谓形象，是指物的形象呢？还是指书法艺术形象呢？张氏并未加以区分。他在论述过程中，既未排斥物的形象，也未单指书法艺术形象；而是在强调书法艺术形象时兼及物的形象。他举例说：史籀所创造的大篆，"广乎古文，法于鸟迹。若鸾凤奋翼，虬龙掉尾。或花萼相承，或柯叶敷畅。劲直如矢，宛曲若弓。铦利精微，同乎神化"。显然，这里所说的飞禽走兽、花草树木等物象，都是书法所表现的对象，也是客观的形象；当它进入书法家笔底而活跃于纸上时，由于书法家主观情感的渲染，它就转化为主客观统一的书法艺术形象。当然，书法家在表现客观的形象时，绝非机械地模仿，而是要接受书体的规范，又不拘一格，独辟蹊径。所谓"独照灵襟，超然物表，学乎造化，创开规矩"，便是个中的精义。臻于如此境界，有钟繇、张芝、王羲之、王献之。钟、张以质胜，二王以文胜。"质者如经，文者如纬。若钟、张为枝干，二王为华叶。美则美矣，如彼桃李。戛兮铿兮，合乎宫徵。磊落昆山之石，嵯峨碧海之波。奔则激电飞空，顿则悬流注壑。虽贯珠之一一，亦行雁之联联。求之于希微，见之于无物。或俨兮其容，或敦兮若朴，或焕兮若冰之将释，然后为得矣"。博采众长，独创一格，这便是张怀瓘所要求的。那些具有"独断之明"的人，也必然是能"询于众议"的人，因而他力主"探诸家之美"。其目的是为了创造出个性鲜明、情感浓郁的书法艺术形象，而不是大同小异、千人一面之作。所谓"人面不同，性分各异，书道虽一，各有所便，顺其情则业成"是也。

（五）万法无定，殊途同归

书法艺术既要注重"创意"，又要注重"法象"。创意以法象为基本，法象以创意为灵魂。把创意与法象的美学思想提升到更高层次并紧密联系书法创作实际进行剖析的是《评书药石论》。此文是呈给皇帝看的，故经过了仔细推敲。

首先，张怀瓘提出了有法而无法的创新的观点。他非常赞赏陆机的"或袭故而弥新"一语。他说："圣人不凝滞于物，万法无定，殊途同归。神智无方而妙有，用得其法而不著。至于无法，可谓得矣。"这里所说的无法是对万法的超越，也是书法家才能、气质、个性、情趣的自然流露。"道本自然，谁其限约？亦犹大海，知者随性分而挹之"。这便是有法归于无法、无法超越有法的境界。

其次，张怀瓘提出了"斤斧无迹"、"潜刃其间"的技巧论。获得如此技巧，必须仔细观察、分析、掌握对象的特点，在结构字体、塑造书法艺术形象时，既能鸟瞰全局，又能洞晓细部，做到游刃有余、一气呵成。张氏指出："精察之者，必若庖丁解牛，目无全形，折枝分理，其有一点一画，意态纵横，偃亚中间，绰有余裕。结字峻秀，类于生动。幽若深远，焕若神明。以不测为量者，书之妙也。"臻于如此境界，庶符合"方而有规，圆不失矩"的标准。方而不圆，辄成棱角；圆而不方，辄成肥胖。方圆相参，亦方亦圆，有骨有肉，浑然天成，才能达到美妙之境。因此，张氏针对当时书法创作中的弊端（棱角、肥满），提出了严厉的批评；并赞扬了书法艺术的和谐美。他说："夫良工理材，斤斧无迹。才子叙事，潜刃其间。书能入流，含于和气。宛与理会，曲若天成。"所谓"无迹"、"和气"，便是和谐美的表现。它是高度的书法艺术技巧运作的结果。

为了证明书法艺术的独创性，为了提高书法艺术技巧的精纯性，为了树立书法艺术的楷模，张怀瓘还以唐代书法艺术大师为例，加以具体描述："昔文武皇帝好书，有诏特赏虞世南；时又有欧阳询、褚遂良、陆柬之等。或逸气遒拔，或雅度温良。柔和则绰约呈姿，刚节则鉴绳执操。扬声腾飞，四子而已。"四子之书，有逸、雅、刚、柔之美。张氏赞曰："贤君知道、味者，乐在其中矣。"这就表明，审美快乐（愉悦）的前提取决于审美者是否具有鉴赏美的水平。一个疏于书法艺术的人，缺乏鉴赏书法艺术的起码的条件，便不会激起对于书法艺术美的向心力与契合感。唐代皇帝却笃爱虞、欧、褚、陆书法艺术美，深知个中奥秘，故既可揭示其道，又能探知其味。如果没有高度的书法艺术鉴赏水平，焉能知其三昧？

三　颜真卿的自悟说、自然说（附：张旭、怀素）

（一）自悟：用笔如锥画沙

颜真卿（709—785），字清臣，琅琊临沂（今属山东省）人。他出身书香门第。其五世祖为北齐著名学者颜之推，其曾祖为唐初著名学者颜师古。唐玄宗开元二十二年，他考中了进士，时年二十六岁。擢为武部员外郎，出任平原太守。安禄山兴兵作乱，河朔地区，尽陷贼手，独平原固若金汤，此乃真卿守备有方所致，故加封户部侍郎。代宗时，封鲁郡公，故世称颜鲁公，又被擢为刑部尚书。德宗时，李希烈对抗朝廷。素来厌恶真卿的卢杞，诡计多端，竟借刀杀人，叫德宗派真卿去说服李希烈。李百般诱胁，颜坚贞不屈，遂被缢杀。

颜真卿是中唐时期著名书法艺术大师。他师宗二王、张旭等人，独创颜体，风格雄浑，气势磅礴。在书法理论方面，虽流传文字不多，但却体道入微，明察秋毫，韵味隽永，启人心智。

《述张长史笔法十二意》就是一篇说理深刻、妙趣横生的书法美学论文。作者通过故事的描述，采取问答法，去表现唐代草圣张旭对颜真卿的传授及颜真卿对张旭书道的接受。张旭的传授，是不经意的、自然而然的；颜真卿的接受，则是主动的、高度自觉的。

颜真卿说他被罢官闲居醴泉（今陕西礼泉县）时，专程赴洛阳拜访张旭。

张旭不愿轻易教人，故以漫不经心的态度对待之，但颜真卿却不气馁，依然虚怀若谷、主动积极地向张请教。于是，张旭便一连提出了十几个问题，叫他回答。他引用了已知的张旭名言，并出以己意，轻松自如地一一作答。张旭则以插话的方式，予以点拨，使其在不期然而然中得到启示。从现代教育学的观点看来，这便是启发式。张旭在关键处，点到即止，从不直接注入，而且总是笑着对颜真卿的回答做出肯定的表示，这无疑地会大大调动其学习的积极性和主动性，使其在情感上产生很强的向心力，在心理上产生连锁式的求知欲望，从而不断出现期待视野，渴求着张旭的传授，以填补自己的接受欲壑。从现代美学的观点看来，颜真卿对于张旭书法理论传授的接受，是符合接受美学原则的。

《述张长史笔法十二意》的美学传达可分成前后两个部分。前一部分是张问颜答，后一部分是颜问张答。

张问颜答，凡十二题。其中充满了饶有兴味的活泼生动的辩证性。例如，张问："夫平为横，子知之乎？"颜答："尝闻长史九丈令每一平画，皆须纵横有象。此岂非其谓乎？"张问："称谓大小，子知之乎？"颜答："岂不谓大字促之令小，小字展之使大，兼令茂密，所以为称乎？"此外，对于疏与密、"补谓不足"、"损谓有余"等对立统一现象，均作了精辟的剖析。从中可以看出，他们都强调书法艺术相反相成的互渗、过渡、变易与和谐美，也表明他们美学观点的一致性。

经过十二个回合的较量后，张旭才知道颜真卿并非等闲之辈，勉励他"工若精勤，悉自当为妙笔"。颜真卿则进一步向张旭请教，这便是后一部分所写的内容。

后一部分写颜问张答，主要谈用笔之法。颜问攻书怎样才能达到古人的水平？张认为其妙有五："妙在执笔，令其圆畅，勿使拘挛。"其余是"识法"、"布置"、"纸笔精佳"、"变化适怀"。五者俱备，便可与古人相垺。

五者之中，执笔是关键。颜真卿慧眼独具，紧紧抓住"执笔之理"，请教张旭。张旭便把他老舅陆彦远请教褚遂良，"乃悟用笔如锥画沙"的奥秘，讲给颜真卿听，说"真草用笔，悉如画沙，点画净媚，则其道至矣"。久而久之，就可齐于古人了。于是，颜真卿便深得其妙，苦学五年，成为行家。

从文章前后两部分来看，乃是不可分割的整体。前一部分着重进行结构的分析，后一部分着重方法的把握；前者是后者实施的要求，后者是前者体现的手段；前者是后者追求的目标，后者是前者操作的途径。二者都是为突出书学之道而服务的。这正是张旭笔法十二意的精义所在，也是颜真卿攻书目的所在。

颜真卿之所以卓然成为书法艺术大师，固然同张旭的真传有关，但主要取决于他本人的刻苦学习。他的好友裴儆，也曾请教过张旭如何学书，张旭告诉裴儆，裴儆转告颜真卿："亦尝论请笔法，唯言倍加工学临写，书法当自悟耳。"颜真卿正由于能够"自悟"，因而才能在师承前辈的基础上独创一格。

草圣的始祖是汉代末年的张芝。活跃在唐代开元、天宝年间京兆（今西安）书坛上的草圣是张旭。张旭与贺知章、李白、李颀、高适等著名诗人交谊甚笃。李颀《赠张旭》："兴来洒素壁，挥笔如流星。"高适《醉后赠张旭》："兴来书自圣，醉后语尤颠。"杜甫《饮中八仙歌》："张旭三杯草圣传，脱帽露顶王公前，挥毫落纸如云烟。"杜甫《殿中杨监见示张旭草书图》："斯人已云亡，草圣秘难得。"韩愈《送高闲上人序》："张旭善草书，不治他技。喜怒、窘穷、忧悲、愉佚、怨恨、思慕、酣醉、无聊、不平，有动于心，必于草书焉发之。"唐人韦续《墨薮》："张旭笔锋诡怪，点画生意。"可见，张旭草书之神妙，影响之巨大。

《述张长史笔法十二意》，虽为颜真卿所作，但也表述了张旭的书法美学观点。

宋人朱长文（1039—1098）《墨池编》卷九载潜溪隐夫《续书断上》云：

> 张长史旭，苏州吴人也，为人倜傥闳达，卓尔不群，所与游者皆一时豪杰。李白诗云："楚人尽道张旭奇，心藏风云世莫知。三吴郡伯皆顾盼，四海雄侠争追随。"太白奇士也，称君如此。君之蕴蓄浩博可知矣……君草书得神品，或云君受法于陆柬之，始见公主担夫争道，又闻鼓吹，而得笔法之意，后观倡公孙舞剑器而得其神，由是笔迹大进。盖积虑于中，触物以感之，则通达无方矣。天下之事，不心通而强以为之，未有能至焉者也。……君性嗜酒，每大醉呼叫狂走，下笔愈奇。尝以头濡墨而书，既醒视之，自以为神不可复得也。世以此呼张颠。后尝为金吾长史。后人论书，欧、虞、褚、陆皆有异论，惟君无间言。传其法崔邈、颜真卿，世或以十二意谓君以传颜者，是欤非欤？文宗时，诏以李白歌诗、裴旻剑舞、长史草书为"三绝"。

这里表明：张旭不仅能师承前贤，而且能广采博取，向生活学习，向其他技艺学习，并以自己为主体，用特异的智慧之火，去熔铸事物，使其流出活泼生动的书艺美。这当然是"自悟"（心通）的结果。正由于他有如此切身的经历与独特的感受，因而在向颜真卿、裴儆传授书法技艺时，十分重视妙悟、心悟，用今天的话来说，就是强调内因的决定作用。

颜真卿和怀素（725—785）是同时代人，对张旭草书，均极推崇。在《怀素上人草书歌序》中，颜真卿赞美："开士怀素，僧中之英。气概通疏，性灵豁畅。精心草圣，积有岁时。江岭之间，其名大著……张旭长史，虽姿性颠逸，超绝古今，而楷法精详，特为真正。某早岁尝接游居，屡蒙激劝，告以笔法。"这里，怀素之"豁畅"，张旭之"颠逸"，活灵活现，跃然纸上。

怀素在《白叙》一文中说："昔张旭之作也，时人谓之张颠。今怀素之为也，余实谓之狂僧。以狂继颠，谁曰不可？"狂僧本来以狂自诩，居然拜倒在张颠之前，足见张旭是处于何等位置了。

（二）自然：屋漏痕

唐代文人陆羽（733—804），在《释怀素与颜真卿论草书》中，生动地描述了张旭的草书艺术美，并谈论了怀素与颜真卿对于草书艺术美的共同评价。兹录于下：

> 怀素与邬彤为兄弟，常从彤受笔法。彤曰："张长史私谓彤曰：'孤蓬自振，惊沙坐飞。余自是得奇怪。'草圣尽于此矣。"
>
> 颜真卿曰："师亦有自得乎？"
>
> 素曰："吾观夏云多奇峰，辄常师之，其痛快处如飞鸟出林、惊蛇入草；又遇坼壁之路，一一自然。"
>
> 真卿曰："何如屋漏痕？"
>
> 素起，握公手曰："得之矣。"

这篇短文，只有一百零六个字，却写了四个人的对话，即怀素与邬彤的对话、张旭与邬彤的对话、颜真卿与怀素的对话。张旭能从"孤蓬"、"惊沙"的活跃状态中，领悟"奇怪"的草书奥秘。怀素能从"夏云"、"奇峰"、"飞鸟"、"惊蛇"、"坼壁之路"的变幻状态中，体悟草书的"自然"境界。颜真卿能从"屋漏痕"中，心悟草书的虚空灵动、无斧凿痕。对话的中心，紧紧地围绕着"自然"，即师法自然是也。怀素与颜真卿的对话，乃是全文的关键处。它形象地表现了大师们对于现实美（包括自然美）的执著追求。

但是，书法艺术大师在崇尚自然的同时，还必然重视心悟。唐代画家张璪说："外师造化，中得心源。"① 这两句名言具有普遍真理性，适用于所有艺术。当然，也能用来印证颜真卿所推崇的张旭的自悟说②。清人宋曹《书法约言·论草书》："古人见蛇斗与担夫争道而悟草书。颜鲁公曰：张长史观孤蓬自振、惊沙坐飞与公孙大娘舞《剑器》，始得低昂回翔之状，可见草体无定，必以古人为法，而后能悟生于古法之外也。悟生于古法之外而后能自我作古、以立我法也。"如此向自然学习、向生活学习、向古人学习，又超越自然、高于生活、古为己用，若无"自悟"之心，焉能"以立我法"？焉能进行艺术创造？

书法之道，提倡"自悟"，要出乎法度之外，入乎法度之内；既有法可循，又不拘于法，做到有法与无法的辩证统一。从微观的角度看，"永"字八法，就属于特定的法。对此，颜真卿有《"永"字八法颂》：

> 侧蹲鸥而坠石，勒缓纵以藏机。
> 弩湾环而势曲，趯峻快以如锥。
> 策依稀而似勒，掠仿佛以宜肥。
> 啄腾凌而速进，磔抑趁以迟移。

"永"字八法，讲究运笔的美，颜氏深得个中奥妙，故在理论上加以提升，炼其粹而概括之。张怀瓘在《玉堂禁经·用笔法》中指出："夫书之为体，不可专执；用笔之势，不可一概。虽心法古而制在当时，迟速之态，资于合宜。凡笔大法，点画八法，备于'永'字。"这里强调了师古而不泥古的创新观念，对于灵活地掌握"永"字八法去创造书艺美，很有意义，张怀瓘对于"永"字八法还提出了具体要求，同颜真卿的《"永"字八法颂》，可以相互发明。

四　窦臮的竞美得美说、声同论

（一）浸流竞美，斯得美矣；亲瞩延想，如见君子

窦臮，字灵长，扶风（今陕西麟游）人，唐玄宗李隆基天宝年间（742—755），以草隶兼工、文辞华美而名扬遐迩。唐德宗李适建中年间（780—783），

---

① 见（唐）张彦远：《历代名画记》卷十。
② 见（唐）颜真卿：《述张长史笔法十二意》。

官范阳功曹，检校户部员外部，汴宋节度参谋。

窦臮、窦蒙都是中唐时著名的书法家和理论家。窦臮的《述书赋》上下，为当时中国书法史论名著。就史而言，上自周秦，下至唐肃宗李亨乾元之始，著名书家凡一百九十八人，均入品流，而作范式，为后人歌咏不绝。就论而言，着重描述了历代著名书法家的艺术气质、个性、风骨，并切中肯綮地揭示出某些书法家的瑕疵。《述书赋》分上下两编，上编论述古至隋代，下编论述唐代。全文由窦蒙注定。

《述书赋上》首先概述了书法沿革的时代美："古者造书契，代结绳，初假达情，浸流竞美。自时厥后，迭代沿革。朴散务繁，源流遂广。渐备楷法，区别妍媸……"在世代更替中，美被留下，不美的则逐渐被淘汰。美的不断得到发展并日益昌隆，以至形成了百花齐放的繁荣景象，这便是"浸流竞美"了。但不美的东西，也会乘机潜入，偷偷地列在美的肩侧，妄图使人在欣赏美的同时也能对它投以青睐。因而这就要求人们能够善于"区别妍媸"。对于书之流美，要善于"披玩"，知其"兴喻"；尤其要发挥审美的视知觉功能，才能探得美之所在："尝考古而阅史，病贱目而贵耳；述勋庸而任人，挥翰墨而由己。则知亲瞩延想，如见君子。量风雅之足凭，奚舒卷之能已。古犹今也，斯得美矣。"这里，并非贬低耳闻，而是在批评"贱目"的同时强调目见。用今天的话来说，是指重视审美的实践性。书法作品是诉诸直觉的艺术，它必须给人以视觉上的美，并以美的形象的动情性和诱惑性以激发人的美感。不仅如此，还要通过视觉通道去启运人的知觉枢纽，以打开思维之窗，在奇妙的想象中去领悟书艺的美。这一视知觉审美链索，如果用四个字来概括，便是"亲瞩延想"。这是耳闻、目见、神思相渗相融的结果。

古人云：文如其人，字如其人。观赏书法作品，仿佛也看见了书家的风度、人品。在作为审美对象的书法作品与作为审美主体的接受者之间，有个审美中介，这便是审美感官（主要是视知觉感官）。审美感官虽然隶属于审美主体，但和审美对象也有紧密的联系；如果没有审美对象，那么，审美感官再健全、再敏锐，也由于没有审美对象的映入而无法产生审美活动；换句话说，审美感官就接收不到美的信息，审美主体也就不能产生美感。当然，有了审美对象以后，还必须有审美感官的介入、参与，才能识别、感知、捕捉住美，从而输送给审美主体，以激起审美主体的美感活动。所谓"亲瞩延想，如见君子"，便高度概括了作为审美对象的书法作品经历作为审美中介的"亲瞩延想"后，所出现的如见书家其人的审美过程。

审美强调"亲瞩延想"的实践性，而实践性总是和具体的、切实的把握联系在一起的。就书体而言，有篆、籀、章草："篆则周史籀，秦李斯，汉有蔡邕，当代称之。俱遗芳刻石，永播清规。籀之状也，若生动而神凭，通自然而无涯……草分章体，肇起伯度"（按，杜操字伯度）。此外，对于书艺的风貌，则"兴喻"自然，"契入神悟"，细细"披玩"，从中悟其三昧。例如，赞美李斯篆书："斯之法也，驰妙思而变古，立后学之宗祖。如残雪滴溜，映朱槛而垂冰；蔓木含芳，贯绿林以直绳。"赞美魏人韦诞草书："魏之仲将，奋藻独步。或进泉涌溢，或错玉班赋……体裁简节，肌骨丰娉。如空凝断云，水泛连鹭。"赞美山涛正书："巨源正书，朴略仍余，染翰忘筌，寄情得鱼。若披坚草泽，匿锐茅庐。"赞美嵇康行书："叔夜才高，心在幽愤……精光照人，气格凌云。力举巨石，芳逾众芬。"赞美蔡充（字子尼）草书："子尼简约，片月孤峰。千岁之下，森森古容。"赞美王羲之行草："逸少之始，虎变而百兽跧，风加而众草靡。肯綮游刃，神明合理。虽兴酣兰亭，墨仰池水，《武》未尽善，《韶》乃尽关。犹以为登泰山之崇高，知群阜之迤逦。"赞美王献之行书："态遗妍而多状，势由己而靡罄。"认为二王书艺"诚一字而万殊，且含规而孕矩"。以上所举，只是一小部分，但却可说明对于先贤书艺的审美体悟的深切性。这种体悟，滋味隽永，难以言传。此乃书法审美的一个特点。

（二）道必贵乎声同：资乐道兮善莫大
芝兰满室兮遗美芳

窦臮的《述书赋下》，以凝练的笔触，高度概括了有唐一代的文治武功，特别是歌颂了盛唐气象。在广袤深邃的历史文化背景上，渲染书法艺术美，气势浩浩荡荡，文笔如长江奔流，一泻千里。作者以"风骨"为精髓，大处着眼，小处落墨，抓住重点，进行剖析，并做出总体的审美评价。"风骨巨丽，碑版峥嵘。思如泉而吐凤，笔为海而吞鲸"。这是对开元、天宝年间书艺形势的描述，也可代表对于唐代书法基本的美学估量。其中，既含着至大且刚的壮美，又含着玲珑柔婉的优美；然而，就总的气象而言，却是以雄浑壮丽为特色的。

在作者笔下，欧阳询"随连变化，为龙为光"；虞世南"下笔如神"，"超出"常人；褚遂良"克俭克勤"，"锐思猗文"；房玄龄"雅而能和，稳而不讹，精神正气，胸臆余波，若蘋萍异品，共泛中河"；张旭"酒酣不羁，逸轨神澄。回眸而壁无全粉，挥笔而气有余兴"；贺知章"落笔精绝，芳词寡俦。如春林之绚彩，实一望而写优"；王维"诗兴入神，画笔雄精"；窦蒙"得道家之深旨，习阆风而欲仙"；韦述"小擅声于自我，大推美于其人"……作者列举了唐代许多著名书家，声称并非罗列姓名，而是进行审美判断，即："验德力之工拙，知古今之优劣。余稽古而玩能，因假能而有说。匪徒姓名记录。"这里所说的"工拙"、"优劣"，存在一个审美比较与鉴别问题；只有在反复稽核、玩味中，才能发现书法作品的品第和美的价值，才能有所感悟而发表自己的学说见解。因此，作者十分重视"敢分媸而别妍"的筛选工作。在筛选中，去媸取妍，掬出众美，俾其灿灿然而闪现于人的眼帘，并世代相传。正如作者所述："往哲来贤，一朝而星罗入眼，百代而云披及肩。身已没兮若休，迹遗芳而可传。"可见，优秀的书艺，具有永恒的美的魅力。它既可为同时代的人所共赏，也可为不同时代的人所共赏，故书道之美乃是一种共同美，所谓"道必贵乎声同"是也。正是为了追求这种共同美，窦臮在理论上才刻意搜寻："探寻源流，志逸肥遁，缉合剪截，躬劳不闷，明齐短长，暗决分寸。"这便是撷取书艺美的手段与方法。

在《述书赋下》的末尾，作者用赋辞写道："资乐道兮善莫大，佐玄览兮见所赖。芝兰满室兮遗美芳，朋友忘言兮古人会。想贤玩迹兮俨如在，史册悠悠兮几千载。"这里，强调乐道之善，当然包含书道；又以芝兰吐芳喻书艺之美；此外，用"玩迹"句表明自己的书法审美活动，传达其书法美的恒久意义，诚可谓善大美芳，风韵独具，也可说是整个《述书赋》的理论概括。

《述书赋》是窦臮晚年的书论杰作，被收入唐代书画理论家张彦远编的《法书要录》中。其中记载："大历四年七月点发行朱，寻绎精严，痛摧心骨。其人已往，其迹今存。追想容辉，涕泪呜咽。"从这里，可窥及《述书赋》感人至深的魅力和巨大的影响。

（三）精穷旨要，详辨秘义；无深不讨，无细不因

窦臮之兄窦蒙，除了为《述书赋》作注外，还著《述书赋语例字格》一文，进一步介绍乃弟的艺术成就："翰墨厕张王，文章凌班马，词藻雄赡，草隶精深……有天宝所献《大同赋》、《三殿蹴踘赋》，以讽兴谏净为宗，以匡君救时为本……及乎晚年，又著《述书赋》，总七千六百四十言。精穷旨要，详辨秘义。无深不讨，无细不因。"可见，窦臮不仅擅长文学创作，重视诗赋的"谏净"功能和"救时"作用，而且精通书法理论，善于发掘个中的美学效应。

窦蒙的《述书赋语例字格》一文，可以说是理论的理论，也就是对于《述

书赋》理论的补充、发挥、深化。他赞扬乃弟"学究天人，才通诂训"；并进一步说明："注有未尽，在此例中；意有未穷，出此格上。"这里，窦蒙清楚地表明，他是在作未尽之注、言未穷之意的。换言之，他并非为注而注，也非重复乃弟之言，而是有自己的创造的。

窦蒙的创造在什么地方呢？简明地说，就在语例字格上。乃弟的《述书赋》，凡七千六百四十言，其注就有二百四十句，这难道没有窦蒙的功劳吗？

尤其是字格，精练、简洁，富于高度的概括性，是从许许多多书法家的大量作品中提取出来的理论结晶，规范着不同书艺的共同美学风格，对于其他艺术作品也有借鉴作用。

窦蒙把字格分为九十种，并用极其简练的语言逐一略加解释。虽然他只是把九十种字格一股脑儿地排列出来而未加以归纳，但是，我们却可从其所集中表现的风采、情调、韵味、形态等等方面去进行梳理，以考察它们的情致、气势的共同的流向。兹分别略举数格如下：

就风采（风度、色彩）而言，有：

纤　文过于质曰纤。

艳　少古多今曰艳。

妍　逶迤并行曰妍。

媚　意居形外曰媚。

丽　体外有余曰丽。

秀　翔集难名曰秀。

秾　五味皆足曰秾。

就情调而言，有：

质朴　天仙玉女，粉黛何施。

伟　精彩照射曰伟。

沈　深而意远曰沈。

古　除去常情曰古。

高　超然出众曰高。

老　无心自达曰老。

嫩　力不副心曰嫩。

强　筋力露见曰强。

雄　别负英威曰雄。

壮　力在意先曰壮。

放　流浪不穷曰放。

就韵味而言，有：

神　非意所到，可以识知。

能　千种风流曰能。

精　功业双极曰精。

逸　纵任无方曰逸。

爽　肃穆飘然曰爽。

妙　百般滋味曰妙。

就形态而言，有：

密　间不容发曰密。

丰　笔墨相副曰丰。

瘠　瘦而有力曰瘠。

拙　不依致巧曰拙。

疏　违犯阴阳曰疏。

峻　顿挫颖达曰峻。

细　运用精深曰细。

飞　若灭若没曰飞。

动　如欲奔飞曰动。

驮　波澜惊绝曰驮。

拔　轻驾超殊曰拔。

峭　峻中劲利曰峭。

肥　龟临洞穴，没而有余。

瘦　鹤立乔松，长而不足。

闲　孤云生远曰闲。

宽　疏散无检曰宽。

宏　裁制绝壮曰宏。

以上归纳，只是相对的。因为风采、情调、韵味、形态之间没有绝对分明的界限，彼此往往出现交叉、互渗现象。有的字格，偏重于风采的表现，但也含有某种情调，如秀、丽、媚、艳。有的字格，偏重于情调的传达，然而暗藏特定风采，如质朴、古、雄、放。有的字格，偏重于韵味的体悟，却荫蔽着绰约的形态，如神、能、精、妙。有的字格，偏重于形态的显示，也流露出未尽的韵味，如飞、动、驶、拔。

窦蒙对字格的界定，比较宽泛。他把书法体裁（正、草、行、章）也当成字格；把某些弊端（不伦、怯、偏、滑）也当成字格，这就使其字格论掺入了驳杂的成分，在一定程度上削弱了理论的精粹性。

但是，总体看来，窦蒙对于字格审美价值的估量，是独具慧眼的。他的理论概括，饱和着充沛的情感。他是含着悲痛的丧弟亲情去写语例字格的："一枝先折，痛贯肝肠；两眼既枯，哀缠骨髓。"这就是窦蒙悲伤情怀的自述。为了把乃弟的书法理论和自己的独特见解传诸后世，他殚精竭虑，字斟句酌，创立字格，于唐代宗李豫大历十年（776）完成校稿，才使之在世代承祧中不断放出美学的光辉。

第十三章　音乐审美　释文审美

一　长孙无忌《音乐志》乐感论

（一）乐者，乐也

长孙无忌是唐太宗李世民的重臣，又是唐代音乐理论家。他参与《隋书》的编撰，负责音乐部分的梳理。《隋书》的总编是魏徵，其中的《音乐志》则为长孙无忌所作。故《隋书·音乐志》虽具体针对隋代音乐而言，但其理论观点、美学见解则与长孙无忌密切相关，很多地方突现出长孙无忌独立的话语，不少笔墨显示了长孙无忌对前人看法的认同。因此，在论及唐代音乐美学时，这是不应忽视的一个方面。《隋书·音乐上》云：

> 夫音本乎太始，而生于人心，随物感动，播于形气。形气既著，协于律吕，宫商克谐，名之为乐。乐者，乐也。圣人因百姓乐己之德，正之以六律，文之以五声，咏之以九歌，舞之以八佾。实升平之冠带、王化之源本。《记》曰："感于物而动，故形于声。"夫人者，两仪之播气，而性情之所起也，恣其流湎，往而不归。是以五帝作乐，三王制礼，摽举人伦，削平淫放。其用之也，动天地，感鬼神，格祖考，谐邦国。树风成化，象德昭功，启万物之情，通天下之志。若夫升降有则，宫商垂范。礼逾其制，则尊卑乖；乐失其序，则亲疏乱。礼定其象，乐平其心，外敬内和，合情饰貌，犹阴阳以成化，若日月以为明也。

这段论述，内容极其丰赡，对于音乐的美学本质、特征、结构、效应等重要问题，作了剀切的剖析。

所谓音乐，是音与乐的合称。音与乐是既有区别又有联系的。什么是音呢？作者告诉人们："夫音本乎太始，而生于人心，随物感动，播于形气。"可见，音的产生与大自然的形气有关，与人心有关；通过物的变化，激起心灵的感应，而播散于形气，于是便形成为音。这里所说的太始、形气，虽然比较含糊、笼统，但在一千多年前，已很不简单了。作者不仅揭示出音的诞生之源，而且揭示出音的诞生之源既与心有关，又与物有关，从而就心与物的结合层面辩证地剖析了音之根本。在此基础上，又推进一步，上升到形气说。并由形气推演到律吕、宫商，从而得出了什么是乐的结论："形气既著，协于律吕，宫商克谐，名之为乐。"可见，乐是由音发展而来的。当乐成为音的发展的必然结果并与音合成为一体时，那便是音乐，而不必作音与乐的区分了。

作者不仅揭示出音乐的本源意义，而且以极其简练的语言揭示出音乐的美感特征："乐者，乐也。"第一个"乐"字，是指音乐；第二个"乐"字，是指快乐。它肯定了音乐的美感特征在于愉悦性，而这种愉悦性正是平民百姓对于圣人德行的心理感应，也就是所谓"圣人因百姓乐己之德"，于是便以涵泳特定声律、歌舞的音乐去感染百姓，以激起欢娱之情。在此，仅用一个"乐"字，就准确地抓住了音乐的审美本质，在音乐史上，实在是值得大书特书的。

然而可贵的是，作者并不简单地停留在对于音乐的乐的特征的表层开掘上，而是进一步地探索乐的特征的深层美感，即从人的性情中去寻找快乐的起源、状态。所谓"性情之所起也，恣其流湎，往而不归"，不仅是对活生生的人的描述，也是对于音乐的快乐美感的人情美和人性美的描述。

此外，作者还从宏观的高度，去鸟瞰音乐的社会教化作用。这就是："动天地，感鬼神，格祖考，谐邦国。树风成化，象德昭功，启万物之情，通天下之志。"这里，除了张扬音乐的自然感召力以外，便是重点强调音乐的社会感召力，即宣扬其安邦治国的和谐美、感悟人情的教化美。但其美中不足之处在于对封建道德的吹嘘，这是不足取的。

作者在描述音乐之美时，还能与善相连接，与丑恶相对立，所谓"圣人造乐，导迎和气，恶情屏退，善心兴起"，便是如此。这里所说的"和气"，便体现出音乐的和谐美。它是与善相渗相融的。作者举例说："伊耆有苇龠之音，伏牺有网罟之咏，葛天八阕，神农五弦，事与功偕，其来已尚。黄帝乐曰《咸池》，帝喾曰《六英》，帝颛顼曰《五茎》，帝尧曰《箫韶》，禹曰《大夏》，殷汤曰《护》，武王曰《武》，周公曰《勺》。"这些都是美善之乐。它和礼是相表里的，因而在作者心目中，礼与乐是紧密联系在一起的："大礼与天地同节，大乐与天地同和，礼意风猷，乐情膏润。"这种说法，显然深受《礼记·乐记》的影响，但它却同中国音乐史的实际相圆合，因而显得有血有肉，颇有说服力。

作者还进一步从史的角度阐明了雅乐的和谐美，但大都限于列举历代庙堂音乐、帝王音乐，所以对于汉高祖时的宗庙音乐，汉明帝时的音乐（大予乐、雅颂乐、黄门鼓吹乐、短箫铙歌乐），十分欣赏；而对于民间歌谣，则视为不登大雅之堂的东西，显然是一种偏见。但是，对于那些与和谐美背道而驰的靡靡之音，作者是持否定态度的。作者批评"炀帝矜奢，颇玩淫曲"，反对"哀管新声，淫弦巧奏"，就是维护雅乐之和的善美之举。

（二）国乐以雅为称

作者推崇雅乐。对于搜集雅乐的音乐家备极赞赏。故援引沈约之言曰："汉武帝时，河间献王与毛生等，共采《周官》及诸子言乐事者，以作《乐记》。其内史丞王定，传授常山王禹。刘向校书，得《乐记》二十三篇，与禹不同。向《别录》，有《乐歌诗》四篇、《赵氏雅琴》七篇、《师氏雅琴》八篇、《龙氏雅琴》百六篇。"对于宋齐年间的乐舞，亦以雅正作为准绳。例如："以武舞为《大壮舞》，取《易》云'大者壮也'，正大而天地之情可见也。以文舞为《大观舞》，取《易》云'大观在上'，观天之神道而四时不忒也。国乐以'雅'为称，取《诗序》云：'言天下之事，形四方之风，谓之雅。雅者，正也。'"作者列举了《俊雅》、《皇雅》、《胤雅》、《寅雅》、《介雅》、《需雅》、《雍雅》、《涤雅》、《牷雅》、《诚雅》、《献雅》、《禋雅》等等雅的品类，加以介绍，表现了作者对雅正乐舞的热衷与推许。

如此以雅为准的思想，不仅表现在对于齐、梁、隋代乐舞的评价中，而且延伸到唐代。据《旧唐书·音乐一》：贞观"二十三年，太尉长孙无忌、侍中于志宁议太宗庙乐曰：'《易》曰：先王作乐崇德，殷荐之上帝，以配祖考。'请乐名《崇德》之舞。"显然，这种乐舞是符合雅正标准的。

除长孙无忌外，祖孝孙、魏徵等人均推崇雅乐。据《旧唐书·音乐三》："贞观二年，太常少卿祖孝孙既定雅乐，至六年，诏褚亮、虞世南、魏徵等分制乐章。"又说："今依前史旧例，录雅乐歌词前后常行用者，附于此志。"这种雅乐歌词围绕着一个"和"字，集中地突出一个"和"字，尽情地讴歌一个"和"字。如《豫和》、《太和》、《肃和》、《雍和》、《寿和》、《舒和》、《福和》、《歆和》、《延和》等等，都从不同方面表现了天地与大乐同和的思想。可见，颂扬雅乐之和，不仅是长孙无忌等人的美学观念，而且也代表着唐人的美学观念。所谓"礼唯崇德，乐以和声。百神仰止，天下文明"，就是他们所追求的最高目标吧！

二 陆德明《经典释文》的审美观

（一）质而不野

陆德明（550—630），名元朗，苏州吴县人。他官阶不高，但官运亨通，在南朝陈代及隋代、唐代，都当过官，堪称三朝元老。陈后主当朝时，任过国左常侍；隋炀帝执政时，升为秘书学士，国子助教；唐太宗李世民给他一个文学馆学士的头衔，贞观初年，升为国子博士，封吴县男。他当的官，都是文职。但不独是区别于一般武官的文官，而是致力于文学教育事业的文职。他毕生从事学术研究，对于经典著作潜心钻研，具有独到的见解，因而不仅为学人所推崇，也为陈、隋、唐皇室所赏识。其《经典释文》，共三十卷，乃是他的扛鼎之作。除《序录》外，作者对《周易》、《尚书》、《毛诗》、《周礼》、《仪礼》、《礼记》、《春秋三传》、《孝经》、《论语》、《老子》、《庄子》、《尔雅》的音义，均作了注释。它广采博取，探幽发微，见解独到，是一部影响深远的中国古代经典的音义阐释学著作。

《经典释文》并非美学著作，陆德明亦非美学家，但作者在诠释古典经义时，却能在不知不觉之中，赋予诠释以美的色彩，因而就使书的字里行间隐藏着丰富的美。

陆德明最大的贡献就在于，他发扬光大了唐代文学的音韵美。他在广泛继承前人音韵的基础上，结合唐代音韵学实际，创造出新的美，从而为唐代诗文音韵美提供了范式，也为后人研究唐代音乐、律诗、绝句、美文提供了参照系。他在《经典释文·序录》中，从总的方面论述了研音究义的必要性："夫筌蹄所寄，唯在文言。差若毫厘，谬便千里。"他还严肃地指出，即使天资聪慧、涵养深厚的人，对于古典音义，也应潜心学习，并遵循正确的规则；尤其是学习之初，更要谨慎，不能出现任何差池。否则，就会积习难改、因错就错了。所以，他说："然人禀二仪之淳和，含五行之秀气，虽复挺生天纵，必资学以知道。"又说："染丝斵梓，功在初变。器成采定，难复改移。"这里，引用了梁人刘勰《文心雕龙·体性》中的话："斵梓染丝，功在初化，器成彩定，难可翻移。"陆氏只是略作改变而已。《尚书·梓材》："若作梓材，既勤朴斵。"斵，是砍削的意思。陆氏在《尚书音义下·梓材》中指出："治木器曰梓，治土器曰陶，治金器曰冶。"又认为"朴斵"之朴是"未成器"的意思。至于染丝，语本《墨子间诂·

所染》："染于苍则苍，染于黄则黄。所入者变，其色亦变。"由上可知，无论是砍削梓材制作木器，还是着色染丝，起初要特别小心，不能半点马虎。陆德明认为，学习音韵，也应如此。他就是有志于匡正谬误而从事音韵研究的："余少爱坟典，留意艺文，虽志怀物外，而情存著述。"他对当时音韵研究的偏颇提出了严肃的批评，斥之为"大义愈乖"、"竞生穿凿"。他明确地规定了《经典释文》所遵循的原则："古今并录，括其枢要，经注毕详，训义兼辩，质而不野，繁而非芜。"其中一个"质"字，可以说是陆德明所追寻的音韵美的核心。所谓质，就是指朴素、纯净、洁白、率真。它炉火纯青，它没有杂质。它千锤百炼，它自自然然。它不矫揉造作，它不哗众取宠。这种音韵的质地美，特别表现在反切的敲定上，也表现在音义的阐释上。

《周易音义》在解释《乾卦》时说："潜（捷盐反——陆氏原注，下同）龙（喻阳气及圣人）见（贤遍反，示也）龙。"在一藏一现、亦隐亦显之间，显示了龙的形象的出没美、游动美、变化美。在引述"乾，健也"以后，更强调"重刚"；并与《坤卦》"坤至柔"相呼应，从而表现了阳刚与阴柔的对比美。此外，说《泰卦》为"大通"；言《否卦》为"闭"、"塞"，且将"《休》（虚虬反，美也；又许求反，息也）《否》"加以对比，在突出"休"之为美的同时，反衬出"否"之不美。

在《毛诗音义》中，认为《国风》中的"风"字，含讽的意思。"风，风也。"后面的"风"字的切音是"福凤反"。或作"讽"字，或"动物曰风，托音曰讽"。陆氏称赞"用风感物，则谓之讽"说；所谓"风以动之"，即"自下刺上，感动之"。不管是音乐、诗歌，还是舞蹈艺术，只要发挥教化作用，就会"上下相应"。所谓"治世之音安以乐（音洛），其政和"是也。这当然是"嗟叹之、蹈之"的艺术活动的结果。陆氏接着拈出"比"、"兴"、"颂"、"风"等词以后，又拈出"说（音悦）乐（音洛）和谐（户皆反）"几个字。表面上看，与前面无多大联系；实际上，字里行间却流动着审美的情绪。此外，在《南有嘉鱼之什》中，又拈出"乐乐（上音岳，下音洛）"、"乐（音洛）也"、"喜乐（音洛）"、"和乐（音洛）"等以乐为特点的字词，从而显示了审美心理的愉悦性。在《诗经》其他篇什的注解中，拈出"乐"字的地方甚多，这里就不一一列举了。在注释时，除了对那些不叶韵的音义能进行准确的敲打以外，对于那些叶韵的音义也能进行剀切的辨析。不管是否为双声叠韵，都能探幽发微、反复吟哦，巧作美的搜寻。例如，在阐释《诗经·关雎》中的字词时，记载着："窈（鸟了反）窕（徒了反。毛云：窈窕，幽闲也。王肃云：善心曰窈，善容曰窕）"，"参（初金反）差（初宜反）"，"瘉（五路反，觉也）寐（莫利反，寝也）"；在注解《氓》中的字词时，记载着："蚩蚩（尺之反，敦厚貌）"，"涟涟（音连，泣貌）"；在阐释《硕人》中的字词时，记载着："洋洋（音羊，盛大也）"，"发发（补末反，盛貌。马云：鱼著网，尾发发然）"，等等，都富于形态的跳跃性，不是具有双声美，就是具有叠韵美。当然，那些无韵之韵的美，也是常见的。如解释《羔裘》中的"美称（尺证反）"、《有女同车》中的"洵（恤句反，信也）美"、《山有扶苏》中的"人之好美色"、《干旄》中的"美好"，均如此。

（二）大观在上

观察洞照对象的美，叫做观照美。用今天的美学语言来说，就是指审美观照。陆德明《经典释文》除了《序录》以外，对于经典著作音义的解释，极其简括，基本上采取拈出字词的方法，加以辩证，因而人们只能从其要言不烦的音韵剖析中去领略美的滋味，并窥及其美学光彩。

但是，陆德明却对观照美产生了浓厚的兴趣。这表现在对于《易经·观卦》的分析上。他以较多的语言去说明观的重要性，指出："童观最远朝美"；"观国之光"；"尽夫观盛，故观至。大观在上，以观天下……观之为道，而以观感；风行地上，观，处于观时。君子处大观之时。处大观之时，大观广鉴。居观之时，为观之主。观之盛也。"这些论述，本于《周易》，又深受唐代以前《周易》学者的启迪，且具有其本身独到的见地，含义极为丰赡。

第一，突出了"观"字，强调了"美"字，指出了审美观照时年龄的差别。

在《易经·观卦》中，观的内容既深且广。有自我人生的观照，如"观我生"；有对他人人生的观照，如"观其生"；有对国家贤能的观照，如"观国之光"。此外，还把成人与儿童加以区别，称儿童之观为"童观"。由于儿童幼稚，见闻有限，故对事物的观察必然浅鲜。魏人王弼在《周易注》中分析《观卦》时说："处于观时，而最远朝美……无所鉴见，故曰童观。"这种说法，也影响了陆德明。陆氏也认为："童观，最远朝美。"比陆氏小二十四岁的唐代学者孔颖达在《周易正义》中说："童观者，处于观时，而最远朝廷之美……无所鉴见，唯如童稚之子而观望也。"可见，王弼、陆德明、孔颖达都注重一个"美"字。这个"美"字的含义是宽泛的。它与我们今天所说的美学上的美虽不尽同，但却包括美学上的美。陆氏的提倡，起了承上启下的作用。童稚虽不能洞察美的事物，但却不能否认美的存在。这个"美"字，在《易经·观卦》中并未出现，而被王弼拈出，并经陆氏强调，且唐代孔颖达、李鼎祚等人亦甚赞美，这就表明：美的价值是不可低估的。它是对《观卦》美的底蕴的开掘。

与童稚之观相对照的是成人的君子之观，后者若不能进行美的观照，则不仅不美，而且失之于丑。再则，若对美不能进行全面的观照，只是窥其一隅，或只见独木、不见森林，便对整体的美下判断，那么，也是不光彩的，所以，《易经·观卦》指出了"观"之不足取，《象传》则认为"窥观"现象，"亦可丑也"。这里所说的丑，与前面所说的美，正好是个对照，也说明王弼、陆德明、孔颖达等人所说的美，是有针对性的，也是有根据的。

第二，陆德明四次强调"大观"，这与前面所说的"窥观"是相反的，与"美"字是相应的。大与小相对立，故大观与窥观（小视）相异。大观为盛大之观，故陆氏强调"观盛"、"观之盛也"；大观为至上之观，故陆氏强调"大观在上，以观天下"；大观为深广之观，故陆氏强调"大观广鉴"；大观为主要之观，故陆氏强调"居观之时，为观之主"。总之，大观具有盛、上、广、主四大特点。它高屋建瓴，气势恢弘，洞察深邃，统照全局。因而大观为美，窥观为丑。王弼在《周易注》中也认为"寡所鉴见……所见者狭，故曰窥观……处大观之时，居中得位，不能大观广鉴，窥观而已，诚可丑也"。所谓大观广鉴，当然也是包含审美观照的。观者，察也。鉴者，照也。这种大观美、窥观丑的对比观点，显然是为陆德明所接受的。

大观，在古人的审美观照中，是存在的。宋人范仲淹《岳阳楼记》："予观夫巴陵胜状，在洞庭一湖。衔远山，吞长江，浩浩汤汤，横无际涯。朝晖夕阴，气象万千。此则岳阳楼之大观也。"如此以审美观照为主要内容的大观，是很典型的。

第三，陆德明不仅强调"观"，而且强调"感"，并拈出了"观感"一词。观为目测，感为心悟；观乃视觉，感乃知觉。视知觉之间，有一中介桥梁，从而使视知觉彼此过渡、互渗、交融成为可能。刘勰《文心雕龙·物色》："是以诗人感物，联类不穷。流连万象之际，沉吟视听之区；写气图貌，既随物以宛转；属采附声，亦与心而徘徊。"这里所说的"感物"，与视觉观照、心理感知是密不可分的。所谓"目既往还，心亦吐纳"，正描述了目视（观）与心知（感）之间的过渡状态。它既强调感官的直觉性，又注重心理的感悟性，是不同器官共同协作的结果。由此可见，观感的产生，是有根据的。

当然，"观感"一词，并非陆德明首创；但是，由于他的强调，就大大强化了观感的作用，并使《易》学观照论大为增色。《象传》以"风行地上，观"，来描述观之为道；王弼以"观感化物"①来论析观之为道。对此，陆德明吸取之，强调之，鼓吹之，从而使"观感"一词成为大观的重要内涵。用之于审美观照，岂非为唐代美学增色而何？

陆氏对观照论之所以具有深刻的体会，除了受到《易经·观卦》的启迪以外，同中国传统文化的丰富性有着密切的关系。孔子曰："小子何莫学夫诗？诗可以兴，可以观，可以群，可以怨。迩之事父，远之事君，多识于鸟兽草木之名。"②这里所说的观，是指对属于艺术美的《诗经》的审美观照。此外，在《易传·系辞下》中，则提出了仰、俯、近、远观照法："仰则观象于天，俯则观法于地，观鸟兽之文与地之宜，近取诸身，远取诸物。"这里，强调视觉距离、方位的作用，也是强调审美观照的空间性，并划分为仰观、俯观、近观、远观；其观照的范围是无限的，是对范围的超越，也就是以无限的宇宙万物为观照对象。宗白华先生在《中国诗画中所表现的空间意识》一文中说："俯仰往返，远近取与，是中国哲人的观照法，也是诗人的观照法。"这是符合中华民族审美习惯的。晋人嵇康《赠兄秀才入军十八首》其十四："目送归鸿，手挥五弦。俯仰自得，游心太玄。"晋人王羲之《兰亭集序》："仰观宇宙之大，俯察品类之盛，所以游目骋怀，足以极视听之娱，信可乐也。"南朝宋人宗炳《画山水序》："身所盘桓，目所绸缪。以形写形，以色貌色。"梁人钟嵘《诗品序》："'思君如流水'，既是即目；'高台多悲风'，亦惟所见。"梁人萧统《文选序》："未尝不心游目想，移晷忘倦。"梁人刘勰《文心雕龙·知音》："鉴照洞明"，"圆照之象，务先博观"；《神思》："研阅以穷照"。以上，无论是谈艺术美也好，自然美也好，社会美也好，都从各自角度涉及审美观照。从哲学高度而言，主要是宏观的，《易传》反复强调的俯仰宇宙，陆德明所热衷宣扬的大观，都是指宏观的。至于窥观，虽为古人所轻视，但如果赋予它以另外的特定含义，则仍不失为微观中的一个品种。关于这一点，陆德明是未看到的，我们也不应苛求。

（三）至形无形，至名无名

《庄子音义下》，从《盗跖》篇中曾拈出"穷美"一词，称"穷，犹尽也"。

---

① （魏）王弼：《周易注》。
② 《论语·阳货》。

它表明了对于美的执著追求与尽情享受。陆德明对于庄子学说是推崇的，特别是其中的辩证法的因素。在注释《天下》篇时，引述了庄子对于惠施学派的评价。庄子批评了惠施舍本逐末的观点；但却从另一方面显示出惠施学术的辩证性，这与庄子之道的总体性、宏观性并无二致。陆氏在其引述、注释中，客观地描述了此中情景，并宣扬了正言若反的辩证美与对照美，显示了哲学美学思想的深邃性和理性说服力。《庄了·天下》：

> 至大无外，谓之大一；至小无内，谓之小一。无厚，不可积也，其大千里。天与地卑，山与泽平。日方中方睨，物方生方死。大同而与小同异，此之谓小同异；万物毕同毕异，此之谓大同异。南方无穷而有穷。今日适越而昔来。连环可解也。我知天之中央，燕之北、越之南是也。泛爱万物，天地一体也。

以上是惠施讲的话。《庄子音义》曾详加诠释。

关于大小、内外："司马①云：无外不可一，无内不可分，故谓之一也。天下所谓大小皆非形，所谓一二非至名也。至形无形，至名无名。"这里显示了一的混沌性、完整性、无限性，它无边无际，无形无名，故为至大，亦称至形至名。至于至小，虽云入于无间、无孔不入、细如毫末、小于无限，但也离不开一；但这种一却是小一。一，虽有大有小，但小可喻大，小中有大；大可含小，大中有小。大与小，也是相对的；内与外，是相比较而言的。它们是无限与有限的辩证统一。

关于有无："司马云：物言形为有，形之外为无，无形与有，相为表里，故形物之厚，尽于无厚。无厚与有，同一体也，其有厚大者，其无厚亦大。高因广立，有因无积，则其可积，因不可积者，苟其可积，何但千里乎！"从这里可以看出，有形与无形、有厚与无厚（厚与薄），是相互依存的。辽阔广大的土地，一望无际，极目千里，貌似"无厚"、"不可积"，然而却是有厚、有积的。此乃"无为有处有还无"② 是也。

关于高低："李③云：以地比天，则地卑于天，若宇宙之高，则天地皆卑，

---

① 司马，系指晋代秘书监司马彪。
② 《红楼梦》第一回。
③ 李，系指晋代丞相参军李颐。

天地皆卑，则山与泽平矣。"这就表明，事物的高与低，是就其特殊环境、空间状态而言的。高者可以为低，低者可以为高。庄子在《齐物论》中说："天下莫大于秋毫之末，而大山为小。"这不仅道出了大与小的互变性，也显示了高与低的互变性。

关于中睨、生死：所谓中，这里指日之正中；所谓睨，这里指日之偏斜。"李云：睨，侧视也。谓日方中而景已复昃，谓景方昃而光已复没，谓光方没而明已复升。凡中昃之与升没，若转枢循环，自相与为前后，始终无别，则存亡死生与之何殊也！"这里，以日光光影之中正、偏斜、升降、明灭等景象，来说明物之生生死死、循环往复、变动不居；俗话云：当你说现在的时候，现在已变成了过去。这就是时间的流美。李白《春夜宴桃李园序》："夫天地者，万物之逆旅；光阴者，百代之过客。"这里以形象的描绘，显示了时空变易、新陈代谢的美。与陆德明的引述，可以互参。

关于同异："同体异分，故曰小同异。死生祸福，寒暑昼夜，动静变化，众辨莫同，异之至也，众异同于一物，同之至也，则万物之同异一矣。若坚白，无不合，无不离也。若火含阴，水含阳，火中之阴异于水，水中之阳异于火，然则水异于水，火异于火。至异异所同，至同同所异，故曰大同异。"这里，陆德明从哲学高度，论析了大同小异、大异小同、同中有异、异中有同、众辨莫同（至同）、众异同一（至同）等对立的统一，说明了同异之间的互斥性、相融性，并概括出同异于一的相反相成的原理。所谓"千里不同风，百里不同雷"[①]，为异，而其风、雷则各有同。所谓"李子之相似者"[②]，亦异。

关于无穷有穷："司马云：四方无穷也。李云：四方无穷，故无四方，上下皆不能处其穷，会有穷耳。一云：知四方之无穷，是以无无穷无穷也。形不尽形，色不尽色，形与色相尽也；知不穷知，物不穷物，知与物相尽也。独言南方，举一隅也。"这里告诉人们，东西南北四方，是没有穷尽的，因而也不存在东西南北四方，故称为无四方；然而，天地（上下）间万物的活动都不是无穷的，这就是由于它是有穷的缘故。滕王阁所在空间是有穷的，然而其延伸的空间又是无穷的。怪不得初唐四杰之首王勃，在《秋日登洪府滕王阁饯别序》中，发出了"天高地迥，觉宇宙之无穷"的慨叹。

关于今昔："智之适物，物之适智，形有所止，智有所行，智有所守，形有

---

① （东汉）王充：《论衡·雷虚》。
② （西汉）刘向：《战国策·韩策三》。

所从，故形智往来，相为逆旅也。鉴以鉴影而鉴亦有影，两鉴相鉴，则重影无穷。万物入于一智而智无间，万物入于一物而物无联，天在心中则身在天外，心在天内则天在心外也。远而思亲者往也，病而思亲者来也。智在物为物，物在智为智。司马云：彼日犹此日，则见此犹见彼也。彼犹此见，则吴与越人交相见矣。"这里，由论析时间上的今（现在）与昔（过去）的流动性入手，纵谈万物与心智之间的互渗性，知与行之间的主从性，鉴与影之间的重叠性，天与人之间的合一性，心中与天外之间的相融性，天内与心外之间的交叉性，来与往之间的过渡性，显示出万事万物相互碰撞、相互渗透、相互转化的美。这种美，在文学作品中，俯拾即是。汉无名氏《古诗十九首·东城高且长》："四时更变化，岁暮一何速？"晋陶渊明《杂诗十二首》："气变知时易，不眠知夕永。"李白《上安州裴长史书》："天不言而四时行，地不语而百物生。"唐人史青《应诏赋得除夜》："今岁今宵尽，明年明日催。寒随一夜去，春逐五更来。"这些都表现了万物在今昔更迭中的流动美。而直接描绘今昔之变的，如："昔我往矣，杨柳依依；今我来思，雨雪霏霏"①；"昔去雪如花，今来花似雪"②；"昔时金阶白玉堂，即今唯见青松在"③；"昔时横波目，今作流泪泉"④。如此等等，与陆德明所阐释的今昔流变美学思想，可以相映生辉。

关于连环可解："司马云：夫物尽于形，形尽之外，则非物也。连环所贯，贯于无环，非贯于环也，若两环不相贯，则虽连环，故可解也。"关于连环为什么可解问题，唐人成玄英疏之曰："夫环之相贯，贯于空处，不贯于环也。是以两环贯空，不相涉入，各自通转，故可解者也。"以上两种解释，可以互参。其原理均牵涉到有与无、虚与实的问题。环之为物，属于实有；环环扣处，必贯空（虚）无。因空（虚）无与实有相间，故实有之物（两环）可于空（虚）无处相解（分离）。若无虚空，则只是两个实有之物（两环）相贯，则不可解。连环可解，必须有实有虚、有有有无。这是暗合老子有无相生之道的。《道德经》九九八十一章，章章相贯，章章相对独立，但都贯穿着无中生有的思想。

环为圆。《吕氏春秋·圜道》，就与环有关："精气一上一下，圜周复杂，无所稽留，故曰天道圜……精行四时，一上一下各与遇，圜道也。物动则萌，萌而生，生而长，长而大，大而成，成乃衰，衰乃杀，杀乃藏，圜道也。云气西行云

---

① 《诗经·小雅·采薇》。
② （南朝）范云：《别诗》。
③ （唐）卢照邻：《长安古意》。
④ （唐）李白：《长相思》。

云然，冬夏不辍。水泉东流，日夜不休，上不竭，下不满。小为大，重为轻。圜道也……今五音之无不应也，其分审也，宫徵商羽角，各处其处，音皆调均，不可以相违。"这里，从天体运行之道、事物运行之道的论析中，集中地落实到一个"圜"字上，并以音乐艺术的和谐美作为圜道运作结果的一个佐证，这是十分精到的。从客观事物运行中，可以看到，在相反相成、相生相克之际，也是有无碰撞、虚实转化之时。这对于解释两环可解、实不离空的哲理，是有启迪意义的。

在人生所处境界中，连环相贯、可合可离的现象，是很普遍的。举凡人之生老病死、悲欢离合、喜怒哀乐，月之阴晴圆缺，岁之春夏秋冬，何往而不是环环相贯，又何往而不是环环可解？所谓"肠一日而九回"①，"心思不能言，肠中车轮转"②，"肠断关山不解说，依依残月下帘钩"③，这些描绘的悲剧美，难道不是"环"的哲理的形象显现吗？

关于中央："司马云：燕之去越有数，而南北之远无穷，由无穷观有数，则燕越之间未始有分也。天下无方，故所在为中，循环无端，故所在为始也。"这里论析了中央与南北、无穷与有数、无端与开始之间的辩证关系，揭示了它们之间的绝对性与相对性，与前面所说的"南方无穷而有穷"的哲理，可以相互发明。此外，成玄英认为："夫燕越二邦，相去迢递，人情封执，各是其方。故燕北越南，可为天中者也。"④ 这段解疏，就事论事，固然有理，但不及陆德明的引述富于哲学的深度。陆氏引述，是从有无之间的辩证关系入手的，因而便抓住了问题的关键，再从大观的高度去观照天下，就越发能见出它的美了。

关于爱万物天地一体："李云：日月可观而目不可见，爱出于身而所爱在物。天地为首足，万物为五藏，故肝胆之别，合于一人，一人之别，合于一体也。"这里是说，人可观照日月，但却看不见自己的眼睛（如果没有镜子自照），表示人可把自身目光投射给日月；并由此及物，说明人可把自己的爱无保留地施予万物。最后，以首足五脏等为例，证明相互依存、合成整体的密切联系，从而进一步阐发了天人合一、物我为一的哲理。其总的出发点与归结点，则是一个"爱"字。成玄英疏曰："万物与我为一，故泛'爱'之；二仪与我并生，故同体也。"在审美观照中，审美主体与审美客体之间的交融，就是爱的情感渗透的结果。

---

① （西汉）司马迁：《报任少卿书》。
② 汉乐府古辞《悲歌》。
③ （唐）王昌龄：《青楼怨》。
④ （清）郭庆藩：《庄子集释·天下》，中华书局 1982 年版，第 1105 页。

（四）天地山水之美

《尔雅音义》以简明的笔墨概括了天、地、山、水、草、木、鱼、虫、鸟、兽等自然界的元素，界定了它们的基本特征，提供了自然美的资料。兹略举例如下：

天："天，显也。在上，高，显也……天，坦也，坦然高远也。《说文》云：天，巅也，至高无上，从一大。《礼统》云：天之为言，镇也，神也，陈也，珍也。施生为本，运转精神，功效列陈，其道可珍重也。《春秋说题辞》云：天之言镇也。居高理下，为人经纬，故其字一大，以镇之也。"这里的内涵，是极其丰富的。首先，"天"字由"一"与"大"两个字建构而成。一，在古人心目中是很神圣的，它是元气未分时的混沌状态，是万物产生的源泉。大，是指体积、面积、力量、强度超过寻常。天之大，是无限大。《易经·乾卦》就象征天："乾：元，亨，利，贞。""元"有始初的意思，又含大的意思；"亨"有通达、美好的意思；"利"有益的意思；"贞"有端正的意思。《彖传》说："大哉乾元，万物资始，乃统天。"天之大，显示出天的崇高美。

地："《释名》云：地，底也；其体在底下，载万物也。……许慎注《淮南子》云：地，丽也。"正由于地能载万物，所以体积大；正由于地具有丽的物质，所以美。这便是和天相对照的崇高美。《易经·坤卦》就表现了地的美，并以"元、亨"二字予以歌颂之。《彖传》云："至哉坤元，万物资生，乃顺承天。坤厚载物，德合无疆。含弘光大，品物咸亨。"这里强调了地的顺承天道的作用，体现了天地有大美的品格。

山："《广雅》云：土高有石曰山。山，产也。能产万物也。《说文》云：山，宣也。宣气散生万物也。"山高耸险峻，云雾缭绕，则富于崇高美。陆德明注"崧"："崧，即嵩也，俱是高大之貌"；注"峤"："云山锐而长也"；注"岜"："岜然，高峻貌"；注"岠"："大山"。李白《蜀道难》："噫吁嚱，危乎高哉！蜀道之难难于上青天！"这就表现了蜀道山峰的崇高美。这是形象的描绘；而陆氏的引述，则是对于多种类型的高山的含义的界定。两者虽不相同，却可相互发明。《易经》中的《艮卦》，就有山的意思。《彖传》曰："艮，止也。"《序卦》曰："艮，止也。"《杂卦》曰："艮，止也。"可见山的卦象有静止的含义。山的美，也富于静态美。

水：陆德明引《白虎通》云："水，准也。言水之平均而可准法也。"又引注"百里一小曲，千里一曲一直"曰："李①云：水势小曲乃大直也，故曰小曲。水阴节，每一曲一直，通无极也，故曰千里一曲一直。"曲线，富于柔性美；直线，富于刚性美。长江、黄河，汹涌澎湃，一泻千里，富于刚性美。小溪小涧，曲折迂回，流水潺潺，富于柔性美。在直线中渗进曲线，使刚性增加弹性而有刚中寓柔之美。因为曲线象征着生命力的运动，最为自由自在，不受一点拘束，所以被称为美的线。《易经》中的《坎卦》，就象征水。《象传》谓"水流而不盈"，《象传》谓"水洊至"，都描述了水的动态美；这与陆德明所引述的水的一曲一直的美，可互证。

陆德明在阐释古典经义时，并不囿于一家之言，而是博采众家，兼收并蓄。尤其是对于儒道两家，均一视同仁，择善而从。对于儒家关于音乐、礼仪的教化作用，在注解中频频出现；对于老子、庄子的虚无学说，则予以较多关注。《老子道德经音义》对于老子"尚虚无、无为"的思想是称赞的，对于王弼"尚玄言"、"妙得虚无之音"是欣赏的。在《序录》中，则赞美"庄生宏才命世，辞趣华深，正言若反"。

陆德明在注解古典音义时，并未潜心于美的探究，而是着力于音韵的求索。然而他在研讨之中不可能回避美的存在，不可能对于美熟视无睹、一言不发；因而这就必然涉及美，必然要对美的事物进行这样那样的诠释，从中也必然显隐着他那美的智慧的闪光。

当然，陆德明的美学智慧并不是非常系统的，而仿佛是许许多多分散的珍珠，错落在音韵之海中。但是，如果我们细心研究，努力钩沉，是可以把这些珍珠捡回来的，是能够用崭新的美学链条把它们串在一起的，是可以使其放射出美学光彩的。

陆德明在诠释古典音义时，常引用别人的说法来印证自己的命题。这表明他山之石，可以攻玉。从中也流露出陆氏的审美趣味。此外，陆氏也未忘阐释自己的观点并表明对大千世界美的看法。

三 欧阳询《艺文类聚》中的音乐审美观(附)
——审声、审音、审乐 知音、知乐、知政

唐高祖李渊武德五年（622），下诏编纂类书《艺文类聚》，编纂人为欧阳

---

① 李，系指后汉中黄门李巡。

询、令狐德棻、陈叔达、裴矩、赵弘智、袁朗等。欧阳询任总编，并撰写序文。武德七年秋书成。该书设专章"乐部"，其开端为"论乐"，作为乐论的美学主体，概括并突出了历代音乐理论精要，其中也荫蔽着欧阳询等人的观点。书中引《礼记》曰："凡音之起，由人心生也。人心之动，物使之然。感于物而动，故形于声。声相应，故生变。变成方，谓之音。比音而乐之，及干戚羽旄，谓之乐。"这里，从心与物的关系上，辩证地论述了音乐产生的原因。音乐产生的原因，既和心有关，又和物有关，而归根到底，则在于物；因为物驱使着人心之动，而心动则引起音之生成。在声与声之间的生生变易中，形成特定的规律，于是就出现了音；而在音与音的排列组合中，伴之以乐器的鸣奏，乃至载歌载舞，那就是动人的音乐了。故音与乐虽有区分，但却有不可分割的联系；音乐与舞蹈也有不同，但也存在着诸多共性。

此外，书中又引《礼记》曰："审声以知音，审音以知乐，审乐以知政，而治道备矣。"这里，论析了音乐审美中介层次的递进性和目的性。审声—审音—审乐，显示了音乐审美中介的历程；知音—知乐—知政，显示了音乐审美的目的。二者都是具有层次的递进性的。二者的关系可用下表表示：

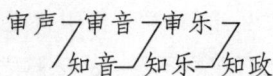

$$
\begin{array}{ccc}
\text{审声} & \text{审音} & \text{审乐} \\
\text{知音} & \text{知乐} & \text{知政}
\end{array}
$$

从"三审"（审声、审音、审乐）、"三知"（知音、知乐、知政）中可以看出，书中是把"三审"作为音乐审美过程，把"三知"作为音乐审美目的，前者是为后者服务的，而其最高目的则为知政。由此可见，作者是非常重视音乐审美教育的政治作用的。

当然，音乐的审美作用并不止于知政，它还在于动情。它借助于乐器运作的"屈伸俯仰，缀兆疾徐"而表现一个"情"字。这便是欧阳询等人从《礼记》乐部中所选择出来的观点。

通过音乐的情感宣泄，可使广大的人群受到感染，这便符合《孝经》中所说的"移风易俗，莫善于乐"的观点。对此，欧氏是首肯的。所以，他进一步引用了《乐纬》中所列举的黄帝、帝喾、颛顼、尧、舜、殷、周代的音乐，揭示了它的审美作用。"是以清和上升，天下乐其风俗。凤凰来仪，百兽率舞，神龙升降，灵龟晏宁"①。这不仅强化了音乐之移风易俗的观点，而且由人物而及动物，在浪漫主义的想象的天地中，飞扬着音乐的律动，挥发着音乐的作用。

关于音乐的审美作用，欧氏还引《论语》："子在齐闻《韶》，三月不知肉味。曰：不图为乐之至于斯。"《韶》乐的美感，完全征服了孔子的快感（肉味）；孔子的生理感官享受，完全被其心理情致所取代。这便是美感对快感的超越。欧氏在引述孔子之言时，虽然没有在美学理论上认识到这一点，但在内心深处却体悟到这一点。

关于音乐的审美作用，欧氏还采撷了晋阮籍《乐论》："昔者圣人之作乐也，将以顺天地之性，体万物之生也。故定天地八方之音，以迎阴阳八风之声。故律吕协则阴阳和，音声适而万物类……礼定其众，乐平其心；礼治其外，乐化其内。"这里突现了音乐的和谐美与感化力，其核心则在于一个"和"字。

音乐之和，不仅在其本身，而且还包含歌舞。故欧阳询在采撷百家论乐观点时，还把舞、歌纳入乐部中。什么是舞呢？欧氏引《尔雅》曰："婆娑，舞也。"这是形容舞的姿态、情状的。那么，舞和乐有什么联系呢？对此，欧氏引蔡邕《月令章句》曰："乐容曰舞。有俯仰张翕、行缀长短之制。"这里，把舞当成是音乐的姿态、情状，表明乐和舞的关系是何等密切了。至于音乐与歌的关系，欧氏引蔡邕《月令章句》曰："乐声曰歌"；又引《毛诗序》曰："情动于中而形于言；言之不足，故嗟叹之，嗟叹之不足，故咏歌之。"这里虽系引述，但也表现出欧氏的认同。

欧氏主编的《艺文类聚》，内容丰富，征引广博，见解独到，影响深远。唐玄宗时，徐坚等编撰的《初学记》，就受到《艺文类聚》的启迪，其中的"乐部"，便是如此。对于雅乐、杂乐、夷乐、歌舞及琴、筝、琵琶、箜篌、钟、磬、鼓、箫、笙、笛等乐器的美学特点，虽颇多阐发，但其重要滥觞之一却是《艺文类聚》。

---

① 《乐纬》。

图书在版编目（CIP）数据

王明居文集：唐诗风格美新探；唐代美学／王明居著. —北京：
文化艺术出版社，2012.6
（王明居文集；第3卷）
ISBN 978 - 7 - 5039 - 4148 - 1

Ⅰ. ①王… Ⅱ. ①王… Ⅲ. ①唐诗—作品风格—诗歌研究
②美学史—中国—唐代 Ⅳ. ①B83 - 092 ②I207.22

中国版本图书馆 CIP 数据核字（2012）第 121731 号

王明居文集（第三卷）

唐诗风格美新探·唐代美学

著　　者　王明居
责任编辑　胡　晋　褚秋艳
装帧设计　杨林青　姚雪媛
出版发行　文化艺术出版社
地　　址　北京市东城区东四八条52号　100700
网　　址　www.whyscbs.com
电子邮箱　whysbooks@263.net
电　　话　（010）84057666（总编室）84057667（办公室）
　　　　　（010）84057691—84057699（发行部）
传　　真　（010）84057660（总编室）84057670（办公室）
　　　　　（010）84057690（发行部）
经　　销　新华书店
印　　刷　国英印务有限公司
版　　次　2012年6月第1版
　　　　　2012年6月第1次印刷
开　　本　720×960毫米　1/16
印　　张　40.75
字　　数　600千字
书　　号　ISBN 978 - 7 - 5039 - 4148 - 1
定　　价　72.00元